Quel régime juridique du commerce électronique dans les pays francophones d'Afrique subsaharienne ?

Collection « Études africaines »

dirigée par Denis Pryen et son équipe

Forte de plus de mille titres publiés à ce jour, la collection « Études africaines » fait peau neuve. Elle présentera toujours les essais généraux qui ont fait son succès, mais se déclinera désormais également par séries thématiques : droit, économie, politique, sociologie, etc.

Dernières parutions

Jean-Paul MWENGE NGOIE, *L'enfant, cet oublié du divorce ou de la séparation parentale en Afrique subsaharienne*, 2018.
Laurent GAMET, *Le droit du travail ivoirien*, 2018.
Bakary CISSÉ, *L'épreuve orale de culture générale, Préparation aux concours d'entrée de l'ENA et de la Fonction publique, Tome 1 : Connaissance de l'environnement ivoirien ; Tome 2 : Problèmes majeurs de la société contemporaine*, 2018.
Jacques KABEYA I. TENDA, *Entreprises publiques, en République Démocratique du Congo, La nécessité d'un cadre de bonne gouvernance axée sur la responsabilisation et la performance,* 2018.
Diensia Oris-Armel BONHOULOU, *Le terrorisme international existe-t-il en Afrique noire ?, Essai,* 2018.
Augustin RAMAZANI BISHWENDE, Di-Kuruba Dieudonné MUHINDUKA (dir.), *Les Bavira entre tradition et modernité*, 2018.
Claude KAYEMBE-MBAYI, *Verrous et contrôles constitutionnels en Afrique. Pour des mécanismes efficients*, 2018.
Marie Romuald POUKA POUKA, *Politiques publiques et PME au Cameroun. Les impacts de la Bourse de sous-traitance et de partenariat sur la performance des PME dans le secteur industriel*, 2018.
Issofou NJIFEN, *Allocation des ressources humaines et stratégies des acteurs sur le marché du travail, Concept de surqualification et évidence empirique au Cameroun*, 2018.
Marie Désirée, SOL AMOUGOU, *Minoration linguistique, Causes, conséquences et thérapie*, 2018.
Michel MOUKOUYOU KIMBOUALA, *Le rôle des classes nominales dans le fonctionnement des langues bantoues. Le cas du kibeembe, une variante du kikongo*, 2018.
Saikou Oumar BALDE, *Élections et démocratie locale en Guinée*, 2018.
Caroline PACHECUS, *Médias, mondialisation et diversité culturelle. Le cas de l'Afrique subsaharienne*, 2018.
Anicet Cyrille NGOULOUBI et Jules LUBOYA KATABA, *Management des salaires. Théories et applications*, 2018.
Sylvain Sorel KUATE TAMEGHE, *La justice, ses métiers, ses procédures, OHADA, 2e édition*, 2018.
Paul JOBIN, *L'archéologie en Côte d'Ivoire. Histoire et fonctionnement de la recherche*, 2018.

Joseph Emmanuel YAYI LIPEM

Quel régime juridique du commerce électronique dans les pays francophones d'Afrique subsaharienne ?

Essai

L'Harmattan

5-7, rue de l'Ecole-Polytechnique, 75005 Paris

http://www.editions-harmattan.fr

ISBN : 978-2-343-12159-8
EAN : 9782343121598

AVANT-PROPOS

La thèse de monsieur YAYI LIPEM explore un sujet d'importance pour les pays francophones d'Afrique subsaharienne, puisqu'elle porte sur la recherche d'un régime juridique pour le commerce électronique.

Ce sujet, dont l'intérêt à la fois pratique et doctrinal est évident, est ambitieux à plus d'un titre. Si la réglementation propre au commerce électronique est limitée dans les pays concernés, le sujet sollicite de nombreuses disciplines : droit commercial évidemment mais aussi droit de la concurrence, droit de la distribution, droit pénal, droit international.... En outre, la notion même de commerce électronique est loin d'être facile à cerner.

L'une des singularités de cette thèse tient au fait que son auteur ne propose pas la création d'une nouvelle règlementation applicable au commerce électronique, comme il aurait légitimement pu être tenté de le faire. L'auteur a plutôt cherché dans les règles existantes les dispositions permettant d'encadrer ces activités en ligne tout en soulignant la nécessité de procéder à certaines adaptations. Il en résulte une étude qui fait la part belle au droit commun, sans pour autant nier les particularités du commerce électronique. Ce sens de la nuance, cet équilibre, doivent être salués, tout comme la détermination dont a fait preuve monsieur YAYI LIPEM au cours de ces longues années de travail.

Le choix d'un plan « chronologique » permet à l'auteur de livrer un travail bien structuré et révélant des qualités pédagogiques indéniables. À travers ce travail de recherche, on devine donc les qualités de l'enseignant. On peut souhaiter à monsieur YAYI LIPEM : que cette thèse ne soit que la première étape d'une belle et longue carrière d'enseignant et de chercheur.

CARINE BERNAULT.
Professeur à l'Université de Nantes.
Directrice de l'Institut de Recherche en Droit Privé.

PRÉFACE

Le monde évolue et les pratiques sociales changent. C'est le cas notamment des pratiques commerciales. En conséquence, le droit qui a pour vocation de réguler les rapports sociaux, doit nécessairement être adapté aux mutations de la société. L'histoire du droit commercial illustre parfaitement l'adaptation des règles aux transformations successives du commerce. Depuis l'Antiquité jusqu'à nos jours, à travers des règles issues des pratiques commerciales des Babyloniens, Phéniciens, Romains, ou celles héritées du Moyen-Âge et de la codification napoléonienne, la matière n'a cessé d'évoluer. Le développement du commerce électronique qui caractérise le vingt-et-unième siècle, impose de nouveaux défis aux législateurs et aux juristes de tous bords, en l'occurrence le défi de l'encadrement de l'immatériel par le Droit.

C'est dans cette perspective d'évolution que s'inscrivent les travaux scientifiques de M. Joseph Emmanuel YAYI LIPEM, très justement intitulés « La recherche d'un régime juridique du commerce électronique dans les pays francophones d'Afrique subsaharienne ». De tradition juridique romano germanique, ces pays francophones d'Afrique subsaharienne ont hérité, à travers des liens historiques avec la France, d'un droit commercial moderne. Mais, ayant tous accédé à la souveraineté au début des années 1960, ils ont parfois adopté des démarches législatives différentes, afin d'adapter leurs divers droits nationaux aux évolutions économiques et sociales, et aux contraintes nouvelles imposées par la mondialisation de l'économie. Parallèlement, en manifestant leur commune volonté d'intégration, ces jeunes Etats ont entrepris la création de Communautés économiques (CEMAC, CEDEAO) ainsi que la mise en place d'Organisations inter étatiques régionales (OAPI, CIMA, OHADA). Il en est principalement résulté un foisonnement et, sans doute aussi, une superposition de normes juridiques.

Dans cette configuration complexe, M. Joseph Emmanuel YAYI LIPEM, devait surmonter deux grandes difficultés, pour mener à bien son ambitieux projet de recherche. Le premier écueil est constitué par la diversité des sources législatives et réglementaires, voire conventionnelles, et l'absence d'une autorité centrale, capable d'imposer des orientations communes et d'assurer ainsi la cohérence des normes. La seconde difficulté, inhérente à l'objectif même de la recherche, consistait à dégager de cette sorte de fouillis inextricable de normes, les grandes lignes d'un régime juridique du commerce électronique dans les pays francophones d'Afrique subsaharienne. A ces difficultés, s'ajoutait une objection contextuelle ; est-ce opportun d'entreprendre une recherche sur le commerce électronique, à propos d'un continent où ne transitent que 2% des échanges du commerce mondial de cette nature ?

L'auteur a cependant fait le pari d'engager une recherche sur ce sujet, convaincu que le commerce électronique à travers un encadrement juridique adéquat, constituera à terme un important facteur de promotion des économies africaines. Cet encadrement passe selon lui par la réglementation de l'accès au commerce électronique et celle de l'exercice de cette activité commerciale spécifique. Toutefois, la spécificité n'implique pas une révolution juridique. M. Joseph Emmanuel YAYI LIPEM démontre que, le commerce électronique n'échappe pas au droit commercial classique, du seul fait de l'usage des réseaux électroniques.

La recherche d'un régime juridique propre au commerce électronique doit simplement conduire à adapter de manière judicieuse les règles traditionnelles, aux besoins nouveaux inhérents à l'immatérialité et au caractère essentiellement transfrontalier du commerce via l'internet. La recherche s'inscrit donc naturellement dans une perspective internationale, et une approche de droit comparé. Elle n'a nullement pour objectif une simple transposition en Afrique de modèles étrangers. Au contraire, en dissociant l'aspect statique du réseau électronique d'une part, et le nature dynamique des échanges en ligne, d'autre part, l'auteur recommande une démarche progressive visant à élaborer un droit adapté au niveau de développement économique et social des pays concernés, et à garantir une véritable sécurité juridique.

L'ouvrage présenté dans un style simple, est d'une lecture aisée et agréable. Il propose surtout des solutions pertinentes aux difficultés à résoudre, en vue d'un développement harmonieux et maîtrisé du commerce électronique en Afrique subsaharienne. Les étudiants, les enseignants-chercheurs et praticiens divers, y trouveront certainement des réponses à de nombreuses préoccupations. Le vœu peut également être formulé ici que cette importante contribution scientifique de M Joseph Emmanuel YAYI LIPEM inspire aussi bien les législateurs nationaux, que les Institutions communautaires et les Organisations inter étatiques compétentes, dans la consolidation du cadre juridique du commerce électronique.

HENRI DESIRE MODI KOKO BEBEY.
Professeur, agrégé des facultés françaises de Droit.
Doyen de la Faculté de droit et des Sciences Politiques
de l'Université de DSCHANG.

REMERCIEMENTS

Merci SEIGNEUR, car « sans toi, nous ne pouvons rien faire » : Jn.ch.15.v.5.

Ma très profonde gratitude à mes directeurs, Madame et Messieurs les Professeurs Carine BERNAULT, Henri Désiré MODI KOKO BEBEY et André LUCAS.

Mes sincères remerciements à tous les membres de l'IRDP de l'Université de NANTES, pour leur accueil à chaque fois plus chaleureux.

A :

Mes parents YAYI YAYI JOSEPH et NGO YAYI JEANNE,

Mes filles NKOMIDIO THERESE-MARIE et YAYI JEANNE HOLY LIZ,

Mon fils YAYI YAGBO JEAN RAPHAEL, MAMIA YVON PATRICK, PRISO MAM MARTIAL, ESSEBE ELISABETH.

ABRÉVIATIONS

ABA	American Bar Association
AFNIC	Association Française pour le Nommage Internet en Coopération
Arch. phil. Droit	Archives de philosophie du droit
Bull. civ.	Bulletin des arrêts de la Cour de cassation (chambre civile)
CA	Cour d'appel
CC	Code civil
AU	Acte uniforme
CEMAC	Communauté Economique et Monétaire de l'Afrique Centrale
CEDEAO	Communauté Economique des Etats de l'Afrique de l'Ouest
C.c.Q	Code civil du Québec
ccTLD	Country Code Top Level Domain ou extensions géographiques
C.E.D.H	Cour Européenne des Droits de l'Homme
Chr.	Chronique
CJCE	Cour de Justice des Communautés européennes
Coll.	Colloque
CNIL	Commission Nationale Informatique et Libertés (France)
CNUDCI	Commission des Nations Unies pour le Droit Commercial International
DNS	Domain Name system
Ed.	Edition
EDI	Échanges de Données Informatisées ou Electronic Data Interchange
GAC	Government Advisory Committee
G.P. ou Gaz. Pal.	Gazette du Palais
Gtld	generic Top Level Domain ou extensions génériques
http	Hypertext Transfert Protocol
IANA	Internet Assigned Number Authority
ICANN	Internet Corporation for Assigned Names and Numbers
InterNIC	Internet Network Information Center
ISO	International Standards Organization ou Organisation
ISOC	Internet Society
JCP G.	Semaine juridique, édition générale
JCP éd. E.	Juris-Classeur Périodique, édition Entreprise
JDI	Journal du Droit International (Clunet)
JO	Journal Officiel de la République (française, togolaise…)
JT	Journal des Tribunaux
JOCE	Journal Officiel de la Communauté européenne
OCDE	Organisation de Coopération et de Développement Économique
OHADA	Organisation pour l'harmonisation en Afrique du droit des affaires
OMC	Organisation Mondiale du Commerce
OMPI	Organisation Mondiale de la Propriété Intellectuelle
OAPI	Organisation Africaine de la Propriété Intellectuelle
ONU	Organisation des Nations Unies
PA	Petites Affiches

PUF	Presses Universitaires de France
PUAM	Presses Universitaires d'Aix-Marseille
RDAI	Revue de Droit des Affaires Internationales
RDPI	Revue du Droit de la Propriété Intellectuelle
Rec. Jur.CJCE	Recueil de la jurisprudence de la CJCE
Réf.	Référence
Rev. arb.	Revue de l'arbitrage
Rev. crit. DIP	Revue critique de droit international privé
RDC	Revue des contrats
RJ.T	Revue Juridique Thémis
RTDCom.	Revue trimestrielle de droit commercial
RTDCiv.	Revue trimestrielle de droit civil
TGI	Tribunal de Grande Instance
TC	Tribunal de commerce
UMAC	Union Monétaire de l'Afrique Centrale
UEMOA	Union Economique et Monétaire de l'Afrique de l'Ouest
V.	Voir

SOMMAIRE

INTRODUCTION GÉNÉRALE

1. L'histoire est le témoin des temps[1], la somme des expériences antérieures qui contribuent à l'explication des situations actuelles. La situation d'une communauté à un moment précis ne peut être cernée que si en plus d'autres témoins, l'histoire a été interpellée pour fournir des éléments de réponses pertinentes. Le droit des pays francophones d'Afrique subsaharienne est fortement influencé par l'histoire coloniale. Le droit moderne de ces pays est hérité du droit civil français. Mais l'uniformité des règles internes qui caractérisait les territoires occupés par la métropole française n'a pas résisté au mouvement de recherche d'une identité nationale post coloniale. Grâce à l'impulsion des institutions communautaires régionales et des conventions interétatiques, les Etats francophones d'Afrique subsaharienne reviennent progressivement vers l'uniformisation et l'harmonisation de leurs législations nationales.

2. Les instances visant l'intégration peuvent être classées en deux pôles régionaux. D'une part les instances régionales à compétence territoriale comme l'UMAC[2], la CEMAC[3] et l'UEMOA[4], dont les textes visent l'intégration économique des Etats parties à travers la construction d'un marché commun dans les espaces communautaires concernés. D'autre part les instances régionales à compétence matérielle, comme l'Accord révisé de Bangui de 1999 sur la propriété intellectuelle et industrielle[5], le Code CIMA[6]

[1] « L'histoire est le témoin des temps, la lumière de la vérité, la vie de la mémoire, l'institutrice de la vie, la messagère de l'antiquité », CICERON, extrait du *De Oratore*, traduction d'Alphonse Agnant revue par J.P. Charpentier (1898), http://www.mediterranees.net/art_antique/rhetorique/ciceron/orator.html,

[2] L'Union Monétaire d'Afrique Centrale compte comme membres, le Tchad, le Cameroun, le Gabon, le Congo, la Guinée Equatoriale et la Centrafrique.

[3] La Communauté Economique et Monétaire de l'Afrique centrate réunit les mêmes Etats parties que l'UMAC.

[4] L'Union Economique et Monétaire Ouest Africaine compte comme membres, le Sénégal, le Bénin, le Togo, le Mali, la Côte d'Ivoire, le Niger, la Guinée Bissau et le Burkina Faso.

[5] L'Accord révisé de Bangui de 1999 s'applique dans le cadre de l'Organisation Africaine de la Propriété Intellectuelle (OAPI) aux pays suivants : Le Bénin, le Burkina Faso, le Cameroun, la Centrafrique, le Congo, la Côte d'Ivoire, le Gabon, la Guinée, la Guinée Bissau, le Mali, la Mauritanie, le Niger, le Sénégal, le Tchad, le Togo.

sur les assurances, et les actes uniformes de l'Organisation pour l'Harmonisation en Afrique du Droit des Affaires, dont la mission est de procéder à l'uniformisation et à l'harmonisation des règles étatiques dans des domaines d'activités bien déterminés. Face à ces multiples pôles législatifs, il est légitime de s'interroger sur l'homogénéité du produit qui peut résulter d'une telle pluripolarisation. C'est dans cet environnement juridique que l'encadrement du commerce électronique doit être recherché.

Depuis son ouverture au grand public, internet participe à l'accroissement des échanges. Il est important pour les Etats francophones d'Afrique subsaharienne d'organiser et d'encadrer les activités et les transactions liées au réseau internet.

3. Dans la psychologie commune, le commerce électronique fait allusion à internet. Pourtant, les échanges marchands ne passent pas uniquement par ce canal. « Le bien ou le service fourni par voie électronique dépasse donc le cadre des activités exercées sur internet. De nombreux moyens de communication, le téléphone, la télévision, utilisent la voie électronique »[7]. Cependant lorsqu'ils sont détachés d'internet, ces outils ne permettent pas une interactivité instantanée à grande échelle des millions d'interlocuteurs. Bien avant l'ouverture d'internet au grand public, d'importants réseaux d'échanges interentreprises effectués à travers les réseaux *EDI*[8], *SITA*[9] et *SWIFT*[10] se sont développés. Ces réseaux ont évolué en vases clos destinés aux professionnels, caractérisés par des normes de communication spécifiques incluant une meilleure sécurité des transactions et des transmissions. L'exclusion du grand public de ces réseaux accorde une part belle à la loi des parties et aux usages professionnels. Ils ne soulèvent que très peu de difficultés, contrairement à internet, réseau ouvert à toute personne. Avec internet, « l'invasion jadis cantonnée à des secteurs définis, atteint tous les secteurs du droit par contamination progressive »[11]. En vertu de cet argument, il faut accentuer la réflexion sur internet, médium ayant la particularité de doter chaque acteur du don d'ubiquité.

---

[6] La Conférence Interafricaine des Marchés d'Assurances comprend comme membres : le Bénin, le Burkina Faso, le Cameroun, la Centrafricaine, le Congo, la Côte d'Ivoire, le Gabon, le Mali, le Niger, le Sénégal, le Tchad, le Togo, la Guinée Equatoriale, les Comores.

[7] A. RABAGNY-LAGOA, Droit du commerce électronique, Ellipses, 2011, p.5.

[8] « L'échange de données informatisées est le transfert intelligent de données structurées selon des messages préétablis et normalisés entre partenaires…Cet échange offre aux organismes utilisateurs la possibilité de dialoguer dans les deux sens, avec leurs partenaires extérieurs, et d'échanger des données commerciales administratives ou autres, sans support papier », C. CHARMOT, L'échange de données informatisées (EDI). L'échange de données du commerce électronique, L'échange de données du commerce électronique, Que sais-je ? 1997, p. 9.

[9] Réseau des agences de voyage et des compagnies aériennes.

[10] Réseaux sectoriels des établissements bancaires.

[11] J. HUET, « Le juriste et la communication : une brève introduction », in B. TEYSSIER (dir.), La communication numérique, un droit, des droits, Ed. Panthéon Assas, 2012, 10.

Encore appelé « la toile » ou « le *web* »[12], internet résulte de l'interconnexion des ordinateurs et des systèmes informatiques du monde entier par l'utilisation d'un protocole commun d'échanges de données *TCP/IP*[13] établi par l'*ISOC*[14]. Internet peut être défini fonctionnellement et techniquement. « Fonctionnellement, il désigne un réseau qui permet d'accéder ou de réaliser différents services [...] Du point de vue technologique, internet désigne un réseau dont les échanges respectent un ensemble de conventions communes...décrites dans des protocoles de communication *Internet Protocol* et *Transport Control Protocol* »[15]. Ce réseau des réseaux, auquel on se connecte en grande partie par l'application *« Word Wide Web »*[16], constitue un espace mondial d'échanges d'informations appelé « cyberespace »[17]. Emprunté à un roman de science-fiction de William Gibson[18], le terme « cyberespace » désigne un « lieu imaginaire appliqué métaphoriquement au réseau internet et dans lequel les internautes qui y naviguent s'adonnent à des activités diverses [...] Le terme cyberespace sert à désigner l'univers numérique constitué de réseaux d'ordinateurs, en particulier le réseau internet »[19]. L'internaute accède à cet espace au moyen d'un site.

L'utilisation d'un site web dans le cadre d'une stratégie internet orientée vers le client permet d'échanger des informations en ligne, de gérer la relation commerciale à distance, de faciliter les transactions électroniques et

---

[12] Le mot « web » se rapporte littéralement à la toile, et désigne le réseau maillé formé par internet et le contenu multimédia qu'il comporte. « Toile mondiale correspondant à un système d'informations mufti-média mondial qui repose sur l'internet. Son principe a été élaboré en 1990 par TIM BERNERS-LEE au centre Européen pour la physique des particules. Pour y pénétrer, il faut toujours passer par une page d'accueil qui contient des liens permettant d'accéder à d'autres pages situées sur d'autres serveurs. Ce système permet de parcourir une masse considérable d'informations en quelques clics de souris ». M. LINKE, P.WINKLER, Le dico de l'informatique, S&SM, 1998, p. 753.

[13]Transport Control Protocol/Internet Protocol.

[14] Internet Society.

[15]« Les protocoles de communication permettent d'interconnecter des systèmes hétérogènes en leur donnant des règles communes rendant possibles les échanges d'information », A. DUFOUR et S. GHERNAOUTI-HELIE, Internet, Que sais-je ?, PUF, 9ème éd. Refondue 2002, 4 à 5, n°1 et 2.

[16]Le Word Wide Web est l'application qui a permis l'adoption d'internet par le grand public. Il désigne un système hypermédia distribué fonctionnant en mode client-serveur sur internet. Il permet de mettre à disposition des informations sous forme de documents hypertextes à l'aide d'un langage *Hyper Text Transfert Protocol*, grâce à un logiciel client tel que Microsoft Internet Explorer, Netscape Navigator, Opera ou Mozilla : A. DUFOUR et S. GHERNAOUTI-HELIE, Internet, Que sais-je ? op. cit, p. 4 et 46.

[17]A. BENSOUSSAN, Informatique, Télécoms, Internet, Ed. Francis Lefebvre, 2001, 843, 2635.

[18] W. GIBSON, *Neuromancer*, New York, Ace Books, 1984.

[19] S. GUILLEMARD, Le droit international privé face au contrat de vente cyberspatial, thèse, Université de Laval et Université Panthéon-Assas, 2003, p. 215.

d'intégrer les activités des clients[20]. L'économie constitue sans doute le domaine où les transformations entraînées par les réseaux électroniques de communication apparaissent le plus nettement[21]. La toile a eu un effet direct sur la manière dont les personnes communiquent et font des affaires.

4. Mais les pays africains restent en retrait de cette nouvelle forme de commerce. Pour le moment, internet tarde à contribuer à l'épanouissement des économies nationales de ces Etats. Seuls les réseaux sociaux comme *Facebook*, les sites de messagerie comme *Hotmail* et *Yahoo* sont très fréquentés par les populations africaines. Lors de la dixième réunion de la Commission des Nations Unies sur le haut-débit tenue le 21 septembre 2014 à New York, la Directrice générale de l'UNESCO, Irina BOKOVA, a annoncé que « les niveaux d'accès à internet les plus bas se trouvent principalement en Afrique subsaharienne, où moins de 2% de la population a accès à internet »[22].

Dans un discours prononcé à l'Université de Witwatersrand à Johannesburg en Afrique du Sud le 12 avril 2012, la Directrice générale adjointe de l'OMC Valentine RUGWABIZA, a rappelé que « la part de l'Afrique dans le commerce mondial est faible et s'élève à moins de trois pour cent »[23]. Le commerce africain est exagérément tributaire d'un petit nombre de produits primaires. En 2010, les combustibles et les produits miniers ont représenté 66% du total des exportations africaines de marchandises[24]. Or les matières premières ne sont pas l'apanage du commerce électronique. Internet s'accommode mieux des services et des produits de la grande distribution que des ressources naturelles. Les légères

---

20 M. BELLAAJ, Effets modérateurs des capacités complémentaires dans le e-commerce : application au contexte des PME, Revue internationale P.M.E. : économie et gestion de la petite et moyenne entreprise, vol. 22, n° 2, 2009, p. 16 ; URI: http://id.erudit.org/iderudit/044029ar.

21 « L'extraordinaire facilitation de la transmission d'informations par internet forme un facteur central de la globalisation des échanges commerciaux. Elle conduit à une croissante interdépendance des économies nationales ou régionales, à l'émergence de nouveaux marchés, à d'importantes adaptations de la manière dont les activités commerciales sont exercées et, surtout, au développement d'un secteur économique bien spécifique au sein de cette mouvance généralisée. Il s'agit là du commerce électronique, c'est-à-dire de l'ensemble des activités à caractère commercial véhiculées par Internet. Or, l'une de ses principales caractéristiques – symptomatique de la globalisation des échanges – réside en cela que des consommateurs ordinaires et de simples PME s'y engagent dans des contrats internationaux, alors que ceux-ci étaient jusque-là réservés à des acteurs bien particuliers, plus sophistiqués et moins nombreux »T. SCHULTZ, Réguler le commerce électronique par la résolution des litiges en ligne, Une approche critique, Bruylant Bruxelles, 2005, p. 2.

22 « Éthiopie (1,9%), au Niger (1,7%), en Sierra Leone (1,7%), en Guinée (1,6%), en Somalie (1,5%), au Burundi (1,3%), en Érythrée (0,9%) et au Soudan du Sud (pas de données disponibles). La liste des dix nations les moins connectées comprend également le Myanmar (1,2%) et le Timor oriental (1,1%) » ; http://fr.unesco.org/news/moiti%C3%A9-plan%C3%A8te-sera-connect%C3%A9e-internet-d%E2%80%99-2017-commission-nations-unies-haut-d%C3%A9bit-annonce.

23 http://www.wto.org/french/news_f/news12_f/ddg_12apr12_f.htm.

24 http://www.wto.org/french/news_f/news12_f/ddg_12apr12_f.htm.

augmentations de la part de l'Afrique dans le commerce mondial sont essentiellement dues à l'explosion des prix du pétrole[25] et des produits non manufacturés[26]. Ces précisions révèlent l'absence du continent dans le commerce électronique. On pourrait penser que cela s'expliquerait uniquement par le défaut d'infrastructures[27]. Les insuffisances infrastructurelles sont perceptibles, en dépit du fait de la hausse du pourcentage d'accès ou de possession d'un ordinateur personnel dans les Etats africains avec un taux de croissance de 10% en moyenne[28].

Des organisations de la société civile telles que la *World Wide Web Foundation* évoquent aussi le déficit « en matière d'éducation, de santé ou de gouvernance »[29]. Selon un auteur, l'inaccessibilité aux *NTIC* s'explique aussi par l'illettrisme ambiant qui caractérise l'Afrique[30]. « L'accès à internet est encore très limité dans certains membres pays dont les populations, dans leur grande majorité, sont fortement analphabètes »[31]. Marie-Charlotte ROQUES-BONNET explique en effet que la vraie facture numérique ne se situe pas seulement entre ceux qui possèdent ces outils et ceux qui ne les possèdent pas, mais entre la minorité des gens qui savent bien s'en servir et la majorité de ceux qui connaissent d'énormes difficultés à les maîtriser[32].

5. L'OHADA a désigné le déficit de sécurité juridique et judiciaire comme un obstacle à l'épanouissement des économies nationales[33]. D'où

[25] « Après sa chute de 60 % en six mois, le prix du baril de pétrole remonte depuis le début de l'année », publication du 05 mai 2015, http://www.lefigaro.fr/conjoncture/2015/05/07/20002-20150507ARTFIG00187-pourquoi-les-cours-du-petrole-ont-grimpe-de-40.php.

[26] http://www.afriqueexpansion.com/commerce-international/2198-commerce-international--le-poids-insignifiant-de-lafrique.html.

[27] « Il est essentiel que les pays africains investissent davantage dans les infrastructures liées au commerce et qu'ils prennent d'autres mesures de facilitation du commerce pour réduire les lourdeurs administratives et les coûts de transaction et faciliter les mouvements transfrontières de marchandises, de services et de personnes », Discours la Directrice générale adjointe de l'OMC Valentine RUGWABIZA, prononcé à l'Université de Witwatersrand à Johannesburg (Afrique du Sud), le 12 avril 2012, op cit, http://www.wto.org/french/news_f/news12_f/ddg_12apr12_f.htm.

[28] Banque Mondiale: les indicateurs du développement africain, Mars 2010, http://databank.worldbank.org/ddp/home.do; F. ONANA ETOUNDI, La cyber justice au service des opérateurs africains et arabes : état du contentieux civil africain, Revue de l'Ersuma, 33ème Congrès de l'IDEF, mars 2014. p. 183.

[29] G. SADOWSKY, (ed.), Accelerating Development. Using the Web: Empowering Poor and Marginalized Populations, World Wide Web Foundation, http://webfoundation.org/.

[30] « Il s'agit pour être plus précis d'un illettrisme académique (analphabétisme) ; d'un illettrisme technologique (fracture numérique) ; d'un illettrisme juridique (absence de culture juridique). Ce dernier est à différencier de l'inaccessibilité juridique proprement dite qui tient de l'absence de corpus juridique adapté aux NTIC », ONANA ETOUNDI, La cyber justice au service des opérateurs africains et arabes : état du contentieux civil africain, op. cit., p.184.

[31] Z. A. GOUROUZA MAGAGI, La vente électronique dans les espaces UEMOA, CEDEAO et OHADA, Revue de l'Ersuma, n°4, sept. 2014, p.12.

[32] M.- Ch. ROQUES-BONNET, Le droit peut-il ignorer la révolution numérique, Ed. Michalon, p. 111.

[33] « Réaffirmant leur détermination à accomplir de nouveaux progrès sur la voie de l'unité africaine et leur volonté de renforcer la sécurité juridique et judiciaire dans l'espace de

l'intérêt d'attirer l'attention des autorités des pays francophones d'Afrique subsaharienne sur l'encadrement du commerce électronique.

Internet a fait croire que son univers échappait au droit. Après la déclaration de BARLOW sur une indépendance de la liberté de l'individu sur internet[34], on peut affirmer aujourd'hui qu'il n'existe pas de vide juridique sur la toile. L'application du droit sur le web n'est pas utopique. En effet, « il n'y a rien de nouveau sous le soleil »[35]. « Les juges ont bien montré le non-sens du vide juridique sur internet »[36]. L'objet du droit doit être compris dans un sens large, c'est-à-dire comme l'ordonnancement juridique dans son ensemble tel qu'il est saisi par la science juridique et non simplement par la règle de droit[37]. Il faut éviter de confondre le vide juridique absence de droit, et le vide juridique absence de loi. Il n'existe pas de lacune du droit qui porte sur le système juridique dans son ensemble. Le juge peut interpréter les règles écrites et non écrites pour résoudre les litiges dont il est saisi.

6. Cependant, le droit a été conçu pour être appliqué aux situations matérielles et immatérielles existant dans un univers physique et naturel doté d'air, de soleil, de saisons, de température et de frontières. Internet quant à lui crée un univers artificiel qui ignore la sensibilité du monde terrestre. Il franchit les limites géographiques et transgresse les frontières étatiques. Des personnes situées à n'importe quelle partie du monde concluent à travers la toile. Il importe alors d'identifier les lieux dans lesquels se trouvent les règles devant régir ces transactions[38]. Plusieurs pôles normatifs ont été proposés dans ce sens, à savoir : les normes informelles, celles du droit international et les règles étatiques.

7. Avec l'ouverture d'internet au grand public, un courant de pensée[39] a soutenu que les règles d'origine étatique perdent leur efficacité au profit de

---

l'Organisation pour l'Harmonisation en Afrique du Droit des Affaires (OHADA), de nature à garantir un climat de confiance concourant à faire de l'Afrique un pôle de développement » ; Préambule du Traité portant révision du traité relatif a l'harmonisation du droit des affaires en Afrique, adopté le 17/10/2008 à Québec (CANADA).

[34] J.-P. BARLOW, « Déclaration d'indépendance du cyberespace », Davos, 8 fév. 1996 ; « Gouvernements du Monde, industriel, je viens du cyberespace, le nouveau domicile de l'esprit. Vous n'avez pas de souveraineté où nous nous rassemblons », in Le monde diplomatique, mai 1996.

[35] « Ce qui a été, c'est ce qui sera, et ce qui s'est fait, c'est ce qui se fera, il n'y a rien de nouveau sous le soleil », Ancien Testament, Ecclésiaste ch. 1. v. 9.

[36] C. CASTET-RENARD, Droit de l'internet : droit français et européen, Montchrestien, Collection Cours, 2012, p.1.

[37] « Il n'existe pas de vide juridique et de situation que le juriste ne puisse pas situer juridiquement hors dans le champ d'une disposition légale ou règlementaire, ou d'un principe général dégagé par la jurisprudence », A.-M. HO DINH, Le « vide juridique » et le « besoin de loi ». Pour un recours à l'hypothèse de non droit, PUF, L'année sociologique, 2007/2, vol. 57, p. 424.

[38] P. TRUDEL, Introduction au droit du commerce électronique sur l'Internet, Revue du Barreau, t.55, n°3, sept.-oct.1995, p. 523.

[39] V. GAUTRAIS, Le contrat électronique international : encadrement juridique, thèse, Bruylant-Academia s.a., 2èd. Revue, 2002 ; V. GAUTRAIS, G. LEFEVBRE et K.

certaines règles non étatiques issues de l'architecture d'internet[40], des codes de conduite[41], des contrats-types[42], des usages[43], et regroupées sous l'appellation *lex electronica*[44]. Bien que la *lex electronica* ne puisse totalement être exclue de la règlementation d'internet[45], l'épanouissement de ces normes dépend de la réaction et de l'accueil que l'Etat leur accorde. En principe, un Etat libéral (au sens économique) est naturellement porté à faire une place importante aux régulations privées[46]. Selon FOUCHARD, les systèmes de chacun des Etats peuvent faire aux usages, et en particulier aux usages du commerce international, une place et leur reconnaître une valeur[47]. Il revient à l'Etat de prendre en compte la diversité du réel en déléguant à d'autres organes, la création de normes ou en permettant aux individus de choisir entre plusieurs cadres légaux[48].

8. Pour Jean-Jacques LAVENUE, l'internationalité et l'ubiquité d'internet correspondent mieux à une règlementation à l'échelle supra étatique. L'auteur a soutenu que l'encadrement du commerce électronique doit être envisagé à l'échelle planétaire, à cause du « constat de

---

BENYEKHLEF, Droit du commerce électronique et normes applicables : l'émergence de la lex electronica », RDAI, 1997, p. 548 et s. ; P. TRUDEL, La lex electronica, in C.-A. MORAND, Le droit saisi par la mondialisation, Bruxelles, Bruylant, 2001, p. 222.

[40] « Les objets techniques ont un effet régulateur…l'architecture constitue une composante du cadre juridique des activités prenant place dans le cyberespace », P. TRUDEL, Quel droit et quelle régulation dans le cyberespace ?, Sociologie et sociétés, vol.XXXII.2, p. 203.

[41] V. GAUTRAIS, thèse, op. cit., p. 275 à 276.

[42] V. GAUTRAIS, thèse, op. cit., p. 276 à 277.

[43] V. GAUTRAIS, thèse, op. cit., p. 285 à 287.

[44] La *lex electronica* désigne « un droit mou constitué d'un ensemble de normes juridiques informelles applicables dans le commerce électronique international » V. GAUTRAIS, Le contrat électronique international : encadrement juridique, Bruylant-Academia s.a., 2ème ed. revue, 2002, p. 231.

[45] « Une certaine réticence est souvent exprimée à l'égard de la *soft law*. D'abord, elle n'aurait pas un pouvoir de contrainte identique à celui de la loi. Ensuite, le commerce électronique concerne un ensemble d'activités qui se déroulent dans un espace dématérialisé créé par des interconnexions entre des millions d'ordinateurs reliés par des liaisons avec fils et sans fils. L'épanouissement de certaines normes informelles y serait ralenti par le manque d'homogénéité des communautés électroniques au sein desquelles les normes informelles de la *lex electronica* doivent apparaître », O. CACHARD, La régulation internationale du marché électronique, thèse, LGDJ, 2002, p. 20, n°29.

[46] G. FARJAT, Réflexions sur les codes de conduite privés, Etudes offertes à Berthold GOLDMAN, Litec, Paris, 1982, 51.

[47] « L'attitude des Etats à l'égard des usages du commerce international présente un double aspect : tantôt, acceptant que les usages du commerce international régissent les échanges économiques, leur permettant de le faire dans une assez large mesure, les Etats se bornent, de manière assez passive, à leur reconnaître un domaine d'action et une valeur propre. Cette première attitude est une attitude de tolérance. Tantôt moins fréquent il est vrai, mais aussi plus récemment, cette neutralité plus ou moins bienveillante fait place à un comportement plus actif, à un souci de favoriser positivement l'élaboration, la fixation et l'observation des usages du commerce international ; et c'est alors une attitude de coopération ». Ph ; FOUCHARD, L'Etat face aux usages du commerce international, Travaux du Comité français de DIP, 1973-1975, Dalloz, 1977, p. 76 et s.

[48] A.-M. HO DINH, Le « vide juridique » et le « besoin de loi », op cit, p. 432.

l'inadaptation d'un droit qui jusque-là était conçu selon des approches territoriales, et à l'élaboration d'un droit nouveau, plus fonctionnel, à vocation transnationale »[49]. Le législateur est souvent décrit comme trop lent, trop expert, trop national pour encadrer une réalité aussi mouvante, technique et globale qu'internet et le cyberespace qu'il crée[50]. Prise à l'échelle mondiale, cette démarche paraît complexe. Il faudra multiplier autant de textes que de secteurs d'activités, et réunir tous les Etats pour l'adoption des traités à vocation planétaire. Pour contourner ces difficultés, la CNUDCI a proposé des recommandations à travers la loi-type de 1996 sur le commerce électronique. La complexité de cette orientation laisse une place de choix aux initiatives des instances communautaires qui regroupent les Etats francophones de l'Afrique subsaharienne.

Cependant la souveraineté des règles étatiques ne doit pas occulter l'influence d'internet sur les concepts juridiques. En effet selon une auteure, « l'ordre technologique modifie l'ordre juridique [...] Il n'y a rien là que de plus banal puisque le droit est toujours construit à partir de données qui lui sont extérieures »[51]. Qu'il soit moderne ou traditionnel, le droit évolue au rythme des facteurs exogènes avec plus ou moins de célérité. Le droit moderne ne peut à lui seul opérer la transformation, comme le droit traditionnel ne peut à lui seul empêcher les évolutions[52].

9. Qu'en est-il du rapport qui naît entre les règles antérieures au commerce électronique et les règles destinées à régir cette nouvelle forme de commerce ? Cette question interroge l'attitude des normes imposées par internet face au dispositif juridique traditionnel. Ces normes ont-elles vocation à évincer le droit traditionnel conçu pour régir les échanges du monde physique ? Viennent-elles défier ou compléter le droit en vigueur dans les pays francophones d'Afrique subsaharienne ?

10. On peut affirmer avec Jérôme HUET que, le commerce électronique « doit être avant tout soumis à des règles inspirées de celles valables pour le monde réel : c'est à titre exceptionnel qu'on admettra des solutions spécifiques, lorsque le besoin s'en fera ressentir, afin de répondre à des

---

[49] « Les problèmes posés par internet s'inscrivent dans une évolution tout à fait identifiable d'un droit international passant de l'établissement du statut de certains espaces à la prise en compte, au niveau transnational, de l'organisation du régime de certaines activités », J.-J. LAVENUE, Cyberespace et droit international : pour un nouveau Jus Communicationis, RRJ, 1996, 3, p. 811 et s.

[50] J. BERLEUR et Y. POULLET, Réguler internet, Etudes, 2002/11, t.397, p. 470.

[51] « Si l'on envisage les rapports entre l'ordre technologique et l'ordre juridique du point de vue de l'autonomie du droit, on est frappé d'une impression de régression. Le droit semble perdre son autonomie dès lors qu'il est confronté aux exigences du monde scientifique et technique. En fait, on ne lui demande qu'une chose, c'est de gêner le moins possible la marche du progrès », M.-A. HERMITTE, L'autonomie du droit par rapport à l'ordre technologique, Cahiers STS, Ordre juridique et ordre technologique, Paris CNRS, 1986, p. 96.

[52] R. LAFARGUE, Le droit au mépris de l'Etat : l'exemple du pluralisme familial comme art de se jouer de la norme étatique, La socialisation juridique ou de l'obéissance à l'imprégnation, Jean Carbonnier. L'homme et l'œuvre, Presses universitaires de Paris Ouest, 2011, p. 344.

nécessités particulières »[53]. Les règles de droit subsistent à internet, et lui sont applicables au prix de quelques adaptations. D'où la nécessité pour les pays francophones d'Afrique subsaharienne de distinguer ce qui est applicable de ce qui ne l'est pas.

Des actions menées dans le cadre des organisations d'intégration communautaire des pays francophones d'Afrique subsaharienne existent. Mais elles n'ont pas encore atteint le niveau de maturité requis par le commerce électronique. Elles peuvent être classées en deux catégories.

11. La première catégorie concerne les actions insuffisantes des communautés à compétence territoriale. On y retrouve deux types de textes :

Il y a d'abord les textes limités à un secteur d'activité bien précis comme le domaine bancaire[54]. Ces textes évitent les questions cruciales relatives au contrat, et se consacrent principalement aux moyens de paiement.

Il y a ensuite les textes communautaires de faible envergure, notamment quelques directives UEAC au sein de la zone CEMAC qui ont pour objet, soit l'établissement et le contrôle des tarifs de certains services de communications électroniques[55], soit la détermination des régimes de déclaration ou d'autorisation des activités de communications électroniques[56], soit enfin l'invitation des Etats membres à fixer un cadre juridique pour la protection des droits des utilisateurs[57]. Dans cette catégorie, on peut aussi ranger l'Acte additionnel du 16 février 2010 portant transactions électroniques dans l'espace de la CEDEAO[58]. Ce texte parcourt

---

[53]J. HUET, Le juriste et la communication : une brève introduction », op. cit., p. 10.

[54] Règlement n° 15/2002/CM/UEMOA relatif aux systèmes de paiement dans les Etats membres de l'Union économique et monétaire ouest africaine (UEMOA, règlement n° 02/03/CEMAC/UMAC/CM de l'Afrique centrale relatif aux systèmes, moyens et incidents de paiement, règlement N° 01/11/CEMAC/UMAC/CM relatif à l'exercice de l'activité d'émission de monnaie électronique, Instruction n°01/2006/SP du 31 juillet 2006 relative à l'émission de monnaie électronique et aux établissements de monnaie électronique.

[55]Il s'agit de la directive n°10/08-UEAC-133-CM-18 du 19 décembre 2008 harmonisant les modalités d'établissement et de contrôle des tarifs de communications électroniques dans la zone CEMAC, dont l'article 2 dispose que « « La présente directive fixe un cadre harmonisé pour l'établissement et le contrôle des tarifs de certains services de communications électroniques au profit des utilisateurs des Etats membres de la communauté ».

[56] C'est le cas de la directive n°09/08-UEAC-133-CM-18 du 19 décembre 2008 harmonisant les régimes juridiques des activités de communications électroniques dans les Etats membres de la zone CEMAC, qui dispose en son article 2 que « La présente directive fixe un cadre harmonisé pour les régimes des activités de communications électroniques exercées au sein des Etats membres de la CEMAC. Elle définit à cet égard, les services qui sont soumis : à un régime d'autorisation, à un régime de déclaration, ainsi que ceux qui peuvent être exercés librement ».

[57]Directive n°07/08-UEAC-133-CM-18 fixant le cadre juridique de la protection des droits des utilisateurs des réseaux et de services de communications électroniques au sein de la CEMAC.

[58] Composé de 7 chapitres et de 33 articles, ce texte apporte des définitions claires et précises sur les notions du commerce électronique. Il traite des questions importantes comme l'écrit et la preuve électroniques, la conclusion du contrat en ligne, la publicité en ligne, la responsabilité contractuelle du fournisseur de biens et de services électroniques, la loi applicable.

les questions cruciales telles que la définition des termes techniques, la conclusion des contrats en ligne, la relation entre l'internaute et le cybercommerçant, la preuve et la sécurisation des échanges. Son accueil par les Etats membres suscite cependant des interrogations. L'article 40 de cet Acte additionnel dispose que « le présent Acte additionnel entre en vigueur dès sa publication dans le Journal officiel de la Communauté et dans ceux de chaque Etat membre. Le présent Acte additionnel est annexé au Traité de la CEDEAO dont il fait partie intégrante ». Toutefois le caractère imprécis de la notion d'acte additionnel au sein de la communauté ouest africaine peut générer plus de difficultés que de solutions. En effet, le Traité révisé de la CEDEAO ne prévoit aucune disposition sur la notion d'acte additionnel. Le traité n'organise ni les conditions de fond ni les conditions de forme de l'acte additionnel. Les actes produits par les instances de la CEDEAO sont respectivement les décisions de la Conférence des Présidents[59] et les règlements[60].

En réalité, la notion d'acte additionnel est une invention du système juridique de l'UEMOA[61] empruntée par les autres institutions sous-régionales africaines. Sa nature est indécise, notamment pour ce qui concerne ses rapports avec les autres actes communautaires et sa justiciabilité devant les instances juridictionnelles[62]. Il est arbitrairement utilisé comme un instrument unique de législation, dont le régime matériel et procédural s'avère imprécis et ne requiert aucun quorum[63]. Cette intrusion dans le domaine des actes législatifs communautaires est de nature à perturber l'esprit commun des Etats membres dans la règlementation du commerce électronique. L'initiative d'encadrer le commerce électronique par un texte supranational, qui verticalement s'imposera ou orientera les législateurs nationaux, doit se matérialiser par des textes substantiellement et formellement prévus et organisés par les traités communautaires, à savoir : les décisions, les directives, les règlements ou les protocoles. Le recours aux textes dont la nature est imprécise peut fragiliser leur force obligatoire à

[59] Les actes de la Conférence sont dénommés décisions. Sauf dispositions contraires du présent Traité ou d'un protocole, les décisions de la Conférence sont prises selon les matières à l'unanimité, par consensus, à la majorité des 2/3 des Etats membres ».

[60] Article 12 du Traité révisé de la CEDEAO : « Les actes du Conseil sont dénommés règlements. Sauf dispositions contraires du présent Traité, les règlements du Conseil sont adoptés selon les matières, à l'unanimité, par consensus ou à la majorité des 2%3 des Etats membres...Les règlements du Conseil ont, de plein droit, force obligatoire à l'égard des institutions relevant de son autorité. Ils sont obligatoires à l'égard des Etats membres, après leur approbation par la Conférence (des Présidents) ».

[61] Article 19 du Traité de l'UEMOA : « La Conférence des Chefs d'Etat et de Gouvernement prend, en tant que de besoin, des actes additionnels au Traité de l'Union. Les actes additionnels sont annexés au Traité. Ils complètent celui-ci sans toutefois le modifier. Leur respect s'impose aux organes de l'Union ainsi qu'aux autorités des Etats membres ».

[62] R. YOUGBARE, La nature juridique de l'acte additionnel dans le système juridique de l'UEMOA, à la lumière de l'affaire « YAI », Penant, revue de droit des pays d'Afrique. Volume 118 #864. p. 340.

[63] R. YOUGBARE, op. cit., p. 350 à 351.

l'égard des Etats membres[64]. Cela peut expliquer les raisons pour lesquelles des années après la publication de cet acte additionnel, les Etats ne ressentent pas la nécessité juridique de règlementer le commerce électronique.

12. La seconde catégorie des textes supra étatiques concerne les actions timides du législateur Ohada, qui jouit pourtant d'une compétence matérielle. Alors que l'impulsion pour la règlementation du commerce électronique peut provenir de l'OHADA, l'encadrement juridique du commerce électronique ne semble pas s'inscrire dans les priorités de cette instance communautaire. En effet de tous les actes uniformes, seul l'article 2 c de l'Acte uniforme sur le contrat de transport par voie terrestre définit l'écrit électronique[65]. Le nouvel Acte uniforme révisé portant droit commercial général évite très curieusement les aspects pertinents du commerce électronique entre contractants. Ce texte affirme clairement dans son article 5 que, « les actes de commerce se prouvent par tous moyens même par voie électronique à l'égard des commerçants ». Malheureusement, il ne détermine ni les conditions, ni les modalités d'établissement et de production de cette forme de preuve entre commerçants. Il se contente d'instituer les modalités d'inscription au registre de commerce et aux fichiers national et régional électroniques des commerçants dans le Livre V « Informatisation du registre de commerce et du crédit mobilier, du fichier national et du fichier régional ». Il organise la validité de la signature et des documents électroniques établis dans le cadre de ces formalités[66]. Faut-il prolonger ces dispositions relatives aux formalités d'immatriculation aux opérations effectuées en ligne par les commerçants ? La mention exclusive de la signature et des documents électroniques dans le livre V strictement est consacrée aux formalités d'immatriculation. Cela permet de douter d'une telle transposition. Comme le souligne GOUROUZA MAGAGI, « au niveau de l'OHADA, c'est le nouvel Acte uniforme OHADA adopté à Lomé le 15 décembre 2010 qui introduit le chantier de la signature électronique dans le

---

[64] A titre d'illustration, on peut citer la contestation d'une série d'actes additionnels pris par la Conférence des Chefs d'Etats de l'UEMOA, qui ont eu pour effet de nommer un commissaire et d'en destituer un autre au mépris des dispositions du Traité portant création de cette organisation confiant la destitution de cette catégorie de fonctionnaires à la Cour de justice de l'UEMOA ; R. YOUGBARE, op. cit., p. 340.

[65] L'article 2 c de l'Acte uniforme sur le contrat de transport par voie terrestre définit l'écrit comme « une suite de lettres, de caractères, de chiffres ou de tous autres signes ou symboles dotés d'une signification intelligible et mis sur papier ou sur un support faisant appel aux technologies de l'information ».

[66] Article 82 de l'Acte uniforme révisé portant droit commercial général : « Les formalités accomplies auprès des Registres du Commerce et du Crédit Mobilier au moyen de documents électroniques et de transmissions électroniques ont les mêmes effets juridiques que celles accomplies avec des documents sur support papier, notamment en ce qui concerne leur validité juridique et leur force probatoire. Les documents sous forme électronique peuvent se substituer aux documents sur support papier et sont reconnus comme équivalents lorsqu'ils sont établis et maintenus selon un procédé technique fiable, qui garantit, à tout moment, l'origine du document sous forme électronique et son intégrité au cours des traitements et des transmissions électroniques ».

cadre de l'informatisation du Registre du Commerce et du Crédit mobilier. L'amélioration du texte relatif au droit commercial vise au renforcement de la sécurité juridique et judiciaire dans l'exécution des contrats commerciaux. Les mesures ainsi adoptées doivent permettre la modernisation et l'informatisation du RCCM et à terme inciter les opérateurs économiques à s'informer en temps réel et de façon fiable sur leurs potentiels partenaires ou sur les garanties offertes par leurs débiteurs de la sous-région »[67]. Même en admettant l'élargissement des formalités électroniques au contrat entre commerçants, qu'en est-il des actes conclus entre les non commerçants sur internet ?

Cette hésitation est également perçue dans l'Acte uniforme révisé sur le droit des sociétés commerciales. Sans donner des définitions au contrat, à l'écrit et à la signature électroniques, l'acte susvisé se contente de soumettre la validité des convocations par voie électronique aux assemblées générales et au conseil d'administration à l'accord préalable et écrit du destinataire[68].

13. Dans l'attente d'une règlementation à l'échelle régionale, quatre des pays francophones d'Afrique subsaharienne ont légiféré séparément sur le commerce électronique. Dans l'ordre chronologique, on peut citer le Sénégal[69], le Burkina Faso[70], le Cameroun[71] et la Côte d'Ivoire[72].

14. Or il est nécessaire que l'encadrement du commerce électronique soit impulsé par les instances régionales à compétence matérielle comme l'OHADA. Les risques d'une règlementation menée par des actions étatiques séparées sont nombreux. On peut évoquer notamment la persistance des divergences règlementaires, la pérennité des zones d'ombre nées de l'absence d'accord entre les Etats, une stratification différente des champs de règlementation prioritaires[73], et enfin un contenu différent des termes techniques.

---

[67] Z. A. GOUROUZA MAGAGI, La vente électronique dans les espaces UEMOA, CEDEAO et OHADA, Revue de l'Ersuma, n°4, set. 2014, p.14.

[68] Article 518 de l'Acte uniforme révisé sur le droit des sociétés commerciales : « Les convocations par télécopie et voie électronique ne sont valables que si l'associé a préalablement donné son accord écrit et communiqué son numéro de télécopie ou son adresse électronique ». Contra, Article 5 loi-type de 1996 : « L'effet juridique, la validité ou la force exécutoire d'une information ne sont pas déniés au seul motif que cette information est sous forme de message de données ».

[69] Loi sénégalaise n° 2008 – 08 sur les transactions électroniques, loi n° 2008-11 du 25 janvier 2008 portant sur la Cybercriminalité, loi n° 2008-41 du 20 août 2008 portant sur la Cryptologie, et enfin le décret n° 2008-720 du 30 juin 2008 relatif à la certification électronique pris pour l'application de la loi n° 2008-08 du 25 janvier 2008 sur les transactions électroniques.

[70] Loi n° 045-2009/an portant réglementation des services et des transactions électroniques au Burkina Faso et publiée dans le Journal officiel n°01 du 07 janvier 2010.

[71] A travers la loi n° 2010/012 du 21 décembre 2010 relative à la cybersécurité et à la cybercriminalité et la loi n°2010/021 du 21 décembre 2010 régissant le commerce électronique au Cameroun.

[72] Loi ivoirienne n°2013-546 du 30 juillet 2013 relative aux transactions électroniques.

[73] Le cas du Gabon qui se consacre plus aux données personnelles qu'au commerce électronique. On peut aussi citer le cas de la Côte d'Ivoire qui, avant l'adoption de la loi sur

Sur la scène européenne, les directives et les règlements communautaires harmonisent les règles dédiées aux transactions en ligne[74]. Et c'est à partir de ces textes que les lois internes des Etats membres sont élaborées et adoptées. A titre d'illustration, la loi française n° 2004-575 du 21 juin 2004 pour la confiance dans l'économie numérique transpose la directive 2000/31/CE du 8 juin 2000 relative à certains aspects juridiques des services de la société de l'information, et notamment du commerce électronique, dans le marché intérieur. Il y a également la loi française n° 2014-344 du 17 mars 2014 relative à la consommation, qui transpose dans ses sous-sections 4 et 6, les dispositions particulières aux contrats conclus en ligne et l'exercice d'un tel droit de rétractation, prévues par la directive 2011/83/UE sur les droits des consommateurs du 25 octobre 2011 visant à accroitre la protection des consommateurs dans l'Union européenne, et entrée en vigueur le 13 décembre 2013.

15. Face à cette timidité législative et à l'absence de jurisprudence locale au niveau des Etats parties de l'OHADA, les textes et les décisions de justice européens et français seront évoqués tout le long de cette étude. Ces références permettront de percevoir les solutions préconisées par les sociétés occidentales qui ont réagi aux difficultés du cyberespace, plutôt que les pays francophones d'Afrique subsaharienne. Il s'agit de consulter les orientations des droits étrangers qui ont déjà fait leurs preuves face aux questions d'internet. L'objectif n'est forcément pas de transposer leurs résultats au contexte africain, car comme le dit le vieil adage, « à chaque société, son droit ».

Avec le *e-commerce*, de nouveaux termes techniques comme « passation de la commande », « signatures électroniques simple et avancée », « double clic » font leur apparition. Le sens juridique que chaque législateur étatique donnera à ces termes techniques pourrait être différent. D'où la nécessité

---

les transactions électroniques, avait choisi de mettre un accent prioritaire sur la lutte contre la cybercriminalité. « Le gouvernement Ivoirien a adopté au cours d'un conseil des ministres tenu ce Mercredi 20 Février 2013 au Palais de la Présidence de la République à Abidjan, un projet de loi relatif à la lutte contre la cybercriminalité. Le projet de loi, présenté par le Ministre de la Poste et des Technologies de l'Information et de la Communication, vise essentiellement à transposer en droit interne, les directives C/DIR/1/08/11 du 19 août 2011 portant lutte contre la cybercriminalité dans l'espace de la CEDEAO ». http://cybercrime.interieur.gouv.ci/.

[74] Directive 1999/93/CE du parlement européen et du conseil du 13 décembre 1999 sur un cadre communautaire pour les signatures électroniques ; Directive 2009/110/CE du parlement européen et du conseil du 16 septembre 2009 concernant l'accès à l'activité des établissements de monnaie électronique et son exercice ainsi que la surveillance prudentielle de ces établissements, modifiant les directives 2005/60/CE et 2006/48/CE et abrogeant la directive 2000/46/CE ; Directive 2000/31/CE du 8 juin 2000 relative à certains aspects juridiques des services de la société de l'information, et notamment du commerce électronique, dans le marché intérieur ; Règlement Bruxelles I du 20 décembre 2000 sur la compétence judiciaire et l'exécution des jugements, Règlement (UE) n°1215/2012 du Parlement européen et du Conseil du 12 décembre 2012 concernant la compétence judiciaire, la reconnaissance et l'exécution des décisions en matière civile et commerciale.

primordiale de définir le commerce électronique à l'échelle communautaire et d'identifier les éléments qui le composent (§1). Cette démarche va permettre de comprendre que le commerce électronique présente un volet statique qui porte sur ses instruments, et un volet dynamique lié à la réalisation des transactions. Cette distinction va aboutir à un régime juridique éclaté (§2).

§1. La définition du commerce électronique

16. Le commerce électronique ne se confond pas à internet. Internet n'est qu'un canal utilisé pour effectuer les échanges en ligne qui caractérisent le commerce électronique. Les lois sénégalaise et camerounaise s'accordent à définir le commerce électronique comme l'activité économique par laquelle une personne propose ou assure à distance et par voie électronique la fourniture de biens ou de services[75]. L'activité économique est comprise comme l'ensemble des opérations relatives à la production, à la distribution et à la consommation des richesses[76].

17. Le commerce électronique peut viser toute personne[77]. C'est bien ce que prévoit l'article 14 de la loi française n° 2004-575 du 21 juin 2004 pour la confiance dans l'économie numérique, qui précise que « le commerce électronique est l'activité économique par laquelle une personne propose ou assure à distance et par voie électronique la fourniture de biens ou de services. Entrent également dans le champ du commerce électronique les services tels que ceux consistant à fournir des informations en ligne, des communications commerciales et des outils de recherche, d'accès et de récupération de données, d'accès à un réseau de communication ou d'hébergement d'informations, y compris lorsqu'ils ne sont pas rémunérés par ceux qui les reçoivent ».

Mais pour des raisons méthodologiques, la présente étude considèrera le cybercommerçant dans un sens strict, c'est-à-dire le cybercommerçant qui se conforme aux exigences de l'Acte uniforme révisé portant droit commercial général. Cette limitation n'a pas de portée générale. Elle permet juste

---

[75] Article 2 de la loi camerounaise de 2010 sur le commerce électronique : « Le commerce électronique est l'activité économique par laquelle une personne propose ou assure, à distance et par voie électronique, la fourniture de biens et la prestation de services ». Article 8 de la loi sénégalaise de 2008 sur les transactions électroniques : « Le commerce électronique est l'activité économique par laquelle une personne propose ou assure, à distance et par voie électronique, la fourniture de biens et la prestation de services ».

[76] Dictionnaire Le nouveau petit robert, p. 814.

[77] Considérant (20) de la Directive 2000/31/CE du Parlement européen et du Conseil du 8 juin 2000 relative à certains aspects juridiques des services de la société de l'information, et notamment du commerce électronique, dans le marché intérieur : « La définition du destinataire d'un service couvre tous les types d'utilisation des services de la société de l'information, tant par les personnes qui fournissent l'information sur les réseaux ouverts tels que l'Internet que par celles qui recherchent des informations sur l'Internet pour des raisons privées ou professionnelles ».

d'évacuer les questions relatives à l'intermédiation des sites internet appartenant à des professionnels, et à la recherche de la qualité de commerçant, lorsque l'internaute propose des biens et des services en ligne. Selon l'Acte uniforme révisé portant droit commercial général, le commerçant désigne celui qui fait de l'accomplissement d'actes de commerce par nature sa profession[78]. Avec ce nouveau texte, le critère de commercialité de l'activité est limité aux actes par nature prévus à l'article 3[79]. Dans un sens restrictif, le critère de la commercialité de l'Acte uniforme pourrait réduire le commerce électronique aux échanges effectués uniquement par les commerçants. Pourtant ce n'est pas à partir du critère de la commercialité qu'il faudrait définir le commerce électronique, mais plutôt à partir du critère de l'activité économique consacrée par les lois nationales.

L'activité désigne une occupation laborieuse, un ensemble de tâches ou d'occupations, qui peuvent être professionnelles, salariales[80] ou de toute autre nature. Lorsqu'elle est économique, l'activité porte sur un ensemble d'opérations de phénomènes et de faits relatifs à la production, à la circulation et à la consommation des richesses dans un ensemble donné[81]. L'internaute non commerçant qui s'entremet de manière indépendante dans la production et la circulation des produits fait bien du commerce électronique, ainsi que le souligne le considérant (18) de la Directive 2000/31/CE du Parlement européen et du Conseil du 8 juin 2000 relative à certains aspects juridiques des services de la société de l'information, et notamment du commerce électronique, dans le marché intérieur[82]. Mais dans

[78] Article 2 de l'Acte uniforme révisé portant droit commercial général : « Est commerçant celui qui fait de l'accomplissement d'actes de commerce par nature sa profession ».

[79] Article 3 de l'Acte uniforme révisé sur le droit commercial général : « Ont, notamment, le caractère d'actes de commerce par nature : l'achat de biens, meubles ou immeubles, en vue de leur revente ; les opérations de banque, de bourse, de change, de courtage, d'assurance et de transit ; les contrats entre commerçants pour les besoins de leur commerce ; l'exploitation industrielle des mines, carrières et de tout gisement de ressources naturelles ; les opérations de location de meubles ; les opérations de manufacture, de transport et de télécommunication ; les opérations des intermédiaires de commerce, telles que la commission, le courtage, l'agence, ainsi que les opérations d'intermédiaire pour l'achat, la souscription, la vente ou la location d'immeubles, de fonds de commerce, d'actions ou de parts de société commerciale ou immobilière ; les actes effectués par les sociétés commerciales ».

[80] G. CORNU, Association H. CAPITANT, Vocabulaire juridique, 10ème éd. 2014, p. 29.

[81] G. CORNU, Association H. CAPITANT, Vocabulaire juridique, 10ème éd. 2014, p. 382.

[82] Considérant (18) de la Directive 2000/31/CE du Parlement européen et du Conseil du 8 juin 2000 relative à certains aspects juridiques des services de la société de l'information, et notamment du commerce électronique, dans le marché intérieur : « Les services de la société de l'information ne se limitent pas exclusivement aux services donnant lieu à la conclusion de contrats en ligne, mais, dans la mesure où ils représentent une activité économique, ils s'étendent à des services qui ne sont pas rémunérés par ceux qui les reçoivent, tels que les services qui fournissent des informations en ligne ou des communications commerciales, ou ceux qui fournissent des outils permettant la recherche, l'accès et la récupération des données. Les services de la société de l'information comportent également des services qui consistent à transmettre des informations par le biais d'un réseau de communication, à fournir un accès à

la plupart des cas, cet internaute agira de manière indirecte par l'intermédiaire des sites des entreprises et des établissements. C'est la raison pour laquelle, il convient de s'appesantir plus sur le commerçant qui souhaite prolonger son activité sur les réseaux[83].

18. Ces précisions semblent conforter la définition du commerce électronique qu'Olivier CACHARD souhaitait remplacer par des substituts. L'auteur propose simplement d'abandonner cette expression au profit du « marché électronique ». Au soutien de sa critique, il évoque l'aptitude des réseaux électroniques à constituer de véritables marchés dématérialisés[84]. Le marché électronique, entendu comme la confrontation des offres et des demandes sur les réseaux électroniques ouverts, constituerait déjà un instrument d'analyse économique plus fiable que le concept de commerce électronique[85]. Toutefois cette substitution ne semble pas vraiment pertinente. Ce n'est pas parce que les réseaux ouverts permettent la réunion de l'offre et de la demande[86] qu'on devrait remplacer la notion de commerce électronique par celle de marché. A l'origine, le marché est un lieu de rencontre entre vendeurs et acquéreurs. Le commerce suppose une activité professionnelle[87], contrairement au marché qui ne garantit pas la qualité professionnelle de ses acteurs ou d'une partie de ceux-ci. D'autre part, on retrouve dans le marché électronique, le reproche qui a souvent été fait au commerce électronique, à savoir une extrême diversité des activités menées sur le réseau. Selon Olivier CACHARD, l'originalité du marché électronique « provient de son ouverture à tous les opérateurs, qui peuvent proposer une gamme étendue de produits et de services [...] L'appréciation des atteintes à

---

un réseau de communication ou à héberger des informations fournies par un destinataire de services ».

83 « Le commerce électronique consiste principalement dans la possibilité offerte par des fournisseurs, privés et publics, à des interlocuteurs, professionnels ou consommateurs, de passer commande de produits ou de services, par le biais des communications numérisées généralisées sur les grands réseaux, ainsi que dans la publicité qui peut être faite pour ces produits ou services, notamment sur des sites internet des entreprises qui les proposent », J. HUET, La problématique juridique du commerce électronique, Colloque Droit et Commerce, Deauville 2000, Le droit des affaires du XXIème siècle, http://jeromehuet.com/IMG/pdf/JH-JBB-ComEl-C-Com-PII.pdf; « Le commerce électronique s'entend du fait pour une entreprise d'utiliser l'informatique associée aux réseaux de télécommunication pour interagir avec son environnement », D. KAPLAN (dir.), Internet, les enjeux pour la France, Paris, Éd. AFTEL, 1995, p. 93.

84 O. CACHARD, La régulation internationale du marché électronique, thèse, LGDJ, 2002, p. 5 et 6, n°7 et 8.

85 « Le commerce éveille la notion de marché. Le marché est le lieu où se rencontrent les acheteurs et les vendeurs de telle ou telle catégorie de marchandises ; par extension, on a pris l'habitude d'appeler marché l'ensemble même des offres et des demandes qui sont en situation de se rencontrer et de donner lieu à des échanges », O. CACHARD, thèse, op. cit., 8, n°13.

86 H. de VAUPLANE et J.-P. BORNET, Droit des marchés financiers, Paris, Litec, 2001, n°343 et 359 ; V. aussi O. CACHARD, thèse, op. cit., p. 9, n°14.

87 Article 2 de l'Acte uniforme révisé portant droit commercial général : « Le commerçant est celui qui fait de l'accomplissement d'actes de commerce par nature, sa profession ».

la concurrence suppose en effet la délimitation d'un marché pertinent, défini par l'interchangeabilité ou la substituabilité des produits. Or le marché électronique permet la réunion des opérateurs pour l'échange d'une gamme très étendue de produits et de services »[88]. On peut conclure en toute logique que ce n'est pas la diversité des activités menées sur le réseau qui serait à l'origine de la difficulté de définition du commerce électronique, mais plutôt le sens trop large qu'on lui attribue lorsqu'il est « électronisé ».

19. En effet, « le fondement de la définition du commerce électronique découle de deux mots : électronique et commerce. Le terme électronique suppose que l'activité est réalisée grâce à l'utilisation de bits plutôt que d'atomes. Commerce, par ailleurs, peut s'appliquer tant dans le domaine des bits que dans celui des atomes »[89]. Le commerce électronique entendu comme activité économique[90], exclut l'infrastructure requise pour mettre les ordinateurs en réseau grâce à la télématique[91]. L'infrastructure technique n'a pour rôle que d'améliorer la qualité des activités et des prestations proposées en ligne. Le *Center for Research in Electronic Commerce* (CERC) de l'Université du Texas affirme que le commerce électronique se décompose en 4 couches[92]. Cette décomposition permet de distinguer les activités relatives à la gestion du réseau de l'internet auxquelles correspondent les première et deuxième couches, des activités relatives à la réalisation et à l'accomplissement effectif des opérations en ligne propres aux troisième et quatrième couches. Seules ces dernières, c'est-à-dire les activités

---

[88] O. CACHARD, thèse, op. cit., p. 8, n°13.

[89]R. ST-PIERRE, Une vérification de la réalité pour définir le commerce électronique, Statistiques Canada, 1999, www.statcan.ca/français/research/88F0006XIF/88F0006XIB19999006.pdf.

[90] Article 2 de la loi camerounaise de 2010 sur le commerce électronique : « Le commerce électronique est l'activité économique par laquelle une personne propose ou assure, à distance et par voie électronique, la fourniture de biens et la prestation de services ». Article 8 de la loi sénégalaise de 2008 sur les transactions électroniques : « Le commerce électronique est l'activité économique par laquelle une personne propose ou assure, à distance et par voie électronique, la fourniture de biens et la prestation de services ».

[91]Ensemble des techniques et des services qui combine les moyens de l'informatique avec ceux des télécommunications, Le nouveau petit robert, p. 2520.

[92]« Une première couche qui porte sur les activités liées à l'infrastructure de l'internet, c'est-à-dire les fournisseurs d'accès Internet, d'équipements et de logiciels de réseau ; une seconde couche sur les applications de l'internet qui rendent possible l'activité commerciale en ligne, c'est à dire les consultants de l'internet, les applications de commerce électronique (Netscape, Microsoft, IBM..), les applications multimédia (*Realplayer, Macromedia..*), les logiciels de développement du web (Adobe..), les concepteurs de moteurs de recherche (Inktomi...), les bases de données web (Oracle, IBM...) ; une troisième couche qui concerne les intermédiaires qui facilitent la rencontre et les interactions entre acheteurs et vendeurs sur l'internet, c'est-à-dire les organisateurs de marchés comme les plates-formes de commerce électronique, les agences de voyages en ligne, les courtiers en ligne, les portails, les sites d'enchères comme *E-Bay*, et enfin une quatrième couche liée aux opérations de commerce proprement dites telles que la vente de produits et de services à des consommateurs ou à des entreprises sur l'internet », A. RALLET, Commerce électronique ou électronisation du commerce ? La Découverte, Réseaux, 2001/2 - no 106, 27, http://www.cairn.info/revue-reseaux-2001-2-page-17.htm.

d'intermédiation et les opérations doivent être comprises comme faisant partie du commerce en ligne[93].

Sont également exclues, les opérations de paiement en ligne prises dans leur seule dimension de transfert ou d'ordre de paiement au commerce électronique. N'intègrent pas le commerce électronique toutes les opérations de paiement exécutées en ligne, alors que l'accord des volontés s'est réalisé hors ligne[94]. Le commerce électronique saisit l'opération toute entière à partir de son point de départ, c'est-à-dire le moment de la rencontre des volontés. Le commerce ne devient électronique que lorsque les parties s'accordent à travers les réseaux électroniques, que l'exécution soit faite en ligne ou pas. Il n'a de sens que parce que les réseaux électroniques sont utilisés pour la conclusion du contrat et ou pour quelques éléments de son exécution[95]. L'exécution en ligne n'intègre le commerce électronique que si elle constitue la suite de la commande effectuée par voie électronique[96]. Cette position est partagée par le Secrétariat de l'OMC qui précise que, «...même si les marchandises ou les services sont commandés par voie électronique, le paiement et la livraison n'ont pas besoin d'avoir lieu en ligne [...] Les transactions électroniques incluent les commandes passées sur le *Web*, l'extranet ou l'échange électronique de données »[97].

Le commerce électronique se rapporte se caractérise en tout cas par l'abolition des distances géographiques et par la réduction du temps[98]. Ces caractéristiques ressortent de l'interconnexion des matériels qui créent un

---

[93] « D'une part, (la définition large) inclut des activités qui supportent l'ensemble du fonctionnement de l'internet et pas seulement la partie consacrée au commerce électronique. D'autre part, elle range l'infrastructure nécessaire au commerce électronique comme une composante de ce commerce. C'est comme si les dépenses d'aménagement urbain et routier permettant l'accès aux centres commerciaux périphériques et les coûts de construction des bâtiments commerciaux étaient décomptées dans le chiffre d'affaires du commerce ». A. RALLET, Commerce électronique ou électronisation du commerce ? op. cit., http://www.cairn.info/revue-reseaux-2001-2-page-17.htm.

[94] « Le dispositif de paiement en ligne n'a pour objet que de d'organiser un paiement et non de l'accomplir à proprement parler », A. PRUM, Les paiements en « ligne », in Les deuxièmes journées internationales du droit du commerce électronique, Litec, 2005, p. 157.

[95] D. MAINGUY, L'échange électronique des consentements, in Les deuxièmes journées internationales du droit du commerce électronique, Litec, 2000, p. 214.

[96] Article 1 (2) de la directive 98/34/CE modifiée par la directive 98/48/CE relative aux services de la Société de l'Information : « Aux fins de la présente définition, on entend par (...) par voie électronique : un service envoyé à l'origine et reçu à destination au moyen d'équipements électroniques de traitement (y compris la compression numérique) et de stockage de données, et qui est entièrement transmis, acheminé et reçu par fils, par radio, par moyens optiques ou par d'autres moyens électromagnétiques ».

[97] « Le type de transaction effectuée est défini par la méthode de passation de la commande. Les commandes passées par téléphone, fax ou courrier électronique tapé à la main sont normalement exclues », Commerce électronique, développement et petites et moyennes entreprises, Note d'information du secrétariat, WT/COMTD/W/193 14 février 2013, (13-0844), 7 ;
http://www.oecd-ilibrary.org/sites/sti_scoreboard-2011. en/06/10/index.html;jsessionid.

[98] S. GUINCHARD, M. HARICHAUX et R. de TOURDONNET, Internet pour le droit, Montchrestien, 1999, p. 203.

espace virtuel dont l'appréhension par le droit entraîne un régime juridique éclaté.

§2. Le régime juridique éclaté du commerce électronique

20. La recherche d'un régime juridique du commerce électronique suppose l'identification et la qualification des normes appelées à régir l'activité commerciale en ligne. Un auteur rappelle que les Etats ne peuvent se désintéresser complètement des relations de commerce qui ont une attache essentielle avec plusieurs Etats[99]. Selon Jérôme HUET, « les transformations du droit par l'informatique s'inscrivent dans une double perspective. D'un côté, la nécessité d'un encadrement de l'informatique par le droit afin de maîtriser les dangers que recèlent les possibilités nouvelles de classement, de tri, de recoupement et de transmission des informations [...] D'un autre côté le souci d'une adaptation du droit à l'informatique, car il est indispensable que les règles juridiques soient en harmonie avec les pratiques engendrées par l'utilisation de l'informatique, qu'elles ne viennent pas freiner une évolution qui se manifeste dans tous les secteurs de la vie économique »[100].

En principe les avancées techniques rentrent presque toutes dans les catégories juridiques préexistantes, le travail du juriste étant juste de traduire les faits, les évènements et les résultats scientifiques en hypothèses juridiques. Une fois cette tâche achevée deux possibilités se révèlent : soit il faut juste expliquer l'opération par laquelle la nouveauté scientifique s'inscrit dans le moule juridique préexistant, soit il faut démontrer en quoi le moule juridique préexistant est insuffisant parce qu'à l'origine, sa conception était limitée aux faits empiriques de son époque. Ces démarches ne sont pas toujours exclusives. Elles peuvent même être complémentaires.

21. La nécessité d'adapter les règles en vigueur dans les pays francophones d'Afrique subsaharienne ne souffre d'aucun doute. HUET et BLAISE le démontrent à travers le mutisme apparent du Code de commerce français face au commerce électronique. Selon ces auteurs, « il importe de rechercher quelles sont les dispositions, et plus largement les règles applicables au commerce électronique, de déterminer si elles présentent quelque spécificité, et de se demander s'il ne serait pas souhaitable de les intégrer dans le code de commerce....Le fait que le code de commerce paraisse ignorer le commerce électronique ne signifie pas que l'activité commerciale ne soit pas touchée par des règles spécifiques adoptées ces dernières années pour adapter le droit à l'électronique »[101]. La transposition des opérations de commerce sur internet exige une adaptation des règles

---

[99] O. CACHARD, thèse, op.cit., p. 11.

[100] J. HUET, La modification du droit sous l'influence de l'informatique : aspects de droit privé, SJ/G-I-1, Doctrine (1983, 3095, n°1.

[101] J.-B. BLAISE et J. HUET, Commerce électronique et code de commerce, in "Le bicentenaire du Code de commerce", ouvrage sous la direction de l'Université de Paris II, Dalloz 2008, http://jeromehuet.com/IMG/pdf/JH-JBB-ComEl-C-Com-PII.pdf.

antérieures à son apparition. Il est difficile de nier que certains éléments de spécificité obligent les juristes à reconsidérer l'encadrement de ces nouvelles sphères[102]. C'est le cas par exemple de la communication au public en ligne[103]. La démarche préconisée dans le cadre du droit du commerce électronique est de recourir à la méthode des équivalences fonctionnelles[104]. Cette approche des équivalents fonctionnels est proposée par la CNUDCI dans sa loi-type sur le commerce électronique de 1996[105] pour supprimer les obstacles formels nés de l'électronique. Elle suppose l'adoption d'une approche ouverte et plus large des notions comme l'écrit, la signature, ou l'original, focalisée sur leurs fonctions et non leur support. Il en est ainsi des signatures manuscrite et électronique qui ont pour rôle fondamental de rattacher un acte à son auteur, en démontrant son adhésion par l'apposition de sa marque personnelle, quelque soit la forme ou le support utilisés[106].

22. Mais cette action de l'informatique sur le droit ne doit pas être exagérée. Les réseaux électroniques ne sont pas les premières inventions scientifico-techniques que le droit a pour devoir d'encadrer et de règlementer. Des cadres juridiques fort anciens ont pu fréquemment s'adapter avec succès à des situations de fait entièrement nouvelles[107]. L'article 3 de la loi ivoirienne de 2013 relative aux transactions électroniques dispose clairement que, « les échanges ou transactions électroniques restent néanmoins soumis aux dispositions non contraires [à la présente loi] en matière commerciale et civile ». CASTET-RENARD précise

---

[102] « L'indépendance du droit du cyberespace, pourtant prônée à ses débuts par certains est désormais largement décriée. Le vide juridique, solution intermédiaire est également considérée comme étant une erreur », V. GAUTRAIS, « Libres propos sur le droit des affaires électroniques », Lex Electronica, vol.10, n°3, Hiver/Winter 2006, http://www.lex-electronica.org/articles/v10-3/gautrais.htm, p.3.

[103] Cette forme de communication « accroît l'étendue géographique et potentiellement au moins, l'importance quantitative de la diffusion et de son impact et donc en cas d'abus, ou d'une atteinte portée à quelque droit que ce soit, du désordre social ou du préjudice subi. En sens inverse, dans le même temps, les instruments juridiques susceptibles d'être employés pour les réprimer, y mettre un terme ou tenter d'y remédier paraissent d'une utilité et d'une efficacité limitées, et quelque peu dépassées par la technique », E. DERIEUX, Internet et responsabilité, PA, 11 juil. 2008, n°139, p.7.

[104] Le fonctionnalisme est un ensemble de courants de pensée, des domaines de l'anthropologie, de la sociologie, de la psychologie, de la politique, qui privilégient et mettent en avant les différentes fonctions d'un système pour leur analyse et leur compréhension.

[105]Loi type de la CNUDCI sur le commerce électronique et Guide pour son incorporation 1996 avec le nouvel article 5 bis tel qu'adopté en 1998, http://www.uncitral.org/pdf/french/texts/electcom/05-89451_Ebook.pdf.

[106] « Traditionnellement, la doctrine considère que la signature remplit une double fonction : elle permet d'identifier l'auteur d'un acte et exprime son adhésion au contenu de ce dernier. On verra que divers mécanismes de signature électronique permettent de satisfaire à ces exigences essentielles de l'institution. Certains permettent, en sus, de conférer à ces fonctions une efficacité et une importance nettement plus significatives », D. GOBERT et E. MONTERO, La signature dans les contrats et les paiements électroniques : l'approche fonctionnelle, Cahiers du Crid-n°17, 62, http://www.crid.be/pdf/public/4562.pdf.

[107] E. DERIEUX, op. cit., p.7 ; P.-Y. GAUTHIER, Le contrat de précaire sur les images de cinéma, D. 1989, Chron. 113, n°1.

que toute la règlementation est susceptible de s'appliquer sur l'internet, même si des ajustements sont parfois nécessaires[108]. Il faut distinguer ce qui est du domaine de l'adaptable de ce qui est du domaine de l'applicable dans les pays francophones d'Afrique subsaharienne. Le commerce électronique comporte aussi un volet relatif aux conditions d'accès à l'activité qui est véritablement détaché de la réalisation des opérations. La présence d'un opérateur sur les réseaux électroniques n'est pas anodine. Elle suppose la conformité à certaines exigences juridiques et techniques impliquant la réunion de certains outils spécifiques, sans lesquels l'activité ne serait pas possible sur internet. Parmi ces outils on peut distinguer ceux qui n'ont pour rôle que d'améliorer la qualité technique des prestations, de ceux dont l'apparition et l'utilisation interpellent le droit. Les fonctionnalités techniques comme les langages de programmation, les codes d'accès, de verrouillage et de déverrouillage sont juridiquement transparents. Les outils, tels que le site ou le nom de domaine, qui constituent des préalables pour accéder au réseau et pour avoir une présence commerciale en ligne, peuvent être encadrés par les règles classiques. « Le droit interne, comme le droit international, comportent déjà divers instruments juridiques plus ou moins contraignants, tantôt généraux, mais qui, en raison de leur objet, devraient lui être applicables, tantôt spécifiquement établis pour le web »[109].

Le droit utilise des concepts pour appréhender les faits qu'il doit régir. Mais d'un autre côté, l'informatique a également ses propres outils conceptuels qui peuvent à l'occasion déborder dans le champ du droit[110]. Le droit n'est pas une science figée. Pris entre classicisme et originalité, il évolue au gré des modifications substantielles de la société[111]. Que le droit soit fonction de son environnement n'est pas un obstacle à son approche systémique, puisque ses lacunes et ses contradictions peuvent être mieux décelées et résorbées[112]. L'adaptation se révèle donc fondamentale dans la détermination du régime juridique du commerce électronique. Le droit ne saisit les phénomènes sociaux qu'en fonction de leurs similitudes, selon qu'ils soulèvent des questions qui peuvent être rangées dans des catégories juridiques identiques. Cela suppose une résolution des problèmes par une méthode de classification. En procédant au regroupement des différentes inquiétudes relatives au commerce électronique, deux types de

---

108 C. CASTET-RENARD, Droit de l'internet : droit français et européen, Montchrestien, op. cit., p. 1.

109 M. BETTATI, Un statut international pour internet ?, in B. TEYSSIE (dir.), La communication numérique, un droit, des droits, Ed. Panthéon Assas, 2012, p. 99.

110 M. VIVANT, L'informatique dans la théorie générale du contrat, Rec. Dalloz, Sirey, 1994, 16ème cahier, Chroniques, p. 117.

111 « L'élasticité de ses concepts [le droit], la mutabilité de ses règles sont inhérentes à sa [le droit] spécificité et à sa fonction qui est de s'adapter aux réalités positives du droit vivant même s'il doit parfois les modeler ou les diriger en fonction de fins ou de valeurs supérieures », J.-L. BERGEL, Différence de nature (égale) différence de régime, RTD civ. 1984, p. 257.

112 Ibid.

préoccupations se dégagent : celle relative à l'accès et celle relative à l'exercice du commerce en ligne.

23. Le régime juridique du commerce électronique dans les pays francophones ne peut donc pas être uniforme. Ce régime est éclaté et se déploie selon qu'il encadre l'accès au commerce électronique, ou selon qu'il appréhende l'exercice de l'activité à travers les transactions effectuées en ligne. Transposition des règles relatives aux conditions de l'activité d'une part, et nécessaire évolution des règles destinées à l'accomplissement des opérations d'autre part. Les règles en vigueur dans les pays francophones d'Afrique subsaharienne appréhendent et organisent l'activité du professionnel. Cela permet de démontrer l'inutilité d'une règlementation spécifique de l'accès à l'activité de commerce électronique (partie 1). En revanche, le déroulement des opérations en ligne sollicite des règles nouvelles destinées au contrat[113]. L'apparition de nouvelles pratiques contractuelles, la dématérialisation et l'internationalité des relations impliquent une révision des règles destinées à régir le contrat par voie électronique. D'où la nécessité pour le droit de prendre en compte les spécificités de l'exercice du commerce électronique (partie 2).

[113] J.-B. BLAISE et J. HUET, Commerce électronique et code de commerce, op cit, http://jeromehuet.com/IMG/pdf/JH-JBB-ComEl-C-Com-PII.pdf.

PARTIE 1

L'inutilité d'une règlementation spécifique de l'accès au commerce électronique

24. Le commerce électronique est librement accessible[114] à toute personne dont l'activité est mise en ligne dans le but de proposer aux internautes des produits ou des services. La typologie des services offerts n'est pas primordiale pour identifier l'opérateur en ligne. Mais contrairement à l'opinion commune qui a tendance à élargir le commerce électronique à toute personne, l'opérateur concerné dans le cadre de cette étude est celui qui exerce en ligne une activité commerciale ou spéculative, répétée et habituelle. Dans le cadre de cette étude, cet opérateur est le cybercommerçant.

25. L'accès à l'activité commerciale dans les pays francophones d'Afrique subsaharienne exige de se conformer aux dispositions de l'Acte uniforme révisé sur le droit commercial général[115]. Tout commerçant qui souhaite avoir une présence sur internet doit préalablement obéir aux prescriptions de ce texte[116]. Cependant, ce n'est pas l'obligation de se conformer aux dispositions en vigueur dans les pays francophones d'Afrique subsaharienne qui interpelle la réflexion. Ce qui préoccupe dans ce contexte,

---

[114] Article 3 de la loi camerounaise de 2010 sur le commerce électronique : « L'exercice du commerce électronique est libre à l'exclusion : des jeux d'argent, des paris et des loteries légalement autorisés ; des activités de représentation et d'assistance en justice ; des activités exercées par les notaires ». L'article 9 de la loi sénégalaise de 2008 sur les transactions électroniques précise que l'activité de commerce électronique « s'exerce librement sur le territoire national à l'exclusion des domaines suivants : les jeux d'argent, mêmes sous forme de paris et de loteries, légalement autorisés; les activités de représentation et d'assistance en justice ; les activités exercées par les notaires en application des textes en vigueur ».

[115] Article 1 de l'Acte uniforme révisé sur le droit commercial général : « Tout commerçant, personne physique ou morale y compris toutes sociétés commerciales dans lesquelles un État ou toute autre personne de droit public est associé, ainsi que tout groupement d'intérêt économique, dont l'établissement ou le siège social est situé sur le territoire de l'un des Etats Parties au Traité relatif à l'harmonisation du Droit des Affaires en Afrique, ci-après dénommés « Etats Parties », est soumis aux dispositions du présent Acte uniforme ».

[116] Notamment les formalités légales d'immatriculation et la constitution d'un fonds de commerce des articles 44 à 51 de l'Acte uniforme révisé portant droit commercial général.

c'est plutôt l'aptitude des règles classiques à encadrer les modalités par lesquelles un commerçant peut déployer son activité sur les réseaux électroniques. Les législations internes des pays francophones d'Afrique subsaharienne sont encore imprégnées des concepts fondés sur l'espace physique et le territoire. Toutefois cela ne doit pas susciter pas des doutes sur leur aptitude à régir les outils requis pour une présence commerciale en ligne. L'installation (titre 1) et le déploiement de l'activité (titre 2) sur les réseaux électroniques sont effectivement encadrés par les législations des pays francophones d'Afrique subsaharienne.

TITRE 1

L'application du droit classique à l'installation de l'activité sur les réseaux électroniques

26. Pour être présent sur internet, le cybercommerçant doit nécessairement faire appel à un ensemble d'outils et instruments matériels et logiciels. Dans un sens large, l'activité de commerce électronique englobe aussi l'infrastructure de réseau matérielle et logicielle qui sous-tend le fonctionnement de l'internet. Il s'agit des routeurs, des serveurs, des logiciels d'administration du réseau, des plates-formes logicielles nécessaires pour le commerce électronique[117]. Cette infrastructure permet et améliore l'ensemble du fonctionnement du réseau internet. L'intérêt pour le droit d'appréhender ces outils est primordial pour deux raisons. Techniquement, aucune activité en ligne ne serait possible sans ces instruments. Juridiquement, leur obtention et leur utilisation impliquent de les encadrer à cause de leurs incidences potentielles sur les personnes et les biens. Sans prétendre faire le tour de tous les instruments dont le cybercommerçant a besoin pour être présent sur internet, seuls ceux qui revêtent un intérêt juridique seront étudiés. Les instruments qui visent l'amélioration de la qualité des services sont exclus de cette étude. En revanche, les outils liés à l'accès au commerce électronique seront pris en compte, parce qu'ils ont des incidences juridiques notables. Dans ce sens, les matériels informatiques tels que les terminaux, les ordinateurs et les autres supports ne révèlent aucun intérêt puisqu'ils obéissent aux règles du droit civil des biens. Les dispositifs immatériels quant à eux révèlent un grand intérêt. Mais dans cette catégorie, seuls les outils techniques essentiels pour la présentation des offres, l'accueil, l'attraction et la fidélisation de la clientèle retiennent l'attention. Le site internet (chapitre 1) et le nom de domaine (chapitre 2) répondent à ces préoccupations. Bien que nouveaux dans l'environnement économique africain, ces outils peuvent être appréhendés par les règles en vigueur dans les pays francophones d'Afrique subsaharienne.

---

[117] A. RALLET, Commerce électronique ou électronisation du commerce ? La Découverte, Réseaux, 2001/2 - no 106, 23, http://www.cairn.info/revue-reseaux-2001-2-page-17.htm.

CHAPITRE 1

L'encadrement du site internet

27. Le site est un ensemble de pages disponibles et hyperliées qu'on peut visiter sur internet à l'aide de clics de souris successifs. La consultation du site peut se faire de la page d'accueil vers les pages profondes et inversement. Les lois nationales des pays francophones d'Afrique subsaharienne ne donnent aucune définition du site internet. La Commission générale de terminologie et néologie française le définit comme « un ensemble de documents et d'applications placés sous une même autorité et accessible à tous à partir d'une même adresse universelle »[118]. On peut distinguer les sites selon leur interactivité ou selon leur finalité commerciale. Le critère de l'interactivité permet de différencier le site dynamique[119] du site statique[120]. Le critère de la finalité commerciale distingue le site informationnel conçu à des fins de communication de toute nature, du site marchand ou boutique virtuelle dont le but est de faire du commerce en ligne. Grâce au développement de la cryptologie, les sites de commerce assurent la mise sur le marché, des produits et des services, la fidélisation de la clientèle, la prospection de nouveaux marchés et le paiement en ligne. Le site internet abolit la distance et fait vivre à l'internaute les sensations des rayons de vitrines des boutiques physiques. Malgré la dématérialisation des activités, la nouveauté technologique n'exclut pas le site internet de l'autorité des règles en vigueur dans les pays francophones d'Afrique subsaharienne. Les pistes qu'emprunte le droit pour l'appréhender dépendent de la catégorie à laquelle il est rattaché. La qualification (section 1) et la protection de ce nouvel outil (section 2) démontrent l'application des règles classiques au site internet.

---

[118] JO français, 8 décembre 2002, p 20331.

[119] Le site dynamique permet la participation des internautes qui peuvent ajouter des informations ou des commentaires.

[120] Le site statique permet juste de voir les contenus et de les consulter.

SECTION 1. LA QUALIFICATION DU SITE INTERNET

28. L'immatérialité et l'ubiquité des réseaux électroniques sont sans effet sur la qualification du site internet. En dépit de son accessibilité permanente et de sa perception en tout point du globe, les textes communautaires et les lois nationales permettent de déterminer la nature juridique du site internet à partir des catégories existantes. Deux tendances se distinguent : celle qui appréhende la nature du site à partir de ses propriétés commerciales, et celle qui se focalise sur sa nature originelle. En affirmant clairement que le site internet est une œuvre de l'esprit, une décision de la Cour de cassation française[121] le range dans la catégorie très sélective des créations intellectuelles (§1). Mais tous les sites ne constituent pas des œuvres[122]. On s'interroge légitimement sur le sort réservé aux sites électroniques qui ne satisfont pas aux conditions du droit d'auteur. Des catégories alternatives doivent nécessairement être recherchées. En vertu des dispositions de l'Acte uniforme révisé portant droit commercial général, des qualifications fondées sur l'exploitation peuvent être explorées pour qualifier le site exclu de la catégorie des œuvres (§2).

§1. Le rattachement du site à la catégorie des œuvres

29. Le site internet résulte d'une activité intellectuelle et devrait bénéficier de la protection qu'offrent les règles en la matière. Si l'immatérialité des réseaux électroniques amène à s'interroger sur l'aptitude du droit classique à les régir, il demeure que les bouleversements techniques ne remettent pas le droit d'auteur en cause. Les questions que pose le site internet ne sont vraiment pas nouvelles[123]. La qualification du site en œuvre n'est pas fantaisiste. Elle est soumise à des exigences auxquelles le site peut se conformer[124] (A). L'enjeu d'une telle démarche réside dans l'identification des catégories juridiques aptes à l'accueillir (B).

A. Les conditions requises

30. Une création ne peut véritablement bénéficier de la qualification d'œuvre que si elle est matérialisée et originale. L'idée n'étant pas protégeable, il est nécessaire que la représentation conceptuelle et imaginaire

---

[121] Cass. 1ère civ., 12 mai 2011, n° 10-17.852, F-D, SAS Vente privée.com c/ SAS Club privé : JurisData n°2011-008697 ; V. aussi Comm. Com. Elect. n°10, Octobre 2011, comm. 84.

[122] CA Paris, 7 avr. 2004, n°2002/20922, SAS Sté Le manuscrit c/ SAS Sté Bookpole : JurisData n° 2004-241995.

[123] M.-A. CHARDEAUX, Le droit d'auteur et Internet : entre rupture et continuité, Comm.com. électr. n° 5, Mai 2011, étude 10, n°5.

[124] « Les sites web, caractérisés par leurs chartes graphiques et leurs contenus éditoriaux, constituent également des œuvres de l'esprit susceptibles d'être protégées par le droit d'auteur », A. BERTRAND et Th. PIETTE-COUDOL, Internet et le droit, Que sais-je ? PUF, p. 38.

que l'auteur a du site soit exprimée d'une manière tangible, afin de prétendre à la qualification d'œuvre (1). La seconde exigence imposée par l'Annexe VII de l'Accord révisé de Bangui de 1999 sur le droit d'auteur est la condition d'originalité (2), qui permet d'apprécier l'effort créatif de l'auteur. Il convient de déterminer le sens que doit revêtir chacune de ces conditions dans le cas spécifique du site internet.

1. La matérialisation du site internet

31. La matérialisation consiste en une transformation qui fait passer l'œuvre du monde des idées à l'univers du réel. La jurisprudence a montré une constance fidèle à cette exigence. Plusieurs arrêts ont réfuté la qualification d'œuvre à une idée de solfège où les notes de la gamme seraient représentées par des petits enfants[125], à une idée d'affiche[126], ainsi qu'à une idée sur un thème de campagne publicitaire[127]. Pour que le site internet existe en tant qu'œuvre, il faut que la conception et l'imagination de l'auteur s'extériorisent sous une certaine forme. L'assimilation du site internet à l'œuvre impose que l'auteur procède à une mise en forme assez élaborée. Il ne s'agit pas d'une simple nécessité technique ou commerciale.

Cependant, le site n'est pas semblable aux autres œuvres. Sa matérialité ne peut pas être perçue comme celle des œuvres corporelles. Habituellement, le support qui contient l'œuvre est délivré avec celle-ci par le titulaire des droits qui en exploite la commercialisation. Au début d'internet, les œuvres informatiques comme les bases de données ou les programmes d'ordinateur, étaient fixées sur des supports comme les ordinateurs, les *CD-roms*, ou les téléphones portables remis à l'utilisateur. Aujourd'hui avec les téléchargements, les œuvres circulent librement en ligne et sont simplement exploitées à partir des supports détenus par les utilisateurs. La circulation des œuvres n'est plus dépendante d'un quelconque support matériel. Mais un support est toujours nécessaire pour la révéler au public ou pour l'utiliser[128]. Le support du site internet est le serveur sur lequel il est logé.

La matérialité du site ne doit pas être comprise dans le sens strict de la corporalité. L'article 4 alinéa 1 de l'annexe VII de l'Accord de Bangui dispose expressément que, la protection « commence dès la création de l'œuvre, même si celle-ci n'est pas fixée sur un support matériel ». Selon cette disposition, c'est le déclenchement du processus de création qui révèle la matérialisation du site, la fin du règne de l'idée et le début de celui de l'œuvre. Si l'œuvre ne peut donner prise au droit d'auteur qu'à partir du moment « où elle quitte le monde de la spéculation pour entrer dans le

[125]Civ, 1, 17 juin 2003.
[126]TGI Paris, 8 décembre 1980, Broc/ A.V.S, RIDA 1981, n°108 p. 75.
[127]TGI Paris, 4 nov. 1980 Séguéla c/Gallimard, RIDA 1981, n°107, p. 177.
[128] L'œuvre « n'a aucune existence indépendante : un support est toujours nécessaire pour la révéler et ou la retenir », Ph. GAUDRAT, op cit, p. 319 et s. spécialement, n°42.

monde sensible de la forme »[129], alors le commencement de la création marque ce point focal. Sans exiger l'achèvement[130], il s'agit au moins d'un début de concrétisation qui retire l'idée de l'esprit du titulaire pour lui donner une forme au moyen d'une activité. Dans ce contexte, des ébauches et des esquisses peuvent donner prise au droit d'auteur. D'où l'intérêt de la matérialité des suggestions qui sont faites lors du processus de conception et de réalisation du site.

Les diverses propositions faites sont des idées matérialisées sur des supports, généralement des écrits sur papier ou des messages envoyés sous forme électronique par des mails. En cas de conflit ou de contestation, ces traces permettent de ranger le site dans des catégories juridiques classiques en tenant compte de l'implication des personnes intervenant dans sa création et la nature des relations qui les lient. La matérialisation du site internet doit s'entendre comme l'ensemble des opérations auxquelles procède l'auteur, afin de lui donner une forme dans le monde réel. Elle se vérifie par la conclusion des contrats de conception et de réalisation, les couleurs, les rubriques, et l'architecture proposées aux personnes ou aux prestataires en charge de sa création. On pourrait aussi prendre en considération les messages d'accueil, les animations sonores et en images suggérées par le client ou par le prestataire.

Le fait que le site internet ne soit pas remis sur un support à chaque internaute n'a aucune incidence sur sa qualification. Le support du site, à savoir le serveur de l'hébergeur, assure toujours les deux fonctions recherchées : la fonction de révélation au public et la fonction de conservation[131]. Contrairement aux autres œuvres comme les jeux vidéo, le site n'a pas besoin d'être mis à la disposition des utilisateurs par des supports individuels. Les outils matériels, que constituent les ordinateurs et les serveurs, ne font pas partie de l'œuvre créée. Les matériels informatiques permettent seulement d'accéder au site, ils ne se rapportent à aucun constituant de l'œuvre. Le serveur dans lequel le site est logé n'appartient pas au cybercommerçant, mais à l'hébergeur qui à son tour ne peut prétendre être titulaire de l'œuvre sans avoir contribué à sa création. De même les internautes qui accèdent au site au moyen de leurs équipements ne peuvent revendiquer des droits quelconques sur l'œuvre. Cette forme que l'auteur donne au site doit faire preuve d'originalité.

---

[129] A. LUCAS, Propriété littéraire et artistique, 4ème éd., Dalloz, 2010, p. 16.

[130] On peut citer l'article L.111-2 du Code la propriété intellectuelle français qui précise que « l'œuvre est réputée créée, indépendamment de toute divulgation publique, du seul fait de la réalisation même inachevée, de la conception de l'auteur ».

[131] L'exploitation en ligne du jeu ne modifie pas l'analyse : la partie spécifique se confond alors avec l'espace disque du site serveur où sont fixés les fichiers. L'interaction de ce produit, mis à disposition sur site, avec l'ordinateur du joueur est assurée à distance par voie télé-informatique. L'accès à la forme audiovisuelle interactive n'est possible, dans les deux formules, en ligne et hors ligne, qu'à la condition que les deux éléments fonctionnellement complémentaires du support (spécifique et polyvalent) soient connectés, compatibles et alimentés en énergie.

2. L'originalité du site internet

32. Le site internet peut bénéficier de la qualité d'œuvre de l'esprit dès qu'il satisfait à l'exigence d'originalité[132]. L'originalité est une notion exigée par la CJUE dans la qualification des œuvres à travers l'arrêt *Infopaq*[133]. La combinaison des éléments du site et son architecture peuvent traduire une expression originale qui constitue une œuvre de l'esprit protégeable[134]. L'originalité n'est pas légalement définie. L'article 5 (1) de l'Annexe VII de l'Accord révisé de Bangui de 1999 dispose simplement que la protection des œuvres littéraires et artistiques s'applique à des créations intellectuelles originales. L'originalité du site ne se traduit pas par son utilité ou sa nouveauté[135], mais par l'empreinte de la personnalité de l'auteur[136]. Cette notion est si imprécise (a), qu'il faut la déceler par la recherche du critère de l'effort créatif de l'auteur du site (b).

a. L'imprécision de l'empreinte personnelle de l'auteur

33. Pour lui attribuer la qualité d'œuvre, le contenu et l'architecture du site internet doivent satisfaire à l'exigence d'originalité caractérisée par la marque de la personnalité de son auteur. L'empreinte personnelle caractérisant l'originalité peut tout à fait s'exprimer dans un site électronique[137]. Mais ce critère est tellement flou qu'il aboutit à la disqualification de certains sites de la catégorie des œuvres. Il n'est pas aisé de déceler la marque personnelle de l'auteur dans les créations informatiques. Il existe une diversité d'outils de programmation qui aident à la création des sites.

---

[132] « Un site est qualifié d'œuvre dès que sa présentation et ses divers éléments, c'est-à-dire une page-écran, un graphisme, une animation ou une arborescence présentent un caractère d'originalité suffisant pour prétendre à cette protection des œuvres de l'esprit », TGI Lille, Courta Finance c/ Dominique L., Sarl Eatime et Sarl Abyss Finance, 24 fév.2005, www.foruminternet.org.

[133] Le droit d'auteur « n'est susceptible de s'appliquer que par rapport à un objet qui est original en ce sens qu'il est une création intellectuelle propre à son auteur », B. MICHAUX, L'originalité en photographie : l'originalité en droit communautaire après l'arrêt Infopaq, RLDI 2011/70, Dossier spécial, n° 2533, p. 121.

[134] Cass. 1re civ., 25 juin 2009, n° 07-20.387, Sesam : JurisData n° 2009-048920.

[135] « L'utilité d'un site ne doit pas être prise en considération pour accorder la protection », Cass. 1re civ., 12 mai 2011, n° 10-17.852, F-D, SAS Vente privée.com c/ SAS Club privé : JurisData n° 2011-008697, Comm. com. électr. n° 10, Oct. 2011, comm. 84, note Ch. CARON ; Contra CA Paris, 4e ch., sect. B, 10 oct. 2003, n° 2002/07118, SARL Belleville et al. c/ SARL Cart'com : JurisData n° 2003-228125 ; Comm. com. électr. 2004, comm. 14, note Ch. CARON.

[136] « L'auteur d'une photographie de portrait est ainsi en mesure d'imprimer sa "touche personnelle" à l'œuvre créée », V.DAHAN et Ch. BOUFIER, Arrêt Painer du 1er décembre 2011 : la CJUE poursuit son œuvre d'harmonisation du droit d'auteur, Revue lamy droit de l'immatériel, mars 2012, n° 8 0, p. 16.

[137] CA, Paris, 4e ch., sect. A, 12 oct. 2005, n° 04/10455, SARL DSD c/ SARL Blue Acacia : JurisData n° 2006-299982.

34. L'inventivité de l'auteur n'est pas pertinente. Une observation des sites de commerce électronique démontre que sur le fond, on y retrouve les mêmes éléments. La présentation ou les couleurs peuvent différer, mais les sites partagent les éléments identiques, notamment : l'affichage des types de produits et des services offerts, les foires aux questions, les conditions générales de vente et de livraison, la même architecture avec des pages d'accueil et des pages profondes, le choix de la langue ainsi que d'autres éléments supplémentaires comme la recherche avancée. Si c'est dans le détail de la présentation qu'il faut rechercher l'empreinte personnelle, alors le droit d'auteur ne saurait contenter les milliers de sites en quête d'une telle qualification. Le caractère informatique du site internet rend l'empreinte personnelle trop instable pour bâtir sa qualification. En plus, la fréquence des potentielles modifications, le renouvellement permanent de l'architecture, des couleurs et de la présentation peuvent ne plus satisfaire à ce critère d'originalité après certaines activités de maintenance ou de correction du site.

Dans l'affaire vente.privee.com du 17 mars 2010, la Cour d'appel de Paris a affirmé que le site litigieux ne saurait bénéficier de la protection du droit d'auteur au motif qu' « ils soient pris séparément ou combinés dans leur ensemble, les éléments invoqués sont dénués de pertinence au regard du critère d'originalité requis en la cause faute de porter la marque d'un effort personnel »[138]. Le juge parisien évoque que « la présence d'une fenêtre blanche permettant au client de s'identifier ainsi que le choix et la dénomination des rubriques sont des éléments commandés par des impératifs utilitaires ou fonctionnels et ne présentent, en l'espèce, aucune forme singulière de nature à traduire un quelconque effort créatif ; la bande annonce animée ne revêt pas des caractéristiques esthétiques [...] séparables de tout caractère fonctionnel ; la mise en place d'un espace de dialogue interactif, au moyen d'un blog atteste tout au plus d'un savoir-faire commercial ; le choix de dominantes de couleurs rose et noir n'est pas perceptible d'emblée, ni de nature à conférer au site en cause une physionomie particulière qui le distingue des autres sites du même secteur d'activité »[139]. Les indices dans lesquels le juge souhaite retrouver la marque personnelle laissent un goût d'inachevé à cause de leur caractère commun. Le critère de la couleur blanche serait-il admis qu'on le retrouverait sur des centaines de sites tels que yahoo.fr, yahoo.com, google.fr. Les animations quant à elles ne sont pas figées, elles varient selon les programmations. Ainsi en est-il des sites de la société Google dont certaines animations n'ont parfois rien d'original, comme le bonhomme de neige généralement affiché pendant l'hiver, ou le traineau du Père Noel à l'approche de la fin d'année.

---

[138] Cass. 1ère ch. civ. PMC Distribution / Vente-privée.com, 12 mai 2011, http://www.legalis.net/spip.php?page=jurisprudence-decision&id_article=3199.
[139] Ibid.

On pourrait objecter dans cette affaire que la Cour de cassation française recommande aux juges de fond de rechercher la marque personnelle caractérisant l'originalité dans la combinaison des différents éléments du site, et non dans leur examen séparé[140]. Malgré cette exhortation, il demeure que l'originalité relève de l'appréciation souveraine des juges du fond. Il n'est pas exclu que des contradictions persistent.

Face à un critère aussi imprécis que l'empreinte personnelle, la conception subjective de l'originalité a failli tendre vers plus d'objectivité avec l'avènement des œuvres factuelles ou fonctionnelles[141]. A un moment de la vie juridique, l'originalité s'est voulue plus objective à travers la fonctionnalité de certaines œuvres techniques. La construction de l'originalité sur la fonction de l'œuvre consacrée dans l'arrêt *Pachot*[142], fait allusion à un critère plus objectif, matériellement fixe et vérifiable permettant d'échapper à l'arbitraire souverain des juges de fond. Ce critère peut être proposé pour la qualification du site internet. Pour FAUCHOUX et DEPREZ, le site est original dès lors que le résultat d'une recherche vise « à proposer un site web facilement consultable par tous grâce à un agencement réfléchi et une mise en forme particulière des différentes informations qu'il contient »[143]. La mise en forme pourrait être particulière sans manifester une marque personnelle, et la consultation aisée par tous serait le résultat d'une simple fonction du site.

35. Toutefois le problème avec le critère de la fonctionnalité des créations informatiques est qu'il affiche un caractère si large, qu'il rompt brutalement avec la tradition sélective des créations pouvant bénéficier de la protection du droit d'auteur. L'activité intellectuelle est si partagée entre les intelligences humaines que le risque d'élargir radicalement la définition du site original à son aspect fonctionnel peut conduire à qualifier d'œuvres les

---

[140] « Qu'en statuant ainsi sans justifier en quoi le choix de combiner ensemble ces différents éléments selon une certaine présentation serait dépourvu d'originalité, la cour d'appel a privé sa décision de base légale », Cass. 1re civ., 12 mai 2011, n° 10-17.852, F-D, SAS Vente privée.com c/ SAS Club privé : JurisData n° 2011-008697, Comm. com. électr. n° 10, Oct. 2011, comm. 84, note Ch. CARON.

[141] « Tout se passe en réalité comme s'il y avait deux catégories d'œuvres : les œuvres de caractère esthétique (y compris celles dont la destination est utilitaire) et les autres, « factuelles » (essentiellement les compilations), ou « fonctionnelles » (soit dans le domaine des arts plastiques, soit dans le domaine des œuvres du langage, comme pour les logiciels) », A. LUCAS, Propriété littéraire et artistique, 4ème éd. op cit, 23.

[142] « Ayant recherché, comme ils y étaient tenus, si les logiciels élaborés par M Pachot étaient originaux, les juges du fond ont souverainement estimé que leur auteur avait fait preuve d'un effort personnalisé allant au-delà de la simple mise en œuvre d'une logique automatique et contraignante et que la matérialisation de cet effort résidait dans une structure individualisée ; qu'en l'état de ces énonciations et des constatations…la cour d'appel, qui a ainsi retenu que les logiciels conçus par M Pachot portaient la marque de son apport intellectuel », Cass. ass. plén. 7 mars 1986, D. 1986, 405, note EDELMAN ; V. aussi A. LUCAS, Propriété littéraire et artistique, 4ème éd. op. cit., p. 23 ; L. MARINO, Droit de la propriété intellectuelle, Puf, 2013, p. 182, n°83

[143] V. FAUCHOUX et P. DEPREZ, Le droit de l'Internet Lois, contrats et usages, Litec, 2008, n°68.

sites mêmes les plus banals. Or ce qui est banal est extrêmement commun et dépourvu d'originalité[144]. Ce critère doit nécessairement être tempéré, sous peine de voir n'importe quel site prétendre à la qualification d'œuvre de l'esprit. L'originalité ne doit être comprise ni dans le sens subjectif de la marque personnelle de son auteur, ni dans le sens trop large de la fonctionnalité. Elle doit être acquise dès que le site révèle de lui-même l'effort créatif de son auteur.

b. L'adoption de l'effort créatif pour la recherche de l'originalité du site internet

36. Le juge européen l'originalité par la notion d'effort créatif. Dans une affaire de 2009, le juge européen a affirmé que l'auteur exprime son esprit créateur de manière originale à travers des choix[145]. Dans l'arrêt *Painer* de 2011, la CJUE affirme que l'originalité se traduit par la possibilité qu'a l'auteur d'effectuer des « choix libres et créatifs de plusieurs manières et à différents moments lors de sa réalisation »[146]. Ce sont les choix opérés grâce à un effort créatif qui traduisent l'originalité de l'œuvre. L'effort créatif est également proposé par Laure MARINO, qui suggère d'accorder un écho favorable à la position de la Cour de justice de l'Union européenne, lorsqu'elle définit l'originalité de l'œuvre comme « l'expression de la création intellectuelle propre à son auteur »[147]. L'originalité de certaines œuvres de nature technologique comme le site internet doit normalement découler d'un effort intellectuel de l'auteur. En vertu de ce critère, l'apposition du mot « Paradis » peint en lettres dorées au-dessus de la porte des toilettes du dortoir des alcooliques d'un ancien hôpital psychiatrique a été reconnue comme originale[148]. Selon Laure MARINO, une telle qualification s'appuie sur le choix créatif de l'artiste qui s'est formellement exprimé dans une réalisation matérielle originale[149].

L'effort créatif permet aussi de disqualifier les interfaces graphiques du site internet qui n'expriment aucune marque personnelle de l'auteur. Dans l'arrêt du 22 décembre 2010[150], la CJUE a affirmé que le droit d'auteur ne saurait s'attacher aux composantes de l'interface « qui ne permettraient pas à l'auteur d'exprimer son esprit créateur de manière originale [...] tel serait le

---

[144]Dictionnaire Le nouveau petit robert, p. 216.

[145] CJCE, 16 juill. 2009, C-5/08, Infopaq, RAE, 2010, p. 361 note L. MARINO.

[146] V.DAHAN et Ch. BOUFIER, Arrêt Painer du 1er décembre 2011 : la CJUE poursuit son œuvre d'harmonisation du droit d'auteur, Revue Lamy droit de l'immatériel, mars 2012, n° 8 0, p. 16.

[147] L. MARINO, Droit de la propriété intellectuelle, op. cit., p. 182, n°83.

[148] Cass.1ère civ.13 nov.2008, n°06-19021, aff. Paradis, JCP, 2008, II, 10 204, note G. LOISEAU.

[149] L. MARINO, op. cit., p. 182, n°83.

[150] CJUE 22 décembre 2010, BAS c/ Ministerstvo kultury, aff. C-393/09, RTD Com. 2011, 333, note F. POLLAUD-DULIAN.

cas des composantes qui seraient uniquement caractérisées par leur fonction technique au sens ou leur expression serait dictée par ladite fonction »[151].

37. La recherche de la marque personnelle avait été défendue des années plutôt par le juge français. Il préconisait de vérifier l'effort créatif de l'auteur des interfaces, afin de leur attribuer la qualité d'œuvre. Dans une espèce concernant les jeux vidéo de marques Nintendo, la Cour de cassation française avait décidé que, « l'expression télévisuelle et l'enchaînement des fonctionnalités des logiciels de chacun des jeux concernés témoignaient d'un effort créatif portant l'empreinte de la personnalité de leurs créateurs »[152]. La Chambre criminelle de la même Cour de cassation est allée dans ce sens concernant le site internet[153]. En effet, après avoir constaté la reproduction à l'identique des créations graphiques, rédactionnelles, de la charte graphique, du logo, et de la foire aux questions d'un site, la Haute cour a condamné le contrefacteur au motif que, « les œuvres présentaient un caractère d'originalité traduisant l'effort créatif de leurs auteurs et avaient été reproduites au mépris de leurs droits »[154]. Pour retrouver cet effort créatif, la Cour recommande de ne pas s'intéresser aux éléments du site pris individuellement, mais de rechercher plutôt « le choix de l'auteur de combiner ensemble ces différents éléments selon une certaine présentation »[155]. C'est dans la perspective d'une appréciation unitaire de l'effort créatif que doit être perçue l'originalité du site. Cette unicité se répercute sur le choix des catégories prêtes à accueillir cet outil du cybercommerçant.

B. L'identification des catégories pouvant accueillir le site internet

Les catégories aptes à accueillir le site internet peuvent être déterminées suivant deux critères. Le premier concerne le processus de création. Ce critère maintient le site électronique dans les catégories antérieures à son avènement (1). Le second concerne la constitution complexe du site (2).

---

[151] « Deux grandes sortes d'interfaces informatiques coexistent : premièrement, les interfaces proprement logicielles, interfaces d'interconnexion internes qui permettent la coopération des divers éléments du système et notamment de l'ordinateur et des périphériques (interfaces électroniques) et la communication d'informations entre des logiciels et donc des ordinateurs (interfaces de programmation) ; deuxièmement, les interfaces homme/machine, qui se subdivisent en deux, d'une part les interfaces physiques, c'est-à-dire le matériel informatique (l'écran, le clavier ou la souris) et, d'autre part, les interfaces graphiques utilisateur, qui permettent à l'utilisateur de commander le programme ou de communiquer avec lui. L'interface utilisateur est la partie visible du logiciel qui permet l'interaction entre l'utilisateur et le programme d'ordinateur (fenêtres, menus...) », ibid.

[152] Cass. 1ère civ. 27 avril 2004, n°99-18.464, Bull. 2004 I N° 117 p. 96.

[153] Cass. crim., 19 oct. 2010, n° 09-88.152, Willy X.: JurisData n° 2010-021401.

[154] Ibid.

[155] Cass. 1ère civ., 12 mai 2011, n° 10-17.852, Sté Vente privée.com c/ Sté PMC Distribution : JurisData n° 2011-008697.

1. Les catégories liées au processus de création du site

38. Le site internet peut parfaitement s'accommoder des catégories juridiques antérieures à son existence. Il suffit qu'il se conforme au processus de création requis par la loi. En raison de l'explosion tardive d'internet dans les pays francophones d'Afrique subsaharienne, il pourrait sembler bien curieux de prétendre soumettre le site électronique à un texte aussi ancien que l'Accord révisé de Bangui de 1999 de l'OAPI. Cependant, le processus de création s'opère selon des formules jusqu'à présent immuables. Le site internet obéit à ces règles. Généralement, le cybercommerçant n'est pas un professionnel de la conception et de la programmation informatique. Il peut faire appel à un prestataire qui s'occupera de la création du site à titre gratuit ou onéreux. D'un autre côté, il peut s'engager dans une relation contractuelle prévue et organisée par le droit d'auteur. En vertu de la contribution et de la relation qui lie les personnes associées à sa création, le site électronique peut être qualifié d'œuvre de collaboration (a) ou d'œuvre collective (b).

a. L'œuvre de collaboration

39. Une œuvre de collaboration est généralement le produit du travail de plusieurs personnes. La collaboration ne doit pas être entendue dans le sens du droit du travail qui suppose un lien hiérarchique. Le site internet qui constitue une œuvre de collaboration résulte d'un travail concerté et d'une action commune entre des personnes différentes pouvant provenir de domaines d'activités ou de métiers divers comme les informaticiens développeurs, les musiciens, les scénaristes, les graphistes et bien d'autres. Les auteurs de cette œuvre ne sont pas tenus à des contributions égales. Même si leurs tâches sont séparées, le site n'aura d'existence juridique que si tous les apports sont mis ensemble de manière à constituer un produit homogène.

L'article 2 (iv) de l'Annexe VII de l'Accord de Bangui désigne l'œuvre de collaboration comme « une œuvre à la création de laquelle ont concouru deux ou plusieurs auteurs ». Une formule aussi large inclut aussi le site électronique. Il convient de préciser que les personnes visées doivent être des personnes physiques qui jouissent d'une propriété commune exercée de commun accord sur le site. On retrouve là une figure semblable à l'indivision. De la sorte, chaque coauteur ne peut exploiter séparément que sa propre contribution. L'exploitation de l'œuvre commune suppose toujours l'unanimité. Généralement la liste des auteurs et leurs apports individuels doivent être clairement établis, afin que leurs droits respectifs découlant de leur qualité puissent être régulièrement exercés. Dans ce sens, selon que sa création sera le produit de la contribution des uns et des autres, le site peut être vu comme une œuvre de collaboration. L'œuvre de collaboration peut être reconnue à toute sorte d'œuvre dès qu'elle est le résultat d'une collaboration de deux ou plusieurs personnes. C'est bien ce qui ressort de l'article L113-7 du Code de la propriété intellectuelle français[156].

40. Les juges des pays francophones d'Afrique subsaharienne peuvent s'inspirer d'une espèce dans laquelle, après avoir élaboré une émission télévisée intitulée *Ramdam* avec certains de ses salariés, l'employeur a contesté leur qualité de coauteurs en arguant par exemple que, le réalisateur n'a été qu'un simple exécutant technique n'ayant fourni aucun effort personnel. Mais la Cour d'appel de Paris déclare l'allégation de la société *FR3* sans fondement, celle-ci « (...) n'ayant produit aucun contrat, aucune note de service s'appliquant au réalisateur et ayant pour objet de lui dicter point par point son rôle et de le priver de sa liberté de créateur »[157]. Dans ce sens, on peut admettre qu'une œuvre audiovisuelle soit qualifiée d'œuvre de collaboration. La même qualification a été attribuée à des *CD-roms* culturels au motif que, l'auteur requérant « avait apporté sa propre contribution, et avait également participé à celle des autres auteurs, ce qui va bien dans le sens d'une collaboration entre les coauteurs »[158]. Le TGI de Paris va dans ce sens à propos d'un jeu vidéo ayant rassemblé plusieurs contributions concertées[159]. Rien ne s'oppose à ce qu'un raisonnement analogique soit appliqué au site internet.

b. L'œuvre collective

41. En vertu de l'article 2 (v) de l'Annexe VII de l'Accord révisé de Bangui de 1999, « Est dite collective, l'œuvre créée sur l'initiative d'une personne physique ou morale qui la divulgue sous sa direction et sous son nom, et dans laquelle la contribution personnelle des divers auteurs participant à son élaboration se fond dans l'ensemble en vue duquel elle est conçue, sans qu'il soit possible d'attribuer à chacun d'eux un droit distinct

---

[156] « Ont la qualité d'auteur d'une œuvre audiovisuelle la ou les personnes physiques qui réalisent la création intellectuelle de cette œuvre. Sont présumés, sauf preuve contraire, coauteurs d'une œuvre audiovisuelle réalisée en collaboration : L'auteur du scénario ; L'auteur de l'adaptation ; L'auteur du texte parlé ; L'auteur des compositions musicales avec ou sans paroles spécialement réalisées pour l'œuvre ; Le réalisateur. Lorsque l'œuvre audiovisuelle est tirée d'une œuvre ou d'un scénario préexistants encore protégés, les auteurs de l'œuvre originaire sont assimilés aux auteurs de l'œuvre nouvelle ».

[157] CA Paris 16 mai 1994, RIDA octobre 1994, p.474, Chron. KEREVER (A), p.303 ; RTD com. 1995.124, Chron., FRANCON (A); JCP éd. G, 1995, II, 22375, note LINANT DE BELLEFONDS (X) Dans le même sens : CA Paris 17 janvier 1995, RIDA juillet 1995, p. 332.

[158] TGI Paris 08 septembre 1998, http://lexinter.net/LexElectronica/nomdomaine.htm; V. aussi S. POLRON et G. POSTIC, L'œuvre multimédia, www.droit-ntic.com.

[159] C'est le cas pour un jeu vidéo « Versailles » crée à la suite de la contribution de deux stagiaires à la phase de conception, travail corroboré par les contrats de cession de droits d'auteur signés entre eux et la défenderesse. TGI Paris 30 janv. 2002, Revillard c/ Saule, Cryo Interactive Entertainement,
http://www.legalnews.fr/index.php?option=com_content&view=article&id=87378&catid=13 11&Itemid=38; V. aussi Légipresse, 2002, n° 192, juin, III : Cours et tribunaux, p. 96.

sur l'ensemble réalisé ». Le site qui se rapproche de l'œuvre collective est celui qui est créé grâce à la participation et à l'expertise de plusieurs personnes rassemblées par un tiers qui en a pris l'initiative. Dans ce contexte, les auteurs ne peuvent revendiquer aucune titularité, puisque les différentes contributions se fondent dans le projet initié par la personne qui les a rassemblés. Le titulaire des droits est la personne physique ou morale sous le nom duquel le site est divulgué. Dans un arrêt de 2004, la Cour de Versailles a considéré dans un litige opposant un infographiste et une société que cette dernière était le propriétaire du site querellé, au motif qu'elle « était à l'origine de l'œuvre et a joué un rôle essentiel durant la phase de conception et a surveillé son élaboration par ses salariés, afin que l'œuvre finale présente un aspect homogène, assurant ainsi un rôle de coordination »[160].

42. La particularité du site œuvre collective tient de ce qu'il est sous l'autorité du promoteur qui a initié le projet de réalisation. La fusion des participations ayant été menée par un initiateur personne morale ou physique, c'est généralement sous son nom que l'œuvre est divulguée, sans besoin d'associer les contributeurs au résultat produit par elle lorsqu'ils ont déjà été rémunérés pour leurs prestations respectives. Le cybercommerçant pouvant généralement faire appel à des experts, la qualification du site en œuvre collective va se fonder sur l'existence et le rôle de l'initiateur ou du promoteur qui pourra réunir les compétences et les fédérer cumulativement ou successivement en relation étroite ou séparée. Les contributions attendues ne doivent pas être des droits antérieurs au site. Si c'est le cas, des catégories plus adaptées peuvent être proposées en fonction de la complexité de l'œuvre.

2. Les catégories liées à la complexité du contenu du site

43. La complexité du site découle du fait qu'il réunit en une seule œuvre, plusieurs types de créations de nature et de régime juridiques différents. En effet, le site internet est susceptible d'englober aussi bien une œuvre créée par un auteur unique que des œuvres élaborées par plusieurs personnes, comme les jeux vidéo, les encyclopédies interactives, ou les programmes ludo-éducatifs. La diversité des éléments constituant le site permet de rechercher à travers la complexité de son contenu, les autres catégories aptes à accueillir cette œuvre. Le sens de la complexité du site internet doit être précisé, selon que le site est créé à partir d'œuvres antérieures, ou selon que le site naît de la réunion de plusieurs œuvres distinctes. Le premier cas fait allusion à l'œuvre composite (a), tandis que le second cas offre la possibilité aux juges de procéder à une interprétation large des textes par la consécration de l'œuvre multimédia (b).

---

[160] Versailles, 1ère ch. 1ère sect. 25 mars 2004, Zamarenno c/ Sté Log-Acces, V. FAUCHOUX et P. DEPREZ, op cit, n°73.

a. L'œuvre composite

44. Lorsque la complexité du contenu est comprise dans le sens de la présence d'œuvres antérieures parmi ses éléments constitutifs, le site peut être qualifié à juste titre d'œuvre composite. L'article 2 (vi) de l'Annexe VII de l'Accord révisé de Bangui de 1999 dispose qu'« une œuvre composite est une œuvre nouvelle qui incorpore une œuvre préexistante et qui est réalisée sans la collaboration de cette dernière ». Dans cette hypothèse, il sera considéré comme la propriété de celui qui l'a réalisé, sous réserve des droits de l'auteur de l'œuvre préexistante. Cela suppose une autorisation préalable de l'auteur de l'œuvre à partir de laquelle l'œuvre nouvelle a été créée. Cette qualification sied de manière adéquate au site électronique, lorsque son contenu intègre une œuvre antérieure.

45. D'un autre côté, il peut arriver que le fonctionnement du site impose qu'il se connecte à des bases de données en ligne. C'est le cas lorsque son fonctionnement nécessite le recours à une base de données, comme *MYSQL* ou *ORACLE,* qui lui est antérieur et qui est la propriété d'un titulaire distinct. Lorsque le site est élaboré par une seule personne, celle-ci est le titulaire de la totalité des droits moraux et patrimoniaux sur cette œuvre en sa qualité d'auteur unique. Même s'il combine la contribution individuelle d'un auteur aux contributions d'autres personnes, le site internet constituera une œuvre composite[161]. Ainsi dans une affaire opposant la société *Koobuy* à l'auteur d'une œuvre constituée de logos et de personnages destinés à l'affichage sur un site mais réutilisés plus tard pour une campagne publicitaire, le juge a condamné la défenderesse, au motif que « le fait d'exploiter une œuvre de l'esprit sans le consentement de l'auteur ou au-delà de l'autorisation concédée par l'auteur constitue un acte illicite de contrefaçon »[162]. Visiblement, le site internet était le seul support visé au contrat. Chaque fois qu'un site aura recours à une œuvre préexistante pour sa conception ou à l'occasion de son fonctionnement, la qualification d'œuvre composite pourra lui être attribuée.

b. L'œuvre multimédia

46. L'œuvre multimédia est définie comme, la « réunion sur un même support numérique ou lors de la consultation d'éléments de genres différents et notamment de sons, de textes, d'images fixes ou animées, de programmes informatiques dont la structure, l'accès sont régis par un logiciel permettant l'interactivité et qui a été conçu pour avoir une identité propre, différente de celle résultant de la simple réunion des éléments qui la composent »[163].

---

[161] V. FAUCHOUX et P. DEPREZ, Le droit de l'Internet, Lois, contrats et usages, Litec, 2008, p. 44, n°73.

[162] TGI, Paris, Ord. réf. 18 juill.2000, Christèle M. / SA Koobuy.com, https://www.legalis.net/spip.php?page=jurisprudence-decision&id_article=87.

[163] Etude CERDI-Art 3000, 1996, pour le compte du Ministère de la culture, http://www.culturecommunication.gouv.fr.

L'œuvre multimédia est une création numérique complexe diffusée par réseaux ou sur support édité dont la principale caractéristique est l'accès interactif à son contenu au moyen d'outils logiciels. La complexité de cette œuvre découle du regroupement d'une diversité d'éléments de natures distinctes afin de former un tout indissociable.

47. S'il présente de telles caractéristiques, le site internet peut ainsi être rangé dans la catégorie des œuvres multimédia. Dans son avis n° 2005-1 du 7 décembre 2005, le Conseil supérieur de la propriété littéraire et artistique français a retenu cinq critères cumulatifs pour définir l'œuvre multimédia, à savoir : « la réunion d'éléments de genres différents (images fixes ou animées, textes, sons, programmes informatiques…), l'indifférence de la notion de support ou de mode de communication (*CD-Rom*, internet…), l'interactivité avec l'utilisateur (il peut naviguer de manière non linéaire à l'intérieur d'un programme), l'identité propre de l'œuvre multimédia prise dans son ensemble, différente de celle des éléments qui la composent et de la simple somme de ces éléments, le fait que la structure et l'accès à l'œuvre multimédia soient régis par un programme »[164]. L'interactivité du site, l'indifférence de support, l'association des images, sons et programmes informatiques sont des éléments qu'on peut retrouver dans la conception d'un site internet. La catégorie du multimédia a été proposée pour accueillir les œuvres au contenu complexe. Bien avant l'avènement du site internet, les jeux vidéo ont bénéficié du statut *ad hoc* de l'œuvre multimédia à cause de l'inadéquation des catégories existantes[165]. Avec l'essor de la technologie dans les domaines d'activités hors réseaux, on se rend compte une nouvelle fois que le site internet n'est pas la première œuvre à présenter une telle spécificité.

Le texte de l'OAPI ne prévoit pas de dispositions sur l'œuvre multimédia[166]. Néanmoins, l'expérience du droit français peut aider à comprendre comment les œuvres au contenu complexe comme les œuvres multimédia sont régies par les règles classiques. L'article L 112-1 du Code français de la propriété intellectuelle prévoit que ses dispositions « protègent les droits des auteurs sur toutes les œuvres de l'esprit, quelles qu'en soient le genre, la forme d'expression, le mérite ou la destination ». A travers des formules aussi larges, l'Accord révisé de Bangui parvient à encadrer le contenu complexe du site internet

[164]http://www.google.fr/url?url=http://www.culturecommunication.gouv.fr/content/download/16209/139322/file/cspla%2520aspects%2520juridiques%2520oeuvres%2520multimedia%2520avis.pdf&rct=j&frm=1&q=&esrc=s&sa=U&ei=gbaiU5SQHbLn7Aank4C4BA&ved=0CBoQFjAB&usg=AFQjCNE2g1BYxVj1quhrVcoc8Q1m5tD9XQ.

[165] « Un jeu vidéo est une œuvre complexe qui ne saurait être réduite à sa seule dimension logicielle, quelle que soit l'importance de celle-ci, de sorte que chacune de ses composantes est soumise au régime qui lui est applicable en fonction de sa nature » Ph. GAUDRAT, Jeu vidéo : le logiciel remis à sa place, RTD Com, 2010 ; Ph. GAUDRAT, Brèves observations sur le régime de l'œuvre multimédia, RTD Com.2000, p. 99.

[166] C'est le cas de l'Annexe VII de l'Accord révisé de Bangui qui demeure silencieux sur les œuvres au contenu multimédia.

48. L'Accord révisé de Bangui ne reconnaît la qualité d'œuvres qu'à des créations informatiques bien déterminées : les bases de données et les programmes informatiques. Mais cela ne veut pas pour autant dire que ce texte ne peut pas appréhender de nouvelles œuvres. La création des œuvres de l'esprit est une activité dynamique et mouvante. Elle n'est pas statique et figée. Il paraît inadéquat de limiter les potentialités inventives de l'esprit humain aux créations déjà réalisées. Le droit de la propriété littéraire et artistique ne peut se contenter de limiter son domaine d'application aux œuvres de son temps et aux créations du moment. L'effort humain ne connaît pas d'arrêt. C'est la raison pour laquelle, à défaut d'être en avance sur l'évolution de la société, les règles régissant les activités de création doivent rester ouvertes et prêtes à accueillir les œuvres futures.

La solution réside simplement dans l'emploi des formules suffisamment larges pour intégrer les situations nouvelles. En matière de droit d'auteur, le législateur recourt à des formules consacrant « des longues listes non exhaustives qui admettent l'insertion de nouvelles créations »[167]. C'est le cas de l'article 5 (1) de l'Annexe VII de l'Accord révisé de Bangui de 1999 qui dispose que les « œuvres littéraires et artistiques, ci-après dénommées œuvres, sont des créations intellectuelles originales dans le domaine littéraire et artistique, scientifique, telles que… »[168]. Une telle formule accorde au juge un pouvoir d'interprétation lui permettant d'appliquer les dispositions de l'Accord à la singularité du site en dépit de la complexité de son contenu[169].

49. On s'interroge légitimement sur les contours de la complexité que pourrait présenter un site internet. Selon un auteur, le site est une œuvre multimédia car chacun des éléments qui le composent, graphisme, textes, logiciel, musique, base de données, subit son régime propre[170]. Le site est une création numérique complexe diffusée par réseaux ou sur support dont la principale caractéristique est l'accès interactif à son contenu au moyen d'outils logiciels. C'est pour cette raison qu'il n'est pas soumis à un régime unique. Il est plutôt soumis à un régime juridique distributif des droits en fonction des éléments qui le constituent[171]. Autrement dit, chaque élément du

---

[167] A. LUCAS, Propriété littéraire et artistique, 4ème éd. Dalloz, 2012, p. 25.

[168] Article 5 (1) de l'Annexe VII de l'Accord révisé de Bangui de 1999.

[169] « En général, les lois nationales sur le droit d'auteur donnent à titre d'exemple une énumération des œuvres protégées. Celle-ci suit d'ailleurs dans une large mesure, le catalogue non exhaustif de l'article 2 alinéa 1 de la Convention de Berne », NDENE NDIAYE, La propriété littéraire et artistique, Encyclopédie juridique de l'Afrique, Les nouvelles éditions, 1982, p. 436.

[170] J. LARRIEU, Le site Web à la croisée des droits, Propr. Ind. n° 10, Octobre 2011, comm. p. 76.

[171] « Considérant qu'un jeu vidéo est une œuvre complexe qui ne saurait être réduite à sa seule dimension logiciel, quelle que soit l'importance de celle-ci, de sorte que chacune de ses composantes est soumise au régime qui lui est applicable en fonction de sa nature »,CA Paris, 26 septembre 2011, Pôle 5, Chambre 12, SARL AAKRO PURE TRONIC et a. c/ NINTENDO, http://www.legalis.net/spip.php?page=jurisprudence-decision&id_article=3238.

site va se voir appliquer les règles qui lui sont propres. Les différents composants du site électronique ne peuvent bénéficier de règles identiques à cause de leur diversité. De plus, tous les éléments du site ne peuvent bénéficier de la protection du droit d'auteur. Il en est ainsi des éléments techniques comme les données brutes, les langages de programmation *Html* ou *Java*, ainsi que les éléments dépourvus d'originalité tels que les pages de référencement ou encore les listes énumératives des produits et services proposés[172]. A l'opposé, des éléments tels que les créations graphiques et rédactionnelles, les chartes graphiques, les logos, les foires aux questions[173], les programmes informatiques contenus dans le site sont protégeables. Les bases de données du site justifiant d'un investissement financier, matériel ou humain substantiel[174] bénéficient quant à elles d'une protection *sui generis* contre toute extraction des contenus[175].

Le site met en concours plusieurs règles différentes qui s'appliquent individuellement à chaque œuvre qui le constitue. Il est juridiquement complexe en ce qu'il contient des œuvres aux régimes différents et parfois contradictoires, comme c'est le cas avec le jeu vidéo[176]. Cette complexité est également révélée par une dimension incorporelle propre à la propriété littéraire et artistique et une dimension corporelle soumise à la propriété corporelle. Mais cette dimension corporelle n'est pas semblable à celle des autres œuvres. Les outils d'interconnexion, les ordinateurs et téléphones portables des internautes assurent la fonction de révélation du site en permettant d'y avoir accès sans en posséder d'exemplaire. D'un autre côté, le serveur hébergeur assure une fonction supplémentaire qui est la conservation du site internet. Sans ces outils, l'œuvre ne peut être fonctionnelle. L'interaction de ce produit avec l'ordinateur est assurée à distance par voie téléinformatique. Toute cette complexité dans le contenu et la contribution des supports matériels suggère une application distributive et non unitaire des règles de chaque élément de cette œuvre. Cette complexité est sans incidence sur la qualification du site exclu du droit d'auteur.

---

[172] V. FAUCHOUX et P. DEPREZ, op. cit., n°68.

[173] Cass. crim., 19 oct. 2010, n° 09-88.152, Willy X.: JurisData n° 2010-021401.

[174] Cass.1ère civ.5 mars 2009, RIDA 3/2009, 491 ; CA, Paris, 4ème ch.12 sept.2001, JCP 2002.II.10000, note POLLAUD-DULIAN.

[175] Article 341-1 CPI français : « Le producteur d'une base de données, entendu comme la personne qui prend l'initiative et le risque des investissements correspondants, bénéficie d'une protection du contenu de la base lorsque la constitution, la vérification ou la présentation de celui-ci atteste d'un investissement financier, matériel ou humain substantiel. Cette protection est indépendante et s'exerce sans préjudice de celles résultant du droit d'auteur ou d'un autre droit sur la base de données ou un de ses éléments constitutifs ».

[176] « Le jeu vidéo présente la même complexité », Ph. GAUDRAT, Le jeu vidéo : le logiciel remis à sa place, op cit, p. 319 et s. spécialement n°29.

§2. La qualification du site exclu de la catégorie des œuvres

50. Pour accueillir sa clientèle et les visiteurs occasionnels, le cybercommerçant n'a pas besoin d'un local physique. Il émet et reçoit les offres et les acceptations par l'intermédiaire de son site électronique. Il doit nécessairement conclure un contrat d'hébergement par lequel, une personne physique ou morale appelée hébergeur s'engage à loger le site internet dans un espace de son serveur afin de le rendre accessible aux internautes. Cette opération contractuelle pourrait amener à assimiler de manière erronée le site à un local objet d'un bail commercial (A). L'activité sur internet n'est perçue qu'à travers le site, outil principal d'attraction et de fidélisation de la clientèle. Une telle exploitation justifie de rechercher dans le site internet, des indices qui le rapprocheraient du fonds de commerce (B).

A. La confusion du site au droit au bail

51. Pour exploiter son site internet, le cybercommerçant doit faire appel à un prestataire hébergeur dont le rôle est de loger le site dans un espace de son serveur, afin de le rendre accessible sur la toile. D'un point de vue commercial, le rapprochement serait vite établi avec la notion de bail commercial. Cette opération est capitale pour avoir une présence commerciale sur le web. Mais elle ne doit pas faire de l'hébergement le critère substantiel de la qualification du site. Le site ne peut constituer une nouvelle catégorie de local commercial objet d'un bail (1), car le contrat d'hébergement est sans incidence sur la qualification du site internet (2).

1. L'exclusion du site des immeubles susceptibles de bail

52. Héberger signifie accueillir, loger quelque part, en un lieu quelconque[177]. L'hébergement du site résulte d'un contrat signé entre l'hébergé propriétaire du site et l'hébergeur, prestataire dont l'activité est d'accueillir le site sur son serveur, afin de le rendre accessible sur la toile. La nature contractuelle de cette relation serait proche du bail commercial, dès lors que les serveurs de l'hébergeur permettent à l'hébergé de diffuser son site et son activité commerciale sur internet.

53. Afin d'échapper aux lois du lieu de leur établissement, certaines entreprises ont pensé installer leur site à l'étranger, en attribuant des incidences légales au lieu d'hébergement[178]. L'assimilation à un local serait

---

[177] Dictionnaire Le nouveau petit robert, p. 1222.

[178] Notamment quant à la détermination de la loi applicable à l'activité en ligne. Mais ce critère a été remis en cause par le critère de l'accessibilité. Dans l'affaire UEJF et Licra c. Yahoo ! Inc. et Yahoo France, le Tribunal de Grande Instance de Paris reconnut la compétence des tribunaux français et ordonna à l'entreprise américaine de « prendre toutes les mesures de nature à dissuader et à rendre impossible sur Yahoo.com toute consultation [sur le territoire français] du service de ventes aux enchères d'objets nazis et de tout autre site ou service qui constituent une apologie du nazisme ou une contestation des crimes nazis » ; TGI

encore motivée par l'aptitude du site électronique à satisfaire aux caractéristiques d'un lieu commercial physique public ou privé. Le juge a en effet considéré qu'un espace pouvait être qualifié de privé lorsqu'il était réservé « aux seuls membres d'un groupement de personnes liées par une communauté d'intérêts »[179]. Ce qui suppose certaines conditions d'adhésion. En revanche, le lieu est qualifié de public si l'accès demeure entièrement libre et spontané. C'est dans ce sens qu'un site internet serait un lieu privé lorsqu'il est réservé à une communauté de chercheurs et qu'il bénéficie d'un système de protection le rendant, en principe, inaccessible aux tiers[180].

Ainsi que le souligne un auteur, « sur internet, vous retrouvez les mêmes fonctions, mais sous d'autres formes. Il y a un matériel d'exploitation. Mais ce ne sont que quelques ordinateurs, un entrepôt, et de quoi envoyer les colis. Vous aurez sur la vitrine de votre site, un agencement, des rayonnages, mais virtuels, et qui, parce qu'ils sont virtuels, restent éternellement jeunes, et coûtent éternellement peu. L'emplacement n'a pas du tout la même importance que pour un commerçant physique. On peut gloser sur le fait d'avoir droit à un bail commercial sur les locaux occupés lorsqu'on est titulaire d'un fonds de commerce électronique »[181]. Le site internet serait le prolongement de l'installation commerciale physique établie dans une rue, puisque sa localisation serait assurée par le nom de domaine[182] et le référencement.[183]. Cela concourt donc à voir dans le contrat d'hébergement un contrat de bail à usage professionnel. L'hypothèse la plus illustrative serait celle des casinos et sites de jeux en ligne. Les maisons de jeux sont définies comme des établissements fixes dans lesquels le jeu est pratiqué avec le triple caractère d'habitude, de continuité et de permanence[184]. Dans ce sens, le casino et les sites de jeu électroniques rempliraient cette fonction au moyen d'un établissement fixe à savoir, le serveur à partir duquel les jeux

---

Paris ord. réf.22 mai 2000, Association "Union des Etudiants Juifs de France", la "Ligue contre le Racisme et l'Antisémitisme" / Yahoo ! Inc. et Yahoo France, http://www.legalis.net/spip.php?page=jurisprudence-decision&id_article=175.

[179] « Les faits poursuivis constituent les contraventions de diffamation non publique, prévues et réprimées par l'article R 621-1 du code pénal », TGI Paris 17ème ch., Morin, Strauss c/ Grasser et Bechade, 25 oct. 1999, « Notion de communauté d'intérêts », Legicom 2/ 2002 (N° 27), p. 91-94, www.cairn.info/revue-legicom-2002-2-page-91.htm.

[180] TGI Paris, 10 juin 1997, J.-M. Queneau c/ J. Boue et le laboratoire d'automatique et d'analyse des systèmes du Cnrs, JCP 1997, n° 52, II, 22974, note F. OLIVIER.

[181] Ph. STOFFEL-MUNCK, Le fonds de commerce électronique nouvel « E.T. » ?, e-commerce et réseaux : des liaisons dangereuses ? Publié le lundi 12 octobre 2009 (Franchise et distribution), 13.

[182] Le premier est un élément constitutif du site électronique. Compte tenu de son importance pour l'activité commerciale en ligne et de ses implications juridiques, nous préconisons de lui consacrer le chapitre suivant.

[183] Le second est une pratique commerciale visant à joindre rapidement le site par le concours de certains prestataires.

[184] Cass. Crim. 28 juin 1973, Rev. Sc. Crim. 1974, p. 114, note P. BOUZAT

sont effectués de manière permanente[185]. Malheureusement, ces arguments ne peuvent convertir le contrat d'hébergement en contrat de bail.

54. Le serveur dans lequel est logé le site internet n'est qu'un bien meuble susceptible de déplacement, un matériel informatique de l'hébergeur. Ni le serveur de l'hébergeur, ni le site internet ne constituent des immeubles au sens des règles régissant le droit au bail. Le droit au bail organise et règle les rapports entre locataires et bailleurs en ce qui concerne la conclusion et le renouvellement des baux à loyer d'immeubles ou locaux à usage commercial[186]. Le droit commercial Ohada limite clairement la notion de bail commercial aux biens immeubles. En effet, l'article 103 de l'Acte uniforme révisé portant droit commercial général dispose expressément qu' « est réputé bail à usage professionnel toute convention, écrite ou non, entre une personne investie par la loi ou une convention du droit de donner en location tout ou partie d'un immeuble compris dans le champ d'application du présent Titre, et une autre personne physique ou morale, permettant à celle-ci, le preneur, d'exercer dans les lieux avec l'accord de celle-là, le bailleur, une activité commerciale, industrielle, artisanale ou toute autre activité professionnelle ». L'Acte uniforme confirme sans aucun doute le rattachement de la notion de bail professionnel à des espaces immobiliers, qu'ils soient bâtis ou non[187]. Il est évident que le choix des hébergeurs « n'implique aucune conséquence sur la visibilité du site, et le fait de changer d'hébergeur n'affecte en rien la survivance du fonds de commerce virtuel. Dans ces conditions, il nous semble qu'il faille écarter toute qualification de bail commercial »[188]. Cette réfutation est d'autant plus pertinente que le contrat d'hébergement ne peut contribuer à déterminer la nature du site internet.

2. L'absence d'incidence de l'hébergement sur la qualification du site

55. Olivier ITEANU définit le contrat d'hébergement comme « un contrat par lequel le prestataire met à la disposition de son abonné une partie des

---

[185] P. DECHEIX, Jeux, loteries et paris, Juris-Classeur, 1998, fasc. 10, p. 8, n°67 et 68.

[186] J.-P. BLATTER, Droit des baux commerciaux, Ed. Le moniteur, 2008, p. 19, n°6.

[187] Article 101 de l'Acte uniforme révisé portant droit commercial général : « Les dispositions du présent titre sont applicables à tous les baux portant sur des immeubles rentrant dans les catégories suivantes : locaux ou immeubles à usage commercial, industriel, artisanal ou à tout autre usage professionnel ; locaux accessoires dépendant d'un local ou d'un immeuble à usage commercial, industriel, artisanal ou à tout autre usage professionnel, à la condition, si ces locaux accessoires appartiennent à des propriétaires différents, que cette location ait été faite en vue de l'utilisation jointe que leur destinait le preneur, et que cette destination ait été connue du bailleur au moment de la conclusion du bail ; terrains nus sur lesquels ont été édifiées, avant ou après la conclusion du bail, des constructions à usage industriel, commercial, artisanal ou à tout autre usage professionnel, si ces constructions ont été élevées ou exploitées avec le consentement exprès du propriétaire ou portées à sa connaissance et expressément agréées par lui ».

[188] TH. VERBIEST et M. le BORNE, Le fonds de commerce virtuel : une réalité juridique ?, GP. 24 oct. 2002, n°297, p. 23 et s.

ressources de ses machines : espace disque dur et capacité de traitement en temps machine »[189]. Par ce contrat, le prestataire met à la disposition de son abonné, une partie des ressources de ses machines, espace disque dur et capacité de traitement en temps machine. Cette opération matérialise le logement du site sur un serveur qui le rend accessible en permanence sur internet. Il s'agit d'un contrat de louage de chose au sens de l'article 1709 du Code civil[190]. L'activité d'hébergement se limite à accueillir le site et à le rendre exploitable et accessible. Le contrat d'hébergement ne vise qu'à mettre le site en ligne de manière à ce qu'il soit exploité dans le but fixé par son propriétaire. Le fait que le contrat d'hébergement précède nécessairement l'exploitation du site n'a pas de véritable incidence sur sa qualification. Certes le site ne saurait fonctionner sur internet sans le contrat d'hébergement. Mais il faut souligner que l'acte par lequel deux ou plusieurs parties s'engagent à faire ou à donner une chose n'affecte pas sa nature originelle.

Chronologiquement, le contrat d'hébergement ne couvre que la phase terminale du site internet. Il survient après la conception et la réalisation de ce dernier. Subordonner la qualification du site électronique à l'hébergement revient à nier une existence juridique à toutes les opérations antérieures. En effet le site a commencé à exister bien avant son hébergement et sa mise en ligne sur internet. De multiples contrats précèdent le contrat d'hébergement. Rien ne justifie de fonder la qualification du site sur l'intervention unique de l'hébergeur. La conception et la réalisation du site sont des étapes préalables et déterminantes dans sa création. Elles permettent de lui donner une forme, un design, un fond et un contenu. Au terme de ces étapes, le site internet est créé mais il n'est simplement pas opérationnel. Le contrat d'hébergement, qui intervient en aval de toutes ces opérations et de tous ces contrats, ne peut les absorber. De plus, il ne peut bénéficier de la règle « l'accessoire suit le principal », puisque l'hébergement est le point d'achèvement d'un processus qui dépend même au contraire de la conception et de la réalisation du site. Héberger un site électronique suppose que toutes les étapes antérieures sont achevées avec succès. L'hébergement constitue l'étape finale de la mise en fonction du site, il n'a aucune incidence déterminante sur la recherche de la nature du site électronique. En revanche, le fonctionnement du site conduit à une assimilation au fonds de commerce, en vertu de ses potentialités d'attraction et de fidélisation de la clientèle.

---

[189] O. ITEANU, Les contrats du commerce électronique, Droit et patrimoine, décembre 1997, n°55, p. 52 et s.

[190] Article 1709 du Code civil : « Le louage des choses est un contrat par lequel l'une des parties s'oblige à faire jouir l'autre d'une chose pendant un certain temps, et moyennant un certain prix que celle-ci s'oblige de lui payer ».

B. L'assimilation du site internet au fonds de commerce

56. La réunion de plusieurs éléments pour le déploiement de l'activité commerciale sur les réseaux a abouti à l'émergence de la notion de fonds de commerce électronique. Des études ont démontré que l'existence du fonds de commerce électronique ne fait plus de doute[191]. Aujourd'hui la question se pose de savoir si le site internet peut à lui tout seul constituer un tel fonds. La particularité du fonds de commerce réside dans la réunion d'un ensemble d'éléments de natures différentes dans le but d'assurer l'exercice d'une activité par la conquête et la fidélisation de la clientèle (1). Le site internet peut assembler ces éléments lorsque l'ensemble des opérations s'effectuent entièrement en ligne sans aucune attache physique (2). Autrement, c'est-à-dire lorsque le site ne joue qu'un simple rôle d'interface entre les internautes et le cybercommerçant, il ne constituera alors qu'un simple élément du fonds comme tous les autres.

1. Le rattachement d'une clientèle spécifique au site internet

57. L'article 137 de l'Acte uniforme révisé portant droit commercial général précise que le fonds de commerce est constitué d'un ensemble d'éléments mobiliers, corporels et incorporels nécessaires à l'exploitation de l'activité[192]. On peut retrouver plusieurs de ces éléments sur le site internet. Comme le fonds de commerce, le site peut constituer une universalité d'éléments incorporels, notamment des marques, des contrats relatifs à sa création, à son hébergement, à son référencement, à sa maintenance, à son évolution et à l'attribution du nom de domaine. Au-delà des contraintes

---

[191] « Si en revanche on considère que l'élément essentiel pour consacrer l'élément d'un fonds de commerce est la clientèle, et l'existence de moyens pour la fixer et la fidéliser, on peut alors soutenir que le fonds de commerce existe », C. CASTET-RENARD, Droit de l'internet : droit français et européen, Montchrestien, Collection Cours, 2012, p. 124 ; Voir aussi : R. DESGORCES, Notion de fonds de commerce et internet, Comm., comm. électr., 2000, étude no 6 ; M. Levis, Site Internet : de l'incorporel au virtuel, AJDI 2001, p. 1073 ; A. MENDOZA-CAMINADE, La notion de fonds de commerce à l'épreuve de l'internet : faut-il admettre le fonds de commerce électronique ?, Mélanges Ph. le TOURNEAU, Dalloz, 2008, p. 761. ; G. SADDE, La notion de fonds de commerce électronique, Mém. DEA Informatique et droit, Montpellier I, 1999-2000 ; O. SAVARY ET E. DUBUISSON, Les fonds du XXIe siècle : le temps de l'innovation, 105e congrès des notaires, 2009, p. 946 et s., spéc. p. 999 et s; F. SILVA, Vers la reconnaissance du fonds de commerce et du bail commercial électronique ?, juillet 2004 (disponible sur internet) ; Th. VERBIEST et M. Le BORNE, Le fonds de commerce virtuel : une réalité juridique ?, Journ. des trib. du 23 février 2002 ; GP, 24 octobre 2002, n°297, p. 21 et s, http://www.lextenso.fr/weblextenso/article/print?id=GP20021024005. ; Th. VERBIEST, Le fonds de commerce électronique : vers une reconnaissance juridique ?, Comm., comm. électr., 2008, p. 14 à 17.

[192] Article 137 de l'Acte uniforme révisé portant droit commercial général : « Le fonds de commerce peut comprendre différents éléments mobiliers, corporels et incorporels, notamment les éléments suivants :…les licences d'exploitation, les brevets d'inventions, marques de fabrique et de commerce, dessins et modèles, et tout autre droit de propriété intellectuelle nécessaires à l'exploitation ».

contractuelles, l'un des véritables arguments réside dans l'aptitude du site à attirer et à conserver la clientèle. La clientèle constitue l'élément essentiel du fonds de commerce sans lequel il ne peut exister[193].

Dans ce sens, reconnaître une clientèle fidèle au site internet contribue à renforcer son aptitude à pouvoir constituer un fonds de commerce indépendant. L'article 135 de l'Acte uniforme révisé portant droit commercial général prévoit que le fonds de commerce est constitué d'un ensemble de moyens qui permettent au commerçant d'attirer et de conserver une clientèle. Le site internet comporte des éléments suffisants pour l'attraction et la conservation de la clientèle. A l'affichage du site, on peut voir généralement les photos[194], les rubriques[195] et les galeries[196] dont la fonction attractive ne souffre d'aucun doute. Sur le plan graphique, de l'architecture et de la présentation du site, divers *design* concourent à l'attraction de la clientèle. La notoriété et la facile accessibilité du site sont des facteurs qui facilitent l'attraction et la conservation de la clientèle, en comparaison au fonds de commerce traditionnel physique diminué par l'immobilité et la fixité.

Pour accroître l'attractivité et la conservation de la clientèle, les professionnels ont aussi recours au référencement du site[197]. En effet, le site internet concourt plus efficacement à la fidélisation de la clientèle à travers des pratiques commerciales de masse comme les spams, les communications commerciales de grande ampleur[198]. Cette clientèle ne constitue pas un simple achalandage. Les atouts commerciaux du site permettent de constituer une clientèle en ligne fidèle nettement distincte de la clientèle occasionnelle. Il s'agit d'une clientèle qui « revient souvent sur un site dont elle est satisfaite, et pourra même placer l'adresse électronique de son cybercommerçant dans ses favoris. Elle disposera d'un compte, avec code d'accès, où ses coordonnées sont inscrites. *Amazon* (le site), va même jusqu'à proposer au client d'enregistrer une fois pour toutes ses coordonnées de carte bancaire, de manière à lui simplifier à l'extrême toutes les formalités ultérieures de commande. Avec d'autres sites, elle conserve également les

---

193 Cass. req. 15 février 1937, Gaz. Pal. 1937, I 789 ; Cass. ass. plén. 24 avril 1970, JCP 1970, G, II, 16489, note B. BOCCARA.

194 La photo est le plus petit élément d'un site, c'est celui que l'on trouvera en plus grand nombre, sachant que ce nombre est illimité, chaque photo appartenant forcément à une galerie.

195 Les rubriques forment les différentes pages d'un site sont généralement activées par défaut.

196 Les galeries sont généralement d'un nombre est illimité pouvant s'organiser en arborescence (galeries mères et sous-galeries), et permettent de regrouper et de classer les photos.

197 « Seuls les sites correctement référencés au sein des annuaires ou moteurs de recherche sont accessibles aux internautes », H. BITAN, Le site de commerce électronique : approche technique et juridique, 18 avril 2000, Gaz. Pal. 2000, n° 107-109, doct. p. 17.

198 Paris, 20 nov. 2003, Sarl Cd édition c/ SA Créanet, JurisData, 2003-248813, Comm.com.électr.2004, comm. 159, obs. Ph. STOFFEL-MUNCK.

données relatives aux habitudes d'achat de son client, afin de lui proposer directement les produits correspondant à ses centres d'intérêt dès qu'il se connecte sur le site, voire en lui adressant des offres par courrier électronique si le client a autorisé cette option. Ces pratiques révèlent suffisamment l'existence d'une clientèle fidèle »[199]. Le site de commerce électronique ouvert au public est bien un fonds de commerce en ce sens qu'il est destiné à créer et développer une clientèle[200].

La pertinence de la clientèle du site internet est renforcée par le fait que le nombre de clients permet de procéder à son évaluation aux fins de nantissement ou de cession[201]. Toutefois une difficulté demeure : celle de l'absence de distinction entre la clientèle physique et la clientèle en ligne lorsque l'activité n'est pas entièrement dématérialisée.

2. L'exigence de la dématérialisation de l'activité

58. Le fonds de commerce désigne un ensemble d'éléments mobiliers corporels et incorporels, réunis par le commerçant en vue de satisfaire aux besoins de sa clientèle[202] et dans le but de mener une activité de manière permanente. La fixité, la présence et l'habituelle localisation physique du fonds de commerce sont inscrites dans la psychologie humaine. Un arrêt de la Cour d'appel de Paris avait estimé en son temps que la cession d'un service minitel ne pouvait en aucune façon être considérée comme une cession de fonds de commerce[203]. La notion de fonds de commerce électronique étant désormais admise[204], la difficulté se situe aujourd'hui au niveau de l'absence de distinction entre la clientèle physique et la clientèle en ligne. Chaque fois que le commerçant aura une présence physique et une présence en ligne, on aura des difficultés à distinguer la clientèle du site de celle du fonds de commerce physiquement implanté. Il avait ainsi été jugé que la création d'un site internet n'est pas assimilable à l'implantation d'un point de vente dans le secteur protégé d'un distributeur bénéficiant d'une exclusivité, surtout lorsque le site happe des

---

[199] Ph. STOFFEL-MUNCK et G. DECOCQ, L'avènement du fonds de commerce électronique, GP, 04 juin 2009 n° 155, p. 53 et s.

[200] Th. VERBIEST, Le fonds de commerce électronique : vers une reconnaissance juridique ?, Comm., comm. électr., 2008, p. 15.

[201] « Dans l'économie numérique s'est développé un mode d'évaluation en fonction du nombre de clients abonnés. Cette approche a connu des variantes avec la bulle internet, notamment pour les opérateurs téléphoniques où les fonds se vendaient en fonction du nombre d'abonnés, en distinguant en fonction des différentes catégories d'abonnés », M. NUSSENBAUM, Les ambiguïtés actuelles de l'évaluation du fonds de commerce, GP, 31 mai au 4 juin 2009, p. 83.

[202] P. S. AKUETE et J. YADO TOE, Ohada Droit commercial général, Bruylant Bruxelles, 2002, p. 197, n°316.

[203] Paris, 6 avril 2001, CCE 2002, comm. 60, note crit. L. GRYNBAUM.

[204] Th. VERBIEST, Le fonds de commerce électronique : vers une reconnaissance juridique ?, op. cit., p. 15.

clients qui s'y trouvent localisés[205]. Il est nécessaire que l'activité soit entièrement dématérialisée, de manière à éviter une absorption de la présence en ligne par la présence physique.

59. L'entreprise virtuelle est désormais admise. Des auteurs[206] la définissent comme une organisation virtuelle qui utilise son réseau pour mettre en relation des personnes, des actifs et des idées. Les auteurs citent le cas de la société *LI & FUNG*[207] qui ne possède ni tissus, ni usines, ni machines, mais permet aux clients de passer commande via son site internet, et envoie des instructions aux fournisseurs de matière premières sélectionnés et aux usines qui produisent des vêtements. La dématérialisation et l'indépendance de l'activité du site permet d'éviter toute confusion entre le fonds de commerce physique et le fonds de commerce virtuel. Ces activités se rapportent plus aux services en ligne et aux activités liées aux métiers d'internet, comme l'intermédiation technique qui n'exige aucune présence physique. Sans en activité bien distincte, le site ne constituera qu'un élément du fonds de commerce conformément à la liste non exhaustive énumérée par l'article 137 de l'Acte uniforme révisé portant droit commercial général[208]. Le site constitue un élément primordial dans le commerce électronique. Il doit bénéficier d'une protection qui puisse garantir une exploitation paisible.

SECTION 2. LA PROTECTION DU FONCTIONNEMENT DU SITE INTERNET

Le site est la vitrine entre le cybercommerçant et les internautes. Mais son exploitation n'est pas toujours conforme aux exigences légales. C'est la raison pour laquelle, il faut envisager l'encadrement du fonctionnement du site selon qu'il est agressé (§1) et selon qu'il est agresseur (§2).

---

[205] Cass. com., 14 mars 2006, Flora Partner, pourvoi no 03-14.639, Bull. civ. IV, no 65 ; Communication, comm. électr. 2006, comm. p. 98, note C. CHABERT et comm. p. 99, note H. LÉCUYER ; D. 2006. 1901, note H. KENFACK

[206] K. LAUNDON et J. LAUNDON, Management des systèmes d'information, Pearson, 11ème éd., 2010, p. 107.

[207] Entreprise virtuelle chinoise de HONG KONG, devenue leader mondiale dans la fourniture des vêtements et jouets Wal-Mart. Basée sur une gestion très informatisée des ordres et des relations électroniques des activités dites de sourcing, LI & FUNG se présente comme un chef d'orchestre de la supply chain », ibid.

[208] Article 137 de l'Acte uniforme révisé portant droit commercial général : « Le fonds de commerce peut comprendre différents éléments mobiliers, corporels et incorporels, notamment les éléments suivants : les installations ; les aménagements et agencements ; le matériel ; le mobilier ; les marchandises en stock ; le droit au bail ; les licences d'exploitation ; les brevets d'inventions, marques de fabrique et de commerce, dessins et modèles, et tout autre droit de propriété intellectuelle nécessaires à l'exploitation ».

§1. La protection du site agressé

La protection du site internet agressé doit être envisagée civilement et pénalement. Lorsqu'il est créé et rendu accessible aux internautes, le site peut être victime de diverses transgressions contre lesquelles il doit être protégé. La diversité des mécanismes déployés est due à la nature ambivalente du site (A). D'un autre côté, la sensibilité des contenus du site et son importance pour le cybercommerçant justifient d'élargir sa protection au domaine pénal par l'incrimination de certains actes délictueux (B).

A. Les mécanismes de protection liés à la nature du site

60. Le site internet est le résultat d'une activité intellectuelle prévue et organisée par le droit d'auteur. Le site électronique peut être assimilé à une œuvre, à la condition de satisfaire à la condition d'originalité. L'action en contrefaçon peut par conséquent être invoquée par le titulaire des droits lorsque cette exigence est remplie (1). A l'inverse, le site qui ne constitue pas une œuvre devra être protégé sur la base d'autres fondements (2).

1. La sanction de la contrefaçon du site constituant une œuvre

61. Toute reproduction, représentation ou modification totale ou partielle du site web, faite sans le consentement de l'auteur ou du titulaire des droits, est illicite et constitue une contrefaçon. La contrefaçon est un délit pénalement réprimé par les dispositions internes des pays francophones d'Afrique subsaharienne. L'article 325 du code pénal gabonais dispose que, « sera puni d'une amende de 24 000 à 600 000 francs, quiconque se rendra coupable de contrefaçon d'œuvre littéraire ou artistique : soit en éditant, important ou exportant des écrits, compositions musicales, dessins, peintures, ou toute autre production imprimée ou gravée en entier ou en partie, au mépris des lois et règlements relatifs à la propriété des auteurs : soit en reproduisant, représentant ou diffusant, par quelque moyen que ce soit, une œuvre de l'esprit, en violation des droits de l'auteur tels qu'ils sont définis et réglementés par la loi. La peine sera de trois mois à deux ans d'emprisonnement et de 50 000 à 1 200 000 francs d'amende s'il est établi que le coupable s'est livré habituellement aux actes visés au présent article, et la fermeture temporaire ou définitive des établissements exploités par le contrefacteur pourra être ordonnée ». Au Sénégal, l'article 142 de la loi n°2008-09 du 25 janvier 2008 sur le droit d'auteur et les droits voisins punit la contrefaçon d'un emprisonnement de six mois à deux ans et d'une amende de un million à cinq millions de francs CFA. L'article 146 de la loi malienne du 17 octobre 1984 prévoit que, le coupable du délit de contrefaçon est puni d'un emprisonnement de 15 jours à 3 mois et d'une amende de 20.000 à 100.000 francs conformément à l'article 85 du code pénal[209].

---

[209] Article 85 du Code pénal malien : « Est coupable du délit de contrefaçon et puni des peines de l'article 85 du Code pénal (15 jours à 3 mois d'emprisonnement et amende de 20.000 à 100.000 francs ou de l'une de ces deux peines seulement) quiconque : a) importe sur le

62. Il est intéressant de savoir que la protection du site internet contre la contrefaçon peut être faite de deux façons : soit dans son intégralité, soit de manière séparée c'est-à-dire en s'attardant individuellement sur chacun de ses éléments qui satisferait à l'exigence de l'originalité. Lorsque dans sa dimension intégrale il constitue une œuvre, le site peut être protégé contre la contrefaçon, soit en vertu de la complexité de sa composition[210], soit en vertu de la contribution de ses auteurs[211]. C'est dans ce sens qu'un jugement du 30 octobre 2009 du Tribunal de commerce de Paris a condamné pour contrefaçon une société proposant la consultation de « contenus de charme » pour avoir reproduit le contenu d'un site internet concurrent[212]. Le premier juge parisien a adopté cette position par une décision du 18 juin 2003, dans laquelle il condamnait l'acte de contrefaçon du site de la société *Dreamnex* par la société *Kaligona*. Par la suite la Cour d'appel de Paris a confirmé le jugement déféré devant elle en 2005, en ce qu'il a retenu à l'encontre de la société *Kaligona* des actes de contrefaçon du contenu du site www.sexyavenue.com créé par la société *Dreamnex* »[213].

63. Si dans sa globalité le site internet ne constitue pas une œuvre, l'action en contrefaçon pourra néanmoins être invoquée pour les œuvres individuelles intégrées dans sa création. Les éléments généralement impliqués dans la création du site tels que les programmes d'ordinateur, les bases de données[214], et les interfaces graphiques feront l'objet d'une protection éclatée. La protection des éléments du site ne subit aucune modification et reste soumise aux règles classiques du droit d'auteur.

---

territoire malien toute reproduction d'une œuvre faite en violation des dispositions de la présente loi; b) contrefait sur le territoire malien des ouvrages publiés à l'étranger ou débite, exporte ou importe des ouvrages autre faits; (c) reproduit, représente, diffuse, par quelque moyen que ce soit, en violation des droits de l'auteur, tels qu'ils sont définis et réglementés par la présente loi, une œuvre de l'esprit inédite ou publiée; d) falsifie des œuvres intellectuelles, étant entendu, par falsification, l'édition par quelque procédé que ce soit d'une œuvre déjà éditée, en indiquant faussement le nom de l'éditeur autorisé à cet effet; e) édite ou reproduit une œuvre en supprimant ou en changeant le nom de l'auteur ou le titre de l'œuvre ou en modifiant frauduleusement le texte de celle-ci; f) édite ou reproduit un nombre d'exemplaires plus grand que celui pour lequel il a été dûment autorisé. Les peines seront portées au double s'il est établi que le coupable s'est livré habituellement aux actes visés aux alinéas a à f du présent article ».

[210] Pour le site constituant une œuvre multimédia.

[211] Pour le site constituant une collective, une œuvre composite ou une œuvre de collaboration.

[212] Trib. com. Paris 15ème ch. Dreamnex / In'Exes, 30 oct. 2009, http://www.legalis.net/?page=jurisprudence-decision&id_article=2832.

[213] Paris 4ème chambre, section A Arrêt du 12 janvier 2005, Kaligona c./Dreamnex, http://www.legalis.net/spip.php?page=jurisprudencedecision&id_article=109.

[214] L'article 2 (xxiii) de l'Accord révisé de Bangui de 1999 définit la base de données comme « une compilation de données ou de faits ». L'élément le plus basique du site internet est le fichier dont l'essence est de contenir des données téléchargeables ou consultables par les visiteurs.

L'article 6 (1.ii) de l'Accord révisé de Bangui[215]accorde une protection *sui generis* à la base de données sur la base de l'investissement fait dans la constitution des données du fichier[216]. En revanche, les programmes d'ordinateurs[217]nécessitent la démonstration d'un effort créatif ou personnel[218]. L'originalité confirme une fois de plus la place fondamentale qu'elle occupe dans la protection du site et des éléments qui le constituent. Mais la protection du site ne peut dépendre uniquement de son originalité. Le site auquel la qualité d'œuvre de l'esprit n'a pas été reconnue doit également être protégé.

2. La protection du site ne constituant pas une œuvre

Le site qui ne constitue pas une œuvre peut être protégé. Techniquement, le site est une succession de pages conçues sous le format *html*, contenant des éléments aussi divers que les informations, les données, les conditions générales de contrat, l'enseigne, la raison sociale. Ces éléments doivent être protégés contre toute extraction frauduleuse (a) et contre les actes de concurrence déloyale (b).

a. La sanction de l'extraction frauduleuse des éléments du site

64. L'extraction frauduleuse des éléments du site désigne le fait pour les tiers de procéder grâce à certains outils informatiques, à une copie ou à un transfert des contenus ou des éléments constitutifs d'un site sans le consentement de son propriétaire. La sanction de ce comportement peut être fondée sur la faute de l'article 1382 du Code civil. Cependant la délimitation du périmètre du fait générateur d'un tel comportement suscite des interrogations.

Suffit-il d'avoir procédé à une extraction frauduleuse pour être sanctionné, ou il faut aussi tenir compte de la destination commerciale, publique ou privée des éléments extraits ? La destination des éléments

[215] Article 6 (1.ii) de l'Accord révisé de Bangui : « Sont protégés également en tant qu'œuvres : les recueils d'œuvres, d'expressions du folklore ou de simples faits ou données, telles que les encyclopédies, les anthologies et les bases de données, qu'elles soient reproduites sur support exploitable par machine ou sous toute autre forme, qui, par le choix, la coordination ou la disposition des matières, constituent des créations intellectuelles ».

[216] « Les moyens consacrés à la recherche d'éléments existants à leur rassemblement dans la base de données, et non sur les moyens mis en œuvre sur leur création », A. LUCAS, Propriété littéraire et artistique, Dalloz, 4ème éd. 2010, p. 160 ; Cass.1ère civ.5 mars 2009, RIDA 3/2009, 491 ; CA, Paris, 4ème ch.12 sept.2001, JCP 2002.II.10000, note POLLAUD-DULIAN.

[217] Article 2 (xxii) de l'Accord révisé de Bangui : « Un programme d'ordinateur. est un ensemble d'instructions exprimées par des mots, des codes, des schémas ou par toute autre forme pouvant, une fois incorporés dans un support déchiffrable par une machine, faire accomplir ou faire obtenir une tâche ou un résultat particulier par un ordinateur ou par un procédé électronique capable de faire du traitement de l'information ».

[218] Civ. 1ère, 16 avril 1991, Isermatic, Bull. civ. I, n°139.

extraits n'est pas fondamentale pour sanctionner l'auteur d'une extraction frauduleuse. C'est plutôt le caractère permis ou interdit des éléments litigieux qui doit être considéré. Ainsi, même le simple internaute peut être sanctionné s'il extrait des éléments du site interdits soit par une mention expresse, soit par d'autres moyens techniques de protection comme les barrières de sécurité qu'il aura préalablement ébranlées.

L'extraction frauduleuse se fait en l'absence de consentement de la victime. Elle ne suppose pas une soustraction matérielle, mais une copie par transfert des fichiers d'un système informatique vers un autre. Le simple renvoi vers un site ne saurait constituer une extraction frauduleuse. Dans ce sens, un jugement du Tribunal de grande instance de Paris du 1er février 2011, a rejeté la demande de la société *Adenclassifieds* qui prétendait que le moteur de recherche du site www.commintoo.com portait atteinte à la base de données de son site www.explorimmo.com. Au soutien de sa décision le juge a précisé que, la mise à la disposition des internautes des références immobilières par le défendeur, constitue une indexation (et non une extraction) de leurs contenus qui permettait aux internautes d'être redirigés vers ces sites[219]. Une dizaine d'années plutôt, une décision du 14 novembre 2001 a condamné l'acte par lequel la société France Télécom Multimédia Services procédait à l'enrichissement de sa base de données par l'extraction des éléments de la base de données du titulaire d'un service minitel "3615 PAP" et d'un site web sur internet *www.pap.fr*[220].

A également été condamnée, la société *Pressall* à qui la demanderesse la société *Data Press* reprochait de proposer une base d'information sur le web constituant une copie servile de sa propre base de presse France tant sur le plan qualitatif que quantitatif[221]. Pour établir la preuve de l'extraction, la victime peut se baser sur la copie servile du site. Pour démontrer une extraction frauduleuse dans ce litige, le Tribunal de commerce de Nanterre s'est fondé sur l'illicéité de l'extraction, sur l'antériorité de la base de données du demandeur, et les similitudes de fautes d'orthographes, d'erreurs et d'omissions dans les deux bases. Au-delà de l'extraction frauduleuse, la faute peut aussi être recherchée dans les actes de concurrence déloyale.

b. La sanction des actes de concurrence déloyale dirigés contre le site

65. La concurrence déloyale n'est pas inconnue en matière de site internet. Elle a été sanctionnée concernant des sites visant la même clientèle. Dans un jugement du 15 mars 2013, le TGI de Paris a condamné pour

---

[219] TGI Paris 3ème ch., 1ère section, Adenclassifieds / Solus'immo, 01 février 2011, http://www.legalis.net/spip.php?page=jurisprudence-decision&id_article=3092.
[220] TGI Paris, 3ème chambre, 1ère section, 14 nov.2001, SA Les Editions Néressis / SA France Télécom Multimédia Services,http://www.legalis.net/spip.php?page=jurisprudence-decision&id_article=123.
[221] Tr. com. Nanterre 9ème ch. du 23 juil. 2010, http://www.legalis.net/spip.php?page=jurisprudence-decision&id_article=3091.

concurrence déloyale un site internet de jeux en ligne ayant repris divers éléments d'un autre site de jeux en ligne et une partie importante de ses conditions générales, au motif que la reprise présentait par son aspect généralisé un caractère fautif[222].

En principe, la concurrence déloyale suppose un acte de concurrence développé dans le cadre de la recherche d'une clientèle commune[223]. Mais certaines décisions omettent l'exigence de la clientèle commune et admettent la sanction de la concurrence déloyale entre des professionnels exerçant dans des domaines différents. Le critère de la clientèle commune ne serait donc plus un impératif entravant l'extension de la concurrence déloyale à des professionnels exerçant des activités différentes[224]. C'est dans ce sens que s'inscrit un arrêt de novembre 2012 de la Cour d'appel de Paris qui s'appuie sur une faute constituée par le détournement d'audience des visiteurs du site du demandeur, pour condamner la reprise par le site *jeanmarcmmorandini.com*, de brèves d'actualité provenant du site *lepoint.fr*[225]. Dans cette affaire, le journal Le Point reprochait à *jeanmarcmmorandini.com* d'avoir commis des actes de concurrence déloyale et de contrefaçon en reprenant ses articles et brèves de manière intensive[226]. Après examen de huit articles ou brèves versés au débat, la Cour retient le grief fondé sur la concurrence déloyale.

66. De telles positions peuvent être expliquées par le fait que le site internet serait sujet à faciliter les fraudes. Pourtant, le droit doit se garder de violer les critères de qualification à partir desquels il cerne les faits accomplis sur internet. L'extension de l'action en concurrence déloyale à l'absence d'une clientèle commune empiète dans le domaine du parasitisme. Cela est vérifiable dans les motivations du juge parisien qui, en admettant que le site du demandeur se trouve privé des visites que ces brèves lui auraient normalement apportées, démontre plutôt le comportement parasitaire et fautif du défendeur. Le juge relève ainsi que le fautif

---

[222] Tribunal de grande instance de Paris 3ème chambre, 2ème section Jugement du 15 mars 2013 ? Beemoov / Jurovi Studio? http://www.legalis.net/spip.php?page=jurisprudence-decision&id_article=3666.

[223] A propos de deux sociétés exerçant dans le domaine publicitaire, Paris, 27 juin 1994, D. 1995, somm.213, note M.-L.IZORCHE ; L'action a été rejetée pour deux sociétés exerçant respectivement dans le domaine de la vidange et dans l'agriculture, Versailles, 8 déc. 1994, D. 1995. p. 261 note Y. SERRA.

[224] A propos d'un litige opposant une société de revues automobiles et une mutuelle d'assurances, CA Paris 20 sept.1996, D. 1997, somm. 283 note M.-L.IZORCHE ; V. Rouen, 8 juill. 1930, Ann.prop.ind.1930, 32 ; Versailles 4 mars 1987, D ; 1988, somm. p. 211.

[225] Cour d'appel de Paris Pôle 5, 2ème ch., 9 nov. 2012, Société d'exploitation de l'hebdomadaire Le Point / The Web Family, Jean Marc M, http://www.legalis.net/spip.php?page=jurisprudence-decision&id_article=3542.

[226] La pratique du site litigieux consistait à reprendre les textes de brèves d'actualité publiées sur le site lepoint.fr, en faisant débuter la brève par la formule « Selon le journal Le Point... ». Les juges d'appel relèvent qu'on ne saurait s'autoriser le pillage quasi-systématique des informations d'un organe de presse par ce simple artifice, et partant, de ses investissements humains et financiers.

« s'épargne la charge de cet investissement et en tire un profit réel puisqu'il bénéficie de nombreux encarts publicitaires dont il est permis d'affirmer que les informations puisées notamment auprès du journal Le Point et de son site www.lepoint.fr sont pour partie à l'origine des recettes induites. La société *The Web Family* adopte ainsi un comportement parasitaire lui permettant de tirer profit des efforts du journal Le Point et de son site internet »[227]. S'il souhaite être plus strict avec les fraudeurs, le juge peut, à travers une succession de décisions convaincantes, amener le législateur à comprendre la nécessité d'étendre la protection du site au domaine pénal.

B. Les sanctions pénales suggérées

67. La protection pénale des éléments corporels et incorporels du site internet est souhaitable. Des Etats comme le Sénégal et le Cameroun ont envisagé de protéger globalement les éléments incorporels électroniques sous le couvert du système informatique. Le système informatique est défini comme l'ensemble des matériels et de logiciels, comportant au moins un ordinateur, destiné à recevoir, à traiter et à restituer des données[228]. Il peut être relié à d'autres systèmes grâce à l'interconnexion des réseaux électroniques. Le système informatique inclut dans un sens large, la totalité des matériels et logiciels parmi lesquels le site internet.

Cependant si la protection par le système informatique présente l'avantage de sécuriser juridiquement la totalité des biens informatiques matériels et logiciels, elle révèle des lacunes face aux atteintes qui n'ont d'effet que sur un seul bien en particulier. Il peut bien exister des atteintes dirigées contre un élément bien précis, sans incidence sur le fonctionnement du système pris dans son intégralité. Seule et unique interface entre l'internaute et le cybercommerçant, le site dans le commerce électronique mérite une protection particulière. Il est donc possible de s'inspirer des délits commis sur le système informatique, pour lui accorder une protection adéquate contre certains comportements que les législateurs peuvent ériger en infractions. Les comportements visés pourront sanctionner la présence frauduleuse sur un espace réservé du site (1), et les atteintes entraînant son dysfonctionnement (2).

1. La présence frauduleuse sur un espace réservé du site

68. Il est possible de s'introduire sur un site internet ou dans une banque de données sans porter atteinte à sa constitution et à ses composantes. Le site internet peut n'accorder l'accès qu'à certaines personnes, en vertu des critères généralement affichés dans ses conditions générales ou ses

---

[227] V. PIRONON, Reprise parasitaire d'informations publiées en ligne : avènement de la jurisprudence Shadock ? Com. comm. électr. n°2, fév. 2013, comm. p. 16.

[228] M. VIVANT, L.RAPP, C. LE STANC, Lamy droit de l'informatique, Lamy S.A, 1991, P.1608; M. LINKE ET P.WINKLER, Le Dico de l'informatique, S&SM, 1998, p. 670.

conditions d'utilisation. Cela révèle la volonté de son titulaire d'en faire un espace réservé à des abonnés bien précis. Le fait de ne pas pouvoir appliquer la notion de domicile au site internet, du fait de l'absence de fixité, empêche de recourir à l'infraction de violation de domicile. Il convient alors de rechercher des incriminations qui pourraient accorder une protection supplémentaire au site internet. L'architecture du site internet permet d'envisager des incriminations selon qu'on s'y est introduit par intrusion (a), et qu'on s'y est maintenu frauduleusement (b).

a. L'intrusion sur un espace réservé du site

69. L'intrusion provient du mot latin « *intrudere* ». Elle désigne le fait de s'introduire quelque part sans droit, sans que l'intrus ait qualité pour y être admis. Dans le sens de l'activité informatique, l'intrusion est le fait par lequel une personne s'introduit frauduleusement dans un réseau, dans un système informatique, sur un site sans y avoir droit d'accès. Pour y arriver le délinquant doit franchir une barrière de sécurité exigeant généralement des mots de passe ou des codes. En l'absence de cette barrière, on ne peut parler d'intrusion puisque le site sera considéré comme étant ouvert au grand public. C'est généralement le cas pour certains sites comme *« Google.com »* ou *« Google.fr »*, et pour les services internet qui permettent, grâce à des documents hypertextes reliés les uns aux autres, d'accéder librement et gratuitement à une masse d'informations inépuisables sans besoin d'un code d'accès. L'intrusion existe généralement pour qualifier les accès indus aux systèmes de données verrouillés par un code d'accès, dont le défaut d'utilisation suffit pour constituer cette infraction. L'article 65 (2) de la loi camerounaise sur la cybercriminalité punit « d'un emprisonnement de cinq (05) à dix (10) ans et d'une amende de 5.000.000 (cinq millions) à 10.000.000 (dix millions) F. CFA ou de l'une de ces deux peines seulement [...], tout accès non autorisé, à l'ensemble ou à une partie d'un réseau de communications électroniques ou d'un système d'information ou d'un équipement terminal ». L'article 431-11 de la loi sénégalaise sur la cybercriminalité dispose également que, « quiconque aura accédé ou tenté d'accéder frauduleusement, introduit ou tenté d'introduire frauduleusement des données dans un système informatique, sera puni d'un emprisonnement d'un (1) an à cinq (5) ans et d'une amende de 5.000.000 à 10.000.000 francs ou de l'une de ces deux peines seulement ».

L'élément matériel de cette infraction renvoie à toute pénétration dans un site ou un espace réservé[229], sans considération de la qualité du délinquant, à condition bien entendu qu'il ne soit pas fait usage du code d'accès. Deux hypothèses sont envisageables: celle de l'agent qui utilise le mot de passe frauduleusement obtenu, et celle de l'accédant qui n'ayant pas en sa

[229] J. DEVEZE Chronique Droit pénal des affaires J.C.P(E) 1988-II-15122. M. VIVANT, L.RAPP, C. L. STANC, Lamy droit de l'informatique, Lamy S.A, 1991, p.1507.

possession le code d'accès, profite alors de la faiblesse des mesures de sécurité pour se connecter au réseau visé. Ces deux espèces peuvent être qualifiées d'intrusion en ce qu'aucun n'a qualité pour accéder à l'espace réservé du site. Sans s'interroger sur les objectifs de l'intrus, sans considération des éventuels dommages causés par cet accès indu, le délinquant devrait être puni dès qu'il aura manifesté l'intention de s'introduire illégalement dans le système.

Le délinquant doit avoir agi en connaissance de cause, c'est-à-dire que l'intention criminelle de ce dernier découle de la violation des conditions d'accès fixées par la loi, la convention, les statuts, ou par la volonté unilatérale que manifeste le maître du site[230]. En plus, l'existence d'un code d'accès, aussi simple soit-il, aussi facile soit-il à déverrouiller, tout comme le recours à un dispositif de sécurité plus lourd, suffit pour démontrer l'intention du fraudeur car leur présence témoigne de la volonté de ne pas laisser libre l'accès au système. A l'inverse, l'accès à un site non protégé par un verrou de sécurité est une exception à cette infraction. Tel est aussi le cas de l'intrusion par erreur, par exemple à la suite d'une frappe involontaire ou inattentive d'un code qui n'est pas le sien, mais celui d'un tiers. Mais une telle maladresse doit être suivie d'une sortie du site dans lequel on s'est malencontreusement introduit. A défaut, l'absence d'exfiltration permettra de caractériser l'élément intentionnel du maintien indu sur le site dont l'accès n'est pas autorisé.

b. Le maintien frauduleux sur un espace réservé du site

70. Le maintien indu dans un système de données est la suite naturelle de l'accès frauduleux[231]. Le maintien frauduleux désigne la situation de celui qui, en se promenant dans le système informatique de la victime, commet une infraction différente de l'intrusion. C'est ce qui justifie qu'on préfère souvent joindre le maintien frauduleux au délit d'intrusion, puisque leurs éléments constitutifs sont sensiblement identiques. Le maintien frauduleux peut aussi provenir d'un accès normal. C'est le cas de celui qui s'est légalement introduit dans un site internet, et qui déjoue les contrôles pour ne pas payer le prix exact de la consultation. Il existe des sites, qui pour être consultés, nécessitent un paiement, un abonnement comme des banques de données que les associations, les entreprises et les groupements d'intérêt mettent à la disposition de leurs clients. L'internaute, qui se dissimule pendant qu'il consulte les pages d'un site sans en payer le prix, se trouve en situation de maintien frauduleux. Peu importe l'ampleur des dégâts, le délit devrait être consommé car même parfaitement inoffensif et sans incidences sur le fonctionnement, la ballade non autorisée sur les pages du site doit être interdite. La répression du maintien dans le système informatique par le droit

---

[230] M. VIVANT, L.RAPP, C. LE STANC, op cit, 1991, p. 1508 n°3435.
[231] M. VIVANT, L.RAPP, C. LE STANC, op cit, 1991, p. .1507, n°3434.

sénégalais est une parfaite illustration[232] de ce que, la promenade illégale sur un site internet doit être sanctionnée. Ces infractions sont réprimées sans considération de leurs conséquences. En effet, doivent être exclus de ces incriminations les faits provoquant des dégâts sur le site. Tout dysfonctionnement du site devrait faire l'objet d'incriminations distinctes.

2. Le dysfonctionnement du site

71. Le dysfonctionnement du site internet peut résulter d'une perturbation grave ou d'une interruption de fonctionnement causée par l'introduction, la transmission, la modification, la suppression ou l'altération des données. Le site peut subir des agressions de la part d'un tiers, de nature à détruire ou à détériorer tout ou partie des informations qu'il contient. On pourrait faire le lien avec la dégradation des biens d'autrui. Malheureusement, la qualification de « destruction » ne sied pas aux infractions portant sur les choses incorporelles[233]. Pour mieux appréhender les atteintes entraînant le dysfonctionnement du site, il convient d'examiner selon que le préjudice a été voulu (b) ou non (a).

a. Le dysfonctionnement involontaire

72. On peut considérer qu'un acte de dysfonctionnement est provoqué involontairement lorsqu'il résulte d'un accès indu, d'un maintien frauduleux dans un site suivi d'une suppression, d'une modification des données ou d'une altération du fonctionnement du site. L'élément intentionnel est caractérisé par une imprudence de la part du délinquant intrus et frauduleusement maintenu dans le système. Cette atteinte découle du prolongement de la présence illicite du délinquant sur le site ou sur une partie de celui-ci. Le dysfonctionnement résultant de l'altération des données, de leur suppression ou de leur modification ne doit pas résulter d'une préméditation. Il est juste la conséquence d'une erreur de manipulation, d'une fausse manœuvre consécutive de l'intrusion et du maintien illicites sur le site informatique. Si l'intention du délinquant était de s'introduire, de s'informer sans y être autorisé, il n'a en revanche pas manifesté la volonté de porter atteinte aux données ou au système de traitement automatisé. Ce dommage sera en effet la résultante d'un manque

---

[232] Article 431-9 de la loi sénégalaise sur la cybercriminalité « Quiconque se sera maintenu ou aura tenté de se maintenir frauduleusement dans tout ou partie d'un système informatique, sera puni d'un emprisonnement de six (6) mois à trois (3) ans et d'une amende de 1.000.000 à 10.000.000 francs ou de l'une de ces deux peines seulement ».

[233] Les articles 227 sur les incendies, 316 sur la destruction des navires, des ouvrages et des édifices, ainsi que 317 sur la destruction des bornes et des clôtures du Code pénal camerounais ne visant pas les biens immatériels. « Les dispositions traditionnelles du code pénal, même en France, en parlant de lieu d'habitation, de véhicules, de mines et de leurs dépendances, de bornes et clôtures, renvoient aux choses corporelles », A.VITU, Cujas, 1984, n°2523 ; M. VIVANT, L. RAPP, C. LE STANC, op. cit., 1991, p. 1511, n°3443.

de prudence, la conséquence d'une inattention ou alors la simple ignorance du modèle sous lequel les données ont été rangées.

Aussi faut-il préciser qu'à ce niveau ce n'est pas l'intrusion, et encore moins le maintien illégal sur le site qui sont involontaires puisque l'agent, en constatant sa présence sur un espace du site auquel il n'a aucun droit d'accès, doit nécessairement en sortir. Le prolongement de sa présence exprimée par une durée temps + 1 témoigne de sa volonté de s'y maintenir[234]. Toutefois, continuer de consulter la partie réservée du site ou sa base de données, alors qu'il ne devrait pas y accéder ne suffit pas pour démontrer l'intention du criminel de porter atteinte aux données frauduleusement examinées. On a bien vu des internautes transporter sans le savoir des virus discrets conçus par des pirates ingénieux, servant ainsi involontairement de véhicules de transmission de ces agents pathogènes des maladies des ordinateurs.

Même malgré le silence de certaines lois pénales sur la distinction entre « atteinte volontaire » et « atteinte involontaire »[235], l'absence d'intention criminelle du délinquant n'exonère pas. La preuve de l'absence de cet élément moral, même à travers la consultation des experts en informatique par les tribunaux, n'est pas toujours évidente. Aussi, pour éviter que les pirates profitent de cette zone d'incertitude en bénéficiant de l'imprudence, de la maladresse comme cause d'exonération, il est nécessaire de réprimer tout dysfonctionnement involontaire du site internet.

b. Le dysfonctionnement volontaire

73. Les atteintes volontaires au fonctionnement du site internet pourraient être les plus évidentes à démontrer. L'élément matériel du dysfonctionnement consiste en la paralysie du système informatique assurant le fonctionnement du site. Il peut aussi résulter de la volonté de faire produire un résultat autre que celui qui est attendu, afin de perturber la diffusion du site, de le bloquer ou d'en modifier les contenus à l'affichage. Il convient d'exclure de ces comportements les entraves et paralysies résultant de la

[234] M. VIVANT, L.RAPP, C. LE STANC, op cit, 1991, p.1511, n°3443

[235] Article 68 de la loi camerounaise sur la cybercriminalité : « (1) Est puni d'un emprisonnement de cinq (05) à dix (10) ans et d'une amende de 10.000.000 (dix millions) à 50.000.000 (cinquante millions) fcfa ou de l'une de ces deux peines seulement, celui qui accède ou se maintient, frauduleusement, dans tout ou partie d'un réseau de communications électroniques ou d'un système d'information en transmettant, endommageant, provoquant une perturbation grave ou un interruption du fonctionnement dudit système ou dudit réseau. (2) Les peines prévues à l'alinéa 1 ci-dessus sont doublées s'il en est résulté, soit la suppression ou la modification des données contenues dans le système d'information, soit une altération de son fonctionnement » ; Article 66 de la même loi : « (1) Est puni d'un emprisonnement de deux (02) à cinq (05) ans et d'une amende de 1.000.000 (un million) à 2.000.000 (deux millions) f cfa ou de l'une de ces deux peines seulement, celui qui entraîne la perturbation ou l'interruption du fonctionnement d'un réseau de communications électroniques ou d'un équipement terminal, en introduisant, transmettant, endommageant, effaçant, détériorant, modifiant, supprimant ou rendant inaccessible les données ».

grève, de la cessation de travail et de la suspension ou de la rupture des contrats de prestations de services informatiques tels que la maintenance[236].

Cela ne signifie pas qu'un acte matériel provoquant une entrave au système ne peut être incriminé. Certes l'entrave ou la perturbation de la diffusion du site peut être considérée comme une infraction intellectuelle[237]. Mais il n'est pas exclu qu'un acte matériel, tel que le renversement volontaire d'une tasse de café dont le contenu s'infiltre à travers les parois de l'ordinateur ou du serveur, puisse paralyser le système informatique et perturber la diffusion du site. On peut y voir un moyen matériel de gêner le fonctionnement d'un système informatique immatériel, et par conséquent du site électronique.

74. C'est la raison pour laquelle l'intention de nuire du délinquant est nécessaire dans l'incrimination d'un tel comportement. Le délinquant doit avoir manifesté sa volonté d'entraver le fonctionnement du site, ou de manipuler illicitement les données, au mépris des droits du titulaire. La preuve de l'intention du délinquant ne pose pas de véritables difficultés, compte tenu de l'opportunité des expertises. Cette volonté d'agression peut également être déduite soit du résultat, puisque l'élément intentionnel résultant de la nature même du délit n'a pas à ce moment besoin d'être affirmé par le juge, soit encore de la conduite du délinquant à travers notamment la tentative et les circonstances entourant l'infraction[238]. Pour être commises, de telles fraudes exigent souvent que le délinquant brise les mesures de sécurité établies par l'auteur, le propriétaire ou l'exploitant des données violées. D'où l'intérêt d'envisager également la protection accordée aux victimes des atteintes commises au moyen du site internet.

§2. La sanction du site agresseur

75. Le site internet peut être utilisé dans le but de nuire à une personne ou à des activités. Plusieurs infractions réalisées dans le monde physique peuvent également être accomplies au moyen d'un site internet. On peut citer notamment les atteintes à la propriété littéraire et artistique, les actes de concurrence déloyale, de parasitisme, et surtout les infractions liées aux actes de diffusion et d'infractions de presse. Sans avoir la prétention de revenir sur ces questions, il convient de s'attarder uniquement sur des transgressions visant les cybercommerçants dans leur dimension patrimoniale et extrapatrimoniale. Les actes illicites commis grâce au site internet contre les opérateurs de commerce électronique sont généralement liés à la divulgation (A). D'autres en revanche perturbent le référencement

---

236 M.VIVANT, L.RAPP, C. LE STANC, op. cit., p.1513.
237 J. -P. BUFFELAN, Les nouveaux délits informatiques, Exp, 1988 p. 99 et 100.
238 Crim. 4 Janv.1902, Dalloz I, 528 ; J. PRADEL, Droit pénal général, Cujas, 2000, p. 444, n°11.

de certains sites en profitant de leur notoriété, afin d'avoir une position privilégiée sur les moteurs de recherche (B).

A. Les transgressions liées à la fonction de divulgation du site internet

Le site internet assure une fonction de communication qui se traduit par la divulgation des informations aux internautes. Cette activité donne souvent lieu à des débordements pouvant nuire à la réputation du cybercommerçant (1), à sa diffamation (2), ou à la diffusion non autorisée des données et plus spécifiquement des données à caractère personnelle[239] (3).

1. Les atteintes à la réputation du cybercommerçant

76. Dans le monde physique comme sur les réseaux électroniques, les actes du site internet nuisibles à la réputation peuvent être dirigés contre les personnes et contre leurs activités. Le premier cas fait allusion aux injures et diffamation, tandis que le second cas se rapporte au dénigrement. Les injures ont la particularité de ne pas entretenir de lien étroit avec l'activité commerciale. Cela ne signifie pas pour autant qu'un cybercommerçant ne peut pas en être victime. Il faut juste préciser que les injures constituent une infraction d'ordre général qui n'a généralement aucune incidence sur l'activité commerciale de la victime[240], contrairement à la diffamation (1) et au dénigrement (2).

a. Le dénigrement

77. Le dénigrement sur internet suppose de diffuser des propos nuisibles et dévalorisants, dans l'intention de jeter du discrédit ou de l'hostilité sur une entreprise. Il consiste à jeter publiquement le discrédit sur une personne ou une entreprise, par la critique de ses produits ou son travail, dans le but de lui nuire, même en l'absence d'une situation concurrentielle. La frontière avec la diffamation est mince et ne tient qu'à deux critères. Le dénigrement prospère avec succès sur internet, grâce aux mails et à l'affichage d'informations préjudiciables sur le site internet. Il est commis sur les produits de l'activité de la victime[241], contrairement à la diffamation qui ne

---

[239] Le choix de s'appesantir particulièrement sur les données à caractère personnel est lié au fait que les infractions de diffusion illicite sont généralement sanctionnées indépendamment de l'usage d'internet. Les données à caractère personnel sont posent un véritablement lié au sort de leur usage par les personnes en charge de leur traitement.

[240] Encore que les clients peuvent plutôt être choqués dans leur psychologie, et avoir de la sympathie pour la victime des injures.

[241] « Les appréciations mêmes excessives touchant les produits, les services, ou les prestations d'une entreprise industrielle ou commerciale n'entrent pas dans les prévisions de l'article 29 de la loi du 29 juillet 1881 pour déclarer le prévenu coupable de diffamation, dès lors qu'elles ne concernent pas la personne physique ou morale », Cass. ch. crim. 10 sept. 2013, 11-86.311, Bull. crim. 2013, n° 177,

vise que les personnes physiques ou les personnes morales[242]. En retenant que les faits n'étaient pas établis puisque, dans les propos tenus, aucune référence n'étant faite à une personne physique ou morale, un arrêt français du 10 septembre 2013[243] illustre la frontière entre le dénigrement qui concerne uniquement un produit ou un service, et la diffamation ou l'injure qui doit être dirigée contre une personne.

La jurisprudence applique l'article 1382 du Code civil lorsque ces abus affectent les produits ou les services[244]. Mais l'obstacle auquel la sanction du dénigrement peut se heurter est l'exception de la liberté d'expression, contrairement à l'injure dont l'identification ne suscite aucune confusion. Au sens de l'article 11 de la Déclaration des Droits de l'Homme et du Citoyen[245] et de l'article 9 de la Charte africaine des droits de l'homme et des peuples[246], la liberté d'expression est sans conteste un principe universel. C'est dans ce sens qu'il est admis que « la critique gastronomique est libre et permet la libre appréciation de la qualité ou de la préparation des produits servis dans un restaurant »[247]. Mais les acteurs d'internet font souvent de cette liberté un abus préjudiciable à la réputation et à l'activité. Cette exception tombe dès qu'il est constaté que les propos litigieux portent atteinte à l'image commerciale[248]. Et c'est là où se situe le problème des actes de dénigrement sur internet. La difficulté principale est de déterminer avec certitude que les propos litigieux portent atteinte à l'activité de la

---

http://www.legifrance.gouv.fr/affichJuriJudi.do?oldAction=rechJuriJudi&idTexte=JURITEX T000027948384.

242 « Pour dire non établis les faits de diffamation publique envers un particulier, l'arrêt énonce que les propos incriminés concernent un produit, à savoir un cru viticole désigné sous l'appellation "domaine de Lagrézette" et qu'aucune référence n'est faite dans l'article, à une personne physique ou morale qui pourrait être soit le producteur, soit le représentant, soit le négociant, soit le détaillant, Cass. ch. crim, 19 janvier 2010,
0888.243,http://www.legifrance.gouv.fr/affichJuriJudi.do?oldAction=rechJuriJudi&idTexte=JURITEXT000021829294&fastReqId=1462710740&fastPos=1. ; « Seul le produit apparaît visé, aucune référence n'est faite à une personne physique ou morale qui pourrait être soit le producteur, soit le représentant, soit le négociant, soit le détaillant », Cass. 1ère civ., 11 février 2010, n° 08-22.111.

243 Cass. ch. crim. 10 sept. 2013, 11-86.311, Bull. crim. 2013, n° 177,
http://www.legifrance.gouv.fr/affichJuriJudi.do?oldAction=rechJuriJudi&idTexte=JURITEX T000027948384

244 Civ. 1re, 27 sept. 2005, RTD civ. 2006. 126 ; Civ. 1re, 30 mai 2006 et Civ. 2e, 25 janv. 2007, RTD civ. 2007. 354; Civ. 1re, 31 mai 2007, Bull. civ. I, n° 215.

245 Article 11 de la Déclaration des Droits de l'Homme et du Citoyen « La libre communication des pensées et des opinions est un des droits les plus précieux de l'Homme : tout Citoyen peut donc parler, écrire, imprimer librement, sauf à répondre de l'abus de cette liberté dans les cas déterminés par la Loi ».

246 Article 9 de la Charte africaine des droits de l'homme et des peuples « Toute personne a le droit d'exprimer et de diffuser ses opinions dans le cadre des lois et règlements »

247 Cass. 2e civ. 23 janv. 2003, n° 01-12. 848: JurisData n° 2003-017462; Bull. civ. 2003, II, n° 15.

248 Cass. 1re civ., 20 sept. 2012, n° 11-20.963 : JurisData n° 2012-020923, Communication Commerce électronique n° 12, Décembre 2012, comm. 136, n. A. LEPAGE.

victime. La solution est facile lorsque le produit est cité ou visé dans les propos dénigrants, ou lorsque la victime est un concurrent.

78. Le périmètre du dénigrement sur internet n'est pas aisé à déterminer. Certaines décisions ont élargi le domaine du dénigrement à la critique d'un produit ou des produits propres à une société, un groupe de concurrents[249] ou plus généralement à une profession[250]. Le dénigrement serait constitué dès que le site aura diffusé auprès d'un public constituant potentiellement une clientèle des propos ayant un caractère péjoratif. Toutefois, il est arrivé que le dénigrement soit contesté en dépit de l'existence de propos péjoratifs sur un site internet. Dans un jugement du 22 novembre 2012 le TGI de Paris s'est prononcé sur le caractère dénigrant de l'association d'une marque avec le nom volontairement « provocateur et accrocheur » du site internet *« lesarnaques.com »*[251]. Le titulaire de la marque se plaignait d'être nommément visé par les commentaires d'internautes postés sur le forum de ce site dont le nom lui porterait préjudice. Or constatant que le site en question a pour vocation d'être un espace d'échanges, d'information et de médiation entre consommateurs et professionnels, le juge a conclu que les propos litigieux se situent dans « un débat d'intérêt général »[252]. En dépit de la mention de la marque sur les textes diffusés, le dénigrement ne saurait être constitué ni du fait des contributions des internautes, ni du fait de l'hébergeur[253]. Malgré cette position, le critère de l'espace d'échanges que constituerait un site n'est pas assez pertinent pour nier l'existence du dénigrement. Dans un jugement du 26 juillet 2011, le Tribunal de commerce

---

[249] CA Paris, Afflelou / Société Visual, 7 février 2003, Légipresse 2003, n°201, III, p.74.

[250] CA Bordeaux 3 mars 1971 Sogara / Syndicat général de l'épicerie, pour le dénigrement en de petits commerçants de quartier dans une publicité pour une enseigne Carrefour ; V. aussi CA Versailles 2 juin 2004 Orangina Schweppes / Centre d'études et de documentation du sucre, Propr. Ind., Juris-classeur, 2007, avril, n° 4, Commentaires, p. 38-39. « Attendu qu'ayant relevé que le film litigieux présente le sucre sous la forme d'un personnage ridicule et donne du produit une image dévalorisante, l'arrêt retient, par motifs propres, qu'à travers cette image il est porté une appréciation péjorative sur le produit "sucre", qui ne saurait être excusée par la forme humoristique du film, et par motifs adoptés, que le message publicitaire contribue à la dégradation, dans l'esprit des consommateurs, de l'image du sucre qui se trouve de facto dénigré ; qu'ayant ainsi caractérisé le dénigrement porté sur le produit "sucre" par la publicité litigieuse, la cour d'appel a pu statuer comme elle a fait », Cass. Ch. com., du 30 janvier 2007, 04-17.203, Inédit, http://www.legifrance.gouv.fr/affichJuriJudi.do?idTexte=JURITEXT000007514114&dateTexte=.

[251] TGI Paris 3ème chambre, 1ère section Jugement du 22 novembre 2012, Lilads, Patrick R / Les Arnaques.com, http://www.legalis.net/spip.php?page=jurisprudence-decision&id_article=3557.

[252] TGI Paris 3ème chambre, 1ère section Jugement du 22 novembre 2012, Lilads, Patrick R / Lesarnaques.com, http://www.legalis.net/spip.php?page=jurisprudence-decision&id_article=3557.

[253] « La commercialisation d'espaces publicitaires n'induit pas une capacité d'action du service sur les contenus mis en ligne », TGI Paris 3ème chambre, 1ère section Jugement du 22 novembre 2012, Lilads, Patrick R / Les Arnaques.com, http://www.legalis.net/spip.php?page=jurisprudence-decision&id_article=3557.

de Paris a condamné une société pour avoir dénigré les prestations d'une société de référencement dans un *tweet*[254]. L'inconstance de la jurisprudence sur les actes précis constitutifs de dénigrement sur internet révèle que le constat de cette transgression relève de l'appréciation souveraine des juges de fond. Ce qui n'est pas le cas de l'infraction de diffamation.

b. La diffamation

79. La diffamation est une allégation, l'imputation d'un fait portant atteinte à l'honneur ou à la considération d'une personne ou d'un corps constitué et dont on ne peut rapporter la preuve[255]. Elle constitue une infraction généralement réprimée dans le cadre des atteintes à l'honneur et à la dignité de la personne. La diffamation connaît un réel succès en ligne. L'usage d'internet ne modifie en rien les conditions de sa réalisation. La participation des réseaux électroniques dans la commission de la diffamation n'empêche pas le déploiement des règles pénales qui la sanctionnent.

La diffamation suppose une allégation ou imputation d'un fait portant atteinte à l'honneur ou à la considération et diffusé par tout moyen au public[256]. La notion de lieu public exige de se trouver dans un « lieu accessible à tous »[257]. Le lieu privé peut être considéré comme un endroit qui n'est ouvert aux personnes que sur autorisation de celui qui l'occupe ou de celui qui en est propriétaire. Les juges doivent prendre en compte le

---

[254] « Les propos du dirigeant de Zlio, dénigrent indiscutablement la qualité des prestations de référencement, alors qu'il a été démontré plus haut que la prestation convenue a été réalisée...la notoriété du dirigeant de Zlio dans le monde internet permet d'être sûr de la portée du dénigrement opéré par la tenue des tels propos », Tribunal de commerce de Paris 8ème chambre Jugement du 26 juillet 2011, Référencement.com / Zlio, http://www.legalis.net/spip.php?page=jurisprudence-decision&id_article=3216.

[255] J. LARGUIER et A.-M. LARGUIER soutiennent que les personnes morales publiques comme les collectivités et les personnes morales privées comme les sociétés et les syndicats peuvent également être victimes des atteintes à l'honneur. Droit pénal spécial, Mémentos Dalloz 2002, p. 168 à 169.

[256] D'après l'article 152 alinéa 1 du Code pénal camerounais, pour être constituée la diffamation doit être faite soit par des gestes, des paroles, des cris proférés dans les lieux ouverts au public, soit par « tout procédé destiné à atteindre la public ». L'article 364 de la loi n°. 043/96/ADP du 13 Novembre 1996 portant Code Pénal au Burkina Faso exige que la diffamation soit commise « par discours, cris ou menaces proférés dans les lieux ou réunions publics, par écrits, imprimés vendus ou distribués, mis en vente ou exposés dans les lieux ou réunions publics par des placards ou affiches exposés au regard du public, par tous autres moyens de diffusion ». En vertu de l'article 284 du Code pénal gabonais, l'infraction de diffamation est consommée « envers un particulier, soit par discours, cris ou menaces proférés dans des lieux ou réunions publics, soit par des imprimes vendus ou distribues, mis en vente ou exposes dans des lieux ou réunions publics, soit par des, placards ou affiches exposes aux regards du public ».

[257] « ..Est un lieu privé un foyer de jeunes... », Trib. Correct. Montbelliard, 1er déc. 1978 JCP 1979, note LINDON; « ... Est un lieu privé un lieu de détention ... », TGI Paris, G.P. 1987. 1.21 ; Voir aussi V.PELTIER, Le secret des correspondances, P.U.A.M. 1999, p. 158, n°154.

caractère privé ou public du lieu dans lequel les propos en cause ont été tenus, écrits ou divulgués[258].

80. Deux variantes définissent la notion de lieu public: une thèse statique qui distingue le lieu public par nature tel que la rue, la place du marché, l'arrêt de bus, du lieu public par destination, tel que les cafés, les bureaux de postes, les halls des hôpitaux. Une autre thèse dynamique qui tend à expliquer la faculté de mutation des milieux qui peuvent passer suivant les circonstances de lieu privé à lieu public et vice-versa. C'est aussi que l'informatique, considérée sous sa forme télématique, peut être considéré comme un procédé permettant d'atteindre le public. Pour cela, il faut que l'information ne soit pas inaccessible. Lorsque les propos diffamatoires sont proférés dans les sites consultés par des milliers de personnes et dont l'accès n'est pas restreint, le délit est consommé[259]. La Cour de cassation française[260] a décidé que des propos litigieux diffusés sur une page *facebook* restreinte à certaines personnes ne constituent pas des injures publiques[261]. Il existe des sites internet dont la consultation est libre et gratuite pour tous, et des sites qui exigent un abonnement particulier ou alors une certaine qualité[262]. La consommation du délit dépend de l'accès libre et sans restriction du public aux propos déshonorants communiqués par voie informatique.

Il revient de déterminer les critères d'un accès libre aux propos diffusés. S'agissant du site, on peut appliquer le critère de l'abonnement pour démontrer son caractère privé. Sur les réseaux sociaux en revanche, la tâche s'avère plus délicate. Selon une auteure, « la première chambre civile a

---

[258] Crim. 24/1/1 967 Bull. crim. n°134 pour des propos tenus lors d'une assemblée d'actionnaires crim. 12/71972 Bull. crim n°241 au sein d'une association.

[259] J. F. CHASSAING, L'internet et le droit pénal Recueil Dalloz Sirey, 1996, 38e cahier, chronique, p. 333.

[260] En l'espèce, suite à des propos injurieux tenus par une ancienne salariée sur plusieurs réseaux sociaux, une société ainsi que sa gérante ont assigné cette dernière en sollicitant des dommages et intérêts ainsi que diverses mesures d'interdiction et de publicité. Les affronts tenus par ladite salariée, qualifiés d'injures publiques par les requérantes, étaient les suivants : « Sarko devrait voter une loi pour exterminer les directrices chieuses comme la mienne !!! » (site MSN), « extermination des directrices chieuses » (Facebook), « éliminons nos patrons et surtout nos patronnes (mal baisées) qui nous pourrissent la vie !!! » (Facebook), « Rose Marie motivée plus que jamais à ne pas me laisser faire. Y'en a marre des connes ».

[261] « Après avoir constaté que les propos litigieux avaient été diffusés sur les comptes ouverts par Mme Y... tant sur le site Facebook que sur le site MSN, lesquels n'étaient en l'espèce accessibles qu'aux seules personnes agréées par l'intéressée, en nombre très restreint, la cour d'appel a retenu, par un motif adopté exempt de caractère hypothétique, que celles-ci formaient une communauté d'intérêts ; qu'elle en a exactement déduit que ces propos ne constituaient pas des injures publiques », Arrêt n° 344 du 10 avril 2013 (11-19.530) - Cour de cassation,
https://www.courdecassation.fr/jurisprudence_2/premiere_chambre_civile_568/344_10_2600 0.html. Mais de tels propos peuvent constituer des injures non publiques pour les législations qui prévoient de telles incriminations. C'est le cas de l'article R.621-2 du Code pénal français qui dispose que, « l'injure non publique envers une personne, lorsqu'elle n'a pas été précédée de provocation, est punie de l'amende prévue pour les contraventions de la 1ère classe ».

[262] C'est notamment le cas des sites pornographiques qui exigent d'être majeur.

retenu deux autres conditions assez floues : la première est que les propos devaient être accessibles aux seules personnes agréées par l'intéressée, et la deuxième est que le nombre de ces personnes agréées soit très restreint »[263]. Le critère du nombre trop retreint paraît plus complexe que celui des personnes agréées. En effet, on pourrait simplement considérer le critère de l'agrément des personnes ayant accès à l'information litigieuse. Ainsi, le titulaire du compte *facebook* qui laisse sa page personnelle accessible aux personnes autres que ses amis, c'est-à-dire par exemple aux amis de ses amis, expose ses interventions à la qualification de propos tenus dans un lieu public[264].

81. L'intention de l'agent relève du dol spécial, puisque sa volonté est de nuire à la considération et à l'honneur de la victime. La tentative est punissable, surtout lorsque l'échec de l'acte est dû à des causes extérieures au délinquant[265]. Toutefois, le fait constitutif doit obligatoirement être de nature à dénigrer l'honneur de la victime[266] faute de quoi le délit ne peut être consommé. Aussi reprocher à un avocat son manque de conscience professionnelle n'est en rien un propos diffamant. Des limites à la poursuite de l'auteur de la diffamation sont prévues, soit de manière restrictive par certaines législations comme le Code pénal gabonais, notamment pour des allégations concernant un fait ancien de plus de dix ans, amnistié ou déjà condamné[267], soit de manière plus étendue par d'autres législations telles que le Code pénal camerounais[268]. Les personnes physiques, autant que les

---

[263] Ch. MOULIN, (dir.) C. LEBORGNE-INGELAERE, « Les propos tenus sur Facebook ne constituent pas des injures publiques », note sous Cass. 1re civ., 10 avr. 2013, n° 11-19.530, http://crdp.univ-lille2.fr/lereds/actualites-de-droit-social/details-actualites/?tx_ttnews%5Btt_news%5D=1372&cHash=f04a674a38be1fa9290083798cd5babb.

[264] Ibid. Cette position a été soutenue en matière sociale en France. Voir Cons. prud'h. Boulogne-Billancourt, 19 nov. 2010, n° 10/853, http://crdp.univ-lille2.fr.

[265] J. PRADEL, Droit pénal général, Cujas, 2000, p. 343, 381 et s.

[266] J. LARGUIER et A.-M. LARGUIER, Droit pénal spécial, Mémentos Dalloz 2002, p. 184 et s.

[267] Article 162 du Code pénal gabonais : « Dans les cas visés aux articles 160 et 161, lorsque l'outrage a consisté en une allégation ou une imputation qui porte atteinte à l'honneur ou à la considération de la personne ou du corps auquel il est imputé, la vérité des faits diffamatoires peut être prouvée, sauf lorsque l'imputation concerne la vie privée de la personne ou se réfère à un fait remontant a plus de dix années, ou constitue une infraction amnistiée ou prescrite. Si la preuve du fait diffamatoire est rapportée, le prévenu sera renvoyé des fins de la plainte ».

[268] Article 306 du code pénal camerounais : « Ne constituent aucune infraction : les discours tenus au sein des assemblées législatives ainsi que les rapports ou toute autre pièce imprimée par ordre de l'une de ces assemblées ; le compte-rendu des séances publiques de ces assemblées fait de bonne foi ; les débats judiciaires, les discours prononcés ou les écrits produits devant les juridictions ; le compte-rendu fidèle et de bonne foi de ces débats et discours, à l'exception des procès en diffamation ; la publication des décisions judiciaires, y compris celles rendues en matière de diffamation ; le rapport officiel fait de bonne foi par une personne régulièrement désignée pour procéder à une enquête et dans le cadre de cette enquête ; l'imputation faite de bonne foi par un supérieur hiérarchique sur son subordonné ; le renseignement donné de bonne foi sur une personne à un tiers qui a un intérêt personnel ou officiel à le connaître ou qui a le pouvoir de remédier à une injustice alléguée ; la critique d'une œuvre, d'un spectacle, d'une opinion quelconque manifestée publiquement, à condition

personnes morales, peuvent être des potentielles victimes. C'est dans ce sens que les personnes morales comme les syndicats et les sociétés peuvent être victimes de cette infraction[269].

2. La diffusion non autorisée des données à caractère personnel

82. La diffusion non autorisée de données désigne l'acte par lequel une information est divulguée sur un site en l'absence de l'accord de la victime. La diffusion non autorisée peut concerner la violation du secret professionnel, plus spécifiquement la divulgation des données à caractère personnel. La divulgation du secret professionnel par les internautes n'échappe pas à l'autorité des lois pénales des pays francophones d'Afrique subsaharienne. La forme de la révélation importe peu, elle peut être publique ou privée, écrite ou orale, par voie électronique ou téléphonique[270]. Les lois pénales s'intéressent plus à la divulgation et au silence du professionnel qu'à la forme de communication du fait confidentiel. L'agent doit avoir manifesté son intention infractionnelle. Il s'agit ici simplement d'un dol général et non d'un dol spécial, puisque l'agent, en transgressant la loi, ne vise pas un résultat à atteindre. L'intention criminelle est exigée car la simple négligence ou plutôt la faute d'imprudence ne suffit pas pour constituer l'infraction[271]. En sa qualité de professionnel, l'opérateur est tenu d'une obligation de confidentialité non seulement pour ce qui lui a été dit, mais également pour ce qu'il a vu ou découvert lors de son activité. Le fait tenu secret n'a pas besoin de porter préjudice à la vie privée de la victime pour être sanctionné. Ce qui est notamment le cas pour les données à caractère personnel.

L'article 4 (41) de la loi camerounaise de 2010 sur la cybercriminalité définit les données comme une représentation de faits, d'informations ou de notions sous une forme susceptible d'être traitée par un équipement terminal, y compris un programme permettant à ce dernier d'exécuter une fonction. Les données qui portent sur la personne sont protégées par les lois nationales des pays qui ont amorcé l'encadrement du commerce électroniques dans l'espace de l'OHADA. En dépit de l'obstination du législateur camerounais de protéger ces informations sous l'appellation « données nominatives »[272]

---

que ladite critique ne traduise pas une animosité personnelle ; l'œuvre historique faite de bonne foi ».

[269] J. LARGUIER et A.-M. LARGUIER, op. cit., p.169.

[270] J. LARGUIER et A.-M. LARGUIER, op. cit., p.147 ; L'article 310 du code pénal camerounais punit d'une perte privative de liberté de trois mois à trois ans et d'une amende de 20.000 f à 100.000F CFA l'acte de révélation d'un fait confidentiel sans autorisation de celui auquel il appartient, sans préciser le mode de divulgation.

[271] C'est le cas par exemple, de la captation d'une information par un tiers rendue possible par le médecin qui par négligence laisse traîner ses notes, oublie de verrouiller son système ou alors ne prend pas la peine de sécuriser ses données. J. LARGUIER et A.-M. LARGUIER, op. cit., p.147.

[272] L'expression « donnée nominative » se rapporte sommairement à toute information relative au nom. Dans le silence du législateur camerounais, on peut se référer à la loi française du 6 janvier 1978 dont l'article 4 précise que sont nominatives, les informations qui

qui s'avère aujourd'hui limitée[273], il convient d'en envisager la protection sous la qualification de données à caractère personnel[274]. Les données à caractère personnel désignent toute information relative à une personne physique identifiée ou identifiable directement ou indirectement, par référence à un numéro d'identification ou à un ou plusieurs éléments, propres à son identité physique, physiologique, génétique, psychique, culturelle, sociale ou économique[275]. Les données ne sont plus seulement les informations renseignées par l'internaute. Prise dans un sens large, les données à caractère personnel se rapprochent de toute trace laissée par l'internaute lors de son passage sur internet, captée, traitée, et convertie en information par les logiciels intelligents, qui analysent progressivement son comportement, dans le but l'exploiter à des fins commerciales ou autres. C'est ainsi qu'il a été décidé que « les *logs* de connexion incluant l'adresse *IP (Internet Protocol)* constituent des données à caractère personnel »[276].

83. Les propositions faites par les législations sénégalaise et camerounaise sont particulièrement répressives à l'égard du traitement des données à caractère personnel (a). Mais la crainte du gendarme n'a pas toujours abouti au respect de la loi. Les réseaux électroniques diminuent le pouvoir qu'ont les personnes sur le contrôle de leurs données. Il est nécessaire qu'après avoir consenti au traitement de ses données, l'internaute puisse consulter son fichier auprès du responsable du traitement, ou qu'il soit consulté pour certaines opérations délicates visant l'exploitation de ses données (b).

---

permettent sous quelque forme que ce soit, directement ou non, l'identification des personnes physiques auxquelles elles s'appliquent ».

[273] « La notion d'informations nominatives renvoyait à toutes les informations, quels que soient leur forme, leur sens ou leur support, qui pouvaient reliées à une personne identifiée ou identifiable. La catégorie se composait ainsi du nom et de ses accessoires, mais aussi des informations indirectement nominatives [...] le numéro de sécurité sociale le numéro de téléphone, ou encore l'adresse grâce auxquels il était possible de retrouver indirectement l'identité exacte de la personne à laquelle ils se rapportaient », J. EYNARD, Les données personnelles. Quelle définition pour un régime de protection efficace ?, thèse, éd. Michalon, 2013, p. 11.

[274] « Une différence entre de nature apparaît entre les données à caractère personnel et les données nominatives. A la différence des secondes, les premières appréhendent les éléments constitutifs de la personne qui font d'elle un être humaine. Désormais, l'information n'est plus le reflet d'un moment de vie de la personne, elle saisit des éléments qui sont intrinsèques à cette dernière et dont elle n'a pas toujours conscience [...]. Finalement, elle peut être définie comme toute information saisissant l'essence physique ou psychique de la personne physique identifiée ou identifiable qu'elle concerne », ibid.

[275] Article 4 loi sénégalaise de décembre 2008 sur la protection des données à caractère personnel : « Données à caractère personnel : toute information relative à une personne physique identifiée ou identifiable directement ou indirectement, par référence à un numéro d'identification ou à un ou plusieurs éléments, propres à son identité physique, physiologique, génétique, psychique, culturelle, sociale ou économique ».

[276] TGI Paris, ord. réf. 7 juill. 2014, M. c/ Crédit Lyonnais, http://www.legalis.net; E. A. CAPRIOLI, L'adresse IP est une données à caractère personnel, Com.comm.électr.Rev.mensuelle Lexisnexis Jurisclasseur, n°10 oct. 2015, p. 36.

a. La répression des atteintes aux données à caractère personnel

84. Les atteintes aux données à caractère personnel portent généralement sur leur collecte et leur exploitation illicites, c'est-à-dire sans le consentement de la victime. La collecte illicite peut être due un manquement à la loyauté. Le manque de loyauté dont il est question ici ne se limite pas à l'obligation de bonne foi contractuelle. En plus du refus de la victime[277], il peut s'étendre globalement à la violation intentionnelle ou non intentionnelle des dispositions légales relatives au traitement des données[278]. La collecte illicite peut également être constituée en violation d'une interdiction faite en considération de la nature de l'information personnelle captée. L'interdiction peut provenir des personnes concernées par les informations désirées, elle peut ressortir de la nature raciale, de l'appartenance religieuse, des opinions politiques des personnes[279], ou elle peut concerner les infractions commises par la personne concernée et les sanctions dont, elle a fait l'objet. Enfin, la collecte illicite est sanctionnée en cas de conservation illicite des données, c'est-à-dire un maintien des informations personnelles au sein de l'outil informatique enregistrant, au-delà de la durée prévue à la déclaration faite à

---

[277] Article 431-26 de la loi sénégalaise sur la cybercriminalité : « En cas de traitement de données à caractère personnel ayant pour fin la recherche dans le domaine de la santé, sera puni des mêmes peines, quiconque aura procédé à un traitement : 1) sans avoir préalablement informé individuellement les personnes sur le compte desquelles des données à caractère personnel sont recueillies ou transmises de leur droit d'accès, de rectification et d'opposition, de la nature des données transmises et des destinataires de celles-ci ainsi que des dispositions prises pour leur traitement, leur conservation et leur protection ; 2) malgré l'opposition de la personne concernée ou, lorsqu'il est prévu par la loi, en l'absence du consentement éclairé et exprès de la personne, ou s'il s'agit d'une personne décédée, malgré le refus exprimé par celle-ci de son vivant ».

[278] Article 74 (3) de la loi camerounaise sur la cybercriminalité de 2010 : « Est puni d'un emprisonnement d'un (01) à trois (03) ans et d'une amende de 1.000.000 (un million) à 5.000.000 (cinq millions) F CFA ou de l'une de ces deux peines seulement, quiconque procède ou fait procéder, même par négligence au traitement des données à caractère personnel en violation des formalités préalables à leur mise en œuvre ». Article 431-17 de la loi sénégalaise sur la cybercriminalité : « Quiconque aura, même par négligence, procédé ou fait procéder à des traitements de données à caractère personnel sans avoir respecté les formalités préalables à leur mise en œuvre prévues par la loi sur les données à caractère personnel, sera puni d'un emprisonnement d'un (1) an à sept (7) ans et d'une amende de 500.000 francs à 10.000.000 francs ou de l'une de ces deux peines seulement ». Article 431-21 de la loi sénégalaise sur la cybercriminalité : « Quiconque aura procédé ou fait procéder à un traitement de données à caractère personnel sans mettre en œuvre les mesures prescrites à l'article 71 de la loi sur les données à caractère personnel précitée, sera puni d'un emprisonnement d'un (1) an à sept (7) ans et d'une amende de 500.000 francs à 10.000.000 francs ou de l'une de ces deux peines seulement ».

[279] Article 431-24 de la loi sénégalaise sur la cybercriminalité : « Quiconque aura, hors les cas prévus par la loi, mis ou conservé sur support ou mémoire informatique, sans le consentement exprès de l'intéressé, des données à caractère personnel qui, directement ou indirectement, font apparaître l'origine raciale ou ethnique, les opinions politiques, philosophiques ou religieuses, ou les appartenances syndicales, ou qui sont relatives à la santé ou à l'orientation sexuelle de celui-ci, sera puni d'un emprisonnement d'un (1) an à sept (7) ans et d'une amende de 500.000 francs à 10.000.000 francs ou de l'une de ces deux peines seulement ».

l'organisme national en charge du contrôle du traitement des données personnelles[280].

85. Les délits d'exploitation des données personnelles sont réprimés selon que le délinquant aura commis une divulgation illicite ou un détournement de finalité[281]. La divulgation illicite consiste en la révélation d'une information portant atteinte à l'honneur ou à la considération d'une personne[282]. Elle peut aussi consister en la communication aux personnes non autorisées des informations personnelles d'autrui. L'article 431-30 de la loi sénégalaise de 2008 sur la cybercriminalité dispose que « quiconque aura recueilli, à l'occasion de leur enregistrement, de leur classement, de leur transmission ou d'une autre forme de traitement, des données à caractère personnel dont la divulgation aurait pour effet de porter atteinte à la considération de l'intéressé ou à l'intimité de sa vie privée, porté, sans autorisation de l'intéressé, ces données à la connaissance d'un tiers qui n'a pas qualité pour les recevoir, sera puni d'un emprisonnement d'un (1) an à sept (7) ans et d'une amende de 500.000 francs à 10.000.000 francs ou de l'une de ces deux peines seulement ». Cette disposition encadre trois hypothèses de divulgation.

La première hypothèse exige que les informations divulguées soient de nature à « porter atteinte à la considération de la personne ou à l'intimité de sa vie privée ». L'appréciation du caractère intime de l'information est dévolue au juge, qui distinguera par exemple, l'information relative à l'origine prétendument suspecte des revenues de quelqu'un, qui entre dans le

---

[280] Article 431-27 de la loi sénégalaise sur la cybercriminalité : « Quiconque aura conservé des données à caractère personnel au-delà de la durée nécessaire prévue par l'article 35 de la loi sur les données à caractère personnel, sauf si cette conservation est effectuée à des fins historiques, statistiques ou scientifiques dans les conditions prévues par la loi, sera puni d'un emprisonnement d'un (1) an à sept (7) ans et d'une amende de 500.000 francs à 10.000.000 francs ou de l'une de ces deux peines seulement ». Article 431-28 de la loi sénégalaise sur la cybercriminalité : « Quiconque aura, hors les cas prévus par la loi, traité à des fins autres qu'historiques, statistiques ou scientifiques des données à caractère personnel conservées au-delà de la durée nécessaire prévue par l'article 35 de la loi sur les données à caractère personnel sera puni des mêmes peines ». Article 74 (7) de la loi camerounaise sur la cybercriminalité : « Est puni d'un emprisonnement de six (06) mois à deux (02) ans et d'une amende de 5.000.000 (cinq millions) à 50.000.000 (cinquante millions) F CFA ou de l'une de ces deux peines seulement, celui qui conserve des informations sous une forme nominative ou chiffrée au-delà de la durée légale indiquée dans la demande d'avis ou la déclaration préalable à la mise en œuvre du traitement automatisé ».

[281] Article 431-29 de la loi sénégalaise sur la cybercriminalité : « Quiconque, détenant des données à caractère personnel à l'occasion de leur enregistrement, de leur classement, de leur transmission ou de toute autre forme de traitement, aura détourné ces informations de leur finalité telle que définie par la disposition législative, l'acte réglementaire ou la décision de la Commission des Données Personnelles autorisant le traitement automatisé, ou par les déclarations préalables à la mise en œuvre de ce traitement, sera puni d'un emprisonnement d'un (1) an à sept (7) ans et d'une amende de 500.000 francs à 10.000.000 francs ou de l'une de ces deux peines seulement ».

[282] R. GASSIN « La protection pénale des informations sur la personne en droit français contemporain », Droit pénal contemporain, Mélanges André Vitu, P.239.

cadre de l'application du délit incriminé de la simple révélation du montant des ressources de quelqu'un qui n'est pas en soi susceptible de porter atteinte à la réputation, à la considération ou à l'intimité de sa vie privée[283].

La deuxième hypothèse réclame que la communication soit faite sans l'autorisation de la victime[284]. Qu'en est-il donc de la divulgation autorisée par la victime? On peut se retourner à la faute du créancier qui libère la victime, pour considérer l'acceptation de la victime comme cause d'exonération de l'auteur de la divulgation. Cet élément marque un point de différence avec la violation du secret professionnel dans lequel est essentiellement réprimé l'acte de révélation du secret professionnel sans considération de ses impacts.

Le troisième cas se rapporte à la communication faite à une personne non autorisée. La diffusion des informations de la part du délinquant doit être faite aux personnes physiques ou morales non qualifiées. Les personnes non qualifiées sont celles qui n'auront pas été visées dans la demande d'avis et la déclaration faites à l'organisme national en charge du contrôle du traitement des données comme destinataires habilitées à recevoir communication des informations personnelles.

Ces mesures doivent être accompagnées de l'aménagement d'un pouvoir de consultation au profit de l'internaute dans le cadre du traitement de ses données.

c. L'aménagement d'un pouvoir de consultation au profit de l'internaute

86. En raison de l'affaiblissement du pouvoir que l'internaute a sur ses données à caractère personnel, il est nécessaire de lui aménager la possibilité de les gérer. L'internaute doit pouvoir gérer les données collectées et conservées par le responsable du traitement. L'option de consultation préconisée comporte deux volets.

87. Le premier volet recommande un droit d'information préalable de l'internaute. Cette idée est consacrée par la loi sénégalaise sur la protection des données personnelles du 25 janvier 2008. Dans son article 58, cette loi prévoit que « lorsque des données à caractère personnel sont collectées directement auprès de la personne concernée, le responsable du traitement doit fournir à celle-ci, au plus tard, lors de la collecte et quels que soient les moyens et supports employés, les informations suivantes : l'identité du responsable du traitement et, le cas échéant, de son représentant ; la ou les finalités déterminées du traitement auquel les données sont destinées ; les catégories de données concernées ; le ou les destinataires ou les catégories de destinataires auxquels les données sont susceptibles d'être communiquées ; le fait de savoir si la réponse aux questions est obligatoire ou facultative ainsi que les conséquences éventuelles d'un défaut de réponse ; le fait de

[283] P. SARGOS ET M. MASSE, Le droit pénal de l'informatique, in Informatique et droit pénal, Cujas, 1983, cité par le Lamy droit de l'informatique 1991. P.1477.
[284] P. SARGOS ET M. MASSE, Le droit pénal de l'informatique, op. cit., p.1477.

pouvoir demander à ne plus figurer sur le fichier ; l'existence d'un droit d'accès aux données la concernant et de rectification de ces données ; la durée de conservation des données ; le cas échéant, des transferts de données à caractère personnel envisagés à destination de l'étranger ». La collecte faite ailleurs qu'auprès de la personne concernée, les informations susvisées sont transmises à ladite personne au moment de l'enregistrement des données ou, si leur communication est prévue, au plus tard lors de la première communication[285].

Mais il convient de renforcer ce droit à l'information car elle souffre de plusieurs exceptions. Une des exceptions décriée par Jessica EYNARD, est celle de l'article 32 II du Projet de règlement européen relatif à la protection des personnes physiques à l'égard du traitement des données à caractère personnel[286]. Selon l'auteure, « dans le second cas, les données peuvent être utilisées pour une finalité autre que celle de fournir un service de communication en ligne »[287]. L'internaute se trouve désarmé, car dans la pratique « la personne n'est pas en mesure d'interdire l'installation des cookies dans son ordinateur. Soit elle refuse leur installation, et la navigation devient impossible, soit elle accepte au cas par cas, et sa navigation devient pénible, à cause des nombreuses requêtes qui lui sont faites[288]. C'est pour cette raison pratique que le législateur sénégalais a limité les exceptions du droit à l'information préalable aux raisons étatiques et répressives[289].

88. Le second volet de la consultation de l'internaute concerne l'aménagement des droits lui permettant de gérer et d'actualiser ses données.

---

[285] Article 59 de la loi sénégalaise de 2008 sur la protection des données à caractère personnel : « Lorsque les données à caractère personnel ne sont pas collectées auprès de la personne concernée, les informations visées à l'article 58 de la présente loi sont transmises à ladite personne au moment de l'enregistrement des données ou, si leur communication est prévue, au plus tard lors de la première communication ».

[286] Article 32 II du Projet de règlement européen relatif à la protection des personnes physiques à l'égard du traitement des données à caractère personnel : « l'obligation d'information préalable n'a pas à être délivrée quand l'accès aux informations stockées dans l'équipement terminal de l'utilisateur ou de l'inscription dans cet équipement soit a pour finalité exclusive de permettre ou faciliter la communication par voie électronique ; soit est strictement nécessaire à la fourniture d'un service de communication en ligne à la demande expresse de l'utilisateur ».

[287] J. EYNARD, thèse, op. cit., p. 198.

[288] Ibid.

[289] Article 60 de la loi sénégalaise sur la cybercriminalité : « Les dispositions de l'article 58 de la présente loi ne s'appliquent pas : aux données recueillies et utilisées lors d'un traitement mis en œuvre pour le compte de l'Etat et intéressant la sûreté de l'Etat, la défense, la sécurité publique ou ayant pour objet l'exécution de condamnations pénales ou de mesures de sûreté, dans la mesure où une telle limitation est nécessaire au respect des fins poursuivies par le traitement ; lorsque le traitement est nécessaire à la prévention, la recherche, la constatation et la poursuite de toute infraction ; lorsque le traitement est nécessaire à la prise en compte d'un intérêt économique ou financier important de l'Etat, y compris dans les domaines monétaire, budgétaire, douanier et fiscal ».

Il s'agit notamment du droit d'accès[290], sauf demandes manifestement abusives[291] dont l'interprétation relève de la compétence des juges de fond, du droit d'opposition[292] et du droit de rectification ou de suppression[293].

B. Les perturbations du référencement

89. Le référencement désigne le fait pour un cybercommerçant de se faire réserver des expressions ou des mots auprès d'un prestataire d'outils de recherche comme les moteurs de recherche[294], dans le but de se faire connaître du public et d'apparaître parmi les premiers sites proposés dès que les mots réservés sont saisis[295]. Cette pratique offre un positionnement

---

[290] Article 62 de la loi sénégalaise de janvier 2008 sur la protection des données personnelles : « Toute personne physique justifiant de son identité a le droit de demander, par écrit, quel que soit le support, au responsable d'un traitement des données à caractère personnel, de lui fournir : les informations permettant de connaître et de contester le traitement ; la confirmation que des données à caractère personnel la concernant font ou ne font pas l'objet de ce traitement ; la communication, sous une forme accessible, des données à caractère personnel qui la concernent ainsi que de toute information disponible quant à l'origine de celles-ci ; des informations relatives aux finalités du traitement, aux catégories de données à caractère personnel traitées et aux destinataires ou aux catégories de destinataires auxquels les données sont communiquées ; le cas échéant, des informations relatives aux transferts de données à caractère personnel envisagés à destination d'un pays tiers ». Articles 63 à 67 de la même loi.

[291] Article 66 de la loi sénégalaise de janvier 2008 sur la protection des données personnelles : « Le responsable du traitement peut s'opposer aux demandes manifestement abusives, notamment par leur nombre, leur caractère répétitif ou systématique. En cas de contestation, la charge de la preuve du caractère manifestement abusif des demandes incombe au responsable du traitement auprès duquel elles sont adressées ».

[292] Article 68 de la loi sénégalaise de janvier 2008 sur la protection des données personnelles : « Toute personne physique a le droit de s'opposer, pour des motifs légitimes, à ce que des données à caractère personnel la concernant fassent l'objet d'un traitement. Elle a le droit, d'une part, d'être informée avant que des données la concernant ne soient pour la première fois communiquées à des tiers ou utilisées pour le compte de tiers à des fins de prospection et, d'autre part, de se voir expressément offrir le droit de s'opposer, gratuitement, à ladite communication ou utilisation. Les dispositions du premier alinéa du présent article ne s'appliquent pas lorsque le traitement répond à une obligation légale ».

[293] Article 68 de la loi sénégalaise de janvier 2008 sur la protection des données personnelles : « Toute personne physique justifiant de son identité peut exiger du responsable d'un traitement que soient, selon les cas, rectifiées, complétées, mises à jour, verrouillées ou supprimées les données à caractère personnel la concernant, qui sont inexactes, incomplètes, équivoques, périmées, ou dont la collecte, l'utilisation, la communication ou la conservation est interdite. Lorsque l'intéressé en fait la demande par écrit, quel que soit le support, le responsable du traitement doit justifier, sans frais pour le demandeur, qu'il a procédé aux opérations exigées en vertu de l'alinéa précédent dans un délai d'un (1) mois après l'enregistrement de la demande. En cas de contestation, la charge de la preuve incombe au responsable du traitement auprès duquel est exercé le droit d'accès. Si une donnée a été transmise à un tiers, le responsable du traitement doit accomplir les diligences utiles afin de lui notifier les opérations qu'il a effectuées conformément au premier alinéa ».

[294] A l'exemple du site du site google.fr ou yahoo.fr

[295] S. ASTIER et G. HAAS, Fournisseurs d'outils de recherche internet et droits fondamentaux Responsables ou irresponsables, Legalis.net, déc. 2006#4, p. 8.

privilégié sur la toile grâce à la réservation des mots d'un ou de plusieurs thèmes auprès d'un prestataire. Mais il peut arriver que le référencement du site soit perturbé par un autre site qui apparaît sur la page internet, en lieu et place de celui qui aurait dû normalement s'afficher dès la saisie des mots qui ont été enregistrés pour son compte auprès du prestataire de référencement.

Les perturbations sont de diverses natures. Souvent l'auteur de l'annonce reprend soit la raison sociale, soit les marques ou encore le nom de domaine d'un autre site dans la liste des expressions devant le faire figurer parmi les places privilégiées. Dans certains litiges, les annonceurs qui sont les cybercommerçants véreux sont condamnés pour contrefaçon, lorsque les expressions reprises sont des marques[296] ou sont protégées par le droit d'auteur.

90. Mais peut-être le motif d'usage illicite de ces droits privatifs est plus approprié que celui de contrefaçon. La perturbation du référencement ne suppose ni une imitation, ni une reproduction frauduleuse de l'objet. Ce qui est utilisé par l'auteur, c'est juste l'appellation de la marque ou de l'œuvre. Lorsque les identifiants repris ne sont pas protégés par des droits privatifs, alors la victime peut dénoncer la concurrence déloyale ou le parasitisme qu'elle subit, selon que les parties sont en situation concurrentielle ou non.

Il importe toutefois de s'interroger sur l'étendue de cette protection. Jusqu'où peut se prolonger la sanction du référencement frauduleux ? La question a été posée à l'occasion d'un litige opposant la société CNI aux sociétés *Viaticum* et *Luteciel*. Dans cette affaire, la demanderesse se plaignait du fait que son site *www.alibabuy.com* était moins bien référencé par le moteur de recherche de la société Google parce qu'il était dupliqué par le site *www.passager.com*[297]. Le problème est de savoir si un opérateur peut obtenir gain de cause au motif que dans le but de nuire à son activité, un concurrent a copié son site et provoqué une diminution de son référencement. En toute logique, une copie servile d'un site ouvre la voie à une condamnation, sur le fondement de la contrefaçon, de la concurrence déloyale ou du parasitisme.

La copie illicite suffit-elle à établir la diminution du référencement d'un site internet ne constituant pas une œuvre ? Il faut préciser que l'esprit du référencement n'est ni d'attirer la clientèle du concurrent, ni de bénéficier de sa notoriété. Le référencement vise principalement à obtenir la priorité d'affichage du site sur les premières pages du moteur de recherche, en fonction de la requête de l'internaute. Dans ce sens, un auteur recommande de prendre en considération les motivations recherchées par la pratique de

---

[296] TGI Nanterre, 13 déc. 2003, aff. Bourse des vols et bourse des voyages, www.legalis.net; TGI Nanterre, 14 déc. 2004, société CNNRH e Pierre Alexis T c/ sociétés Google France, Unicis et Bruno R, http://www.legalis.net/spip.php?page=jurisprudence-decision&id_article=1423; CA Versailles, Overture / Accor, 2 nov. 2006, http://www.legalis.net/spip.php?page=jurisprudence-decision&id_article=1789.

[297] T. com. Paris, 15ème ch.12 oct.2012, CNI c/ Luteciel et Viaticum, www.legalis.net.

référencement car, « les stratégies développées par les sites internet consistent généralement à essayer de s'assurer le meilleur référencement possible, et non celui de dégrader celui des concurrents »[298]. Cependant en dehors de l'hypothèse dans laquelle les parties ne visent pas la même clientèle, il est difficile de démontrer que la reprise des identifiants d'un concurrent sur un moteur de recherche n'a pas pour effet de détourner sa clientèle. Ainsi, la concurrence déloyale demeure le fondement le plus pertinent de la protection de la victime. Autrement le parasitisme économique contribuera à engager la responsabilité de l'annonceur. La victime bénéficiera également d'une protection pénale si le site procède à la diffusion non autorisée de certains contenus.

91. Conclusion du chapitre. Le site internet est un outil technique récent. Il ne présente cependant aucune nouveauté juridique. Le droit en vigueur dans les pays francophones d'Afrique l'appréhende quant à sa qualification et à la protection qui est accordée à son fonctionnement. Le site peut être assimilé à une œuvre et bénéficier de l'action en contrefaçon s'il reflète une certaine originalité caractérisée par l'effort créatif de son auteur. Autrement, il peut constituer un fonds de commerce électronique, lorsque l'activité est dématérialisée et se déroule uniquement sur internet. Cet argument est renforcé par le rattachement exclusif de la clientèle que le site attire, conquiert et fidélise. La caractéristique d'une telle entreprise est qu'elle n'a pas d'implantation matérielle. Lorsqu'il ne peut être qualifié d'œuvre ou de fonds de commerce, le site internet peut être considéré simplement comme un bien incorporel du fonds de commerce. C'est généralement le cas lorsque le cybercommerçant cumule clientèle physique et clientèle en ligne.

D'autre part, les dommages qu'il subit ou qu'il cause dans le cadre de son fonctionnement peuvent être sanctionnés tant sur le plan civil que sur le plan pénal. Lorsqu'il est agressé, les dommages tels que le dysfonctionnement volontaire ou involontaire, l'intrusion et le maintien frauduleux sont des pistes envisageables pour une protection pénale du site internet. Sur le plan civil, le site ne constituant pas une œuvre est protégé contre les actes délictuels de marché comme la concurrence déloyale et le parasitisme. D'un autre côté, le site peut subir des sanctions au cas où il est le vecteur des actes tels que la diffamation, le dénigrement ou la diffusion non autorisée des données. Cette aptitude du droit des pays francophones, à encadrer le site internet, se vérifie également sur les autres outils utiles pour avoir une présence en ligne comme le nom de domaine.

---

[298] A. DEBET, Référencement d'un site et concurrence déloyale, Com. comm. électr. n°1 janv. 2013. Comm.4.

CHAPITRE 2

L'appréhension du nom de domaine

92. Le système des noms de domaine « est en quelque sorte la colonne vertébrale d'internet »[299]. Comme tout nom[300], le nom de domaine a une finalité d'identification[301]. A l'origine, l'identification par le nom de domaine était très technique et assez complexe. Pour distinguer les différents acteurs dans le cyberespace, un système primaire d'identification basé sur un adressage par des chiffres a été mis place : le *Internet Protocol ou adresse IP*[302]. Dans le but d'en faciliter la rétention et l'usage, des adresses alphabétiques plus convenables ont été mises sur pied. Cet effort de facilitation de l'adressage n'a malheureusement pas ôté au nom de domaine la particularité technique qui le caractérise[303]. Le nom de domaine désigne

---

[299]Internet et les réseaux numériques, 2ème partie chapitre 5, Collection "Etudes du Conseil d'Etat" http://lesrapports.ladocumentationfrancaise.fr.

[300] Le nom est d'abord un mot ou un ensemble de mots désignant soit une personne physique soit une personne morale, Association H. CAPITANT, Vocabulaire juridique, op cit, 601

[301] « Les noms identifient les hommes aussi bien qu'ils identifient et distinguent leurs diverses activités, inventions, découvertes, échecs, victoires…L'utilisation des noms n'a pas failli lorsque l'homme a décidé de créer le cyberespace », C. E. BOU KHATER, La protection des noms de domaine, Thèse Université de Nantes, 2004, p. 13.

[302] « L'adresse IP est l'identifiant unique de l'ordinateur en réseau consistant en un numéro de 32 bits, soit quatre octets séparés par des points représentant des segments ne dépassant pas la valeur d'un octet soit 256 et classés en segments A B C et D représentants les segments les plus importants dans une logique dégressive, le segment D désignant l'adresse d'un ordinateur particulier. Il s'agit est une succession de chiffre constituant l'adresse d'un ordinateur connecté au réseau Internet et permettant d'identifier celui-ci » ; A. RABANY-LAGOA, Droit du commerce électronique, ellipses, 2011, p. 9

[303] C'est le cas de la Commission de terminologie française qui affirme que « le nom de domaine est une dénomination unique à caractère universel qui permet de localiser une ressource ou un document sur l'Internet, et qui indique la méthode pour y accéder, le nom du serveur et le chemin à l'intérieur du serveur », JO français du 16 mars 1999. CHAVANNE et BURST définissent le nom de domaine comme étant « un moyen technique d'exploitation d'une activité commerciale », A. CHAVANNE et J-J. BURST, Droit de la propriété industrielle 5ème Ed. Précis Dalloz 1998, 798. Selon la charte de nommage du Sénégal, le nom de domaine constitue un « terme alphanumérique constitué d'une suite de caractères dénommé radical et d'un suffixe appelé aussi extension »[303]. Pour E. BOU KHATER, le nom est un « signe susceptible de représentation numérique et alphanumérique, à double caractère

une adresse qui permet de localiser les serveurs, les sites et ou les utilisateurs[304]. Il peut être défini comme une séquence textuelle plus compréhensive pour les profanes. Cette formule permet de localiser et de donner accès au site internet en évitant le recours à l'adresse IP formée par une série numérique[305].

93. Le nom de domaine est généralement composé d'un préfixe, d'un radical et d'un suffixe. Le préfixe le plus connu est le *http://www*[306]. Le second élément qui constitue le radical du nom est le *« Second level domaine »* ou domaine de second niveau. Il est l'équivalent du nom patronymique chez les personnes physiques[307]. Son attribution confère au nom une originalité du fait de sa liberté créative, contrairement au numéro de téléphone ou à l'adresse postale qui sont simplement attribués par l'opérateur[308]. Il y a encore quelques temps, ce radical était interdit d'enregistrement lorsqu'il n'exprimait aucune singularité, notamment lorsqu'il correspondait à une désignation usuelle et commune d'un produit ou d'une activité[309]. Aujourd'hui, les jeunes chartes africaines de nommage n'interdisent les noms génériques qu'à la seule condition de ne pas figurer dans l'énumération non exhaustive « des noms fondamentaux »[310]. Le

---

technique et juridique présentant le nom d'un site internet », C. E. BOU KHATER, Thèse, Moteur de recherche et positionnement payant par lien hypertexte publicitaire : qualification juridique et responsabilité, Legalis.net, déc. 2005#4, Nantes 2004, p. 13.

[304] A. BERTRAND et Th. PIETTE-COUDOL, Internet et le droit, Que sais-je, PUF, 1999, 2ème Ed., p. 32.

[305] G. KAUFMAN, Noms de domaine sur Internet, Vuibert, 2001, p. 8.

[306] Le www. constitue l'acronyme du nom de domaine. Il n'est pas forcément indispensable à l'internaute qui peut accéder au site sans avoir recours aux trois « w ». Ainsi en insérant rueducommerce.fr dans la barre d'adresse de l'Internet explorer, l'internaute accède facilement au site www.rueducommerce.fr, bien que le logiciel de navigation lors de l'affichage de la page d'accueil du site recherché corrigera le nom de domaine saisi sans « www » et précisera la bonne adresse
http://www.rueducommerce.fr/home/index.htmHypertext Transfert Protocol, le « www » désigne le World Wide Web, qui a pour diminutif « web » ou « toile d'araignée mondiale ».

[307] Il s'agit de la partie principale de l'adresse, son atome intelligible. C'est elle qui suscite conflits et convoitises. Il peut s'agir d'un nom, d'un pseudonyme, ou peut désigner un nom commercial, une marque de produits ou une raison sociale.

[308] O. ITEANU et M. VORMES, Le nouveau marché des télécoms, Conseils juridiques et pratiques pour l'entreprise, Ed. Eyrolles, 1998 ; A. MENDOZA, Les noms de l'entreprise, thèse, Toulouse I, 2001, p. 68 à 69.

[309] En France par contre, avant la réforme de mars 2000, la charte de nommage disposait qu'un « certain nombre de noms sont réservés et ne seront pas affectés à un organisme même si sa demande répond parfaitement aux critères cités au paragraphe précédent : les noms génériques (Internet, annuaire, web….), les noms sectoriels (pâtissier, routier…), les noms de protocoles (http ://), les noms géographiques français, les prénoms, les Top Level Domains (.com, .net, .org) et toute la chaîne commençant par une lettre suivie d'un chiffre (D 78) » ; C'est le cas notamment lorsqu'un nom de domaine affiche un radical commerce.biz, rueducommerce.fr, avion.com.

[310] Article 12 de la charte de nommage de l'ANTIC au Cameroun : sont interdits les « noms manifestement contraires à l'ordre public et aux bonnes mœurs, des noms liés au fonctionnement de l'Internet, des noms qui expriment la haine raciale et ethnique. Il en est de même pour les termes du Cameroun, les noms et sigles d'institutions de l'Etat, les noms des

suffixe appelé nom de premier niveau ou *« Top Level domain »*, constitue le dernier atome du nom de domaine. Il caractérise la sectorisation[311] géographique ou professionnelle en déterminant soit le lieu de l'enregistrement, soit le domaine d'activité de son titulaire. On différencie les extensions génériques[312] en raison de l'activité[313], des extensions communautaires[314] et nationales[315] dont la gestion peut faire l'objet de concession au profit d'une personne morale de droit privé[316].

---

collectivités territoriales, régions et communes camerounaises, les noms des organisations internationales, les noms liés au patrimoine historique et culturel national qui sont réservés à leurs légitimes propriétaires. » ; Article 13 de la charte de nommage sénégalaise du 01 octobre 2008 : « Les noms de domaine ne doivent pas porter atteinte à la sûreté nationale, à l'ordre public, aux intérêts de l'Etat et aux collectivités publiques, ou être contraires à la morale et aux bonnes mœurs, de même qu'ils ne doivent pas porter atteinte à la religion, la langue, la culture, les opinions politiques ni utiliser des termes à connotation raciste ».

311 Cette pratique consiste en une organisation des noms des domaines selon des critères professionnels et spatiaux. L'« affectation sectorielle n'est qu'indicative et non impérative », G. KAUFMAN, Noms de domaine sur Internet Aspects juridiques, op.cit., p 10. Autrement dit, une association culturelle peut très bien réserver un nom en « .com » et une société commerciale en « .org ».

312 Parmi elles, on retrouve des extensions réservées exclusivement au gouvernement américain : « .com » pour les entités et firmes à caractère commerciale, « .net » pour les infrastructures internet, « .org » pour les organisations non gouvernementales et les associations à but non lucratif, « .edu » pour les établissements et institutions d'éducation, « .gov » pour le gouvernement fédéral américain, « .mil » pour l'armée américaine, « .us » pour les entités américaines. Il existe aussi des nouvelles extensions génériques créées pour désengorger les extensions génériques traditionnelles : « .com » le plus très sollicité, «.aero » pour les activités aéronautiques, administré par la Société Internationale de Télécommunications Aéronautiques SC (SITA), «.biz » relatif au business administré par JV team, LLC, «.coop » concernant la coopération administré par la National Corporative Business Association (NBCA), «.info » destiné aux activités d'information avec pour administrateur Afilias LLC, «.museum » pour les musées, géré par Museum Domain Management Association (MDMA), «.name » pour les noms, administré par Global Name Registry, LTD, «.pro » destiné aux professionnels, géré par RegistryPro LTD.

313 La sectorisation des extensions génériques par types d'activités est déterminée par les noms de domaine d'extension générique, dont les adresses Internet, se terminant par un suffixe, indiquent l'activité de son titulaire. Il faut les distinguer des noms de domaine génériques. Comme nous l'avons dit plus haut, un nom de domaine générique est la partie du nom qui correspond à la désignation commune ou usuelle d'une activité. Généralement cette dénomination usuelle se retrouve dans le radical du nom de domaine, dans son « patronyme », par exemple : vehicule.com, machine.org, chapeau.cm, finance.ci, boulanger.sn. Il s'agit simplement d'identifiants qui ne singularisent pas leur titulaire, n'ayant rien à voir avec les extensions .int, .fr, .ci, .ga. Les noms de domaine génériques sont donc différents des generic Top Level Domain (gTLD) ou noms de domaine d'extension générique.

314 La Communauté des Etats de L'Afrique de l'Ouest (CEDEAO), dont le site est enregistré sous l'extension « .int »correspondant aux organisations internationales, le site www.ohada.com de L'Organisation pour L'Harmonisation en Afrique du Droit des Affaires (OHADA) affiche une extension .com indiquant les entités commerciales, www.oapi.wipo.net qui est le site de l'Organisation Africaine de la Propriété Intellectuelle n'affiche pas non plus une extension régionale, www.cima-afrique.org destiné à la Conférence Interafricaine des Marchés d'Assurance (CIMA), est enregistré sous une extension destinée aux organisations non gouvernementales, La plus prestigieuse de toutes les organisations africaines, www.africa-union.org pour l'Union Africaine.

94. Malgré quelques spécificités techniques, les caractéristiques du nom de domaine ne sont pas nouvelles. De son temps, la téléphonie avait suscité des interrogations de même ordre sans réelle incidence sur le droit. Le nom de domaine n'est pas ignoré par les droits nationaux des pays africains d'Afrique francophone. Ces derniers se sont dotés de chartes de nommage plus ou moins pointilleuses. Les mieux élaborées comme celles du Sénégal et du Cameroun se contentent d'organiser la composition, la classification et les modalités d'obtention et de perte des noms. D'autres comme celles du Bénin[317] et du Togo[318] sont encore moins fournies. Plusieurs implications juridiques que suscite le nom de domaine ne sont pas évoquées dans ces chartes[319]. Il importe alors de se retourner vers les règles en vigueur pour déterminer la nature et le traitement juridique accordé à l'exploitation du nom de domaine. Affirmer simplement que, l'origine technique et la nouveauté du nom de domaine n'ont aucune incidence juridique n'emporte aucune conviction. Il convient de le vérifier à travers la qualification qui lui est attribuée (section 1) et la protection érigée contre son utilisation illicite (section 2).

SECTION 1. LA QUALIFICATION DU NOM DE DOMAINE

95. La nature du nom de domaine divise les opinions. A l'origine, le nom de domaine tire réellement son existence des infrastructures de télécommunications mises en place pour exploiter les potentialités des réseaux électroniques. L'aménagement de ces infrastructures est déterminant dans la qualification du nom. Il fournit des arguments juridiques suffisamment pertinents pour retrouver la nature originelle du nom dans le domaine public[320] artificiel de l'Etat (§1). Cette qualification permet d'exclure la thèse économique (§2) qui fait croire que, les noms de domaine

---

[315] L'obtention des noms de domaine à extension national est de la compétence des NIC[315] nationaux définis comme Network Information Center. Le NIC Mauritanie gère le .mr ; les Congo .cg, Congo démocratique .cd, Rwanda. rw et Burundi. Bi sont gérés par le NIC Congo ; au Sénégal l'article 2 de la Charte de nommage du .sn attribue la gestion au NIC Sénégal, en Côte d'Ivoire, au Gabon et au Bénin, les autorités nationales de gestion sont respectivement appelés NIC Côte d'Ivoire, NIC Gabon et NIC Bénin. Au Cameroun l'organisme national de gestion est l'ANTIC Agence National des Technologies de l'Information et de la Communication.

[316] Ainsi le .tv des îles Tuvala, à ne pas confondre aux activités de télévision, est géré non par un organisme national, mais par une entreprise californienne .dott.com. G KAUFMAN, op.cit., p.11.

[317] http://www.nic.bj/index.php/charte-de-nommage.

[318] http://www.nom-domaine.tg/.

[319] Notamment sa nature, les conséquences de son attribution.

[320] Article 23 de la charte camerounaise : « dès lors qu'un nom de domaine est supprimé celui-ci retombe dans le domaine public et peut donc à tout moment être réattribué à n'importe quel autre demandeur

seraient des signes distinctifs parce qu'ils sont portables, transférables et indépendants de la localisation géographique[321].

§1. Le nom de domaine, un bien du domaine public artificiel

96. Selon le GAC, *« The Internet naming system is a public ressource in the sense that its function must be administered in the public or common interest »*[322]. Juridiquement, une ressource désigne un « ensemble de moyens d'existence d'une personne, disponibles ou en puissance, englobant tous ses revenus à titre potentiel lorsqu'elle est physique, et tous les moyens de financement d'une entreprise ou d'autofinancement excluant les endettements lorsque les ressources sont dites propres »[323].

Cependant il ne faut pas confondre le nom de domaine aux richesses simplement potentielles qui sont remplies d'incertitude quant à leur existence. Certes le droit saisit les choses dans leur aptitude à produire des richesses à travers la catégorie des biens[324]. Mais cette catégorie tirée du droit civil ne convient pas au nom de domaine. L'absence de matière physique exclut naturellement le nom de domaine de la catégorie des immeubles. Les immeubles constituent un vase clos dans lequel aucun bien autre que ceux des articles 517 à 525 du Code civil ne peut figurer[325].

97. D'un autre côté, le silence de la loi ne permet pas l'admission du nom dans la catégorie des meubles. Toute valeur incorporelle ne peut constituer un bien meuble que par détermination de la loi comme le dispose l'article 527 du Code civil[326]. En effet, « les valeurs incorporelles que constituent les noms de domaine ne sauraient devenir des biens au sens du Code civil sans qu'une loi ne prévoie spécifiquement leur protection. À ce titre, et à supposer que les noms de domaine constituent de tels biens incorporels, ils les qualifieraient plus justement de meubles incorporels par détermination de la loi »[327]. Or, l'article 529 du même code énumère limitativement les biens

---

[321] C. ROJINSKY, Noms de domaine et droit des marques, note sous TGI Bordeaux, Ord. Réf. 22 juillet 1996 : DTA 1997, vol. 4 n. 3-4 p.167 ; C. CARON, A la recherche de la nature juridique du nom de domaine, Comm. Com. Electr. 2001, chron. N. 60, p 26 CA Paris ? 18 OCT. 2000, www.legalis.net/jnet; V. SEDALLIAN, Droit de l'Internet, ed. Net Press, coll. AUI, 1996, 33 ; J. AUDIER, Les vins, le droit de l'Internet, Bulletin de l'OIV, 1999, n 823-824, p. 653-667.

[322]http://gac.icann.org/system/files/gTLD_principles_0.pdf, GAC Principles Regardingnew gTLDs, mars 2007.

[323] G. CORNU, Association H. CAPITANT, Vocabulaire juridique, op.cit., p. 809.

[324] Car les choses sans maître ne peuvent être juridiquement appréhendées que sous un aspect délictuel, au cas où elles constituent le moyen par lequel un préjudice a été commis contre une personne.

[325] En effet, la matérialité, la fixité et la stabilité de l'immeuble en font des biens naturellement corporels. Voir J. CARBONNIER, Droit civil, t.3 Les biens (Monnaie, immeubles, meubles), Puf, 1995, p. 97, n°48.

[326] Article 527 du Code civil : « Les biens sont meubles par leur nature ou par la détermination de la loi ».

[327]F. SARDAIN et T. SARDAIN CHEVE, op.cit., n°97.

meubles incorporels[328]. Cette exclusion n'est pas anodine car le domaine public artificiel de l'Etat constitue une catégorie naturelle bien plus accueillante du nom de domaine. L'aménagement spécial des infrastructures de télécommunications constitue une condition nécessaire d'une telle qualification (A). Ce rattachement dans le domaine public artificiel est renforcé par la nature des droits conférés par l'obtention du nom (B).

A. La subordination de l'existence du nom de domaine à l'aménagement spécial des infrastructures de télécommunications

Le nom de domaine est la conséquence de l'aménagement spécial des infrastructures en vue de répondre aux besoins spécifiques imposés par les réseaux électroniques[329]. Les arguments doctrinaux (1) et les dispositions légales (2) consacrent la dépendance du nom de domaine de l'aménagement de ces infrastructures.

1. Les arguments doctrinaux

98. La naissance et le déploiement du commerce électronique sont fortement dépendants de l'infrastructure. Ils supposent des activités préalables liées à l'infrastructure matérielle et logicielle qui sous-tend le fonctionnement de l'internet. Il s'agit notamment des installations de télécommunications, des routeurs, serveurs, logiciels d'administration du réseau, plates-formes logicielles pour le commerce électronique[330]. QUELIN affirme que « le commerce électronique offre une intégration simultanée du son, de l'image, des données et du texte. Son domaine est donc vaste puisqu'il couvre l'information numérisée sous toutes ses formes, comme nombre des transactions concernant les produits ou les services. Cela requiert des équipements connectés, interactifs et des applications nouvelles »[331]. Cette affirmation révèle la nécessité d'une infrastructure physique et logicielle spécifiquement aménagée et destinée au commerce électronique.

99. La généralisation de l'accès aux réseaux d'ordinateurs, et le fait que ces derniers soient désormais le lieu de plusieurs interactions créent un

---

[328] Article 529 du Code civil « Sont meubles par la détermination de la loi les obligations et actions qui ont pour objet des sommes exigibles ou des effets mobiliers, les actions ou intérêts dans les compagnies de finance, de commerce ou d'industrie, encore que des immeubles dépendant de ces entreprises appartiennent aux compagnies. Ces actions ou intérêts sont réputés meubles à l'égard de chaque associé seulement, tant que dure la société. Sont aussi meubles par la détermination de la loi les rentes perpétuelles ou viagères, soit sur l'Etat, soit sur des particuliers ».

[329] R. CHAPUS, Droit administratif général, t.2, 12ème éd. Montchrestien, 1999, p. 375, n°457.

[330] A. Rallet, Commerce électronique ou électronisation du commerce ?, op. cit., http://www.cairn.info/revue-reseaux-2001-2-page-17.htm.

[331] B. QUELIN, Développement du commerce électronique et économie d'internet, Chronique rapport sur les rapports, Revue d'économie et industrielle, vol.84, n°84, 2ème trimestre, 1998, p. 105.

espace virtuel appelé cyberespace[332]. Le cyberespace est fondé sur les interconnexions, il en est la résultante. L'espace virtuel né d'internet conduit vers la dématérialisation des échanges. Il se traduit également par un phénomène d'interpénétration des entreprises et des environnements médiatiques. Pour agir dans cet espace, les entreprises ont nécessairement besoin d'un identifiant qui est le nom de domaine. Cela justifie de rechercher l'origine du nom de domaine dans le régime que la loi accorde aux infrastructures de télécommunications spécialement aménagées à cet effet. Cet aménagement permet de comprendre les raisons pour lesquelles le fonctionnement du *www* est fondé sur l'hypertexte. Le nom de domaine tire son origine des infrastructures de télécommunications qui permettent et généralisent « les possibilités d'intercréativité, d'interrelations, le croisement d'informations situées ici et ailleurs dans un même temps, voire sur un même ou sur plusieurs écrans d'ordinateurs, de téléviseurs, de radios numériques ou de téléphones portables »[333]. Les arguments d'origine légale vont dans le même sens.

2. Les sources légales

100. L'aménagement des infrastructures est primordial pour l'existence du nom. Aucune disposition des textes nationaux des pays francophones d'Afrique subsaharienne ne consacre expressément le rattachement du nom de domaine au domaine public artificiel. Mais plusieurs indices mènent vers une telle conclusion.

Le premier indice et le moins discuté est celui de l'aménagement spécial des infrastructures nécessaire à l'existence du nom.

Le deuxième critère est celui de la destination des biens crées à l'usage du public. En effet, l'aménagement doit être nécessairement suivi d'une affectation réelle[334] à l'usage direct du public ou à l'usage d'un service public. C'est le cas du nom de domaine dont l'attribution est ouverte à toute personne physique ou morale. Dans ce sens, l'article 8 du Code domanial et foncier du Mali dispose que « le domaine public immobilier artificiel comprend les aménagements et ouvrages réalisés pour des raisons d'intérêt général ou d'utilité publique ».

Le troisième critère réside dans la mention régulière des infrastructures de télécommunications dans la liste des aménagements cités par les

[332] « Espace virtuel des ordinateurs reliés en réseaux que les cybernautes explorent »; P. TRUDEL, La lex electronica, http://www.chairelrwilson.ca/cours/drt3808/Lexelectronicatrudel.pdf.

[333] « Espace virtuel des ordinateurs reliés en réseaux que les cybernautes explorent »; P. TRUDEL, La lex electronica, http://www.chairelrwilson.ca/cours/drt3808/Lexelectronicatrudel.pdf.

[334] O. de DAVID BEAUREGARD-BERTHIER, Droit administratif des biens, Mémentos LMD, Gualino éditeur, 4ème éd. 2006, p. 88.

dispositions légales des codes du domaine national[335]. Il faut également noter que les textes dont il est question ne procèdent pas à une énumération limitative des infrastructures aménagées.

101. En vertu des développements industriels et scientifico-techniques en perpétuelle innovation, il convient de comprendre que le domaine public artificiel reste ouvert à toute innovation future. On pourrait aussi opposer que les aménagements dont il est question ne font généralement référence qu'aux infrastructures physiques, et non aux aménagements incorporels. Il faut noter ici que nous ne prétendons pas donner un aspect physique imaginaire au nom de domaine. La qualification du nom s'appuie juste sur son origine infrastructurelle sans laquelle il ne pourrait exister. C'est bien des infrastructures de télécommunications spécialement aménagées que les noms de domaine tirent leur existence. Le nom de domaine ne pourrait prendre forme sans cet aménagement spécial des infrastructures de télécommunications. Ce lien ombilical permet de considérer le nom de domaine comme le résultat, ou le fruit de l'aménagement spécial nécessaire. Cette origine infrastructurelle constitue la condition du rattachement du nom au domaine public artificiel.

On peut illustrer cette argumentation par l'exemple du numéro de téléphone[336]. Du fait de ses fonctions d'adressage, une approche minimaliste considère le nom de domaine comme « une simple adresse virtuelle »[337]. Leur usage à des fins commerciales en fait des armes promotionnelles redoutables dans la quête et la fidélisation de la clientèle[338]. L'appartenance du numéro de téléphone au domaine public de l'Etat ne souffre d'aucune

---

335 Article 8 du Code domanial et foncier de la République du Mali « Les canaux de navigation, les canaux d'irrigation ou de drainage, les aqueducs, ainsi que les dépendances de ces ouvrages lorsqu'ils sont exécutés dans un but d'utilité publique ; les routes, les voies ferrées, les voies de communication de toutes natures et leurs dispositifs de protection, les conduites d'eau, les conduites d'égouts, les digues fluviales, les ouvrages d'éclairage et de balisage, ainsi que les dépendances de ces ouvrages ; les ports fluviaux et leurs dépendances ; les aménagements aéroportuaires et leurs dépendances ; les lignes télégraphiques et téléphoniques, les stations radioélectriques et les autres installations de télécommunications ainsi que leurs dépendances ; les ouvrages déclarés d'utilité publique en vue de l'utilisation des forces hydrauliques et du transport de l'énergie électrique ; les ouvrages de fortification des places de guerre ou des postes militaires » ; Article 4 de l'ordonnance n°74-2 du 6 juillet 1974 fixant le régime domanial au Cameroun « Font partie du domaine public artificiel :[…] les lignes télégraphiques, téléphoniques, leurs dépendances et une emprise de deux cents mètres autour des centres de télécommunications » ; Article 265 Loi n° 2013-01 portant code foncier et domanial en République du Bénin « Font notamment partie du domaine public artificiel : […] les lignes téléphoniques et télégraphiques, les stations radioélectriques et les autres installations de télécommunication ainsi que leurs dépendances ».

336 J-M. De MOY, La nature juridique du nom de domaine, Mémoire DEA, Nantes juin 2004, p. 11 s.

337 Chr. Droit de l'Internet » par l'ERCIM, JCP E 2000, p. 1856, n° 8, obs. Le Stanc, Comm. com. électr., juin 2000, comm. 63, obs. CARON.

338 L'apparition des pratiques d'infoline et service après-vente aux standards téléphoniques ouverts 24h/24h corroborent bien les fonctions d'identification et promotionnelles des numéros de téléphone.

contestation. Elle apparaît clairement dans les législations nationales des pays francophones d'Afrique subsaharienne, notamment l'ordonnance n° 99-043/P-RM du 30 septembre 1999 régissant les télécommunications en République du Mali[339]. Les préfixes, numéros ou blocs de numéros ne peuvent pas être protégés par un droit de propriété industrielle ou intellectuelle[340]. La même idée est reprise par l'article 5 du Décret sénégalais n°2007-1445 du 27 novembre 2007 qui précise que, « l'ARTP veille à la bonne attribution des ressources en numérotation qui constituent un bien public. En conséquence, les préfixes, numéros ou blocs de numéros ne peuvent être protégés par un droit de propriété industrielle ou intellectuel. Ils sont incessibles »[341]. L'absence de droit de propriété sur le nom de domaine renforce l'idée de son rattachement au domaine public artificiel.

B. La nature des droits conférés par l'obtention du nom de domaine

L'attribution du nom de domaine confère des droits à son titulaire. L'article 6 k de la loi sénégalaise n°76-66 portant code du domaine national dispose que, « le domaine public artificiel comprend notamment… et généralement les biens de toute nature non susceptibles d'appropriation privée ». L'attribution ne confère pas de droit de propriété sur le nom de domaine(1). Le titulaire du nom se contente d'un droit d'usage transmissible (2).

1. La réfutation de l'appropriation du nom de domaine

102. Il y a une dizaine d'années, un arrêt de la Cour d'appel de Paris affirmait que, « le nom de domaine, compte tenu notamment de sa valeur commerciale pour l'entreprise qui en est propriétaire, peut justifier d'une protection contre les atteintes dont il fait l'objet »[342]. Le droit de propriété

---

[339]Article 31 al.1 de l'ordonnance n° 99-043/P-RM du 30 septembre 1999 régissant les télécommunications en République du Mali « le Comité de Régulation des Télécommunications établit un plan national de numérotation qui est géré sous son contrôle. Il détermine les règles relatives à la numérotation et à sa modification, à l'utilisation, à la structuration et à l'attribution des numéros à chaque opérateur et service de télécommunications ».

[340]Article 31 de l'ordonnance malienne n° 99-043/P-RM du 30 septembre 1999 susvisée : « Le Comité veille à la bonne utilisation des numéros attribués. Les préfixes, numéros ou blocs de numéros ne peuvent pas être protégés par un droit de propriété industrielle ou intellectuelle. Ils sont incessibles et ne peuvent faire l'objet d'un transfert qu'après accord du Comité ».

[341] Décret n° 2007-1445 du 27 novembre 2007 modifiant et complétant le décret n° 2004-839 du 2 juillet 2004 fixant les modalités de gestion du Plan national de numérotation, les conditions d'utilisation des ressources en numérotation ainsi que les redevances s'y rapportant.

[342] La société Virgin, qui avait enregistré le nom <vie.com>, poursuivait France Télécom pour avoir usé de ces mots dans une campagne publicitaire, ce à quoi France Télécom répondait qu'elle disposait de la marque vie.com, déposée il est vrai postérieurement à l'enregistrement de son adversaire. Virgin n'allait pas obtenir gain de cause. Mais les magistrats parisiens

sur le nom a été réaffirmé en 2007 par la Cour européenne des droits de l'Homme dans une affaire *Paeffgen Gmbh c/ Allemagne*[343]. Cette décision s'inscrivait dans le sillage des décisions précédentes ayant reconnu le transfert de propriété lors de la cession des noms de domaine acquis[344]. Cette idée a été suivie par une partie de la doctrine[345] et de la jurisprudence[346]. Pourtant, aucun droit privatif n'est conféré par l'attribution du nom[347]. Ce n'est pas l'obstacle de l'immatérialité du nom de domaine qui fait défaut[348]. Selon Carine BERNAULT, « c'est en raison de leur valeur économique que les juges ont été amenés à les reconnaître comme l'objet d'un droit de propriété…Mais c'est cette idée contestée que bien et valeur se confondent qui génère aussi le refus de la qualification de propriété »[349]. Il convient de rappeler que les immeubles constituent un vase clos, dans lequel aucun bien autre que ceux des articles 517 à 525 du Code civil ne peut figurer[350]. D'autre part, un auteur précise que la propriété du meuble est celle de la matière »[351]. En réalité ni l'acte d'attribution initial (a), ni le contrat de

devaient reconnaître que le nom méritait protection, et cela à travers le droit de propriété : CA Paris, 18 oct. 2000, Virgin Entertainment Ltd c/ France Télécom : JurisData n° 2000-130874 ; Comm. com. électr. 2001, comm. 60, note Ch. CARON.

343 « Toute personne physique ou personne morale a droit au respect de ses biens. Nul ne peut être privé de sa propriété que pour cause d'utilité publique et dans les conditions prévues par la loi et les principes généraux du droit international... (laissant néanmoins aux) Etats (la possibilité) de mettre en vigueur les lois qu'ils jugent nécessaires pour réglementer l'usage des biens, conformément à l'intérêt général (...) », Paeffgen Gmbh c/ Allemagne : Comm. com. électr. 2008, comm. 88 ; V. aussi Les Echos n° 20115 du 21 février 2008 • page 13, http://www.lesechos.fr/21/02/2008/LesEchos/20115-73-ECH_propriete-industrielle---la-cedh-s-en-mele.htm.

344 Celui qui avait enregistré le nom de domaine n'était tenu n'était tenu d'« aucune obligation de transmettre la propriété de ce nom de domaine », CA Nîmes, 2e ch., 13 juin 2002, Comm. com. électr. 2003, comm. 41, note STOFFEL-MUNCK.

345 G. LOISEAU, La nature juridique du nom de domaine, DTA 2001/1, vol. 8, p. 144 ; Ch. CARON, À la recherche de la nature juridique du nom de domaine, Comm. com. électr. 2001, comm. 60 ; J. LARRIEU, Droit de l'Internet : Ellipses, 2005, p. 33.

346 TGI Paris, 30 juin 2000, www.legalis.net; « Monsieur Marc T. est propriétaire des noms de domaine pour les avoir déposés antérieurement à la création de la société », T. com. Marseille, 26 oct. 2000 : JurisData n° 2000-136482.

347 TGI Strasbourg, 29 mai 2001, Chr. « Droit de l'internet » par l'ERCIM, JCP E 2002 ; Comm. com. électr., juill.-août 2001, comm. 79, note Le Stanc, Rev. Lamy dr. aff. 2001, n° 41, n° 2612.

348 « En dépit de quelques réticences, le principe est celui de l'appropriabilité des choses de toute nature, qu'elles soient animées ou inanimées, matérielles ou immatérielles », E. BOUCHET-LE MAPPIAN, Propriété intellectuelle et droit de propriété. Droit comparé anglais, allemand et français, PUR, 2013, p. 199.

349 C. BERNAULT, Identifier les actifs corporels et incorporels de l'informatique, Legalis.net, mars 2004, #1, p. 28.

350 En effet, la matérialité, la fixité et la stabilité de l'immeuble en font des biens naturellement corporels. Voir J. CARBONNIER, Droit civil, t.3 Les biens (Monnaie, immeubles, meubles), Puf, 1995, p. 97, n°48.

351 S. VANUXEM, Les choses saisies par le droit, Thèse, RJS Editions, t. 35 2012, p. 183 à 184.

transmission du nom ne génèrent un effet translatif de propriété en faveur du titulaire (b).

a. L'exclusion du contrat d'attribution des contrats accordant le droit de propriété

Le contrat d'attribution initiale correspond à la demande d'enregistrement. Deux arguments établissent son inaptitude à transférer la propriété : l'exclusion de ce contrat de la catégorie des contrats accordant le droit de propriété (i), et la non perpétuité du droit conféré par le contrat d'attribution (ii).

i. L'inaptitude du contrat d'attribution initiale à transférer la propriété

103. Pour justifier l'effet translatif de propriété du contrat d'attribution du nom de domaine, certains proposent de le rapprocher du contrat de vente de chose future[352], tandis que d'autres suggèrent une assimilation au contrat d'entreprise[353]. Mais ces rattachements paraissent trop simplistes et détachés de la réalité. Les figures contractuelles de la vente et du contrat d'entreprise ne peuvent accueillir le contrat d'attribution initiale et conférer la propriété du nom[354]. Bien que la vente de choses futures soit valable[355], il ne semble pas que l'attribution se confonde à la vente. Pour vendre, il faut au moins proposer l'objet, ce que ne font pas les organes de gestion des noms de domaine[356]. Certains professionnels peuvent juste faire des suggestions au demandeur. En principe c'est le demandeur qui formule le nom qu'il souhaite obtenir, avec une préférence accentuée pour des formulations attractives et faciles à retenir.

D'autre part, la vente reconnaît à l'acheteur des recours tels que la garantie des vices cachés et d'éviction[357]. Ces garanties[358] ne sont pas assurées par le professionnel de nommage, qui n'est tenu d'aucune vérification sur la disponibilité du nom sollicité. Il se contente d'enregistrer ou de faire enregistrer les noms tels qu'ils ont été formulés par le demandeur, en vertu de la règle « premier arrivé, premier servi ».

---

[352] C. MANARA, Nom de domaine : Rép. com. Dalloz, oct. 2004, n° 35.
[353] J.-C GALLOUX et G. HAAS, « Les noms de domaine dans la pratique contractuelle », Com. Com. Electr. Chron. 2 janv. 2000 ; G. KAUFMAN, op.cit., p. 64.
[354] C. FERAL-SCHUL, Cyberdroit, Dalloz, 2e éd. 2000, p. 220.
[355] Article 1130 al.1 du Code civil : « Les choses futures peuvent être l'objet d'une obligation ».
[356] Les NIC nationaux ou les offices d'enregistrement.
[357] Notamment lorsque le droit revendiqué par le tiers sur la chose fait disparaître le droit de l'acquéreur. Cass.civ.20 mars 1990, Bull. civ. I, n°70.
[358] « Le vendeur répond des seuls vices qui existaient au moment de la vente », L. LEVENEUR, Le défaut, Dossier la responsabilité du fait des produits défectueux, PA, Numéro 155, du 28 décembre 1998.

104. Peut-on alors se tourner vers la non standardisation et la spécificité[359]du nom commandé par le demandeur pour assimiler le contrat d'attribution au contrat d'entreprise? Le contrat d'entreprise exige certains critères, notamment la réalisation d'un travail particulier singularisant sa prestation par rapport aux prestations standard des contrats de vente[360]. L'absence d'une prestation spécifique s'oppose à l'assimilation du contrat d'attribution au contrat d'entreprise. S'il est tenu de délivrer une chose non standardisée, le professionnel de nommage n'effectue aucune prestation véritablement spécifique. De plus l'éclatement tripartite du schéma du contrat d'attribution empêche une telle qualification. L'enregistrement du nom domaine concerne généralement trois parties différentes : l'unité d'enregistrement[361], les intermédiaires ou prestataires[362] et le demandeur. Chaque volet de ce schéma constitue un lien juridique spécifique distinct des autres. Et aucune de ces étapes ne présente des similitudes avec le contrat d'entreprise.

105. Premièrement, il n'existe aucun lien direct entre le demandeur et l'unité d'enregistrement, à cause de l'intermédiation des prestataires de nommage. L'acte d'enregistrement délivré par l'unité au titulaire du nom est distinct du contrat d'entreprise. Il présente les allures d'un droit d'occupation privative sur un emplacement de marché. Cette occupation est soumise à des règlements particuliers[363] qui la distinguent de la concession immobilière et des autorisations administratives. En France, la durée minimale du contrat de concession immobilière est de vingt ans[364]. Cette durée ne convient ni aux droits conférés par le nom de domaine, ni au rattachement au droit à l'occupation privative d'un emplacement d'un marché national qui est de très courte durée.

---

[359] La spécificité et la non standardisation distinguent la vente du contrat d'entreprise, car « il y a vente lorsque la commande porte sur un objet ne requérant pas une originalité particulière, ni la mise en œuvre d'une prestation adaptée », F. LEHMANN, Distinction entre vente et contrat d'entreprise : une jurisprudence constante, PA, n° 138, 18 nov.1998.

[360] Contrairement à la vente dont la commande porte sur un objet ne requérant pas une originalité particulière, et encore moins la mise en œuvre d'une prestation adaptée. Cass. com., 4 juillet 1989, Bull. civ. IV, n° 210, D. 1990, P. 246, note G. VIRASSAMY, J.C.P. 1990, éd. G, II, 21515, note Y. DAGORNE-LABBÉ, R.D. imm. 1990, P. 370, obs. P. MALINVAUD et B. BOUBLI, R.T.D.C. 1990, 105, obs. P. RÉMY.

[361] « Personne morale qui dispose de la capacité d'enregistrer, en vertu de son accréditation par l'ICANN », G. KAUFMAN, op cit, p. 62.

[362] Encore appelés *registrars*, ce sont toute personne physique ou morale ayant conclu une convention avec l'unité d'enregistrement et servent d'intermédiaires entre le gestionnaire et les demandeurs, et qui se charge de l'enregistrement et de la modification des informations relatives aux noms de domaine de ses clients.

[363] Article 1712 du Code civil : « Les locaux des biens nationaux, des biens communaux et des établissements publics sont soumis à des règlements particuliers ».

[364] Article 48 de la loi française n° 67-1253 du 30 décembre 1967 d'orientation foncière (Version consolidée au 29 juillet 2005) : « La concession immobilière est le contrat par lequel le propriétaire d'un immeuble ou partie d'immeuble, bâti ou non bâti, en confère la jouissance à une personne dénommée concessionnaire, pour une durée de vingt années au minimum et moyennant le paiement d'une redevance annuelle ».

L'occupation privative d'emplacement dans un marché se distingue aussi de l'autorisation administrative. En effet, les autorisations et l'objet sur lequel elles portent ne peuvent faire partie du fonds de commerce[365]. En revanche, le droit de place sur un marché municipal peut être intégré au fonds de commerce[366]. Deux raisons permettent de soutenir que les transactions sur les noms de domaine constituent un marché et justifient le droit d'occupation d'un espace de ce marché par le titulaire. D'abord les activités d'enregistrement, de modification et de suppression des noms de domaines et des prestataires constituent un aspect du marché électronique en ce que les offres et les demandes peuvent se faire par le biais d'internet[367]. Ensuite, le marché des noms de domaine se divise en marché de noms et en marché de domaines[368]. Dans le marché des extensions génériques, l'attribution des noms relevait d'un organisme de droit américain *IANA*[369] dont les compétences ont été transférées à l'*Internet Corporation for Assigned Names and Numbers ICANN*[370], après une brève sous-traitance par à la *National Science Fondation* (*NSF*). Les missions de l'*ICANN*[371] sont réalisées grâce en partie à sa fonction d'accréditation[372] des sociétés souhaitant enregistrer les noms[373]. Dans le marché des extensions

[365] Com. 7 mars 1978, Bull. civ. IV, n°84 ; REZENTHEL, L'exploitation du fonds de commerce sur le domaine public: vers la fin d'un malentendu, Gaz. Pal.1998, 1, doct.176.

[366] Civ.1ère, 05 déc. 1995, Bull. civ. I.n°445, Defrénois, 1996, 743, n°54 ; O. BARRET, op.cit., LGDJ, 2001, p. 9, n°11.

[367] L'originalité du marché électronique « provient de son ouverture à tous les opérateurs, qui peuvent proposer une gamme étendue de produits et de services ». O. CACHARD, thèse, op cit, p. 9, n°14.

[368] Alors que le marché de noms consiste à déposer des noms recherchés, surtout des noms génériques et des noms à caractère commercial, pour les revendre, le marché de domaines quant à lui consiste à proposer aux demandeurs d'enregistrer des noms qu'ils ont eux-mêmes choisis dans certaines extensions géographiques ou génériques. Le marché des noms se rapporte aux radicaux des noms de domaine, alors que le marché des domaines se rapporte aux extensions. V. G. KAUFMAN, op.cit., p. 34.

[369] Internet Assigned Number Authority.

[370] Organisme sans but lucratif qui a hérité des compétences de l'IANA. Il n'a désormais à qu'un rôle de consultation, et peut parfois rendre des avis sur des délégations de gestionnaire de registre.

[371] Etablir une politique d'attribution des blocs d'adresses IP, détermine la politique des nouveaux TLD qui seront ajoutés au système racine, administrer un système de serveur racine, coordonne l'attribution d'autres paramètres techniques d'Internet pour une connectivité universelle, élabore et applique des principes directeurs de délégation relatifs au ccTLD.

[372] Les intermédiaires dans le marché des noms à extension générique sont des registrars bénéficiant des accréditations après respect des exigences du Registrar Accreditation Process révisé le 17 février 2009. http://www.icann.org/en/processes/registrars/raa-process-17feb09-en.pdf.

[373] La société candidate doit à cette fin, payer les frais de dossier à l'ICANN, remplir un formulaire en ligne, dont l'examen pourra donner suite à la conclusion d'un contrat d'adhésion nommé Registrar Accreditation Agreement, après lequel un accord conclu avec le NSI portera sur les exigences de confidentialité et la délivrance d'une licence d'exploitation du logiciel Shared Registration System.

géographiques, l'*ICANN* a délégué la gestion des espaces de nommage à des organismes régionaux[374], dont *AFRINIC*[375] qui à son tour, a transféré ses attributions aux organismes nationaux ou *NIC*. Nulle part on ne retrouve dans cette relation des indices d'un contrat d'entreprise.

106. En second lieu, la relation contractuelle entre le demandeur et le prestataire intermédiaire dans la procédure de nommage est un contrat de mandat dans lequel, le premier donne le pouvoir au second de faire quelque chose en son nom et pour son compte. Les demandes d'opérations sont nécessairement traitées par un bureau d'enregistrement encore appelé prestataire, qui agit comme interface entre le demandeur et le gestionnaire[376]. Les Chartes camerounaise[377] et sénégalaise[378] de nommage fixent à ce mandat une durée d'un an[379] renouvelable selon que le nom continuera d'être exploité ou que le mandant n'aura pas changé de prestataire[380]. Comme dans le cadre général du contrat de mandat, la responsabilité du prestataire sera engagée sur le fondement d'une obligation de moyens. La Charte de nommage du *« .fr »* précise bien que l'activité d'enregistrement du

---

[374] RIPE ncc pour l'Europe, l'Afrique du Nord et le Moyen-Orient, APNIC pour la région Asie-Pacific et ARIN pour les Amériques et la région subsaharienne.

[375] AFRINIC est une organisation associatif, non gouvernementale et à but non lucratif chargée de l'enregistrement et de la distribution des ressources numériques internet dans la région Afrique et Océan Indien. AFRINIC œuvre en étroite collaboration avec la communauté Internet afin de contribuer à une gestion responsable des ressources adresse Internet et à un fonctionnement fiable du réseau internet. http://www.afrinic.net/french/faq.htm.

[376] Article 9 de la Charte française de nommage : « Par principe, l'AFNIC n'a aucun lien de droit avec le demandeur ou le titulaire du nom de domaine. Aucune demande d'opération relative à un nom de domaine ne peut être adressée directement à l'AFNIC. Les demandes d'opérations sont nécessairement traitées par un bureau d'enregistrement, qui agit comme interface entre le demandeur ou le titulaire et l'AFNIC. La personne physique ou morale qui souhaite faire enregistrer un nom de domaine ou faire procéder à une modification quelconque doit choisir un bureau d'enregistrement parmi les bureaux d'enregistrement figurant sur une liste tenue à jour par l'AFNIC : www.afnic.fr/obtenir/prestataires ».

[377] Article 17 de la Charte camerounaise de nommage : « La phase de création du nom de domaine est réalisée par et pour le compte du demandeur ou par l'intermédiaire prestataire qu'il aura choisi sur la liste des prestataires agréés et disponible sur le site www.antic.cm ».

[378] Article 10 de la Charte sénégalaise de nommage du 01 octobre 2008 : « Les demandeurs de noms de domaine .sn domiciliés à l'étranger sont tenus de désigner un mandataire établi au Sénégal ou, à défaut, de fournir une lettre d'accréditation à l'intention du prestataire, pour effectuer l'enregistrement et la gestion de leur nom de domaine en .sn. »

[379] Un an de durée correspondant à la durée légale annuelle d'exploitation d'un nom de domaine fixée par les chartes.

[380] En effet les différentes chartes attribuent au titulaire du nom, la faculté de révoquer et de changer librement de prestataire, sous réserve du respect de ses obligations envers le précédent prestataire. Article 9 de la Charte sénégalaise « .sn » : « Le titulaire d'un nom de domaine peut changer de prestataire sous réserve de respecter ses obligations contractuelles envers le précédent prestataire » ; article 22 de la Charte camerounaise du « .cm » : « Le demandeur peut, sous réserve des accords conclus avec son prestataire, demander un changement de prestataire qui consiste en un transfert technique du nom de domaine en question d'un prestataire vers un autre ».

prestataire relève d'une obligation de moyens[381]. Conformément à une décision de la Cour de cassation française, le demandeur devra prouver la faute du prestataire qui se sera mal exécuté[382]. Sa mission étant limitée à la collecte d'informations et à leur transmission, le gestionnaire du nom ou l'office d'enregistrement ne peut être responsable que des erreurs d'enregistrement résultant de son fait. Le prestataire ne sera responsable que de la bonne transmission des documents adressés au gestionnaire, et/ou des saisies de données informatiques qu'il opère dans le cadre d'un acte d'administration relatif à un nom de domaine[383]. Les dispositions des chartes nationales de nommage vont également dans ce sens, tant à l'égard de l'unité ou de l'office d'enregistrement[384], qu'à l'égard du prestataire[385]. Cette exclusion du contrat d'attribution, de la catégorie des contrats accordant le droit de propriété, est renforcée par son incompatibilité avec les caractères du droit de propriété.

---

[381] Article 24 de la Charte de nommage du « .fr » : « S'agissant plus particulièrement de l'enregistrement par des personnes physiques visées à l'article 5.3, le bureau d'enregistrement est tenu à une obligation de moyen en ce qui concerne la procédure de vérification de l'éligibilité du titulaire ».

[382] La première chambre civile suggère que « si le mandataire est, sauf cas fortuit, présumé en faute du seul fait de l'inexécution, cette présomption ne saurait être étendue à l'hypothèse d'une mauvaise exécution de ce dernier », Cass. 1ère civ. 18 janv. 1989, Bull. civ, n° 26, D. 1989, 303, n. LARROUMET,

[383] Article 7 de la Charte camerounaise « .cm » : « Le demandeur est seul responsable des documents, informations et demandes qu'il adresse au prestataire. Le prestataire est responsable de la bonne transmission des documents qu'il adresse à l'ANTIC et/ou des saisies de données informatiques qu'il opère dans le cadre d'un acte d'administration relatif à un nom de domaine. Le demandeur devra s'adresser à son prestataire pour toute question ou réclamation. Le rôle de l'ANTIC se limite à l'administration des demandes émanant directement des demandeurs ou de leurs prestataires dont la liste est disponible sur le site www.antic.cm dans le respect de la présente Charte de Nommage ». » ; article 14 de la Charte sénégalaise/ « Les demandes d'enregistrement des noms de domaine « .sn » sont obligatoirement présentées au gestionnaire par l'intermédiaire d'un prestataire... Le prestataire s'assure que la demande de son client respecte les termes de la présente charte. Il est tenu responsable de tout manquement aux conditions d'enregistrement » ; article 24 de la Charte de nommage française : « Le bureau d'enregistrement est seul responsable du bon traitement technique de la demande d'opérations auprès de l'AFNIC, des saisies informatiques qu'il opère en respectant les choix du titulaire et notamment ceux en matière de données personnelles, et de leur bon acheminement vers l'AFNIC. ».

[384] Article 14.1 de la Charte de nommage française : « En conséquence, l'AFNIC n'effectue pas de contrôle des enregistrements réalisés par les bureaux d'enregistrement pour le compte des titulaires et ne saurait voir sa responsabilité engagée du fait du non-respect par le titulaire des dispositions ci-dessus » ; article 8 de la charte camerounaise de nommage : « En aucun cas l'ANTIC ne devrait être tenu responsable du contrôle du contenu, de la conformité ou de la légalité des éléments qui lui sont remis ou communiqués ».

[385] Article 6 de la Charte de nommage sénégalaise : « Le gestionnaire ne saurait être tenu pour responsable des dysfonctionnements techniques de l'internet ou dus à des cas de forces majeures ».

ii. La non perpétuité du droit conféré par le contrat d'attribution

107. L'absence des caractères de prescription et de perpétuité établit clairement que le droit conféré par l'attribution du nom de domaine n'est pas un droit de propriété. Le droit cédé lors de l'attribution du nom n'est pas perpétuel. La perpétuité signifie que le droit de propriété ne s'éteint pas par le non usage[386]. Or le non usage peut en faire perdre la titularité du nom, notamment s'il existe des soupçons de *cybersquatting*. De plus, le droit sur le nom de domaine est limité annuellement et donc non perpétuel.

D'un autre côté, l'exigence d'un renouvellement annuel du droit au nom de domaine ne cadre pas avec la prescription acquisitive[387]. En effet on ne peut acquérir le nom de domaine par la prescription acquisitive, puisque le nom de domaine est insusceptible de possession. A l'inverse, il existe un délai de prescription sur l'usage du nom de domaine au terme duquel le fait de ne pas exploiter annule le nom obtenu. Alors que ce défaut exploitation du nom de domaine peut provoquer la suppression du nom, le droit de propriété ne saurait être éteint par l'absence d'exploitation. Le droit de propriété ne peut être associé à une obligation dont l'inobservation provoquerait la perte du nom et son retour dans le portefeuille du gestionnaire qui peut l'attribuer à un nouveau demandeur. La perpétuité du droit de propriété s'oppose à une telle gymnastique. Il en est de même du contrat de transmission du nom de domaine.

b. L'exclusion du contrat de transmission des contrats accordant le droit de propriété

108. Après son obtention, le titulaire pourrait transmettre le nom de domaine par une opération de cession. Mais cette cession ne suppose pas un transfert de propriété, puisqu'on ne peut transmettre des droits qu'on n'a pas. La maxime « nul ne peut transmettre plus de droits qu'il ne dispose » interdit à l'office d'enregistrement de céder un droit de propriété qu'il ne possède pas. Les gestionnaires, les offices d'enregistrement et les *NIC* nationaux ne sont pas propriétaires des noms dont ils assurent le nommage. Si ces derniers sont des entités publiques ou parapubliques, comme l'*ANTIC* au Cameroun ou le NIC Sénégal, elles sont des personnes morales constituées pour gérer le patrimoine public que leur aura confié l'Etat. Lorsqu'elles sont des personnes morales de droit privé, alors elles se verront confiées la gestion des noms de domaine par le jeu de la concession. En revanche, les noms de domaines avec des extensions génériques relèvent de l'*ICANN*, un organisme international de gestion des noms non étatiques. D'un point de vue chronologique, partir de l'opération de transfert d'un bien pour reconnaître le droit de propriété à l'auteur du transfert constitue une erreur.

---

[386] J. CARBONNIER, Droit civil, t. 3, Les biens, PUF, 1995, p. 141.

[387] Article 2258 du Code civil : « La prescription acquisitive est un moyen d'acquérir un bien ou un droit par l'effet de la possession sans que celui qui l'allègue soit obligé d'en rapporter un titre ou qu'on puisse lui opposer l'exception déduite de la mauvaise foi »

L'hypothèse de départ est faussée. En effet, le transfert du nom ne peut attribuer le droit de propriété.

109. D'autre part, la propriété est acquise de deux manières : soit par l'effet translatif de l'obligation de donner traitée aux articles 1136 et suivants du Code civil, soit par une décision de justice à l'issue d'une procédure contentieuse. Avec la pratique du *cybersquatting*, on assiste à une transmission judiciaire bien curieuse de la propriété des noms de domaines. Ainsi, dans l'affaire opposant la Société Française du Radiotéléphone *SFR* à la société *W3 Systems INC*, le juge constatant les actes de contrefaçon de la marque *SFR* et les actes parasitaires, a ordonné sous astreinte, la transmission par la défenderesse *W3 Systems INC* du nom de domaine *« sfr.com »*[388]. La jurisprudence a multiplié par la suite des décisions de transfert des noms de domaine litigieux des titulaires frauduleux aux titulaires légitimes qui se prévalaient d'un droit antérieur[389], alors que le juge aurait pu se limiter à prononcer la simple radiation du nom querellé, et reconnaître le droit d'enregistrement exclusif au demandeur. Des décisions de justice ayant suivi cette orientation semblent avoir opté pour une meilleure voie. Une illustration est faite par un jugement dans lequel, la Société Icare a été condamnée sous astreinte à faire provisoirement retirer le nom de domaine « atlantel.com »[390]. Il est difficile de parler de droit de propriété sur le nom de domaine parce qu'il n'y a pas de propriété sans autorisation de la loi[391]. C'est l'une des raisons pour lesquelles les droits que confèrent l'enregistrement et la transmission du nom se limitent à l'usage.

2. La reconnaissance d'un droit d'usage au titulaire du nom de domaine

110. Le droit d'usage est une sorte de droit réel démembré, temporaire, incessible et insaisissable, qui donne à son titulaire la faculté de se servir d'une chose appartenant à autrui, ainsi que d'en percevoir les fruits, jusqu'à concurrence de ses besoins et de ceux de sa famille[392]. Diminutif de l'usufruit duquel il est tout de même distinct[393], le droit d'usage confère à

---

[388] TGI Nanterre, 2ème ch. 18 janvier 1999 ; A. BENSOUSSAN et Y. BREBAN, Les arrêts-tendances de l'internet, Hermès Science, 2000, p. 185.

[389] TGI Marseille, 18 décembre 1998 ; TGI Versailles Ord. Référé, 14 avril 1998, Sté coopérative agricole Champagnes céréales ; A. BENSOUSSAN et Y. BREBAN, op cit, p. 188 à 219.

[390] TGI Bordeaux, Ord. Référé, 22 juillet 1996, Sté Sapeso et Sté Atlantel c. Sté Icare, A. BENSOUSSAN et Y. BREBAN, Les arrêts-tendances de l'internet, Hermès Science, 2000, p. 229.

[391] E. TARDIEU-GUIGUES, Attribution et contentieux des noms de domaine, J.-Cl. Commercial, n° 805, n° 94 Lamy Droit de l'Informatique et des Réseaux – 2009.

[392] G. CORNU, Association Henri CAPITANT, Vocabulaire Juridique, PUF, 7ème Ed. p. 913.

[393] Les critères distinctifs suivants sont énoncés : un intuitu personae beaucoup plus fort que dans l'usufruit, une limitation des droits d'usage aux besoins du titulaire et à ceux de sa famille, l'usufruitier est redevable de la taxe foncière et alors que l'usager du droit d'habitation en est déchargé, l'exclusion de la présomption de gratuité à la vente avec réserve

son titulaire un droit viager. Compte tenu de cette restriction, on croirait absurde de ranger le droit d'usage des chartes de nommage dans l'article 631 du Code civil interdisant à l'usager de céder et de louer[394]. Mais le domaine du droit d'usage n'est pas figé. Le droit d'usage peut être étendu par le titre qui peut l'accroître ou le restreindre[395], l'organiser conformément à une loi spéciale ou à la volonté des parties. En effet, les droits réels ne sont pas strictement limités à ceux énumérés par le Code civil. Consacré par la Cour de Cassation dans l'arrêt *Caquelard*, ce principe précise que ni les articles 544, 546 et 552 du Code civil, ni aucune autre loi « n'excluent les diverses modifications et décompositions dont le droit ordinaire de propriété est susceptible »[396]. Le découpage de toutes les utilités qu'on peut tirer d'un bien peut librement s'effectuer, sans avoir à respecter la décomposition du Code civil. Les noms de domaine constituent des biens, la liberté de création des droits de jouissance leur est applicable. Le titulaire dispose sur son nom de domaine d'un droit d'usage pendant toute la durée de validité de l'enregistrement.

L'attribution du nom n'est faite que pour une durée de validité de douze mois renouvelable tacitement par le paiement des redevances annuelles[397]. Selon l'article 11 de la Charte *AFNIC* de 2009, « le titulaire bénéficie d'un droit d'utilisation du nom de domaine ». L'article 12 de la Charte sénégalaise du *« .sn »* rappelle expressément que, « le titulaire d'un nom de domaine doit respecter toutes les dispositions de la présente charte. Il ne dispose sur son nom de domaine que d'un droit d'usage pendant toute la durée de validité de l'enregistrement ». L'article 3 de la Charte camerounaise du *« .cm »* affirme également que, « le nom de domaine attribué confère un droit d'usage au demandeur et non au prestataire ». La transmission du nom de domaine se limite à la cession de ce droit d'usage. Cette cession est possible mais sans acquisition du titre de propriété. Une fois acquis, le nom de domaine peut bénéficier d'une qualification supplémentaire par assimilation à la catégorie des signes distinctifs.

---

de du droit d'usage, Traité de droit civil, sous la direction de J. GHESTIN, Les biens, LGDJ, 2000, p. 283 et 287.

[394] Article 631 du Code civil « l'usager ne peut ni céder ni louer son droit à un autre ».

[395] Article 628 du Code civil « Les droits d'usage et d'habitation se règlent par le titre qui les a établis et reçoivent, d'après ses dispositions, plus ou moins d'étendue ».

[396] Req. 13 février 1834, *S.* 1834, 1, p. 205 ; H. CAPITANT, F. TERRE, Y. LEQUETTE, Les grands arrêts de la jurisprudence civile, tome 1, Dalloz, 12e éd., 2007, n° 65.

[397] Article 9 de la Charte « .cm » : « Le droit d'usage d'un nom de domaine est conditionné par le paiement unique des frais de constitution et d'une redevance annuelle de maintenance dont les montants sont fixés par l'ANTIC » ; Article 4 de la charte béninoise : « Le nom de domaine a une durée de validité de 12 (douze) mois, renouvelable tacitement sauf demande de suppression adressée par le contact administratif » ; Article 11 de la charte du « .sn » : « Un nom de domaine est enregistré pour une période d'un an renouvelable par tacite reconduction, sous réserve du respect des dispositions de la présente charte et des clauses du contrat conclu entre le prestataire et le titulaire ».

§2. La possible exploitation du nom de domaine sous le couvert des signes distinctifs

111. Les signes distinctifs partagent ensemble des points communs au niveau de leurs fonctions commerciales[398]. En vertu du rapprochement que la jurisprudence a établi entre le code d'accès Minitel et la catégorie des signes[399], on a pensé assimiler le nom de domaine aux signes distinctifs. Deux arguments justifieraient une telle assimilation : la fonction commerciale[400] et la fonction attractive du nom[401] qui facilite l'identification des entreprises commerciales[402], de leurs produits[403]. Support de toute l'activité en ligne[404], le nom de domaine apparaîtrait comme un signe distinctif en vertu de son pouvoir attractif sur le consommateur en ligne, de son rôle identificateur du site internet, de sa capacité à rallier et à fixer la clientèle[405], de son aptitude à revêtir plusieurs formes simultanément comme c'est le cas de n'importe quel autre signe[406]. Cependant il faut souligner que cette qualification n'est acquise que lorsque c'est le signe qui est enregistré comme nom de domaine. Lorsque c'est le nom de domaine qui revendique lui-même un tel statut, alors l'assimilation aux signes distinctifs est subordonnée à d'autres exigences. L'attribution ne donne naissance qu'à un

---

[398]Chr. Elias BOU KHATER, thèse, op.cit., n°3.

[399] « S'il est exact qu'un code d'accès permet, après la composition d'un numéro téléphonique à quatre chiffres, de se connecter techniquement à un service télématique, il n'en demeure pas moins que le nom spécifique adopté par une entreprise pour désigner ce service, le différencier d'autres services concurrents et permettre à la clientèle de l'identifier, constitue un signe distinctif » CA Paris, 4e ch. A, 19 déc. 1995 : D. 1996, I.R., p. 41. Contra TGI Paris, 20 sept. 1991, D. 1993, som., p. 153.

[400] La fonction commerciale du nom de domaine lui est intrinsèque et permettrait sa qualification en signe distinctif. Dans ce sens : G. LOISEAU, La nature juridique du nom domaine, DTA 2001, vol. 8, n.1, p. 143 ; « Le nom de domaine appartient à la catégorie des signes distinctifs de l'entreprise », CA Douai, 1re ch., 9 sept. 2002, D. 2003, p. 62, obs. Manara, Comm. com. électr. 2002, comm. 141, note Caron. Pourtant, la « distinctivité » n'est pas une condition d'existence mais une condition de protection du nom de domaine. En effet, le nom ne devient distinctif que s'il n'est simplement pas descriptif ou générique. Si le caractère distinctif du nom lui permet d'être rangé dans la catégorie des signes distinctifs traditionnels, le défaut de distinctivité ne se répercute que sur la protection du nom, et non sur son existence.

[401] Ch. Elias BOU KHATER, thèse, op.cit., p. 81.

[402] G. LOISEAU., Protection et propriété de noms de domaine, note sous CA Paris, 18 oct. 2000, D. 2001, p. 1379-1382.

[403] C. BUCKI, Le conflit entre marques et noms de domaine, RD propr. intell., juin 2000, n° 112, p. 9 ; C. E. BOU KHATER, « Le nom de domaine au sein du concept des signes distinctifs », Revue Lamy Droit de l'Immatériel – 2005, n°11, Perspectives, Etude, 11-43.

[404] C. FERAL-SCHUHL, Cyber droit, le droit à l'épreuve de l'Internet, Dalloz Dunod, 3e éd., 2002,

[405] TGI Bordeaux, ord. réf., 22 juill. 1996, www.legalis.net/jnet.

[406] Le nom de domaine qui peut être élaboré à partir de n'importe quel autre signe distinctif classique, puisqu'en effet, « Les catégories des signes distinctifs varient en fonction des supports auxquels le nom s'applique, la finalité d'identification et d'attraction de la clientèle demeurant unique » ; V. A. Mendoza, Les noms de l'entreprise, Thèse, Toulouse I, 2001, p. 80, n° 72.

nom de domaine, et non à un signe distinctif. Le nom de domaine est réellement différent des signes distinctifs (A). C'est le besoin de lui accorder une protection supplémentaire qui justifie souvent son exploitation sous le couvert des signes (B).

A. La distinction entre le nom de domaine et les signes distinctifs

112. La catégorie des signes distinctifs n'offre pas une hospitalité naturelle au nom de domaine. Pour opérer une distinction entre le nom de domaine et les signes distinctifs, il faut procéder à une différenciation du nom de domaine avec un échantillon de signes bien précis. La confusion porte principalement sur la marque parce qu'elle souffre d'une assimilation inadéquate avec le nom de domaine (1). Les autres signes sollicités dans le cadre de cette étude comparative sont sélectionnés en raison de leur forte implication dans l'activité commerciale (2).

1. Les différences entre la marque et le nom de domaine

113. La marque désigne un signe apposé sur un produit ou accompagnant un produit ou un service et destiné à le distinguer des produits similaires des concurrents ou des services rendus par d'autres[407]. La définition qu'en donne l'Accord révisé de Bangui de 1999 est identique[408]. Le rôle de la marque est d'identifier les produits, de les distinguer des produits concurrents et d'en garantir la provenance. La marque constitue un facteur de promotion et de vente. Tout comme elle, le nom de domaine identifie les produits et les distingue des produits concurrents, quelque soit le support choisi par le producteur.

114. Toutefois, la confusion entre nom de domaine et marque ne doit pas être entretenue. Le juge a bien précisé qu'« une telle confusion doit être évitée, la marque ayant un statut juridique spécifique défini par la loi, alors que le nom de domaine ne fait l'objet d'aucune règlementation particulière et ne peut bénéficier d'une protection que selon les principes généraux de droit commun »[409]. En effet des critères bien précis de la marque comme la spécificité, la territorialité, le caractère distinctif, les formalités légales telles que le dépôt, constituent des obstacles à l'assimilation du nom à cette

---

[407] A. CHAVANNE et J.-J. BURST, Droit de la propriété industrielle, Dalloz, 5ème édition, 1998, p. 481.

[408] L'article 3 Annexe III Des marques de produits ou de services de l'Accord révisé de Bangui définit la marque de produits ou de services comme « tout signe visible utilisé ou que l'on se propose d'utiliser et qui sont propres à distinguer les produits ou services d'une entreprise quelconque, et notamment les patronymes pris en eux-mêmes ou sous forme distinctive, les dénominations particulières, arbitraires ou de fantaisie, la forme caractéristique du produit ou de son conditionnement, les étiquettes, enveloppes, emblèmes, empreintes, timbres, cachets, vignettes lisérés, combinaisons ou dispositions de couleurs, dessins, reliefs, lettres, chiffres, devises, pseudonymes ».

[409] TGI Nanterre, Ordonnance de référé du 13 mars 2000, www.legalis.net.

catégorie de signe. Le simple enregistrement ne peut suffire pour faire du nom de domaine une marque. La marque s'acquiert par le dépôt[410] et exceptionnellement par l'usage pour les marques notoires[411]. Pour constituer une marque, le nom doit être déposé conformément à l'Annexe III de l'Accord révisé de Bangui sur le droit des marques. De plus, un nom antérieur peut empêcher l'enregistrement d'une marque postérieure comme nom de domaine, en vertu de la « règle premier arrivé, premier servi ». Il peut constituer une antériorité empêchant l'enregistrement d'une marque, sous réserve de *cybersquatting*.

115. Ensuite, la spécialité et la territorialité de la marque ne se retrouvent pas dans le nom de domaine. La marque confère des droits territoriaux, alors que le nom de domaine jouit d'un rayonnement international[412]. En effet, la marque n'est pas protégée dans les pays où elle n'est pas déposée, sauf convention internationale ou accord entre Etats, comme c'est le cas avec l'OAPI[413]. Ces principes rendent possible la coexistence de marques identiques sur des territoires différents ou, sur le même territoire, pour des produits différents. Ce qui est impossible avec le nom de domaine. L'affirmation selon laquelle le nom de domaine serait une « marque mondiale de fait » ne nécessitant qu'un seul dépôt et non plusieurs[414] ne semble pas convaincante. La spécialité et la territorialité ne sont pas des exigences transposables au nom de domaine. L'accès aux sites internet au moyen des noms de domaine ne peut être géographiquement limité. Si certains noms de domaine peuvent faire échec aux marques, cela ne signifie pas qu'ils sont assimilables à celles-ci.

116. Enfin le critère distinctif, essentiel pour l'enregistrement d'une marque, éloigne cette dernière de toute confusion avec le nom de domaine. En effet, l'article 3 de l'Annexe III l'Accord révisé de Bangui dispose

---

[410] Article 5 alinéa 1 de l'Annexe III de l'Accord révisé de Bangui sur le droit des marques : « la propriété de la marque appartient à celui qui, le premier, en a effectué le dépôt ».

[411] Article 6 de l'Annexe III de l'Accord révisé de Bangui sur le droit des marques : « Le titulaire d'une marque notoirement connue au sens de l'article 6 bis de la Convention de Paris pour la protection de la propriété industrielle et de l'article 16 alinéas 2 et 3 de l'Accord sur les aspects des droits de propriété intellectuelle qui touchent au commerce peut réclamer l'annulation auprès des tribunaux des effets sur le territoire national de l'un des Etats membres du dépôt d'une marque susceptible de créer une confusion avec la sienne. Cette action ne peut plus être intentée après l'expiration d'un délai de cinq ans à compter de la date du dépôt, lorsque celui-ci a été effectué de bonne foi ».

[412] G. KAUFMAN, op.cit., p. 21.

[413] Article 5 de l'Annexe III du Traité révisé de l'OAPI : « Le titulaire d'une marque notoirement connue au sens de l'article 6 bis de la Convention de Paris pour la protection de la propriété industrielle et de l'article 16 alinéas 2 et 3 de l'Accord sur les aspects des droits de propriété intellectuelle qui touchent au commerce peut réclamer l'annulation auprès des tribunaux des effets sur le territoire national de l'un des Etats membres du dépôt d'une marque susceptible de créer une confusion avec la sienne. Cette action ne peut plus être intentée après l'expiration d'un délai de cinq ans à compter de la date du dépôt, lorsque celui-ci a été effectué de bonne foi ».

[414] C. MANARA, « Le nom de domaine peut-il être considéré comme une "marque mondiale de fait" ? », PA, n° 81, 24 avril 2001, p.10-11.

qu'une marque ne peut être valablement enregistrée « si elle est dépourvue de caractère distinctif notamment du fait qu'elle est constituée des signes ou d'indications constituant la désignation nécessaire ou générique du produit ou la composition du produit ». Jadis interdite dans les pays occidentaux, la validité des noms de domaines descriptifs est aujourd'hui admise, sous réserve de ne pas porter atteinte aux noms fondamentaux. L'admission des noms génériques consolide la distinction entre nom de domaine et marque. Cette distinction se prolonge aux autres signes distinctifs.

1. La distinction entre le nom de domaine et les autres signes impliqués dans l'activité commerciale

117. En raison du lien solide qu'ils entretiennent avec l'activité commerciale, les signes proposés dans le cadre de cette étude sont l'enseigne et le nom commercial. La distinction entre le nom de domaine et ces signes distinctifs est basée sur trois arguments : l'enregistrement facultatif des signes qui contraste avec l'enregistrement obligatoire du nom (a), le rattachement impératif au fonds de commerce des uns contrairement à l'autre (b), enfin le rayonnement spatial limité des premiers et transfrontalier du second (c).

a. L'enregistrement

118. L'article 1 de l'Annexe V de l'Accord révisé de Bangui définit le nom commercial comme la dénomination sous laquelle est connu et exploité un établissement industriel, commercial, artisanal ou agricole. Il est la « dénomination sous laquelle une personne physique ou morale exploite son fonds de commerce et dont il constitue un élément »[415]. Cette appellation doit constituer un terme qui sert à distinguer un fonds de commerce des autres fonds de commerce similaires[416]. Le nom commercial peut être enregistré comme nom de domaine. Mais le rapprochement maladroit qui est souvent fait entre ces deux identifiants[417] doit être dénoncé.

119. Bien que BOCHURBERG voie dans le nom de domaine, « une sorte de nom commercial dans l'univers virtuel »418, il est clair que le nom commercial ne s'assimile au nom de domaine que s'il est enregistré conformément aux conditions légales de nommage. L'Accord révisé de

---

[415] G.CORNU, Vocabulaire juridique, H. CAPITANT, 7ème éd. PUF, p. 601.

[416] A. CHAVANNE et J.-J. BURST, Droit de la propriété industrielle, Dalloz, 5ème édition, 1998, p. 807.

[417] Christiane Elias BOU KHATER, op.cit., p. 133; L. BOCHURBERG, Internet et commerce électronique, Delmas, 1999, 60 « Le nom de domaine constitue ainsi une sorte de nom commercial dans l'univers virtuel puisqu'il détermine l'arrivée des clients sur le site » ; F. GLAIZE et A. NAPPEY, « Le régime juridique du nom de domaine en question », Cahiers Lamy, Droit de l'informatique et des réseaux, (H), déc. 1999, n. 120,5-9, p.8.

[418] L. BOCHURBERG., Internet et commerce électronique, Delmas, 1999, n° 427 et nouvelle édition 2001.

Bangui prévoit l'enregistrement auprès du greffe du tribunal civil, de l'OAPI, ou auprès du ministère en charge de la propriété industrielle[419]. Cependant, l'article 3 alinéa 1 de de l'Annexe V de l'Accord révisé de Bangui[420], la doctrine[421] et la jurisprudence[422] font de l'usage la condition d'acquisition du nom commercial la plus utilisée. Il apparaît très justement que l'enregistrement est facultatif[423] pour le nom commercial, alors qu'il est obligatoire pour le nom de domaine. Si tous les noms de domaine peuvent devenir des noms commerciaux par l'usage, tous les noms commerciaux acquis par l'usage ne peuvent devenir des noms de domaine que par l'enregistrement.

120. L'enseigne désigne quant à elle un signe visible, qui sert à distinguer un établissement commercial et à permettre au public de ne pas le confondre avec un autre établissment[424]. Selon une partie de la doctrine, la qualification d'enseigne serait celle qui se rapprocherait le plus du nom de domaine[425]. Pourtant le nom de domaine n'est pas une enseigne. Introduire le nom dans la sous-catégorie des enseignes en limite véritablement la protection. Un premier point de distinction est que l'enseigne par son aspect concret, peut revêtir plusieurs formes telles des dessins, des images, des portraits qui ne peuvent s'accommoder de la formulation du nom. Un premier point de distinction est que, l'enseigne s'acquiert par un usage public, alors que le nom suppose un enregistrement[426]. Le droit sur l'enseigne ne naît pas immédiatement. La jurisprudence subordonne le droit sur l'enseigne à l'existence d'une clientèle[427], c'est-à-dire à une exploitation effective, car il ne saurait avoir de clientèle sans exploitation effective. Le nom de domaine

---

419 Article 6 de l'Annexe V de l'Accord révisé de Bangui : « Tout propriétaire d'une entreprise commerciale, industrielle, artisanale ou agricole située sur le territoire national de l'un des Etats membres, qui veut obtenir l'enregistrement du nom commercial attaché à son établissement doit déposer ou adresser par pli postal recommandé avec demande d'avis de réception à l'Organisation, ou au greffe du tribunal civil de son domicile ou au Ministère chargé de la propriété industrielle ».

420 « Sous réserve des dispositions ci-après, le nom commercial appartient à celui qui, le premier, en a fait usage ou en a obtenu l'enregistrement ».

421 A. CHAVANNE et J.-J. BURST, op.cit., p. 819.

422 Aix, 17 mars 1925, Ann. 1928, 161 ; Angers, 29 avril 1927, Ann. 192, 179 ; Paris 19 mai 1928, Ann, 1928, 281.

423 Le seul privilège qu'accorde l'enregistrement est la sanction pénale du nom commercial enregistré, le nom commercial acquis par l'usage n'ouvrant droit qu'aux poursuites civiles.

424 A. CHAVANNE et J.-J. BURST, op. cit., p. 840, n° 1382; J. BOULANGER, l'enseigne, Rev. Gén. Dr. Com. 1940, p. 5.

425 Le nom de domaine serait « comme l'enseigne sous laquelle une entreprise exploite, sur le réseau de l'Internet, un établissement virtuel auquel une clientèle peut s'adresser pour obtenir des biens ou des services ou s'informer de l'activité commerciale qu'elle exerce », G. LOISEAU, « Nom de domaine et internet : turbulences autour d'un nouveau signe distinctif », D., 17 juin 1999, n° 23 p. 246. « Les noms de domaine jouent (...) de plus en plus un rôle d'enseigne électronique sur le réseau », ROJINSKY C. et O. LEAURANT, Créer et exploiter un site Web, Lamy/Les Echos, 2000, p. 22.

426 P. S. AKUETE, Droit commercial général, Bruylant Bruxelles 2002, p. 206, n° 333.

427 Lyon, aud. Sol. 9 juillet 1990, PIBD 1990, III, p. 721.

quant à lui naît dès l'enregistrement et sa non exploitation n'est pas privative de droit, sauf cas de *cybersquatting*.

b. Le rattachement au fonds de commerce

121. Le nom commercial et l'enseigne sont traditionnellement rattachés au fonds de commerce et à l'activité commerciale[428]. L'article 136 de l'Acte uniforme révisé portant droit commercial général dispose que, « le fonds de commerce comprend nécessairement la clientèle et l'enseigne ou la clientèle et le nom commercial, sans préjudice du cumul de la clientèle avec l'enseigne et le nom commercial ». En effet, il n'y a pas de nom commercial sans fonds de commerce. Les noms de domaine seraient exclus d'une telle qualification et notamment les noms de domaine des particuliers, puisqu'ils ne sont pas rattachés à un fonds de commerce. Cela implique que le nom commercial, sauf clause contraire, est cédé avec le fonds de commerce. Alors que la cession du fonds de commerce, même électronique, n'emporte cession du nom de domaine que si l'acte de cession le stipule clairement.

122. L'enseigne quant à elle se réfère toujours à la notion d'entreprise ou d'activité d'établissement commercial. Or tous les noms de domaine n'appartiennent pas forcément à une entreprise ou à un établissement commercial. Ils ne promeuvent pas toujours une activité commerciale. On pense notamment aux particuliers qui enregistrent des noms de domaine ne correspondant à aucune activité commerciale et aux associations à but non lucratif. En outre, cette dépendance de l'enseigne au fonds de commerce subordonne son existence à celle de l'activité exercée ou du fonds exploité. Contrairement au droit sur l'enseigne qui s'éteint en même temps que la fermeture de l'établissement auquel il est rattaché, on peut fermer le site et conserver le nom de domaine.

c. Le rayonnement spatial

123. La protection du nom commercial est territoriale. Le nom commercial est protégé dans la zone géographique à l'intérieur de laquelle il jouit d'une certaine reconnaissance. La délimitation de cette aire géographique est dépendante de la notoriété du nom commercial. C'est ainsi que certains bénéficieront des espaces suffisamment étendus, tandis que d'autres seront cantonnés à des superficies locales. C'est le cas de l'enseigne qui ne jouit que d'une protection locale[429]. A moins qu'elle bénéficie d'une notoriété nationale, l'enseigne n'a qu'un rayonnement local, parfois limité à

---

[428] Article 137 de l'Acte uniforme révisé portant droit commercial général : « Le fonds de commerce peut comprendre différents éléments mobiliers, corporels et incorporels, notamment les éléments suivants :...les brevets d'inventions, marques de fabrique et de commerce, dessins et modèles et tout autre droit de propriété intellectuelle nécessaire à l'exploitation ».

[429] Paris, 3 novembre 1993, PIBD 1994, n°559, p. 63.

un seul quartier, à une seule rue[430]. Contrairement à ces signes, le nom de domaine revêt un caractère transfrontalier. Se contenter de limiter le nom de domaine au signe distinctif sans autre caractérisation nous semble inopportun. Cela revient à mettre l'accent beaucoup plus sur l'aptitude commerciale du nom de domaine que sur la recherche de sa véritable nature. Si le nom est bien normalement un signe distinctif, encore faut-il, comme l'observe pertinemment TARDIEU-GUIGUES, qu'il réunisse « les conditions nécessaires à cette qualification »[431]. La catégorie des signes distinctifs n'offre qu'une faculté de surprotection au nom de domaine.

B. La catégorie des signes distinctifs, une faculté de protection supplémentaire des noms de domaine

La catégorie des signes renforce la protection des noms de domaine. Mais pour bénéficier des effets de cette surprotection (2), le nom doit impérativement se conformer à l'impératif de distinctivité propre aux signes distinctifs (1).

1. L'exigence d'un caractère distinctif du nom de domaine

124. Pour être valable, un signe doit être distinctif. Il doit permettre au titulaire de distinguer ses produits de ceux des concurrents[432]. Pour satisfaire à cette exigence, il est impératif de constituer un terme dont l'usage apparaît nécessaire dans l'appellation ou la présentation des biens et services de la branche d'activité concernée[433]. L'absence de distinctivité a justifié l'annulation de plusieurs signes usuels ou banals, enregistrés sous forme de marque[434], de nom commercial[435] et de dénomination sociale[436]. L'exigence de distinctivité du signe résulte de la volonté d'éradiquer les problèmes de confusion des produits et des services proposés par des acteurs d'une même branche d'activité. En réalité, il n'y a de distinctivité que parce qu'il existe des produits similaires dans les marchés. Cette exigence imposée aux

---

[430] Paris, 21 mars 1988, D. 1989, Somm. Com. 135, Obs. JJ BURST.

[431] E. TARDIEU-GUIGUES, Attribution et contentieux des noms de domaine, J.-Cl. Commercial 2006, Fasc. 805, n° 97.

[432] Cass. 10 fév. 1960, JCP, 1960, IV, p. 47.

[433] Cass. 05 oct. 1981, GP 82-I-Panorama de la jurisprudence, p. 116.

[434] « Les affaires » pour un journal économique : Cass. com. 2 juin 1992, PIBD. III. 460, n°528 ; « Etalon » pour une revue consacrée aux chevaux : TGI Paris 11 janv. 1989, PIBD 1989 III.275. n°4455 ; « Diamélite »pour des précieuses : Cass.2 juin 1986, PIBD 1987. III.137, n°409; « Les grandes heures de l'histoire » pour une collection de livres : TGI Paris, 31 oct.1972, GP 1973, PIBD 1973. I.201.

[435] « Electromécanique » : Nancy, 24 juin 1955, Ann. 1956. 160 ; « Le modèle réduit » : Paris, 21 déc. 1978, Ann.1980, 133 ; « casino » : Douai, 27 déc. 1927, Ann.1931.344 ; « Pizza » : Paris, 27 oct. 1954, RTD com. 1965, 399, n°13 ; « halle aux vins » : Trib. civ. Mulhouse, 17 févr. 1950, Ann. 1954, p. 180.

[436] « Communication et Développement » : TGI Strasbourg 20 juin 1984, PIBD 1985.III.24 ; « Artisans du monde » : TGI Paris 20 mars 1987, PIBD 1987 III.368.

produits et aux services est fortement liée à l'activité commerciale[437]. Or on remarque que même intégré dans une activité commerciale, le nom de domaine peut ne pas présenter les caractères d'un signe distinctif.

125. Faudrait-il alors omettre l'exigence de distinctivité propre aux signes classiques afin d'admettre le nom comme un signe *sui generis* ? Si oui, cela reviendra à faire d'un identifiant quelconque un signe distinctif sur le simple fait qu'il remplit une fonction commerciale et qu'il facilite la recherche de sites internet. Cela aura pour risque d'ouvrir la porte à toutes sortes d'identifiants remplissant une quelconque fonction commerciale.

La qualification du nom en un signe distinctif *sui generis* ne peut être justifiée par la fonction commerciale qu'il partage avec les autres signes. Le nom de domaine requiert des conditions légales pour son enregistrement et son rayonnement international. Un statut particulier *sui generis* ne peut lui être attribué au sein de la catégorie des signes distinctifs. *« Sui generis »* est un terme latin qui signifie « de son propre genre »[438], et concerne une situation juridique dont la singularité ne permet pas de classement dans une catégorie déjà répertoriée, et nécessite de créer des textes spécifiques. Cette notion ne doit pas être une sorte d'abri aux concepts et hybrides en quête d'une catégorie juridique qui ne leur sied pas. Si la distinctivité exige que le signe soit composé de termes qui ne soient ni simplement descriptifs, ni génériques, il existe beaucoup de noms de domaine descriptifs et valables en cours d'usage. L'absence de distinctivité du nom de domaine permet de comprendre que la catégorie des signes ne lui offre qu'une faculté de protection supplémentaire. Malgré des aptitudes commerciales fort remarquables, rien ne justifie la qualification du nom de domaine en signe distinctif *sui generis*. Nombre de noms de domaine ne remplissant pas cette condition de distinctivité devraient-ils être qualifiés de signes distinctifs *sui generis ?* Nous ne pensons pas. Lorsqu'il est rattaché à la catégorie des signes, le nom doit satisfaire à l'exigence de distinctivité. Le forçage juridique doit avoir des limites. La distinctivité qui est une condition d'existence des signes ne constitue pour le nom de domaine qu'une modalité de surprotection.

---

[437] Bien que la fonction commerciale n'est pas toujours dépendante de la spécificité ou la singularité des identifiants. En dehors du critère juridique de la distinctivité uniquement consacré pour éradiquer ou limiter au maximum les litiges et différends nés de la confusion des produits, il existe tout de même des critères non juridiques capables d'assurer la fonction commerciale.

[438] « Droit sui generis, c'est-à-dire un droit spécifique, propre en son genre », Rapport de la Commission européenne sur l'évaluation de la protection des bases de données garantie par le droit communautaire, http://europa.eu.int/comm/internal_market/copyright/prot-databases/prot-databases_fr.htm; Voir aussi E. DERCLAYE, Le droit d'auteur et le droit sui generis sur les bases de données, Quinze ans plus tard : un succès ou un échec ?, Cahiers de la documentation – Bladen voor documentatie – 2012/4, p. 38.

2. L'extension de la protection du nom de domaine

126. Aux premiers jours de l'arrivée du nom de domaine, certaines décisions ont tôt fait de l'insérer dans la catégorie des signes distinctifs. C'est le cas de la Cour d'appel de Douai qui affirmait que, le nom de domaine « doit faire preuve de distinctivité »[439]. Elle fut suivie dans ce sens par la Cour d'appel de Paris, qui relevait à tort dans une affaire *« servicesfuneraires.com »* et *« services-funeraires.com »*, que « seul est protégeable un nom de domaine distinctif »[440]. Or le caractère distinctif du nom ne révèle pas la nature du nom et ne conditionne pas sa qualification. Ces juges perdaient de vue que la distinctivité n'a pour seul but que d'assurer une protection renforcée du nom de domaine. Ce d'autant plus que les chartes nationales de nommage admettent désormais l'enregistrement des noms de domaine descriptif. Monsieur LACKER abonde dans ce sens. L'auteur met l'accent sur les formalités supplémentaires et rigoureuses du dépôt pour soutenir que « le nom de domaine… ne devrait [pas] permettre à son titulaire d'obtenir plus de droits que s'il avait déposé une marque pour ce même terme »[441]. Il ne peut exister de signe simplement descriptif.

Le cybercommerçant ou l'internaute, qui en plus de l'enregistrement protègerait son nom par des formalités additionnelles telles que le dépôt du nom aux fins de marque, devrait bénéficier d'une protection supplémentaire. En effet, si dans le monde réel on n'interdit pas à deux boulangeries situées dans la même rue de s'appeler boulangeries, « pourquoi dès lors faudrait-il que sur internet, le titulaire d'un nom de domaine descriptif bénéficie d'un monopole sur la dénomination et ce, dans toutes les extensions possibles et toutes les écritures possibles ? »[442].

127. Une chose est d'élire un nom qui pourra légitimement capter l'attention du public, une autre serait de prétendre se le réserver[443]. Il n'est pas naturel de ranger le nom de domaine dans la catégorie des signes distinctifs. Ce rattachement ne lui offre qu'une protection supplémentaire. C'est la raison pour laquelle le tribunal de Draguignan a imposé que, celui qui entend enregistrer un nom de domaine « doit donc s'assurer qu'il n'existe pas de droits antérieurs protégés »[444]. Tout comme la protection réduite des noms descriptifs ne change rien à leur nature juridique, l'aspect distinctif des noms n'en ajoute qu'à leur protection et non à leur qualification, et encore moins à leur existence.

---

[439] Affaire boistropicaux, CA Douai, 1re ch., 9 sept. 2002, D. 2003, p. 62, obs. MANARA, Comm. com. électr. 2002, comm. 141, obs. CARON.

[440] CA Paris, 14e ch., 25 mai 2005, RLDI 2005/8, n° 218, obs. Costes, JCP E 2006, Chr. « Droit de l'internet » par l'ERCIM, 1195, § 5, obs. TARDIEU-GUIGUES.

[441] J. LACKER, Générique de fin pour <argus.fr> : le début de la cohérence pour les noms de domaine descriptif, Revue Lamy droit de l'immatériel avril 2007, n°26.

[442] J. LACKER, op.cit., p. 13.

[443] J. LACKER, op.cit., p. 13.

[444] TGI Draguignan, réf., 8 avr. 1998, JCP E 1999, p. 654, n° 22, obs. VIVANT et le STANC

128. Plusieurs de noms de domaine comportent des termes décrivant les biens ou les services fournis sur le site auquel le nom de domaine donne accès. Est-ce à dire que les noms de domaine simplement descriptifs ne bénéficient d'aucune protection ? La réponse est négative. Contrairement à ce qu'on pourrait penser, les noms descriptifs sont aussi protégés. Pour l'expliquer, plusieurs schémas doivent être envisagés.

D'abord, il y a la confrontation entre le nom descriptif et le nom distinctif. Sauf cas de *cybersquatting*, le nom protégé est le plus ancien à l'enregistrement, conformément à la règle « premier arrivé premier servi ». Le plus ancien enregistrement n'est pas synonyme de première utilisation. Le non renouvellement de l'usage du nom le fait rentrer dans le domaine public et entraîne son extinction. Le nom ainsi éteint ne naîtra à nouveau que lors du prochain enregistrement. Le plus ancien enregistrement s'entend donc d'une attribution ininterrompue du nom, sans cesse renouvelé dans les délais.

Ensuite il y a l'affrontement entre le nom descriptif et le nom de domaine descriptif déposé comme marque. Il est des titulaires qui veulent faire des noms descriptifs, un usage privatif monopolistique. Dans un arrêt du 15 novembre 2006, le juge parisien a incité les opérateurs à prendre position entre le bénéfice de l'attractivité des noms descriptifs et la surprotection offerte par les noms distinctifs enregistrables dans les catégories classiques des signes distinctifs[445]. En l'espèce, la société *Néocom Multimédia* (ci-après Néocom) exploitait depuis plusieurs années un site Minitel sous le code télématique « *3615 Gay* », ainsi qu'un site internet utilisant l'adresse « *gay.fr* » enregistrée le 6 décembre 1995. Sur ces sites, elle offrait différents services de messagerie et de rencontre à destination du public homosexuel. Préalablement, elle avait déposé les marques *« Gay Info Magazine »* et *« Gay »* principalement pour des services télématiques. Sur le même marché, mais depuis les Etats-Unis puis la France, les sociétés *Planetout Partners France* et *Planetout Partners Inc.* (ci-après Planetout) exploitaient depuis le mois de juillet et octobre 1994 pour des services équivalents, les noms de domaine *gay.com* et *gay.net* accessibles au public français. Craignant probablement l'extension des activités de ces sociétés auprès de la communauté homosexuelle française, *Néocom* décida de réagir en assignant ces sociétés en contrefaçon de ses marques et en concurrence déloyale et parasitaire. La requérante voulait faire sanctionner la reprise du mot *« gay »* comme nom de domaine et sur les sites Internet des sociétés *Planetout*. En défense, les sociétés *Planetout* arguèrent de la nullité et de la déchéance des marques revendiquées par *Néocom* pour défaut de distinctivité eu égard à la banalité du signe en cause, le terme « gay ». La Cour a prononcé la nullité des marques *« Gay »* et *« Gay info Magazine »* aux motifs qu'elles étaient

[445] CA Paris, 15 novembre 2006, Planetout et Pridecom Prod. c/ Neocom Multimedia, www.Juriscom.net.

descriptives et impropres à être déposées comme marque[446]. Il apparaît très clairement que le choix est simple : soit le titulaire opte pour un nom descriptif qui a l'avantage de drainer une clientèle massive, et supporte les aléas de la concurrence parce qu'il ne peut monopoliser un terme générique, soit il se dote d'un nom distinctif avec la possibilité de le déposer comme marque.

129. En matière de noms de domaine, la règle demeure le sacro-saint principe « premier arrivé premier servi ». Le nom descriptif subira seulement la priorité du nom distinctif enregistré antérieurement comme marque. Perçue sous l'angle de l'accomplissement par le titulaire de formalités supplémentaires en vue d'une meilleure protection, une telle explication est compréhensible. La qualification la plus pertinente du nom de domaine est celle qui révèle sa nature à partir de sa provenance. En l'espèce, l'infrastructure technologique de laquelle le nom de domaine tire son origine révèle son rattachement au domaine public artificiel.

SECTION 2. LA SANCTION DE L'EXPLOITATION ILLICITE DU NOM DE DOMAINE

130. En raison des opportunités commerciales qu'elle offre, l'exploitation du nom de domaine peut conduire à la transgression des droits d'autrui. Sont exclus de cette démonstration, les aspects de protection relevant de la loi d'autonomie. En effet, les clauses particulières conclues entre les parties ne souffrent d'aucune contestation. Restent donc les transgressions ayant trait à la responsabilité civile délictuelle. L'exploitation illicite peut nuire aux autres noms de domaine, aux signes distinctifs protégés par l'action en contrefaçon ou par l'action en concurrence déloyale, et quelques fois aux titres et appellations des œuvres de l'esprit. Il importe de vérifier les conditions dans lesquelles l'action en responsabilité délictuelle (§1) et l'action en contrefaçon (§2) sanctionnent les transgressions commises par le nom de domaine.

§1. La responsabilité civile délictuelle

En l'absence de droit privatif opposable à un réservataire mal intentionné, les victimes peuvent invoquer la théorie de l'abus de droit[447], pour se

---

[446] « Pour les magistrats, la distinctivité d'un signe utilisé comme marque s'apprécie d'après les produits ou services désignés dans l'acte de dépôt mais aussi en considération de la perception du signe par le public visé », G .GOMIS, Le signe non distinctif : un signe à la libre disposition de tous ?, www.Juriscom.net.

[447] « L'abus de droit est une faute qui consiste à exercer son droit sans intérêt pour soi-même et dans le seul dessein de nuire à autrui, ou suivant un autre critère, à l'exercer en méconnaissance de ses droits sociaux », G. CORNU, Association Henri CAPITANT, 7ème Ed. PUF, p. 6.

protéger contre les enregistrements abusifs résultant des pratiques de cybersquattage (B) et contre les actes délictuels de marché (A).

A. L'application de la théorie de l'abus de droit aux pratiques de cybersquattage

131. L'abus de droit suppose au préalable l'existence d'un droit dont l'exercice n'étant pas en soi fautive, cause néanmoins un dommage à autrui. Ce droit antérieur est souvent confronté à la liberté d'exister sur internet, lorsqu'une personne est empêchée d'enregistrer un nom dont il est antérieurement titulaire. La théorie de l'abus de droit est aussi applicable aux libertés[448]. La liberté d'enregistrer le nom de domaine est déformée par des personnes de mauvaise foi, auteurs de *cybersquatting*. Le cybersquattage désigne la « réservation abusive d'un nom de domaine par une personne, sans droits, titres ou intérêts légitimes en violation des droits des tiers, [...] dans la perspective d'une spéculation, ou juste dans l'intention de nuire à ce tiers en l'empêchant l'identifiant virtuel visé »[449]. Cette pratique s'étend de la marque, aux noms et dénominations commerciaux, à l'enseigne, aux noms patronymiques et géographiques. Le problème qui se pose est celui de protéger les droits antérieurs et existants hors d'internet contre un nom de domaine agressif ou de barrage. Sur quel fondement va reposer l'abus de droit face au *cybersquatting* ? Un auteur rappelle que, marquée par une faute intentionnelle, la théorie de l'abus de droit apparaît cependant en définitive, comme une application de la responsabilité civile délictuelle[450]. Sur internet, l'abus de droit permet de caractériser le cybersquattage par des faits générateurs non cumulatifs que sont : la fraude caractérisant la faute (1), l'intention de nuire (2) et l'absence d'utilité de l'enregistrement du nom (3).

1. La fraude caractérisant la faute du cybersquatteur

132. La faute apparaît souvent comme un critère trop imprécis de l'abus de droit[451]. Mais lorsqu'elle porte sur la fraude, la faute perd l'inconsistance qui lui est si souvent reprochée. Comme faits constitutifs de la fraude de *cybersquatting*, la jurisprudence propose le contournement et le détournement. Dans l'affaire concernant le cybersquattage du nom de domaine de la commune de Saint-Tropez, le tribunal de Draguignan a condamné le défendeur, aux motifs qu'il avait « contourné la procédure

---

[448] Notamment dans les cas d'abus de la liberté de commerce et la rupture libre mais abusive des négociations contractuelles.

[449] G. KAUFMAN, op. cit., p. 65.

[450] G. CORNU, Droit civil, Introduction, Les personnes, Les biens, 9ème éd. Montchrestien, coll. « Domat Droit privé », 1999, n°1091, p. 420 s.

[451] « Encore faut-il préciser si la faute qui caractérise l'abus de droit a une nature originale ou spécifique. Car, l'imprudence est une faute. Mais celui qui roule à vitesse excessive abuse aussi de son droit de circuler en automobile », B. STARCK, H. ROLAND, L. BOYER, op.cit., p. 178 et 315.

d'attribution d'adresses en recourant à l'organisme central situé aux Etats-Unis d'Amérique »[452]. La conception de la faute dans cette espèce se rapproche de la fraude à la loi du droit international privé, entendue comme une éviction volontaire de la loi normalement compétente au profit d'une loi étrangère moins contraignante.

La fraude constitutive de la faute peut aussi être comprise comme un acte de mauvaise foi, une tromperie accomplie dans le dessein de préjudicier des droits que l'on doit respecter[453]. En effet constitue une fraude, le fait de procéder en connaissance de cause à un dépôt à l'insu de celui qui fait déjà usage du signe[454]. La solution est la même en cas de dépôt à l'étranger, notamment quand cette marque est notoirement connue dans le milieu concerné[455]. La faute du fraudeur a été si élargie que le fait de tenter de monnayer l'abandon de la marque frauduleusement déposée a même été retenu pour condamner son auteur[456]. Rien ne s'oppose à ce que ces solutions appliquées à la marque soient étendues au *cybersquatting* du nom.

A l'inverse, il existe des hypothèses d'abus de droit sans faute qui ne s'accommodent pas du *cybersquatting*. C'est notamment le cas du trouble de voisinage anormal écoulant d'une activité légale, légitime et utile[457]. Il n'existe pas de trouble de voisinage sur internet, en raison de l'immatérialité du nom. Un nom de domaine enregistré comme marque bénéficiera de l'action en contrefaçon, sous réserve du principe de la spécialité. Autrement il pourra bénéficier de l'action en concurrence déloyale. Nul besoin d'invoquer un hypothétique trouble de voisinage sur internet, alors que le voisinage suppose un espace physique limité[458] séparé par des clôtures ou des éléments naturels tels que les ruisseaux. Sur internet, il n'y a ni limitation géographique, ni espace matériel. On peut tout de même y remédier en regardant du côté de l'intention de nuire du cybersquatteur.

2. L'intention de nuire du cybersquatteur

133. L'intention du cybersquatteur peut constituer un fondement de l'abus d'enregistrement. Il suffit qu'elle ait pour but de nuire au droit antérieur du titulaire du nom[459]. On a souvent reproché à l'intention de nuire

---

[452] TGI Draguignan, 21 août 1997, Cahiers Lamy, déc. 1997 (H), p. 25, obs. NARDON.

[453] G. CORNU, Association Henri CAPITANT, Vocabulaire Juridique, Dalloz, PUF, 7ème Ed. p. 424.

[454] Cass. com., 12 juill. 1976, Ann. propr. ind. 1976, p. 241, note Mathély ; Cass. com., 4 oct. 1977, Ann. propr. ind. 1979, p. 53 ; CA Poitiers, 3 déc. 1996, PIBD 1997, n° 628, III, p. 157.

[455] CA Bordeaux, 1re ch., 28 févr. 1994, PIBD 1994, n° 567, III, p. 301.

[456] CA Paris, 4e ch., 28 nov. 1995, Juris-Data, n° 024821.

[457] Aussi dans un autre domaine, on sera responsable même sans faute, lorsqu'on aura causé à son voisin un trouble excédant les inconvénients ordinaires de voisinage ; B.s STARCK, H. ROLAND, L. BOYER, op.cit., p. 123, n°193

[458] F. TERRE et Ph. SIMLER, Droit civil des biens, Précis Dalloz, 7ème édition, 2006, p. 653 et 738.

[459] « La constation de l'intention de nuire dispense pratiquement de rechercher les autres éléments de la responsabilité : ainsi, elle met hors de doute le rapport de causalité ; elle fait

d'être un critère inadéquat pour qualifier l'abus d'un droit. On la trouve souvent trop large difficile à établir[460], lorsque le préjudice découle de l'exercice d'un droit légitime. Mais l'intention de nuire est constitutive du *cybersquatting* non d'une simple faute volontaire quelconque, mais d'une intention dont « la volonté est orientée vers le résultat dommageable »[461]. Ne dit-on pas aussi qu'il est contraire à la règle morale d'exercer un droit, aussi étendu soit-il, pour le plaisir de nuire à son prochain ? Le juge français a sanctionné l'intention de nuire à de multiples reprises[462]. Au début du *cybersquatting*, les juges considéraient que le cybersquatteur n'avait fait que saisir une *« business opportunity »*, et qu'il ne posait aucun acte contraire aux usages de commerce[463].

Aujourd'hui, la jurisprudence fait de l'intention de nuire l'ingrédient primordial du *cybersquatting*. Le juge a condamné le titulaire d'un nom de domaine précédemment déposé comme marque, au motif que le défendeur avait «... commis une faute intentionnelle au préjudice de la demanderesse en usurpant le nom commercial de cette dernière et en abusant du droit de libre réservation des noms de domaine sur l'internet... »[464]. Le fait de jouer avec plusieurs combinaisons de noms et de suffixes de marques bien connues du grand public, de procéder à la mise en vente aux enchères des noms de domaines et de solliciter par téléphone les termes d'une négociation, peut prouver l'intention illicite de causer un tort économique au titulaire légitime des identifiants querellés[465].

---

présumer l'illicéité jusqu'à preuve d'un fait justificatif par le défendeur », A. VIGNON-BARRAULT, Intention et responsabilité civile, Thèse, Univ. du Maine, 2000, p. 133.

460 Notamment dans le refus d'un employeur d'embaucher un candidat à l'emploi, dans le cas de la construction d'un bâtiment sur son fonds qui supprime la vue au voisin, ou dans une action en justice qui causerait des ennuis moraux et pécuniaires à son adversaire ; B. STARCK, H. ROLAND, L. BOYER, op.cit., p. 179 à 180, n° 316 à 319.

461 Ph. BRUN, Responsabilité civile extracontractuelle, 3ème éd. LexisNexis, 2012, p. 207.

462 Dans ce sens a été condamné celui qui a élevé une fausse cheminée, dans le seul but de priver son voisin de la clarté du jour, Colmar, 02 mai 1855, D. 56, 2, 9 ; également le fait pour un propriétaire de s'opposer à la démolition de construction ayant fait l'objet d'arrêté de péril pour empêcher son voisin d'élever sur son propre fonds, Civ. 3ème, 20 mars 1978, Bull. civ. III, n° 128. Toujours dans ce sens, la grève animée par une intention malicieuse animée par une désorganisation de la production, Soc. 16 juill. 1964, D. 1965, p. 106, note SAVATIER ; En droit des assurances : Cass. civ., 9 juill., n°08-15867 ; Cass.2ème civ.18 fév. 2010, n°08-19.044 : JurisData n°2010-051710.

463 A. CRUQUENAIRE, « L'identification sur Internet et les noms de domaine : quand l'unité suscite la multiplicité », Journal des Tribunaux, n°6000, Février 2001, p. 148.

464 TGI Paris, 3ème chambre, 19 oct. 1999, Société Marc Laurent / Monsieur Eric J, http://www.legalis.net/spip.php?page=jurisprudence-decision&id_article=717.

465 La célèbre entreprise française de vente à distance, la CAMIF (http://www.camif.com/) - a assigné en référé Éric G. et la société Axinet Communication le 29 mars 2000 pour "cybersquatting". En effet, Éric G. avait créé un site Web "funny-picture.com" où il faisait la mise en vente aux enchères des noms de domaine "la-camif.com", "la-camif.net", "la-camif.org", "camif.org", "camif.net". Ces titres avaient été enregistrés avec la participation de la défenderesse, la société Axinet, qui offrait un service d'accès à l'enregistrement de noms de domaine; TGI Nanterre, ord. réf. 17 avril 2000, aff. CAMIF c/ SARL Axinet Communications et Eric G. www.juricom.net.

134. Toutefois, l'intention de nuire du cybersquatteur ne suppose forcément pas la spéculation, ou l'existence d'une proposition de vente du nom litigieux. On a souvent considéré qu'il y a un abus de droit, même sans proposition de négociation du cybersquatteur. Il en est ainsi des circonstances dans lesquelles, le nom de domaine *« altavista.fr »* avait été réservé par une entreprise française Raphaël P. Conseils, quelques semaines avant le lancement de l'interface francophone du célèbre moteur de recherche *« ALTAVISTA »*[466]. L'intention de nuire ressort également de la mauvaise foi. Les Principes directeurs de l'*ICANN* admettent la mauvaise foi même sans spéculation, lorsque le *cybersquatting* est accompli pour empêcher le titulaire de l'appellation de se voir attribuer un nom de domaine sous cette forme[467]. C'est le cas même en l'absence d'exploitation du nom frauduleusement enregistré[468]. Cette mauvaise foi révèle généralement l'illégitimité du fraudeur.

135. En dépit du silence des chartes nationales de nommage des pays francophones d'Afrique subsaharienne concernant les noms de seconds niveaux, les articles R. 20-44-45[469] et R. 20-44-46[470] du Code français des postes et des communications électroniques issus du décret du 6 février 2007, préconisaient de subordonner l'enregistrement des radicaux du nom à la bonne foi et à l'intérêt légitime. Cette exigence a été reprise par l'article R20-44-46 du décret français n° 2012-951 du 1er aout 2012 relatif au financement du recueil et du traitement des réclamations relatives aux brouillages des services de communication audiovisuelle par les réseaux du service mobile dans la bande 800 mhz[471]. Le défaut de bonne foi peut ressortir aussi de l'inutilité de l'enregistrement du nom.

---

[466]Trib. Com. Paris, aff. AV Internet Solutions Limited c/ Monsieur R. P., Sarl Adar Web, 28 janv. 2000 www.juriscom.net.

[467] Principes directeurs régissant le règlement uniforme des litiges relatifs aux noms de domaine Principes directeurs adoptés le 26 août 1999.

[468] « Le nom de domaine n'est pas utilisé. La connexion à "afflelou.com" renvoie immédiatement à "Mydomain.com". Il n'y a pas de site. La Commission administrative est d'avis, comme dans d'autres cas (D2000-0055, Guerlain c/ Peikang), que le concept "utilisé de mauvaise foi" n'est pas limité à une action positive. L'inaction peut être constitutive de mauvaise foi. Il en est d'autant plus ainsi dans un contexte où d'autres éléments militent dans le même sens », Centre d'Arbitrage et de Médiation de l'OMPI, décision de la Commission Administrative, Alain Afflelou S.A. c/ Grégoire Claudien, Litige no. D2000-1635, http://www.wipo.int/amc/en/domains/decisions/html/2000/d2000-1635.html.

[469]« Un nom identique ou susceptible d'être confondu avec un nom sur lequel est conféré un droit de propriété intellectuelle par les règles nationales ou communautaires ou par le présent code ne peut être choisi comme nom de domaine, sauf si le demandeur a un droit ou un intérêt légitime à faire valoir sur ce nom et agit de bonne foi ».

[470]« Un nom identique à un nom patronymique ne peut être choisi pour nom de domaine, sauf si le demandeur a un droit ou un intérêt légitime à faire valoir sur ce nom et agit de bonne foi ».

[471] Article R20-44-46 du décret français n° 2012-951 du 1er aout 2012 relatif au financement du recueil et du traitement des réclamations relatives aux brouillages des services de communication audiovisuelle par les réseaux du service mobile dans la bande 800 mhz, qui dispose que : « peut notamment caractériser l'existence d'un intérêt légitime, pour

3. L'inutilité de l'enregistrement

136. Le critère de l'utilité a une origine jurisprudentielle. En 1915, pour rejeter l'exception du caractère absolu du droit de propriété soulevée par le sieur Coquerel, la Cour de cassation française argumentait que le dispositif mis en place par ce dernier « ne présentait pour l'exploitation de Coquerel aucune utilité… »[472]. Par la suite le critère de l'utilité a pris une importance capitale dans la théorie de l'abus de droit[473].

Pourtant, l'utilité ne protège la victime que dans la mesure où l'abus est inutile pour l'auteur. Ainsi chaque fois que le titulaire exercera son droit dans le but d'en tirer une jouissance utile, la victime ne pourra prétendre à aucune réparation même si elle souffre d'éventuels désagréments. L'utilité de l'enregistrement du nom s'analyse par la présence sur la toile et l'usage effectif du nom enregistré. En l'absence de ces deux exigences cumulées, l'enregistrement peut s'avérer inutile, surtout lorsque sa formulation reprend un identifiant ou un signe distinctif utilisé dans le monde physique. Cela s'apparente à une pratique illégale des marques de barrage.

137. La volonté de protéger son activité commerciale par des noms de barrages ne peut prospérer que si le nom de domaine fautif ne porte pas atteinte à un droit privatif antérieur. Autrement, l'enregistrement et le non usage seront perçus comme une forme de *cybersquatting*, même en l'absence de spéculation ou de proposition de vente. C'est dans cette lignée que s'inscrit le Centre d'Arbitrage et de Médiation de l'OMPI, lorsqu'il condamne le titulaire cybersquatteur qui n'a « aucun droit ni intérêt légitime à disposer d'un nom de domaine » sur lequel existent des droits antérieurs

---

l'application du 2° et du 3° de l'article L. 45-2, le fait, pour le demandeur ou le titulaire d'un nom de domaine : d'utiliser ce nom de domaine, ou un nom identique ou apparenté, dans le cadre d'une offre de biens ou de services, ou de pouvoir démontrer qu'il s'y est préparé ; d'être connu sous un nom identique ou apparenté à ce nom de domaine, même en l'absence de droits reconnus sur ce nom ; de faire un usage non commercial du nom de domaine ou d'un nom apparenté sans intention de tromper le consommateur ou de nuire à la réputation d'un nom sur lequel est reconnu ou établi un droit. Peut notamment caractériser la mauvaise foi, pour l'application des 2° et 3° de l'article L. 45-2, le fait, pour le demandeur ou le titulaire d'un nom de domaine : d'avoir obtenu ou demandé l'enregistrement de ce nom principalement en vue de le vendre, de le louer ou de le transférer de quelque manière que ce soit à un organisme public, à une collectivité locale ou au titulaire d'un nom identique ou apparenté sur lequel un droit est reconnu et non pour l'exploiter effectivement ; d'avoir obtenu ou demandé l'enregistrement d'un nom de domaine principalement dans le but de nuire à la réputation du titulaire d'un intérêt légitime ou d'un droit reconnu sur ce nom ou sur un nom apparenté, ou à celle d'un produit ou service assimilé à ce nom dans l'esprit du consommateur ; d'avoir obtenu ou demandé l'enregistrement d'un nom de domaine principalement dans le but de profiter de la renommée du titulaire d'un intérêt légitime ou d'un droit reconnu sur ce nom ou sur un nom apparenté, ou de celle d'un produit ou service assimilé à ce nom, en créant une confusion dans l'esprit du consommateur ».

[472] http://droit.wester.ouisse.free.fr/pages/support_cours_biens/docB_3-5.htm.

[473] Notamment le fait de faire pousser un rideau de fougères sans utilité appréciable pour le propriétaire du fonds, empêchant ainsi le passage de la lumière par la fenêtre du voisin ; Civ. 1ère, 20 janv. 1964, D. 1964, p. 518.

nés hors d'internet »[474]. Comme la liberté de commerce, la liberté d'enregistrement fonde le libre accès au réseau, à condition bien sûr de ne pas en faire un usage illégitime. Pour échapper à la sanction de plus en plus sévère du cybersquattage, des fraudeurs utilisent les noms de domaine pour commettre des actes délictuels de marché dans l'espoir de profiter de l'impunité apparente sur internet.

B. La protection contre les actes délictuels de marché

138. Lorsque le nom de domaine porte atteinte à des droits antérieurs non protégés par un droit privatif comme les droits sur la marque, la victime peut recourir à l'action en concurrence déloyale[475]. Mais il faut que les parties soient dans une situation concurrentielle[476] provoquant un détournement de clientèle[477]. Autrement, l'action en parasitisme s'avère opportune. Ces comportements qu'Yvan AUGUET regroupe sous l'appellation de « comportements délictuels de marché »[478], constituent les fondements légitimes de la protection des noms de domaines génériques. D'où la nécessité de rechercher les conditions (1) qui déterminent la sanction (2) de la concurrence déloyale et du parasitisme accomplis grâce au nom de domaine.

1. Les conditions

139. Inspirés de l'article 1382 du Code civil, les comportements délictuels de marché exigent la commission d'une faute, l'existence d'un dommage et d'un lien de causalité. Ce trio classique se vérifie sur internet. Dans une affaire société *Sarl Ferrari & Cie* contre société *Sarl Anakine Communication*, le reproche a été fait à la demanderesse, la société *Sarl*

---

474 « Monsieur Grégoire Claudien n'a aucun droit ni intérêt légitime à disposer du nom de domaine afflelou.com », Alain Afflelou S.A. c/ Grégoire Claudien, Litige no. D2000-1635, http://juriscom.net/2006/11/ca-paris-15-novembre-2006-planetout-et-pridecom-prod-c-neocom-multimedia/.

475 La concurrence déloyale est un fait constitutif de faute au sens de l'article 1382 du Code civil, qui résulte d'un usage excessif par un concurrent, de la liberté de la concurrence, par emploi de tout procédé malhonnête dans la recherche de la clientèle, Gérard CORNU, Association Henri CAPITANT, 7ème Ed. PUF, p. 196.

476 J. AZEMA dit de la concurrence déloyale qu'il s'agit « d'un ensemble de procédés concurrentiels [...] de nature à causer un préjudice aux concurrents », MALAURIE-VIGNAL soutient que « la concurrence déloyale est destinée précisément à protéger les commerçants contre les agissements déloyaux des concurrents », tous cités par Yvan AUGUET, Concurrence et clientèle Contribution à l'étude critique du rôle des limitations de concurrence pour la protection de la clientèle, LGDJ, 2000, p. 485, n° 503 ; Cass. com ; 8 novembre 1994, Ceri c/ André Souillier ; Versailles, 8 décembre 1994, D. 1995. Somm. 261. Obs. Y. SERRA.

477 L. MARINO, « Internet et concurrence déloyale », Communication, Commerce électronique, Revue mensuelle, LexisNexis Juriclasseur, novembre 2007, 9, 13 ; N. BEAURAIN et E. JEZ, Les noms de domaine de l'internet, Litec, 2001, p. 44.

478 Appellation suffisamment large proposée par M. Yvan AUGUET pour regrouper concurrence déloyale et agissement parasitaire ; Y. AUGUET, thèse, op.cit., p. 488, n°506.

Ferrari & Cie, de n'avoir pas démontré « la déloyauté de cette concurrence, la confusion qu'elle créerait, ni le préjudice qu'elle générerait, pas plus d'ailleurs qu'elle ne forme sur le fondement de la concurrence déloyale »[479]. En statuant ainsi, le premier juge a effectivement ramené le débat sur la démonstration d'une faute, d'un dommage et d'un lien de causalité. Il convient de démontrer les conditions d'existence de la concurrence déloyale et du parasitisme sur internet, à travers les conditions classiques de la responsabilité délictuelle que sont la faute (a), le dommage (b) et le lien de causalité (c).

a. La faute, acte déloyal générateur de responsabilité sur internet

Dans les actes délictuels de marché, la faute doit exister. Intentionnelle ou non, la victime doit prouver son existence[480]. La faute doit être envisagée tant en cas de situation concurrentielle des parties (i) qu'en cas de parasitisme (ii).

i. La faute dans une situation concurrentielle sur internet

140. Dans l'hypothèse de la concurrence déloyale, la faute sera réalisée par la violation des usages professionnels[481], à la condition que le nom de domaine soit déjà exploité. Pour être démarquée du cybersquattage[482], la faute en situation concurrentielle exige une exploitation effective[483] du nom litigieux. C'est ainsi qu'il a été jugé que l'utilisation d'un nom commercial dans un nom de domaine porte atteinte à sa fonction d'identification dès lors que les parties exercent la même activité dans une même zone géographique[484]. Le dénigrement et la désorganisation traduisent les fautes d'un concurrent déloyal. Les actes de dénigrement sont généralement le fait des contenus illicites circulant sur les sites électroniques[485], mais rarement le

---

[479] TGI Paris 3ème chambre, 2ème section Jugement du 7 septembre 2001, Sarl Ferrari & Cie / Sarl Anakine Communication, www.legalis.net.

[480] Alex WEIL, Droit civil Les obligations, Dalloz, 1971, p. 604, n°582.

[481] La violation d'un texte est constitutive de la concurrence interdite alors que, la concurrence déloyale qui concerne les obligations de loyauté entre professionnels est un acte de violation des usages professionnels.

[482] Cette situation est bien différente du cybersquatting dans lequel, le nom litigieux pour la plupart des cas n'est enregistré que par une des parties, l'autre partie, bien que justifiant des droits antérieurs, étant bloquée par le premier enregistrement. Dans la situation présente, il faut une coexistence de deux noms de domaine litigieux au moins. La solution à cette coexistence inacceptable de noms de domaine identiques ou presque, est fournie par la règle du « premier arrivé, premier servi » qui, étend l'opposabilité de la titularité du nom sur les signes distinctifs tels que la marque. En effet, le premier titulaire est la victime de celui qui procède à un second enregistrement du même nom ou du nom presque similaire, parfois dans des extensions différentes.

[483] TGI Nanterre, 4 nov. 2002, Elies, www.legalis.net.

[484] Com. 7 juill. 2004, Bull. civ. IV, n°149 ; en ce sens, A. RABAGNY-LAGOA, op.cit., p.23.

[485] Le dénigrement est l'action de décrier ouvertement un concurrent identifié ou identifiable, ou un produit rival, de rabaisser sa renommée dans l'esprit de sa clientèle, de le discréditer,

fait du nom de domaine. Toutefois, en opérant une distinction entre le nom mentionnant des propos dénigrant et le contenu dénigrant d'un site, il est possible qu'une personne enregistre effectivement un nom de domaine dénigrant. Ce n'est pas impossible, mais les hypothèses sont rares. Et la faible possibilité restante est encore diminuée par l'exception de la liberté d'expression. Dans cette hypothèse, l'obstacle que constitue la liberté d'expression dans l'affaire *Danone*[486] est une parfaite illustration du faible pourcentage des cas de dénigrement du fait du nom de domaine.

141. La désorganisation interne d'une société concurrente peut constituer un acte de concurrence déloyale, mais dans le cadre très restreint de la confusion. Ainsi les actes tels que la révélation des secrets de fabrication[487], le débauchage d'un employé en violation des délais de préavis[488], la suppression des publicités ou le vol de fichiers[489] constitutifs de la désorganisation, ne s'appliquent guère au nom. On rattache la désorganisation beaucoup plus au réseau de distribution sur internet, notamment pour la vente par un tiers sur internet au mépris d'un réseau de distribution sélective[490], lorsque les approvisionnements sont illicites[491]. Mais rien dans ces comportements délictueux ne relève du fait du nom de domaine.

142. Seul le risque de confusion[492] pouvant conduire au détournement de clientèle peut être admis pour le nom de domaine sur internet. L'imitation totale ou partielle du nom de domaine peut susciter la confusion dans l'esprit

---

qui sauf la tolérance d'une critique modérée, constitue un acte de concurrence déloyale. C'est le cas du concurrent qui affirme que les produits d'un concurrent n'apportent que des mécomptes aux utilisateurs ; Com.5 oct.1982 : Bull. civ. IV, n° 331, 287.

[486] Voir affaire DANONE, infra, p. 117 et 118.

[487] Sous forme d'espionnage industriel, CASLONGA, « Protection du secret de fabrique et espionnage industriel », in Mélanges BASTIAN, 1974, t. II, p. 199.

[488] Com. 12 mars 1985, Bull. civ. IV, n°93, p. 82.

[489] Com. 13 fevr. 1990, Bull. civ. IV, n° 38, p. 26.

[490] Qui n'est pas en elle-même fautive, Cass. Com. 13 déc. 1988, n°87-16.098, sté Goguet c/ ST2 Courrèges, Juris-Data n° 19988-002766 ; Bull. civ. 1988, IV, n°344, RTD civ 1989, p. 326, obs. P. JOURDAIN qui précise que, « Le seul fait d'avoir commercialisés de tels produits ne constituait pas un acte de concurrence déloyale, dès lors que l'irrégularité de leur acquisition n'était pas établie » ; L. MARINO, « Internet et concurrence déloyale », op. cit., 8.

[491] C'est le cas d'un site non agrée qui distribuait des parfums dont l'approvisionnement était irrégulier ; T. com. Paris, 15e ch. 15 fev.2007, Pacific Création c/ PMC Distribution, Juris-Data, n°2007-327191.

[492] La confusion, élément le plus fréquent, surtout dans l'Internet consiste à provoquer un trouble dans l'esprit des consommateurs de sorte à les amener à croire authentique l'origine des services ou produits présentés par le commerçant qui n'est pourtant pas celui dont les prestations et marchandises sont recherchées. Elle est distincte du dol. D'abord la confusion constitue un résultat, alors que le dol est une manœuvre, un moyen immoral utilisé pour vicier le consentement. Les manœuvres frauduleuses ne sont pas toujours présentes dans la confusion ; Tribunal de grande instance de Nanterre Ordonnance de référé du 13 octobre 1997 Société SG2 / Brokat Informations Systems GmbH,A. CRUQUENAIRE, « L'identification sur Internet et les noms de domaine : Quand l'unicité suscite la simplicité », Journal du Tribunal, n°6000, 17 février 2001, Larcier, 153 ; Voir aussi http://www.legalis.net/jurisprudencedecision.php3?id_article=442.

du public, notamment en cas de reproduction[493]. Il n'est pas exigé que la reprise du nom de la victime soit fidèle[494] ou que l'enregistrement soit fait dans une extension identique. Il suffit que la reprise du nom de domaine[495]se fasse dans une situation concurrentielle, c'est-à-dire dans le cadre d'activités identiques. C'est dans ce sens que le juge confirme dans un litige que la protection d'un nom de domaine est acquise par l'enregistrement et l'usage sur le réseau[496]. Ainsi la reprise de l'identifiant *« alsaceimmo »* par un concurrent, est propre à créer une confusion dans l'esprit de la clientèle, et par la même à la détourner potentiellement[497]. Cette confusion doit nécessairement s'inscrire dans le cadre de l'identité des activités. C'est la raison pour laquelle dans l'affaire *Alice*[498], la Cour de cassation française a refusé de faire droit à la demande de condamnation pour concurrence déloyale estimant que : « *Alice* est un prénom commun très largement utilisé comme raison sociale des entreprises (...) et que compte-tenu des activités très distinctes des deux sociétés (publicité/informatique), il ne peut y avoir confusion dans l'esprit de la clientèle, et ce d'autant que la *SNC Alice* ne justifie d'aucune notoriété dépassant son domaine propre d'activités »[499]. Le juge français a confirmé sa position dans une affaire dans laquelle, l'imitation d'un nom commercial *« RennesImmo »* par un nom de domaine *« rennesimmo.com »* est constitutive d'un acte de concurrence déloyale, en raison de l'identité du secteur d'activité et du secteur géographique qui engendre un fort risque de confusion pour la clientèle[500]. En présence

[493] A. BENSOUSSAN et Y. BREBAN, Les arrêts-tendances de l'Internet, Hermès Sciences, 2000, p. 189.

[494] Voir affaire « bois-tropicaux » où le juge d'appel, malgré qu'il a subordonné (et de manière absurde) la protection des noms de domaine à l'exigence de distinctivité, constatait la similarité des noms, malgré la différence d'un trait d'union « - » entre les noms litigieux.

[495] L'imitation intégrale complète et intégrale n'est pas exigée du nom de domaine. En pratique, les professionnels procèdent souvent par une distinction par l'ajout ou la suppression d'un caractère du nom dont ils convoitent les potentialités attractives.

[496]TGI Strasbourg, ord. Réf. 29 mai 2001, aff. Sarl Ruffie Immobilier / M. F. - Design & PromoWeb, http://www.legalis.net/jurisprudence-decision.php3?id_article=1265.

[497] Ibid.

[498] Une société ayant pour dénomination sociale « Alice » a assigné en concurrence déloyale la société anonyme Alice qui utilisait le nom de domaine « Alice.fr ».

[499]TGI Paris, 3ème ch., 23 mars 1999, la SNC Alice / la SA Alice, Expertises 1999, n° 228, p. 239; www.legalis.net ; www.domainesinfo.net.

[500] « Qu'ayant constaté que le nom de domaine utilisé par la société BVI est un vocable imitant l'enseigne et le nom commercial de la société Le Helley et que le peu de différences existant entre les deux dénominations engendre la confusion dans l'esprit d'un client d'attention moyenne, la cour d'appel, qui a retenu que l'utilisation d'un nom commercial dans un nom de domaine, qui porte atteinte à la fonction d'identification ou de publicité du nom commercial antérieurement utilisé par un concurrent exerçant dans un même secteur d'activité et sur une même zone géographique, constitue un acte de concurrence déloyale, a statué à bon droit », Cass. ch. com. 7 juillet 2004, pourvoi n°02-17416, http://www.courdecassation.fr/jurisprudence_2/chambre_commerciale_financiere_economique_574/arret_n_907.html.

d'activités distinctes, la victime peut néanmoins invoquer les actes de parasitisme s'il en a été victime.

ii. La faute du parasite en ligne

143. Les actes de parasitisme prolifèrent sur internet. Il est vrai que Laure MARINO présente le parasitisme comme avantageux du fait qu'il permet de s'affranchir de la notion de faute[501]. Mais la recherche de la faute est possible. Elle accorde une issue aux titulaires de la marque face à la limite imposée par le principe de spécialité. En vertu de ce principe le juge français a affirmé dans une affaire que les activités du défendeur *123 Multimédia Canada,* qui avait pourtant fait enregistrer les noms de domaine *« zebanque.com »* et *« zebourse.com »* comme des marques, étaient différentes de celles du demandeur. La Cour d'appel rejetant toute contrefaçon de la marque *« Ze Bank »* a plutôt condamné la société défenderesse pour agissements parasitaires, démontrant ainsi l'opportunité de la consécration des comportements parasitaires[502]. En effet, la Cour d'appel a condamné le défendeur dont l'intention était de profiter indûment des importants investissements du demandeur, par une reprise sur le nom de domaine des éléments de notoriété de la victime auprès du public. L'utilisation du nom est matérialisée par l'appropriation indue de la notoriété d'autrui, à travers l'utilisation par exemple : de ses investissements publicitaires, d'un nom commercial connu pour d'autres produits[503], de ses performances techniques[504], l'usurpation de son travail[505].

La faute est constituée par l'usage illégal des fruits générés par le travail d'autrui, alors que la victime et le fautif n'exercent pas dans le même domaine activité. Cette faute généralement intentionnelle doit nécessairement être suivie d'un dommage comme c'est le cas avec la concurrence déloyale.

b. Le dommage

144. Le dommage est l'une des conditions de la responsabilité civile délictuelle. Bien qu'il puisse souvent être moral[506], le dommage est

---

[501] L. MARINO, « Internet et concurrence déloyale », op.cit., p. 9 n° 13.

[502] Cour d'Appel Versailles 22 Novembre 2001 SA Zebank C/ Sté 123 Multimedia Canada Ltd et SA 123 Multimedia éditions du juris-classeur Communication-Commerce électronique Avril 2002 page 20 note CARON.

[503] A.BENSOUSSAN et Y. BREBAN, op. cit., p. 189.

[504] A. BENSOUSSAN et Y. BREBAN, op. cit., p. 93.

[505] A. BENSOUSSAN et Y. BREBAN, op. cit., p. 101.

[506] S'agissant de la concurrence déloyale, le dommage moral résultant de l'atteinte aux droits extrapatrimoniaux peut être exceptionnellement admis à propos d'une usurpation du nom patronymique, dès l'instant qu'il existe un risque de confusion entre le titulaire du nom et l'usurpateur de celui-ci, que ce dernier l'utilise comme patronyme ou comme pseudonyme B. STARCK, H. ROLAND, L. BOYER, Droit civil Obligations 1. Responsabilité délictuelle, 3ème édition, Litec, 1988, p. 73, n°114.

principalement matériel dans la concurrence déloyale et consiste en un détournement de clientèle.

Dans le cas particulier du parasitisme en ligne, la victime subit un dommage moral qui porte atteinte à sa renommée et à sa notoriété. Ce préjudice n'est pas matériel puisqu'il ne diminue pas directement le patrimoine de la victime, par un éventuel détournement de la clientèle. Quand bien même il y aurait confusion dans l'esprit du public, cette confusion ne saurait entraîner un détournement de la clientèle parce que le parasite et sa victime agissent dans des secteurs d'activités différents. Tout au plus, le public croira que l'activité du parasite est une nouvelle branche d'activité dans laquelle s'est lancé le parasité. C'est l'impression normale qu'aura l'internaute, chaque fois qu'il visitera un site dédié à une activité différente de celle communément exercée par la victime. Le dommage est aussi moral en cas d'atteinte à la moralité commerciale, c'est-à-dire lorsque la renommée d'une maison de commerce peut avoir à souffrir de comportements indélicats[507]. C'est le cas quand un nom de domaine qui exerce dans des films pornographiques ou d'atteintes à la pudeur identifie un site devenu célèbre.

145. Le dommage matériel de la concurrence déloyale du fait de l'usage illicite du nom de domaine se traduit par des risques de diminution de la clientèle. Cette perte de clientèle s'entend souvent d'un transfert de clientèle entre commerçants d'un même secteur par suite d'agissements déloyaux. La clientèle passe du fonds de la victime à celui du concurrent[508]. La difficulté se situe au niveau de l'évaluation de ce préjudice, car ni les chiffres d'affaires réalisés avant et après les faits délictuels, ni les fluctuations du marché ne peuvent permettre une évaluation fiable des pertes subies. D'où le recours au préjudice vraisemblable ou au préjudice simplement possible, à condition que l'existence du dommage soit certaine[509].

Face à ces difficultés matérielles d'évaluation, on peut supposer que le préjudice vraisemblable causé par le nom de domaine existe dès l'utilisation des produits et services d'autrui. En continuant de subordonner la concurrence déloyale du fait du nom de domaine à l'exercice du commerce dans une même branche d'activités, le dommage bénéficie d'une présomption d'existence dès qu'il sera établi que les parties exercent leurs activités respectives dans la même branche d'activité et donc visent une clientèle commune. Pour l'instant, le critère du dommage vraisemblable est le plus efficace dans la détermination du dommage qu'aura souffert la victime d'un acte de concurrence déloyale accompli grâce au nom de

---

[507507] Pour une société qui avait vu les séquences publicitaires de ses vêtements de sport être insérées dans des films pornographiques, Com. 6 novembre 1979, D. 1980, I.R. 416, note LARROUMET ; B. STARCK, H. ROLAND, L. BOYER, op cit, p. 75, n°114.

[508] Com. 19 juillet 1976, Bull. civ.IV, n° 237, 203.

[509] Req. 15 janvier 1946, JCP, 1948, II, 4035, 2ème espèce, note PLAISANT ; B. STARCK, H. ROLAND, L. BOYER, op. cit., p. 60. La jurisprudence distingue le préjudice simplement possible des dommages incertains ou hypothétiques.

domaine. Les mêmes difficultés doivent être surmontées dans l'établissement du lien de causalité.

c. Le lien de causalité

146. Le lien de causalité est la relation établie entre le dommage subi par une victime et le fait générateur de responsabilité. Il doit être établi entre la faute commise grâce au nom de domaine concurrent et le dommage subi par sa victime. Pour une faute intentionnelle, le juge admettra sans hésiter le lien entre le dommage et le fait déloyal intentionnellement accompli pour provoquer la perte de clientèle. Dans l'hypothèse d'une faute non intentionnelle, l'imprudence ou la négligence suffira à établir ce lien, à condition que le lien de causalité ne soit pas indirect[510]. Toutefois il ne suffit pas de constater la concomitance entre un fait générateur et la survenance d'un dommage pour que la responsabilité soit mise en jeu. Il est indispensable d'établir entre eux un rapport direct de cause à effet[511]. Sans prétendre revenir sur un débat qui a suscité de remarquables réflexions[512], on remarque que sur internet, la détermination du préjudice direct demeure une question théorique qui soulève de grosses difficultés pratiques[513]. Néanmoins, la solution peut être envisagée sous l'angle de la théorie de la causalité adéquate.

147. Dans l'hypothèse de la concurrence déloyale commise à l'encontre du titulaire d'un nom de domaine, on ne retiendra comme causes directes que celles qui virtuellement ou potentiellement peuvent rendre le dommage probable, « d'après le cours habituel des choses ». Ce devrait être le cas notamment dans toutes les affaires se rapportant aux litiges impliquant les noms de domaines lorsque des faits déloyaux sont en cause. Le juge peut se

---

[510] B. STARCK, H. ROLAND, L. BOYER, op. cit., p. 461, n° 829.

[511] Civ. 2è, 28 janvier 1987, Gaz. Pal. 1987, 1, pan. 77.

[512] Jusqu'où s'arrêter, tant la recherche de la causalité directe peut connaître un enchaînement successif de faits potentiellement rattachés ? POTHIER en illustrant la réflexion par l'achat d'une vache « pestiférée » causant la ruine de l'acquéreur par la contamination de tout son troupeau, suivie de l'abandon du foyer par l'épouse à la suite d'une violente dispute et de la misère des enfants, a limité le lien de causalité « aux conséquences directes », c'est à dire la perte de la vache et du troupeau ; C'est aussi le cas entre la vente de pétards et l'incendie provoqué par le jeune acquéreur, car il n'y a pas de relation directe entre l'achat d'un objet et son utilisation aberrante : Civ. 1ère, 8 avril 1986, Dalloz, 1986, I. R, 312. Mais comment ne pas voir le lien direct entre la remise de la direction d'un scooter par un propriétaire à son frère débile mental démuni d'un permis de conduire, C. E. 23 décembre 1987, Dalloz 1988, I. R, 23 ; pour un poteau renversé, attaché et jeté dans un fossé, mais balancé du fossé sur la chaussée par le vent d'un orage la même nuit, Caen, 18 décembre 1986, Gaz. Pal. 1987, I. R. 23. Si la gravité de la faute est souvent déterminante, MM. STARCK, BOYER, et ROLAND pensent qu'on doit se fier au bon sens des magistrats qui retiendront certaines conséquences et non d'autres, sans que l'on puisse dire avec précision et à quel moment on coupe l'enchaînement de ces conséquences. B. STARCK, H. ROLAND, L. BOYER, op. cit., p. 468, n° 837.

[513] B. STARCK, H. ROLAND, L. BOYER, op. cit., p. 464, n°835 ; P. ESMEIN, « Le nez de Cléopâtre, ou les affres de la causalité », Dalloz, 1964, chr. 205.

contenter de vérifier l'existence d'une confusion ou d'un dénigrement dans un contexte concurrentiel et de clientèle commune, sans vérifier qu'il en résulte directement et effectivement une perte économique dûment constatée. En vérité la recherche d'une éventuelle perte économique est en pratique sujette à des estimations peu fiables sur internet. Le seul constat de l'existence de causes susceptibles de provoquer une perte de clientèle est suffisant, lorsqu'il existe une confusion causée par le nom de domaine et une situation concurrentielle caractérisée par une clientèle commune. La discipline et la rigueur à laquelle doivent être soumis les cybercommerçants pour l'assainissement du marché légitiment une telle démarche.

2. Les sanctions

148. Plusieurs types de sanctions peuvent être appliqués à la concurrence déloyale et aux agissements parasitaires. On peut citer la réparation, les interdictions, la publication des décisions, le prononcé des astreintes et le transfert du nom de domaine en cas de cybersquattage.

La réparation est traditionnellement appliquée à la faute. Mais la jurisprudence a longtemps hésité avant de sanctionner les agissements parasitaires par la réparation[514]. Au départ, la Cour de cassation française s'obstinait à ne pas reconnaître un monopole sur la dénomination notoire, afin d'éviter de rendre celle-ci indisponible dans tous les domaines de l'activité économique[515]. Aujourd'hui, cette position stricte est progressivement abandonnée, tant dans les litiges impliquant les noms de domaine que pour les litiges de commerce électronique ne les concernant pas[516]. Dans les litiges pour parasitisme intéressant les noms de domaine, l'affaire *Sfr.com* est très marquante. En l'espèce, une société américaine enregistre dès 1997 le nom de domaine *www.sfr.com*, qui pourtant est déposé comme marque depuis 1988 par la Société Française du Radiotéléphone *(SFR)*. Tous les utilisateurs du nom de domaine de la demanderesse étaient renvoyés sur le site de la concurrente de SFR. Le juge a condamné la société

---

[514] Ainsi pour le cas de la société des automobiles dont le préjudice causé par une société nouvelle du même nom, fabricant de réfrigérateurs, la Cour d'Appel de Paris n'a ordonné que les mesures de publicité pour faire cesser le risque de confusion, sans interdire la continuation de l'utilisation du nom et sans accorder les dommages et intérêts ; Paris, 8 décembre 1962, D. 1963, note DUBOIS.

[515] Com. 27 mai 1986, D. 1986, note S. DURANDE- 28 avril 1987, Bull. Civ. IV, n° 100, p. 75.

[516] Pour ce qui est des litiges n'intéressant pas les noms, dans l'affaire opposant la société Louis Vuitton S.A. à la Société Ebay International, le juge a octroyé des dommages et intérêts au demandeur, victime des agissements parasitaires, tout en prononçant l'interdiction de poursuivre de tels agissements sous astreinte ; TGI Paris, 3ème ch. 4ème section, 11 février 2010, www.juriscom.net; De même a été condamnée à la réparation suivie d'interdiction de continuer l'agissement parasitaire par laquelle, la société Global Market Network utilisait sans autorisation les logiciels et bases de données du demandeurTC, Nanterre, 9ème ch. 27 janvier 1998, Edirom c/ Global Market Network, A. BESSOUSSAN et Y. BREBAN, Les arrêts-tendances de l'Internet, Hermès Sciences, 2000, p. 106.

défenderesse à la réparation au motif « qu'il est justifié par les documents versés à la procédure, qu'elle a utilisé ce nom de domaine en octobre 1997 de manière à porter préjudice à la société Française du Radiotéléphone, qu'en effet, en se connectant à l'adresse *« sfr.com »* les utilisateurs aboutissaient au site de *France Télécom*, concurrente de *SFR* ; … qu'enfin il existe un risque de confusion certain pour les utilisateurs du réseau qui croient se connecter au serveur de la société Française du Radiotéléphone par l'intermédiaire de l'adresse "sfr.com" et qui obtiennent actuellement un message d'erreur »[517].

149. L'interdiction de continuation du fait délictuel consiste à prononcer toutes les mesures de nature à faire cesser les agissements reprochés éventuellement sous astreintes[518]. Il ne s'agit pas d'interdire l'activité professionnelle au fautif. Il s'agit seulement d'assainir les comportements par lesquels le cybercommerçant s'attire la clientèle et de préserver les autres commerçants des actes déloyaux de commerce. Ainsi le juge a-t-il fait interdiction à la société *GL Bulletine Board* et à la société *Net Promos* d'utiliser comme nom de domaine la dénomination Guy Laroche[519].

Cette interdiction est souvent suivie de la publication de la décision ordonnée par le juge, afin d'informer le public des procédés déloyaux commis. Ainsi le Tribunal de grande instance de Nanterre a ordonné, à la charge du défendeur fautif, la publication de la décision afin d'informer le public de l'existence des comportements parasitaires et déloyaux[520]. Toutefois, la décision ne devrait normalement pas aboutir à un transfert car l'obtention d'un nom n'est possible que si la victime en fait la demande auprès de l'office d'enregistrement. Si cela est admis dans le système de l'*ICANN*, c'est bien parce que cet organisme est en charge de la gestion des noms sur la scène internationale. L'action en responsabilité délictuelle ne devrait pas aboutir à un transfert vers la victime. Tout au plus, c'est la reconnaissance d'un droit à l'enregistrement qui doit être prononcé en faveur de la victime. Le juge ne peut se substituer aux organes de nommage pour attribuer le nom de domaine au défendeur. Reste alors précisément le

---

[517] « Attendu, sur le parasitisme, que la société W3 Systems INC en choisissant de monnayer dans le cadre de son site sur le réseau Internet, par un catalogue de noms de domaine mentionnant de nombreuses marques françaises très connues, dont SFR, démontre sa volonté de profiter de la notoriété de ces marques ; que la société W3 Systems INC n'a pas seulement tenté de revendre à la société Française du Radiotéléphone le nom de domaine "sfr.com" ». TGI Nanterre Jugement rendu le 18 janvier 1999, SFR / W3 SYSTEM INC, http://www.legalis.net/spip.php?page=jurisprudence-decision&id_article=432; V. Alain BESSOUSSAN et Yann BREBAN, op cit, p. 185.

[518] Ibid.

[519] TGI Nanterre 2ème chambre Jugement du 13, mars 2000, Société parfums Guy Laroche / Sociétés GL Bulletine Board, Net Promos-Internet Design, www.legalis.net.

[520] Tribunal de Grande Instance de Nanterre Jugement rendu le 18 janvier 1999, SFR / W3 SYSTEM INC, Tribunal de Grande Instance de Nanterre 2ème chambre Jugement du 13, mars 2000, Société parfums Guy Laroche / Sociétés GL Bulletine Board, Net Promos-Internet Design www.legalis.net.

mécanisme de l'astreinte qui peut être suffisamment fort pour obliger le « parasite » à abandonner le nom qu'il s'est efforcé indûment de se réserver.

§2. L'action en contrefaçon

150. Il est généralement recommandé aux personnes qui réservent un nom de l'enregistrer aussi comme une marque[521], afin qu'elles puissent bénéficier de la protection de l'action en contrefaçon. Cependant, la protection par la marque n'est pas aussi efficace qu'on le pense. Le fait qu'un nom de domaine agressif puisse exister malgré l'existence d'une marque qui lui est antérieure (A), impose de rechercher dans le droit d'auteur une piste de protection satisfaisante (B).

A. La résistance du nom de domaine à la contrefaçon des marques

151. Le titulaire de la marque bénéficie de la protection de l'article 7 (2) de l'Annexe III sur les marques de l'Accord révisé de Bangui, qui interdit aux tiers « agissant sans son consentement de faire usage au cours d'opérations commerciales de signes identiques ou similaires pour des produits ou services qui sont similaires à ceux pour lesquels la marque de produits ou de services est enregistrée ». Pour établir cette identité ou cette similarité entre la marque et les produits contrefaisants, l'article 37 (1.c et d) du même texte parle d'une imitation frauduleuse de nature à tromper l'acheteur[522]. La tromperie dont il s'agit n'est pas légalement déterminée. La jurisprudence française propose une imitation qui doit nécessairement susciter un risque de confusion[523]. Mais il se trouve que considérablement diminué par le critère de la spécialité, le risque de confusion n'arrive plus à assurer une protection satisfaisante au titulaire de la marque contre le nom de domaine postérieur qui fait usage de la même appellation (1). Cette exposition aux potentialités commerciales nocives du nom de domaine est accentuée par l'exclusion de certaines personnes de la liste des potentiels contrefacteurs (2).

1. L'obstacle du critère de la spécialité

152. Le titulaire du nom de domaine qui emprunte l'appellation d'une marque antérieure ne doit pas susciter la confusion dans l'esprit de la

---

[521] P. BREESE, Guide juridique de l'Internet, Vuibert, 2000, p. 61.

[522] Article 37 (1.c et d) Annexe III sur les marques de l'Accord révisé de Bangui : « Ceux qui font une imitation frauduleuse d'une marque de nature à tromper l'acheteur ou font l'usage d'une marque frauduleusement imitée; ceux qui sciemment vendent ou mettent en vente un ou plusieurs produits revêtus d'une marque frauduleusement imitée ou portant des indications propres à tromper l'acheteur sur la nature du produit ou ceux qui fournissent ou offrent de fournir des produits ou des services sous une telle marque ».

[523] Cass. com., 18 avr. 2000, PIBD 2000, no 700, III, p. 314, RD propr. intell. 2000, no 116, p. 29, Juris-Data, no 001725.

clientèle. La confusion peut naître de la reproduction quasi-identique ou de la simple similarité[524]. L'identité entre la marque et l'élément contrefaisant est satisfaite lorsque le signe critiqué reproduit, sans modification ni ajout, tous les éléments constituant la marque ou lorsque, considéré dans son ensemble, il recèle des différences si insignifiantes qu'elles peuvent passer inaperçues aux yeux du consommateur moyen[525]. C'est le cas pour le nom de domaine *maintel.com* de la société *Maintelcom,* qui propose des produits et des services « identiques, ou à tout le moins similaires, aux produits et services visés dans l'enregistrement des marques Intel s'agissant pour la plupart des produits liés au domaine de l'informatique et de l'électronique par leur nature ou leur destination et le public pouvant les rattacher à une origine commune »[526]. Le juge se fait l'obligation de rechercher le risque de confusion qui peut exister dans l'esprit du public[527] à partir de l'impression d'ensemble produite par les signes en cause[528]. C'est aussi le cas pour l'imitation de la marque tant verbale[529] que semi-figurative[530] de la marque *Leader Price* par la société *Leader Price Media.*

153. Mais il n'en n'est pas toujours ainsi. Dans plusieurs affaires, les juges ont exclu le risque de confusion en raison de l'exigence de spécialité. C'est le cas notamment dans l'affaire *« Commune d'Elancourt »,* dans laquelle le juge n'a constaté aucun risque de confusion pouvant porter

---

[524] CA Versailles, 12e ch., 24 janv. 2002, Propr. intell. 2002, n° 3, p. 96, obs. Buffet-Delmas, PIBD 2002, n° 740, III, p. 194

[525] CJCE, 20 mars 2003, aff. C-291/00, Ltj Diffusion, Propr. intell. 2003, n° 7, p. 203, obs. Bonet, Comm. com. électr., mai 2003, p. 26, note Caron, RTD com. 2003, p. 500, obs. AZÉMA.

[526] TGI Paris, 3e ch., 4e sect., 26 nov. 2009, n° 09/099-847, Sté Intel Corporation et a. c/ Sté Maintelcom, www.juriscom.net.

[527] Il a été jugé que « le risque de confusion apparaît patent pour un internaute d'attention moyenne, lorsque le nom de domaine reprend à une préposition près, les termes composant la marque de la demanderesse », TGI Paris, réf., Société Studyrama / Mairie de Paris, 28 févr. 2003, http://www.legalis.net/spip.php?page=jurisprudence-decision&id_article=255.

[528] Cass. com., 18 avr. 2000, précité ; CJCE, 20 mars 2003, aff. C-291/00, Ltj Diffusion : Propr. intell. 2003, n° 7, p. 203, obs. Bonet, Comm. com. électr., mai 2003, p. 26, note Caron, RTD com. 2003, p. 500, obs. AZÉMA.

[529] les mots « Leader Price » de la marque verbale « se retrouvent dans le nom de domaine et sur le site internet <www.leaderpricemedia.com>dans lesquels ils présentent un caractère dominant de par leur position d'attaque et leur longueur, le terme "média" n'étant pas à lui seul de nature à retenir l'attention du consommateur dans la mesure où il se rattache aux produits offerts à la vente sur ce site ». TGI Paris, 3e ch., 1re sect., 6 oct. 2009, Sté Distribution Leader Price c/ Sté Leader Price Média et a., www.legalis.net.

[530] « Du fait de la reprise des couleurs, de la disposition des triangles/rectangles et des inscriptions Leader Price insérés dans ces espaces. Le fait qu'il s'agisse de rectangles et non de triangles est peu perceptible pour un consommateur d'attention moyenne n'ayant pas les deux signes sous les yeux. Il existe un risque de confusion dans l'esprit du public dans la mesure où le consommateur est fondé à croire que les produits proposés sur ce site internet www.leaderpricemedia.com ont une origine commune avec ceux de la société Distribution Leader Price », Ibid.

préjudice au demandeur en raison de la différence des secteurs d'activités[531]. On note une grande différence entre la logique des marques et l'esprit du système de nommage. La première repose sur le principe de spécialité en vertu duquel, la marque ne peut être réservée que pour les produits ou services désignés par l'acte de dépôt. Le système de nommage empêche tout usage ultérieur par un tiers de la même appellation.

Le tribunal de grande instance de Paris a notamment jugé que le dépôt du nom *« Alice »* par un tiers comme nom de domaine ne constituait pas une contrefaçon de la marque *« Alice »*, pour la simple raison que les deux appellations ne couvraient pas le même secteur d'activité[532]. De même dans les cas où une marque est confrontée à un nom de domaine du même identifiant, « il convient de procéder à une comparaison entre le contenu du site exploité (...) et les produits et services pour lesquels la protection est revendiquée »[533]. Cela revient à comparer les domaines d'activités des différents titulaires en conflit. Aussi le juge de fond a décidé dans l'affaire *Alice* que les domaines d'activités étant différents, les activités d'éditions de logiciels de la *SA Alice* ne sont ni identiques ni similaires aux services désignés par la marque Alice relative à la publicité. Après une brève résistance du juge des référés dans l'affaire *Alice*[534], le principe de spécialité a fini par s'imposer. Le principe de spécialité a précisé les limites de la protection sur internet, compte tenu de la profusion d'adresses et de leur valeur commerciale devenue évidente[535]. En effet, internet ne doit pas faire croire que l'enregistrement d'une marque couvre toutes les activités sur le réseau.

154. Cependant à force d'en faire une règle sacro-sainte, le principe de spécialité réduit considérablement le périmètre de protection des marques sur internet. Pour y remédier, deux solutions sont possibles :

Une première tire ses origines des enseignements de l'article L.713-5 du Code de la propriété intellectuelle français[536] qui engage la responsabilité

---

[531] CA Versailles, 14e ch., 29 mars 2000, Commune d'Elancourt, Chr. « Droit de l'internet » par l'ERCIM, JCP E 2000, p. 1856, n° 8, obs. Le Stanc, D. Cah. aff. 2000, p. 909, note Hercot, Comm. com. électr., mai 2000, actu. 90, Légipresse 2000, n° 173, I, p. 90, Rev. Lamy dr. aff. 2000, mai, n° 1714, p. 36, obs. Costes : Elancourt d'une part et <El@ncourt, bienvenue à El@ncourt>.

[532] TGI Paris, 3e ch., 23 mars 1999, Rev. Lamy dr. aff. 1999, n° 17, n° 1094, obs. COSTES.

[533] TGI Nanterre, 21 janv. 2002, Chr. « Droit de l'internet » par l'ERCIM, JCP E 2002, n° 36, n° 8, obs. Vivant, Rev. Lamy dr. aff. 2002, n° 47, n° 3006, obs. COSTES.

[534] « A l'évidence de nature à entraîner des erreurs d'identification et crée par conséquent un risque de confusion dans l'esprit du public, même en l'absence de volonté manifestement déloyale » ; TGI Paris, réf., 12 mars 1998, SA Alice c/SNC Alice, Cahiers Lamy, nov. 1998 (G), obs. HIRSCH.

[535] TGI Strasbourg, 29 mai 2001, Chr. « Droit de l'internet » par l'ERCIM, JCP E 2002, n° 36, nos 9 et 10, Comm. com. électr., juill.-août 2001, comm. 79, note le STANC, Rev. Lamy dr. aff. 2001, n° 41, n° 2612.

[536] « L'emploi d'une marque jouissant d'une renommée pour des produits et services non similaires à ceux désignés dans l'enregistrement engage la responsabilité civile de son auteur

civile de l'auteur de la contrefaçon des marques jouissant d'une grande renommée en cas d'exploitation injustifiée[537].

Une seconde consiste à se référer aux enseignements d'une lointaine solution préconisée dans l'affaire « *Mazda* » dans laquelle, le juge a obligé les automobiles *Mazda* à s'identifier comme « *Mazda Automobiles* » à côté de la marque « *Mazda* » réservée aux piles électriques[538]. Malheureusement cette solution ne peut être étendue aux personnes exclues de la liste des auteurs de contrefaçon.

2. L'exclusion de certaines personnes de la liste des contrefacteurs

155. L'exclusion de certaines personnes de la liste des potentiels contrefacteurs réduit le champ d'action et l'efficacité de l'action en contrefaçon du fait du nom de domaine. On peut distinguer deux types d'exclusions, conventionnelle et judiciaire. L'exclusion la plus admise est celle selon laquelle le titulaire a donné son accord pour l'utilisation de sa marque comme nom de domaine. Dans une affaire qui opposait la société *Sony* à son distributeur[539], la Cour d'appel de Versailles s'est appuyée sur le fait que le titulaire de la marque s'était associé à la création du site et avait accepté que sa marque soit utilisée pour écarter la contrefaçon[540]. Le premier juge avait conclu à la contrefaçon sur la base de ce que le distributeur ne saurait disposer de la marque du fournisseur pour couvrir de ce nom un site internet dédié à sa distribution[541]. Mais dans son arrêt susvisé, la Cour d'appel de Versailles a adopté la position contraire sur le fondement de l'accord des volontés des parties.

156. L'exclusion judiciaire quant à elle s'articule en deux volets : le premier volet concerne les organes de nommage et se rapproche plus d'une

---

s'il est de nature à porter préjudice au propriétaire de la marque ou si cet emploi constitue une exploitation injustifiée de cette dernière ».

[537] « L'emploi de la marque semi-figurative "SFR" jouissant d'une renommée pour vendre des lettres de résiliation d'abonnements SFR constitue dès lors une exploitation injustifiée de cette dernière de nature à engager la responsabilité civile de Amäl H » ; Tribunal de grande instance de Paris 3ème chambre, 1ère section Jugement du 18 mars 2008, SFR / Amäl H, http://www.legalis.net/spip.php?page=jurisprudence-decision&id_article=2279.

[538] CA Paris, 19 oct. 1970, Ann. propr. ind. 1971, p. 1; Voir aussi Lamy Droit de l'Informatique et des Réseaux – 2009, n°2155.

[539] En l'espèce, la société Alifax, distributrice de la société *Sony France*, avait ouvert un site sous le nom de domaine <espace-sony.com>, suivi d'un second sous le nom <alifax-espace-sony.com>, ce avec l'assentiment de *Sony* qui, bien plus, participa au financement du premier site ! Aussi, la cour, observant qu'il s'agit d'apprécier quelle autorisation avait pu être donnée au distributeur, juge qu'un accord est bien intervenu tout à la fois sur le principe de l'ouverture du site et sur l'usage du nom <espace-sony.com>.

[540] CA Versailles, 12e ch., 14 sept. 2000, Chr. « Droit de l'internet » par l'ERCIM, JCP E 2000, p. 1902, n° 24, obs. Vivant, PIBD 2000, n° 709, III, p. 579.

[541] TGI Nanterre, 20 mars 2000, Cah. D. aff. 2000, p. 287, obs. Manara, Comm. com. électr., mai 2000, actu. 89 et Comm. com. électr., juin 2000, comm. 64, obs. GALLOUX.

sorte d'immunité. Le second concerne l'exercice de la liberté d'expression par le titulaire du nom de domaine présumé contrefaisant.

S'agissant de l'exclusion des organes de nommage, les juges ont rejeté une action en responsabilité intentée contre la société *EuroDNS*, à l'occasion d'une exploitation injustifiée de certaines marques notoires par des tiers[542]. Le responsable dans le nommage serait uniquement celui qui s'est attribué la marque d'autrui en violation de son droit privatif. Toute possibilité d'extension aux prestataires de nommage est paralysée. Le fait que la demande passe par le canal d'un prestataire internet, ne suppose pas la responsabilité de ce dernier, puisque le nom doit être considéré comme ayant été attribué au client. En effet dans une affaire dans laquelle avaient été enregistrés indûment les noms *« laredoute.tv »*, *« 3suisses.tv »* et *« fnac.tv »*, le juge des référés de Nanterre a refusé d'engager la responsabilité du prestataire intermédiaire et du *« registrar »* qui avait procédé auxdits enregistrements[543]. Si des pistes peuvent être explorées sur une responsabilité du *registrar* fondée sur la négligence, l'action en contrefaçon quant à elle ne connaît pas de succès auprès du juge.

157. Des exceptions sont également évoquées lorsque les marques imitées ou reprises sont confrontées à la liberté d'expression des titulaires de noms de domaine litigieux. De ce point de vue, l'affaire *Danone* est pleine d'intérêt. Dans le but de dénoncer sous la forme qu'ils estiment appropriée les conséquences sociales des plans de restructuration mis en place, des militants ont ouvert un site *www.jeboycottedanone.com* enregistré le 4 avril 2001 sous le thème « les êtres humains ne sont pas des yaourts ». Afin d'illustrer ses pages, le site reproduit le logo de *Danone* où la couleur rouge est remplacée par un bandeau de couleur noire. Après avoir souligné que l'utilisation du terme Danone ne peut susciter de confusion dans l'esprit du public, en raison du caractère non commercial du site, le juge condamne les défendeurs pour contrefaçon, sur la base de « la reproduction servile des marques semi-figuratives notoirement connues », sans l'autorisation de la société[544]. Protestant contre cette décision, le Réseau Voltaire ouvre une

---

[542] « La société EuroDNS ne fait pas un emploi, au sens de la disposition légale précitée, des marques de renommée des demanderesses lorsqu'elle procède à l'enregistrement et à la gestion de noms de domaine identiques ou similaires aux signes déposés par les demanderesses. En effet, son intervention est uniquement technique ; elle ne fait pas un usage des noms de domaine dans la vie des affaires, elle manipule techniquement ceux-ci à la demande de clients qui seuls choisissent le nom de domaine et vont l'exploiter commercialement »TGI Paris, 3e ch., 26 août 2009, Sté Air France et a. c/ Sté EuroDNS et Afnic, www.legalis.net.

[543] TGI Nanterre, réf., 31 janv. 2000, JCP E 2000, p. 1856, n° 8, obs. Le Stanc, D. 2001, p. 292, note Gallot le Lorier et Varet, Rev. Lamy dr. aff. 2000, n° 25, p. 25, obs. Costes, Légipresse 2000, n° 172, I, p. 74 ; TGI Nanterre, 2 nov. 2000, Chr. « Droit de l'internet » par l'ERCIM, JCP E 2002, n° 36, n° 9, obs. ROOSE-GRENIER, Comm. com. électr., juill.-août 2001, comm. 77, obs. Le STANC.

[544] TGI Paris, Ord. réf. 23 avril 2001, Compagnie Gervais Danone / Olivier M., 7 Ways, ELB Multimédia, http://www.legalis.net/spip.php?page=jurisprudence-decision&id_article=343.

copie de ce site à l'adresse www.*jeboycottedanone.net*. Une nouvelle action judiciaire est intentée à son encontre. Au fond, le Tribunal de grande instance de Paris confirme cette position dans un jugement du 4 juillet 2001, en estimant que « ni le droit à l'information, ni le droit à la liberté d'expression ne peuvent justifier l'imitation illicite incriminée et l'atteinte portée ainsi au droit de propriété de la société Compagnie *Gervais Danone* sur ses marques complexes »[545]. Pour infirmer ce jugement, la Cour d'appel dans un arrêt du 26 février 2003 met en avant le principe de valeur constitutionnelle de la liberté d'expression estimant que les sites internet peuvent « dénoncer sous la forme qu'ils estiment appropriée les conséquences sociales des plans de restructuration mis en place... Le nom de domaine et les textes mis en ligne, montrent clairement leur intention de dénoncer les pratiques sociales des sociétés mises en cause et les risques pour l'emploi, sans induire en erreur le public quant à l'identité des auteurs de la communication »[546]. D'autres affaires ont expressément mis en avant la liberté d'expression comme principe à valeur constitutionnelle. Il a été décidé dans un litige opposant les membres de l'association Greenpeace France à la société Esso que, la reproduction des logos ne visant pas à promouvoir la commercialisation de biens ou de services, l'action des défendeurs relève « au contraire d'un usage purement polémique étranger à la vie des affaires »[547]. Les marques ayant été utilisées dans un but de dénonciation, l'action en contrefaçon ne peut prospérer et s'opposer au nom de domaine dénonciateur, particulièrement lorsque l'usage polémique est étranger à la vie des affaires.

B. Le fléchissement du nom de domaine face au droit d'auteur

158. L'œuvre désigne toute création intellectuelle née de l'activité littéraire, artistique ou scientifique, qui peut être exprimée par des signes visibles, écrits, par son, ou par image[548], y compris les œuvres dérivées et les

---

[545] TGI Paris 3ème chambre, 1ère section Jugement du 4 juillet 2001, Sté Compagnie Gervais Danone et Sté Groupe Danone / Olivier M., SA 7 Ways, Sté ELB Multimédia, association "Le Réseau Voltaire Pour la Liberté d'expression http://www.legalis.net/spip.php?page=jurisprudence-decision&id_article=310.

[546] CA Paris, 14e ch., 26 févr. 2003, Grands Arrêts de la Propriété intellectuelle, Dalloz, 2004, n° 1, commentaire Vivant, JCP E 2004, n° 111, § 13, obs. VIVANT, D. 2003, p. 1831, note Edelman, Propr. intell. 2003, n° 8, p. 322, obs. Benabou, Propr. intell. 2003, n° 9, obs. Vivant, Comm. com. électr. 2003, comm. 38, note Caron, Légipresse 2003, n° 200, III, 41, note BAUD et COLOMBET.

[547] Paris 14ème chambre, section A Arrêt du 26 février 2003, Association Greenpeace France/Sa Société Esso, http://www.legalis.net/spip.php?page=jurisprudence-decision&id_article=257.

[548] « Les œuvres exprimées par écrit, y compris les programmes d'ordinateur ;les conférences, allocutions, sermons et autres œuvres faites de mots et exprimées oralement; les œuvres musicales qu'elles comprennent ou non des textes d'accompagnement ;les œuvres dramatiques et dramatico-musicales ;les œuvres chorégraphiques et les pantomimes ;les œuvres audiovisuelles ;les œuvres des beaux-arts : les dessins, les peintures, les sculptures, les

recueils[549]. Il est difficile de démontrer comment un nom de domaine peut être constitué « de mots exprimées oralement ; d'œuvres musicales ; d'œuvres dramatiques et dramatico-musicales ; d'œuvres chorégraphiques et les pantomimes ; d'œuvres audiovisuelles ; de beaux-arts : de dessins, de peintures, de sculptures, … ».

Une possibilité existe lorsque l'appellation d'une œuvre est enregistrée comme nom de domaine. Dans cette hypothèse, le nom de domaine protégé par le régime des œuvres de l'esprit résistera mieux aux agressions des autres noms de domaine. C'est le cas pour le titre d'une œuvre protégée par le droit d'auteur et enregistrée comme nom de domaine[550]. Deux solutions sont offertes :

159. D'abord celle pour les textes d'accompagnement, les expressions du folklore et les œuvres inspirées du folklore de devenir un nom de domaine[551]. Pour cela, il suffit qu'ils soient reproduits par écrit pour des besoins d'enregistrement et les facilités de rédaction par le clavier de l'ordinateur. C'est le cas des noms de domaine *http://doremifaso.weebly.com/baba-konateacute.html* et *www.doremifasol.net*, qui reprennent la mélodie de piano *« doremifasol... »*.

160. Ensuite il y a l'hypothèse de l'œuvre qui, après avoir bénéficié du régime de la propriété littéraire et artistique, peut voir son appellation ou son titre être enregistré comme nom de domaine[552]. On peut citer dans ce sens, le tribunal de grande instance de Nanterre qui a qualifié le titre « Ecran noir » de « manifestement original », pour décider de la restitution à son auteur de différents noms de domaine correspondants[553]. Quoiqu'il en soit, la catégorie des œuvres offre une meilleure résistance à l'usage illicite du nom de domaine que la marque.

Le droit d'auteur résiste aux transgressions du nom de domaine lorsqu'il lui est antérieur. De plus, on admet parfaitement qu'« un signe peut être protégé à la fois par le droit d'auteur et par la loi sur les marques »[554]. Sous le couvert du droit d'auteur, le nom de domaine peut résister aux fraudes

---

gravures et lithographies ;les œuvres d'architecture ;les œuvres photographiques ;les œuvres des arts appliqués ;les illustrations, les cartes géographiques, les plans, les croquis et les œuvres tridimensionnelles relatives à la géographie, la topographie, l'architecture ou la science ;les expressions du folklore et les œuvres inspirées du folklore », Article 5 de l'Annexe VII de l'Accord révisé de Bangui.

[549] « Les traductions, les adaptations, les arrangements et autres transformations d'œuvres et d'expressions du folklore ; et, les recueils d'œuvres, les expressions du folklore ou de simples faits ou données, telles que les encyclopédies, les anthologies et les bases de données, qu'elles soient reproduites sur support exploitable par machine ou sous toute autre forme, qui, par le choix, la coordination ou la disposition des matières, constituent des créations intellectuelles », article 6 de l'Annexe VII de l'Accord révisé de Bangui de 1999.

[550] X. LINANT de BELLEFONDS, Comm. com. électr., mai 2000, Repères ; C. MANARA, Comm. com. électr., juin 2001, chr. p.16.

[551] http://doremifaso.weebly.com/baba-konateacute.html; www.doremifasol.net.

[552] CA Lyon, aff. Clochemerle, 5 juill. 1979, JCP G 1981, II, n° 19590, note PLAISANT.

[553] TGI Nanterre, 20 sept. 2000, www.juriscom.net.

[554] CA Paris, 4e ch., 17 déc. 1992, RD propr. intell. 1993, n° 46, p. 55.

d'un nom agressif, et mêmes aux exceptions qui admettent le droit de reproduction de l'œuvre. On peut citer à titre d'illustration l'affaire *« Calimero »* dans laquelle, le tribunal refuse de retenir l'exception de parodie et juge que par cette reproduction non autorisée, les droits patrimoniaux comme les droits moraux de l'artiste se trouvent atteints par le fait que, le célèbre poussin servait à illustrer un site sadomasochiste[555]. Une telle mesure permet de mieux protéger les droits privatifs contre les transgressions du nom de domaine.

161. Conclusion du chapitre. Le droit affirme son autorité sur le nom de domaine à travers son aptitude à le qualifier et le cadre de protection qu'il lui accorde. La nature du nom de domaine est fonction de la protection que sollicite son titulaire. A l'origine, le nom de domaine est un bien du domaine public artificiel. Lorsqu'il est intégré dans l'exploitation de l'activité de commerce électronique, son titulaire peut lui accorder la protection supplémentaire des signes distinctifs. En dehors des fonctions commerciales, le nom ne partage par essence aucune similitude juridique avec les signes. Assimiler le nom de domaine aux signes distinctifs revient à se contenter uniquement de sa fonction commerciale au détriment de sa nature originelle. La nature originelle du nom de domaine est bien loin de ce qu'on pouvait imaginer : un bien du domaine public artificiel né d'un aménagement spécial des infrastructures.

162. L'appartenance au domaine public ne permet pas l'octroi d'un droit de propriété, mais plutôt un droit d'usage qui est reconnu à son titulaire. Ce n'est pas le nom de domaine qui se déplace du domaine public artificiel pour entrer dans le patrimoine privé de son titulaire. C'est plutôt le droit d'usage né de l'attribution du nom qui circule de patrimoine en patrimoine, dans le respect strict des droits antérieurs acquis par les tiers. Cette nature originelle du nom est transparente dans la protection des droits contre l'exploitation illicite du nom de domaine. Associés à la règle « premier arrivé premier servi », le droit commun de la responsabilité civile et l'action en contrefaçon demeure efficaces pour protéger le nom de domaine d'une part, et le sanctionner lorsqu'il facilite la transgression des droits d'autre part.

---

[555] TGI Paris, 3e ch., 24 mars 2000, Pagotto c/Gallopin, Chr. « Droit de l'internet » par l'ERCIM, JCP E 2000, p. 1856, nos 8 et 9, obs. Le Stanc, Comm. com. électr., juin 2000, comm. 63, obs. Caron, Rev. Lamy dr. aff. 2000, n° 27, n° 1715, obs. COSTES.

CONCLUSION DU TITRE 1

163. L'installation de l'activité commerciale en ligne ne peut être effectuée que si l'opérateur dispose d'un site internet et d'un nom de domaine. Le site est le lieu virtuel sur lequel le cybercommerçant affiche ses produits et services, ainsi que toutes les conditions qui entourent l'accès et l'exercice de son activité. Le nom de domaine correspond à l'adresse, à l'identifiant qu'il faut saisir à l'aide du clavier de l'ordinateur pour accéder au site du cybercommerçant. Au-delà des facilités techniques qu'ils offrent, ces instruments remplissent des fonctions commerciales permettant de comprendre les convoitises dont ils sont victimes. Mais la nouveauté de ces éléments n'affecte pas la mise en œuvre du droit quant à leur qualification et à leur exploitation.

La loi et la volonté demeurent les fondements pertinents à partir desquels le site internet et le nom de domaine sont encadrés. En raison de l'aménagement spécial des infrastructures de télécommunications, le nom de domaine est rattaché au domaine public artificiel. Cela n'empêche pas que lors de son exploitation, son titulaire puisse l'introduire dans la catégorie des signes distinctifs, afin de lui assurer une protection supplémentaire. Le site internet aussi peut bénéficier soit de l'assimilation aux œuvres de l'esprit lorsqu'il révèle un effort créatif intellectuel, soit de la confusion au fonds de commerce lorsque l'activité est entièrement dématérialisée. La protection de l'utilisation de ces instruments est également régie par le droit classique. L'action en contrefaçon des marques et des œuvres, ainsi que la responsabilité civile dirigée contre les comportements délictuels du marché prospèrent avec un réel succès sur internet. Elles accordent aux noms de domaine, aux sites et à leurs victimes une protection satisfaisante. L'extension de la protection au domaine pénal est également possible. Un exemple peut être bâti sur le modèle des infractions dirigées contre les systèmes informatiques pour incriminer les transgressions dont peut souffrir le site internet. L'encadrement juridique de l'installation de l'activité sur les réseaux électroniques doit s'étendre à son déploiement.

TITRE 2

L'application du droit classique au déploiement de l'activité sur les réseaux électroniques

164. L'accès au commerce en ligne n'est soumis à aucune autorisation préalable[556], à l'exception de certaines activités dont les conditions d'exercice doivent être déterminées par des dispositions règlementaires[557] et des interdictions pouvant provoquer certaines atteintes à l'organisation sociale et à la protection des personnes[558]. Mais l'absence d'autorisation

---

[556] Article 4 de la loi camerounaise de 2010 sur le commerce électronique : « L'exercice du commerce électronique est libre à l'exclusion : des jeux d'argent, des paris et des loteries légalement autorisés ; des activités de représentation et d'assistance en justice ; des activités exercées par les notaires » ; Article 9 de la loi sénégalaise de 2008 sur les transactions électroniques : « L'activité définie à l'article 8 de la présente loi s'exerce librement sur le territoire national à l'exclusion des domaines suivants : les jeux d'argent, mêmes sous forme de paris et de loteries, légalement autorisés ; les activités de représentation et d'assistance en justice ; les activités exercées par les notaires en application des textes en vigueur » ; Article 3 de la loi burkinabé de 2009 sur les transactions électroniques : « L'accès à l'activité d'un prestataire de services de la société de l'information et l'exercice de celle-ci ne sont soumis à aucune autorisation préalable ».

[557] Il s'agit notamment des jeux d'argent, des paris et des loteries légalement autorisés, des activités de représentation et d'assistance en justice, des activités exercées par les notaires . Article 3 de la loi camerounaise de 2010 sur le commerce électronique et article 9 de la loi sénégalaise de 2008 sur les transactions électroniques.

[558] Des interdictions peuvent être prises par les autorités administratives, lorsqu'il est porté atteinte ou qu'il existe un risque sérieux et grave d'atteinte à l'ordre et la sécurité publics, à la protection des mineurs, à la protection de la santé publique, à la préservation des intérêts de la défense nationale ou à la protection des personnes physiques. Article 4 de la loi camerounaise de 2010 sur le commerce électronique : « Dans les conditions prévues par voie réglementaire, des mesures restreignant, au cas par cas, le libre exercice des activités relatives au commerce électronique peuvent être prises par l'autorité administrative, lorsqu'il est porté atteinte ou qu'il existe un risque sérieux et grave d'atteinte à l'ordre et la sécurité publics, à la protection des mineurs, à la protection de la santé publique, à la préservation des intérêts de la défense nationale ou à la protection des personnes physiques ». Article 5 de la loi burkinabé de 2009 sur les transactions électroniques : « Des mesures restreignant, au cas par cas, la libre prestation de services fournis par un prestataire établi dans un autre Etat membre de l'espace CEDEAO-UEMOA peuvent être prises par les autorités compétentes lorsqu'il est porté atteinte ou qu'il existe un risque sérieux et grave d'atteinte au maintien de l'ordre et de la sécurité publics, à la préservation des intérêts de la défense nationale, à la protection des

préalable ne signifie pas qu'une liberté totale est accordée aux cybercommerçants. Ceux-ci doivent nécessairement se conformer aux contraintes légales des pays dans lesquels leur activité est exercée. L'apparition d'internet a généré de nouveaux métiers qui sont exercés par des prestataires dont la responsabilité doit être déterminée. Le déploiement de l'activité dans les pays francophones d'Afrique subsaharienne pose deux principaux problèmes : la loi applicable au cybercommerçant et la responsabilité du prestataire des services internet.

165. Le cybercommerçant qui déploie son activité court le risque d'être cumulativement exposé à des législations nationales différentes et parfois contradictoires. A l'intérieur de leurs frontières respectives, les législations nationales ont pour prétention de fixer les conditions d'accès à la profession et de déterminer les conditions de responsabilité du professionnel. Le droit Ohada, constitue des règles matérielles applicables au droit des affaires dans la majorité des pays francophones d'Afrique subsaharienne. Il aurait pu fournir des éléments de réponses pertinents au problème de la loi du cybercommerçant. Mais pour l'instant, ce droit ne couvre que très peu la règlementation des activités professionnelles. En effet, les dispositions de l'Acte uniforme révisé sur le droit commercial ne fixent qu'un cadre général qui s'applique au commerçant. En dehors des règles d'ordre général, le cybercommerçant appartient à une profession et doit se conformer aux normes qui la régissent. Une banque, par exemple, est soumise à l'Acte uniforme révisé portant droit commercial et aux dispositions de l'Acte uniforme relatif au droit des sociétés commerciales consacrées à la société anonyme. Mais elle est également tenue de se conformer aux dispositions spécifiques sur l'activité bancaire que n'organisent pas les Actes uniformes.

166. Les Etats ne cachent pas leur prétention à règlementer toute activité en ligne perçue sur leur territoire. Cette perception simultanée des activités sur internet en tout point du globe entraîne une confrontation des législations nationales. Pourquoi ne pas suggérer au cybercommerçant de choisir les lois nationales auxquelles il souhaite se conformer ? L'association de l'autonomie de la volonté aux dispositions légales impératives peut s'avérer salutaire, non pour la création d'éventuelles normes règlementaires, mais uniquement dans l'option d'un choix des normes professionnelles internes auxquelles l'opérateur en ligne souhaiterait se conformer (chapitre 1).

167. D'un autre côté, la responsabilité se trouve également en prise avec les évolutions technologiques[559]. Mais il faut distinguer la responsabilité encourue du fait du cybercommerçant à l'égard des internautes, de la responsabilité imputée au prestataire de services internet. La nuance est difficile à percevoir pour l'internaute. Pour ce dernier, le cybercommerçant

---

mineurs, à la protection de la vie privée, à la protection de la santé publique ou à la protection des consommateurs, y compris des investisseurs ».

[559] « Celles-ci influent sur les types de faits qui sont à l'origine des dommages, ainsi que sur les catégories de dommages encourus », J. ROCHFELD, Les grandes notions du droit privé, Puf, 2ème éd. 2013, p. 481.

avec lequel il est en relation constituerait le responsable idéal. Il est possible que le juge désigne ce dernier comme responsable. Cependant il est des cas dans lesquels le cybercommerçant ne peut répondre de l'activité du prestataire de services internet. Le cybercommerçant ne peut garantir la légalité de l'activité du prestataire. Il est donc judicieux de rechercher la responsabilité propre du prestataire de services internet (chapitre 2), sans considération de l'implication du cybercommerçant.

CHAPITRE 1

La dualité des critères déterminant la loi de l'activité de commerce électronique

168. Dans les pays francophones d'Afrique subsaharienne, la qualité de commerçant est régie par l'Acte uniforme révisé portant droit commercial général. Mais au-delà des exigences d'ordre général contenues dans ce texte, l'ubiquité d'internet soulève des questions relatives à la détermination des règles qui doivent régir l'activité déployée sur les réseaux. La perception de l'activité en tout point du globe semble légitimer la prétention de l'Etat d'accueil à appliquer sa règlementation professionnelle au cybercommerçant étranger. Le problème est accentué par le fait que, les marchés communs de l'UEMOA en Afrique francophone occidentale et de la CEMAC en Afrique centrale sont toujours en construction. Pour le moment, ils ne garantissent pas l'effectivité du marché unique entre les Etats membres[560]. On assiste à une sorte d'exportation des règles internes au-delà des frontières nationales. Deux questions doivent être précisément résolues : celle du critère de rattachement territorial du cybercommerçant situé à l'intérieur d'un Etat, et celle de la détermination des critères permettant de désigner la loi compétente pour régir l'activité du cybercommerçant étranger.

Comme l'affirme Olivier CACHARD, « un pays [...] n'a certainement pas à se préoccuper de la façon dont les diverses professions s'exercent dans

---

[560] On peut citer : les entraves aux échanges par des tentations protectionnistes, les lenteurs dans la mise en place d'un visa unique. A. FAUJAS, « L'Afrique de l'Ouest résiste à la récession et aux crises », Le Monde du 23 février 2010 ; « En plus des acquis de l'UDEAC, la CEMAC s'est attelée à mettre en oeuvre un marché commun fondé sur la libre circulation. En dépit des progrès réalisés depuis l'institution du traité CEMAC...son application reste confrontée à de nombreux obstacles : la non réalisation des objectifs fixés par la nouvelle institution sous-régionale et la faiblesse de l'esprit communautaire entre pays membres... De même, l'existence des velléités protectionnistes et les dysfonctionnements du mécanisme de financement ont considérablement réduits l'ampleur des projets intégrateurs », A. SOMMO PENDE, L'intégration sous-régionale en CEMAC à l'épreuve de la liberté de circulation des biens et des personnes, Master Gouvernance et Politiques Publiques 2010, Université Catholique d'Afrique Centrale, http://www.memoireonline.com/08/10/3812/Lintegration-sous-regionale-en-CEMAC--lepreuve-de-la-liberte-de-circulation-des-biens-et.html#fn49.

les pays étrangers car, cela ne le concerne pas et ne présente aucun intérêt pour lui »[561]. L'application stricte de cette solution sur internet ne peut satisfaire entièrement. A l'intérieur des frontières nationales, la localisation de l'établissement stable permet de rattacher l'opérateur en ligne à un territoire, et de déterminer la loi nationale de son activité (section 1).

169. En revanche, la notion d'établissement perd toute sa pertinence lorsqu'il s'agit de préserver l'ordre social du pays d'accueil face à l'activité du cybercommerçant étranger. L'accessibilité et la consultation des pages du site internet à partir de n'importe quel coin du globe ne permettent pas de conclure que le professionnel est établi dans tous les Etats du monde. La simple perception du site internet ne doit pas justifier le déploiement d'une loi nationale sur l'activité de l'opérateur étranger. La situation est la suivante : d'un côté les opérateurs spéculent sur les potentialités commerciales d'internet qui les mettent en contact avec divers clients situés à n'importe quel point du globe. De l'autre côté, les pays d'accueil ne peuvent pas admettre qu'une activité soit perçue sur leur territoire si les opérateurs ne se conforment pas aux normes professionnelles internes. Face à un tel embarras, le choix de l'orientation volontaire de l'activité devient le critère substantiel pour la désignation de la loi de l'activité du cybercommerçant étranger (section 2). Mais il faut bien préciser que la loi de l'opérateur ainsi déterminée n'a aucune incidence sur les litiges de droit international privé qui opposent les parties. En effet, « il est indiscutable que la désignation de la loi du pays de l'établissement du prestataire régit en règle générale la détermination du système juridique compétent pour octroyer le droit d'exercer une activité et pour contrôler cet exercice. Mais en l'espèce, l'exercice d'une activité de commerce électronique n'est pas une activité règlementée »[562].

Section 1. Le maintien de l'établissement stable dans la détermination de la loi applicable à l'activité de l'opérateur national

170. Commercer à travers la toile n'exonère pas des contraintes légales. La règlementation d'une profession est traditionnellement subordonnée à la détermination du lieu d'établissement du professionnel. La notion d'établissement stable n'est pas inconnue en Afrique francophone subsaharienne. L'article 4 du règlement n° 08/2008/CM/UEMOA portant adoption des règles visant à éviter la double imposition au sein de l'UEMOA

---

[561] O. CACHARD, thèse, op. cit., p. 39, n°56.

[562] A. RAYNOUARD, La loi n°2004-575 pour la confiance dans l'économie numérique… ou comment disqualifier le consensualismes dans un élan d'harmonisation du droit des contrats sans le dire !, Revue des contrats 01 avril 2005, n°2, http://www.lextenso.fr/weblextenso/article/print?id=RDCO2005-2-066.

et des règles d'assistance en matière fiscale définit l'établissement stable comme une installation fixe d'affaires par l'intermédiaire de laquelle, une entreprise exerce tout ou partie de son activité. La question qui vient à l'esprit est celle de savoir si les réseaux électroniques ébranlent la notion d'établissement. Si c'est le cas, proposent-ils alors un substitut pertinent pour la localisation du cybercommerçant ? On ne peut répondre par l'affirmative, car les éléments électroniques qui sont proposés pour remplacer la notion d'établissement stable ne paraissent pas satisfaisants. Cette réfutation impose de justifier les raisons du maintien de la notion d'établissement sur internet (§1). Du moment où la notion d'établissement survit aux réseaux, il importe de savoir si sa signification et son contenu demeurent identiques, ou s'ils diffèrent selon qu'on est sur internet ou non. Le sens de la notion d'établissement doit nécessairement être précisé sur les réseaux électroniques (§2).

§1. Les justifications du maintien de la notion d'établissement sur internet

171. L'ouverture d'internet au grand public a fait croire que la toile échappait au droit. Pourtant, le droit se prolonge sur les réseaux électroniques. Cela se vérifie notamment sur la détermination de la loi de l'activité, à cause de l'incapacité des critères électroniques à désigner la loi de l'opérateur national (A). Cette défaillance des critères électroniques suggère de se retourner vers la notion d'établissement stable, afin d'examiner les raisons du maintien de ce critère dans la détermination de la loi de l'opérateur situé à l'intérieur des frontières étatiques (B).

A. Les insuffisances des éléments électroniques dans la détermination de la loi de l'opérateur national

172. L'installation d'un commerçant dans un Etat est déterminée par trois critères bien précis : d'abord l'existence d'une installation d'affaires à partir des éléments tels que les locaux, les matériels et l'outillage, ensuite la fixité des installations en un lieu précis du territoire national avec un certain degré de permanence, et enfin l'exercice d'une activité propre impliquant la présence sur place du personnel de l'entreprise. La notion d'établissement satisfait à ces trois conditions. C'est sur ces mêmes critères qu'il faut évaluer les éléments électroniques qui prétendent se substituer à cette notion, afin de vérifier leur aptitude à remplir ces exigences. Malheureusement, ces éléments sont constitués soit d'équipements, soit d'applications. Le défaut de fixité et de matérialité est un obstacle pour les applications et les logiciels (1), tandis que l'absence de moyens humains et matériels constitue un handicap pour l'assimilation du serveur à la notion d'établissement (2).

1. Les éléments électroniques dépourvus de fixité et de matérialité

173. Parmi les éléments électroniques qui prétendent se substituer à l'établissement stable, on peut citer l'agent et le site électroniques. Alors que la mobilité du premier le disqualifie (a), l'absence de matérialité du second l'exclut des indices substantiels sollicités pour la détermination de la loi de l'opérateur (b).

a. L'agent électronique

174. L'agent électronique peut être considéré comme un outil logé dans un système informatique connecté à internet et doté d'une capacité d'agir, de réagir, de parler, de bouger, et d'un comportement pouvant varier dans le temps en fonction des questions posées par l'utilisateur[563]. Il s'agit d'une entité logicielle capable d'agir de manière autonome dans le but d'accomplir un certain nombre de tâches au nom de son utilisateur et en fonction de ses intérêts[564]. Ces vertus justifient-elles de l'assimiler à un établissement ? La tentative de répondre par l'affirmative est grande. En effet, l'article 5 de la Convention modèle de l'OCDE recommande d'admettre l'installation d'un établissement pour l'agent dépendant situé à l'étranger, qui agit pour le compte de l'entreprise et engage cette dernière dans ses activités[565].

175. Mais cette analyse ne peut être transposée à l'agent électronique. La notion d'établissement est fortement imprégnée de fixité et de matérialité. L'établissement est rattaché à un espace géographique à partir duquel il est localisable, alors que l'agent électronique est un logiciel destiné à la facilitation de l'activité en ligne. Il se promène et circule librement dans les réseaux, accomplissant les ordres de son maître, et peut faire l'objet d'une protection sous le couvert de la propriété intellectuelle comme une marque ou au titre de programme d'ordinateur[566]. L'établissement caractérise la

---

[563] C'est un objet animé capable de suivre un but et d'adapter son comportement dans le temps et dans un environnement virtuel.

[564] L. DEVEAUX et C. PARASCHIV, Le rôle des agents intelligents sur l'Internet. Révolution ou évolution commerciale, in Revue française de gestion, Lavoisier, 2004/5 - n° 152, pages 7 à 34, http://www.cairn.info/article.php?ID_REVUE=RFG&ID_NUMPUBLIE=RFG_152&ID_ARTICLE=RFG_152_0007.

[565] Article 5.5 de la Convention modèle de l'OCDE : « Nonobstant les dispositions des paragraphes 1 et 2, lorsqu'une personne — autre qu'un agent jouissant d'un statut indépendant auquel s'applique le paragraphe 6 — agit pour le compte d'une entreprise et dispose dans un État contractant de pouvoirs qu'elle y exerce habituellement lui permettant de conclure des contrats au nom de l'entreprise, cette entreprise est considérée comme ayant un établissement stable dans cet État pour toutes les activités que cette personne exerce pour l'entreprise... ».

[566] Article 5 (1) de l'annexe VII propriété littéraire et artistique du traité révisé du Traité révisé de Bangui de 1999 : « La présente Annexe s'applique aux œuvres littéraires et artistiques, ci-après dénommées œuvres, qui sont des créations intellectuelles originales dans le domaine littéraire et artistique, scientifique, telles que : les œuvres exprimées par écrit, y compris les programmes d'ordinateur.

fixation de l'activité commerciale sur un territoire précis. Il agrège un ensemble d'éléments physiques, de ressources humaines, de moyens et d'actifs corporels et incorporels, parmi lesquels peuvent figurer les biens protégés par la propriété intellectuelle. En plus, la notion d'établissement suppose un enracinement sur un territoire, exigence à laquelle ne peut satisfaire l'agent électronique. Le même reproche est fait au site internet.

b. Le site internet

176. On ne peut considérer le site internet comme un critère permettant de démontrer l'installation de son propriétaire sur le territoire d'un Etat. L'admettre supposerait de reconnaître au site électronique une certaine matérialité physique. L'installation sur un territoire national nécessite une implantation physique par laquelle une entreprise exerce tout ou partie de son activité. Il s'agit d'une pluralité d'éléments corporels aussi divers qu'un siège de direction, une succursale, un bureau, une usine, un atelier, une mine, un puits de pétrole ou de gaz, une carrière ou tout autre lieu d'extraction de ressources naturelles. On pourrait opposer que cette énumération est non exhaustive, et qu'elle ne limite pas la liste des implantations pouvant former un établissement. Une des raisons qui pourrait pousser à penser ainsi, serait que rien dans les textes n'oblige à une présence permanente sur place. La durée effective exigée en termes de permanence se confondrait à la durée de l'activité qui ne doit pas être temporaire.

177. Mais en fait, la permanence doit s'entendre de la présence en un lieu géographique à l'intérieure des frontières nationales[567]. Or, le site internet n'est qu'un ensemble de pages web hyperliées entre elles accessibles à une adresse web et sans aucune attache physique. A ce titre, le site internet ne saurait être confondu à un établissement[568]. Le commentaire n° 6 de l'article 5 de la version abrégée de la Convention modèle de l'OCDE de juillet 2008, précise qu'il « doit normalement exister un lien entre l'installation d'affaires et un point géographique déterminé...avec un certain degré de permanence ». En 2000, l'OCDE précisait déjà que « même si un site où un équipement automatique exploité par une entreprise peut constituer un établissement stable dans le pays où il est situé (...), une distinction doit être faite entre l'équipement informatique, qui pourrait être installé sur un site de façon à constituer un établissement stable dans certaines circonstances, et les données et le logiciel qui sont utilisés par cet équipement ou stockés dans celui-ci. A titre d'exemple, un site web, qui est une combinaison de logiciels

---

[567] L'activité de l'opérateur de commerce électronique ne doit pas être limitée à l'exercice d'opérations préparatoires, auxiliaires ou temporaires.

[568] Clarification pour l'application de la définition de l'établissement stable dans le cadre du commerce électronique : modifications sur les commentaires de l'article 5. Comité des affaires fiscales de l'OCDE du 22 décembre 2000. Cette réunion a fait suite à deux versions provisoires respectivement tenues en octobre 1999 et mars 2000. http://www.oecd.org/dataoecd/46/33/1923388.pdf.

et de données électroniques, n'implique en soi aucun bien corporel. Il n'a donc pas d'emplacement qui puisse constituer une installation d'affaires car il n'existe pas une installation telle que des locaux ou, dans certains cas, des machines ou de l'outillage en ce qui concerne le logiciel et les données constituant ce site web »[569]. Les autres éléments électroniques, comme l'adresse mail et le suffixe du nom de domaine, ne peuvent également satisfaire aux exigences de fixité et de matérialité. C'est la raison pour laquelle, il a été proposé de se retourner vers d'autres critères électroniques matériellement localisables, comme le serveur électronique. Malheureusement, la notion d'établissement stable ne peut être attribuée au serveur en raison de l'absence de moyens matériels et humains.

2. L'absence de moyens humains et matériels du serveur électronique

178. Tous les indices électroniques prétendant déterminer la loi de l'opérateur en ligne ne sont pas dénués de fixité. C'est le cas des serveurs. Le serveur est un ordinateur qui met ses ressources à la disposition d'autres ordinateurs, sous la forme de services tels que la disponibilité des espaces disque ou des informations, les bases de données, l'accès à des périphériques (imprimantes, modems, ...), la puissance de calcul, le courrier électronique, la sauvegarde centralisée, ou les traitements automatisés. Il est dédié à l'administration d'un réseau informatique et gère l'accès aux ressources et aux périphériques, ainsi que les connexions des différents utilisateurs[570].

179. Contrairement aux autres critères technologiques qui revendiquent la qualité d'établissement stable, on a pensé que le serveur pourrait être assimilé à une installation commerciale fixe sous certaines conditions. Le fait d'être fixe et installé dans un local de la société qui l'exploite serait un critère matériel en sa faveur. Son activité permanente et son autonomie dans la réalisation de l'activité constitueraient des arguments supplémentaires en faveur de cette assimilation. La CJUE affirme que, « la notion de succursale, d'agence ou de tout autre établissement implique un centre d'opérations qui se manifeste d'une façon durable vers l'extérieur comme le prolongement d'une maison mère, pourvu d'une direction et matériellement équipé de façon à pouvoir négocier des affaires avec des tiers, de telle façon que ceux-ci, tout en sachant qu'un lien de droit éventuel s'établira avec la maison mère dont le siège est à l'étranger, sont dispensés de s'adresser directement à celle-ci, et peuvent conclure des affaires au centre d'opérations qui en constitue le prolongement »[571]. Selon l'OCDE, « le serveur sur lequel le site web est hébergé et par l'intermédiaire duquel il est accessible est un élément

---

569 Clarification pour l'application de la définition de l'établissement stable dans le cadre du commerce électronique : modifications sur les commentaires de l'article 5''. Comité des affaires fiscales de l'OCDE du 22 décembre 2000, http://www.oecd.org/fr/fiscalite/conventionsfiscales/1923388.pdf.

570 C'est la raison pour laquelle il est équipé d'un logiciel de gestion de réseau.

571 CJUE, Affaire Somafer 33/78, Arrêt du 22/11/1978, Rec. 1978 p. 2183.

d'équipement ayant une localisation physique et cette localisation peut donc constituer une installation fixe d'affaires de l'entreprise qui exploite ce serveur »[572]. Pour admettre le serveur établissement stable, il faudrait distinguer selon que le serveur est loué à l'opérateur ou selon qu'il appartient à ce dernier. Dans la première hypothèse, on ne peut parler d'établissement puisqu'il s'agit d'une sorte de contrat d'hébergement[573]. Dans la seconde hypothèse, les serveurs appartenant à l'opérateur, même situés dans un lieu distinct de son siège social, pourraient constituer un établissement stable. Le critère de la propriété du serveur suffirait-il pour attribuer la qualification d'établissement stable au serveur ? Des doutes subsistent.

180. Le premier reproche qui est fait à cette opinion est qu'elle déplace le débat, car le droit ne saurait faire de la propriété une condition substantielle de la qualification de la notion d'établissement.

181. Le second reproche porte sur l'autonomie du serveur dans l'accomplissement des tâches liées à l'activité de commerce électronique. Il est vrai que le serveur peut nécessiter un personnel au moins pour la maintenance. Mais ce personnel de maintenance n'a aucun lien direct avec la mission fondamentale du serveur qui est d'assurer l'activité de commerce électronique. Le personnel, si jamais il y en a, n'est pas un personnel propre au serveur. N'étant pas une personne dans le sens juridique, le serveur ne peut employer des salariés. A l'inverse lorsqu'il est configuré, le serveur peut assurer la réalisation des échanges de manière autonome. Cette autonomie qui implique l'absence de personnel disqualifie le serveur de son assimilation à la notion d'établissement. Cette position est partagée par la jurisprudence. En effet le juge européen précisait dans une affaire que, « l'article 9, paragraphe 1, de la sixième Directive du Conseil, du 17 mai 1977, en matière d'harmonisation des législations relatives aux taxes sur le chiffre d'affaires-système commun de taxe sur la valeur ajoutée : assiette uniforme, doit être interprété en ce sens qu'une installation destinée à une activité commerciale (...) ne saurait être qualifiée comme établissement stable (...) que si cet établissement comporte une réunion permanente de moyens humains et techniques nécessaires aux prestations de services en cause, et si ces prestations ne peuvent pas être utilement rattachées au siège de l'activité économique du prestataire »[574]. De même, il a été jugé qu'« une société de leasing de véhicules automobiles ne possède pas d'établissement stable dans un Etat membre si elle n'y dispose ni de personnel propre, ni d'une structure présentant un degré suffisant de permanence, dans le cadre de laquelle des contrats puissent être établis ou des décisions administratives

---

[572]Clarification pour l'application de la définition de l'établissement stable dans le cadre du commerce électronique : modifications sur les commentaires de l'article 5''. Comité des affaires fiscales de l'OCDE du 22 décembre 2000, http://www.oecd.org/fr/fiscalite/conventionsfiscales/1923388.pdf.

[573] O. CACHARD, thèse, op. cit., p. 79, n°129.

[574]CJCE, C-168/84, Arrêt de la Cour (deuxième chambre) du 4 juillet 1985, Gunter Berkholz contre Finanzamt Hamburg-Mitte-Altstadt, Recueil de jurisprudence 1985 p. 02251.

de gestion puissent être prises, structure qui soit donc apte à rendre possibles, de manière autonome, les prestations de service en question »[575]. En l'absence de moyens matériels et humains, l'assimilation du serveur électronique à l'établissement stable est réfutée. D'où le retour à la conception classique de la notion d'établissement stable.

B. Les raisons de la pertinence de la notion d'établissement sur les réseaux

182. La notion d'établissement stable survit aux réseaux électroniques pour deux raisons. L'activité de commerce électronique ne se fait pas dans un espace imaginaire, elle doit impérativement être géographiquement localisée (1). Ce rattachement territorial est impérativement justifié par des enjeux fiscaux (2).

1. Le rattachement géographique de l'activité en ligne

183. L'annexe du règlement n°08/11-UEAC-210-CM-22 portant adoption de la déclaration fiscale CEMAC- système normal harmonisée avec le droit comptable Ohada du 19 décembre 2011 précise à la page 4/4 qu'« on appelle établissement, tout lieu ayant un caractère topographique distinct, où s'exerce l'activité de l'entreprise. Cette définition est complétée par les critères… de permanence et de lieu ». Les éléments qui permettent de le déterminer sont : un siège de direction, une succursale, un bureau, une usine, un atelier et une mine, un puits de pétrole ou de gaz, une carrière ou tout autre lieu d'extraction de ressources naturelles. Pour qu'il soit qualifié de stable, cet établissement doit être fixe en un lieu géographique déterminé, avec une certaine permanence. Trois éléments matériels caractérisent cette installation d'affaire : les moyens matériels et humains, la fixité, la durée effective[576]. Le fait qu'internet assure la réalisation des opérations commerciales à distance amène à se demander, s'il faut continuer de s'attacher à la présence physique pour déterminer l'installation commerciale d'un opérateur dans un Etat. On peut répondre par l'affirmative, car au-delà des débats purement théoriques sur l'autorité de l'Etat sur son territoire, la

---

[575] Arrêt CJCE C-190/95 « ARO Lease », 17 juil. 1997, Rec. I-4383, et CJCE C-390/96 « Lease Plan », 07 mai 1998, Rec. I-2553. V. O. CACHARD op cit, 80, n°131. V. aussi, http://books.google.fr/books?id=fIpUec5URLQC&pg=PA471&lpg=PA471&dq=CJCE+17+juillet+1997+arolease&source=bl&ots=oE5KU_mUSS&sig=OwdIjX6pRgWK4Ux0PXpPmfHUH50&hl=fr&sa=X&ei=AzEmUZzkMc74sga6g4HIBg&sqi=2&ved=0CDkQ6AEwAw#v=onepage&q=CJCE%2017%20juillet%201997%20arolease&f=false.

[576] La notion d'établissement « est (…) une notion très large impliquant la possibilité pour un ressortissant communautaire de participer, de façon stable et continue, à la vie économique d'un État membre autre que son État d'origine, et d'en tirer profit (…) », CJCE, arrêt Gebhard du 30 novembre 1995, C-55/94, Rec. P. I-4186, http://www.ccbe.eu/index.php?id=6&id_rubrique=5&L=1.

localisation géographique de l'activité commerciale revêt un intérêt financier et fiscal très important.

2. L'enjeu fiscal

184. L'avènement du commerce électronique heurte les fondements juridiques sur lesquels se basent les règles fiscales en matière d'imposition des bénéfices. Ces règles reposent sur la nécessité d'un établissement stable. L'imposition fiscale est un pouvoir que l'Etat exerce à l'intérieur de ses frontières. Elle nécessite des critères de localisation géographique auxquels les supports et les nouveaux outils du commerce électronique ne peuvent satisfaire. Dès lors, la recherche de l'établissement stable revêt toute sa pertinence puisqu'elle apporte une réponse à la question de l'imposition de l'opérateur de commerce électronique.

Il avait été proposé de mettre en place une taxe unique *« bit tax »,* qui serait calculée selon le nombre de bits utilisés à tous les flux électroniques. Cette proposition a été rejetée, car elle constitue un frein à l'extension du e-commerce et crée des distorsions de concurrence. Aux Etats-Unis, l'*Internet Freedom Act* est un moratoire qui a repoussé jusqu'en novembre 2014 la question de l'imposition du e-commerce. Selon un Comité des affaires fiscales de l'OCDE de 2000 « le serveur sur lequel le site web est hébergé et par l'intermédiaire duquel il est accessible, est un élément d'équipement ayant une localisation physique. Cette localisation peut constituer une installation fixe d'affaires pour l'entreprise qui l'exploite »[577]. Mais une entreprise localisée dans un pays francophone d'Afrique subsaharienne, qui exploite un site web hébergé sur un serveur à l'étranger, est imposable dans le pays où elle est effectivement installée et localisée. En revanche, une entreprise étrangère exploitant un site web dans un pays francophone d'Afrique subsaharienne n'y sera imposable que si elle a du personnel ou du matériel informatique sur ce territoire.

185. Contrairement aux recommandations de l'OCDE, le Règlement n° 08/2008/CM/UEMOA portant adoption des règles visant à éviter la double imposition au sein de l'UEMOA et des règles d'assistance en matière fiscale[578] et l'Annexe du règlement n°08/11-UEAC-210-CM-22 portant

---

[577]Clarification pour l'application de la définition de l'établissement stable dans le cadre du commerce électronique : modifications sur les commentaires de l'article 5. Comité des affaires fiscales de l'OCDE du 22 décembre 2000, http://www.oecd.org/fr/fiscalite/conventionsfiscales/1923388.pdf.

[578] Article 4 du Règlement n° 08/2008/CM/UEMOA portant adoption des règles visant à éviter la double imposition au sein de l'UEMOA et des règles d'assistance en matière fiscale : « Au sens du présent Règlement, l'expression « établissement stable » désigne une installation fixe d'affaires où l'entreprise exerce tout ou partie de son activité. L'expression « établissent stable » comprend notamment : un siège de direction ; une succursale ; un bureau ; une usine ; un atelier ; une mine, un puits de pétrole ou de gaz, une carrière ou tout autre lieu d'extraction de ressources naturelles ; un chantier de construction ou de montage ou des activités de

adoption de la déclaration fiscale CEMAC système normal harmonisée avec le droit comptable Ohada du 19 décembre 2011 ont clairement opté pour la fixité matérielle et géographique de l'opérateur. C'est en vertu de ce critère, que les modalités d'imposition fiscale des opérations de commerce électronique peuvent être déterminées. En Europe, le 3ème considérant de la Directive 2008/8/CE du 12 février 2008 relative au lieu des prestations de services précise que « pour toutes les prestations de services, le lieu d'imposition devrait, en principe, être celui où la consommation est effective ». Cette disposition modifie la position de la directive 2006/112/CE du 28 novembre 2006 relative au système commun de taxe sur la valeur ajoutée. Cette orientation européenne est loisible pour l'impôt sur la TVA qui est généralement payée où se situe le consommateur final. Concernant précisément la TVA, des auteurs pensent que le critère d'imposition du lieu d'origine est impossible à mettre en œuvre, et qu'il faut l'abandonner au profit de l'imposition au lieu de la consommation[579]. Concernant les autres impôts, le Règlement n° 08/2008/CM/UEMOA portant adoption des règles visant à éviter la double imposition au sein de l'UEMOA et des règles d'assistance en matière fiscale consacre l'imposition au lieu de l'établissement[580].

186. Malheureusement les pays francophones de l'Afrique subsaharienne ne prévoient pas encore des dispositions harmonisées spécifiquement dédiées aux prestations électroniques. Pour l'instant, rien ne permet de penser qu'ils abandonneront l'orientation actuelle. Les activités menées simultanément dans plusieurs Etats sont quand même envisagées, concernant notamment les activités de navigation maritime et aérienne. Une piste est proposée par l'article 9 du règlement susvisé, qui précise que « « les bénéfices provenant de l'exploitation, en trafic international, de navires ou d'aéronefs ne sont imposables que dans l'Etat membre où le siège de direction effective de l'entreprise est situé. Si le siège de direction effective

---

surveillance s'y exerçant, lorsque ce chantier, ou ces activités ont une durée supérieure à six (6) mois ».

[579] « Selon le critère du pays d'origine, il aurait suffi d'être établi hors Union européenne pour ne pas être soumis à la TVA. De même, il aurait suffi d'être établi dans un Etat ayant des taux de TVA faibles pour distribuer dans toute l'Union ses produits avec un net avantage concurrentiel », O. FOUQUET et J.- C. BOUCHARD, Le taux de la TVA applicable au livre numérique, Com. comm. électr. Rev. mensuelle LexisNexis Jurisclasseur, n°6 juin 2015, p. 12.

[580] Article 8 du Règlement n° 08/2008/CM/UEMOA portant adoption des règles visant à éviter la double imposition au sein de l'UEMOA et des règles d'assistance en matière fiscale : « Les bénéfices d'une entreprise d'un Etat membre ne sont imposables que dans cet Etat, à moins que l'entreprise n'exerce son activité dans un autre Etat membre par l'intermédiaire d'un établissement stable qui y est situé. Si l'entreprise exerce son activité d'une telle façon, les bénéfices de l'entreprise sont imposables dans cet autre Etat mais uniquement dans la mesure où ils sont imputables : audit établissement stable ; aux ventes, dans cet autre Etat, de marchandises de même nature que celles qui sont vendues par l'établissement stable, ou de nature analogue ; à d'autres activités commerciales exercées dans cet autre Etat et de même nature que celles qui sont exercées par l'établissement stable, ou de nature analogue ».

d'une entreprise de navigation maritime est à bord d'un navire ou d'un bateau, ce siège est réputé situé dans l'Etat membre où se trouve le port d'attache de ce navire ou de ce bateau ou, à défaut de port d'attache, dans l'Etat membre dont l'exploitant du navire ou du bateau est un résident ». On peut s'en inspirer pour fixer le lieu d'imposition du cybercommerçant au lieu de son établissement. A la suite de ces précisions, il convient de déterminer si le contenu de la notion classique d'établissement reste identique lorsqu'il est appliqué au commerce électronique.

§2. Le contenu de la notion d'établissement stable sur les réseaux électroniques

187. La notion d'établissement stable a été conçue pour être appliquée aux activités qui se déroulent dans le monde physique, et qui sont géographiquement localisables. L'apparition du cyberespace, entendu comme le monde virtuel créé par l'interconnexion des réseaux informatiques, suscite des interrogations quant à sa compatibilité avec le contenu classique de la notion d'établissement. Faut-il maintenir le contenu classique de la notion d'établissement, ou doit-on s'orienter vers des conceptions nouvelles qui sembleraient mieux adaptées au commerce électronique ? Des conceptions différentes de la notion d'établissement sont proposées en raison de l'immatérialité des réseaux électroniques. Mais elles s'avèrent inadéquates (A) et confortent la transposition du sens traditionnel de la notion d'établissement au cyberespace (B).

A. Les contenus rejetés

188. Parmi les propositions qui prétendent singulariser la notion d'établissement stable à appliquer au commerce électronique, figurent celle qui opère une distinction entre les personnes morales et les personnes physiques d'une part, et celle qui élargit la notion d'établissement à l'installation technologique d'autre part. Malheureusement, la première entraîne une rupture de l'unicité de la notion d'établissement entre les personnes physiques et les morales (1). La seconde quant à elle, pêche par sa volonté d'ouvrir la notion d'établissement à l'installation technologique (2).

1. Les contenus entrainant la rupture de l'unicité de la notion d'établissement

189. L'Acte uniforme révisé portant droit commercial général ne fait pas de l'aspect physique une condition d'attribution de la qualité de commerçant[581]. Or l'article 8 de la loi sénégalaise sur les transactions

[581] Article 1 de l'Acte uniforme révisé sur le droit commercial général : « Tout commerçant, personne physique ou morale y compris toutes sociétés commerciales dans lesquelles un État ou toute autre personne de droit public est associé, ainsi que tout groupement d'intérêt

électroniques précise qu'« une personne est considérée comme étant établie au Sénégal...lorsqu'elle s'y est installée d'une manière stable et durable pour exercer effectivement son activité. S'agissant d'une personne morale, lorsque s'y trouve l'implantation de son siège social ». Le législateur sénégalais entend donner un sens particulier à la notion d'établissement stable pour les cybercommerçants selon qu'ils sont des personnes physiques ou des personnes morales. Les premières continueraient d'être soumises à la conception classique de la notion d'établissement, tandis que les secondes ne seraient installées au Sénégal que si leur siège social y est établi. Il s'ensuit une sorte de ségrégation selon l'aspect physique ou incorporelle du cybercommerçant. Si nous ne pouvons déterminer les véritables motivations de cette disposition, des reproches peuvent néanmoins être faits à l'affectation d'un tel contenu à la notion d'établissement stable sur internet.

190. Cette distinction entre les personnes physiques et morales marque une rupture avec les dispositions communautaires et nationales des autres pays. La restriction de l'établissement de la personne morale à l'implantation de son siège social[582] sur le territoire national ne semble pas opportune. La législation sénégalaise surprend avec une exigence aussi étroite et contraire aux dispositions de l'OHADA. En effet, l'article 24 de l'Acte uniforme révisé portant droit commercial général accorde aux associés d'établir leur siège social à n'importe quel endroit, entre le lieu du principal établissement de la société et le lieu de son centre de direction administrative[583]. Conformément à son article 48, la seule exigence de l'Acte uniforme est d'ouvrir une succursale ou un établissement au lieu d'immatriculation dans l'Etat membre concerné[584].

191. Pourrait-on rechercher dans la succursale et l'établissement au lieu d'immatriculation, certains traits caractéristiques du siège social ? Le siège social s'apparente au domicile de la personne morale. Il peut être statutaire[585]

économique, dont l'établissement ou le siège social est situé sur le territoire de l'un des Etats Parties au Traité relatif à l'harmonisation du Droit des Affaires en Afrique, ci-après dénommés « Etats Parties », est soumis aux dispositions du présent Acte uniforme ».

[582] Le siège social devient de la sorte le lieu où se trouve concentrée l'activité de l'opérateur de commerce électronique, le « lieu où s'exercent les opérations commerciales techniques de la société », « le lieu où se déroulent l'activité et la vie juridique de la société, où fonctionnent ses organes d'administration, où se réunissent ses assemblées générales.

[583] Article 24 de l'Acte uniforme révisé sur le droit des sociétés commerciales : « Le siège doit être fixé, au choix des associés, soit au lieu du principal établissement de la société, soit à son centre de direction administrative ».

[584] Article 48 de l'Acte uniforme révisé sur le droit des sociétés commerciales : « Toute personne physique ou morale non assujettie à l'immatriculation au Registre du Commerce et du Crédit Mobilier en raison du lieu d'exercice de son activité ou de son siège social doit, dans le mois de la création d'une succursale telle que définie par l'Acte uniforme relatif au droit des sociétés commerciales et du groupement d'intérêt économique, ou d'un établissement, sur le territoire de l'un des Etats Parties, en requérir l'immatriculation ».

[585] C'est-à-dire le lieu choisi par la volonté des associés au titre de domicile et qui détermine le plus souvent sa nationalité ; M. COZIAN et A. VIANDIER, Droit des sociétés, 5ème éd. p. 92, n°292.

ou réel, c'est-à-dire fondé sur le lieu réel des activités ou du centre de décision. Il paraît réducteur de limiter le siège social au lieu fixé par les statuts. Très peu de filiales ou de succursales pourraient satisfaire à la condition du siège social imposée par la loi sénégalaise de 2008 sur les transactions électroniques. En dehors du siège statutaire issu de la volonté des fondateurs de la société, il faut considérer, avec beaucoup d'importance, l'élément « matériel » illustré par l'action économique de la société en divers lieux[586]. Si on se réfère à l'indice de l'activité économique et effective, alors il y aura siège social à chaque lieu où s'exercent les opérations commerciales et techniques de la société. L'ubiquité concourant à une sorte de présence commerciale simultanée dans plusieurs territoires au même moment, l'opérateur personne morale donnerait l'impression d'avoir établi son siège social dans chacun de ces lieux. Mais il n'en n'est rien car en réalité, la détermination du siège social à partir de la succursale ou de l'établissement doit remplir les conditions de matérialité et de fixité telles que des locaux, des matériels et des ressources humaines.

192. Le sens strict de la loi sénégalaise sur les transactions électronique de 2008 est contredit par la charte sénégalaise de nommage *«.sn »* du 01 octobre 2008, qui n'impose pas au prestataire de commerce électronique d'avoir son siège social au Sénégal. En effet dans le cadre des opérations intermédiaires entre le gestionnaire du *« .sn »* et le demandeur de nom de domaine, l'article 9 de la charte exige seulement au prestataire du *« .sn »* « d'être agréé...en contrepartie d'une redevance annuelle... de justifier auprès du gestionnaire de l'exercice d'une activité en relation directe avec internet (fourniture de services Internet, hébergement de sites web, développement de sites web, enregistrement de noms de domaine, etc.), d'être une société de droit sénégalais ou être reconnu par l'*ICANN*, d'avoir au moins deux serveurs *DNS*, d'avoir une plateforme de services hébergée au Sénégal pour les sociétés de droit sénégalais et connectée en permanence à internet 7 jours/7 - 24h/24, et de disposer d'un minimum de 50 noms de domaine par an ». Le prestataire situé à l'étranger doit juste fournir au gestionnaire un contact administratif qui doit être établi au Sénégal[587], et un contact technique qui peut le représenter auprès de chaque demandeur de nom de domaine. L'interprétation stricte des articles 8 de la loi sénégalaise sur les transactions électroniques et 9 de la charte de nommage du *« .sn »* risquerait d'entrainer deux régimes distincts pour l'opérateur de commerce électronique : d'une part un régime général pour tout opérateur à qui la loi sur les transactions de 2008 impose d'implanter un siège social compris dans le sens de siège statutaire ; et d'autre part un régime spécifique du prestataire intermédiaire de nommage situé à l'étranger, qui est considéré comme établi

[586]Y. GUYON, Droit des Affaires, Tome 1- Droit commercial général et Sociétés, Coll. Droit des Affaires et de l'Entreprise, Economica 2003, 12e. Ed, p. 186, n° 179.

[587] Article 10 de charte de nommage « .sn » du 01 octobre 2008 : « Le contact administratif du demandeur doit être établi au Sénégal ».

sur le territoire national par la technique de la représentation. Or en s'orientant vers une conception large, on préserve l'unicité de la notion d'établissement stable. Mais cette extension de la notion d'établissement stable ne doit pas aller jusqu'à inclure l'installation technologique.

2. Les contenus élargissant la notion d'établissement à l'installation technologique

193. L'installation technologique peut être définie comme l'ensemble des matériels et des logiciels développés pour avoir une présence sur les réseaux électroniques. Certains professionnels de commerce électronique encore appelés opérateurs virtuels entendent limiter leurs investissements à de tels matériels, afin de prétendre n'avoir aucune existence dans le monde physique. L'opérateur virtuel est celui qui n'a pas de localisation physique en termes de siège social, de succursale ou d'établissement. Il s'agit généralement d'une personne morale, puisque la personne physique est géographique localisable au moyen de son domicile ou de sa résidence. On peut citer le cas de *Ebay*, qui prétend n'avoir qu'une existence dans l'univers numérique.

Avec la technologie croissante, les entreprises souhaitent s'affranchir des contraintes spatio-temporelles. En effet, certaines organisations optent pour le modèle de l'entreprise virtuelle, définie comme une organisation qui, grâce aux technologies de l'information, coordonne à distance un maillage d'acteurs indépendants les uns des autres. Pour caractériser ce type d'opérateur, on recommande de retenir comme indices : « un centre d'intérêt apparent pour les ressources et les idées, un management coopératif, les liens de communications répandus dans toute l'entreprise, des dispositions de partages de la technologie et un capital réparti entre plusieurs partenaires »[588].

194. Loin de toutes ces considérations managériales, une autre définition désigne l'entreprise virtuelle comme celle qui, possédant peu d'actifs corporels, exerce ses activités en ligne alors que ses organes dirigeants sont décentralisés, de manière à faciliter son administration à distance[589]. Une illustration est donnée par l'expérience française, à travers la loi relative aux nouvelles régulations économiques, qui permet à l'entreprise de tenir des réunions de conseil par visioconférence[590].

---

[588] B. BOWONDER, T. MIYAKE, and H. A. LINSTONE, The Japanese institutional mechanisms for industrial growth : a system perspective, Technological Forecasting and social change 47, 229 - 254, 1994.

[589] O. CACHARD, thèse, op. cit., p. 90, n°146.

[590] « Le règlement intérieur peut prévoir que sont réputés présents pour le quorum et la majorité, les administrateurs qui participent à la réunion du conseil par des moyens de visioconférence », article 109 de la loi française relative aux nouvelles régulations économiques.

195. Certes l'Acte uniforme révisé sur le droit des sociétés commerciales le consacre également pour les conseils d'administration[591], mais il n'est pas question d'attribuer la qualité d'établissement stable à l'installation technologique. Lorsque l'entreprise n'existe que virtuellement, une diversité d'indices permet de retrouver des éléments caractérisant le lieu de fixation de son établissement stable. C'est à partir de ces indices que la loi règlementant son activité sera déterminée. D'abord, il est admis que l'établissement est essentiellement une activité économique et effective et non une forme juridique[592]. La situation n'est pas particulière au commerce électronique car elle a été traitée dans une circonstance analogue en matière maritime. En l'espèce, CACHARD a proposé le lieu de l'immatriculation d'un navire utilisé dans l'activité économique, comme le lieu du siège social ou de la prise décision[593]. De même, les indices tels que l'implantation matérielle comme les entrepôts et les usines peuvent constituer une installation fixe d'affaires, lorsqu'ils sont utilisés dans l'activité économique. La condition d'une telle assimilation est liée au fait que les entrepôts et les usines soient effectivement intégrés dans l'activité économique. L'article 4 (3) du Règlement n° 08/2008/CM/UEMOA portant adoption des règles visant à éviter la double imposition au sein de l'UEMOA et des règles d'assistance en matière fiscale dispose clairement qu'« on ne considère pas qu'il y a établissement stable si : il est fait usage d'installations aux seules fins de stockage ou d'exposition de marchandises appartenant à l'entreprise ; des marchandises appartenant à l'entreprise sont entreposées aux seules fins de stockage ou d'exposition ; des marchandises appartenant à l'entreprise sont entreposées aux seules fins de transformation par une autre entreprise ; une installation fixe d'affaires est utilisée aux seules fins de publicité ; une installation fixe d'affaires est utilisée aux seules fins d'exercer, pour l'entreprise, toute autre activité de caractère préparatoire ou auxiliaire ; une installation fixe d'affaires est utilisée aux seules fins de l'exercice cumulé d'activités mentionnées aux alinéas (a) à (e)[594], à condition que l'activité d'ensemble de l'installation fixe d'affaires résultant de ce cumul garde un caractère préparatoire ou auxiliaire ».

196. En effet, le considérant 19 de la Directive européenne sur le commerce électronique du 8 juin 2000 précise que, « le lieu d'établissement d'un prestataire devrait être déterminé conformément à la jurisprudence de la Cour de justice, selon laquelle le concept d'établissement implique

---

[591] Article 454-1 de l'Acte uniforme révisé sur le droit des sociétés commerciales : « Si les statuts le prévoient, les administrateurs qui participent au Conseil par visioconférence ou par d'autres moyens de télécommunication permettant leur identification peuvent voter oralement ».

[592] J.-B. BLAISE, « Une cohabitation difficile : nationalité des sociétés et libre établissement dans la communauté européenne », in Mélanges à l'honneur de Philippe KAHN, Litec, 2000, p. 595.

[593] O. CACHARD, thèse, op. cit., p. 91, n°147.

[594] Les alinéas (a) à (e) se rapportent aux énumérations précédentes.

l'exercice effectif d'une activité économique au moyen d'une installation stable et pour une durée indéterminée. Cette exigence est également remplie lorsqu'une société est constituée pour une période donnée. Le lieu d'établissement d'une société fournissant des services par le biais d'un site internet n'est pas le lieu où se situe l'installation technologique servant de support au site ni le lieu où son site est accessible, mais le lieu où elle exerce son activité économique ». Cette disposition démontre que le sens classique de la notion d'établissement stable doit être maintenu sur les réseaux électroniques.

B. La pérennité de l'unicité de la notion d'établissement

L'unicité de la notion d'établissement est consacrée par les sources légales explicites (1) et les sources légales implicites (2).

1. Les sources explicites

197. Les législations nationales et communautaires des pays francophones d'Afrique subsaharienne donnent généralement un sens large à l'implantation commerciale. L'article 44 de l'Acte uniforme révisé portant droit commercial général pose la règle selon laquelle « toute personne physique dont l'immatriculation est requise par la loi doit, dans le premier mois de l'exercice de son activité, demander au greffe de la juridiction compétente ou à l'organe compétent dans l'Etat Partie, dans le ressort de laquelle son activité se déroule, son immatriculation au Registre du Commerce et du Crédit Mobilier ». Cette obligation d'immatriculation ne doit pas être systématiquement et uniquement appliquée au siège social. L'immatriculation de l'Acte uniforme n'envisage même pas le siège social. Elle concerne plutôt les diverses formes d'implantations commerciales aussi variées que l'établissement, la succursale ou l'agence, conformément à l'article 48 de l'Acte uniforme révisé portant droit commercial général[595].

198. Les textes nationaux y font référence directement ou indirectement. L'article 8 de la loi ivoirienne de 2013 relative aux transactions électroniques dispose clairement que les activités entrant dans le champ du commerce électronique sont soumises aux lois ivoiriennes, dès lors que l'une des parties est établie en Côte d'Ivoire ou y a une résidence. L'article 10 de la loi camerounaise n°90-031 de 1990 régissant l'activité commerciale dispose dans ce sens que « toute société commerciale étrangère qui veut s'établir au Cameroun pour y exercer une activité commerciale peut soit

[595] Article 48 de l'Acte uniforme révisé portant droit commercial général : « Toute personne physique ou morale non assujettie à l'immatriculation au Registre du Commerce et du Crédit Mobilier en raison du lieu d'exercice de son activité ou de son siège social doit, dans le mois de la création d'une succursale telle que définie par l'Acte uniforme relatif au droit des sociétés commerciales et du groupement d'intérêt économique, ou d'un établissement, sur le territoire de l'un des Etats Parties, en requérir l'immatriculation ».

constituer une société dont le siège est situé au Cameroun, soit ouvrir une représentation commerciale conformément à la législation et à la réglementation en vigueur ». Il en est de même de l'article 33 du Code de commerce malien qui prévoit que « toute personne assujettie à l'agrément dont le domicile est situé hors du territoire malien et qui ouvre sur ce territoire un premier établissement doit, qu'il s'agisse d'une succursale, d'une agence ou d'un établissement, présenter dans un délai de 2 mois à compter de la date de son agrément, une demande d'immatriculation au greffier du tribunal dans le ressort duquel est situé cette succursale, cette agence ou cet établissement ».

2. Les sources implicites

199. Au rang des législations nationales qui font indirectement référence au sens large de l'installation fixe d'affaires, on note l'article 14 de la loi de 2000 portant Code de commerce en Mauritanie : « l'étranger qui n'a pas l'âge de la majorité fixée par la législation mauritanienne ne peut exercer le commerce sans autorisation du président du tribunal compétent du lieu où il entend établir son domicile commercial ». L'article 32 de la loi congolaise de 2005 règlementant l'exercice de la profession de commerçant impose également que « tout établissement commercial principal ou secondaire doit s'identifier par une enseigne visible ou lumineuse, placée au lieu de son implantation ».

200. La notion d'établissement appliquée au commerce électronique ne diffère donc pas de la définition classique. Cela se vérifie enfin grâce à l'article 2 de la loi burkinabé sur les transactions électroniques de 2009 qui définit l'établissement comme « le lieu où un prestataire exerce effectivement, de manière stable et pour une durée indéterminée, une activité économique ». Pour établir une implantation commerciale, l'opérateur de commerce électronique devra simplement observer les conditions requises pour l'installation commerciale fixe telle qu'exigées au commerçant traditionnel. Dans le sens où elle est le lieu où se trouve le centre de gravité de l'activité économique, industrielle ou commerciale de la société, la notion d'établissement s'avère toujours adaptée au commerce électronique. Il ne saurait exister deux types d'installations commerciales fixes, l'une applicable au commerçant traditionnel, et l'autre spécifique au cybercommerçant. Lorsque l'opérateur est installé à l'étranger, il doit choisir la loi applicable à son activité.

SECTION 2. LA CONTRIBUTION DE LA VOLONTÉ DANS LA DÉTERMINATION DE LA LOI APPLICABLE À L'ACTIVITÉ DE L'OPÉRATEUR ÉTRANGER

201. L'opérateur de commerce électronique souhaite bénéficier des potentialités commerciales qu'offre internet, en sollicitant notamment une éventuelle clientèle domiciliée dans les Etats autres que celui dans lequel il est installé. La contrepartie de cette opportunité est que les Etats visés lui imposent de se conformer à leurs règlementations nationales, en raison de la perception de son activité sur leurs territoires respectifs[596]. Il s'ensuit inévitablement que le cybercommerçant s'expose à une pluri-réglementation de son activité par des normes nationales et professionnelles potentiellement contradictoires. Or quelque soit la situation en cause, l'essence de toute norme est de refléter l'impératif de justice. La loi n'est pas l'outil unique par lequel l'impératif de justice peut être réalisé. L'adage « qui dit contractuel dit juste » rappelle que, la volonté est un instrument au service de la justice. Face à une diversité des règlementations nationales dont l'homogénéité n'est pas certaine, la volonté du professionnel peut fournir des indices pertinents dans la sélection des lois étrangères applicables à son activité. La réflexion se résume à une question : doit-on imposer au cybercommerçant les lois étrangères qui vont s'appliquer à son activité, alors qu'on peut lui accorder d'opérer un choix entre les législations qui lui conviendraient tant économiquement que juridiquement ? Deux obstacles s'opposent à la solution institutionnelle trop rigoureuse : d'une part les incompatibilités et divergences éventuelles des systèmes juridiques, d'autre part les difficultés de rassembler les Etats autour d'un traité définitif sur le commerce électronique. Le rejet de l'intervention légale (§1) trop stricte ouvre la voie au critère de la volonté dans la détermination de la loi applicable à l'opérateur étranger (§2).

§1. Le rejet de l'intervention des lois internes dans la détermination de la loi de l'activité de l'opérateur étranger

202. La prétention du législateur interne de règlementer l'activité du cybercommerçant étranger est fondée sur la perception de celle-ci à l'intérieur du territoire national. Or cette attitude discrétionnaire de l'Etat ne peut être absolue sur les réseaux électroniques. Elle risque d'aboutir à l'application des règles nationales aux situations ancrées hors des frontières étatiques (A). Cette exportation des lois nationales est renforcée par le cumul de contrôle des prestataires en ligne (B).

---

[596] En effet, les autorités locales ne peuvent admettre qu'un opérateur étranger sollicite les résidents de son territoire sans obéir aux conditions statutaires locales. Dans ce sens, O. CACHARD, thèse, op. cit., p. 53, n°85.

A. Un rejet justifié par l'application extraterritoriale des lois nationales à l'activité de l'opérateur étranger

203. L'extraterritorialité de la loi nationale désigne son aptitude à régir une situation localisée à l'intérieur des frontières étatiques, tout en déployant son autorité sur certains effets ressentis à l'étranger. Pour mieux appréhender l'application extraterritoriale de la loi nationale sur l'opérateur de commerce électronique étranger, il convient d'en déterminer le contenu (1) et les conséquences (2).

1. Le contenu

204. L'application extraterritoriale du droit interne tire sa problématique de l'organisation de la société humaine en communautés étatiques indépendantes, autonomes et souveraines. La situation, qui nous concerne particulièrement, est celle dans laquelle l'application d'une norme interne prolonge ses effets sur le cybercommerçant situé à l'extérieur des frontières nationales. STERN distingue deux variantes de l'extraterritorialité de la loi nationale : l'extraterritorialité médiatisée et l'extraterritorialité directe[597]. Il y a extraterritorialité de l'application d'une norme, « dès lors que tout ou partie de leur processus d'application, de l'édiction à la réalisation matérielle, se déroule en dehors du territoire de l'Etat auteur de cette norme ou de cette décision, il semble qu'il faille différencier fondamentalement deux situations d'application extraterritoriale du droit, celles-ci devant elles-mêmes être distinguées de la question de l'effet extraterritorial du droit. La première modalité d'application extraterritoriale du droit est celle où la mise en œuvre d'une norme est le fait des autorités d'un Etat autre que l'Etat auteur de la norme, plus précisément des tribunaux de cet Etat. La seconde modalité d'application extraterritoriale du droit, à savoir une application d'une norme ou d'une décision par l'Etat dont elles émanent, qui ne se réalise pas en totalité sur le territoire de celui-ci »[598]. C'est la seconde modalité de l'extraterritorialité qui nous concerne, car la question ici ne se pose pas en termes de reconnaissance d'une norme étrangère par un Etat, mais plutôt en termes d'application et d'effets juridiques d'une norme interne à un cybercommerçant étranger. Précisément, elle amène à se demander dans quelles conditions un Etat peut prolonger sa contrainte normative sur un opérateur situé à l'extérieur de ses frontières. Les problèmes soulevés par la procédure d'exéquatur sont exclus de ce contexte.

205. Dans le commerce électronique, l'hypothèse est celle dans laquelle l'Etat concerné prétend appréhender à travers son ordre juridique, des situations situées hors de son territoire national. Dans la plupart des cas, il s'agit d'un contrôle exercé par l'administration sur les activités

---

[597] B. STERN, « Une tentative d'élucidation du concept d'application extraterritoriale », RQDI, III, 1986, p. 65.

[598] B. STERN, « Quelques observations sur les règles internationales relatives à l'application extraterritoriale du droit », In: Annuaire français de droit international, volume 32, 1986, p. 9.

transnationales des entreprises du fait des relations transfrontalières accentuées par internet. La situation est celle dans laquelle une autorité judiciaire ou administrative adresse à un sujet de droit, un ordre de faire ou de ne pas faire, à exécuter en tout ou en partie sur le territoire d'un autre Etat[599]. L'application extraterritoriale des lois nationales règlementant le statut professionnel de l'opérateur de commerce électronique étranger résulte de l'ubiquité d'internet. Elle se produit lorsque la norme, développant certains effets à l'étranger, a pour objet une situation juridique localisée sur le territoire de l'Etat auteur ou est appliqué en raison de critères spatiaux situés sur le territoire de cet Etat[600]. Les autorités locales ne pouvant admettre qu'un opérateur étranger sollicite les résidents du for sans obéir aux exigences statutaires locales, c'est l'ubiquité des activités électroniques étrangères accessibles sur le territoire du for qui provoque l'extension de la règlementation locale[601]. La perception de l'activité par les résidents des pays étrangers interpelle les législations statutaires internes, non pour régir les diverses transactions que le cybercommerçant aura conclues, mais pour régir le statut du professionnel qui ne dispose pas d'une installation physique dans les Etats d'accueil. Cette situation expose le cybercommerçant à des conséquences néfastes.

2. Les conséquences

206. Le fait pour les règlementations nationales, de vouloir régir l'activité du cybercommerçant, est expliqué par la perception de cette activité sur le territoire des Etats d'accueil. Il ne faut pas voir dans cette tentative de règlementation, une volonté expresse du législateur national d'exporter sa législation vers une situation étrangère. L'accessibilité du site internet et la possibilité donnée aux résidents de l'Etat d'accueil d'accomplir les transactions expliqueraient le prolongement extraterritorial des lois nationales régissant le statut professionnel. Ainsi, le cybercommerçant se retrouve soumis à un cumul de lois. Dans ce cas, la solution serait que l'opérateur de commerce électronique se conforme à la loi nationale la plus stricte. Mais cela n'est pas aussi aisé, car il peut être exposé à des dispositions contradictoires. C'est notamment le cas avec des professions dont l'exercice est subordonné à la présentation de certains diplômes. En l'absence d'un système d'équivalence des diplômes, l'opérateur animant un site de vente de spécialités pharmaceutiques ou parapharmaceutiques ne pourra pas satisfaire aux conditions de diplôme posées par chacun des Etats de destination[602]. Cela exige un effort considérable de documentation et de

---

[599] P. DEMARET, « L'extraterritorialité des lois et les relations transatlantiques : une question de droit ou de diplomatie », (1985), 21 RTDE, 1, 1.
[600] O. CACHARD, thèse, op. cit., p. 53, n°85.
[601] Ibid.
[602] O. CACHARD, thèse, op cit, p. 52, n°83.

connaissances juridiques qui peuvent freiner la célérité et l'expansion des transactions.

207. Sachant cependant qu'un Etat n'est jamais autorisé à effectuer une mesure d'exécution sur le territoire d'un autre Etat, la tentative d'application extraterritoriale se soldera fréquemment par des mesures d'application à l'intérieur du territoire national. L'Etat d'accueil tirera fréquemment, sur son territoire, les conséquences d'une méconnaissance des obligations qu'il voulait imposer[603]. Dans ces cas, l'Etat tente « d'obtenir médiatement ce qu'il ne peut obtenir directement. La territorialité formelle de la contrainte se mue en instrument de pression destiné à porter son effet à l'étranger, là où l'Etat ne peut directement porter sa contrainte »[604]. Cette situation peut susciter des batailles judiciaires fortement contradictoires. Une parfaite illustration est fournie par l'affaire qui opposait la société *Yahoo* à quelques associations françaises juives. Le juge français saisi par les associations françaises afin d'obtenir la fermeture du site aux enchères de *Yahoo!Inc.* avait rendu une première ordonnance, enjoignant à l'entreprise américaine de « prendre toutes les mesures de nature à dissuader et à rendre impossible toute consultation sur *Yahoo.com* du service de ventes aux enchères d'objets nazis et de tout autre site ou service qui constituent une apologie du nazisme ou une contestation des crimes nazis »[605]. Cette décision avait été corroborée par une seconde ordonnance du 20 novembre 2000[606]. Suite à cette décision soulevant la question de l'application de l'injonction d'un juge français sur le territoire des États-Unis, la Cour de District de San José (Californie) saisie par *Yahoo!Inc.* considéra dans un arrêt du 7 novembre 2001 que, la décision française était incompatible avec le principe de la liberté d'expression issu du Premier amendement de la Constitution des États-Unis[607]. Les difficultés soulevées par la perception de l'opérateur étranger se prolonge sur le cumul de contrôle des prestations dans les communautés sous-régionales.

[603] B. STERN, « Une tentative d'élucidation du concept d'application extraterritoriale », op. cit., p. 63.

[604] J.-M. JACQUET, « La norme extraterritoriale dans le commerce international » 113, JDI, 1985, note 327.

[605] TGI Nanterre 1ère chambre, Section A, Union des Etudiants Juifs de France (Uejf) / SA Multimania Production, 24 mai 2000, http://www.legalis.net/spip.php?page=jurisprudence-decision&id_article=223.

[606] « Ordonnons à Yahoo ! Inc de satisfaire dans les 3 mois de la notification de la présente ordonnance aux injonctions contenues dans notre ordonnance du 22 mai 2000 ce sous astreinte de 100.000 Francs par jour de retard à compter du 1er jour qui suivra l'expiration du délai de 3 mois », TGI Paris Ordonnance de référé, Association "Union des Etudiants Juifs de France", la "Ligue contre le Racisme et l'Antisémitisme", le "MRAP" (intervenant volontaire) / Yahoo ! Inc. et Yahoo France, 20 novembre 2000, http://www.legalis.net/spip.php?page=jurisprudence-decision&id_article=217.

[607] Fort heureusement, Ce jugement fut cependant annulé par la cour d'appel du 9e District, dans un arrêt du 23 août 2004, pour des raisons de procédure. La Cour d'appel fédérale de San Francisco refusa, dans une décision au fond du 12 janvier 2006, d'étendre la liberté d'expression américaine au territoire français.

B. Un rejet justifié par le cumul de contrôle des prestations de services internet

208. Le cumul de contrôle des prestations de services internet concerne généralement les opérateurs étrangers dont l'activité est perçue dans le territoire d'un autre Etat. Conformément aux règles communautaires qui instaurent la libre circulation au sein des Etats de la CEMAC et de l'UEMOA, les prestations de services internet fournies par un opérateur étranger peuvent bénéficier de la libre circulation des services (1). En dépit de cette liberté, les prestations venant d'un opérateur situé hors des frontières étatiques, des contrôles de conformité supplémentaires de la part des autorités locales (2).

1. L'assimilation des prestations de services internet à la libre circulation des services

209. Dès leur indépendance, les pays francophones d'Afrique subsaharienne ont entrepris de promouvoir l'intégration régionale afin de favoriser leur développement commun, et d'élargir leurs marchés nationaux. Aujourd'hui, ces pays sont réunis dans des organisations communautaires, selon qu'ils sont de l'Afrique occidentale pour l'UEMOA[608], ou de l'Afrique centrale pour la CEMAC[609]. Dans le cadre de la réalisation de leurs missions, ces organisations communautaires se sont fixées l'objectif d'ériger des marchés communs[610] fondés sur les libertés économiques fondamentales que sont la liberté d'établissement, la libre prestation de services et la libre circulation de marchandises. Si l'aspect physique et corporel des marchandises ne pose pas de réelles difficultés quant à son rattachement à la libre circulation des marchandises, il n'en n'est pas de même avec les prestations de services complètement dématérialisées.

210. Les prestations de services de commerce électronique ne sont pas inconnues des lois nationales des Etats francophones d'Afrique subsaharienne ayant déjà règlementé le commerce électronique[611]. Elles sont

[608] Sept pays francophones sont signataires du traité constitutif de l'UEMOA. Il s'agit du Bénin, du Burkina Faso, de la Côte d'Ivoire, du Mali, du Niger, du Sénégal et du Togo. Le Traité est entré en vigueur le 1er août 1994, après sa ratification par les Etats membres. A ce jour, l'Union compte 8 Etats membres avec l'adhésion le 2 Mai 1997 de la Guinée-Bissau, un Etat lusophone. Le traité de l'UEMOA a été révisé le 29 janvier 2003.

[609] Les pays réunis de la CEMAC sont le Cameroun, le Tchad, la Centrafrique, le Congo, le Gabon et la Guinée Equatoriale.

[610] Règlement n° 10/06-UEAC-166-CM-14 portant création, organisation et fonctionnement de l'Organisation Commune du Marché du Sucre en Zone CEMAC.

[611] L'article 11 (1) de la loi camerounaise de 2010 sur le commerce électronique dispose que, « Les offres effectuées par voie électronique, concernant la fourniture de biens ou la prestation de services, doivent s'accompagner des conditions contractuelles… ».

même envisagées dans le cadre plus large de la société de l'information par la loi nationale burkinabé de 2009 sur les transactions électroniques[612].

Mais toutes les activités ne figurent pas dans les services de la société de l'information[613]. Il convient de distinguer les activités concernées[614] des domaines exclus des services de la société de l'information. Ne font pas partie de la société de l'information, les services fournis sans aucune contrepartie économique ou en dehors de toute activité économique[615], les services fournis par l'Etat dans le cadre de sa mission de service public, les services fournis par l'envoi de données sans appel individuel et destinés à la réception simultanée d'un nombre illimité de destinataires comme les spams et les services de télévision et de radiodiffusion[616]. La Directive européenne de 2000 sur le commerce électronique exclut clairement la livraison de biens ou la fourniture de services hors ligne de la société de l'information[617]. Sauf d'éventuelles complications soulevées par l'achat de marchandises en ligne[618], les prestations de commerce électronique sont assimilées à la libre

[612] L'article 2 (22) de la loi du Burkina Faso définit la prestation de service de la société de l'information comme « tout service presté normalement contre rémunération, à distance, par voie électronique, à la demande individuelle d'un destinataire du service et destiné à n'être reçu que par lui ».

[613] A l'exemple des services qui fournissent des informations en ligne ou des communications commerciales, ou ceux qui fournissent des outils permettant la recherche, l'accès et la récupération des données.

[614] Les services de la société de l'information englobent un large éventail d'activités économiques qui ont lieu en ligne, et ont pour but : de permettre la conclusion de contrats pour se procurer un bien ou une prestation de services, de fournir des informations, des publicités ou encore des outils permettant la recherche, l'accès et la récupération de données, à transmettre des données par le biais d'un réseau de communication, à fournir un accès à un tel réseau ou à assurer le stockage de données, même lorsque ces services ne sont pas rémunérés par ceux qui les reçoivent.

[615] Notamment les services fournis à titre personnel ou philanthropique, article 2 (22) de la Burkinabé de 2009 sur les transactions électroniques.

[616] Au sens de la directive 89/552/CEE ces activités ne sont pas des services de la société de l'information car ils ne sont pas fournis sur demande individuelle, contrairement aux services transmis de point à point, tels que les services de vidéo à la demande ou la fourniture de communications commerciales par courrier électronique constituent des services de la société de l'information. L'article 2 (22) b de la loi burkinabé sur les transactions électroniques de 2009 cite également les services de radiodiffusion sonore, le télétexte ou la quasi-vidéo à la demande.

[617] Le considérant 18 de la directive européenne de 2000 sur le commerce électronique dispose que, « L'utilisation du courrier électronique ou d'autres moyens de communication individuels équivalents par des personnes physiques agissant à des fins qui n'entrent pas dans le cadre de leurs activités commerciales ou professionnelles, y compris leur utilisation pour la conclusion de contrats entre ces personnes, n'est pas un service de la société de l'information. La relation contractuelle entre un employé et son employeur n'est pas un service de la société de l'information. Les activités qui, par leur nature, ne peuvent pas être réalisées à distance ou par voie électronique, telles que le contrôle légal des comptes d'une société ou la consultation médicale requérant un examen physique du patient, ne sont pas des services de la société de l'information ».

[618] « Il existe en effet des risques d'interférence entre la liberté de circulation de marchandises et la liberté de circulation de services. Lorsque la commande est passée en ligne et que la

prestation de services[619] dans les espaces communautaires UEMOA et CEMAC.

2. Le contrôle supplémentaire des autorités locales

211. De quelle autorité relève le contrôle de l'activité du prestataire communautaire situé dans un autre Etat membre de la communauté ? Une opinion propose le principe selon lequel l'opérateur est soumis aux dispositions règlementaires du pays d'origine et bénéficie de l'efficacité des décisions prises par les autorités de cet Etat, les autorisations et agréments administratifs devant être reconnus dans l'Etat d'accueil[620]. Cette règle paraît adéquate et pertinente pour l'opérateur dont l'activité souffre de l'ubiquité des réseaux électroniques. La tentation est grande d'abonder dans ce sens pour deux raisons qui viennent de la loi du Burkina Faso sur le commerce électronique de 2009. D'abord, le dernier paragraphe de l'article 4 de la loi burkinabé dispose que « sous réserve de réciprocité, la libre prestation de services de la société de l'information fournis sur le territoire burkinabè par un prestataire établi dans un autre Etat membre de l'espace CEDEAO-UEMOA n'est pas restreinte en raison des exigences applicables au Burkina Faso ». Ensuite, l'article 131 de la même loi burkinabé met en place une surveillance des personnes accréditées « organisée par des contrôles périodiques à l'initiative de l'Autorité de régulation des communications électroniques ». Malheureusement, il est clair que les contrôles dont il s'agit, sont effectués à l'intérieur des frontières du Burkina Faso. En effet, à supposer que le Burkina Faso soit l'Etat d'accueil, comment assurer des contrôles périodiques sans porter atteinte à la souveraineté de l'Etat d'origine ? La sensibilité de certaines activités motive l'Etat d'accueil à mettre en place un mécanisme déguisé de suivi de l'activité du prestataire.

212. Des décisions de justice sont allées dans ce sens. Dans une affaire dans laquelle M. *Van Binsbergen* avait donné mandat à M. *Kortemann*, de nationalité néerlandaise de le représenter devant les juridictions sociales des Pays-Bas, le Code de procédure des juridictions sociales hollandais ne reconnaissait plus la qualité de mandataire ou de conseil à ce dernier dès

---

marchandise est livrée selon la méthode traditionnelle, il paraît audacieux de considérer que seule la liberté de prestation de services est en cause. En réalité, l'opérateur peut invoquer deux libertés communautaires, si on considère qu'un service de commande électronique précède l'opération sur la marchandise proprement dite »[618].

[619] L'article 4 § C du traité de l'UEMOA crée « entre les Etats membres un marché commun basé sur la libre circulation des personnes, des biens, des services, des capitaux et le droit d'établissement des personnes exerçant une activité indépendante ou salariée ». De même par l'article 2 (c) de la Convention de l'Union Economique de l'Afrique Centrale a fixé comme objectif « de créer un marché commun fondé sur la libre circulation des biens, des services, des personnes et des capitaux ».

[620] O. CACHARD, thèse, op cit, p. 102, n°165.

qu'il avait transféré son établissement en Belgique[621]. Cet arrêt reconnait la possibilité pour l'Etat d'accueil « d'imposer au prestataire des exigences spécifiques, qui seraient motivées par l'application de règles professionnelles justifiées par l'intérêt général, notamment les règles d'organisation, de qualification, de déontologie, de contrôle et de responsabilité, incombant à toute personne établie sur le territoire de l'Etat où la prestation est fournie, dans la mesure où les prestataires échapperaient à l'emprise de ces règles en raison de la circonstance qu'il est établi dans un autre Etat membre »[622].

213. Sur le plan légal, la sensibilité ou la gravité des prestations proposées peuvent justifier l'instauration d'un contrôle de l'Etat d'accueil. C'est le cas notamment de la cryptographie, de la certification, de l'horodatage ou de l'archivage[623]. Bien que l'accréditation vise à assurer l'amélioration du niveau de certification fourni, de tels processus garantissent tout de même aux clients et internautes du pays d'accueil, que le service offert par le prestataire étranger satisfait aux exigences nationales. Au Sénégal, malgré la proclamation du principe de liberté des moyens de cryptologie, l'article 14 de la loi n° 2008-41 du 20 août 2008 portant sur la cryptologie restreint cette liberté en prévoyant que « la fourniture ou l'importation d'un moyen de cryptologie n'assurant pas exclusivement des fonctions d'authentification ou de contrôle d'intégrité est soumise à une déclaration préalable auprès de la Commission nationale de cryptologie. Le prestataire ou la personne procédant à la fourniture ou à l'importation d'un service de cryptologie tient à la disposition de la Commission nationale de cryptologie une description des caractéristiques techniques de ce moyen de cryptologie ». Si le régime de la déclaration ne porte pas atteinte au principe de la liberté de l'accès au commerce électronique, la description des moyens de cryptologie suppose néanmoins un contrôle de conformité des techniques utilisées par le prestataire étranger.

214. Pour éviter une règlementation de son activité par des législations dont il évite ou dont il ignore la rigueur des dispositions, il est souhaitable que l'opérateur de commerce électronique procède à une orientation de son activité. Il convient de déterminer la loi étrangère applicable au professionnel en fonction de l'orientation volontaire de son activité. Le schéma est presque le même que dans celui des contrats d'adhésion. Il revient à chaque cybercommerçant de faire son choix entre les règlementations nationales en concurrence, et de décider de s'y soumettre ou non.

---

[621]CJCE 3.12.1974, Van Binsbergen (aff. 33/74), http://eur-lex.europa.eu/legal-content/FR/TXT/?uri=CELEX:61974CJ0033.

[622]Ibid.

[623]L'article 127 de la loi burkinabé de 2009 exige une accréditation de l'Autorité de régulation des communications électroniques à tout prestataire qui souhaite fournir un service d'horodatage électronique, de recommandé électronique, d'archivage électronique, de numérisation de documents ou de certification électronique délivrant des certificats qualifiés.

§2. La solution de l'orientation volontaire de l'activité en ligne

215. L'omniprésence sur internet accroît la rentabilité financière. Elle présente aussi l'inconvénient d'exposer le cybercommerçant à des règlementations multiples et parfois contradictoires. Pour éviter cette situation au cybercommerçant, on peut lui accorder d'opérer une délimitation territoriale à l'intérieur de laquelle il déploie son activité. Olivier CACHARD propose la méthode de focalisation qui, à la différence de la localisation, ne se caractérise pas par un ancrage matériel et géographique, mais plutôt par un mouvement vers un Etat ou un marché, accompagné de certains indices qui se dispersent dans différentes directions[624]. Ces indices permettent de constituer l'espace commercial à l'intérieur duquel l'opérateur agit avec les internautes. Plusieurs appellations sont souvent données à cette technique juridique : « orientation de l'activité », « activité dirigée » et « focalisation » sont bien des synonymes[625]. Cette option présente l'avantage de la soumission de l'activité à des règlementations connues et choisies en connaissance de cause par le professionnel. La méthode de l'orientation de l'activité a un contenu (A) et propose des indices permettant d'identifier les Etats dont le cybercommerçant accepte les contraintes légales (B).

A. Le contenu de l'orientation volontaire de l'activité

216. Les législations des pays francophones d'Afrique subsaharienne ne sont pas encore imprégnées de la notion d'activité dirigée[626]. Sur internet, on peut constater qu'il existe deux types de cybercommerçants : d'une part ceux qui optent pour une délimitation territoriale, et d'autre part ceux qui préfèrent bénéficier des opportunités de rentabilité à l'échelle globale. Cette délimitation relève exclusivement de la volonté du professionnel qui choisit librement, en fonction de la souplesse juridique et de la rentabilité escomptée que les législations nationales accordent (1). L'activité est dirigée sur la base des contingences économiques qui peuvent peser sur les aspects juridiques, et convaincre le cybercommerçant de renoncer à la sécurité juridique de la délimitation de l'espace commercial (2).

---

[624] O. CACHARD, thèse, op. cit., p. 66, n°109.

[625] L'auteur finit lui-même par ne plus les distinguer : « L'objection du caractère de volontaire et facultatif de la focalisation de l'activité électronique est la plus impressionnante. Elle surgit lorsque l'opérateur a déjà adopté un comportement ambigu ou a simplement refusé d'orienter ou de focaliser son activité » ; « Il serait bien artificiel de chercher à déceler son orientation ou sa focalisation vers un ou plusieurs Etats » ; « Dans ces conditions, la détermination de l'orientation ou de la focalisation de l'activité… » ; O. CACHARD, thèse, op cit, p. 71, n°117.

[626] « La jurisprudence a déjà fait preuve d'une grande capacité à élaborer des systèmes juridiques complexes à partir de textes très généraux », D. MOUGENOT, « Droit de la preuve et technologies nouvelles : synthèse et perspectives », Droit de la preuve-Formation permanente CUP, Volume XIX, octobre 1997, p. 98.

1. Le choix volontaire de la délimitation de l'espace commercial

217. L'orientation de l'activité commerciale relève de la volonté du cybercommerçant. L'opérateur procède à l'orientation de l'activité vers des Etats ciblés qu'il mentionne sur son site, ou qu'il insère dans son offre s'il procède par spamming ou par mail en cas de prospection. Lorsque le cybercommerçant occupe un espace géographique très étendu, il peut se contenter d'énumérer simplement les territoires exclus de son offre. La façon la plus adéquate consisterait à ne donner accès qu'aux internautes résidents dans les pays choisis, après déclinaison des informations d'identification et de localisation du lieu du domicile.

218. Mais à cause des stratégies commerciales, les cybercommerçants s'interdisent de telles pratiques et préfèrent rendre l'offre accessible en soumettant la passation de la commande à des déclarations déterminantes pour la suite de l'opération. De la sorte à défaut de soumettre son activité aux lois nationales des pays exclus de sa sphère commerciale, l'opérateur de commerce électronique aura néanmoins réalisé une publicité qui pourra s'avérer lucrative à certaines occasions. L'efficacité de l'orientation volontaire de l'activité en ligne est basée sur la localisation géographique de l'internaute. Les déclarations d'identification et de domicile n'étant pas toujours exactes, certaines conditions générales exigent que le client fournisse une pièce d'identité en cours de validité avant de lui autoriser l'accès au processus de commande. Les déclarations de l'opérateur de commerce électronique et les précautions prises pour éviter de donner accès au client situé dans un territoire non désirable, permettent de déceler son intention de se soustraire aux dispositions locales. Le but est très souvent de ne diriger l'activité que vers les Etats dont les législations révèlent des similarités et peu de divergences.

219. La délimitation de l'activité permettra au cybercommerçant d'échapper à un cumul de dispositions impératives[627]. Alors que la volonté n'a en principe aucun effet sur les dispositions impératives d'un Etat, l'intérêt de l'orientation de l'activité réside dans la nécessité d'attribuer au cybercommerçant la possibilité d'opérer un choix entre les lois impératives en concours. La renonciation à cette option implique l'effet inverse.

2. La renonciation du cybercommerçant à une délimitation spatiale de l'activité

220. Afin de tirer profit au maximum des potentialités économiques qu'offre l'ubiquité d'internet, certains opérateurs de commerce électronique préfèrent ne pas limiter les territoires vers lesquels ils dirigent leurs activités. Ils assument donc pleinement leur penchant pour les opportunités commerciales au détriment de la sécurité juridique. La situation serait très facile si les cybercommerçants ne faisaient pas recours à des ruses dans le

[627] O. CACHARD, thèse, op. cit., p. 67, n°110.

but de bénéficier de manière arbitraire à la fois de la sécurité juridique qu'offre l'orientation de l'activité et de la rentabilité générée par l'ubiquité d'internet. C'est le cas notamment lorsque l'opérateur mentionne un simple avertissement général sur un icône accessible et lisible, précisant que le site est orienté vers les territoires où les informations et les conditions d'exercice de l'activité sont licites. C'est aussi le cas pour l'opérateur qui prétend que son site n'est pas orienté vers les Etats dans lesquels il effectue pourtant des opérations, alors qu'il ne respecte pas leurs règlementations nationales. La situation est simple : soit l'opérateur de commerce électronique mentionne les pays exclus, mais accorde à leurs résidents la possibilité de passer commande, soit l'opérateur prévoit une clause à caractère général et imprécis lui accordant arbitrairement à chaque fois le droit de réfuter ou de valider chaque commande. Dans ces cas l'activité de l'opérateur n'est pas délimitée, puisqu'il n'existera aucun indice permettant d'établir une orientation spécifique à certains Etats.

B. Les indices de l'orientation volontaire de l'activité

Comment déceler la volonté du commerçant de cibler un ou plusieurs autres États vers lesquels il aura dirigé son activité ? Sous quelle forme une telle volonté doit-elle se manifester ? Pour délimiter clairement l'espace géographique dans lequel il souhaite déployer son activité, l'opérateur de commerce électronique peut inscrire des mentions expresses sur son site (1) ou dans son offre contenue dans un mail. A défaut, il convient de se retourner vers des critères implicites plus objectifs érigés et appréciés par le juge (2).

1. Les mentions expresses

221. Au nombre des expressions manifestes de la volonté du cybercommerçant d'orienter son activité, figure la mention selon laquelle ce dernier offre ses services ou ses biens dans un ou plusieurs États membres nommément désignés. Pour les internautes des pays exclus de la zone commerciale, certains professionnels affichent la mention expresse « Vous ne pouvez pas accéder à notre boutique depuis votre pays. Nous nous excusons de cette inconvenance »[628]. Il en va de même de l'engagement de dépenses dans un service de référencement sur internet auprès de l'exploitant d'un moteur de recherche, afin de faciliter aux consommateurs domiciliés dans des États bien précis l'accès au site du commerçant. Dans l'arrêt *Gabriel*[629], la CJCE a également pensé à la publicité et aux propositions spécialement faites qui peuvent être diffusées de manière générale par voie de presse, de radio, de télévision, de cinéma ou selon toute autre modalité, ou adressée de manière directe, par exemple par voie de catalogues

[628] http://www.kebello.com/165-costumehomme?gclid=CLLSmIuK3MICFUGx2Nw.
[629] CJCE, Arrêt du 11 juillet 2002, Gabriel, C-96/00, Rec. p. I-6367, point 44.

spécialement dirigés vers ledit État, notamment au moyen d'un agent ou d'un colporteur.

Toutefois on peut douter de la pertinence de la publicité en ligne pour constituer un indice révélant l'orientation de l'activité. La volonté n'est pas toujours présente dans le cas de la publicité sur internet. Ce mode de communication ayant par nature une portée mondiale, une publicité faite sur un site internet est en principe accessible dans tous les États du globe. Bien qu'elle ait pour but de se faire connaître auprès d'un grand nombre de clients potentiels, la publicité en ligne n'est pas déterminante de la volonté du commerçant de cibler ou non des consommateurs sur tous les territoires. On voit mal comment un commerçant pourrait s'interdire de se faire connaître à tout le monde entier alors qu'il ne supporte pas de frais supplémentaires. En limitant la portée de son activité à un ou plusieurs États bien déterminés, le cybercommerçant élimine le risque d'être confronté à une législation inattendue. Au cas où il ne le fait pas expressément, des critères implicites permettent d'y arriver.

2. Les indices implicites

222. Selon la jurisprudence, en l'absence de clauses expresses, le choix de l'orientation de l'activité en ligne n'exclut pas l'analyse de certains indices objectifs. La Cour de justice de l'Union Européenne propose une liste non exhaustive de critères objectifs dont la pertinence est stratifiée en fonction de leur aptitude à déterminer les pays ciblés par l'opérateur de commerce électronique. Dans un arrêt de 2010 la CJUE[630] enseigne que « les éléments suivants, dont la liste n'est pas exhaustive, sont susceptibles de constituer des indices permettant de considérer que l'activité du commerçant est dirigée vers l'État membre du domicile du consommateur, à savoir la nature internationale de l'activité, la mention d'itinéraires à partir d'autres États pour se rendre au lieu où le commerçant est établi, l'utilisation d'une langue ou d'une monnaie autres que la langue ou la monnaie habituellement utilisées dans l'État membre dans lequel est établi le commerçant avec la possibilité de réserver et de confirmer la réservation dans cette autre langue, la mention de coordonnées téléphoniques avec l'indication d'un préfixe international, l'engagement de dépenses dans un service de référencement sur internet afin de faciliter aux consommateurs domiciliés dans d'autres États membres l'accès au site du commerçant ou à celui de son intermédiaire, l'utilisation d'un nom de domaine de premier niveau autre que celui de l'État membre où le commerçant est établi et la mention d'une clientèle internationale composée de clients domiciliés dans différents États membres. Il appartient au juge national de vérifier l'existence de tels indices ». L'arrêt distingue les indices exclus de certains critères

---

[630] CJUE, (grande chambre), 7 décembre 2010, affaires jointes C-585/08 et C-144/09, Peter Pammer c/ Reederei Karl Schlüter GmbH & Co. KG (C-585/08) et Hotel Alpenhof GesmbH c/ Oliver Heller (C-144/09).

prédominants, et d'autres critères moins significatifs qui nécessitent une certaine appréciation des circonstances.

223. Parmi les indices certains, on cite la mention d'itinéraires à partir d'autres États pour se rendre au lieu où le commerçant est établi. Au titre des indices moins pertinents, l'utilisation d'une langue ou d'une monnaie ne s'avèrent adéquats que si elles sont distinctes de la langue et de la monnaie du lieu d'établissement du cybercommerçant. L'histoire coloniale des pays francophones de l'Afrique subsaharienne constitue un obstacle à l'admission de ces indices. En effet, ils partagent tous la même langue française et la monnaie unique qui est le Franc *CFA*. Si la langue doit être analysée non en fonction du pays de destination, mais en fonction de la langue du lieu d'établissement du commerçant[631], aucune distinction de langue ne peut être faite pour les pays visés par cette étude. Il en est de même pour l'indication des coordonnées téléphoniques avec préfixe international. Elle ne mentionne pas le lieu vers lequel le commerçant dirige son activité. Indépendamment de la volonté du cybercommerçant, l'internaute a la faculté de le contacter en vue de conclure un contrat.

224. En revanche, la disponibilité des produits sur le territoire présente un caractère substantiel. La disponibilité n'exige pas la présence physique et effective des produits à l'intérieur des frontières nationales. Selon LARDIEUX, « les produits seront considérés comme disponibles en France lorsque le commerçant aura dirigé ses activités vers la France »[632]. Mais la simple accessibilité au site ne suffit pas pour établir que l'activité est ainsi dirigée. L'arrêt *« Delticom »* rendu par la chambre commerciale de la Cour de cassation le 9 mars 2010 semble aller directement dans ce sens en exigeant une disponibilité des produits sur le territoire français, après avoir constaté l'existence d'une rubrique de satisfaction de la clientèle française permettant d'établir que l'activité était bien dirigée vers le territoire français[633].

Les indices exclus sont l'adresse électronique dont la composition ne détermine aucunement l'orientation de l'activité, l'adresse géographique, et

---

[631] La langue et la monnaie ne constituent pas des éléments pertinents aux fins d'apprécier si une activité est dirigée vers un ou plusieurs autres États membres. Il en va ainsi, en effet, lorsqu'elles correspondent aux langues habituellement utilisées dans l'État à partir duquel le commerçant exerce son activité et à la monnaie de cet État. Si, en revanche, le site Internet permet aux consommateurs d'utiliser une autre langue ou une autre monnaie que celles-ci, la langue et/ou la monnaie peuvent être prises en considération et constituer un indice permettant de considérer que l'activité du commerçant est dirigée vers certains Etats précis. CJCE, (grande chambre), 7 décembre 2010, affaires jointes C-585/08 et C-144/09, Peter Pammer c/ Reederei Karl Schlüter GmbH & Co. KG (C-585/08) et Hotel Alpenhof GesmbH c/ Oliver Heller (C-144/09), point 84.

[632] Cass., Société Delticom AG / Société Pneus Online Suisse, 09 mars 2010, Recueil Dalloz, sommaire, 2010 p. 1183, note G. LARDEUX.

[633] Cass.com, 9 mars 2010, « Sté Delticom AG c/ Pneus online Suisse et Pneus online France »,
http://www.courdecassation.fr/publications_26/arrets_publies_2986/chambre_commerciale_financiere_economique_3172/2010_3324/mars_3506/297_9_15681.html.

l'accessibilité du site. « La simple accessibilité du site internet du commerçant ou de celui de l'intermédiaire dans l'État membre sur le territoire duquel le consommateur est domicilié est insuffisante. Il en va de même de la mention d'une adresse électronique »[634]. Tout comme le fait d'avoir pris simplement connaissance d'un service ou d'un produit, le fait de posséder un tel site internet accessible dans un territoire ne doit pas amener à conclure à une direction d'activités vers cet État.

225. Conclusion du chapitre-1 Afin d'éviter le cumul de règlementations de l'activité du cybercommerçant, la recherche de la loi applicable à l'activité de commerce électronique démontre la mise en œuvre de deux méthodes, à savoir : la localisation de l'installation fixe qui a su résister à l'immatérialité des réseaux lorsque le cybercommerçant est situé à l'intérieur des frontières étatiques, et la détermination de l'espace géographique vers lequel l'activité de l'opérateur est orientée ou dirigée, lorsque ce dernier est situé hors du territoire national. La première technique est un critère fixe de localisation impératif qui ne laisse aucune place à la volonté. La seconde accorde à l'opérateur d'effectuer un choix volontaire de manière expresse ou tacite entre les multiples lois nationales en concours pour régir son activité en ligne. Finalement ces deux instruments contribuent efficacement à l'élimination des situations de cumul des règlementations professionnelles[635]. La détermination de la loi de l'activité conduit vers le régime de responsabilité du professionnel des métiers d'internet.

---

634 Ibid.

635 O. CACHARD, thèse, op. cit., p. 112, n°176.

CHAPITRE 2

La responsabilité des opérateurs en charge des services internet

226. L'accroissement des échanges en ligne a généré l'émergence de métiers spécifiques aux réseaux. Il existe aujourd'hui une diversité de prestataires qui peuvent héberger des sites, distribuer la connexion et l'accès à internet, assurer la sécurité des échanges, faciliter les recherches des internautes, stocker et conserver les données des parties au commerce électronique. Comme dans toute profession, les prestataires de services internet doivent répondre des préjudices causés par leurs activités. Cette responsabilité peut s'étendre au plan pénal, car leurs activités peuvent constituer des infractions. Comme toute réaction en matière pénale doit se conformer au principe de la légalité des délits et des peines, des pistes d'incriminations vont être suggérées au cours de ces développements. La situation est différente en matière civile.

Dans l'hypothèse d'un contrat entre le prestataire et la victime, la responsabilité du premier sera engagée pour défaut d'exécution des obligations. Mais la source de l'obligation ne semble pas pertinente pour démontrer le régime de responsabilité auquel sont soumis les prestataires de services internet. Ce qui est véritablement en cause, c'est plus l'étendue de la responsabilité que la source contractuelle ou délictuelle de l'obligation.

227. La responsabilité de ces opérateurs repose sur l'intensité de l'obligation dont ils sont tenus. L'intensité de l'obligation n'étant pas la même pour tous, il est certain que le régime de responsabilité sera éclaté. La responsabilité civile des prestataires de services internet varie selon la spécificité de chaque type d'activité. Elle ne peut donc être identique. Elle demande de prendre en compte le contrôle exclusif que chaque prestataire a sur les services qu'il propose. On peut s'inspirer de la maîtrise et du pouvoir exclusif du gardien de la chose[636] pour aggraver ou alléger la responsabilité

[636] « Le propriétaire d'une voiture automobile, privé de l'usage, de la direction et du contrôle de son véhicule par l'effet d'un vol se trouve dans l'impossibilité d'exercer sur ce véhicule aucune surveillance ; il n'en a plus la garde et n'est plus dès lors soumis à la présomption de

du prestataire de services internet. C'est en vertu de ce critère que ceux qui interviennent dans la production et la circulation des données peuvent être soumis à la responsabilité de plein droit, tandis que ceux qui n'assurent qu'un simple rôle de transmission ou de conservation pourraient bénéficier d'une responsabilité allégée.

Cet allègement de la responsabilité de certains prestataires n'instaure pas un régime de responsabilité spécial[637]. Le législateur qui accorde un tel privilège au prestataire de services internet n'innove pas[638]. Il prescrit plutôt les lignes directrices et les critères d'appréciation communs du devoir général de prudence et de diligence du fournisseur de services sur internet. C'est dans cette optique qu'on peut évoquer des hypothèses dans lesquelles certains prestataires bénéficieraient d'une exonération légale en fonction du type d'activité exercée[639]. Cette limitation de responsabilité ne change rien, car elle n'empiète que sur l'étendue de leur responsabilité, et non sur son fondement qui demeure bien évidemment la faute. Les prestataires de services internet sont soumis à une responsabilité de plein droit lorsqu'ils interviennent sur les communications électroniques (section 1). Lorsqu'en raison de la nature de leurs activités ils n'interviennent pas sur les communications en ligne, comme c'est le cas avec les intermédiaires techniques, alors ils peuvent bénéficier d'une diminution de leur domaine de responsabilité (section 2).

SECTION 1. LA RESPONSABILITÉ DE PLEIN DROIT DES PRESTATAIRES INTERVENANT SUR LES COMMUNICATIONS EN LIGNE

228. L'intervention sur les communications en ligne peut être le fait soit des prestataires en charge de la sécurisation des données (§1), soit le fait des prestataires facilitant la recherche en ligne (§2). Il convient de rechercher pour chacun d'eux, les indices contribuant à l'application de la responsabilité de droit commun.

---

responsabilité édictée par l'article 1384, alinéa 1er, du Code civil », Cass.1ère Ch. civ. 02 déc. 1941, Bull. n. 292 p. 523.

[637] C. ROJINSKY, Sens interdit- La responsabilité du créateur de lien hypertexte du fait du contenu du site cible, Juriscom.net, 17 décembre 2002, www.juriscom.net; P. OUDOT, L'internet et la responsabilité civile, GP, 03 nov. 2007, n°307, p. 3 et s.

[638] Y. POULLET et J.-F. LE ROUGE, La responsabilité des acteurs de l'internet, p. 27 et 28.

[639] La responsabilité civile délictuelle essentiellement basée sur les articles 1382 et 1383 du Code civil ne s'en trouve pas affectée. Tout au plus, il faudra désormais prendre en considération l'existence d'une série de comportements non susceptibles d'engager la responsabilité de leur auteur. Fondamentalement, on reste dans l'orbite du droit commun.

§1. La responsabilité des prestataires assurant la sécurité des échanges

229. La sécurité est un élément très important sur internet. Elle y est si présente qu'il convient de la circonscrire dans cette étude à la sécurité des données[640]. La mise en œuvre de la sécurité des données dépend de la politique des prestataires de confiance et des produits qu'ils mettent sur le marché[641]. Le prestataire de confiance[642] désigne « toute personne offrant des services tendant à la mise en œuvre de fonctions qui contribuent à la sécurité des informations échangées par voie électronique »[643]. Sur le plan contractuel, sauf causes d'exonération légale comme la force majeure ou le fait du créancier, ces prestataires répondent du préjudice causé aux personnes qui leur ont confié la gestion de leurs conventions secrètes en cas d'atteinte à l'intégrité, à la confidentialité ou à la disponibilité des données transformées à l'aide de ces conventions[644]. A l'égard des tiers, les produits que proposent ces prestataires peuvent causer des préjudices même à ceux qui n'en n'ont pas fait la demande s'ils les utilisent. Les tiers qui se fient au certificat de sécurité souhaiteront engager la responsabilité civile du prestataire (A). En cas d'infraction, la responsabilité du prestataire de confiance peut être recherchée. Au-delà des infractions classiques, des incriminations spécifiques peuvent aussi être envisagées pour la transgression des normes professionnelles (B).

A. La responsabilité civile issue de l'activité de certification

230. Le certificat est un document électronique utilisé pour l'identification d'une personne ou d'un serveur au moyen d'un code appelé

[640] A côté de cette sécurité, on peut aussi évoquer celle des systèmes informatiques.

[641] Tout dispositif, matériel ou logiciel, mettant en œuvre des fonctions qui contribuent à la sécurité des informations échangées par voie électronique.

[642] Il peut s'agir, des labels de confiance et les certifications de sites comme *Trust-E* et *Web Trust*, du prestataire de certification électronique dont l'activité liée à la signature est fortement engagée dans la sécurité des échanges grâce à la cryptologie, ou du prestataire de service d'horodatage défini par l'article1.4 du décret français n°2011-434 comme la « personne en charge de la production et de la délivrance de contremarques de temps, c'est-à-dire le mécanisme associant une représentation d'une donnée à un temps particulier et attestant de l'existence de la représentation de cette donnée à cet instant au moyen d'une contremarque de temps ».

[643] Article 1.II.1 Ordonnance française n° 2005-1516 du 8 décembre 2005 relative aux échanges électroniques entre les usagers et les autorités administratives et entre les autorités administratives.

[644] Article 48 de la loi ivoirienne de 2013 relative aux transactions électronique : « Les personnes fournissant des prestations de cryptologie à des fins de confidentialité sont responsables, nonobstant toute stipulation contractuelle contraire, du préjudice causé aux personnes leur confiant la gestion de leurs conventions sécrètes, en cas d'atteinte à l'intégrité, à la confidentialité ou à la disponibilité des données transformées à l'aide de ces conventions, sauf à démontrer qu'elles n'ont commis aucune faute intentionnelle ou de négligence ».

clef publique[645]. Les fournisseurs de service de certification électronique se situent au cœur d'une infrastructure à clé publique qui comprend plusieurs métiers : autorité de certification, opérateur de certification, autorité d'enregistrement, et services de publication[646]. On note des différences d'appellations au niveau de la personne qui fournit le service de certification[647]. Pour des raisons de compréhension, il convient d'adopter le mot prestataire de service de certification[648]. La responsabilité du prestataire doit être envisagée selon la nature du lien juridique qui l'unit à la victime du certificat (1). Les risques de défectuosité et l'usage des certificats électroniques par toute personne titulaire ou tiers utilisateur exposent le prestataire à des demandes de réparation multiples pouvant provoquer son insolvabilité. Afin d'éviter les risques d'une insolvabilité néfaste pour le développement de l'activité de certification, les prestataires peuvent être soumis à une obligation légale de garantie (2).

1. Le domaine de la responsabilité des prestataires de services de certification

231. Impliqué ou non dans une relation contractuelle avec la victime, le prestataire est tenu de s'assurer de la conformité du produit délivré au client. Plusieurs points doivent être examinés : les informations fournies par le demandeur, la correspondance de la clé publique à la clé privée, l'information des tiers sur l'annulation d'un certificat régulier ayant subi une

---

[645] Le certificat émis par l'autorité de certification lie une clef publique particulière au nom de l'entité qu'il identifie tel qu'un nom d'employé ou de serveur. Les certificats aident à prévenir l'utilisation de fausses clefs publiques pour l'usurpation d'identité. Seule la clef publique certifiée dans le certificat fonctionnera avec la clef privée correspondante possédée par l'entité identifiée par le certificat. En plus de la clef publique, un certificat contient toujours le nom de l'entité qu'il identifie, une date d'expiration, le nom et la signature électronique de son autorité de certification émettrice, un numéro de série et d'éventuelles autres informations utiles. La signature numérique de l'autorité de certification émettrice permet au certificat de fonctionner comme une lettre d'introduction pour les utilisateurs qui connaissent l'autorité de certification et lui font confiance mais qui ne connaissent pas l'entité identifiée par le certificat.

[646] Annuaire ou liste de révocation des certificats ou des autorités de certification reconnues.

[647] Au Burkina Faso, cette entité porte le nom de prestataire de service de certification, conformément à l'article 13 de la loi burkinabé de 2009 sur les transactions électroniques : « Un certificat électronique ne peut être considéré comme qualifié que s'il est délivré par un prestataire de services de certification ». Le prestataire de services de certification assure « tout service consistant à délivrer des certificats électroniques ou à fournir d'autres services en matière de signature électronique », article 2 de la loi burkinabé sur les transactions électroniques de 2009. Alors qu'au Cameroun, le service de certification est une prestation fournie par une autorité de certification : article 5 (65) de la loi camerounaise sur la cybercriminalité : l'autorité de certification désigne selon les dispositions de la loi camerounaise sur la cybercriminalité, « une personne de confiance chargée de créer et d'attribuer des clés publiques et privées ainsi que des certificats électroniques ».

[648] Cette différence d'appellation ne doit pas perturber notre raisonnement, puisque la méthode de travail et les attributions légales sont identiques indépendamment des titres nominatifs ou de fonctions.

utilisation irrégulière. Du fait de l'accord qui le lie au demandeur, la responsabilité contractuelle du prestataire de services de certification peut être établie (a). Mais elle suscite de la curiosité quand elle est engagée par les tiers. En principe, la responsabilité délictuelle se fonde sur les articles 1382 et 1383 du Code civil. Le problème qui se pose est de savoir si de tels fondements peuvent constituer des bases solides à la responsabilité civile délictuelle du prestataire. Répondre par l'affirmative impose de justifier les conditions d'une telle responsabilité (b).

a. En matière contractuelle

232. Contractuellement, les personnes qui délivrent les certificats électroniques dans le but de sécuriser les échanges sont responsables des dommages survenant lors de l'exécution de leurs prestations. Le prestataire de services de certification est généralement lié au titulaire de la signature par un contrat. Ce contrat comporte un double volet.

Le premier volet rapproche la délivrance du certificat au contrat d'entreprise. Cette étape se caractérise par l'accord par lequel le prestataire s'engage à réaliser un ouvrage au bénéfice du demandeur avec lequel il n'est pas en état de subordination hiérarchique.

Le second volet porte sur l'obligation par laquelle le prestataire est tenu de mettre à la disposition de l'utilisateur toute l'infrastructure des clefs pendant une période et à des conditions bien précises. Cet accord peut être assimilé à un contrat de louage. La responsabilité contractuelle du prestataire de certification sera donc engagée lorsque l'inexécution ou le défaut d'exécution aura causé un dommage à la victime. Il convient alors de s'interroger sur les qualités que doit revêtir l'exécution non conforme du prestataire. L'ensemble des obligations du prestataire se rapportent au contenu du certificat, à la conformité des informations qui y sont mentionnées et à la compatibilité entre la clé privée et les clés publiques délivrées. Faut-il voir dans ces contraintes une obligation de moyen limitant l'exécution du prestataire à agir diligemment en bon père de famille, ou faut-il y voir une obligation empêchant toute exonération tant que le résultat ne sera pas atteint ?

233. Le législateur camerounais ne fournit aucune réponse[649]. L'article 121 de la loi burkinabé sur les transactions électroniques prévoit que « le prestataire de service de certification peut dégager sa responsabilité en

[649] Le législateur camerounais se contente d'énumérer les faits éventuels qui susciteraient la responsabilité du prestataire de services de certification. Article 16 (1) de la loi camerounaise sur la cybercriminalité de 2010 « Les autorités de certification sont responsables du préjudice causé aux personnes qui se sont fiées aux certificats présentés par elles comme qualifiées dans chacun des cas suivants : les informations contenues dans le certificat à la date de sa délivrance étaient inexactes ; les données prescrites pour que le certificat puisse être considéré comme qualifié étaient incomplètes ; la délivrance du certificat n'a pas donné lieu à la vérification que le signataire détient la convention privée correspondant à la convention publique de ce certificat ».

prouvant qu'il n'a commis aucune négligence ». Il est suivi dans ce sens par l'article 18 §3 de la loi sénégalaise de 2008 sur la cryptologie qui précise que « les prestataires de services de cryptologie sont responsables vis-à-vis des personnes qui se sont raisonnablement fiées à leur produit, du préjudice résultant de leur faute intentionnelle ou de leur négligence »[650]. De même, l'article 33 de la loi française n° 2004-575 du 21 juin 2004 pour la confiance dans l'économie numérique dont dispose que « sauf à démontrer qu'ils n'ont commis aucune faute intentionnelle ou de négligence, les prestataires de services de certification électronique sont responsables du préjudice causé aux personnes qui se sont fiées raisonnablement aux certificats présentés par eux comme qualifiés dans chacun des cas suivants : Les informations contenues dans le certificat, à la date de sa délivrance, étaient inexactes ; Les données prescrites pour que le certificat puisse être regardé comme qualifié étaient incomplètes ; La délivrance du certificat n'a pas donné lieu à la vérification que le signataire détient la convention privée correspondant à la convention publique de ce certificat [...] ».

234. Ces dispositions posent un principe de présomption de responsabilité qui s'effondre dès qu'il est démontré que les prestataires n'ont commis aucune faute intentionnelle ou de négligence. On peut s'interroger sur l'opportunité d'une orientation de la responsabilité des prestataires de certification vers le fondement de l'obligation de moyens.

Après son apparition dans le contrat de transport[651], l'obligation de sécurité s'est très vite étendue aux autres domaines du droit. Elle a été qualifiée d'obligation de moyens par la jurisprudence[652]. « Qualifiée de moyens, l'obligation de sécurité place effectivement ses créanciers dans une bien curieuse situation. Les malheureux devront prouver la faute du débiteur »[653].

235. Alors que qualifiée de résultat, cette obligation offre toujours au créancier un régime de responsabilité plus avantageux que celui auquel il aurait été soumis à défaut, en qualité de cocontractant, sur le fondement d'une obligation essentielle du contrat, ou en qualité de tiers sur le fondement de la responsabilité délictuelle[654]. Outre le régime de réparation avantageux pour le créancier-victime, l'absence d'aléa dans l'exécution de

---

[650] Le fait que la loi sénégalaise n° 2008-41 du 20 août 2008 porte sur la cryptologie n'empêche pas leur application aux certificateurs qui se servent de cette science de chiffrement dans leurs activités professionnelles.

[651] « L'exécution du contrat de transport [maritime] comporte pour le transporteur, une obligation de conduire le voyageur sain et sauf à destination », S. 1912,1, p.73, note LYON-CAEN ; DP 1913, 1, p.249, note L. SARRUT.

[652] « L'obligation accessoire de sécurité n'est que de moyens lorsque le créancier conserve un rôle actif personnel et connu de lui », Cass. 11 mars 1941, DC 1943, p.143 note DESBOIS ; D. 1949, p.377 note DERRIDA ; JCP G 1949, II, 4959, note RODIERE ; V. aussi DEMOGUE, Traité des obligations en général, V, 1925, p.538 et H. MAZEAUD « Essai de classification des obligations », RTD civ. 1931, p.1.

[653] C. BLOCH, L'obligation contractuelle de sécurité, PUAM, 2002, p. 17, n°7

[654] C. BLOCH, op. cit., p.128, n°206.

cette prestation justifie une telle qualification. Le certificat résulte d'une opération technique sans aléa constituant une obligation de résultat[655].

236. Le prestataire de service de certification peut recourir aux clauses limitatives de responsabilité. Ces clauses doivent impérativement figurer sur le contrat ou le certificat, de sorte qu'elles soient facilement accessibles, lisibles et compréhensibles par tout individu raisonnable. Toutefois ces clauses ne doivent pas avoir pour but de produire un déséquilibre en défaveur du consommateur. Sans contester la validité des contrats proposés au consommateur, les clauses abusives inscrites dans le but de limiter de façon arbitraire et inégale la responsabilité du prestataire seront réputées non écrites. Lorsque le dommage subi touche toute personne autre que le titulaire du certificat, alors la responsabilité délictuelle du prestataire peut être engagée.

b. La responsabilité délictuelle

237. Les tiers avec lesquels le prestataire n'est pas lié par un contrat peuvent être en contact avec la certification émise. Même sans être des cocontractants de ce dernier, ils peuvent utiliser le certificat. Sur le fondement de l'article 1382 du Code civil[656], le tiers qui a subi un préjudice du fait de l'utilisation du certificat peut obtenir réparation en établissant la responsabilité délictuelle du prestataire. C'est le cas dans les hypothèses où un certificat révoqué n'a pas été enregistré et publié dans le but d'informer des tiers, alors qu'il a été présenté comme étant qualifié. On peut citer les dommages nés des vices de conception, les défauts d'identification des personnes concernées, et les mentions erronées.

238. Cependant des obstacles peuvent entraver cette responsabilité, particulièrement lorsque le trouble relève du fait du titulaire du certificat ou du tiers utilisateur lui-même. Le fait de la victime n'est pas unique. On en dénombre plusieurs variantes. On peut évoquer l'usage du certificat qualifié dépassant les limites fixées à son utilisation ou à la valeur des transactions pour lesquelles il est utilisé[657]. Le fait de la victime peut aussi naître de l'usage non autorisé du produit[658]. Pour cela, il est indispensable que ces

---

[655] Ph. LE TOURNEAU, Droit de la responsabilité et des contrats, Coll. Dalloz, 8ème éd. 2010, p. 912.

[656] Article 1382 du Code civil : « Tout fait quelconque de l'homme, qui cause à autrui un dommage, oblige celui par la faute duquel il est arrivé à le réparer ».

[657] Article 16 (2) de la loi camerounaise sur la cybercriminalité : « Les autorités de certification ne sont pas responsables du préjudice causé par un usage du certificat qualifié dépassant les limites fixées à son utilisation ou à la valeur des transactions pour lesquelles il peut être utilisé, à condition que ces limites figurent dans le certificat qualifié et soient accessibles aux utilisateurs ».

[658] Article 18 de la loi sénégalaise de 2008 sur la cryptologie : « Les prestataires de services de cryptologie sont exonérés de toute responsabilité à l'égard des personnes qui font un usage non autorisé de leur produit ».

limites figurent dans le certificat qualifié, et qu'elles soient accessibles aux utilisateurs.

239. Pour dégager les prestataires de leur responsabilité vis-à-vis des utilisateurs de leurs produits, il est nécessaire que le contenu du certificat fasse mention de diverses informations au titre desquelles : l'indication du début et de la fin de la période de validité du certificat électronique ainsi que le code d'identité de celui-ci, la signature électronique sécurisée du prestataire de service de certification qui délivre le certificat électronique, les conditions d'utilisation du certificat électronique, notamment le montant maximum des transactions pour lesquelles ce certificat peut être utilisé[659]. Ces informations sont des éléments de connaissance, exprimés sous forme écrite, visuelle, sonore ou numérique, susceptibles d'être représentés à l'aide de conventions pour être utilisés, communiqués et conservés dans le contenu du certificat de manière à en garantir l'accès à l'utilisateur. La responsabilité du prestataire de certification peut être engagée en l'absence de ces informations ou en cas d'impossibilité d'y accéder[660]. Alors que si les mentions insérées sont accessibles, le tiers sera informé lorsqu'il souhaitera utiliser le certificat. L'observation de ces exigences par le prestataire a pour effet de l'exonérer de sa responsabilité. Ainsi pour tout dommage sur un tiers résultant du non-respect des conditions d'utilisation, c'est la responsabilité du titulaire qui sera engagée et non celle du prestataire. C'est le cas notamment pour la divulgation des informations confidentielles du certificat ou l'usage collectif d'un certificat personnel, l'absence de contrôle des données communiquées au prestataire lors de la création du certificat, et enfin la non information du prestataire de certification de toute utilisation illégitime de la signature. S'agissant particulièrement de cette dernière obligation qui apparaît naturellement comme une obligation de résultat, elle n'a de sens que si le prestataire a effectivement mis en place un mécanisme de communication avec ses clients. En dehors de ces exceptions, la responsabilité du prestataire est maintenue dans les cas n'impliquant ni la faute du titulaire, ni la faute du tiers qui est victime du certificat.

---

[659] L'article 14 de la loi burkinabé de 2009 sur les transactions électroniques énonce qu'un « certificat électronique qualifié comporte les mentions suivantes : une mention indiquant que ce certificat est délivré à titre de certificat électronique qualifié ; l'identité du prestataire de services de certification électronique ainsi que l'Etat dans lequel il est établi ; le nom du signataire et, le cas échéant, sa qualité ; les données de vérification de la signature électronique correspondant aux données de création de celles-ci ; l'indication du début et de la fin de la période de validité du certificat électronique ainsi que le code d'identité de celui-ci ; la signature électronique sécurisée du prestataire de service de certification qui délivre le certificat électronique ; les conditions d'utilisation du certificat électronique, notamment le montant maximum des transactions pour lesquelles ce certificat peut être utilisé ».

[660] Article 16 (2) de la loi camerounaise sur la cybercriminalité : « Les autorités de certification ne sont pas responsables du préjudice causé par un usage du certificat qualifié dépassant les limites fixées à son utilisation ou à la valeur des transactions pour lesquelles il peut être utilisé, à condition que ces limites figurent dans le certificat qualifié et soient accessibles aux utilisateurs ».

2. La garantie de la réparation du préjudice

240. L'importance des activités de certification dans la sécurité des transactions, amène à s'interroger sur les incidences économiques de la réparation du préjudice subi par les victimes qui se sont fiées au certificat défectueux. Compte tenu du nombre potentiellement élevé des réclamations et de l'ampleur des préjudices subis, les victimes peuvent se heurter à l'insolvabilité du prestataire de certification. L'objectif de la réparation des préjudices subis s'en trouverait affecté.

241. Néanmoins, un regard du côté de la théorie de la garantie peut constituer une base solide dans les activités de certification et de cryptographie. Imaginée pour adapter le droit de la responsabilité civile à l'impératif d'indemnisation des victimes de risques industriels, cette théorie se fonde sur la nécessité de réparer le dommage causé[661]. Le meilleur remède apporté aux obstacles à l'indemnisation de la victime de l'activité professionnelle du responsable est la généralisation de l'assurance responsabilité. Pour garantir l'indemnisation des victimes d'un certificat qui aurait causé des préjudices aux utilisateurs qui s'y sont fiés, certaines dispositions offrent l'option entre une garantie financière suffisante qui devrait être constituée par un dépôt bancaire, et la souscription d'une assurance responsabilité civile professionnelle qui mettrait le professionnel à l'abri des recours de certaines victimes. C'est le cas notamment de l'article 16 (3) de la loi camerounaise de 2010 sur la cybercriminalité qui dispose que, « les autorités de certification doivent justifier d'une garantie financière suffisante, spécialement affectée au paiement des sommes qu'elles pourraient devoir aux personnes s'étant fiées raisonnablement aux certificats qualifiés qu'elles délivrent, ou d'une assurance garantissant les conséquences pécuniaires de leur responsabilité civile professionnelle ». Cette position est partagée par l'article 88 de la loi burkinabé de 2009 sur les transactions électroniques qui affirme que les prestataires de confiance « doivent disposer de ressources financières suffisantes pour fonctionner conformément aux exigences prévues par la présente loi, en particulier pour endosser la responsabilité de dommages, en contractant, notamment, une assurance ». La mise en cause du prestataire peut se prolonger au domaine pénal sous réserve du principe de la légalité criminelle. Des pistes peuvent être évoquées pour la pénalisation de la violation des normes règlementant cette profession.

B. Les incriminations nécessaires

De manière spécifique, la responsabilité pénale du prestataire peut être engagée en cas de violation des obligations professionnelles de certification électronique (1), et la transgression des réquisitions des autorités étatiques (2).

---

[661] « La faute n'est pas une condition nécessaire de la responsabilité, puisque, même en l'absence de faute, les dommages sont illicites, causés sans droit, et doivent être réparés », B. STARCK, H. ROLAND et L. BOYER, Droit civil, obligations, 1. Responsabilité civile délictuelle, 3ème éd. Litec, 1988, p. 45, n°76.

1. La violation des obligations professionnelles de certification électronique

242. La jeunesse des pays francophones d'Afrique subsaharienne semblerait constituer un grand handicap dans la lutte contre la violation des obligations dont le prestataire est tenu à l'égard de l'organisme public en charge de la certification. L'absence de dispositions pénales sur les sanctions ne doit pas empêcher la recherche des comportements asociaux à incriminer. Il revient aux législateurs nationaux de s'exprimer sur la durée des sanctions.

243. Des pistes peuvent être envisagées sur la nature des infractions à reprocher au prestataire de certification ou de cryptographie. On peut s'inspirer des conditions imposées aux sociétés commerciales par les Actes uniformes révisés portant droit commercial général et droit des sociétés commerciales. Les dispositions du premier Acte uniforme imposent de déclarer la création de la société au greffe du tribunal compétent[662], afin de bénéficier de l'inscription au Registre de commerce et de crédit mobilier. Les activités de certification et de cryptographie imposent nécessairement l'obtention d'un agrément auprès des autorités de l'Etat[663]. Dans ce contexte, la violation d'une telle disposition par l'exercice de l'activité en l'absence d'agrément justifiera légitimement une sanction pénale. Dans ce sens, l'article 2 alinéa 2 de l'annexe III du Code pénal sénégalais introduit par l'article 20 de la loi sénégalaise sur la cryptographie l'alinéa 2 punit d'un emprisonnement d'un an à cinq ans et d'une amende de 1.000.000 francs à 20.000.000 francs ou de l'une de ces deux peines seulement, quiconque aura fourni des prestations de cryptologie sans avoir obtenu préalablement l'agrément de la Commission nationale de cryptologie.

244. En s'inspirant de l'Acte uniforme révisé relatif au droit des sociétés commerciales, on peut se fonder sur l'exigence de déclaration de la constitution de la société auprès du notaire[664], pour incriminer l'absence de déclaration à l'organisme public des moyens, des outils et des instruments utilisés pour la sécurité en ligne[665]. Cette déclaration doit contenir la

---

[662] Article 46 de l'Acte uniforme révisé portant droit commercial général : « Les personnes morales soumises par des dispositions légales à l'immatriculation doivent demander leur immatriculation dans le mois de leur constitution, auprès du greffe de la juridiction compétente ou de l'organe compétent dans l'Etat Partie dans le ressort duquel est situé leur siège social ou leur principal établissement ».

[663] Article 16 de la loi sénégalaise sur la cryptographie : « Les organismes exerçant des prestations de cryptologie doivent être agréés par la Commission nationale de cryptologie ».

[664] Article 10 de l'Acte uniforme révisé relatif au droit des sociétés commerciales et du GIE : « Sauf dispositions contraires, les statuts sont établis par acte notarié ou par tout acte offrant des garanties d'authenticité dans l'Etat du siège de la société déposé avec reconnaissance d'écritures et de signatures par toutes les parties au rang des minutes d'un notaire. Ils ne peuvent être modifiés qu'en la même forme ».

[665] L'article 1 de l'annexe III du Code pénal sénégalais introduit par l'article 20 de la loi sénégalaise sur la cryptographie dispose clairement que, « Quiconque n'aura pas satisfait à l'obligation de communication à la Commission nationale de cryptologie d'une description des caractéristiques techniques du moyen de cryptologie dans les conditions prévues à l'article 9 de la loi sur la cryptologie sera puni d'un emprisonnement de six mois à deux ans et

description des caractéristiques techniques des moyens que compte utiliser le prestataire, ainsi que la politique générale de sécurité qu'il compte offrir. Cette communication pourra se faire soit sur déclaration, soit à l'occasion des demandes d'homologation des moyens de cryptographie dans le but d'obtenir les certificats d'homologation des équipements électroniques[666].

245. Enfin il est possible d'élargir la responsabilité pénale du prestataire à la réticence dolosive, notamment lorsqu'il aura mis sur le marché des instruments qui n'assurent pas des niveaux de sécurité avancés, sans en informer ses clients et l'organisme public ou privé en charge du contrôle de cette activité[667]. L'expérience sénégalaise est riche en l'espèce, notamment grâce à l'article 2 de l'annexe III du Code pénal sénégalais qui sanctionne d'un emprisonnement de six mois à cinq ans et d'une amende de 400.000 francs à 5.000.000 francs ou de l'une de ces deux peines seulement, quiconque aura fourni ou importé un moyen de cryptologie n'assurant pas exclusivement des fonctions d'authentification ou de contrôle d'intégrité sans satisfaire à l'obligation de déclaration préalable auprès de la Commission nationale de cryptologie ». Au-delà de la réticence dolosive, l'enjeu de l'incrimination d'un tel comportement est aussi fiscal, lorsque l'absence de déclaration d'un matériel perfectionné permet d'échapper à une imposition plus lourde en raison de l'envergure des activités.

Il s'agit des pistes que peuvent emprunter les législateurs des pays francophones d'Afrique subsaharienne pour renforcer la règlementation des activités de sécurité en ligne. D'autant plus que le silence de certains, comme le législateur camerounais, est simplement dû au fait que le régime de la certification est encore dans l'attente d'un décret d'application devant organiser la régulation des activités de sécurité électronique[668].

246. Mais dans l'attente de ces incriminations, les organismes publics en charge de la sécurité peuvent infliger des sanctions administratives au prestataire indélicat. Le prestataire de certification électronique est tenu de se conformer aux conditions d'accès, d'exercice et de contrôle établies par la loi et dont l'organisme public est garant. Les acteurs peuvent d'abord être disciplinés par des sanctions administratives très dissuasives. On peut citer

---

d'une amende de 400.000 francs à 2. 000.000 francs ou de l'une de ces deux peines seulement ».

[666] Article 7 (2) de la loi camerounaise sur la cybercriminalité : « L'Agence Nationale des Technologies de l'Information et de la Communication est chargée [...] d'instruire les demandes d'homologation des moyens de cryptographie et de délivrer les certificats d'homologation des équipements de sécurité ».

[667] Notamment en raison du fait que ce dernier est tenu de savoir la qualité des instruments du prestataire au moment de l'obtention de l'agrément.

[668] Article 7 de la loi camerounaise sur la cybercriminalité : « L'Agence Nationale des Technologies de l'information et de la communication, ci- après désignée l'agence, instituée par la loi régissant les communications électroniques au Cameroun, est chargée de la régulation des activités de sécurité électronique, en collaboration avec l'Agence de Régulation des télécommunications [...] Un décret du Premier ministre précise les modalités d'application des dispositions de l'alinéa 1 ci-dessus ».

l'article 60 de la loi camerounaise sur la cybercriminalité qui dispose que, « lorsqu'une autorité de certification ne respecte pas les obligations auxquelles elle est assujettie, l'Agence peut, après avoir mis la structure en demeure de présenter ses observations, prononcer l'interdiction de mise en circulation du moyen de cryptographie concerné. L'interdiction de mise en circulation est applicable sur l'ensemble du territoire national. Elle emporte en outre pour le fournisseur, l'obligation de procéder au retrait : des moyens de cryptographie dont la mise en circulation a été interdite auprès des diffuseurs commerciaux ; matériels constituant des moyens de cryptographie dont la mise en circulation a été interdite et qui ont été acquis à titre onéreux, directement ou par l'intermédiaire de diffuseurs commerciaux ». La violation de l'interdiction de l'organisme public suscité peut ouvrir la voie à une nouvelle incrimination, à savoir l'opposition de fait aux réquisitions des autorités étatiques.

2. La transgression des réquisitions et injonctions des autorités étatiques

247. Requérir signifie sommairement le fait de demander en vertu d'un droit. La réquisition est un ordre ou une injonction donnée par une autorité, qui agit dans les limites de sa compétence auprès d'un homme de l'art, ouvrier, manouvrier, experts, ou toutes personnes pouvant prêter son concours dans un cadre administratif ou judiciaire[669]. La réquisition provient soit d'une autorité judiciaire, soit d'une autorité administrative[670]. La nature des autorités émettrices de tels actes ne doit pas être limitée aux seules autorités judiciaires. L'administration publique, notamment les organismes nationaux en charge du contrôle de la certification, doivent avoir le pouvoir d'émettre des injonctions à l'égard des professionnels de cette activité. On ne voit pas comment assurer un contrôle de la profession alors qu'on est démuni de tout pouvoir sur les professionnels concernés. La loi camerounaise sur la cybercriminalité semble limiter le pouvoir de réquisition au pouvoir judiciaire[671]. Pourtant, c'est la sanction de la violation des

---

[669] P. MATHONNET et M. GHNASSIA, La Cour de cassation pose ses conditions en matière de réquisitions de documents délivrées au cours des enquêtes préliminaires, Recueil Dalloz 2006 p. 1429.

[670] « Par réquisition, il faut entendre une demande écrite ou verbale délivrée par l'autorité publique, administrative ou judiciaire à une personne physique ou morale, de droit privé comme de droit public, d'accomplir un acte ou une prestation », P. MATHONNET et M. GHNASSIA,, op. cit, p. 1426 ; Article R.642-1 du Code pénal français : « Le fait, sans motif légitime, de refuser ou de négliger de répondre soit à une réquisition émanant d'un magistrat ou d'une autorité de police judiciaire agissant dans l'exercice de ses fonctions, soit, en cas d'atteinte à l'ordre public ou de sinistre ou dans toute autre situation présentant un danger pour les personnes, à une réquisition émanant d'une autorité administrative compétente, est puni de l'amende prévue pour les contraventions de la 2e classe ».

[671] Article 88 de la loi camerounaise sur la cybercriminalité : « est puni d'un emprisonnement de (01) à cinq (05) ans et d'une amende de 100.000 (cent mille) à 1.000.000 (un million) F CFA ou de l'une de ces deux peines seulement, celui qui, ayant connaissance de la convention

réquisitions qui devrait être limité au pouvoir judiciaire, et non le pouvoir exclusif d'adresser des réquisitions au prestataire indélicat. Il convient également de reconnaître et d'attribuer cette prérogative aux organismes publics en charge de l'activité de sécurité sur internet. La négation du pouvoir d'injonction aux autorités nationales en charge du contrôle de la sécurité sur internet a pour inconvénient, de solliciter à tout moment le pouvoir judiciaire pour obtenir des injonctions contre le prestataire. Cela réduit considérablement les contraintes légales qui peuvent peser sur les professionnels. Une telle politique risque d'engorger inutilement les juridictions.

248. L'extension du pouvoir de réquisition aux organismes publics est opportune. L'article 5 de l'annexe III du Code pénal sénégalais prévoit en effet que, « quiconque aura fait obstacle au déroulement des enquêtes prévues à l'article 5 de la loi sur la cryptologie ou refusé de fournir des informations ou documents y afférents sera puni d'emprisonnement d'un (1) an à cinq (5) ans et d'une amende de 1 000 000 francs à 20.000.000 francs ou de l'une de ces deux peines seulement ». Au-delà des injonctions, l'article 5 alinéa 5 de la même loi reconnaît à la Commission Nationale de Cryptologie, le droit de « mener des enquêtes et procéder à des contrôles sur les prestataires de services de cryptologie ainsi que sur les produits fournis ». De telles mesures renforcent le pouvoir coercitif des organismes publics en charge du contrôle de l'activité de certification. L'application d'une telle responsabilité aux facilitateurs de recherche sur internet est souhaitable.

§2. La responsabilité des prestataires facilitant la recherche en ligne

249. Les prestataires facilitant la recherche en ligne sont des personnes physiques ou morales qui, à l'issue des contrats les liant aux opérateurs de commerce en ligne, ont pour activités d'une part de mettre gratuitement à la disposition des internautes des facilités d'accès à diverses informations, et d'autre part de promouvoir l'accès rapide aux sites par des pratiques technico-commerciales. On dénombre généralement trois types de facilitateurs de recherche. D'abord les référenceurs qui procèdent par moteurs de recherche[672], par *métatags*[673], ou par des liens hypertextes[674].

secrète de déchiffrement, d'un moyen de cryptographie susceptible d'avoir été utilisé pour préparer, faciliter ou commettre un crime ou un délit, refuse de remettre ladite convention aux autorités judiciaires ou de la mettre en œuvre, sur les réquisitions de ces autorités. Si le refus est opposé alors que la remise ou la mise en œuvre de la convention aurait permis d'éviter la commission d'un crime ou d'un délit ou d'en limiter les effets, les peines prévues à l'alinéa 1 ci-dessus, sont portées de trois (03) à cinq (05) ans d'emprisonnement et l'amende de 1.000.000 (un million) à 5.000.000 (cinq millions) F CFA ».

[672] Ce sont des sortes de « systèmes d'exploitation des bases de données » qui diffusent des données en les regroupant par des mots clés ou par ordre de pertinence. Le moteur de recherche procède grâce à un programme informatique intelligent après réception de la

Ensuite, les annuaires en ligne qui constituent des répertoires de sites classés selon des catégories définies, et à l'intérieur desquelles on effectue un référencement manuel après demande du titulaire du site internet[675]. Enfin, les encyclopédies en ligne qui sont des sites spécifiquement dédiés au classement, et à la compilation d'informations présentées aux internautes[676]. En 2009, un arrêt de la Cour d'appel de Paris a pensé limiter la responsabilité de ces prestataires par une assimilation du moteur de recherche au statut d'hébergeur[677]. Le degré d'implication dans le choix des sites à promouvoir supposerait une sélection des informations faisant l'objet de la transmission[678]. Mais cette vision trop simpliste permet à ce type de prestataires, de spéculer en toute immunité sur les investissements et les droits des victimes. Il convient de rechercher dans le droit commun, les fondements de la responsabilité civile des fournisseurs d'outils de recherche (A) et les conditions de mise en œuvre de leur responsabilité pénale (B).

---

demande de recherche de l'internaute, à la traduction de ce besoin en un ensemble de mots-clés qu'il recherche dans la liste des sites répertoriés et les affiche par ordre décroissant pour exploitation. Voir : M. VIVANT, « A la recherche des moteurs », Chron. Com.Comm. électr. Avril 2001, 8 ; S. ASTIER et G. HAAS, Fournisseurs d'outils de recherche internet et droits fondamentaux, legalis.net, trim. Déc. 2006,#4, p. 7.

673 Mots-clés cachés dans les codes sources HTML d'un site permettant aux robots des annuaires et des moteurs de recherche, d'appréhender le contenu du site visé.

674 Les liens hypertextes sont de quatre types : le lien hypertexte simple qui permet de passer de la page d'accueil du site d'origine à la page d'accueil du site cible ; le lien hypertexte profond qui permet de pointer directement vers la page secondaire d'un autre site ; le in line linking qui permet l'insertion par lien hypertexte ou hypermédia dans une page web d'éléments appartenant à d'autres sites ; et enfin le framing qui consiste à faire apparaître le contenu d'un site comme étant le sien, sans nécessairement mentionner la source et sans afficher l'adresse du site. D. LEBEAU-MARIANNA, Le référencement : risques et enjeux, GP, 02 juin 2001, p. 66.

675 S. ASTIER et G. HAAS, Fournisseurs d'outils de recherche internet et droits fondamentaux, legalis.net, op cit. p. 7.

676 « Ceux-ci peuvent librement participer ou contribuer à leur création, leur évolution ou leur mise à jour. L'exemple de l'encyclopédie WIKIPEDIA est le plus illustratif », S. ASTIER et G. HAAS, op. cit., p. 8.

677 Dans une affaire dans laquelle l'humoriste Jean-Yves Lafesse avait constaté que certains de ses sketches étaient visibles en se connectant au site www.waza.fr, la Cour d'appel de Paris a assimilé le moteur de recherche à l'hébergeur en considérant que « l'imperfection de l'indexation ne rend pas compte d'un choix éditorial…Considérant en revanche que son activité [celle du moteur de recherche] est celle d'un intermédiaire technique dont la responsabilité ne peut être appréhendée qu'au regard des dispositions de la loi du 21 juin 2004 et de son article 6.I-5 lequel précise la forme que doit prendre la notification adressée au prestataire technique ». Paris, Pôle 5, 2ème ch. 11 déc. 2009, n° 315, Paris - RG n° 07/02914, aff. J. -Y Lambert dit "Lafesse", http://www.droit-technologie.org/upload/actuality/doc/1288-1.pdf.

678 « L'activité de simple transport [assurée par le fournisseur d'accès] bénéficie d'une exonération de responsabilité si trois conditions cumulatives sont réunies […] il ne doit pas avoir sélectionné et modifié les informations faisant l'objet de transmission », C. ROJINSKY, Hyperliens et droit à l'interopérabilité dans la société de l'information, Chron. Com.Comm. électr. Juil.-août 2002, n°18.

A. Les fondements de la responsabilité civile

250. Le TGI de Paris[679] dans un jugement du 22 novembre 2012 a décidé, à l'égard de l'annonceur qui fait enregistrer la marque de la victime auprès du référenceur, que la violation du droit privatif du titulaire ne peut être établie lorsque : l'origine de la marque est préservée à travers sa fonction d'identification d'une part, et que les parties sont économiquement liées d'autre part. La première exception rejoint l'article 7 de l'Annexe III de l'Accord révisé de Bangui[680], tandis que la seconde exception exige un lien économique, afin de condamner la concurrence déloyale de l'annonceur qui exerce la même activité que la victime[681]. Le lien économique suppose une volonté commune et réciproque d'effectuer des actes ensemble, dans des activités de production, de distribution ou de service à la différence de la notion plus étroite de contractant[682]. Mais une conception plus large vise à admettre le lien économique comme une opération économique reposant sur l'imbrication de plusieurs prestations, conçues comme étant totalement

[679] « Lorsque l'usage par un tiers d'un signe identique à la marque est fait pour des produits identiques ou des services identiques à ceux pour lesquels la marque est enregistrée, le titulaire de la marque est habilité à en interdire l'usage si celui-ci est susceptible de porter atteinte à l'une des fonctions de la marque et notamment sa fonction d'identification. La question de savoir s'il y a une atteinte à la fonction d'identification de la marque dépend de la façon dont est présentée l'annonce suscitée par le mot-clé identique à cette marque. Ainsi, il y a atteinte à la fonction d'identification de la marque lorsque l'annonce ne permet pas ou permet difficilement à l'internaute normalement informé et raisonnablement attentif, de savoir si les produits ou services visés par l'annonce proviennent du titulaire de la marque ou d'une entreprise économiquement liée à celui-ci ou au contraire d'un tiers », TGI Paris 3ème chambre, 4ème section Jugement du 22 novembre 2012 Makram H / Protagoras, YL Communication, www.legalis.net/spip.php?page=jurisprudencedecisions.id_article=3.

[680] Article 7 Annexe III Accord révisé de Bangui « L'enregistrement de la marque ne confère pas à son titulaire le droit d'interdire aux tiers l'usage de bonne foi de leur nom, de leur adresse, d'un pseudonyme, d'un nom géographique, ou d'indications exactes relatives à l'espèce, la qualité, la quantité, la destination, la valeur, le lieu d'origine ou l'époque de la production de leurs produits ou de la présentation de leurs services, pour autant qu'il s'agisse d'un usage limité à des fins de simple identification ou d'information et qui ne puisse induire le public en erreur sur la provenance des produits ou services ».

[681] « Ainsi, l'achat du mot clé Ascur pour des liens commerciaux est également constitutif d'une atteinte au nom commercial et aux noms de domaine ascur.org, ascur.com, ascur.net et ascur.fr, causant un risque de confusion dans l'esprit du consommateur avec l'activité de Makram H. sous l'enseigne Ascur et ses noms de domaines [...] la phrase d'attaque « Tous les Stages de Récupérations de Points », est destiné à tromper le consommateur sur l'origine réelle des stages proposés, celui-ci pensant dans ces conditions que le site serait lui-même agréé par les préfectures. », TGI Paris 3ème chambre, 4ème section Jugement du 22 novembre 2012 Makram H / Protagoras, YL Communication, www.legalis.net/spip.php?page=jurisprudence-decisions.id_article=3.

[682] CA Versailles, 7 oct. 2004, n°03/02078, SA Orange France c/ SA Cegetel Entreprises : JurisData n°2004-256239 ; JCP E 2005, 10004 §9, Obs. DECOCQ ; G. LOISEAU, Contrat de location de site internet, Com.comm.électr.Rev.mensuelle Lexisnexis Jurisclasseur, n°5 mai 2015, p. 32 à 33.

indissociables, en tant qu'elles donnent naissance au résultat original recherché par le ou les bénéficiaires[683].

251. Dans le cas d'un référencement reproduisant la marque d'un tiers dans le corps même de l'annonce dans le cadre d'une publicité par exemple, le titulaire peut invoquer la contrefaçon. S'agissant du référencement utilisant la marque d'un tiers et générant une annonce commerciale pour un site concurrent sans reproduction de la marque dans le corps de l'annonce, l'annonceur doit faire afficher de manière expresse l'identification et l'origine des produits, de manière à ce que l'internaute sache s'il est économiquement lié au titulaire ou non[684]. Mais qu'en est-il du référenceur ?

Dans les considérants 116 à 118 de son arrêt du 23 mars 2010, la CJUE subordonne la responsabilité du référenceur à son intervention sur les mots clés litigieux[685]. Réitérée par la Cour de cassation française[686] en 2015, cette position conduira à assimiler le référenceur à l'hébergeur[687], en lui reconnaissant une certaine neutralité sur les données litigieuses. Pourtant, plusieurs fondements sont proposés pour justifier la mise en œuvre de la responsabilité du fournisseur d'outils de recherche. Le fondement délictuel pour la responsabilité du facilitateur de recherche est admis par la jurisprudence dans un arrêt de la Cour d'appel de Paris du 09 novembre 2009, dans laquelle la société *Google* a associé le terme « *arnaque* » au nom

---

[683] PELLE (S.), La notion d'interdépendance contractuelle. Contribution à l'étude des ensembles de contrats, Dalloz, 2007, 572 p.

[684] CJUE, aff. jointes C-236/08 à C-238/08, 23 mars 2010 : « Les articles 5, paragraphe 1, sous a), de la première directive 89/104/CEE du Conseil, du 21 décembre 1988, rapprochant les législations des États membres sur les marques, et 9, paragraphe 1, sous a), du règlement (CE) n° 40/94 du Conseil, du 20 décembre 1993, sur la marque communautaire, doivent être interprétés en ce sens que le titulaire d'une marque est habilité à interdire à un annonceur de faire, à partir d'un mot clé identique à ladite marque que cet annonceur a sans le consentement dudit titulaire sélectionné dans le cadre d'un service de référencement sur Internet, de la publicité pour des produits ou des services identiques à ceux pour lesquels ladite marque est enregistrée, lorsque ladite publicité ne permet pas ou permet seulement difficilement à l'internaute moyen de savoir si les produits ou les services visés par l'annonce proviennent du titulaire de la marque ou d'une entreprise économiquement liée à celui-ci ou, au contraire, d'un tiers ».

[685] « Il y a lieu de relever que la seule circonstance que le service de référencement soit payant, que Google fixe les modalités de rémunération, ou encore qu'elle donne des renseignements d'ordre général à ses clients, ne saurait avoir pour effet de priver Google des dérogations en matière de responsabilité prévues par la directive 2000/31. De même, la concordance entre le mot clé sélectionné et le terme de recherche introduit par un internaute ne suffit pas en soi pour considérer que Google a une connaissance ou un contrôle des données introduites dans son système par les annonceurs et mises en mémoire sur son serveur. Est en revanche pertinent, dans le cadre de l'examen visé au point 114 du présent arrêt, le rôle joué par Google dans la rédaction du message commercial accompagnant le lien promotionnel », CJUE, aff. jointes C-236/08 à C-238/08, 23 mars 2010, www.curia.europa.eu/juris/document/document.jsf.

[686] Cass.com., 20 janv. 2015, n°11-28.567, SNCF c/ sté Tutop4pc.com, Tutop4pc.com group et a. : JurisData n°2015-000636.

[687] G. LOISEAU, Responsabilité du prestataire de service de référencement, Com.comm.électr.Rev.mensuelle Lexisnexis Jurisclasseur, n°3 mars 2015, p. 32.

de la société *Direct Energie*[688]. Plusieurs fondements pertinents et moins efficaces sont proposés pour engager la responsabilité du fournisseur d'outil de recherche. Il est nécessaire de séparer le bon grain de l'ivraie, de manière à distinguer les fondements établis (1) des fondements limités (2).

1. Les fondements établis

252. On retrouve dans les articles 1382 et 1383 du Code civil (a) et dans l'article 1384 sur la responsabilité du fait de la chose dont on a la garde (b), les fondements pertinents pour la construction de la responsabilité du fournisseur d'outils de recherche.

a. La faute des articles 1382 et 1383 du Code civil

253. Les articles 1382[689] et 1383[690] du Code civil constituent des fondements à partir desquels la responsabilité des fournisseurs d'outils de recherche peut être établie. Sa responsabilité est engagée sur le fondement de l'article 1382 du Code civil pour des fautes telles les atteintes à la vie privée[691] ou le dénigrement d'un concurrent[692]. Les atteintes aux personnes ne souffrant d'aucune contestation, c'est principalement vers les actes délictuels de marché que la réflexion mérite d'être orientée. Concurrence déloyale ou parasitisme du fournisseur de recherche ?

254. Entre 2000 et 2005, les moteurs de recherche et les prestataires de référencement ont été sanctionnés sur la base de la concurrence déloyale. Ont été ainsi condamnés pour concurrence déloyale[693], le fournisseur de recherche et la société qui créent un lien pointant vers un site dénigrant les produits du concurrent de l'annonceur. Mais cette position est contredite par un arrêt du 25 septembre 2012, dans lequel la Cour de cassation française[694]

---

688 Le juge d'appel a considéré « qu'une telle présentation de la suggestion litigieuse, sans avertissement préalable informant l'internaute du mode d'établissement de cette liste, fautive et engendrant évidemment un préjudice à ladite société, constitue un trouble manifestement illicite (…) ». Paris, 09 nov. 2009, Direct Energie c/ Google, http://www.legalis.net/spip.php?page=breves-article&id_article=2804.

689 Article 1382 du Code civil : « Tout fait quelconque de l'homme, qui cause à autrui un dommage, oblige celui par la faute duquel il est arrivé à le réparer ».

690 Article 1383 du Code civil : « Chacun est responsable du dommage qu'il a causé non seulement par son fait, mais encore par sa négligence ou par son imprudence ».

691 TGI Paris, 30 juin 2000, B. Delanoe c/ Alta Vista, http://www.murielle-cahen.com/publications/p_jpmoteurs.asp; D. LEBEAU-MARIANNA, Le référencement : risques et enjeux, GP, 02 juin 2001, p. 67.

692 L. TELLIER-LONIEWSKI et S. PRADERE, Moteurs de recherche et navigation sur Internet : les responsabilités encourues (2ème partie), GP, 24 jan. 2002, n°24, p. 19.

693 Paris, 4ème ch. 19 sept. 2001, NRJ et Baudecroux c/ Europe 2 Communication, Légipresse, nov. 2001, 186-III-196 ; voir aussi www.foruminternet.org/documents/jurisprudence/lire.phtml?id=217.

694 « Manque à la loyauté qui doit présider à l'exercice du commerce le tiers qui se sert des signes distinctifs d'un opérateur économique pour orienter le public vers des publicités pour

rappelle que le fournisseur d'outils de recherche n'est pas le concurrent de la victime, puisqu'il ne vise pas la même clientèle et ne propose pas les mêmes services qu'elle. Cette décision rejoint l'opinion du juge de fond qui a affirmé dans une affaire opposant *Google* à *Louis Vuitton*[695] en 2006 que, le fournisseur d'outils de recherche ne peut être condamné pour concurrence déloyale, puisqu'il n'est pas le concurrent de la victime, contrairement à son client qui l'a contacté pour bénéficier de ses services de référencement. C'est également ce que soutient la Chambre commerciale de la Cour de cassation dans l'arrêt du 29 janvier 2013, lorsqu'elle invalide un arrêt de la Cour d'appel de Paris du 4 mai 2011 qui a estimé que l'annonceur (la société *Solutions*) s'était livré à des actes de concurrence déloyale envers *Cobrason*, alors qu'elle n'a pas « relevé de circonstances caractérisant un risque de confusion entre les sites internet des deux entreprises »[696].

255. Néanmoins, l'implication du fournisseur d'outils de recherche ne peut demeurer impunie. Le fait de mettre un système permettant à certains opérateurs de détourner la clientèle ou de bénéficier de la renommée des marques de leurs concurrents peut constituer une faute. En plus, le profit qu'il réalise est en partie obtenu grâce au fait que, le fournisseur d'outils de recherche propose un tel service à partir duquel des concurrents tirent également profit de la renommée des marques de la victime.

Plusieurs fondements peuvent être invoqués, à savoir le parasitisme économique, la violation des principes de loyauté attachés à l'activité commerciale, et peut être bien la négligence de l'article 1383 du Code civil.

256. Le parasitisme économique constitue un fondement bien plus solide que la concurrence déloyale[697]. C'est ce que préconise une décision du 31 octobre 2006 qui condamne le référenceur pour acte de parasitisme, au motif que les sociétés *Google* ont utilisé une marque notoire d'un tiers pour développer une activité de régie publicitaire et tirer un bénéfice financier de

---

ses propres ou services », Cour de cassation, civile, Chambre commerciale, 25 septembre 2012, n° de pourvoi 11-18110 Non publié au bulletin, http://www.legifrance.gouv.fr/affichJuriJudi.do?oldAction=rechJuriJudi&idTexte=JURITEXT000026437583&fastReqId=648142270&fastPos=1.

[695] TGI Paris, 4fév.2005, Louis Vuitton Mattelier c/ Google ; arrêt confirmatif, Paris, 28 juin 2006, RLDI juill.-août 2006, n°529, obs. L. Costes, www.legalis.net; « La société Tiger et Bruno R. sont des concurrents de la société CNRRH en ce qu'ils ont tous pour activité des rencontres et contacts dans un but éventuellement matrimonial. Ainsi qu'il a été rappelé les deux défendeurs ne pouvaient ignorer qu'Eurochallenges était l'un de leurs concurrents et c'est d'ailleurs pour cette raison qu'ils ont sélectionné cette marque dans leur liste de mots clés. L'intérêt de ce choix était pour eux de faire apparaître un lien commercial avec leur site internet dès lors qu'un utilisateur aurait tapé la marque concurrente. La finalité était donc bien de détourner à leur profit la clientèle d'Eurochallenges en incitant l'utilisateur à visiter leur propre site. Ces faits sont constitutifs de concurrence déloyale et parasitaire », TGI Nanterre 2ème ch. 14 décembre 2004, CNRRH, Pierre Alexis T. / Google France et autres, http://www.legalis.net/spip.php?page=jurisprudence-decision&id_article=1423.

[696] http://juriscom.net/2013/03/adwords-pas-de-responsabilite-de-google-pour-concurrence.

[697] L. GOUTORBE et G. HAAS, Moteurs de recherche et liens sponsorisés. Irresponsabilité revendiquée ou e-responsabilité mal assumée, legalis.net, 2006-4, p. 27.

cette utilisation avec pour seul but d'attirer un nombre important d'internautes[698]. D'autre part, la victime peut invoquer l'article 1382 du Code civil sur le fondement de la violation des principes de loyauté et de libre concurrence attachés à l'exercice de toutes activités commerciales. Le juge a bien précisé que ces principes « imposent à une entreprise intervenant sur le marché de s'assurer que son activité ne génère pas d'actes illicites au préjudice de tout autre opérateur économique, obligations qui n'ont pas été manifestement respectées par la société *Sedo*, de sorte que celle-ci a, par son comportement fautif constitutif d'un préjudice pour la société appelante, engagé sa responsabilité à l'encontre de la société des *Hôtels Méridien* »[699]. Dans le litige qui opposait *Louis Vuitton* à *Google France* et *Google Inc.*, après avoir démontré que la participation des sociétés appelantes n'était pas purement passive, et ne pouvait bénéficier de l'exonération légale reconnue aux intermédiaires contrairement à leur argumentation[700], le juge de la Cour d'appel de Paris a rappelé que « les principes de loyauté et de libre concurrence, attachés à l'exercice de toutes activités commerciales, imposent à une entreprise intervenante sur le marché de s'assurer que son activité ne génère pas des actes illicites au préjudice de tout autre opérateur économique »[701].

La préoccupation dans ce contexte n'est pas celle d'apprécier l'opportunité de rendre une information accessible ou non. La préoccupation dont il s'agit vise à déterminer si le référencement d'une information cause un trouble anormal ou un préjudice.

257. La responsabilité du référenceur peut être engagée, notamment lorsque les services offerts ne correspondent pas « précisément à la définition des intermédiaires techniques que la loi a entendu protéger. En toute logique, ce régime protecteur doit être écarté dès lors que les personnes

---

[698] TGI Paris, S.A. Editions Bernard Grasset c/ Ammar, 31 octobre 2006, http://www.juricaf.org/arret/FRANCETGIparis-JURITEXT000006951473.

[699] Paris, 7 mars 2007, Hôtels Méridien c/ Sedo, www.legalis.net.

[700] « Il résulte de l'examen des prestations effectuées par les sociétés Google France et Google Inc telles qu'elles ont été précisément caractérisées par le tribunal, la cour y faisant expressément références, que celles-ci ne se bornent pas à stocker des informations de nature publicitaire qui lui seraient fournies par des annonceurs, mais qu'elles déploient une activité de régie publicitaire, d'abord, en organisant la rédaction des annonces, en décidant de leur présentation et de leur emplacement, ensuite, en mettant à la disposition des annonceurs des outils informatiques destinés à modifier la rédaction de ces annonces ou la sélection des mots clés qui permettront de faire apparaître ces annonces lors de l'interrogation du moteur de recherche et, enfin, en incitant les annonceurs à augmenter la redevance publicitaire coût par clic maximum pour améliorer la position de l'annonce », Paris, 28 juin 2006, Louis Vuitton Mattelier c/ Google, RLDI juill.-août 2006, n°529, obs. L. COSTES.

[701] Ibid ; TGI Nanterre, 13 oct. 2003, Viaticum et Lutéciel c/ Google France http://www.legalis.net/spip.php?page=jurisprudence-decision&id_article=1016, arrêt confirmatif CA Paris, 28 juin 2005; TGI Paris, 4 févr. 2005, Louis Vuitton Malletier c/ Google Inc. et Google France, http://www.legalis.net/spip.php?page=breves-article&id_article=1409.

concernées vont au-delà de ce que la loi a prévu »[702]. C'est la raison pour laquelle pour des faits de même nature, dans l'affaire *Gifam* et autres c/ *Google France*, le juge de premier degré a considéré que « *Google* commet une faute sur le fondement de l'article 1382 du Code Civil en ne vérifiant pas après le choix de l'annonceur d'un mot-clé constituant une marque ou une dénomination sociale ou un nom de domaine que cette utilisation par l'annonceur est illicite tant au regard du droit des marques qu'au regard des règles de loyauté du commerce »[703].

258. La spéculation qui caractérise l'activité commerciale du référenceur constitue la sphère autour de laquelle le juge veut bâtir la responsabilité du prestataire. Une orientation vers la notion de risque-profit est même suggérée pour établir la responsabilité du référenceur. Dans une affaire du 13 mai 2014 dans laquelle le mot-clé constitué du nom d'une personne physique permettait une liste de résultats structurés d'informations sur la victime[704], la CJUE a établi la responsabilité du moteur de recherche *Google* sur le fondement du profit que génère le risque d'une telle activité[705]. Les arguments de cette décision peuvent être transposés sur le plan commercial. En effet, « le risque créé par l'activité de référencement des moteurs de recherche repose sur deux points parfaitement identifiées : l'amplification des résultats et l'élaboration des profits »[706].

259. Cette opportunité offre également la possibilité d'engager la responsabilité du fournisseur sous le couvert de l'article 1383 du Code civil, lorsqu'à l'occasion de son activité il manque à son obligation de prudence ou de diligence.[707]. La négligence peut résulter des divers actes de non diligence et d'imprudence comme par exemple, le fait pour un fournisseur d'outils de recherche de ne pas vérifier si les annonceurs qui constituent sa clientèle sont en droit d'utiliser les mots-clés pour lesquels ils ont sollicité le

---

[702] X. BUFFET DELMAS, Responsabilité de certains prestataires de services sur Internet… et si les principes de loyauté et de libre concurrence venaient au secours des marques ?, Propriétés intellectuelles, juill. 2007/n°24, p. 267.

[703] TGI Paris 3e ch., 12 juill. 2006, Gifam et autres c/ Google France : RLDI oct. 2006, n° 605, obs. E. TARDIEU-GUIGUES.

[704] Certes, le litige est consécré à la question délicate des données personnelles, mais ce qui est important ici, c'est l'implication du profit du référenceur dans l'établissement de sa responsabilité.

[705] « En effet, dans de telles circonstances, les activités de l'exploitant et du moteur de recherche et celles de son établissement situé dans l'Etat membre concerné sont indissociablement liées dès lors que les activités relatives aux espaces publicitaires constituent le moyen pour rendre le moteur de recherche en cause économique rentable et que ce moteur est en même temps le moyen permettant l'accomplissement de ces activités », CJUE, gr.ch., 13 mai 2014, aff. Google Spain SL Google Inc. c/ Agencia Espagnola de Protection de Datos ? Juris6Data, n°2014-009597

[706] J.-M. BRUGUIERE, Droit à l'oubli numérique des internautes ou … responsabilité civile des moteurs de recherche du fait du référencement ? (Retour sur l'arrêt de la CJUE du 13 mai 2014), Com.comm.électr.Rev.mensuelle Lexisnexis Jurisclasseur, n°5 mai 2015, p. 16.

[707] C. ROJINSKY, Sens interdit- La responsabilité du créateur de lien hypertexte du fait du contenu illicite, 17 déc. 2002, www.juriscom.net.

référencement. C'est ainsi qu'il a été décidé que, la société Google doit mettre en place un dispositif ayant pour objectif, « d'adopter des mesures de précaution pour ne pas faciliter à ses clients ...la commission d'atteintes aux droits des tiers », en l'absence duquel elle se rend complice[708].

L'intérêt de fonder la responsabilité du prestataire sur la négligence de l'article 1383 est qu'il permet d'éradiquer la discrimination, qui voulait que seuls soient sanctionnés les facilitateurs de recherche qui établissent un contrôle a priori des mots de référencement proposés par les annonceurs. Alors que ceux qui établissent un contrôle a posteriori pouvaient échapper au reproche de la négligence. Il faut rompre avec la distinction entre les fournisseurs d'outils de recherche qui effectuent un contrôle *a priori* des mots-clés et des annonces, et ceux qui se contentent de se réfugier derrière des conditions générales de services en n'effectuant qu'un contrôle *a posteriori* en cas de réclamation[709]. Le risque est d'aboutir à une sorte d'exonération inexpliquée de la responsabilité du fournisseur qui exercerait un contrôle a posteriori des mots-clés faisant l'objet de droits privatifs, alors que celui qui aura installé un contrôle après réclamation verrait sa responsabilité engagée sur le fondement de l'article 1383 du Code civil[710].

Dans le cas d'un contrôle *a priori*, le simple fait d'avoir permis à l'annonceur de réserver un mot-clé correspondant à une marque pour générer un lien hypertexte publicitaire à destination d'un site internet dont l'activité est couverte par ladite marque ainsi protégée devrait permettre d'engager la responsabilité contractuelle du fournisseur[711]. En attribuant à l'annonceur un mot-clé ou un lien publicitaire faisant l'objet d'un droit privatif, le prestataire viole également les obligations contractuelles qui le lient à l'annonceur de bonne foi[712]. C'est la raison pour laquelle il conviendrait d'imposer une obligation de moyens orientée vers un contrôle général a priori à la charge du prestataire.

b. La responsabilité du fait de la chose de l'article 1384 du Code civil

260. Pour effectuer ses missions, le fournisseur d'outils de recherche met en place des outils, des instruments corporels et incorporels comme les

---

708 TGI Paris, 24 novembre 2006, One Tel c/ Google, Olfo, legalis.net, 2006-4, p. 31.

709 C. FABRE, Moteur de recherche et positionnement par lien hypertexte publicitaire : qualification juridique et responsabilité, legalis.net, 2005-4, p. 14.

710 C. FABRE, op. cit., p. 15.

711 C. FABRE, op. cit., p. 15.

712 L'action récursoire de l'annonceur contre le facilitateur de recherche est possible : lorsque le prestataire viole la clause d'une charte ou des conditions générales qu'il a lui-même proposées à son client annonceur, alors sa responsabilité peut être engagée sur ce fondement contractuel. C'est également le cas en cas de violation des obligations contractuelles classiques : obligation d'information, de renseignement, de bonne foi. En dehors de ces situations, la loi ne prévoit rien de particulier sur la responsabilité contractuelle du fournisseur d'outils de recherche. Il convient donc de distinguer avec un auteur, les fournisseurs d'outils de recherche proposant volontairement un contrôle a priori de ceux qui n'effectuent le contrôle qu'en cas de réclamation de la victime ; C. FABRE, C. FABRE, op. cit., p. 14 et s.

applications. Peut-on bâtir sa responsabilité sur l'article 1384 alinéa 1 du Code civil[713] en raison du préjudice causé par les choses dont il a la garde ? Les solutions à quelques litiges auraient été intéressantes, si elles avaient été examinées au fond.

261. Dans l'affaire opposant *Bertrand Delanoë* à *Alta Vista* dont les enseignements auraient été édifiants, le juge du fond n'a pas pu statuer après le renvoi de juge de référé du fait de l'arrêt des poursuites par la victime[714]. De même dans une affaire *Direct Energie c/ Google Inc.* de 2009, la demande de réparation de la victime fondée sur l'article 1384 alinéa 1 du Code civil n'a pas pu être examinée, parce que « la demande de dommages et intérêts ne repose sur l'allégation d'aucun préjudice suffisamment évident pour fonder sa recevabilité en référé »[715].

En principe, la nature immatérielle des biens et des choses circulant dans les réseaux ne devrait pas constituer un frein à l'application de l'article 1384 du Code civil. Bien qu'isolée, on peut se référer à une décision du Tribunal de grande instance de Paris[716] qui affirmait qu'en matière de télévision effectuée en direct, « l'ensemble des éléments techniques mis en œuvre aboutit à la réalisation d'une image qui, susceptible notamment de reproduction et conservation dans des archives, constitue une chose au sens de l'article 1384 alinéa 1 du Code civil ». Le fait que l'information, donnée aux internautes par les prestataires facilitant la recherche en ligne, peut être reproduite et conservée par l'archivage électronique ou par l'enregistrement dans le disque dur permet d'admettre leur responsabilité sur la base de l'article 1384 susvisé[717].

262. L'activité de référencement amène souvent à ségréguer les responsabilités selon que certaines activités sont faites manuellement ou automatiquement. Pour certains auteurs[718], la responsabilité de l'annuaire en

---

713 Article 1384 du Code civil : « On est responsable non-seulement du dommage que l'on cause par son propre fait, mais encore de celui qui est causé par le fait des personnes dont on doit répondre, ou des choses que l'on a sous sa garde ».

714 La victime soulevait la responsabilité du fautif « des faits dommageables causés aux tiers par le moteur de recherche dont elle a la garde au sens de l'article 1384 du Code civil ».

715 Tribunal de commerce de Paris Ordonnance de référé 07 mai 2009, Energie Direct c/ Google Inc., http://www.legalis.net/spip.php?page=jurisprudence-decision&id_article=2687.

716 C. ROJINSKY, Sens interdit – La responsabilité du créateur de lien hypertexte du fait du contenu illicite du site cible, Juriscom.net, 17 décembre 2002, http://www.juriscom.net.

717 En effet, il est difficile de penser que le fournisseur d'outils de recherche, notamment le moteur de recherche, n'a ni la garde ni la direction des mots qu'il a référencés pour le compte d'un client annonceur.

718 « La problématique n'est en principe pas la même dans le cas des annuaires qui du fait de leur fonctionnement devrait donner lieu à une responsabilité éditoriale plus forte », D. LEBEAU-MARIANNA, Le référencement : risques et enjeux, GP, 02 juin 2001, n°153, 65 et s. « S'agissant des outils de recherche, une distinction doit être opérée entre moteurs de recherche et annuaires. Ces derniers du fait de l'intervention humaine dans l'opération de référencement seraient en mesure de faire une présélection des sites afin de ne pas renvoyer vers des sites illicites », L. TELLIER-LONIEWSKI et S. PRADERE, Moteurs de recherche et navigation sur internet : les responsabilités encourues (2ème partie), GP. 24 janv. 2002, p. 19 et s.

ligne est censée être accentuée à cause d'un référencement manuel et donc volontaire, tandis que celle du moteur de recherche ne serait pas si évidente du fait d'une collecte automatique du contenu des pages collectées. L'automatisation des procédés de recherche établirait une distinction entre la responsabilité de l'annuaire électronique et celle du moteur de recherche. Le premier serait responsable en raison du référencement manuel, et non le second à cause du référencement automatisé[719]. L'absence de contrôle humain au niveau de la phase d'indexation inhérente au fonctionnement du moteur de recherche empêcherait qu'on impute sa garde et sa direction au fournisseur d'outils de recherche, à cause de l'indexation exhaustive et non sélective des informations. On ne pourrait donc imputer une telle responsabilité au propriétaire du moteur de recherche. Cela l'obligerait à effectuer un contrôle systématique de l'information référencée dans son moteur de recherche, alors qu'il ne pourrait en assurer la garde, le contrôle et la direction.

263. Il paraît discriminatoire de fonder la responsabilité sur la méthode technique ou manuelle que choisit un prestataire pour accomplir ses prestations. Les considérations économiques s'y opposent également. Il faut bien considérer que si le facilitateur de recherche a opté pour l'usage d'un moteur sur internet, c'est bien pour multiplier la rentabilité de son affaire. A croissance économique, diminution de risque ? On ne peut répondre par l'affirmative. Ensuite lors de la pratique de référencement, il arrive que le moteur de recherche soit actif dans les choix faits par l'annonceur en proposant à ce dernier des outils de suggestions[720]. Enfin, « l'internaute est aussi un citoyen. Et ses droits en tant que tels, doivent être protégés aussi bien dans la vie réelle que dans l'univers virtuel pour éviter qu'un fournisseur d'outils de recherche soit le complice ou l'auteur de piège »[721].

264. Instaurer une discrimination fondée sur le mécanisme technique ou manuel reviendrait à accorder un laissez-passer aux moteurs de recherche automatisés. Les victimes des outils de recherche sur internet peuvent être protégées par l'article 1384 alinéa 1 du Code civil. En effet, il paraît tout à fait logique que si le moteur de recherche invoque le caractère automatique de son matériel physique et logiciel pour s'exonérer de toute responsabilité, en prétendant qu'aucun traitement ne se fait manuellement et

---

[719] L'automatisation est réalisé grâce au moteur de recherche, défini comme un ensemble de logiciels d'exploration appelé « robot » qui visite en continu les pages web et les indexe de manière automatique dans une base de données, l'indexation des sites ne résulte pas d'une démarche volontaire et sélective.

[720] TGI Nanterre, 16 déc. 2004, www.legalis.net; Il a été constaté dans le cadre de son service de référencement Adwords que la société Google proposait à ses clients que « Vous pouvez ajouter à votre liste de mots-clés les suggestions présentées ici qui vous semblent pertinentes ou les combiner avec vos mots-clés existants afin d'améliorer le ciblage de ces derniers », L. GOUTORBE et G. HAAS, Moteurs de recherche et liens sponsorisés Irresponsabilité revendiquée ou e-responsabilité mal assumée ?, Legalis.net, 2006-4, p. 23.

[721] S.ASTIER et G. HAAS, Fournisseurs d'outils de recherche et droits fondamentaux Responsables ou irresponsables, op cit, p. 17.

volontairement, la victime peut également prétendre à une réparation sur le fondement de la chose dont le prestataire est censé avoir la garde.

2. Les fondements insuffisants

265. La responsabilité des fournisseurs d'outils de recherche a souvent été fondée sur la violation du droit privatif sur la marque. Cependant, il s'avère que ce fondement est paralysé par la différence des domaines d'activités du prestataire et de la victime. La contrefaçon de la marque (a) et la diffusion non autorisée des contenus protégés par le droit d'auteur constituent des fondements insuffisants pour engager la responsabilité du fournisseur d'outils de recherche (b).

a. La contrefaçon de marque

Avec l'avènement d'internet, les fournisseurs d'outils de recherche ont vu leur responsabilité être engagée sur la base de l'action en contrefaçon de marque[722]. Le juge a souvent estimé que la suggestion de mots-clés est constitutive d'une reproduction de la marque sans le consentement de son titulaire[723], de sorte que lesdits mots proposés à des fins commerciales font apparaître le site de l'annonceur, alors que l'internaute qui y est dirigé a inscrit comme mot de recherche la marque d'un tiers. A lire attentivement, on se demande pour quelle raison le moteur de recherche est condamné, alors qu'il n'exerce pas dans la même branche d'activité que le titulaire de la marque. Le principe de spécialité se trouve ainsi violé. Selon quelques-uns[724], c'est en vertu de la finalité du mot-clé par lequel le moteur de recherche utilise la marque qu'on peut considérer le prestataire comme un concurrent du titulaire sur le marché concerné. Bien que séduisante, cette explication ne satisfait pas à l'exigence de spécialité.

266. Il convient d'exclure l'action en contrefaçon de marque en vertu du principe de spécialité. Dans ce sens, un juge a amorcé le revirement en refusant d'admettre la contrefaçon de marque par le fournisseur d'outils de recherche, sur la base de ce que l'usage des marques dans le cadre de ses prestations de services ne se confond pas avec les produits du titulaire de la marque en cause[725]. Dans un autre litige, le juge de fond a estimé que l'action en contrefaçon de la victime contre la société *Google* ne pouvait

---

[722] Nanterre 23 mars 2006 Google c/ Cnrrh, http://www.legalis.net/spip.php?page=jurisprudence-decision&id_article=1613 ; Paris 4ème ch. 28 juin 2006, Google France c/ Louis Vuitton Malletier, http://www.legalis.net/spip.php?page=jurisprudence-decision&id_article=1661 ; TGI Nanterre, 1re ch., 2 mars 2006, Hôtels Méridiens c/ Google France : Propr. indust. Mai, 2006, comm. 46, p. 22.

[723] Versailles 12ème ch.Overture c/ Accor Hotel, www.legalis.net.

[724] L. GOUTORBE et G. HAAS, Moteurs de recherche et liens sponsorisés. Irresponsabilité revendiquée ou e-responsabilité mal assumée, op. cit., p. 25.

[725] TGI Paris, 08 décembre 2005 Kertel c/ Google, www.legalis.net;

prospérer, puisque « l'usage fait par *Google* des signes relève exclusivement des prestations de services de publicité et ne s'accompagne d'aucune proposition de sa part de produits ou de services visés dans l'enregistrement desdites marques »[726]. La Cour de cassation française est allée plus loin dans un arrêt du 25 septembre 2012[727], dans lequel elle a refusé de retenir la responsabilité d'un annonceur ayant utilisé des marques de concurrents dans un moteur de recherche. Le juge a considéré que ces liens commerciaux étaient suffisamment précis pour qu'un internaute moyen ne confonde pas les deux entreprises, du fait de la spécialité de chacune d'elles. Le critère de la spécialité a été étendu au fournisseur d'outils de recherche à l'annonceur. Enfin, le 23 mars 2010 à l'occasion de trois affaires jointes, le juge européen de la CJCE a exclu la possibilité de sanctionner la société *Google* poursuivie en contrefaçon par trois titulaires de marques, dont *Louis Vuitton*[728]. La même position a été réaffirmée dans un arrêt du 19 novembre 2010 par lequel la Cour d'appel de Paris a précisé que « le stockage par *Google* du mot-clé belle literie, sa suggestion à l'annonceur dans le cadre d'une liste de signes les plus couramment saisis par les internautes, et l'affichage d'annonces de clients à partir de ce mot clé [...] ne caractérisent pas un usage de la marque au sens des articles L713-3 ou de l'article L713-5 du Code de la propriété intellectuelle »[729]. Dans la même lignée, la diffusion non autorisée de contenus protégés ne constitue pas un moyen de défense suffisant pour le titulaire du droit d'auteur.

b. La diffusion non autorisée des contenus protégés par le droit d'auteur

267. Internet facilite l'interconnexion des ressources au moyen des liens hypertextes. Le mot « hypertexte » désigne un système de renvois permettant de passer d'une partie d'un document à une autre, ou d'un document à un autre[730]. Sur internet, il désigne le système qui permet de passer d'une page web à une autre.

Certains éditeurs n'admettent pas toujours que les contenus qu'ils ont diffusés, et pour lesquels ils réclament la protection par le droit d'auteur,

---

[726] TGI Paris, 09 mars 2006, Promovacances et Karavel c/ Google France, www.legalis.net.

[727] Cour de cassation, ch. Com. Auto IES c/ Car Import, Directinfos.com et a. audience publique du mardi 25 septembre 2012, n° de pourvoi 1118110, http://www.legifrance.gouv.fr/affichJuriJudi.do?oldAction=rechJuriJudi&idTexte=JURITEXT000026437583&fastReqId=648142270&fastPos=1 .

[728] « Le prestataire d'un service de référencement sur Internet qui stocke en tant que mot clé un signe identique à une marque et organise l'affichage d'annonces à partir de celui-ci, ne fait pas un usage de ce signe au sens de l'article 5, paragraphes 1 et 2, de la directive 89/104 ou de l'article 9, paragraphe 1, du règlement n° 40/94 » ; CJCE, affaires jointes C-236/08 à C-238/08, Google France SARL,Google Inc. c/ Louis Vuitton Malletier SA (C-236/08), et Google France SARL c/ Viaticum SA, Luteciel SARL (C-237/08), et Google France SARLCentre national de recherche en relations humaines (CNRRH) SARL,Pierre-Alexis Thonet, Bruno Raboin, Tiger SARL (C-238/08),http://eur-lex.europa.eu.

[729] Ibid

[730] Dictionnaire Le nouveau petit robert, p. 1265.

soient liés aux sites de leurs concurrents. Compte tenu de la protection qu'offre l'Annexe VII sur le droit d'auteur de l'Accord révisé de Bangui de 1999, il est évident que l'accord ou l'autorisation de l'auteur des œuvres est nécessaire pour toute communication au public[731]. A défaut d'autorisation, la communication au public est limitée à la libre utilisation d'images d'œuvres situées en permanence dans les lieux publics[732] et à la libre représentation ou exécution publique bien précise[733]. Ces exceptions légales ont pour dénominateur commun la communication autorisée à un public bien ciblé. L'article 2 (xii) de l'Annexe VII sur le droit d'auteur de l'Accord révisé de Bangui de 1999 donne à la communication d'une œuvre au public, une définition large qui inclut les liens hypertextes[734]. La question, qui se pose, est de savoir si l'auteur d'un lien hypertexte, qui conduit vers des contenus protégés par le droit d'auteur, peut être couvert par les exceptions légales de l'Annexe VII sur le droit d'auteur de l'Accord révisé de Bangui de 1999. Peut-on considérer que les liens hypertextes communiquent les œuvres à un public autre que celui défini par leur auteur ?

268. Dans un litige similaire qui ne concernait pas internet, la Cour de cassation française avait condamné un hôtel à payer des droits pour avoir

---

731 Article 9 (1) Annexe VII sur le droit d'auteur de l'Accord révisé de Bangui de 1999 : « Sous réserve des dispositions des articles 10 à 21 relatif à la limitation des droits patrimoniaux, l'auteur d'une œuvre a notamment le droit exclusif de faire ou d'autoriser les actes suivants : […] représenter ou exécuter son œuvre en public ; communiquer son œuvre (y compris la représenter ou l'exécuter) au public par radiodiffusion (ou rediffusion), ou par télévision ; communiquer son œuvre (y compris la représenter ou l'exécuter, ou la radiodiffuser) au public par câble ou par tout autre moyen ».

732 Article 17 de l'Annexe VII sur le droit d'auteur de l'Accord révisé de Bangui de 1999 : « Nonobstant les dispositions de l'article 9, il est permis, sans l'autorisation de l'auteur et sans paiement d'une rémunération, de reproduire, de radiodiffuser ou de communiquer par câble au public une image d'une œuvre d'architecture, d'une œuvre des beaux-arts, d'une œuvre photographique ou d'une œuvre des arts appliqués qui est située en permanence dans un endroit ouvert au public, sauf si l'image de l'œuvre est le sujet principal d'une telle reproduction, radiodiffusion ou communication et si elle est utilisée à des fins commerciales ».

733 Article 20 de l'Annexe VII sur le droit d'auteur de l'Accord révisé de Bangui de 1999 : « Nonobstant les dispositions de l'article 9, il est permis, sans l'autorisation de l'auteur et sans paiement d'une rémunération, de représenter ou d'exécuter une œuvre publiquement : lors de cérémonies officielles dans la mesure justifiée par la nature de ces cérémonies ; lors des cérémonies religieuses dans les locaux prévus à cet effet ; et dans le cadre des activités d'un établissement d'enseignement pour le personnel et les étudiants d'un tel établissement, si le public est composé exclusivement du personnel et des étudiants de l'établissement ou des parents et des surveillants ou d'autres personnes directement liées aux activités de l'établissement ».

734 Article 2 (xii) de l'Annexe VII sur le droit d'auteur de l'Accord révisé de Bangui de 1999 : « La communication d'une œuvre au public, y compris sa présentation, sa représentation ou exécution, ou sa radiodiffusion, est le fait de rendre l'œuvre accessible au public par des moyens autres que la distribution d'exemplaires. Tout procédé qui est nécessaire pour rendre l'œuvre accessible au public, et qui le permet, est une communication, et l'œuvre est considérée comme communiquée au public même si personne dans le public auquel l'œuvre était destinée ne la reçoit, ne la voit ni ne l'écoute effectivement ».

mis à la disposition des occupants de ses chambres, des programmes télévisés diffusés par satellite[735]. La Cour d'appel de Paris a également estimé que le seul fait de procurer aux clients la possibilité de recevoir des programmes constitue la communication donnant lieu à la perception du droit de représentation[736]. Ce serait le fait d'avoir permis à un public spécifique, celui des chambres d'hôtel apparemment distinct des téléspectateurs qui reçoivent les mêmes émissions chez eux, qui aurait fondé la mise en œuvre du droit de représentation. La spécificité de ce public suppose que les destinataires de la diffusion sont identifiables.

Or, sur un média favorisant les liaisons entre les sites, il n'est pas évident de considérer que le public d'un site n'est pas celui d'un autre. En d'autres termes, « on ne pourrait considérer que l'hyperlien s'adresse à un public suffisamment identifiable »[737]. En réalité, l'œuvre disponible à l'adresse web d'un site l'est au bénéfice de l'ensemble de la communauté des internautes. Si l'auteur veut en limiter la diffusion, il peut recourir à des procédés techniques tels que la codification, les mots de passe et les abonnements. Dans ce cas, la responsabilité du propriétaire du site mis en cause peut être engagée, s'il propose notamment un lien hypertexte profond donnant directement accès aux contenus protégés par un contournement des mesures de sécurité de l'auteur.

269. En l'absence de telles mesures, le fautif ne peut être inquiété puisqu'aucune interdiction n'a prévu de limiter l'accès aux contenus litigieux. On peut donc considérer que ces derniers ont été diffusés à destination de la communauté des internautes. Par l'arrêt *Svensson*[738] du 13 février 2014 (C-466/12), la CJUE a confirmé cette position en soutenant que, « ne constitue pas un acte de communication au public, [...] la fourniture sur un site internet de liens cliquables vers des œuvres librement disponibles sur

---

[735] Bien que chacun occupe à titre privée une chambre individuelle, le juge a considéré que la clientèle visée constitue un public à qui la direction de l'hôtel transmet les programmes de télévision dans l'exercice et pour les besoins de son commerce ; Cass. 1ère, civ. 6 avril 1994, sté Câble Network et a. c/ cté Novotel Paris- Les Halles, D. 1994, jur. 450, note GAUTIER.

[736] Paris, 20 sept. 1995, RIDA, avril 1996, 277 et 193, note KEREVER.

[737] L. THOUMYRE, L'usage des hyperliens : vers une liberté encadrée, Les Cahiers Lamy Droit de l'Informatique et des Réseau, n°157, avril 2003 numéro spécial « Les Cahiers de l'ADIJ », p. 3-11 ; www.juriscom.net.

[738] Dans cette espèce, plusieurs journalistes avaient saisi les juridictions suédoises après avoir découvert que la société Retriver Sverige avait sans leur autorisation mis à la disposition de ses clients des listes de liens internet qui pointaient vers les articles qu'ils avaient rédigés. En défense, la société Retriver Sverige, soutenait qu'elle n'avait pas porté atteinte aux droits des journalistes, puisqu'elle s'était contentée d'indiquer à ses clients les sites Internet sur lesquels les articles se trouvaient, étant précisé que les articles avaient initialement été publiés dans le journal *Göteborgs-Posten* et sur le site internet de ce journal accessible sans restriction d'accès. Les journalistes déboutés de leurs demandes par le tribunal de Stockholm, ont saisi la Cour d'appel de Svéa, laquelle a décidé de surseoir à statuer et a posé quatre questions à la CJUE notamment afin de déterminer si le fait de fournir un lien hypertexte vers une œuvre constituait un acte de communication au public et si la solution était différente si l'œuvre en question était accessible sur le site internet d'un tiers.

un autre site internet »[739]. Le juge européen ne nie pas que la fourniture d'un lien pointant vers une œuvre protégée constitue bien un acte de mise à disposition du public et donc un acte de communication[740]. Mais il précise qu'un tel acte ne nécessite l'autorisation de l'auteur que si l'œuvre était portée à la connaissance d'un public nouveau. Le public nouveau est « un public n'ayant pas été pris en compte par les titulaires du droit d'auteur, lorsqu'ils ont autorisé la communication initiale au public »[741]. L'œuvre n'étant pas consultable par un public restreint sur le site initial, il est certain que le fait de diriger les internautes par des liens hypertextes ne constitue pas un acte de communication dans la mesure les contenus étaient librement accessibles et sans mesure de restriction.

270. En effet le lien n'élargit pas le public de l'œuvre du moment où, ceux qui vont avoir accès à l'œuvre suite à l'activation du lien peuvent aussi directement consulter la page du site de l'auteur[742]. On ne peut prétendre que l'établissement d'un hyperlien vers une œuvre disponible sur un site internet contredit l'acte de volonté initiale de celui qui l'a mise en ligne. La

---

[739] CJUE, 13 février 2014,C-466/12, Svensson et a., CJUE, 13 février 2014,C-466/12, Svensson et a., http://curia.europa.eu.

[740] Ibid, considérants 15 à 20 de l'arrêt, « A cet égard, il découle de l'article 3, paragraphe 1, de la directive 2001/29 que chaque acte communication d'une œuvre au public doit être autorisé par le titulaire du droit d'auteur. Ainsi, il ressort de cette disposition que la notion de communication au public associe deux éléments cumulatifs, à savoir un « acte de communication » d'une œuvre et la communication de cette dernière à un « public » (voir, en ce sens, arrêt du 7 mars 2013, ITV Broadcasting e.a., C-607/11, points 21 et 31). S'agissant du premier de ces éléments, à savoir l'existence d'un « acte de communication », celui-ci doit être entendu de manière large (voir, en ce sens, arrêt du 4 octobre 2011, Football Association Premier League e.a., C-403/08 et C-429/08, Rec. p. I-9083, point 193), et ce afin de garantir, ainsi qu'il résulte notamment des considérants 4 et 9 de la directive 2001/29, un niveau élevé de protection aux titulaires d'un droit d'auteur. En l'occurrence, il convient de relever que le fait de fournir, sur un site Internet, des liens cliquables vers des œuvres protégées publiées sans aucune restriction d'accès sur un autre site, offre aux utilisateurs du premier site un accès direct auxdites œuvres. Or, ainsi qu'il ressort de l'article 3, paragraphe 1, de la directive 2001/29, pour qu'il y ait « acte de communication », il suffit, notamment, qu'une œuvre soit mise à la disposition d'un public de sorte que les personnes qui le composent puissent y avoir accès sans qu'il soit déterminant qu'elles utilisent ou non cette possibilité (voir, par analogie, arrêt du 7 décembre 2006, SGAE, C-306/05, Rec. p. I-11519, point 43). Il s'ensuit que, dans des circonstances telles que celles de l'affaire au principal, le fait de fournir des liens cliquables vers des œuvres protégées doit être qualifié de « mise à disposition » et, par conséquent, d'« acte de communication », au sens de ladite disposition ».

[741] « Encore faut-il qu'une communication, telle que celle en cause dans l'affaire au principal, visant les mêmes œuvres que la communication initiale et ayant été effectuée sur Internet à l'instar de la communication initiale, donc selon le même mode technique, soit adressée à un public nouveau, c'est-à-dire à un public n'ayant pas été pris en compte par les titulaires du droit d'auteur, lorsqu'ils ont autorisé la communication initiale au public. En l'occurrence, il doit être constaté que la mise à disposition des œuvres concernées au moyen d'un lien cliquable, telle celle au principal, ne conduit pas à communiquer les œuvres en question à un public nouveau », Considérants 24 à 25 de l'arrêt CJUE, 13 février 2014,C-466/12, Svensson et a., CJUE, 13 février 2014,C-466/12, Svensson et a., http://curia.europa.eu.

[742] A. STROWEL et N. IDE, La responsabilité des intermédiaires sur Internet: la question des hyperliens, RIDA, octobre 2000, n° 186 ; également disponible sur Droit-technologie.org.

décentralisation qui caractérise internet ne l'admet pas[743]. Mais lorsqu'il est certain que le facilitateur de recherche a contribué à la transgression des droits de la victime, il est possible d'établir sa responsabilité pénale.

B. La responsabilité pénale du fournisseur d'outils de recherche

271. La responsabilité pénale repose sur le principe de la légalité. Malgré le silence des lois répressives des pays francophones d'Afrique subsaharienne, la responsabilité du fournisseur d'outils de recherche peut être engagée en cas de complicité, à l'occasion d'une infraction commise par un tiers ou par l'annonceur (1). Il paraît judicieux de procéder à des incriminations directes qui sanctionnent ce prestataire en qualité d'auteur (2).

1. Le fournisseur complice

272. Le silence des lois nationales des pays francophones d'Afrique subsaharienne ne constitue pas un obstacle à l'admission de la responsabilité pénale des fournisseurs d'outils de recherche. Lorsque le site qui bénéficie des services du fournisseur d'outils de recherche viole les prescriptions des lois pénales, la responsabilité du prestataire peut être engagée sur le fondement de la complicité. En prenant l'exemple du référencement effectué avec les identifiants d'un concurrent alors que le site bénéficiaire de ce service se livre à des activités interdites, telles que la diffusion d'images pornographiques prohibées ou la destination de telles images à un public interdit comme les mineurs, la mise en œuvre de la responsabilité pénale du prestataire en qualité de complice ne souffrirait d'aucun doute si elle était établie. Le poursuivre en tant qu'auteur de l'infraction est difficile à établir, puisqu'en fait son activité réelle n'est pas de diffuser des contenus sur le site litigieux mais seulement d'en vulgariser l'accès grâce à ses techniques commerciales. La complicité peut découler de la connaissance de l'illicéité de l'activité du site, l'aide ou l'assistance, la facilitation la préparation ou la réalisation de l'infraction.

Cependant, la preuve de l'intention coupable peut constituer un obstacle. « Si cette condition peut parfois être remplie s'agissant d'un annuaire dans la mesure où l'indexation thématique des sites est manuelle, dans le cas du moteur de recherche, elle ne le sera quasiment jamais à cause d'une indexation automatique »[744]. Pour éviter des obstacles liés aux impératifs techniques, il est nécessaire d'incriminer directement les comportements asociaux commis par les fournisseurs d'outils de recherche sur internet.

---

[743] L. THOUMYRE, L'usage des hyperliens : vers une liberté encadrée, op cit, www.juriscom.net.

[744] L. TELLIER-LONIEWSKI et S. PRADERE, Moteurs de recherche et navigation sur internet : les responsabilités encourues (2ème partie), GP. 24 janv. 2002, p. 19.

2. Le fournisseur auteur de l'infraction

273. Dans le cadre de la répression des comportements illicites des prestataires techniques, il est nécessaire que les législateurs nationaux des pays francophones d'Afrique subsaharienne prévoient des incriminations contre les troubles qu'ils seraient susceptibles de provoquer lors de l'exercice de leurs activités. Il est évident qu'il n'est pas toujours nécessaire de procéder à des incriminations spécifiques pour chaque activité. Selon le Doyen CORNU, l'utilisation des termes aussi larges que, « diffuse ou diffusion », « tout moyen », « met à disposition du public », pourraient permettre de sanctionner de tels comportements[745]. Dans le cas particulier du prestataire facilitant la recherche en ligne, le mot « diffusion » ne peut bénéficier du même succès que les deux autres. Le fait que la diffusion se rapporte à l'action consistant à disséminer, exclut son application au fournisseur d'outils de recherche qui en réalité ne répand pas les contenus illicites. On peut citer à titre d'exemple, la diffusion sous quelque forme que ce soit des écrits, messages, photos, dessins ou toute autre représentation d'idées ou de théories, de nature raciste ou xénophobe[746], qui ne concerne en rien le fournisseur d'outils de recherche en ligne.

274. En revanche, les expressions « tout moyen » et « met à disposition du public » paraissent plus appropriées. Le fournisseur d'outils de recherche sera responsable de tout comportement délictueux accompli en mettant à la disposition des internautes ou en facilitant par tout moyen le contact entre internaute et site diffusant les contenus illicites. Cette mise à disposition vise également le fournisseur qui accorde à autrui le moyen de consulter des fichiers illicites stockés sur un autre site dont il n'est pas responsable. Des incriminations de ce type sont explicitement prévues dans les législations camerounaise et sénégalaise, notamment pour celui qui facilite l'accès à des images, documents, du son ou une représentation présentant un caractère pornographique à un mineur[747]. C'est aussi le cas de la mise à disposition d'une image ou d'une représentation présentant un caractère de pornographie infantile[748]. Au Cameroun, les mêmes incriminations sont reprises, pour

[745] G. CORNU, La linguistique juridique, Domat droit privé Montchrestien 2ème édition 2000 p. 276 à 284.

[746] Article 431-38 de la loi sénégalaise de 2008 sur la cybercriminalité : « Quiconque aura créé, téléchargé, diffusé ou mis à disposition sous quelque forme que ce soit des écrits, messages, photos, dessins ou toute autre représentation d'idées ou de théories, de nature raciste ou xénophobe, par le biais d'un système informatique sera puni d'un emprisonnement de six (6) mois à sept (7) ans et d'une amende de 1.000.000 francs à 10.000.000 francs ».

[747] Article 431-36 al.2 de la loi sénégalaise de 2008 sur la cybercriminalité : « Sera puni des mêmes peines, [d'un emprisonnement de cinq (5) à dix (10) ans et d'une amende de 5.000.000 francs à 15.000.000 francs ou de l'une de ces deux peines seulement], quiconque aura facilité l'accès à des images, des documents, du son ou une représentation présentant un caractère de pornographie à un mineur ».

[748] Article 431-34 de la même loi : « Quiconque aura produit, enregistré, offert, mis à disposition, diffusé, transmis une image ou une représentation présentant un caractère de pornographie infantile par le biais d'un système informatique, sera puni d'un emprisonnement

celui qui met la victime en contact avec l'auteur des faits d'outrage à la pudeur, grâce à l'utilisation des communications électroniques ou des systèmes d'information[749], en matière de pornographie infantile pour celui qui offre ou rend disponible ou diffuse une image à caractère pédophile[750], ou celui qui commet les mêmes faits en utilisant un système d'information[751]. L'article 4 (72) de la loi camerounaise sur la cybercriminalité définit le système d'information comme un « dispositif isolé ou groupe de dispositifs interconnectés ou apparentés, assurant par lui-même ou par un ou plusieurs de ses éléments, conformément à un programme, un traitement automatisé de données ». Le fournisseur d'outils de recherche est donc directement visé par ces dernières incriminations. Le fait pour le facilitateur de recherche sur internet de créer un lien ou de référencer en renvoyant à un site mentionnant des contenus illicites amène à le considérer comme un co-auteur en vertu des dispositions légales susvisées. La situation de la responsabilité des intermédiaires techniques est tout à fait différente.

SECTION 2. LA RESPONSABILITÉ LIMITÉE DES INTERMÉDIAIRES TECHNIQUES

275. L'article 3 alinéa 2 de la loi sénégalaise de 2008 considère les intermédiaires techniques comme des « personnes physiques ou morales qui assurent, même à titre gratuit, par la mise à disposition au public des biens et services, le stockage de signaux, d'écrits, d'images, de sons ou de messages de toute nature fournis par des destinataires de ces services ». Selon un arrêt de la Cour d'appel de Paris de 2009, l'intermédiaire technique est un « prestataire technique dont l'activité, purement passive et totalement neutre, est limitée au processus technique d'exploitation et de fourniture d'un accès à un réseau de communication sur lequel les informations fournies par des

de cinq (5) à dix (10) ans et d'une amende de 5.000.000 à 15.000.000 francs ou de l'une de ces deux peines seulement ».

749 Article 79 de la loi camerounaise sur la cybercriminalité : « Les peines réprimant les faits d'outrage privé à la pudeur prévus à l'article 295 du Code pénal, sont un emprisonnement de cinq (05) à dix (10) ans et d'une amende de 5.000.000 (cinq millions) à 10.000.000 (dix millions) F. CFA ou de l'une de ces deux peines seulement, lorsque la victime a été mise en contact avec l'auteur desdits faits, grâce à l'utilisation des communications électroniques ou des systèmes d'information ».

750 Article 80 de la loi camerounaise sur la cybercriminalité « Est puni d'un emprisonnement de trois (03) à six (06) ans et d'une amende de 5.000.000 (cinq millions) à 10.000.000 (dix millions) F. CFA ou de l'une de ces deux peines seulement... quiconque offre, rend disponible ou diffuse, importe ou exporte, par quelque moyen électronique que ce soit, une image ou une représentation à caractère pédophile ».

751 L'article 82 de la même loi prévoit qu'est puni du double des peines de l'article 79 visés ci-dessus, celui qui en utilisant un réseau de communication électroniques ou un système d'information procède à l'offre, à la production et à la mise à disposition de pornographie enfantine en vue de la diffusion.

tiers sont transmises ou stockées temporairement, dans le seul but d'améliorer l'efficacité de la transmission »[752]. Ce professionnel bénéficie d'une limitation de responsabilité du fait de sa neutralité sur les données en circulation[753]. Il convient de s'interroger sur les particularités qui justifient ce traitement différencié des prestataires de services internet (§1). Cette précision permettra de mesurer l'ampleur de cette initiative institutionnelle, à travers la détermination des manifestations de cette limitation légale de responsabilité (§2).

§1. Les justifications de la limitation de responsabilité

276. La responsabilité des prestataires intermédiaires s'appuie sur la recherche de la faute. La seule différence avec la responsabilité des autres prestataires de service est que ce fait générateur occupe désormais un domaine moins étendu[754]. L'intermédiaire technique ne peut être tenu d'une responsabilité fondée sur le résultat. Le rôle d'intermédiation ne permet pas à l'intermédiaire technique d'intervenir directement sur les données. Une décision de la Cour d'appel de Versailles a affirmé dans ce sens que, le prestataire d'hébergement est tenu « d'une obligation de vigilance et de prudence…qui s'analyse en une obligation de moyens »[755]. Cette obligation de moyens doit néanmoins s'inscrire à l'intérieur des cloisons étanches, en raison des difficultés réelles de contrôle du réseau (A) et de l'ignorance du caractère illicite des données en circulation (B).

A. La complexité du contrôle des données en circulation

277. Compte tenu de la sensibilité des données qui circulent sur internet, on a pensé que l'intermédiaire technique était en mesure de contrôler l'information qu'il recevait. Mais après une analyse ayant révélé la non-

---

[752]Cour d'appel de Paris 4ème chambre, section A Arrêt du 06 mai 2009, http://www.legalis.net/spip.php?page=jurisprudence-decision&id_article=2634.

[753] E. CRABIT, La directive sur le commerce électronique, Le projet Méditerranée, Revue du Droit de l'Union Européenne, 4/2000, 811.

[754]« Le régime de limitation de la responsabilité de ces intermédiaires s'inscrit dans le contexte général de la responsabilité civile; la responsabilité découle de la faute. Mais la loi vient expressément exclure certaines obligations à la charge des intermédiaires afin de délimiter le champ de ce qui peut constituer un comportement fautif de leur part. Les règles relatives à la responsabilité sur Internet demeurent dans l'orbite du droit commun. Les principes du droit de la responsabilité civile trouvent application mais le législateur y ajoute certaines conditions pour que soit engagée la responsabilité du prestataire visé. La responsabilité civile des intermédiaires, comme de tout autre personne, lorsqu'elle est engagée, découle nécessairement d'une faute de leur part » ; P. TRUDEL, La responsabilité des acteurs du commerce électronique, https://papyrus.bib.umontreal.ca/jspui/bitstream/1866/56/1/0005.pdf;www.chairelrwilson.ca/cours/drt3808/cours3a.

[755] Versailles, 12ème ch. 8 juin 2000, Multimania Production c/ L. Heineman, épouse Lacoste eta. LP, n°174-III, sept.2000, 139-146, comm. ROJINSKY.

participation de l'intermédiaire dans la production et dans la modification des données, le juge a fait preuve de souplesse en déchargeant l'hébergeur de la vérification des contenus[756]. Rien n'empêche que cette exonération soit étendue aux autres intermédiaires techniques, en raison des difficultés techniques de contrôle des données en circulation (1). Cette réalité technique est soutenue par des contraintes économiques qui confirment l'allègement de cette catégorie de prestataires (2).

1. Les difficultés techniques de contrôle des données en circulation

278. Les intermédiaires techniques n'agissent pas directement sur les données circulant sur les réseaux. Leurs activités d'intermédiation ne leur permettent pas d'agir sur la création et la modification des données. Les missions du prestataire intermédiaire sont d'assurer le stockage, la conduite ou l'hébergement des données. Les données leur sont confiées dans un état et une forme qu'ils sont tenus de ne pas modifier. Leur rôle est semblable à celui du dépositaire simple gardien de la chose du déposant, à la seule différence que l'intermédiaire ne bénéficie ni de l'usus, ni du fructus de la chose déposée entre ses mains[757]. En plus, la multiplication des contraintes de contrôle ne s'accommode pas de la liberté véhiculée par internet.

279. La décentralisation et l'absence d'un point de contrôle autoritaire et exclusif constituent l'esprit d'internet. La liberté et le pouvoir s'exercent par chaque personne dans son espace personnel délimité soit par son site, soit par son système informatique. Cette décentralisation empêche la possibilité d'un contrôle à la charge de ces prestataires. Imposer un tel contrôle aurait plusieurs inconvénients. Cela suggèrerait la mise sur pied de mécanismes de contrôle a priori, avec pour conséquence, l'accroissement d'un temps relativement long entre le résultat positif ou négatif du contrôle et l'acceptation du prestataire de les stocker, les héberger ou les transporter. Or, en raison de la lenteur de ce processus et du coût qu'il engendrerait, il est nécessaire d'éviter d'alourdir leurs obligations. « Une telle obligation de surveillance menacerait la fonction de fournisseur d'hébergement : on l'a vu, ce dernier est dans l'incapacité de vérifier le contenu et la légalité des informations stockées sur ses serveurs »[758]. Juridiquement enfin, admettre une obligation générale de surveillance reviendrait à attribuer à des personnes privées les prérogatives régaliennes de l'Etat en les transformant

---

[756] « Il n'est pas exigé du fournisseur d'hébergement qu'il exerce une surveillance minutieuse et approfondie des sites qu'il abrite », TGI Nanterre, UEJF c/ Multimania, 1ère ch. 24 mai 2000, www.legalis.net.

[757] Contrairement au banquier qui peut utiliser les dépôts de ses clients et profiter des intérêts, avec l'obligation de restituer les fonds du dépositaire à la première demande.

[758] J. D. DU SEJOUR et C. ERHEL, Rapport d'information sur la mise en application de la loi n°2004-575 du 21 juin 2004 pour la confiance dans l'économie numérique, Assemblée Nationale, 2008, n°267.

en maîtres de la censure. Un tel contrôle exposerait les acteurs à des contraintes économiques excessives.

2. Les contraintes économiques

280. Il faut bien préciser qu'on parle de difficultés et non d'impossibilité technique de contrôle des données en circulation sur les réseaux électroniques. Les avancées technologiques démontrent de plus en plus que l'impossibilité est remise en cause dans le domaine technique. Malgré le fort débit des données en circulation sur internet, des mesures de surveillance ne sont pas impossibles à instaurer. Mais de telles technologies s'avéreraient excessivement coûteuses pour le cybercommerçant et pour l'internaute. D'un point de vue économique, ce surinvestissement provoquerait des réticences de la part des prestataires. Une multitude de petites et moyennes entreprises ne pourraient plus assurer ces prestations.

281. On pourrait penser au mécanisme de la garantie des assurances. Mais la fréquence des plaintes et des préjudices mettraient en difficulté les compagnies d'assurance. Les lois burkinabé et sénégalaise posent concrètement le principe de l'absence d'une obligation générale de surveillance des informations qu'ils transmettent ou stockent, et d'une obligation générale de rechercher des faits ou des circonstances révélant des activités illicites. L'article 3 alinéa 5 de la loi sénégalaise de 2008 sur les transactions électroniques dispose que, les personnes dont l'activité est d'offrir un accès à des services au public par le biais des technologies de l'information et de la communication et celles qui assurent, même à titre gratuit, par la mise à disposition au public des biens et services, le stockage de signaux, d'écrits, d'images, de sons ou de messages de toute nature fournis par des destinataires de ces services « ne sont pas soumises à une obligation générale de surveiller les informations qu'elles transmettent ou stockent, ni à une obligation générale de rechercher des faits ou des circonstances révélant des activités illicites ». L'article 142 de la loi burkinabé sur les transactions électroniques de 2009 prévoit que, les prestataires intermédiaires « n'ont aucune obligation générale de surveiller les informations qu'ils transmettent ou stockent, ni aucune obligation générale de rechercher activement des faits ou des circonstances révélant des activités illicites ». Cette exonération est également justifiée par l'ignorance supposée du caractère illicite des données en circulation.

B. La présomption d'ignorance du caractère illicite des données en circulation

282. L'ignorance dans un sens général est l'état de celui qui souffre d'un défaut de connaissance dans un domaine déterminé. Dans le cas spécifique des intermédiaires techniques, l'ignorance est l'état de celui qui n'est pas au courant, qui n'est pas informé de la circulation des données illicites sur le réseau, alors qu'on lui reconnaît la qualité de professionnel. Les lois nationales préconisent de subordonner la responsabilité des intermédiaires techniques à la connaissance effective de l'illicéité des données litigieuses.[759]. L'effectivité de cette connaissance n'est pas acquise. Elle doit être nécessairement démontrée pour faire tomber la présomption d'ignorance dont peut se prévaloir l'intermédiaire. Il convient de déterminer le contenu de cette présomption d'ignorance (1) et les circonstances qui entrainent sa disparition (2).

1. Le contenu de la présomption d'ignorance

283. Les systèmes modernes de l'information et de communication offrent la possibilité d'exercer à tout moment des activités illicites à partir de n'importe quel lieu de la planète. L'usage pernicieux des réseaux électroniques est accentué par la réticence des entreprises à signaler les cas de fraudes dont elles sont victimes, afin d'éviter toute mauvaise publicité. Dans un contexte aussi confus, la question qui vient aussitôt à l'esprit est celle de déterminer le seuil à partir duquel l'ignorance du caractère illicite des données doit être appréciée. Faut-il l'apprécier *in abstrato*, c'est-à-dire de manière théorique, générale et impersonnelle comme la notion de bon père de famille, ou *in concreto* en vertu d'un cas d'espèce, de manière concrète, spéciale et individuelle, en appréciant par exemple les compétences de l'intermédiaire ?

284. Si certains contenus ne soulèvent aucune difficulté à cause de leur illicéité manifeste[760], d'autres contenus sont sujets à des interprétations équivoques. Dans une décision du 24 mai 2000, le TGI de Nanterre[761] a considéré que les connaissances de l'hébergeur devaient s'apprécier selon ses compétences propres et non selon des compétences spécialisées, comme par exemple celles de tiers rompus à la lutte contre le racisme et l'antisémitisme. Cette position est confirmée par un arrêt de la Cour d'appel

[759] Notamment l'article 34 de la loi camerounaise sur la cybercriminalité qui prévoit que, la responsabilité des intermédiaires techniques peut être engagée, sauf si ces derniers « n'avaient pas effectivement connaissance de leur caractère illicite ou de faits et circonstances faisant apparaître ce caractère » ; l'article 3 alinéa 2 de la loi sénégalaise de 2008 affirme que, les intermédiaires techniques « ne peuvent pas voir leur responsabilité civile engagée du fait des activités ou des informations stockées à la demande d'un destinataire de ces services si elles n'avaient pas effectivement connaissance de leur caractère illicite ou de faits et circonstances faisant apparaître ce caractère ».

[760] « Comme c'est le cas avec les informations à caractère pédopornographique, des écrits qui font l'apologie des crimes de guerre ou provoquent directement aux actes de terrorisme », L. THOUMYRE, Comment les hébergeurs français sont devenus juges du manifestement illicite, 28 juillet 2004, www. juriscom.net.

[761] TGI Nanterre (1re chambre) 24 mai 2000 UEFJ c/ Multimania Production », LEGICOM 2000/1 (N° 21-22), p. 223-225.

de Versailles du 16 mai 2002[762]. Cela permet de conclure de manière générale qu'en dehors des cas d'illicéité manifeste, l'ignorance du caractère des données litigieuses et des faits révélant des activités illicites est présumée tant que personne ne sollicite leur retrait auprès de l'intermédiaire. En effet, ce dernier doit être informé du contenu querellé. « En pratique, le signalement du contenu litigieux s'effectue par la mise en demeure de l'intermédiaire de faire cesser la diffusion »[763]. Tant que l'intermédiaire n'est pas saisi d'une plainte dans laquelle le demandeur décline son identité, décrit les faits litigieux de manière précise en motivant sa demande de retrait, alors la connaissance des données illicites ne peut lui être imputée, sauf s'il participe à la diffusion des contenus illicites. Le fait pour le prestataire de participer à la diffusion des contenus illicites est une cause légitime de disparition de la présomption d'ignorance dont il bénéficie.

2. La disparition de l'ignorance

285. L'obtention de l'information brise l'ignorance. La distance qui existe entre les acteurs du commerce électronique justifie l'accroissement de l'obligation d'information dans les relations entre les internautes et les intermédiaires techniques. L'information a pour objectif de porter à la connaissance du prestataire la réalisation d'un dommage du fait d'un contenu illicite dont le retrait est souhaité. Autrement, l'intermédiaire n'aurait aucune connaissance de la situation litigieuse. Dans certains cas exceptionnels, l'ignorance peut disparaître même en l'absence de toute information portée à sa connaissance de l'intermédiaire technique.

Pierre TRUDEL rappelle que la connaissance est acquise « premièrement dès lors que l'information émane de la personne elle-même ou que cette dernière a effectivement pris la décision de diffuser. Ainsi, lorsque l'hébergeur conserve des documents qui émanent de lui, il sera réputé avoir connaissance de la teneur de ces derniers. Deuxièmement, une personne peut avoir connaissance de fait si elle exerce une surveillance, constante ou occasionnelle, d'un site ou d'un environnement. Il n'y a pas d'obligation de surveiller afin d'acquérir connaissance aussitôt que se pointeront des documents illicites. Mais si une telle surveillance est effectuée et qu'elle permet d'acquérir la connaissance du caractère illicite de documents, alors la responsabilité de l'hébergeur pourra être engagée »[764]. Ces situations sont transposables aux autres intermédiaires que sont le stockeur et le fournisseur d'accès.

---

762 Versailles 12ème chambre, section 1 Arrêt du 16 mai 2002, Association UEJF / SA Multimania Production (Lycos France, http://www.legalis.net/spip.php?page=jurisprudence-decision&id_article=195.
763 P. OUDOT, L'internet et la responsabilité civile, GP, 03 no. 2007, n°307, p. 4.
764 P. TRUDEL, La responsabilité sur Internet, séminaire Droit et toile, Bamako 27 mai 2002, http://www.chairelrwilson.ca/cours/drt6929f/Resp.internet-trudel.pdf.

286. Cependant, l'information demeure la forme la plus probante de la connaissance des contenus illicites. Elle suppose une obligation de mettre en place un dispositif par lequel l'internaute peut informer l'intermédiaire de certains agissements illicites. Certaines législations comme les lois camerounaises sur le commerce électronique et la cybercriminalité n'y font pas allusion. D'autres comme l'article 85 de la loi burkinabé de 2009 sur les transactions électroniques[765] limitent l'exigence de ce dispositif aux prestataires de confiance. Si un tel dispositif n'est requis que pour les prestataires de confiance soumis à la responsabilité de droit commun, il est judicieux de s'interroger sur l'exigence de la mise en place d'un mécanisme de réception des plaintes devant informer les intermédiaires techniques de la circulation des données illicites, alors qu'ils sont exonérés de l'obligation générale de surveillance et de contrôle des contenus.

287. La mise en place d'un tel dispositif doit être comprise comme la contrepartie de la limitation légale de responsabilité dont jouit l'intermédiaire technique. Pour cette raison, elle doit être également consacrée par les dispositions réduisant le domaine de la responsabilité. La sécurité des internautes et des cybercommerçants doit être institutionnelle. Le dispositif d'information à mettre en place par l'intermédiaire technique doit quitter les sinuosités des usages professionnels et de l'autonomie de la volonté, pour émerger formellement par des dispositions légales. L'article 5 alinéa 3 paragraphe 4 de la loi sénégalaise sur le commerce électronique dispose que, les prestataires dont l'activité est d'offrir un accès à des services au public ou de stockage ont l'obligation, « de mettre en place un dispositif facilement accessible et visible permettant à toute personne de porter à leur connaissance ce type de données, d'autre part, de rendre public les moyens qu'elles consacrent à la lutte contre ces activités illicites ». Cette institutionnalisation du dispositif d'information comporte de nombreux avantages. Dans une situation compromettante, elle permet à l'internaute « qui veut faire cesser une mise en ligne qu'il estime constituer une atteinte à ses droits, d'adresser à l'intermédiaire une demande qui identifie clairement les vidéos litigieuses »[766].

288. Il y a eu plus ou moins de rigueur sur le contenu de la notification par laquelle la victime porte la circulation des contenus illicites à la connaissance du prestataire. En plus de la description des faits litigieux, de la localisation précise, ainsi que les motifs pour lesquels le contenu doit être retiré, le juge a cru imposer à l'internaute qui se plaint d'un contenu illicite

---

[765] L'article 85 de la loi burkinabé de 2009 sur les transactions électroniques énumère « les prestataires de services de confiance établis au Burkina Faso, à savoir les prestataires de services : d'archivage électronique, d'horodatage électronique, de recommandé électronique, de certification électronique délivrant des certificats qualifiés ».

[766] TGI Paris 3ème ch. 1ère sect. 15 avril 2008, Omar et Fred c/ Dailymotion, http://www.legalis.net/spip.php?page=jurisprudence-decision&id_article=2298.

de préciser « les dispositions légales et les faits justificatifs » relatifs à la situation déplorée[767].

Quelques fois cependant, le juge s'est contenté de ce que le courrier qui saisit le prestataire mentionne l'adresse précise de la page comportant le contenu litigieux, sans préciser les dispositions légales essentielles pour la vérification par le destinataire du caractère illicite des données[768]. Certains juges sanctionnent de plus en plus l'ambiguïté de la déclaration, lorsque les réclamations de la victime restent « larges, vagues et générales »[769].

289. Mais il est devenu constant que le demandeur procède « à la description des faits litigieux et donner leur localisation précise ainsi que les motifs pour lesquels le contenu doit être retiré, comprenant la mention des dispositions légales et des justifications des faits »[770]. L'intérêt de cette exigence a pour objectif de communiquer au prestataire les dispositions légales violées. Face à l'ubiquité d'internet, il est difficile que l'intermédiaire connaisse les lois nationales de tous les Etats susceptibles d'être transgressées par une pratique illicite, si les dispositions violées ne lui sont pas communiquées. Il est nécessaire lors de la notification, d'informer précisément l'intermédiaire technique sur les dispositions légales transgressées par les contenus querellés. L'observation de cette mesure a pour conséquence d'amener le prestataire à réagir même en cas de doute. L'implication de la victime constitue un élément essentiel dans la manifestation de la limitation de responsabilité des intermédiaires

§2. Les manifestations de la limitation de responsabilité des intermédiaires techniques

290. La limitation de responsabilité que revendiquent les intermédiaires techniques n'est pas sans incidences et ne s'acquiert pas sans contrepartie.

---

[767] TGI Paris 3ème ch. 1ère sect. 15 avril 2008, J.-Y Lafesse et a. c/ Dailymotion, J. HUET, Une privatisation rampante de la justice concernant les litiges rendus à propos d'internet est-elle à redouter (l'accord Paris-Forum) ?, Centre d'étude juridiques et économiques du multimédia, lettre N°42 : juillet 2009 - octobre 2009, http://cejem.u-paris2.fr/IMG/CEJEM_LETTRE_No42.pdf.

[768] « La responsabilité de l'intermédiaire qui demeure silencieux à une notification ne peut être engagée lorsque le courrier qui le saisit mentionne l'adresse précise de la page comportant le contenu litigieux sans préciser les dispositions légales essentielles pour la vérification par le destinataire du caractère illicite des données...Dans ce cas, il n'apparaît donc pas avec toute l'évidence devant s'imposer à cette juridiction appelée à prendre des mesures à caractère provisoire, que la responsabilité de la fondation Wikimédia s'est trouvée engagée », TGI Paris ord. réf.29 oct.2007, M. B. et a. c/ Wikimédia Foundation Inc. Legipresse, déc.2007, n°247.III.254-255.

[769] L'intermédiaire ne peut légitimement « faire droit aux prétentions ...en l'absence de réponse aux demandes de précision quant aux faits reprochés et à leur emplacement », Versailles, 14ème ch. 12 déc. 2007, Sté Les arnaques.com et a. c/ Sté Editions Régionales de France, http://www.legalis.net/spip.php?page=jurisprudence-decision&id_article=2118.

[770] TGI Paris, ord. réf. 9 jan. 2008, Sté Troyes dans l.'Aube Prod c/ syé Youtube In, http://www.legalis.net/spip.php?page=jurisprudence-decision&id_article=2524.

Pour en cerner les manifestations, il convient d'envisager les conditions (A) et les implications d'un tel allègement de responsabilité (B).

A. Les conditions de l'exonération de responsabilité

291. Dans le contexte actuel où les communautés et les organisations régionales d'Afrique francophone subsaharienne abandonnent la règlementation du commerce électronique aux législateurs nationaux, il n'est pas exclu que des différences apparaissent dans la détermination des conditions d'exonération de la responsabilité des intermédiaires techniques. Pour éliminer des risques de divergences majeures, on peut dégager deux conditions permanentes : l'absence de rôle actif dans le traitement des contenus illicites (1) et la réaction de l'intermédiaire technique informé de l'existence de tels contenus (2).

1. L'absence de rôle actif dans le traitement et la diffusion des contenus illicites

292. L'absence de rôle actif dans le traitement des contenus illicites signifie que l'intermédiaire technique n'intervient pas dans l'organisation et le traitement des contenus litigieux. Cela suppose également que l'intermédiaire ne modifie ni ne supprime les données concernées. Dans les années d'adolescence d'internet, la Cour d'appel de Paris dans une affaire *« Halliday »*[771], avait subordonné la participation de l'intermédiaire technique dans la diffusion des contenus illicites au dépassement de son rôle d'intermédiation. « En offrant comme en l'espèce, d'héberger de façon anonyme, sur le site altern.org qu'il a créé et qu'il gère, toute personne qui, sous quelque dénomination que ce soit, en fait la demande aux fins de mise à disposition au public ou de catégories de public, de signes ou de signaux, d'écrits, d'images, de sons ou de messages, excède manifestement le rôle technique d'un transmetteur d'informations et doit d'évidence, assumer à l'égard des tiers aux droits desquels il serait porté atteinte, les conséquences d'une telle activité qu'il a entrepris d'exercer »[772]. L'activité des intermédiaires techniques ne suppose pas une implication dans la production, le contrôle et la modification des données litigieuses. Elle n'inclut pas la circulation des données frauduleuses.

293. L'article 40 de la loi camerounaise sur la cybercriminalité admet que le fournisseur d'accès et l'hébergeur participent à la diffusion des contenus illicites, soit lorsqu'ils sont à l'origine de la demande de transmission litigieuse, soit lorsqu'ils sélectionnent ou modifient les contenus faisant

---

[771] Paris, Arrêt du 10 février 1999, Estelle H. / Valentin L, http://www.legalis.net/spip.php?page=jurisprudence-decision&id_article=1046.

[772] Paris, 14ème ch. 10 fév.1999, A. COUSIN (dir.), Dossier internet et atteinte aux droits de la personne, GP, 18 avril 2000, n°109, p. 27.

l'objet de transmission litigieuse[773]. Il s'agit d'une participation volontaire. A contrario ne constituent ni une sélection, ni une modification des contenus : le fait pour un prestataire de proposer un système de protection contre les commentaires indésirables dans un *blog*[774], le fait de mettre une page internet à la disposition de son abonné afin que celui-ci y crée un site[775], la commercialisation d'espaces publicitaires dans le site qui n'induit pas une capacité d'action du service sur les contenus mis en ligne[776]. De même si une décision du 14 novembre 2011 a retenu la responsabilité de *Google* compte tenu de sa connaissance et de son pouvoir de contrôle sur la nature des contenus et en raison de son rôle actif dans le référencement des liens, il faut retenir que c'est en qualité de moteur de recherche, à l'occasion de son activité de référencement et non d'hébergeur[777].

294. D'un autre côté, le bénéfice de la couverture est évincé en cas d'intervention déguisée, ou lorsque le prestataire a décidé lui-même d'élargir son domaine de responsabilité.

En cas d'intervention déguisée sur le traitement ou la diffusion des données litigieuses, l'opérateur ne bénéficier de l'allègement de responsabilité. Dans une affaire du 19 mars 2015, le TGI de Paris a connu d'un litige dans lequel le défendeur *Puerto 80 Projects* qui diffusait les

---

[773] Article 40 (1) et (2) de la loi camerounaise sur la cybercriminalité : « Toute personne assurant une activité de transmission de contenus sur un réseau de communications électroniques ou de fourniture d'accès à un réseau de communications électroniques ne peut voir sa responsabilité engagée que lorsque : elle est à l'origine de la demande de transmission litigieuse, elle sélectionne ou modifie les contenus faisant l'objet de la transmission. Toute personne assurant dans le seul but de rendre plus efficace leur transmission ultérieure, une activité de stockage automatique, intermédiaire et temporaire des contenus qu'un prestataire transmet, ne peut voir sa responsabilité civile ou pénale engagée en raison de ces contenus que dans le cas où elle a modifié ces contenus… ».

[774] « Le fait que la société Google Inc. Offre aux créateurs de blogs, à travers la plate-forme blogger, une fonctionnalité d'installation et de présentation ou un système de protection contre les commentaires indésirables ne démontre pas sa qualité d'éditeur du contenu de ces blogs…Sa responsabilité ne doit être recherchée qu'en qualité d'hébergeur », Paris, 14ème ch. Sect. A, 12 déc. 2007, http://www.legalis.net/spip.php?page=jurisprudence-decision&id_article=2123.

[775] « En permettant à son abonné de créer un site sur une page qu'elle met à sa disposition, la société Free a agi comme hébergeur. En effet, il n'est ni démontré ni même soutenu que la société Free a modifié de ce site, ou l'ait alimenté », TGI Paris, 3èmech. 1ère sect. 5 fév.2008, Syndicat national de l'édition c/ Sté Free et a., http://www.legalis.net/spip.php?page=jurisprudence-decision&id_article=2209.

[776] « La commercialisation d'espaces publicitaires ne permet pas de qualifier la société Dailymotion d'éditeur de contenu dès lors que lesdits contenus sont fournis par les utilisateurs eux-mêmes, situation qui distingue fondamentalement le prestataire technique de l'éditeur, lequel, par essence même, est personnellement à l'origine de la diffusion, raison pour laquelle il engage sa responsabilité », Tribunal de grande instance de Paris 3ème chambre, 2ème section Jugement du 13 juillet 2007, http://www.legalis.net/?page=jurisprudence-decision&id_article=1977.

[777] TGI Paris, 17e ch., 14 novembre 2011, N° RG 08/09732.

compétitions sportives gratuites se faisait passer pour un hébergeur[778]. En dépit des arguments du défendeur, le juge s'est borné à vérifier par l'organisation des données, « qu'il répertoriait, stockait et proposait de façon ordonnée, par types de sport et dans un ordre chronologique, cette présentation en aidant les internautes intéressés au moyen d'un moteur de recherche »[779].

295. Pour ce qui est de l'extension extra légale du champ de responsabilité, elle repose sur le principe de l'autonomie de la volonté, ou sur les règles informelles relevant des chartes, des codes de conduite et des usages spécifiques à la profession. Lorsque le prestataire viole ces règles par négligence ou imprudence, il est possible d'engager sa responsabilité. Comme dans le monde physique, les usages et les autres normes informelles s'imposent au professionnel avec la même rigueur que les dispositions légales. L'article 40 (2) de la loi camerounaise sur la cybercriminalité admet la responsabilité de toute personne assurant dans le seul but de rendre plus efficace leur transmission ultérieure, une activité de stockage automatique, intermédiaire et temporaire des contenus dans le cas où elle ne s'est pas conformée « aux règles usuelles concernant leur mise à jour ou a entravé l'utilisation licite et usuelle de la technologie utilisée pour obtenir les données ». On pourrait reprocher au prestataire sa négligence ou un manque de prudence ou de vigilance sur le fondement de l'article 1383 du Code civil[780]. Cependant, cette obligation de prudence ne doit pas être comprise dans un sens large. Elle est restreinte et limitée à certaines obligations telles que la confidentialité du prestataire sur les données qu'il stocke ou dont il facilite la transmission. Elle doit être comprise comme une obligation de moyens qui est satisfaite dès que le débiteur démontre qu'il n'a commis aucune imprudence et qu'il a pris toutes les mesures pour se conformer aux règles et usages en vigueur dans la profession. En l'absence d'éléments démontrant sa négligence ou son imprudence, la preuve de la participation ne peut être établie par le mutisme ou l'absence de réaction de l'intermédiaire qui a connaissance de la circulation des données. La réaction de l'intermédiaire ne doit pas être vue comme une obligation dont le défaut de résultat établirait sa responsabilité.

---

[778] En effet, l'exploitant habile d'une plateforme de *streaming* peut être à l'occasion un hébergeur : il lui suffit de faire en sorte de n'avoir aucune maîtrise sur les contenus mis en ligne.

[779] TGI Paris, 5ème ch. 19 mars 2015, La LFP c/ Puerto 80 Projects ; G. LOISEAU, Recherche statut hébergeur désespérément, Com.comm.électr.Rev.mensuelle Lexisnexis Jurisclasseur, n°5 mai 2015, p. 33.

[780] « Une société prestataire d'hébergement est tenu à une obligation de vigilance et de prudence…qui s'analyse en une obligation de moyens », Versailles, 12ème ch. 8juin 2000, LP n°174-III, sept.2000, 139 à 146, note C. ROJINSKY.

2. La réaction de l'intermédiaire technique

296. L'intermédiaire qui a connaissance de la circulation ou de la présence des contenus illicites dans les données qui lui sont confiées, doit impérativement réagir. Cela suppose qu'une fois avisé de la circulation de données litigieuses, le professionnel adopte des mesures appropriées de nature à préserver les droits des tiers[781]. Afin d'éviter tout abus, il convient d'affecter un contenu précis (a) à cette obligation de réaction et d'en préciser les implications (b).

a. Le contenu de l'obligation de réaction de l'intermédiaire technique

297. La suite logique de la connaissance des contenus illicites est la réaction du prestataire, qui doit soit procéder au retrait des données illicites, soit rendre leur accès impossible. C'est ce que préconise l'article 3 alinéa 2 de la loi sénégalaise de 2008 sur le commerce électronique qui n'exonère les personnes assurant les prestataires d'intermédiation que si « dès le moment où elles en ont eu cette connaissance, elles ont agi promptement pour retirer ces données ou en rendre l'accès impossible ». Dans le même sens, l'article 34 de la loi camerounaise sur la cybercriminalité affirme clairement que, « la responsabilité des personnes qui assurent, même à titre gratuit, le stockage des signaux, d'écrits, d'images, de sons ou de messages de toute nature fournis par les destinataires de ces services, n'est point engagée…si, dès le moment où elles ont eu connaissance des faits, elles ont agi promptement pour retirer ces données ou en rendre l'accès impossible ». L'article 136 de la loi burkinabé de 2009 reprend les termes pour dire que dans les mêmes circonstances, le prestataire n'est pas responsable lorsqu'il « agit promptement pour retirer l'information qu'il a stockée ou pour rendre l'accès à celle-ci impossible ».

298. La jurisprudence évolue également dans ce sens. On peut retenir cette décision du TGI de Paris[782] qui dégage la responsabilité de la société *Free* du fait de son activité d'hébergeur pour avoir « agi avec promptitude et fait cesser la violation des droits des demandeurs ». Dans une affaire similaire *Easy Computing c. Ad Valvas*[783], malgré le rôle très actif du fournisseur d'accès dans la lutte contre les actes illicites commis sur internet, le juge l'a tout de même condamné pour n'avoir pas mis fin spontanément à une annonce publicitaire de vente de logiciels piratés, alors qu'en tant qu'hébergeur, il avait connaissance des faits litigieux pour avoir été mis en

---

[781] A. COUSIN (Dir.), Dossier internet et atteinte aux droits de la personne, GP, 18 avril 2000, n°109, p. 27.
[782] TGI Paris 3ème ch. 1ère sect. 5 fév.2008, op cit, http://www.legalis.net/spip.php?page=jurisprudence-decision&id_article=2209.
[783] R. JULIA-BARCELO, E. MONTERO, A. SALAUN, « La responsabilité des prestataires intermédiaires », in Commerce électronique, le temps des certitudes, Cahiers du CRID, n° 17, p.

demeure de cesser l'atteinte aux droits litigieux de la société *Easy Computing*.

On comprend que le fait de s'abstenir de réagir lorsque les données litigieuses sont illicites fait disparaître l'exonération légale de responsabilité. Ainsi, un jugement a déclaré qu'« informée du caractère illicite du contenu en cause par la première notification, il lui appartenait (la société *Google Inc.*) de mettre en œuvre tous les moyens nécessaires en vue d'éviter une nouvelle diffusion ...faute pour elle de pouvoir justifier avoir accompli les diligences nécessaires en vue de rendre impossible la remise en ligne du documentaire déjà signalé comme illicite, elle ne peut se prévaloir de la limitation de responsabilité prévue par la loi »[784]. A l'issue du litige qui opposait l'*ASBL IFPI* et la *SA Polygram* contre la *SA Belgacom Skynet*, la défense a été reconnue responsable de n'avoir pas supprimé les liens litigieux alors qu'elle avait été mise au courant que ces liens encourageaient la visite de site web pirates notoirement connus[785].

299. Mais le risque d'une réaction automatique est d'amener le fournisseur d'hébergement à juger lui-même si oui ou non le contenu litigieux est illicite. Et cela peut constituer un grief pouvant être retourné contre lui. Le fournisseur d'hébergement ne doit-il pas intervenir que lorsqu'il est suffisamment assuré que les contenus visés sont effectivement illicites ? Le prestataire intermédiaire est ainsi placé dans une situation particulièrement délicate. « S'il s'abstient de réagir lorsqu'il a connaissance d'une activité illicite ou préjudiciable, sa responsabilité pourra être engagée. S'il réagit de manière erronée, l'abonné pourra mettre en cause sa responsabilité du chef d'interruption injustifiée des services. Serait-il dès lors contraint de s'entourer de consultants pour procéder lui-même à des examens de licéité de sites web qu'il héberge ? »[786]. L'intervention du prestataire pose réellement le problème de sa responsabilité non plus à l'égard de la victime présumée des contenus illicites, mais à l'égard du préjudice causé à l'auteur des données litigieuses suite à une réaction abusive.

b. Les implications d'une réaction abusive

300. L'intérêt de l'allègement de la responsabilité des intermédiaires techniques réside dans l'idée de « favoriser le développement des échanges sur internet en évitant qu'en raison de risques juridiques, ceux-ci soient amenés à censurer abusivement les propos, informations et discussions qu'ils

---

784 TGI Paris 3ème ch. 2ème sect. 19 oct.2007, Zadig Productions, Jean Robert V. et Mathieu V. c/ Sté Google Inc. et AFA, RLDI 2007/32, n°1062 p.21, note L. Costes www.juriscom.net .

785 Y. POULLET et J.-F. LEROUGE, La responsabilité des acteurs de l'Internet, http://www.crid.be/pdf/public/4143.pdf.

786 S. MALENGREAU, "Responsabilité des hébergeurs: un fournisseur condamné en Belgique", 6 février 2000, 3 ; E. MONTERO, "La responsabilité des prestataires intermédiaires sur les réseaux", in Cahiers du CRID, n° 19, p.290, note 639.

hébergent afin de ne pas voir leur responsabilité engagée »[787]. Or, les dispositions légales et la plupart des décisions incitent les prestataires à agir promptement par le retrait ou par l'inaccessibilité des données litigieuses dès qu'ils ont connaissance de leur existence. Il se pose donc la question du moment exact où les contenus révèlent un contenu illicite justifiant un retrait immédiat.

L'adverbe « promptement » mentionné par les lois nationales[788] fait penser à une immédiateté automatique sans réflexion ni doute. La notification conforme par laquelle la victime sollicite régulièrement de l'intermédiaire de retirer les données citées dans la demande vaut-elle autorisation de procéder au retrait des données en cause ? Répondre par l'affirmative reviendrait à ériger l'intermédiaire technique en autorité souveraine de la censure en ligne. La validité de la demande qui respecte les conditions de fond et de forme requises ne suffit pas à légitimer le retrait des données par l'intermédiaire.

301. Pour justifier une réaction de son propre chef, le prestataire doit être en face de contenus d'une gravité avérée de manière à ce que « le caractère illicite ne semble pas être discutable, comme par exemple, les contenus à caractère pédopornographique, les écrits qui font l'apologie des crimes de guerre ou provoquent directement aux actes de terrorisme »[789]. En l'absence d'une gravité aussi manifeste, l'appréciation de l'illicéité ne peut être que de la compétence souveraine des autorités judiciaires ou administratives, et non d'une personne privée impliquée dans son activité professionnelle. Cependant, le temps que le juge statue, le fait illicite continuera de causer le préjudice à la victime. La situation de l'intermédiaire se révèle être d'un inconfort réel. La responsabilité de l'intermédiaire pourra être engagée s'il obtempère à une notification sans prendre des précautions minimales. La

---

787 Versailles, 12 déc. 2007, Sté Les Arnaques.com et a. c/ Sté Benetton Group, http://www.legalis.net/spip.php?page=jurisprudence-decision&id_article=2116.

788 Article 33 de la loi camerounaise sur le commerce électronique : « Toute personne physique ou morale exerçant une activité de stockage automatique, intermédiaire et temporaire dans le seul but de rendre plus efficace la transmission ultérieure des contenus, ne peut voir sa responsabilité civile ou pénale engagée en raison de ces contenus que dans l'un des cas suivants : elle a modifié ces contenus, […] elle n'a pas agi avec promptitude » ; Article 136 de la loi du Burkina Faso sur les transactions électroniques de 2009 : « En cas de fourniture d'un service consistant à transmettre, sur un réseau de communication, des informations fournies par un destinataire du service, le prestataire n'est pas responsable au titre du stockage automatique, intermédiaire et temporaire de cette information fait dans le seul but de rendre plus efficace la transmission ultérieure de l'information à la demande d'autres destinataires du service, pour autant que chacune des conditions suivantes soit remplie : […] le prestataire agit promptement pour retirer l'information qu'il a stockée ou pour rendre » ; Article 3 de la loi sénégalaise de 2008 sur les transactions électroniques : « Les personnes physiques ou morales […] ne peuvent pas voir leur responsabilité civile engagée […]ou si, dès le moment où elles en ont eu cette connaissance, elles ont agi promptement pour retirer ces données ou en rendre l'accès impossible ».

789 L. THOUMYRE, « Comment les hébergeurs français sont devenus juges du manifestement illicite », 28 juillet 2004, www.juriscom.net.

personne dont les documents sont bannis d'un système d'indexation pourrait assurément subir des dommages du fait d'une allégation non fondée.

302. Face au silence de la loi et à défaut de trouver le juste milieu dans la jurisprudence, la proposition de Pierre TRUDEL suggère de solliciter l'expertise d'un tiers. Selon l'auteur, il se pose « alors la question de déterminer si l'intermédiaire a agi avec la prudence et pris les précautions qu'une personne raisonnable aurait dû prendre en de telles circonstances. Si la notification se révèle futile ou mal fondée, on aurait supprimé un contenu, violé la liberté d'expression et fait prévaloir les désirs, voire les lubies d'un plaignant au préjudice d'une application prudente d'une mesure qui constitue de la censure, donc qui a par essence un caractère exceptionnel. L'attitude appropriée pour l'intermédiaire est d'obtenir une confirmation d'un tiers, tel un expert neutre et d'agir sur la foi d'une telle évaluation [...] Par conséquent, tant que l'intermédiaire n'a pas obtenu une confirmation indépendante du caractère illicite d'un document, il n'a pas d'obligation d'agir de manière à censurer l'information »[790].

L'efficacité d'une telle mesure ne semble pas absolue. L'idée de l'expertise d'un tiers suscite de nouvelles interrogations surtout sur les conditions qu'il devrait remplir, notamment la qualité, les compétences et l'agrément. Le tiers doit-il être agréé par les tribunaux ou par tout organisme public ou privé ? Faut-il qu'il prête serment ? Faut-il qu'il démontre ses qualifications et selon quelle procédure ?

303. La meilleure démarche consiste à rechercher l'objectif visé. Si le but est de garantir une immunité à l'intermédiaire technique exposé à la question délicate du retrait des données déclarées illicites par un tiers, la solution la plus prudente est celle de l'article 5 alinéa 3 paragraphe 4 de la loi sénégalaise que dispose que, « les prestataires dont l'activité est d'offrir un accès à des services au public ou de stockage ont également l'obligation d'informer promptement les autorités publiques compétentes de toutes activités illicites mentionnées à l'alinéa précédent qui leur sont signalées et qu'exercent les destinataires de leurs services ». En informant le juge ou les autorités compétentes d'une telle situation, l'intermédiaire technique se trouve couvert et sa responsabilité ne peut être engagée que si en retour, il ne s'est pas conformé à leurs injonctions.

B. Les implications de la limitation de responsabilité

304. L'absence d'une obligation de contrôle et le devoir de réaction dès la connaissance des contenus illicites posent les bases de la responsabilité limitée des intermédiaires techniques. La violation de ces conditions expose à des sanctions (1) qui constituent des remparts face aux complications découlant de l'allègement de responsabilité de ces prestataires (2).

---

[790] P. TRUDEL, La responsabilité des acteurs du commerce électronique, https://papyrus.bib.umontreal.ca/jspui/bitstream/1866/56/1/0005.pdf;www.chairelrwilson.ca/cours/drt3808/cours3a.

1. La sanction de la violation des conditions limitatives de responsabilité

La violation des conditions d'irresponsabilité expose le prestataire à des sanctions civiles (a) et pénales (b).

a. Les sanctions civiles

305. La détermination de la sanction applicable à l'intermédiaire exige de qualifier l'objet de l'obligation en cause. Pour les obligations dont l'objet porte sur le paiement d'une somme d'argent ou le transfert de la propriété d'un corps certain comme la vente d'un bien corporel, l'action en revendication et l'exécution forcée sont les principales armes dont peut se prévaloir le créancier. Seules les obligations de faire ou de ne pas faire auxquelles sont soumis les intermédiaires donneront lieu aux dommages-intérêts. En Europe, l'article 14 de la Directive commerce électronique dispose pour la fonction d'hébergement, qu'aucune responsabilité ne peut être engagée à condition que « le prestataire n'ait pas effectivement connaissance de l'activité ou de l'information illicite et, en ce qui concerne une demande en dommages et intérêts, n'ait pas connaissance des faits ou des circonstances selon lesquels l'activité ou l'information illicite est apparente ». La réparation est reprise par la jurisprudence pour sanctionner le prestataire véreux. C'est effectivement sur ce fondement que le juge parisien confirme l'octroi d'une indemnité à la victime de la diffusion des contenus illicites dans un arrêt du 10 février 1999[791]. La réparation peut être accompagnée d'une cessation de diffusion sous astreintes[792]. Il convient de déterminer la faute qui conduit à la réparation car la nature de la responsabilité dépend l'existence ou non d'une relation contractuelle entre les parties.

Lorsque les parties sont liées par un contrat, le créancier doit simplement démontrer l'inexécution du contrat. Le terrain de la responsabilité contractuelle ne suscite a priori pas de difficulté majeure. Bien souvent, le prestataire intermédiaire aura pris soin d'exonérer sa responsabilité du chef

---

[791] « La diffusion des photographies litigieuses, dans les conditions décrites précédemment, engage manifestement sa responsabilité et justifie l'octroi à Mme Estelle H., dont l'atteinte au droit à l'image et à l'intimité de la vie privée, ainsi que le préjudice qui en résulte, ne sont ni contestables ni contestés, une provision sur dommages et intérêts qui, compte tenu de la profession exercée par cette dernière, de sa notoriété et de la diffusion démultipliée résultant des possibilités techniques offertes par Internet », Paris, Estelle H. / Valentin L, 10 février 1999, http://www.legalis.net/spip.php?page=jurisprudence-decision&id_article=1046n ; En ce sens, Th. VERBIEST et L. THOUMYRE, Le mannequin et l'hébergeur, http://lthoumyre.chez.com/pro/1/resp19990225.htm.

[792] Par ordonnance du 9 juin 1998, le Tribunal fit injonction à l'hébergeur sous astreinte de FR 100.000 par jour, de « mettre en œuvre les moyens de nature à rendre impossible toute diffusion des clichés photographiques en cause à partir de l'un des sites qu'il héberge, TGI Paris Ordonnance de référé, Estelle H. / Valentin L. et Daniel, 9 juin 1998, http://www.legalis.net/spip.php?page=jurisprudence-decision&id_article=230.

de contenu illicite ou préjudiciable, dans les limites légales et notamment dans le respect des dispositions légales protégeant le consommateur contre les clauses abusives. Il veillera par exemple à se ménager la possibilité de mettre fin au contrat d'hébergement en cas de contenu préjudiciable, voire même à obtenir des garanties[793]. De plus, les contrats liant certains intermédiaires avec des partenaires peuvent organiser la responsabilité incombant à chacun d'entre eux. C'est ainsi que des contrats d'hébergement comportent des dispositions prévoyant que l'hébergé s'oblige à indemniser l'hébergeur des pertes qu'il subirait du fait du contenu hébergé[794].

306. Il faut rappeler que c'est sur le fondement de l'article 1147 du Code civil[795]que la nature des obligations peut être déterminée. Il convient de distinguer les différentes fautes contractuelles que pourrait commettre un intermédiaire technique avant de se prononcer. Les intermédiaires techniques sont spécifiquement tenus de deux obligations principales : la non-participation à la diffusion des contenus illicites et l'obligation de réaction. La première est une obligation d'abstention ou d'omission qui se traduit en obligation de résultat. La seconde quant à elle est légèrement plus complexe. Malgré le dispositif légal de limitation de la responsabilité et les décisions qui ont condamné les intermédiaires obstinés et déterminés à ne pas retirer les contenus illicites après réception de la notification, l'obligation de réaction constitue en réalité une obligation de moyens. Un retrait basé sur une demande non fondée peut exposer l'intermédiaire à un recours de l'auteur des données litigieuses. La seule façon d'y échapper est soit la consultation d'un expert qui saura l'éclairer, soit la saisine d'une autorité compétente qui saura dicter la conduite à tenir.

307. En matière délictuelle, l'article 1383 du Code civil paraît adapté à cerner la relation entre la victime des contenus illicites et l'intermédiaire technique. Ce dernier peut être responsable du dommage qu'il a causé du fait de sa négligence ou par son imprudence. A ce jour, les prestataires de service n'échappent pas à ce devoir général de diligence. Selon les circonstances de l'espèce, il est possible d'engager leur responsabilité dès lors qu'un manquement à ce devoir peut être prouvé. Il y a quelques années la Cour d'appel de Versailles imputait à l'hébergeur une obligation de prudence et de

[793] Y. POULLET et J.-F. LEROUGE, La responsabilité des acteurs de l'Internet, http://www.crid.be/pdf/public/4143.pdf.

[794] A. LEDUC, Le contrat de création et le contrat d'hébergement d'un site web : éléments de négociation, de rédaction et d'interprétation", dans formation permanente, barreau du Québec, Développements récents en droit de l'Internet, n° 160, Cowansville, Éditions Yvon Blais, 2001, p. 143 spécialement p. 200.

[795] Article 1147 du Code civil : « Le débiteur est condamné, s'il y a lieu, au paiement de dommages et intérêts soit à raison de l'inexécution de l'obligation, soit à raison du retard dans l'exécution, toutes les fois qu'il ne justifie pas que l'inexécution provient d'une cause étrangère qui ne peut lui être imputée, encore qu'il n'y ait aucune mauvaise foi de sa part ».

vigilance sur le fondement de l'article 1383 du Code civil[796]. Cette obligation générale de prudence a été battue en brèche par les législateurs qui ont allégé la responsabilité du prestataire intermédiaire.

308. Cette obligation n'a pas pour autant disparu. Elle est maintenue à un degré réduit. Deux hypothèses demeurent pertinentes pour le maintien des obligations de prudence et de diligence : d'une part l'absence de négligence dans le traitement des contenus illicites connus, d'autre part l'absence de négligence dans l'observation des normes professionnelles organisant l'activité en cause. Ainsi un tiers pourrait se plaindre de la mauvaise exécution d'un contrat d'hébergement et mettre en cause la responsabilité civile du fournisseur en invoquant par exemple une disposition de la charte de bon comportement ou une stipulation contractuelle alors qu'il n'en est ni destinataire ni bénéficiaire[797]. Il pourrait dès lors parfaitement se prévaloir de la charte de bons comportements, entrer dans le champ contractuel de la relation fournisseur-abonnés, afin de démontrer qu'un prestataire a été négligent car il n'a pas procédé au contrôle minimum qu'il s'était engagé à opérer au titre de la charte[798].

b. Les sanctions pénales

309. Le principe en matière pénale veut que la mise en œuvre de la responsabilité de l'auteur, du coauteur ou du complice[799] présuppose, outre l'élément légal, la réunion d'un élément matériel de commission de l'acte et d'un élément moral qui est le caractère voulu et conscient de l'acte[800]. Le Cameroun, le Sénégal et le Burkina Faso disposent de toute évidence des lois pénales destinées aux infractions liées aux réseaux. Pour engager sa responsabilité pénale, il est nécessaire d'examiner si le prestataire

---

[796] « Une société prestataire d'hébergement est tenu à une obligation de vigilance et de prudence…qui s'analyse en une obligation de moyens », Versailles, 12ème ch. 8juin 2000, LP n°174-III, sept.2000, p. 139 à 146, note C. ROJINSKY.

[797] « La jurisprudence française qui, en certaines occasions a admis que la faute contractuelle puisse être comme telle la source d'une responsabilité aquilienne envers le tiers auquel elle a causé un dommage », X. DIEUX et D. WILLERMAIN, "La responsabilité civile du prestataire de services à l'égard des tiers", in Les contrats de service, éd. Jeune Barreau de Bruxelles, 1994, p. 219Cass. 24 mai 1909, Pas., I, 271 ; Y. POULLET et J.-F. LEROUGE, La responsabilité des acteurs de l'Internet, http://www.crid.be/pdf/public/4143.pdf.

[798] « Par charte de bons comportements, on ne vise pas uniquement les codes de conduite pertinents visés à l'article 10 de la Directive, mais bien toute forme d'engagement que le fournisseur s'engage à prendre concomitamment à l'offre de ses services », Y. POULLET et J.-F. LEROUGE, http://www.crid.be/pdf/public/4143.pdf.

[799] « La complicité par aide ou assistance n'est punissable que si cette aide ou cette assistance ont été prêtées avec connaissance à l'auteur principal dans les faits qui ont préparé, facilité ou consommé son action », Cass. crim., 9 oct. 1941 ; Cass. crim., 19 mars 1986, Bull. crim., n°112 p. 289.

[800] L'article 121-1 du Code pénal français dispose que « nul n'est responsable que de son propre fait » qu'il en soit auteur ou complice.

intermédiaire a commis une infraction, a aidé ou a facilité la réalisation de celle-ci, par un acte positif ou d'omission.

310. Le refus de suppression des contenus illicites expose-t-il à une sanction pénale ? Le législateur sénégalais répond par l'affirmative. L'article 3 alinéa 3 de la loi sénégalaise sur les transactions électroniques entend sanctionner le non retrait des contenus illicites lorsque le prestataire en a eu connaissance[801]. Bien qu'en désaccord avec la rigueur pénale du législateur sénégalais, on peut justifier sa position par le fait qu'il sanctionne également l'auteur de fausses déclarations de contenus illicites. En effet l'article 431-43 de la loi sénégalaise sur la cybercriminalité dispose que, quiconque aura présenté aux intermédiaires techniques, « un contenu ou une activité comme étant illicite dans le but d'en obtenir le retrait ou d'en faire cesser la diffusion, alors qu'elle sait cette information inexacte, sera puni d'un emprisonnement de six (6) mois à un (1) an et d'une amende de 200.000 francs à 1.000.000 francs ou de l'une de ces deux peines seulement ». Autrement dit lorsqu'il en a connaissance, l'intermédiaire doit retirer les contenus présumés illicites, sous peine d'engager sa responsabilité. Cela se fait dans l'attente d'une décision qui statuera sur l'illicéité des données et condamnera éventuellement l'auteur de la fausse déclaration. Mesure prudente, mais un peu trop lourde pour deux raisons : d'abord cette disposition accroît de manière inconsciente les litiges judiciaires, puisque les données étant retirés à la simple demande d'une victime présumée, la seule façon de les publier à nouveau est d'obtenir une décision de justice réinstaurant leur auteur dans ses droits. Ensuite cette disposition renverse le droit judiciaire privé qui veut que c'est celui qui se plaint d'être bafoué dans ses droits, c'est-à-dire la victime, qui doit saisir le juge et non le présumé fautif dont le fait générateur de responsabilité naît désormais d'une simple notification par un tiers à l'intermédiaire.

311. C'est pour la raison pour laquelle l'absence de réaction ne fait pas l'objet d'une incrimination par tous les législateurs. En effet, l'article 40 de la loi camerounaise sur la cybercriminalité[802] ne cite pas la non réactivité

---

[801] Article 3 alinéa 3 de la loi sénégalaise sur le commerce électronique prévoit que, les intermédiaires techniques « ne peuvent voir leur responsabilité pénale engagée à raison des informations stockées à la demande d'un destinataire de ces services si elles n'avaient pas effectivement connaissance de l'activité ou de l'information illicite ou si, dès le moment où elles en ont eu connaissance, elles ont agi promptement pour retirer ces informations ou en rendre l'accès impossible ».

[802] Article 40 de la loi camerounaise sur la cybercriminalité : « Toute personne assurant une activité de transmission de contenus sur un réseau de communications électroniques ou de fourniture d'accès à un réseau de communications électroniques ne peut voir sa responsabilité engagée que lorsque : elle est à l'origine de la demande de transmission litigieuse, elle sélectionne ou modifie les contenus faisant l'objet de la transmission. Toute personne assurant dans le seul but de rendre plus efficace leur transmission ultérieure, une activité de stockage automatique, intermédiaire et temporaire des contenus qu'un prestataire transmet, ne peut voir sa responsabilité civile ou pénale engagée en raison de ces contenus que dans le cas où elle a modifié ces contenus, ne s'est pas conformée à leur conditions d'accès et aux règles usuelles

comme un fait constitutif d'une infraction. Même en matière pénale, l'exonération de responsabilité disparaît dans trois cas: lorsque le prestataire est à l'origine de la demande de transmission litigieuse, lorsqu'il sélectionne le destinataire de la transmission ou encore lorsqu'il sélectionne ou modifie les contenus faisant l'objet de la transmission. Toutes ces hypothèses correspondent à la situation dans laquelle le prestataire intermédiaire outrepasse son rôle de simple transporteur ou d'hébergeur, c'est-à-dire lorsqu'il sort de son obligation de neutralité vis-à-vis de ces contenus et des destinataires de ses services. Selon un auteur, il n'est pas souhaitable de préciser que l'opérateur de communications électroniques engagerait sa responsabilité dans les cas où, « ayant eu connaissance de l'existence d'une activité illicite se produisant à travers son réseau ou de la transmission d'un contenu illicite sur celui-ci, il n'aurait rien fait pour y mettre fin ou empêcher son accès »[803]. En effet à moins que le contenu litigieux soit « manifestement illicite »[804], la responsabilité contractuelle de l'intermédiaire peut aussi être engagée à l'égard de ses clients, s'il retire une information jugée illicite à tort[805]. Mais nous ne pouvons être aussi affirmatifs[806]. Même s'il a effectivement eu connaissance de la présence d'informations illicites ou préjudiciables disponibles à travers leur réseau et qu'il pouvait agir pour en bloquer l'accès ou les supprimer, l'intermédiaire ne doit être pénalement responsable que si sa participation à la commission de l'infraction est établie[807]. Une chose est certaine : les prestataires ne pourront bénéficier d'une telle exonération s'ils ont délibérément participé à la commission d'une infraction avec l'un des destinataires de leur service[808], à l'occasion notamment de l'utilisation des données en vue de porter atteinte aux libertés individuelles des usagers[809].

312. Les peines principales de privation de liberté et d'amendes varient selon la nature des infractions contenues dans les lois nationales sur la cybercriminalité. A ces peines peuvent s'ajouter des peines accessoires applicables aux personnes physiques. Dans ce sens, l'article 431-64 de la loi sénégalaise sur la cybercriminalité prévoit que « s'il y a condamnation pour

---

concernant leur mise à jour ou a entravé l'utilisation licite et usuelle de la technologie utilisée pour obtenir les données ».

[803] L. THOUMYRE, La responsabilité pénale et extracontractuelle des acteurs de l'Internet, Etude 464 Lamy Droit des Médias et de la Communication, 2009, n°464-55.

[804] Cons. Const. déc. N°2004-496, 10 juin 2004, JO français du 22 juin 2004, p.11182.

[805] P. OUDOT, L'internet et la responsabilité, GP, 03 nov. 2007, n°307, p. 3 et 4.

[806] Th. VERBIEST et E. WERY, Le droit de l'Internet et de la société de l'information, Larcier, 2001, p. 220.

[807] E. MONTERO, La responsabilité des prestataires intermédiaires de l'Internet, Rev. Ubiquité, juin 2000, n°5, p. 106.

[808] L. THOUMYRE, La responsabilité pénale et extracontractuelle des acteurs de l'Internet, op cit, n°464-67.

[809] Article 25 de la loi camerounaise sur la cybercriminalité : « La responsabilité des opérateurs de réseaux et celles des fournisseurs de services de communications électroniques est engagée si l'utilisation des données porte atteinte aux libertés individuelles des usagers ».

une infraction commise par le biais d'un support de communication numérique, la juridiction peut prononcer à titre de peines complémentaires l'interdiction d'émettre des messages de communication numérique, l'interdiction à titre provisoire ou définitif de l'accès au site ayant servi à commettre l'infraction, en couper l'accès par tous moyens techniques disponibles ou même en interdire l'hébergement. Le juge peut faire injonction à toute personne responsable légalement du site ayant servi à commettre l'infraction, à toute personne qualifiée de mettre en œuvre les moyens techniques nécessaires en vue de garantir, l'interdiction d'accès, d'hébergement ou la coupure de l'accès au site incriminé. La violation des interdictions prononcées par le juge sera punie d'un emprisonnement de six (6) mois à trois (3) ans et d'une amende de 300.000 francs à 5.000.000 francs ». La responsabilité des personnes physiques n'exclut pas celle des personnes morales. En effet, la majorité des prestataires techniques est constituée de sociétés commerciales qui opèrent sur internet.

313. Un éventail très large des sanctions peut être appliqué aux personnes morales intervenant comme prestataires de services d'internet. Sans exclure celle des personnes physiques auteurs ou complices des mêmes faits, la responsabilité des personnes morales peut être établie pour les infractions commises pour leur compte, par leurs organes dirigeants. Les peines sont constituées d'amendes accompagnées de la confiscation de biens ayant servi à la commission de l'infraction, de la dissolution, de l'interdiction et parfois de la fermeture temporaire[810]. Les lois pénales nationales convergent unanimement sur ce point[811].

[810] Article 64 de la loi camerounaise de 2010 sur la cybercriminalité : « Les peines encourues par les personnes morales sont des amendes de 5.000.000 (cinq millions) à 50.000.000 (cinquante millions) F CFA. Nonobstant la peine prévue à l'alinéa 3 ci-dessus, l'une des peines accessoires suivantes peut également être prononcée à l'encontre des personnes morales : la dissolution lorsqu'il s'agit d'un crime ou d'un délit puni en ce qui concerne les personnes physiques d'une peine d'emprisonnement supérieure ou égale à trois (03) ans et que la personne morale a été détournée de son objet pour servir de support à la commission des faits incriminés ; l'interdiction, à titre définitif ou pour une durée de cinq ans au moins, d'exercer directement ou indirectement une ou plusieurs activités professionnelles ou sociales ; la fermeture temporaire pour une durée de cinq (05) ans au moins, dans les conditions prévues par l'article 34 du Code pénale, des établissements ou de l'un ou de plusieurs des établissements de l'entreprise ayant servi à commettre les faits incriminés ; l'exclusion des marchés publics à titre définitif ou pour une durée de cinq (05) ans au moins ; l'interdiction, à titre définitif ou pour une durée du cinq (05) ans au moins, de faire appel public à l'épargne ; l'interdiction, pour une durée de cinq (05) ans au moins, d'émettre des chèques autres que ceux qui permettent le retrait de fonds par le tireur auprès du tiré ou ceux qui sont certifiés ou d'utiliser des cartes de paiement ; la confiscation de la chose qui a servi ou était destinée à commettre l'infraction ou de la chose qui en est le produit ; la publication ou la diffusion de la décision prononcée soit par la presse écrite, soit par tout moyen de communication au public par voie électronique ».

[811] Article 431-62 de la loi sénégalaise sur la criminalité informatique : « Les peines encourues par les personnes morales sont : l'amende dont le taux maximum est égal au quintuple de celui prévu pour les personnes physiques par la loi qui réprime l'infraction ; la dissolution, lorsque la personne morale a été créée ou, lorsqu'il s'agit d'un crime ou d'un délit

Le régime de responsabilité limitée des intermédiaires techniques ne présente pas que des avantages. Il est aussi à l'origine de certaines complications qu'il convient de régler.

2. Les complications générées par la limitation de responsabilité des intermédiaires techniques

314. L'allègement de la responsabilité des intermédiaires techniques n'est pas exempte de complications. Au-delà de l'exonération d'une obligation de contrôle des contenus en circulation sur les réseaux, les intervenants sur les sites bénéficient d'une absence d'identification civile exacte. Cela permet aux auteurs des contenus illicites de s'abriter derrière l'anonymat (a), avec pour conséquence une incertitude dans la réparation du dommage de la victime (b).

a. La persistance de l'anonymat des auteurs des contenus illicites

315. Il ne fait aucun doute que le premier responsable du dommage causé par la diffusion d'un contenu illicite sur internet est avant tout l'auteur de ce message[812]. Les intermédiaires techniques devraient être soumis à une obligation d'identification de leurs clients. Même si les textes ne le mentionnent pas clairement, cette obligation peut être déduite de certaines dispositions. En affirmant que les opérateurs de réseaux et les fournisseurs de service de communications électroniques ont obligation de conserver les données de connexion et de trafic pendant une période de dix ans et d'installer des mécanismes de surveillance de trafic des données de leurs réseaux, l'article 25 de la loi camerounaise sur la cybercriminalité érige l'obligation d'identification des clients comme préalable dans la conservation des données et finalité des mécanismes de surveillance de trafic des données[813]. De même l'article 145 de la loi du Burkina Faso sur les

---

puni en ce qui concerne les personnes physiques d'une peine d'emprisonnement supérieure à cinq (5) ans, détournée de son objet pour commettre les faits incriminés ; l'interdiction à titre définitif ou pour une durée de cinq (5) ans au plus d'exercer directement ou indirectement une ou plusieurs activités professionnelles ou sociales ; la fermeture définitive ou pour une durée de cinq (5) ans au plus d'un ou de plusieurs des établissements de l'entreprise ayant servi à commettre les faits incriminés ; l'exclusion des marchés publics à titre définitif ou pour une durée de cinq (5) ans au plus ; l'interdiction à titre définitif ou pour une durée de cinq (5) ans au plus de faire appel public à l'épargne ; l'interdiction pour une durée de cinq (5) ans au plus d'émettre des chèques autres que ceux qui permettent le retrait de fonds par le tireur auprès du tiré ou ceux qui sont certifiés ou d'utiliser des cartes de paiement ; la confiscation de la chose qui a servi ou était destinée à commettre l'infraction ou de la chose qui en est le produit ; l'affichage de la décision prononcée ou la diffusion de celle-ci soit par la presse écrite soit par tout moyen de communication au public par voie électronique ».

[812] N. MARCHET, Panorama jurisprudentiel sur la responsabilité des hébergeurs, legalis.net, trimestriel mars 2004, #1, 37.

[813]Article 25 de la camerounaise sur la cybercriminalité : « Les opérateurs de réseaux et les fournisseurs de service de communications électroniques ont obligation de conserver les données de connexion et de trafic pendant une période de dix (10) ans. Les opérateurs de

transactions électroniques impose avec plus de clarté aux intermédiaires de détenir et de conserver « les données de nature à permettre l'identification de quiconque a contribué à la création du contenu ou de l'un des contenus des services dont ils sont prestataires. Ils sont assujettis au secret professionnel, pour tout ce qui concerne la divulgation de ces éléments d'identification personnelle ou de toute information permettant d'identifier la personne concernée ». Ce secret professionnel n'est pas opposable aux autorités judiciaires, qui peuvent requérir auprès des prestataires communication de ces données[814].

316. L'identification se présente comme une mesure pour lutter contre les abus d'anonymat sur internet. On peut néanmoins s'interroger sur l'ampleur de cette obligation. L'anonymat est toléré sur internet par le fait qu'aucune obligation légale n'est faite à l'utilisateur de procéder à la déclaration de son identification civile complète. En effet, « les uns voient dans l'anonymat l'ultime rempart de la liberté et de la vie privée ; (...). Les autres redoutent l'anarchie et l'incivisme. (...) Toute la difficulté consiste à trouver un équilibre entre la préservation, dans le cadre de la liberté d'expression, de l'obligation de rendre compte, appuyée par le principe d'identifiabilité, et ce droit à l'expression anonyme »[815]. S'il n'est pas un droit en tant que tel, l'anonymat est une garantie essentielle dans la société de l'information, et doit être préservé, tout au moins sous la forme du pseudonyme[816]. Aussi on ne peut tenir rigueur à l'intermédiaire qui ne communique que des informations légères stockées dans son système, alors qu'elles ne déclinent nullement l'identité civile de la personne recherchée.

---

réseaux et les fournisseurs de services de communications électroniques installent des mécanismes de surveillance de trafic des données de leurs réseaux. Ces données peuvent être accessibles lors des investigations judiciaires. La responsabilité des opérateurs de réseaux et celles des fournisseurs de services de communications électroniques est engagée si l'utilisation des données prévues à l'alinéa 2 ci-dessus porte atteinte aux libertés individuelles des usagers ».

[814] Article 677-36 de la loi sénégalaise sur la cybercriminalité : « Lorsque des données stockées dans un système informatique ou dans un support permettant de conserver des données informatisées sur le territoire sénégalais, sont utiles à la manifestation de la vérité, le juge d'instruction peut opérer une perquisition ou accéder à un système informatique ou à une partie de celui-ci ou dans un autre système informatique, dès lors que ces données sont accessibles à partir du système initial ou disponibles pour le système initial. S'il est préalablement avéré que ces données, accessibles à partir du système initial ou disponible pour le système initial, sont stockées dans un autre système informatique situé en dehors du territoire national, elles sont recueillies par le juge d'instruction, sous réserve des conditions d'accès prévues par les engagements internationaux en vigueur ». Article 29 alinéa 3 de la même loi : « Les installations des exploitants des systèmes d'information peuvent faire l'objet de perquisition ou de saisie sur ordre d'une autorité judiciaire dans les conditions prévues par les lois et règlements en vigueur ».

[815] Y. POULLET et J.-F. LEROUGE, La responsabilité des acteurs de l'Internet, http://www.crid.be/pdf/public/4143.pdf.

[816] C. ROJINSKY, L'approche communautaire de la responsabilité des acteurs de l'Internet, http://www.juriscom.net.

317. L'anonymat des clients ne devrait pas affecter les fonctions de l'intermédiaire technique. Le fait pour la loi de ne pas imposer une obligation de procéder à l'identification civile des clients permet de comprendre l'intention d'éviter que la responsabilité des prestataires soit mise en cause, alors même qu'ils n'ont pas la faculté de contrôler le contenu de ce qui est mis en ligne. Ensuite cela aurait pour effet d'encourager l'immunité du véritable coupable, à savoir l'auteur de l'acte illicite. C'est la raison pour laquelle le juge ne sanctionne que le refus de communiquer les données permettant l'identification de l'auteur[817]. Enfin ce que demandent les lois nationales, c'est de procéder à une identification minimale qui puisse permettre de retrouver l'auteur des contenus illicites[818]. Mais il peut arriver que les auteurs de contenus illicites échappent à la justice, alors qu'ils ont été identifiés lors des investigations judiciaires[819]. Ce risque expose la victime à la diffusion des données illicites et à la non réparation du préjudice subi.

b. La diminution de la certitude de la réparation du dommage subi par la victime des contenus illicites

318. Dans les environnements électroniques, les acteurs qui sont à l'origine de l'information délictueuse ne sont pas toujours identifiables ou peuvent se trouver hors d'atteinte. D'où l'opportunité pour la victime de rechercher à travers l'intermédiaire la réparation du dommage subi. Ce dernier est souvent plus facile à identifier et peut se révéler plus solvable que la personne qui serait à l'origine de la diffusion du document délictueux. Il est dangereux de croire qu'il est aisé de pallier le risque d'anonymat de l'auteur des contenus illicites en substituant l'intermédiaire au véritable fautif dans le but de garantir une réparation à la victime. Soutenir cette position reviendrait à encourager l'extension d'une responsabilité délictuelle du fait d'autrui qui n'a aucune raison d'être. Si les difficultés d'identification de l'auteur des contenus illicites posent le problème de la garantie de la réparation de la victime, il demeure que l'intermédiaire technique n'est

---

[817] « Il y a lieu de constater que le législateur français, ainsi que la législation européenne le lui permettait, a souhaité trouver un équilibre en conférant à l'opérateur une responsabilité atténuée et sollicitant en contrepartie sa collaboration pour la conservation de données qu'il est dans l'obligation de produire sur injonction d'une "autorité judiciaire" quel qu'elle soit, civile ou pénale », Tribunal de grande instance de Paris Chambre des Requêtes Ordonnance du 30 janvier 2013, Bouygues Télécom / Publicis Webformance, http://www.legalis.net/spip.php?page=jurisprudence-decision&id_article=3600.

[818] Les données d'appel et d'identification comprennent également les adresses IP des ordinateurs émetteurs et récepteurs de la communication, le début et la fin de la connexion afin de pouvoir relier cette adresse IP à un utilisateur précis, le log book des prestataires de services, les adresses de site visité, voire la durée de ces visites, les adresses e-mails des messages échangés, tant de l'émissaire que du destinataire, l'identité réelle de la personne se cachant derrière un email ou une connexion anonyme, Y. POULLET et J.-F. LEROUGE, op cit, http://www.crid.be/pdf/public/4143.pdf.

[819] TGI Paris, 3ème ch. 3ème sect. 29 mai 2001, One.Tel c/ Nicolas Malaussena, www.legalis.net.

responsable que s'il a connaissance des données litigieuses et s'il n'a pas réagi en faisant cesser le trouble.

319. Admettre la substitution de l'auteur des contenus illicites par l'intermédiaire technique reviendrait à accorder une immunité de fait au premier. Or l'idée véhiculée dans le commerce électronique consiste à éviter une responsabilité des intermédiaires techniques, alors même qu'ils n'ont pas la faculté de contrôler le contenu de ce qui est mis en ligne. Le désir de garantir à l'internaute un monde virtuel parfait et sans risque ne peut être mis à la charge exclusive des intermédiaires. A défaut de ne pouvoir assurer une sécurité sans faille, l'esprit de la loi ne doit donc pas avoir pour effet pervers d'encourager l'immunité du véritable auteur du contenu illicite. Il est clair que lorsque l'intermédiaire sera ignorant de l'illicéité des contenus en circulation et que sa réaction dès la connaissance du trouble ne sera pas fautive, alors la victime ne pourra réellement obtenir réparation qu'en se retournant vers le véritable auteur La conséquence logique est la diminution des perspectives d'indemnisation de la victime car dans la plupart des cas, cette dernière se découragera à cause de l'éloignement géographique qui existe entre elle et le fautif.

320. Conclusion du chapitre. La responsabilité des prestataires de services internet n'est pas étrangère au droit commun. Mais elle n'est pas non plus unique et identique. Elle est toujours déterminée par l'étendue de leurs obligations, en vertu de l'ampleur de leur implication sur la production et la circulation des données, ainsi que du contrôle qu'ils ont sur les produits et les services de sécurité qu'ils proposent. Une responsabilité accrue siège donc au côté d'une responsabilité allégée. Certains, comme les prestataires de services de certification électronique et les fournisseurs d'outils de recherche, sont soumis à une responsabilité de plein droit en vertu de leur intervention sur les données et de leur faculté technique et réelle d'en contrôler la circulation. D'autres comme les intermédiaires techniques bénéficient d'une exonération de responsabilité. Mais cette ségrégation entre les prestataires de services de la société de l'information ne conduit pas vers un régime spécial de responsabilité distincte de la responsabilité de droit commun. Les conditions des responsabilités civile et pénale restent les mêmes, puisqu'elles sont toujours et respectivement soumises au trio faute, dommage et lien de causalité d'une part, et à la triple exigence de principe de légalité, des éléments matériel et intentionnel. Les voies de la responsabilité des prestataires techniques des réseaux électroniques empruntent de toute évidence les sentiers tracés par le droit commun, tant sur le plan civil que pour l'aspect pénal.

CONCLUSION DU TITRE 2

321. Le déploiement de l'activité en ligne dans les pays francophones d'Afrique subsaharienne interpelle le juriste sur deux aspects à savoir : la détermination de la loi organisant l'accès à l'activité et la détermination du régime de responsabilité des prestataires techniques des services de la société de l'information. A ce stade, deux principales idées émergent : l'ubiquité de l'activité en ligne qui conduit vers le cumul de règlementations de l'accès à l'activité commerciale en ligne, et le traitement différencié de la responsabilité des prestataires techniques. Qu'importe la spécificité du commerce en ligne, l'application du droit des pays francophones d'Afrique subsaharienne au déploiement de l'activité sur les réseaux électroniques ne fait aucun doute.

322. Le cumul des règlementations est intelligemment solutionné soit par l'application du critère de la localisation du commerçant fixé à l'intérieur du territoire national, soit par l'analyse des critères subjectifs et objectifs de l'orientation de l'activité de l'opérateur étranger.

323. D'un autre côté, la responsabilité des prestataires techniques des services de la société de l'information ne se détache pas des canons classiques du droit de la responsabilité. Si la responsabilité allégée des intermédiaires techniques semble contraster avec la responsabilité plus étendue des autres prestataires, il demeure que les conditions de responsabilité restent les mêmes pour les uns comme pour les autres : l'existence d'une faute ayant causé un dommage. Les difficultés pratiques, que connaissent les intermédiaires techniques dans le contrôle des quantités gigantesques de flux et de reflux de données en circulation dans leur système informatique, conduisent seulement vers un assouplissement des conditions de mise en œuvre de leur responsabilité. Cette exonération n'influence nullement le régime de responsabilité classique en vigueur dans les pays francophones d'Afrique subsaharienne. La situation n'est pourtant pas la même dans la phase opérationnelle du commerce électronique. L'exercice de l'activité du commerce électronique nécessite un dispositif spécifique pour encadrer les échanges contractuels en ligne.

PARTIE 2

L'indispensable prise en compte de la spécificité de l'exercice du commerce électronique

324. L'exercice du commerce électronique suppose la conclusion du contrat en ligne, suivie ou non d'une exécution sur les réseaux. Le paiement et la délivrance du bien peuvent se faire en ligne par le téléchargement d'un logiciel, ou *off line* par la livraison physique de la marchandise. Véhicule juridique de tout échange commercial, le contrat est naturellement au cœur de l'économie numérique. Assurer l'essor de l'économie numérique suppose de faire en sorte que le contrat connaisse dans l'univers électronique, le même épanouissement que lui accorde l'environnement physique. On a cru à une période que les contrats électroniques étaient une variété inconditionnelle du contrat à distance. Or tout contrat par voie électronique ne devrait pas être assimilé à un contrat à distance, car il est possible que les parties concluent en ligne alors qu'elles sont présentes en un même lieu[820].

325. A première vue, la conception classique du contrat semble incompatible avec le commerce électronique. Tandis que le premier semble relever d'un domaine conservateur fortement attaché au support physique, le second quant à lui est mouvant, dynamique et dématérialisé. D'un point de vue communautaire, le régime général des obligations ne fait pas encore l'objet d'une harmonisation dans l'espace OHADA[821]. Seuls certains contrats précis dans le domaine des sociétés commerciales, de la vente commerciale, du transport par voie terrestre et des sûretés, sont régis par les actes uniformes. L'absence d'un régime général des obligations à l'échelle de l'OHADA renforce l'attachement des Etats parties à l'esprit du droit civil. Or les concepts séculaires du Code civil, parce que limités à un support

[820] L'article 2 de la Directive 97/7/ce du parlement européen et du conseil du 20 mai 1997 concernant la protection des consommateurs en matière de contrats a distance définit le contrat à distance comme tout contrat concernant des biens ou services conclu entre un fournisseur et un consommateur dans le cadre d'un système de vente ou de prestations de services à distance organisé par le fournisseur, qui, pour ce contrat, utilise exclusivement une ou plusieurs techniques de communication à distance jusqu'à la conclusion du contrat, y compris la conclusion du contrat elle-même.

[821] L'Avant-projet d'acte uniforme sur le droit des contrats n'est pas encore adopté.

spécifique, n'accordent pas une hospitalité naturelle au contrat de commerce électronique.

326. Du point de vue de la qualification, le contrat conclu en ligne ne bénéficie pas d'une catégorie juridique spécifique. Il ne constitue pas une nouvelle catégorie des contrats[822]. Cela ne veut pas dire pour autant que la conception du contrat est intangible. Des auteurs[823] ont démontré que la conception du contrat a évolué durant l'histoire. Cependant ces différences de notions ne sont pas le fait des moyens utilisés. Internet n'a aucune influence sur la qualification du contrat. « Les contrats électroniques n'existent pas en tant que catégorie nommée. Il n'y a que des contrats passés par voie électronique »[824]. Le contrat électronique désigne simplement l'accord conclu par l'intermédiaire d'un réseau de télécommunications. Il est un contrat conclu « par voie électronique »[825], un acte juridique conclu et ou exécuté sur les réseaux électroniques entre deux ou plusieurs personnes non présentes[826].

Si on admet que le contrat de commerce électronique n'est rien d'autre qu'un contrat, il faut néanmoins souligner que l'ouverture d'internet au grand public provoque une évolution des concepts séculaires de la théorie générale des contrats. En tenant compte « des nouvelles formes d'intervention de la volonté des acteurs »[827], on se rend se rend compte de l'implication d'internet sur l'évolution des concepts juridiques liés au contrat.

327. Les réseaux électroniques sur lesquels les contrats peuvent être conclus ne se réduisent pas à la toile. Mais de tous ces canaux, *EDI, SWIFT*, internet est le plus utilisé. Il est en outre le seul qui est susceptible d'englober les équipements utilisés par les autres techniques. C'est la raison

---

[822] « Il n'y a pas de contrat informatique comme il n'y a pas de contrat pharmaceutique ou halieutique », M. VIVANT, L'informatique dans la théorie générale du contrat, Rec. Dalloz, Sirey, 1994, 16ème cahier, Chroniques, p. 117.

[823] Ces auteurs ont bien démontré que la notion de contrat n'est pas la même entre la conception romaine, chinoise et contemporaine. Elle diffère également selon que le contrat est de droit privé ou de droit public. V. GHESTIN (J.), LOISEAU (G.), SERINET (Y. –M.), La formation du contrat, t.1, Le contrat-Le consentement, 4ème éd. 2013, p. 35 à 56.

[824] J. HUET, Le Code civil et les contrats électroniques, in Université Panthéon-Assas, Le bicentenaire du Code civil, Dalloz 2004, p. 540, n°3 ; www.jeromehuet.com/IMG/pdf/JH-JBB-ComEl-C-Com-PII.pdf.

[825] « L'expression contrat électronique recouvre des réalités différentes, selon que le contrat porte sur l'électronique, c'est-à-dire avec pour objet, l'utilisation des ressources électroniques et informatiques comme la réalisation des sites, et non l'accomplissement direct des opérations commerciales ; ou selon que le contrat est réalisé par voie électronique, c'est-à-dire que les réseaux électroniques jouant exclusivement le rôle d'un canal au même titre que les contrats par correspondance. L'impact des nouvelles technologies sur les modalités contractuelles ne doit pas être surestimé : un contrat par électronique constitue toujours un acte juridique », O. CACHARD, thèse, op. cit., p. 117 à 119 ; Th. REVET, Présentation générale du contrat électronique, in Le contrat électronique, Journée de l'Association H. CAPITANT, Toulouse, Paris, éd. Panthéon-Assas, 2002, p. 10.

[826] O. CACHARD, thèse, op. cit., p. 118, n°185.

[827] GHESTIN (J.), LOISEAU (G.), SERINET (Y. –M.), op. cit., p. 41.

pour laquelle les développements suivants seront accentués sur les opérations réalisées sur internet.

328. Face à l'adoption large d'internet sur les relations contractuelles, quelques législations nationales des pays francophones d'Afrique subsaharienne ont choisi de se conformer aux recommandations de la loi-type de la CNUDCI de 1996[828]. Ce texte exige de ne pas discriminer un contrat sur le simple argument qu'il serait conclu par voie électronique[829]. L'esprit de cette disposition est repris par l'article 56 de la loi n°045-2009 portant règlementation des services et des transactions électroniques au Burkina Faso[830] et l'article 11 de la loi camerounaise n°2010/021 du 21 décembre 2010[831]. Mais l'impact des réseaux électroniques va au-delà de la simple consécration d'un principe de non-discrimination.

329. En vue d'instaurer la confiance dans « l'économie numérique », les articles 1369-1 à 1369-3 de la loi française n°2004-575 intégrés dans le Code civil ont modifié le droit commun des contrats[832], de sorte que ce dispositif rompt avec la tradition juridique non en raison de l'éloignement existant entre les parties[833], ni en raison de la synchronie de l'accord de consentement, mais en raison de l'utilisation du site internet dans le but de fournir des biens ou des services[834]. Bien que le contrat électronique reste soumis aux mêmes conditions générales de validité que les contrats classiques, sa forme dématérialisée implique certaines exigences particulières[835]. L'encadrement du contrat de commerce électronique pose un problème d'approche globale au sein des pays francophones d'Afrique subsaharienne. A l'heure actuelle, les actions menées en vue de la règlementation des opérations en ligne sont individuelles, à cause de la léthargie du législateur communautaire.

---

[828] Ces législations sont celles du Sénégal, du Burkina Faso, du Cameroun et de la Côte d'Ivoire.

[829] L'article 11 de la loi-type de la CNUDCI recommande « de veiller à ce que le régime juridique applicable au processus contractuel ne fasse pas obstacle à l'utilisation des contrats électroniques ni ne conduise à priver d'effet et de validité juridiques de tels contrats pour le motif qu'ils sont passés par voie électronique ».

[830] Article 56 de la loi n°045-2009 portant règlementation des services et des transactions électroniques au Burkina : « Toute communication en rapport avec la formation, l'exécution ou l'extinction d'un contrat peut se faire par voie électronique ».

[831] Article 11 de la loi camerounaise n°2010/021 du 21 décembre 2010 : « Le régime des contrats écrits s'applique aux contrats électroniques, quant à l'expression de la volonté, à l'effet légal, à leur validité et à leur exécution… ».

[832] J. HUET, Le Code civil et les contrats électroniques, in Université Panthéon-Assas, Le bicentenaire du Code civil, Dalloz 2004, p. 540, n°3 ; www.jeromehuet.com/IMG/pdf/JH-JBB-ComEl-C-Com-PII.pdf.

[833] Puisqu'on retrouve le même éloignement dans le contrat à distance.

[834] D. FERRIER, Comment avoir confiance dans la contractualisation par voie électronique…?, RDC, n°2, 01 avril 2005, n°1.

[835] « L'information du public est renforcée. Les modalités d'expression du consentement ont été adaptées pour éviter un contrat conclu par erreur ou avec légèreté », A. RABAGNY-LAGOA, Droit du commerce électronique, Ellipses, 2011, p.7.

330. Dans l'espace OHADA, seul l'Acte uniforme sur le contrat de transport par voie terrestre définit l'écrit dans les opérations contractuelles[836]. Le vide laissé par le législateur Ohada est occupé par les législateurs nationaux. Malheureusement leurs actions ne sont pas coordonnées. Elles se dispersent et manquent quelques fois de cohésion. Quelques divergences naissent entre les législations sénégalaise, camerounaise et burkinabé, notamment sur la détermination des contrats incompatibles avec internet. Certaines consacrent des exclusions larges[837], mais pas forcément identiques[838], tandis que d'autres réduisent les restrictions du domaine de la loi dédiée au contrat par voie électronique[839].

331. Les approches individuelles de chaque législateur étatique risquent de contrarier les efforts d'uniformisation du régime du contrat à l'échelle communautaire. La rupture entre l'évolution de la technologie et la fixité du droit des contrats dans les pays francophones d'Afrique subsaharienne est un

---

[836] En vertu de l'article 2.b de l'Acte uniforme relatif aux contrats de transport de marchandises par route, le contrat de transport de marchandises désigne sans distinction, « tout contrat par lequel une personne physique ou morale, le transporteur, s'engage principalement et moyennant rémunération, à déplacer par route, d'un lieu à un autre et par le moyen d'un véhicule, la marchandise qui lui est remise par une autre personne appelée l'expéditeur ». L'article 2.c du même texte dispose que l'écrit est « une suite de lettres, de caractères, de chiffres ou de tous autres signes ou symboles dotés d'une signification intelligible et mis sur papier ou sur un support faisant appel aux technologies de l'information. À moins que les personnes concernées n'en disposent autrement, l'exigence d'un écrit est satisfaite quels que soient le support et les modalités de transmission, pour autant que l'intégrité, la stabilité et la pérennité de l'écrit soient assurées ».

[837] Article 10 de la loi camerounaise de 2010 sur le commerce électronique : « Le régime des contrats écrits s'applique aux contrats électroniques quant à l'expression de la volonté, à leur effet légal, à leur validité et à leur exécution, exception faite des types de contrats suivants : les contrats qui créent ou transfèrent des droits sur des biens immobiliers, à l'exception des droits de location ; les contrats pour lesquels la loi requiert l'intervention des tribunaux, des autorités publiques ou de professions exerçant une autorité publique ; les contrats de sûreté et garanties fournis par les personnes agissant à des fins qui n'entrent pas dans le cadre de leur activité professionnelle ou commerciale ; les contrats relevant du droit de la famille ou du droit des successions ».

[838] Article 2 de la loi de 2009 du Burkina Faso sur les transactions électroniques : « Elle [la loi] ne s'applique pas dans les domaines suivants, qui sont régis par d'autres dispositions légales ou réglementaires : les jeux d'argent, impliquant des mises ayant une valeur monétaire dans des jeux de hasard, y compris les loteries et les transactions portant sur des paris; les activités de représentation et d'assistance en justice ; les activités exercées par les notaires, dans la mesure où elles comportent une participation directe et spécifique à l'exercice de l'autorité publique ; les accords et pratiques régis par le droit sur les ententes ».

[839] Article 19 et 20 de la loi sénégalaise de 2008 sur les transactions électroniques : « Lorsqu'un écrit est exigé pour la validité d'un acte juridique, il peut être établi et conservé sous forme électronique dans les conditions prévues aux articles 37 et 41 de la présente loi. Lorsqu'un acte authentique est requis, son établissement et sa conservation sous forme électronique obéissent aux conditions posées à l'article 41 de la présente loi [...] Il est fait exception aux dispositions de l'article 19 de la présente loi pour : les actes sous seing privé relatifs au droit de la famille et des successions ; les actes sous seing privé relatifs à des sûretés personnelles ou réelles, de nature civile ou commerciale, sauf s'ils sont passés par une personne pour les besoins de sa profession ».

problème auquel les acteurs du commerce électronique sont confrontés. Les concepts par lesquels le droit appréhende traditionnellement les relations contractuelles doivent nécessairement évoluer, afin que les techniques de contractualisation sur les réseaux électroniques soient encadrées par la théorie générale des contrats. En mettant le droit des contrats à l'épreuve, internet contribue à l'évolution des concepts juridiques séculaires et les rend spécifiques lors de la conclusion (titre 1) et pendant l'exécution du contrat par voie électronique (titre 2).

TITRE 1

La spécificité de la conclusion du contrat de commerce électronique

332. La conclusion du contrat « désigne aussi bien la phase d'élaboration du contrat que l'aboutissement de celle-ci marquée par la réunion de toutes les conditions nécessaires à la perfection de l'accord et à la naissance de l'obligation »[840]. Elle suppose le respect des exigences de fond posées par l'article 1108 du Code civil[841] et des conditions de forme. En dehors du consentement, les autres conditions que sont la cause, la capacité et l'objet ne subissent pas l'influence des réseaux électroniques. La capacité n'est confrontée qu'à un problème d'anonymat ou de déclaration de majorité qui existe également dans le monde physique. Il s'agit d'un aspect qui peut être résolu par une dimension prospective de la signature déclaration d'identité[842]. La cause licite et morale ainsi que l'objet certain quant à eux ne peuvent être modifiés par le support utilisé dans la conclusion du contrat.

333. En revanche, le consentement fait l'objet de règles propres sur internet[843]. Les formes à travers lesquelles s'exprime le consentement subissent l'influence des réseaux[844]. Dans l'univers des réseaux électroniques, le formalisme connaît une renaissance qui affecte tous les contrats. Il a pour objectif principal, d'attirer l'attention des parties sur l'intensité et l'ampleur des obligations qu'implique le contrat envisagé. Cet objectif retrouve tout son sens dans le commerce électronique, en raison de la dématérialisation des échanges, de l'éloignement et de l'anonymat des

---

[840] A. RAYNOUARD, La formation du contrat électronique, in Le contrat électronique, Journée de l'Association H. CAPITANT, Toulouse, Paris, éd. Panthéon-Assas, 2002, p. 15.

[841] Article 1108 du Code civil : « Quatre conditions sont essentielles pour la validité d'une convention : le consentement de la partie qui s'oblige ; sa capacité de contracter ; un objet certain qui forme la matière de l'engagement ; une cause licite dans l'obligation ».

[842] Voir infra, p. 292 à 296.

[843] C. CASTET-RENARD, Droit de l'internet : droit français et européen, Montchrestien, Collection Cours, 2012, p. 137.

[844] La conclusion du contrat en ligne est soumise à un processus de clics et d'affichage des pages qui affecte et provoque le recul de la doctrine du consensualisme sur les réseaux électroniques, notamment sur les réseaux ouverts comme internet.

parties, de l'internationalité du réseau internet, et de l'interactivité promue par ce canal. L'épanouissement du formalisme sur la toile s'explique par la nécessité d'encadrer les volontés émises en ligne, à travers des exigences telles que la lisibilité, l'accessibilité des données, et la nécessité d'un accusé de réception.

L'expression de la volonté se trouve au centre de la réflexion sur la conclusion du contrat électronique. Les réseaux électroniques renouvellent les conditions du consentement (chapitre 1). Ils imposent également une relecture de l'encadrement formel du consentement émis en ligne (chapitre 2).

CHAPITRE 1

Le renouvellement des conditions du consentement

334. Le consentement est généralement considéré comme « l'accord de deux ou plusieurs personnes sur un même point… la résultante de deux ou plusieurs volontés qui s'unissent »[845]. Lorsqu'il est émis en ligne, le consentement suppose toujours la réunion nécessaire de plusieurs volontés, de sorte que la personne consentante sache que l'autre souhaite entreprendre une action déterminée[846]. Dans son essence, le consentement n'est qu'un simple fait psychologique[847], une immatérialité qui échapperait au droit s'il n'était pas extériorisé[848]. Tant qu'il n'est pas effectivement exprimé, le consentement demeure aussi abstrait[849] que l'espace virtuel créé par les réseaux électroniques. D'où l'intérêt de savoir en quoi ces derniers brouillent la conception classique du consentement[850].

335. Internet provoque une modification de la notion d'engagement contractuel[851]. Sous le concept large de consentement, il est possible d'analyser un certain nombre de problématiques nouvelles posées par la

---

845 « Je puis vouloir seul, mais je ne peux consentir seul puisque le consentement est un concours de volontés », A. FAHMY ABDOU, Le consentement de la victime, LGDJ, 1971, p. 33, n° 13.
846 A. FAHMY ABDOU, op cit, p. 33, n° 13.
847 RIPERT et BOULANGER, Traité de droit civil de PLANIOL, II, LGDJ, p. 57, n°131.
848 A. WEIL, Droit civil-Les obligations, Dalloz 1971, p. 74, n°76.
849 Dans sa mission d'extériorisation de la volonté interne, le consentement cristallise l'accord donné à un projet prescriptif et contribue, en intégrant ledit projet, à le transformer en acte juridique, T. REVET, « Objectivation ou subjectivation du contrat », in C. JAMIN et D. MAZEAUD (dir.), La nouvelle crise du contrat, Dalloz, 2003, p. 87.
850 A. RAYNOUARD, La formation du contrat électronique, op cit, p. 17.
851 Contra : Il ne s'agirait que d'un « moyen technique d'établissement de la relation constitutive d'un accord contractuel », Th. REVET, « Rapport introductif », in C. JAMIN et D. MAZEAUD, op. cit., p. 9 et 10 ; Malgré l'usage des « clics » et la dématérialisation des supports, le consentement resterait « de même nature que celui qui est donné sur un support papier ou verbalement », Ph. Le TOURNEAU, « La notion de contrat électronique », in Les deuxièmes journées internationales du droit du commerce électronique, Actes du colloque de Nice des 6 et 7 novembre 2003, Litec, 2005, p. 12.

réalité du commerce électronique[852]. Certains aspects du consentement survivent à internet. C'est principalement le cas des vices de consentement qui, quelque soit la nature du support, demeurent identiques à eux-mêmes[853]. Ce n'est en revanche pas le cas de l'offre et de l'acceptation. Les réseaux électroniques ouverts au grand public exigent un système de contractualisation spécifique[854], que le droit doit nécessairement appréhender à travers l'offre (section 1) et l'acceptation (section 2).

SECTION 1. L'OFFRE ÉLECTRONIQUE

336. L'offre désigne une proposition ferme de conclure un contrat à des conditions déterminées[855]. Avec l'avènement du commerce électronique, l'offre a tendance à perdre l'unicité qui la caractérisait et se greffe de spécificités qui la distinguent de la conception classique. Elle devient mondialement accessible[856]. L'offre électronique permet à l'internaute de déterminer la forme, la qualité et les composantes du produit qu'il recherche[857]. Malgré l'éloignement des parties, elle instaure une interactivité entre l'internaute et le cybercommerçant[858]. Ces particularités ne peuvent apparaître comme de simples considérations techniques, sans véritables incidences juridiques. La validité de l'offre électronique exige des conditions supplémentaires (§1). Mais l'impact du commerce électronique sur l'offre ne se limite pas à sa validité. Il se prolonge à sa substance pour en modifier le contenu par une hypertrophie des mentions devant y figurer (§2).

---

[852] V. GAUTRAIS, « Le consentement électronique », in Les deuxièmes journées internationales du droit du commerce électronique, Actes du colloque de Nice des 6 et 7 novembre 2003, Litec, 2005, p. 216.

[853] « Les vices de consentement, notamment, s'appliquent sans exclusion... comme l'erreur, le dol ou la violence qui s'appliquent de façon banale », D. MAINGUY, « L'échange électronique des consentements », in Les premières journées internationales du droit du commerce électronique, Actes du colloque de Nice les 23, 24 et 25 octobre 2000, Litec, 2002, 219 ; Voir aussi A. RAYNOUARD, La formation du contrat électronique, op. cit., p. 16.

[854] J. HUET, « Vous avez dit « contrats électroniques ? », RDC, n°2, 01 avril 2005, n°5

[855] Elle est distincte de l'invitation à entrer en pourparlers qui vise seulement à instaurer une négociation d'où naîtra peut-être un contrat.

[856] « L'offre électronique est mondialement accessible », F. MAS, La conclusion des contrats en ligne, thèse, LGDJ, 2005, p. 68.

[857] Il est généralement admis que toute autre proposition modifiant l'offre d'origine est qualifiée de contre-offre. Cela n'est pas nécessairement le cas dans le commerce électronique, car cela pourrait amener à considérer l'internaute consommateur comme un offrant.

[858] « Bien que l'impression de dialogue est considérée comme un artifice, les données étant souvent préenregistrées, il demeure que l'internaute est promené de pages en pages sur le site en fonction de sa demande et de la composition de sa commande » ; F. MAS, thèse, op. cit., p. 69.

§1. Les conditions de validité complémentaires

337. L'offre émise en ligne n'est pas facilement identifiable. Dans certains cas, elle se révèle après de multiples clics qui ont baladé l'internaute de liens hypertextes en liens hypertextes. Comme toute situation juridique, la proposition de conclure doit naître, s'épanouir et disparaître. Or sur internet, l'offre subit une influence qui affecte son existence. Pour exister, il suffit généralement que l'offre mentionne l'objet sur lequel le pollicitant souhaite contracter. Malheureusement ces informations ne suffisent pas à caractériser l'offre électronique, tant que cette dernière n'accorde pas la possibilité au destinataire de pouvoir effectivement passer la commande (A). C'est l'opportunité accordée à l'internaute d'accomplir cet acte qui caractérise l'offre électronique. La faculté de passation de la commande contient un volet subjectif, qui impose à l'offrant de s'impliquer plus que dans le monde physique. Cette implication se répercute sur la circulation de l'offre sur internet (B).

A. La faculté accordée au destinataire de passer commande

338. La commande désigne l'ordre par lequel un client consommateur ou commerçant demande la fourniture d'un service ou la délivrance d'une marchandise dans un délai déterminé. La passation de la commande singularise l'offre électronique. L'article 14 alinéa 1 de la Convention internationale de Vienne de 1980 dispose qu'« une proposition de conclure un contrat adressée à une ou plusieurs personnes déterminées constitue une offre si elle est suffisamment précise et si elle indique la volonté de son auteur d'être lié en cas d'acceptation ». La fermeté n'a de sens que si l'offrant permet d'accepter les conditions de sa proposition à travers la possibilité de passer commande[859]. Il convient d'examiner les raisons de l'apparition de la passation de commande dans le processus contractuel (1), avant de s'attarder sur les implications de l'affichage dans l'offre de l'icône qui y donne accès (2).

1. Les raisons de l'apparition de la passation de commande

339. L'offre regorge de critères objectifs[860] et subjectifs[861]. Les conditions objectives exigent que l'offre soit précise et complète, c'est-à-dire qu'elle doit décrire nettement le contrat, en indiquant au minimum les éléments

---

[859] Article 22 de la loi ivoirienne de 2013 relative aux transactions électroniques : « Pour que le contrat soit valablement conclu, le destinataire de l'offre doit avoir eu la possibilité de vérifier le détail de sa commande [...] avant de confirmer celle-ci par son acceptation ».

[860] Les deux premiers, à savoir les caractères précis et complet révèlent leur objectivité en ce qu'ils se rapportent au contenu strictement minimal que doit mentionner l'offre.

[861] Les seconds, que sont les caractères ferme et non équivoque, relèvent de la volonté unilatérale de l'offrant de vouloir contracter.

essentiels du contrat[862]. Les conditions subjectives quant à elles, supposent que l'offre soit ferme et sans équivoque, c'est-à-dire qu'elle ne doit pas être susceptible de plusieurs interprétations d'une part, et qu'elle doit révéler la volonté sans retenue du pollicitant de s'engager d'autre part[863]. Sur internet, l'offre souffre d'une érosion de ses éléments essentiels qui sont désormais insuffisants pour l'identifier (a), et d'un accroissement exagéré de la volonté unilatérale dû à la prolifération des clauses de réserve (b)

a. L'insuffisance des éléments essentiels à identifier l'offre électronique

340. Selon l'article 241 de l'Acte uniforme révisé portant droit commercial général, « une offre est suffisamment précise lorsqu'elle désigne les marchandises et, expressément ou implicitement, fixe la quantité et le prix ou donne les indications permettant de les déterminer ». Les mêmes termes sont repris par l'article 14 de la Convention de Vienne sur la vente internationale de marchandises[864]. Les éléments essentiels de l'offre sont constitués de la chose et du prix[865]. Il s'agit de deux éléments qui « impriment à un contrat sa coloration propre et en l'absence desquels ce dernier ne peut être caractérisé »[866]. Constituent des conditions essentielles, le bien visé par le louage et le prix d'une telle opération[867], la chose et le prix convenu [868] ou déterminable[869] pour la vente. A l'inverse, ne constituent pas des éléments essentiels, tous les autres éléments tels que la durée pour le louage[870], la livraison ou la délivrance[871] dont les indications ne sont pas requises pour la précision de l'offre.

---

[862] Les conditions essentielles du contrat sont définies comme ceux à défaut desquels il est impossible de savoir de quelle opération il s'agit. J. FLOUR et J-. L. AUBERT, Les obligations, 1. L'acte juridique, Paris, éd. Armand Colin, 5é ed. 1991, n°140.

[863] J. FLOUR et J-. L. AUBERT, op. cit., n°141.

[864] « Une proposition est suffisamment précise lorsqu'elle désigne les marchandises et, expressément ou implicitement, fixe la quantité et le prix ou donne des indications permettant de les déterminer »

[865] Notamment pour un immeuble « En principe, ne constitue pas une offre, une proposition de vente d'immeuble ne contenant ni le prix, ni les moyens de le déterminer » Req. 20 fev. 1905, S. 1905, 1, 508 ; Lorsqu'il s'agit d'un contrat à titre onéreux en particulier, on ne conçoit pas une offre de vente sans mention de la chose et du prix : Cass. 3è.civ.13 juin 1972, Bull. civ.II, n°392 ; Cass.1ére.civ. 23 mai 1979, Dalloz 1979, IR 488; Cass. Com.09 1961, Bull. Civ. III, n°197.

[866] TERRE, SIMLER et LEQUETTE, Droit civil. Les obligations, 5ème éd. Précis Dalloz, n°103.

[867] Civ. 3è, 27 juin 1973, JCP, 1973, IV, 308.

[868] Article 1583 du Code civil : « Elle est parfaite entre les parties, et la propriété est acquise de droit à l'acheteur à l'égard du vendeur, dès qu'on est convenu de la chose et du prix, quoique la chose n'ait pas encore été livrée ni le prix payé ».

[869] Paris, 16 déc. 19090, D. P. 1910, 2, p. 141.

[870] En effet malgré l'article 1709 du Code civil, « Le louage des choses est un contrat par lequel, l'une des parties s'oblige à faire jouir l'autre pendant un certain temps, et moyennant un certain prix que celle-ci s'oblige à lui payer », la jurisprudence ne fait pas de la durée une condition essentielle du contrat de bail : Lyon 16 mai 1928, D. 1928.2.97, note VOIRIN. C'est également ce qui ressort du commentaire du Livre III consacré au bail commercial de

341. Dans le monde physique, l'exposition des marchandises avec indication des prix suffit pour constituer l'offre[872]. A défaut elle est considérée comme une simple invitation en pourparlers[873]. La solution n'est cependant pas la même sur internet. Bien que certains auteurs restent fidèles à cette conception classique[874], la mention du prix à côté de la chose ne suffit pas à qualifier l'offre sur internet. Dans le cadre d'une cession par exemple, le pollicitant doit « clairement mentionner les conditions de réalisation de cette vente, ainsi que toutes les conditions contractuelles »[875]. La qualification d'une proposition comme offre résulte ordinairement de la volonté de son auteur[876] qui peut être expresse ou tacite[877]. Limiter les conditions de l'offre électronique à la chose et au prix susciterait une confusion avec les simples invitations à conclure qui prolifèrent sur internet.

342. Une telle rigueur ne doit pas être mal perçue. Elle est justifiée par un souci de protection de l'internaute qui pourrait se retrouver en position d'offrant, si la proposition du pollicitant ne lui accordait aucune possibilité matérielle de passer commande. La passation de la commande marque le point de départ de l'acceptation. Le fait pour l'offrant de donner accès à la passation de commande révèle son intention ferme de contracter. Penser que la chose et du prix suffiraient à qualifier l'offre en ligne risque de susciter

---

l'Acte uniforme portant droit commercial général. L'absence d'indication d'une durée minimale emporte entre autres conséquence, la soumission à la période triennale de l'article 84.1 de l'Acte uniforme susvisé. La durée dans l'espace Ohada n'est pas une condition essentielle du contrat de bail commercial : P. S. AKUETE et J. YADO TOE, Droit commercial général, Bruylant Bruxelles, 2002, p. 180, n°288.

[871] La délivrance constitue pourtant une obligation essentielle du contrat, à ne pas confondre avec l'élément essentiel qui assure la précision de l'offre dans la formation du contrat.

[872] L'article 20 de la Loi n° 90/031 du 10 août 1990 régissant l'activité commerciale au Cameroun dispose que « tout vendeur ou prestataire de services, doit par voie de marquage, d'étiquetage, d'affichage ou par tout autre moyen approprié, informer le consommateur sur le prix ».

[873] La seule exception est le principe jurisprudentiel selon lequel l'absence de prix ne suffit pas pour contester la qualité d'offre à une intention de contracter, si le prix peut être déterminable ; Voir A. WEIL, op. cit., p. 148.

[874] La mention du prix emporte qualification de l'offre, « peu importe que le marchand ait ou non manifesté explicitement, à un endroit donné de son site, la volonté d'être lié », F. MAS, thèse, p. 81, n° 61 ; « Le professionnel qui annonce un prix pour un produit ou un service déterminé, se met en position d'offrant », J. CALAIS-AULOY et F. STEINMETZ, Droit de la consommation, Paris, éd. Dalloz, coll. Précis-Dalloz-Droit privé, 5éme éd. 2000, n°316 ; Trib. Com. Seine, 5 janv. 1869, D.P. 1869, 3, page 14 ; Trib. Com. Seine, 28 mai 1921, D.P. 1923, 2, p. 152.

[875] S. MAS-FAVEAU et M. BENACHOUR-VERSTREPEN, Le commerce électronique en toute confiance, Diagnostic des pratiques et environnement juridique, Litec, 2001, p. 50.

[876] « L'offre se caractérise par la volonté de son auteur de « donner le dernier mot » à son destinataire », J. M. MOUSSERON, op. cit., p. 115, n°244.

[877] La crainte est que l'expression tacite ou explicite de la volonté d'être lié ou non par sa proposition fait ressurgir le problème des réserves dans la qualification de l'offre. De manière explicite, l'auteur fera savoir ou non son intention de conclure. De manière tacite, il s'arrogera le privilège de sélectionner de manière discrétionnaire ses cocontractants sur un critère fortement imprégné de l'intuitu personae.

d'énormes confusions dans l'esprit du consommateur. Ainsi, si on reconnaît aux éléments essentiels l'aptitude à qualifier l'offre électronique, alors les publicités diffusées à la télévision mentionnant le prix et la marchandise constitueraient également des offres. Il est absolument nécessaire d'admettre qu'afin de « ne pas être équivoque, l'offre doit mentionner toutes les conditions d'acquisition du produit, tout simplement parce que la présentation des produits sur un site vitrine ne signifie pas qu'on peut les acquérir »[878]. Soutenir le contraire ouvrirait la voie à la prolifération des clauses et pratiques implicites de réserve.

b. La prolifération des clauses de réserve

343. Diffuses et omniprésentes dans la plupart des contrats d'adhésion, les réserves connaissent dans les réseaux ouverts un épanouissement qui conduit au règne arbitraire de l'offrant. L'affichage du prix et de la chose sur les pages internet ne suffisant pas, l'offre sera qualifiée d'invitation en pourparlers à défaut de fermeté. Il importe de rechercher dans l'intention de l'offrant, les éléments pouvant permettre d'établir qu'il manifeste une véritable intention de contracter.

344. Lorsque la volonté de l'auteur de l'offre est expresse, elle se manifeste par des formules exprimant son intention de contracter[879]. Pour se réserver la faculté exclusive de conclure, l'offrant peut procéder à l'affichage de la formule « ne constitue pas un document contractuel »[880] sur la page internet mentionnant la pollicitation. Pour un souci de sécurité juridique, une auteure[881] préconise de n'accorder aucune efficacité à une telle mention, parce qu'elle exposerait le consommateur aux caprices du cybercommerçant. On ne pourrait concrètement reconnaître de valeur à un tel document, car le contenu et le but du document consistent justement à déterminer le consentement du cocontractant[882]. Le souci de protéger le consommateur justifierait d'éradiquer la malice par laquelle le professionnel se réserve le droit de modifier les clauses du contrat, en vertu de la stipulation « ne constitue pas un document contractuel »[883]. Cette position semble trop radicale.

---

[878] S. MAS-FAVEAU et M.BENACHOUR-VERSTREPEN, op. cit., p. 50.

[879] « Si cette offre vous convient, vous deviendrez client de la société lorsque votre acceptation nous parviendra dans les conditions légales », « Le présent document nous liera dès lors qu'il aura été remis ou adressé à l'un de nos agents en service ».

[880] F. MAS, op. cit., p. 81, n° 62.

[881] « Dans le cyberespace en effet, et plus qu'ailleurs, rien n'assure non seulement l'internaute n'a pris mention d'une telle mention, mais plus simplement que la possibilité lui en est offerte, sans qu'il ait à déployer toute sa patience, toute son énergie, pour passer le site du professionnel au crible en quête d'une mention qui remettrait en cause la qualification juridique de l'offre », F. MAS, op cit, p. 83, n° 62.

[882] J.GHESTIN, Traité de droit civil, Les obligations, tome 1, La formation du contrat, Paris, LGDJ, 3ème ed. 1993, n°96.

[883] Recc. CCA, n°94-01 19 juin 1987 : BOCC 27 sept. 1994.

345. La liberté contractuelle autorise en principe à toute personne d'émettre une invitation en pourparlers. Pour être offrant, il faut que le pollicitant accepte « que la formation du contrat ne dépend pas de lui »[884]. Il doit permettre que le simple « oui »[885] du destinataire de l'offre suffise pour conclure le contrat. Mais il peut également s'inscrire dans une logique de pourparlers, avec des mentions telles que « prix à débattre », « contactez-moi au numéro suivant ». Le vendeur peut afficher prix et marchandise sans volonté d'être lié, notamment lorsque l'offre est destinée au public et non à des personnes déterminées[886]. Cela ressort de l'article 10 §2 de la Loi sénégalaise n° 2008-08 du 25 janvier 2008 sur les transactions électroniques qui soutient qu'un prix peut être clairement affiché, alors que le commerçant ne souhaite pas vendre[887]. Si le pouvoir d'interprétation des juges du fond permet de déterminer tout ce que les destinataires de l'offre étaient censés comprendre[888], il reste que la qualification de l'offre résulte de la volonté de son auteur. C'est au contenu de cette volonté expresse ou tacite qu'il faut réclamer la qualification d'une quelconque proposition[889]. Par la mention « ne constitue pas un document contractuel », il est clair que l'auteur de la proposition n'entend pas être lié immédiatement du fait de son acte.

Néanmoins, le souci de protection du consommateur interdit d'exposer ce dernier au bon vouloir et à la discrétion du professionnel. Ce qui est doit être interdit, ce n'est pas la volonté libre de s'engager ou non, c'est plutôt l'intention malicieuse du professionnel, sa volonté déguisée de choisir discrétionnairement son cocontractant. Pour éviter avec certitude les abus de l'offrant, c'est dans la possibilité de commander ou de ne pas commander qu'il est possible d'identifier l'offre électronique. Le recours à l'icône de passation de la commande n'est pas sans incidences juridiques.

2. Les implications de l'icône de passation de commande

346. L'icône de passation de commande a pour principales implications, d'écarter les clauses de réserve (a), et d'établir la distinction entre l'offre faite par voie électronique et les notions qui lui sont voisines (b).

---

[884] M. FABRE-MAGNAN, Droit des obligations, 1, Contrats et engagement unilatéral, 3ème éd. PUF, 2012, p 261.
[885] M. FABRE-MAGNAN, Droit des obligations, 1, Contrats et engagement unilatéral, op. cit., p 263.
[886] Cass. Civ. 3è, 1er juill. 1998, Epoux Huchon c/ Commune de Chaux-la-Lotière, Répertoire du notariat Defrénois, 30 nov. 1998, n°22, 1406, note Ph. DELEBECQUE.
[887] Article 10 §2 loi sénégalaise n° 2008-08 du 25 janvier 2008 sur les transactions électroniques : « Toute personne qui exerce l'activité définie à l'article 8 de la présente loi doit, même en l'absence d'offre de contrat, dès lors qu'elle mentionne un prix, indiquer celui-ci de manière claire et non ambiguë, et notamment si les taxes et les frais de livraison sont inclus. ».
[888] R. BOUT, M. BRUSCHI et al. Lamy Droit économique et concurrence, Distribution, Consommation, Paris, Litec, 2001 n°133 ; F. MAS, op cit, p. 83, n° 62.
[889] J. M. MOUSSERON, op cit, p. 115, n°244.

a. L'annulation de la clause de réserve coexistant avec l'icône de passation de la commande

347. Pendant longtemps, la fermeté, la précision, l'univocité et le caractère complet ont permis d'identifier l'offre. Or si le droit doit s'adapter à la réalité sociale[890], il convient de tenir compte des indices supplémentaires qui sont révélateurs de l'intention de l'offrant de contracter. Il serait loisible d'obliger le cybercommerçant à préciser son intention de contracter. Mais comment imposer au vendeur de préciser son intention de vendre ou de ne pas le faire ? On peut simplement considérer que le commerçant qui veut simplement entrer en pourparlers et qui ne précise pas que sa proposition ne constitue pas une offre, ne doit pas donner accès à la possibilité de passer commande. L'icône de passation de commande s'érige ainsi en critère permanent d'identification de l'offre en ligne.

348. Pour qualifier l'offre électronique, il convient de vérifier si la proposition de conclure s'accompagne d'une icône destinée à la passation de commande[891]. Dans l'affirmative, alors il y a bien offre. Dans la négative, celle-ci est disqualifiée[892]. Même en présence d'une clause de réserve expresse, il convient d'examiner si dans le site, il existe un processus ou des bons de commande pour le produit ou le service proposé. Si c'est le cas, la qualification de l'offre ne souffrira d'aucune contestation malgré la clause de réserve expresse. Même expresse, la clause de réserve devient nulle parce qu'elle est équivoque en présence de l'icône de passation de commande. Expresse ou implicite, la solution la plus facile serait de la considérer comme une clause illégale. Si l'offrant avait pour intention de ne pas exprimer une offre, alors il n'aurait pas laissé l'internaute accéder à l'espace réservé aux commandes. Si en dépit des clauses de réserve auxquelles l'offrant fait recours, le clic sur l'icône permet de conclure ou de passer commande, alors l'internaute sera bien en présence d'une offre, car la réserve ne pourra couvrir l'intention du professionnel d'agréer son cocontractant. En cas de conflit entre la clause de réserve et la présence de l'icône de passation de la commande, cette dernière triomphera de la volonté équivoque du pollicitant. Le recours à la technique de l'icône de passation de commande présente l'avantage primordial de distinguer l'offre de ses notions voisines.

---

[890] V. GAUTRAIS, Le contrat électronique international : encadrement juridique, thèse, 2ème éd. revue, 2002, p. 17.

[891] S. MAS-FAVEAU et M.BENACHOUR-VERSTREPEN, op cit, p. 50.

[892] Sur Internet, aucun achat ne peut être effectué sans avoir cliqué sur une icône représentant le signe ou le passage prévu à cet effet par le cybercommerçant. Cet icône est souvent accompagné de la mention « J'achète », « Je m'abonne », « Cliquer ici pour achat », ou encore « Achat ».

b. La passation de commande, critère de distinction entre l'offre électronique et les notions voisines

349. La distinction entre l'offre et les autres propositions de conclure s'effriterait dans le commerce en ligne, si on se contentait de qualifier la pollicitation uniquement sur le fondement de ses éléments essentiels. Sur internet, la confusion est aisée entre l'offre et les notions voisines. Traditionnellement, on distingue l'offre proposition parfaite de conclure des autres propositions de conclure inachevées, que sont l'invitation à entrer en pourparlers[893] ou l'appel d'offre[894]. Mais les réseaux électroniques accentuent la confusion entre l'offre et les simples pratiques incitatives de consommation[895].

Telle qu'affichée sur internet, la simple présentation d'un produit sous forme de publicité ou son simple affichage donnent des allures d'offre. Il est évident que lorsque la publicité n'affiche pas le prix, elle ne saurait constituer une offre. La publicité peut être définie comme « toute forme de communication faite dans le cadre d'une activité commerciale, artisanale ou libérale dans le but de promouvoir la fournitures des biens et services, y compris les immeubles, les droits et les obligations »[896]. Elle désigne le moyen d'information destiné à permettre au client potentiel de se faire une opinion sur les caractéristiques des biens ou services qui lui sont proposés[897].

350. Avec l'avènement du commerce électronique, la publicité est intégrée dans un ensemble plus large appelé communication commerciale. Selon l'article 2 de la Directive européenne commerce électronique de 2000, la communication commerciale désigne « toute forme de communication destinée à promouvoir, directement ou indirectement, des biens, des services, ou l'image d'une entreprise, d'une organisation ou d'une personne ayant une activité commerciale, industrielle, artisanale ou exerçant une profession réglementée. Ne constituent pas en tant que telles des communications commerciales : les informations permettant l'accès direct à l'activité de l'entreprise, de l'organisation ou de la personne, notamment un nom de domaine ou une adresse de courrier électronique, les communications relatives aux biens, aux services ou à l'image de l'entreprise, de l'organisation ou de la personne élaborées d'une manière indépendante, en particulier lorsqu'elles sont fournies sans contrepartie financière ». Selon le livre vert de l'Union européenne de 1996, la communication commerciale inclut « toutes les formes de publicités, de marketing direct, de parrainage,

---

[893] Proposition qui vise seulement à instaurer une négociation d'où naîtra un contrat, sans que les éléments fondamentaux en soient exactement prévus.

[894] Propositions qui n'invitent pas à une seule discussion, mais portent suggestion d'un contrat déterminé seulement par son genre et dont l'auteur de l'appel laisse à ses correspondants, le soin de préciser davantage les contours et l'économie.

[895] S. MAS-FAVEAU et M.BENACHOUR-VERSTREPEN, op. cit., p. 50.

[896] Article 2 §1 de la directive européenne relative à la publicité trompeuse de 1984 modifiée en 1997.

[897] L. ARCELIN, Droit de la publicité, PUR, 2011, p. 16 et s.

de promotion des ventes et de relations publiques destinées à promouvoir des produits et des services ». La publicité sur internet se confond généralement à l'offre dans la mesure où, elle affiche le prix et le produit proposé. Cette confusion est accentuée par le recours aux spams. Toutefois, l'affichage de ces éléments ne traduit pas forcément la volonté de contracter. Toute forme de proposition est incompatible avec la notion d'offre dès lors qu'elle n'est pas ferme.

351. Or la solution objective, qui permet de déceler l'intention réelle d'être lié, est la possibilité accordée à l'internaute d'accepter purement et simplement les termes et les conditions de l'offre. En accordant la possibilité de passer commande, l'offrant démontre sa volonté de contracter. Ainsi la publicité ne se confondrait à l'offre électronique que si en amont, elle accorde l'accès à la passation de commande. La distinction entre l'offre électronique d'une part et d'autre part la publicité, les pratiques incitatives et le simple affichage, est établie chaque fois que le site internet donne accès à l'icône de passation de commande.

352. Mais la distinction ne s'arrête pas au seul indice de passation de la commande. Comme évoqué plus bas, les réseaux électroniques ont contribué à un enrichissement du contenu de l'offre. Dans son sens strict, la publicité désigne une information communiquée dans le but de porter un produit à la connaissance d'une potentielle clientèle. Elle a un rôle informatif et invite l'internaute à consulter l'offre. La publicité n'a pas vocation à mentionner les exigences de l'offre électronique. Elle ne peut donc déclencher le processus contractuel entre les parties au contrat de commerce électronique. La mutation de l'offre affecte également sa circulation sur internet, puisque sa durée de vie et ses destinataires sont déterminés grâce au degré d'implication de son auteur.

B. Les critères assurant la circulation de l'offre

353. La circulation de l'offre a pour rôle de déterminer la qualité de ses destinataires et sa durée de vie. L'offre peut être adressée au public[898], ou à des personnes bien déterminées. Le monde des affaires regorge de multiples formules déterminant le public concerné par une offre. On peut distinguer des critères très larges[899], des critères moins précis[900] et des critères plus précis[901]. En revanche sur internet, l'identification d'un public immense pose le problème de la distinction entre l'offre faite au public et l'offre proposée à des personnes déterminées. Entre le nombre et le ciblage d'une catégorie précise de personnes, ne faut-il pas tenir compte de la correspondance entre

[898] Le fait d'être à personne indéterminée ne disqualifie pas totalement l'offre. Dans ce sens, J. FLOUR et J-. L. AUBERT, op. cit., p. 104, n°145.

[899] « Ressentez le plaisir au féminin », « Pour le mâle ».

[900] « Offre limitée aux moins de 25 ans ».

[901] « Restez à l'écoute de votre glycémie » pour les personnes exposées au diabète » ; « Les offres opticiennes pour certaines maladies de la vue bien spécifiques ».

l'objet de l'offre et les besoins de l'internaute ? Dans l'affirmative, alors c'est plutôt par le critère de la personnalisation qu'il faut rechercher les destinataires de l'offre (1).

354. D'un autre côté, la pérennité de l'offre est appréciée par sa durée de vie. L'offre est souvent affectée d'une obligation de maintien déterminant le délai[902] au bout duquel elle peut être révoquée ou rétractée. L'offre électronique assortie d'un délai ne suscite pas de difficultés particulières. En revanche, l'absence de délai suppose une offre librement révocable, sauf lorsqu'elle est adressée à personne déterminée. A ce moment, les juges imposent eux-mêmes de respecter un délai raisonnable[903] dont la durée est fixée d'après la nature du contrat et les usages[904]. Mais l'usage ne peut demeurer le critère de détermination du délai raisonnable de l'offre en ligne. Il convient de lui rechercher un critère de substitution plus pertinent, car internet est un espace décentralisé qui confronte des acteurs sans distinction de lieu, de compétence, et de qualité. Du fait d'un site étranger ou d'un tiers, une offre peut toujours être disponible, alors qu'elle n'est plus valable et qu'elle n'existe plus sur le site de l'offrant. En raison de cette décentralisation il paraît judicieux de subordonner la durée de l'offre en ligne non à l'usage, mais plutôt au fait de son auteur afin que ce dernier demeure le maître de sa proposition, lorsqu'elle celle-ci est faite sans délai (2).

1. L'identification du destinataire de l'offre par la personnalisation

355. Dans le cas d'une relation entre professionnel et consommateur sur internet, le problème consiste à déceler un critère pertinent permettant de déterminer si l'offre est faite au public ou à des personnes déterminées. La question se pose de savoir s'il est pertinent de qualifier d'offre à personne déterminée, une proposition faite à un public constitué de centaines de milliers d'internautes, pour la simple raison qu'ils sont nominativement identifiés par des mails de prospection ou des abonnements. L'identification nominative ne suffit pas pour qualifier l'offre à personne déterminée lorsque le nombre des destinataires est excessif. Il est souhaitable que l'identification du destinataire de l'offre dépende de la correspondance de son contenu aux besoins de l'internaute. Il s'agit d'une sorte de personnalisation de l'offre[905]. La personnalisation désigne l'action d'individualiser, d'adapter un produit à chaque client[906]. L'idée est d'appréhender les incidences de cette mesure (b),

---

[902] Le pollicitant est tenu par le délai qu'il aura lui-même fixé de manière expresse ou implicite ; Civ.1ère, 17 Décembre 1958, D. 1959, 33 ; Civ.1ère, 26 mars 1962, Bull. civ. I, n° 179 ; Civ. 3ème, 10 mai 1968, Bull. civ. III, n°297.

[903] Il s'agit d'un délai qui correspond au temps raisonnable, nécessaire et suffisant pour l'examen et l'appréciation de l'offre.

[904] J. FLOUR et J-. L. AUBERT, op. cit., p. 105, n°147.

[905] Dictionnaire Le nouveau petit robert, p. 1869.

[906] La personnalisation de l'offre électronique est aisée grâce à l'utilisation des applications informatiques appelés cookie. Un cookie est un petit fichier très simple, enregistré sur le

dans le but de donner à la personnalisation, une consonance juridique lui permettant de se substituer valablement au critère de l'identification nominative qui s'effrite sur internet (a).

a. Une mesure justifiée par l'effritement du critère de l'identification

356. A première vue, on peut penser que la destination de l'offre à un public ou à des personnes déterminées dépend de son accessibilité. Mais l'identification des destinataires de l'offre électronique peut-elle réellement être fondée sur le critère de la libre accessibilité ? Répondre par l'affirmative imposerait de rechercher la nature privée ou publique du site, de la page ou du mail contenant l'offre. La question a été posée en droit pénal à propos de la qualification de l'injure et de la diffamation, infractions qui exigent d'être commises dans un lieu public.

La notion de public exige de se trouver « dans un lieu accessible à tous »[907]. Le lieu public est différent du lieu du privé en ce qu'il est « un endroit qui n'est ouvert à personne, sauf autorisation de celui qui l'occupe d'une manière permanente ou temporaire »[908]. Deux variantes peuvent permettre de définir la notion de lieu public : d'une part une approche statique qui distingue le lieu public par nature tel que la rue, la place du marché, l'arrêt de bus, du lieu public par destination tel que les cafés, les bureaux de poste, les halls des hôpitaux. D'autre part une approche dynamique qui tend à expliquer la faculté de mutation des milieux qui peuvent passer suivant les circonstances, de lieu privé à lieu public et vice-versa. Par analogie aux propos diffamatoires, le site consulté par des milliers de personnes et dont l'accès n'est pas restreint, est qualifié de lieu public[909].

On pourrait ainsi dire qu'un site dont l'accès n'est pas restreint serait un lieu ouvert au public. A contrario, le site limité aux abonnés serait un lieu privé. La conséquence serait que le site ouvert à tout public proposerait des offres publiques. Tandis que les offres contenues dans des sites dont l'accès est restreint seraient des offres à personnes déterminées, que les abonnés soient des milliers ou des centaines de milliers. Pour VIALARD, lorsqu'elle s'adresse nominativement à chacun des bénéficiaires, l'offre ne peut être à

disque dur de l'ordinateur d'un internaute à la demande du serveur gérant le site Web visité. Il contient des informations sur la navigation effectuée sur les pages de ce site. L'idée originelle est de faciliter l'utilisation ultérieure du site par la même personne. Il sert à reprendre les préférences choisies par un utilisateur lors de la visite, enregistre les préférences de l'internaute afin de lui communiquer les offres commerciales du cybercommerçant grâce à un logiciel intelligent appelé agent électronique. V. Infra, p…

907 Trib. Correct. Montbelliard 1/12/1978 « […] est un lieu privé un foyer de jeunes… », JCP 1979, n. LINDON ; TGI, Paris, « est un lieu privé un lieu de détention […] », G. P. 1987, 1.21 ; Voir aussi. V. PELTIER, Le secret des correspondances, PUAM, 1999, p. 158, n°154.

908 V. PELTIER, op cit, p. 155.

909 J. F. CHASSAING, « L'Internet et le droit pénal », in Recueil Dalloz Sirey, 1996, 38è, Cahier, Chron. 333.

personne publique même si elle est faite à un nombre élevé de personnes[910]. Selon Philippe Le TOURNEAU, « l'offre peut être tant au public (en général sur le site de l'offrant), soit à une personnc dénommée (par courrier électronique). A mes yeux, l'offre n'est pas publique même si elle est adressée par la messagerie à un grand nombre de destinataires, dès lors que chacun d'entre eux est désigné »[911].

357. Mais comme le soutient Florence MAS, ce critère n'échappe pas à la critique[912]. Bien que pertinente, cette proposition est confrontée à l'obstacle du nombre. Une offre ne peut être à personne déterminée par le seul fait qu'elle est destinée aux clients nominativement identifiés sur un site ou dans un spam. Que l'offre soit expédiée par mail à des centaines de milliers de personnes, ou qu'elle soit accessible à des milliers d'abonnés d'un site, l'identification nominative ne suffit pas pour qualifier l'offre à personne déterminée. Les techniques modernes de prospection et de sollicitation de la clientèle ruinent l'efficacité du critère de l'identification nominative[913]. L'utilisation des fichiers et l'envoi en masse de propositions à des milliers de personnes nominativement désignées aboutissent à une offre faite au public et non à une offre à personne déterminée. En effet, « on doit considérer que l'offre est faite au public, même si elle est adressée nominativement, à un très grand nombre de personnes, identifiées grâce à un recensement sur un fichier par exemple »[914]. Dans les réseaux électroniques ouverts, le critère du nombre semble triompher sur celui de l'identification.

358. Pourtant cette position n'est pas aussi parfaite, car elle ne répond pas à la question de savoir à quel moment on peut considérer que les destinataires de l'offre quittent la catégorie du public pour celle des personnes déterminées. La question conserve toute sa place, car ce qui disparaît sur internet, c'est le critère de l'identification nominative, et non la distinction offre à personnes déterminées et offre au public pour lesquelles la différenciation garde une réelle pertinence. L'appréciation de la personnalisation de l'offre se révèle être le critère pertinent d'une telle distinction. On tend vers une disparition de l'identification nominative comme critère de l'offre à personne déterminée sur internet. Mieux que le nom, la confection de l'offre conformément aux aspirations et aux besoins des destinataires, apparaît comme un critère viable sur internet.

---

[910] A. VIALARD, « L'offre publique de contrat », in Rev. Trim. Dr. Civ.LXIX, 1971, p. 751 à 791, n°2.

[911] Ph. Le TOURNEAU, « La notion de contrat électronique », in Les deuxièmes journées internationales du droit du commerce électronique, Actes du colloque de Nice des 06 et 07 novembre 2003, Litec, mars 2005, p. 9.

[912] F. MAS, op. cit., p. 89, n° 69.

[913] F. MAS, op. cit., p. 89, n° 69.

[914] J. GHESTIN, Traité de droit civil, Les obligations, tome 1, La formation du contrat, Paris, LGDJ, 3ème ed. 1993, n°297, J. -L. AUBERT, notion et rôle de l'acceptation dans la formation du contrat, Paris, LGDJ, 1970, n°33 ; P. CHAUVEL, « Consentement », Répertoire Civil Dalloz, III, mars 2001.

b. Les incidences de la personnalisation

359. L'offre personnalisée est celle qui répond aux besoins et aux aspirations de l'internaute. Elle est conçue suivant des informations recueillies à l'avance par des logiciels, et répond à ses besoins individuels. Elle ne s'inscrit pas dans une offre générale expédiée à « tout le monde ». L'offre personnalisée n'est à personne déterminée que si au-delà de la simple identification nominative, le destinataire y retrouve le type de commandes qu'il adresse habituellement au cybercommerçant. Elle se traduit par une proposition strictement orientée vers les besoins de son destinataire. Par cette offre, le cybermarchand peut proposer à des milliers de clients le même produit ou la même prestation, mais selon des formules commerciales différentes, suivant les besoins personnels des uns et des autres. L'usage des *cookies* et de logiciels intelligents facilitent la collecte et le traitement d'informations sur les besoins du client. En plus, des mises à jour sont régulièrement effectuées par l'actualisation des informations à la prochaine connexion de l'internaute.

360. La personnalisation ne conduit pas à la naissance d'un nouveau type d'offres. L'offre personnalisée n'est pas une nouvelle catégorie de proposition de contracter. Elle ne saurait constituer une catégorie qui viendrait s'ajouter aux offres au public et à personnes déterminées. Cela explique la raison pour laquelle elle demeure « inconnue »[915], puisqu'elle ne procèderait en réalité que d'une opération d'algorithmes contenus dans les applications utilisées par les professionnels en ligne.

361. En la comparant aux offres classiques, M. ZOIA considère l'offre personnalisée comme « une sous-offre et non une offre à personne déterminée »[916]. Internet n'exige qu'une évolution de la compréhension des concepts juridiques classiques. La toile est inapte à créer de nouvelles catégories juridiques. En fait, il ne s'agit pas d'une offre personnalisée, mais plutôt d'une personnalisation de l'offre. Le premier sens fait croire à une nouvelle catégorie d'offre, alors que le second sens traduit seulement l'aspect que doit revêtir l'offre à personne déterminée sur internet. Aussi, la suggestion est de considérer l'offre personnalisée non comme une offre, mais plutôt comme un critère de l'offre à personne déterminée, en remplacement du critère classique de l'identification nominative. La qualification de l'offre électronique à personne déterminée devra se faire désormais par le constat de la personnalisation de l'offre. A défaut, elle sera qualifiée d'offre faite au public.

---

[915] F. MAS, op cit, p. 70, n°50

[916] M. ZOIA, La notion de consentement à l'épreuve de l'électronique, 2éme partie Gaz. Pal. 16 oct. 2001, p. 1552 s.

2. L'implication de l'auteur dans la durée de l'offre sans délai

362. Le temps de l'offre sans délai est souvent déterminé par un délai raisonnable[917]. Il est fixé d'après les circonstances, la nature du contrat et les usages. Les circonstances et la nature sont des critères assez fuyants qui varient suivant la spécificité de chaque relation contractuelle. La détermination du délai raisonnable aux offres électroniques dépourvues de délai est complexe, à cause des difficultés d'identification de l'usage (a). D'un autre côté, l'ubiquité de la toile favorise la prolifération d'une même offre sur plusieurs sites. Il arrive qu'une offre dépassée, continue d'être affichée sur d'autres sites à l'insu de son auteur, dont la responsabilité pourrait être engagée. Si l'auteur doit répondre d'un abus de révocation ou de rétractation de l'offre émise sans délai sur internet, ne serait-il pas convenable d'apprécier le délai raisonnable en fonction de son propre fait ? Si oui, alors le critère objectif de l'usage laisse la place à un critère unilatéral fondé sur l'implication de l'offrant dans la détermination de la durée de l'offre faite sans délai sur internet. Le fait de l'offrant apparaît comme un critère plus apte que l'usage, dans la détermination du délai raisonnable que doit mettre une offre électronique avant d'être supprimée (b).

a. Les difficultés d'identification de l'usage dans la détermination du délai raisonnable

363. Deux types d'usages existent sur internet : les usages de la branche d'activité transposables aux échanges en ligne et les usages nés du cyberespace. A quels usages faut-il se référer pour déterminer le délai raisonnable de l'offre sans délai : aux usages nés de l'activité traditionnelle développée dans le monde physique, ou aux usages développés par les communautés électroniques ? L'usage tire sa contraignabilité de l'appartenance des parties au milieu [918], et non de son acceptation explicite ou implicite par les parties[919]. L'intérêt est donc de déterminer le milieu dont il s'agit : est-ce le milieu professionnel correspondant à la branche d'activité ou est-ce le milieu électronique, c'est-à-dire l'environnement cyberspatial dans lequel les parties se regroupent en communautés électroniques ?

364. Si on opte pour la première hypothèse, alors on appliquerait aux consommateurs les usages créés par les professionnels dans leurs domaines

---

[917] Ce délai moral correspond à la durée nécessaire et suffisante pour l'examen et l'appréciation de cette offre, qui ne peut être librement révoquée qu'après l'épuisement de cette période : Cass. 3e Civ. 25 Mai 2005, Bull. 2005, III, n° 117, p. 107, RTDC, 2005-10, n° 4, Ch. p. 772-773, Obs. J. MESTRE et B. FAGES.

[918] Ph. FOUCHARD, « L'Etant face aux usages du commerce international », Travaux Comité Français de droit international privé, 1973-1975, Dalloz 1977, p. 83.

[919] Ph. FOUCHARD, op. cit., p. 99 ; Aux Etats Unis par exemple, le Code de commerce uniforme écarte toute condition d'acceptation pour l'application de l'usage entre les parties : Section 1-205-1 « On entend par usages des parties, une série d'agissements antérieurs entre les parties à une transaction qui peuvent raisonnablement être considérés comme établissant entre elles, une base commune d'interprétation de l'expression de leurs actes ».

respectifs d'activités. Entre professionnels de la vente par exemple, l'article 239 de l'Acte uniforme révisé portant droit commercial général opte pour les usages de la branche d'activité[920]. En matière civile, l'article 1135 du Code civil et l'article 4/5 de l'Avant-projet de l'Acte uniforme sur le droit des contrats ne précisent ni l'origine, ni la nature de l'usage dont il faut tenir compte.

365. En plus des contradictions pourraient naître avec les usages nés des communautés électroniques. L'usage révèle des lacunes dans la détermination de la durée de vie raisonnable de l'offre électronique sans délai. L'explication est simplement due à l'ubiquité de la toile et aux potentialités technologiques de prolifération d'une même offre sur plusieurs sites. La décentralisation d'internet au gré des interconnexions[921] favorise des échanges constants d'informations. Le recours aux logiciels intelligents, la technique du référencement et des moteurs de recherche permettent de traquer les informations. Les galeries virtuelles et beaucoup d'autres sites, notamment les sites comparateurs et publicitaires, développent des fonctions leur permettant de capter les offres attractives et promotionnelles qu'ils rendent consultables sur leurs pages. Ces prouesses techniques permettent de vulgariser l'offre électronique qui se retrouve présente dans des centaines de sites distinctes du site du professionnel, à tel point que son accessibilité sur les autres sites échappe à son auteur. Conçue à l'origine pour résister à toute tentative de destruction, la structure décentralisée d'internet exclut virtuellement toute possibilité d'un contrôle exclusif du réseau. Le fait du pollicitant s'avère nécessaire dans la détermination du délai raisonnable de l'offre électronique.

b. Le recours au fait de l'auteur de l'offre

366. Le fait du pollicitant se rapporte à l'acte positif ou négatif qu'il accomplit. Cet acte est de nature à persuader la psychologie des destinataires sur la révocation ou du prolongement de l'offre. Lorsque l'offre n'est assortie d'aucune indication quant à sa durée, elle peut en principe être acceptée aussi longtemps qu'elle est maintenue en ligne. Il se peut toutefois que l'offre soit encore accessible en ligne à l'insu de l'offrant, un autre site ayant enregistré une copie temporaire de l'ancien site. L'offre ne figure plus sur le site de l'offrant, mais l'internaute accédant à une copie périmée croit qu'elle y figure toujours[922]. Le fait personnel du professionnel est

---

[920] Article 239 de l'Acte uniforme révisé portant droit commercial : « Sauf convention contraire des parties, celles-ci sont réputées avoir adhéré aux usages professionnels dont elles avaient connaissance ou auraient dû avoir connaissance et qui, dans le commerce, sont largement connus et régulièrement observés par les parties à des contrats de même nature dans la branche d'activité concernée ».

[921] « C'est un réseau maillé dépourvu de centre de direction », P. TRUDEL, « La lex electronica », in Le droit saisi par la mondialisation, op cit, p. 225.

[922] « C'est le phénomène de la rémanation de l'offre », O. CACHARD, Droit du commerce électronique, RDAI/IBLJ, n°5, 2004, p. 687.

déterminant dans la durée de vie de la proposition de conclure. Ce critère semble plus adapté sur internet que l'usage. Certains législateurs des pays francophones d'Afrique subsaharienne partagent cet avis. Dans son article 23, la loi sénégalaise de 2008 sur les transactions électroniques dispose que, « sans préjudice des conditions de validité mentionnées dans l'offre, son auteur reste engagé par elle tant qu'elle est accessible par voie électronique de son fait ». Au Cameroun, la loi du 21 décembre 2010 régissant le commerce électronique prévoit que, « sans préjudice des conditions de validité mentionnées dans lesdites offres, celles-ci engagent leurs auteurs tant qu'elles restent accessibles ». Deux difficultés subsistent néanmoins : le recours à l'intermédiation et l'actualisation rapide ou tardive des pages du site internet.

367. L'intermédiation complique l'appréciation du fait de l'auteur de l'offre. Lorsque l'offre du cybercommerçant est affichée sur un autre site, deux hypothèses sont possibles. La première est celle de la simple reproduction de l'offre en dehors de tout lien contractuel entre le site intermédiaire et l'auteur. Dans ce cas, l'offrant ne saurait répondre des actes délictuels d'un site qui lui est étranger. La victime engagera la responsabilité extracontractuelle du site fautif sur le fondement de l'article 1382 du Code civil.

368. La seconde hypothèse est celle de la relation contractuelle entre le site de l'offrant et le site intermédiaire pour une offre ne mentionnant aucune durée. Lorsque l'auteur n'a posé aucun acte informant le site intermédiaire de la révocation alors, l'offre demeure valable. A ce moment tout refus de contracter pourra engager la responsabilité solidaire de l'auteur et de l'intermédiaire. L'abstention du pollicitant peut être perçue comme un fait qui maintient l'offre accessible, quand bien même elle aurait disparu de son propre site internet. Cette position est fondée sur la jurisprudence qui condamne toute abstention d'une personne spécialement disposée à surveiller une autre personne ou une chose[923]. L'acte négatif de l'auteur est une omission pure et simple, c'est-à-dire une abstention qui n'existe que lorsqu'elle n'est pas reliée à l'activité de celui dont le comportement est reproché[924]. L'auteur doit-il contrôler et surveiller les sites intermédiaires qui reproduisent ses offres ? On peut répondre par l'affirmative s'ils sont liés par un lien contractuel, et par la négative, si la reproduction de l'offre est le fait isolé de l'intermédiaire sans connaissance du pollicitant. LOYSEL ne disait-il pas « qui peut et n'empêche pas pêche »[925] ? Si l'auteur a informé le site intermédiaire du délai de l'offre, alors on ne voit logiquement aucun argument pour engager la responsabilité du pollicitant. La condition est que

---

[923] Civ.2ème, 18 oct. 1967, Bull. civ. II, 201, n°288; 2ème 18 janv. 1963, JCP, 1963, II. 13316; 22 mai 1968, D. 1968, somm. 102.

[924] F. TERRE, Ph. SIMLER et Y. LEQUETTE, Droit civil Les obligations, op cit, p. 706, n°721.

[925] B. STARCK, H. ROLAND et L. BOYER, Droit civil obligations 1. Responsabilité délictuelle, 3ème éd.1985, p. 155, n°273.

la révocation de cette offre apparaisse clairement sur le site de l'auteur, de sorte que cette mention soit lisible.

369. La seconde difficulté concerne l'actualisation rapide ou tardive des pages du site mentionnant les offres. En effet, certains sites subordonnent la durée de l'offre à la durée de l'affichage[926]. En cas d'actualisation tardive, la durée de vie de l'offre est considérée comme prolongée même après l'épuisement du délai raisonnable. On peut comprendre que le fait pour le pollicitant de ne pas enlever l'offre sur les pages accessibles de son site prolonge sa durée de vie. L'actualisation des pages du site devient donc une contrainte sanctionnée, par la prorogation du temps de vie de l'offre. Le délai raisonnable souverainement apprécié par les juges de fond est prolongé tant que l'offre est affichée[927].

370. Cependant, il convient de prémunir l'internaute contre les pratiques des professionnels, en cas d'actualisation rapide et abusive des pages internet. En effet, « le destinataire de cette offre doit disposer du temps nécessaire pour l'examiner, en raison de l'insécurité juridique contractuelle engendrée par la dématérialisation et par l'internationalisation des échanges électroniques »[928].

371. L'objectif n'est pas d'exclure la notion de délai raisonnable de l'appréciation de la durée de l'offre en ligne. Le fait du pollicitant n'est pas un substitut du délai raisonnable. Il est plutôt un moyen de déterminer le terme et la durée de ce délai. Les alinéas 2 et 3 de la loi burkinabé sur les transactions électroniques précisent que, « le prestataire délivre, dans un délai raisonnable et par un moyen approprié, un accusé de réception, confirmant à cette personne l'enregistrement de sa demande. Le prestataire prend, dans un délai raisonnable, les mesures nécessaires pour respecter la volonté de cette personne ». L'offre restera valable uniquement si le professionnel pollicitant a contribué par action ou par omission au maintien de l'offre après l'expiration du délai raisonnable. Le fait du pollicitant doit simplement être appréhendé comme le nouveau critère substituant l'usage dans la détermination de la durée de vie de l'offre, lorsqu'aucun délai n'aura été fixé par l'offrant. Mais jusque-là, l'identification de l'offre demeure partielle. Pour être complète, l'analyse doit également examiner ce que le commerce en ligne a modifié dans le contenu de l'offre.

---

926 Article 2 des Conditions Générales de Vente de Cdiscount Cameroun : « Nos offres de produits et de services sont valables tant qu'elles sont visibles sur le Site », http://www.cdiscount.cm/conditions-generales-ventes.

927 Cass, 3e civ. 8 févr. 1968, Bulletin des arrêts des chambres civiles de la Cour de cassation III, n° 52 [archive] ; 10 mai 1972, Bulletin des arrêts des chambres civiles de la Cour de cassation III, n° 297 [archive], RTD civ. 1972. P.773, observations Y. LOUSSOUARN ; Cass, com. 6 févr. 1973, Bulletin des arrêts des chambres civiles de la Cour de cassation IV ; n° 65 [archive] ; Cass, 3e civ. 21 oct. 1975, Bulletin des arrêts des chambres civiles de la Cour de cassation III [archive], n° 302, Recueil Dalloz 1976, Informations rapides 20.

928 M. ZOIA, La notion de consentement à l'épreuve de l'électronique, 2ème partie, Gaz. Pal. 16 oct. 2001, n° 289, 15 ; http// :www.lextenso.fr/weblextenso/article/print/id.

§2. L'enrichissement du contenu de l'offre

372. Habituellement, le contenu de l'offre est constitué de la chose et du prix. Ces mentions qui constituent les éléments essentiels de l'offre classique ne suffisent pas pour l'identifier lorsqu'elle est émise en ligne. On retrouve sur internet des invitations à pourparlers comme la publicité ou des campagnes promotionnelles qui ne constituent pas des offres. Des mentions complémentaires doivent être ajoutées dans le but de consolider la pollicitation, afin de la distinguer des autres propositions similaires en apparence. Il convient d'identifier ces mentions (A) et d'en apprécier l'opportunité (B).

A. Les mentions complémentaires

373. Les nécessités du cyberespace imposent aux parties d'aller au-delà de la simple offre classique, en procédant à l'affichage des informations relatives au processus contractuel (1) et de celles gravitant autour de la formation du contrat (2).

1. Les mentions liées au processus contractuel

374. Internet suscite l'obligation d'informer le destinataire de l'offre sur tout le processus contractuel[929]. Les offres effectuées par voie électronique concernant la fourniture des biens ou des services, doivent s'accompagner des conditions contractuelles qui leur sont applicables. Les lois sénégalaise[930], camerounaise[931] et burkinabé[932] précisent que l'offre énonce

[929] « L'obligation d'information a gagné ainsi le domaine [...] et a pris une importance particulière dans les contrats informatiques, en raison de la spécificité de la matière informatique et de la technicité des produits », A. ALKHASAWNEH, L'obligation d'information dans les contrats informatiques, thèse, Univ. Reims Champagne-Ardenne, 21 janv. 2008, p. 4.

[930] Article 24 de la loi sénégalaise sur les transactions électroniques de 2008 : « L'offre énonce en outre : les différentes étapes à suivre pour conclure le contrat par voie électronique ; les moyens techniques permettant à l'utilisateur, avant la conclusion du contrat, d'identifier les erreurs commises dans la saisie des données et de les corriger ; les langues proposées pour la conclusion du contrat ; en cas d'archivage du contrat, les modalités de cet archivage par l'auteur de l'offre et les conditions d'accès au contrat archivé ; les moyens de consulter par voie électronique les règles professionnelles et commerciales auxquelles l'auteur de l'offre entend, le cas échéant, se soumettre ».

[931] Article 11 alinéa 2 de la loi camerounaise sur le commerce électronique : « Les offres visées à l'alinéa 1 ci-dessus doivent clairement énoncer : les différentes étapes à suivre pour conclure le contrat par voie électronique ; les moyens techniques permettant à l'utilisateur, avant la conclusion du contrat, d'identifier les erreurs commises dans la saisie des données et de les corriger ; là où les langues proposé (es) pour la conclusion du contrat ; en cas d'archivage du contrat, les modalités de cet archivage par l'auteur de l'offre et les conditions d'accès au contrat archivé les moyens de consulter par voie électronique les règles professionnelles et commerciales auxquelles l'auteur de l'offre entend, le cas échéant, se soumettre ».

en outre « les différentes étapes à suivre pour conclure le contrat par voie électronique ». Cette obligation d'information du processus contractuel s'étend de l'affichage de l'offre aux recommandations relatives à la conservation et à la reproduction du contrat conclu, sans oublier les conditions de délivrance, les hypothèses, ainsi que les modalités de mise en œuvre du droit de rétractation volontaire du consommateur. Ces informations doivent être exigées même lorsque l'attention de l'internaute a été captivée grâce à un spam. A défaut d'être mentionnées dans son contenu, elles doivent figurer sur la page à laquelle renvoie le lien hypertexte qu'affiche le spam.

375. Le faible coût du courrier électronique fait du spam une arme de prospection commerciale très appréciée des entreprises. L'abus survient lorsqu'après avoir collecté des adresses électroniques et des habitudes de consommation grâce à des logiciels appropriés, les commerçants envoient des messages massifs et non sollicités à vocation commerciale. Après souscription aux spams par les techniques de *l'opt in* ou de *l'opt out*, le client n'est pas condamné à recevoir éternellement les sollicitations commerciales du vendeur. Le professionnel doit pouvoir donner des informations d'identification par lesquelles le client peut le joindre, pour lui transmettre son intention de ne plus recevoir des communications commerciales non souhaitées[933].

---

[932] Article 57 de la loi de 2009 du Burkina Faso sur les transactions électroniques : « Sans préjudice des autres exigences légales et réglementaires en matière d'information, le prestataire fournit au destinataire du service les informations suivantes : les caractéristiques essentielles du bien ou du service ; le prix total du bien ou du service, y compris l'ensemble des taxes, charges, commissions et dépenses y afférentes ; lorsqu'il s'agit d'un service financier dont le prix exact ne peut être indiqué, la base de calcul de ce prix ; tout coût supplémentaire spécifique pour le destinataire du service lié à la technique de communication par voie électronique ; les frais de livraison, le cas échéant ; les modalités de paiement, de livraison ou d'exécution ; l'existence ou l'absence d'un droit de rétractation ; la durée de validité de l'offre ou du prix ; dans le cas de contrats portant sur la fourniture durable ou périodique d'un bien ou d'un service, la durée minimale du contrat ; la législation applicable au contrat et la juridiction compétente ; l'existence ou l'absence de procédures extrajudiciaires de réclamation et de recours accessibles au destinataire du service et, si de telles procédures existent, les modalités d'accès à ces dernières ; les différentes étapes à suivre pour conclure le contrat par voie électronique ; les langues proposées pour la conclusion du contrat ; les moyens techniques pour identifier et corriger des erreurs commises dans la saisie des données ; en cas d'archivage du contrat par le prestataire, les modalités de cet archivage et, le cas échéant, les conditions d'accès au contrat archivé. Ces informations sont fournies avant que le destinataire du service passe commande, par voie électronique et de manière claire, compréhensible et non équivoque ».

[933] Article 16 (2) de la loi sénégalaise sur les transactions électroniques de 2008 : « Dans tous les cas, il est interdit d'émettre, à des fins de prospection directe, des messages au moyen d'automates d'appel, télécopieurs et courriers électroniques, sans indiquer de coordonnées valables auxquelles le destinataire puisse utilement transmettre une demande tendant à obtenir que ces communications cessent sans frais autres que ceux liés à la transmission de celle-ci » ; Articles 6 de la loi camerounaise et 51 de la loi burkinabé.

2. Les informations gravitant autour de la formation du contrat

376. Les informations gravitant autour du processus contractuel se rapportent à une nécessité d'identification des parties. Il est de l'intérêt des commerçants de mentionner les éléments de leur identification sur leur site. Cette exigence est très souvent garantie par des pratiques contractuelles. En effet, certains commerçants n'hésitent pas à imposer cette obligation dans leur contrat avec leurs partenaires de commerce électronique[934]. Cette exigence répond à un double objectif : celui de rester dans le sillage d'une stratégie commerciale efficace et celui de moraliser les acteurs du commerce électronique. Le droit commun des contrats ne pose aucune exigence en la matière[935]. Or cela est inapproprié au contexte électronique. Il en résulterait une insécurité qui freinerait le développement du commerce électronique. Les législateurs doivent assortir l'offre électronique d'une véritable obligation d'information et d'identification des parties. La léthargie du législateur ne peut voiler la nécessité de cette exigence. Bien avant les interventions des législateurs nationaux, l'identification a été instituée par la *« soft law »* sur les sites de rencontres, de correspondance et de vente en ligne[936].

377. Les exigences d'identification doivent aussi peser sur les internautes qu'ils soient des consommateurs ou non. Dans la pratique, le consommateur peut se faire identifier soit avant d'entrer dans le site[937], soit au moment de l'acceptation d'un service proposé[938]. Cette forme d'identification est basée sur la bonne foi du client dont les informations fournies ne sont pas soumises à vérification. En dehors de la signature électronique, le cybercommerçant se contente des renseignements recueillis auprès du client.

378. Mais c'est principalement le cybercommerçant qui est visé par l'identification. S'inspirant de l'article 4[939] de la Directive communautaire

[934] F. MAS, thèse, op. cit., p. 100, n°77.

[935] F. MAS, thèse, op. cit., 98, n°76. Les droits spéciaux par contre l'exigent notamment en droit bancaire et en droit des assurances.

[936] Voir notamment les sites de yahoo, facebook, adultfriender et bien d'autres.

[937] Notamment c'est le cas avec les sites de pornographie en ligne, qui exigent du client de s'identifier en âge et par leur adresse mail, avant toute navigation. Voir

[938] C'est le cas des sites de rencontre et de courrier électronique tels que yahoo.fr ou yahoo.com dont les services de messagerie sont subordonnés à une identification.

[939] Article 4 de la Directive communautaire européenne n°97/7/CE du 20 mai 1997 relative à la protection des consommateurs en matière de contrats à distance : « En temps utile avant la conclusion de tout contrat à distance, le consommateur doit bénéficier des informations suivantes : identité du fournisseur et, dans le cas de contrats nécessitant un paiement anticipé, son adresse ; caractéristiques essentielles du bien ou du service ; prix du bien ou du service, toutes taxes comprises ; frais de livraison, le cas échéant; modalités de paiement, de livraison ou d'exécution existence d'un droit de rétractation ; coût de l'utilisation de la technique de communication à distance, lorsqu'il est calculé sur une base autre que le tarif de base ; durée de validité de l'offre ou du prix ; durée minimale du contrat dans le cas de contrats portant sur la fourniture durable ou périodique d'un bien ou d'un service ; but commercial ». L'ordonnance n° 2001-741 du 23 août 2001 transposant cette directive en France a imposé

européenne n°97/7/CE du 20 mai 1997 relative à la protection des consommateurs en matière de contrats à distance[940], l'article 15 al.1[941] de la loi camerounaise de décembre 2010 sur le commerce électronique, l'article 45[942] de la loi du Burkina Faso sur les transactions électroniques et l'article 10[943] de la loi sénégalaise de 2008 sur les transactions électroniques imposent une obligation légale d'identification au cybercommerçant. La même exigence est reprise par l'article 6 b de la directive sur le commerce électronique du 08 juin 2000 qui affirme que, « la personne physique ou

des mentions informatives devant figurer dans des offres de vente à distance reprises dans le Code de la consommation.

[940] L'article L.121-18 nouveau du Code français de la consommation impose au professionnel impliqué dans une vente à distance d'indiquer ses nom, numéro de téléphone, adresse ou siège social, et éventuellement l'adresse de l'établissement du responsable de l'offre.

[941] Article 15 al.1 de la loi camerounaise de décembre 2010 sur le commerce électronique : « Avant la conclusion du contrat, le vendeur est tenu, lors des transactions commerciales électroniques, de fournir au consommateur de manière claire et compréhensible les informations suivantes : l'identité, l'adresse et le téléphone du vendeur ou du prestataire ...Les informations prévues à l'alinéa 1 ci-dessus doivent être fournies par voies électroniques et mises à la disposition du consommateur pour consultation à tous les stades de la transaction ».

[942] L'article 45 de la loi du Burkina Faso sur les transactions électroniques : « Sans préjudice des autres obligations d'information prévues par les textes législatifs et réglementaires en vigueur, le prestataire assure un accès facile, direct et permanent utilisant un standard ouvert, pour les destinataires du service et pour les autorités compétentes, aux informations suivantes : s'il s'agit d'une personne physique, ses nom et prénom et, s'il s'agit d'une personne morale, sa raison sociale ; son adresse géographique d'établissement, une adresse de courrier électronique et un numéro de téléphone permettant d'entrer en contact rapidement et efficacement avec lui ; le cas échéant, le registre de commerce dans lequel il est inscrit, son numéro d'inscription, son capital social et l'adresse de son siège social ; s'il est assujetti à la taxe sur la valeur ajoutée, son numéro d'identification individuel visé à l'article 373 du code des impôts et son numéro d'identification fiscale unique (IFU) ; si son activité est soumise à un régime d'autorisation, le nom et les coordonnées de l'autorité ayant délivré l'autorisation ; s'il est membre d'une profession réglementée, la référence aux règles professionnelles applicables, son titre professionnel, l'Etat dans lequel il a été octroyé ainsi que le nom de l'ordre ou de l'organisme professionnel auprès duquel il est inscrit ; les codes de conduite auxquels il est éventuellement soumis, ainsi que les informations relatives à la façon dont ces codes peuvent être consultés par voie électronique ».

[943] Article 10 de la loi sénégalaise de 2008 sur les transactions électroniques : « Toute personne qui exerce l'activité de commerce électronique est tenue d'assurer à ceux à qui est destinée la fourniture de biens ou la prestation de services un accès facile, direct et permanent utilisant un standard ouvert aux informations suivantes : s'il s'agit d'une personne physique, ses nom et prénom et, s'il s'agit d'une personne morale, sa raison sociale ; l'adresse complète de l'endroit où elle est établie, son adresse de courrier électronique, ainsi que son numéro de téléphone ; si elle est assujettie aux formalités d'inscription au registre du commerce et du crédit mobilier ou au répertoire national des entreprises et associations, le numéro de son inscription, son capital social et l'adresse de son siège social ; si elle est assujettie à la taxe sur la valeur ajoutée et immatriculée au répertoire national des entreprises et associations, son numéro d'identification national des entreprises et associations (NINEA) si son activité est soumise à un régime d'autorisation, le nom et l'adresse de l'autorité ayant délivré celle-ci ; si elle est membre d'une profession réglementée, la référence aux règles professionnelles applicables, son titre professionnel, l'Etat membre dans lequel il a été octroyé ainsi que le nom de l'ordre ou de l'organisme professionnel auprès duquel elle est inscrite ».

morale pour le compte de laquelle la communication commerciale est faite doit être clairement identifiable ».

379. La situation est bien plus compliquée lorsque l'offrant n'est pas le propriétaire du site sur lequel s'affiche la proposition de contracter. Comment identifier, l'offrant lorsque plusieurs cybermarchands sont réunis par un fédérateur commun au sein d'une galerie marchande virtuelle[944] ? Faut- il considérer que l'offrant est le cybermarchand, ou doit-on reconnaître cette qualité au fédérateur initiateur de la galerie marchande ? La galerie est une sorte de « supermarché virtuel » dans lequel les différentes boutiques font office de rayons[945]. En apparence, le consommateur ferait du propriétaire de la galerie son offrant. L'apparence étant créatrice de droits[946], l'internaute pourrait identifier le fédérateur commercial comme étant l'offrant[947]. Ce dernier peut néanmoins balayer cette ambiguïté en indiquant clairement les rôles de chaque intervenant, et la responsabilité de chaque cybermarchand partenaire de la galerie en ligne[948]. Par cette mention, le propriétaire de la galerie se positionne comme un tiers au contrat. Pourtant, il n'est pas tant éloigné du consommateur. On pense même qu'il serait plus proche de ce dernier que le cybermarchand. Sur quel fondement peut-on engager sa responsabilité ?

380. Le client et le fédérateur commercial ne sont pas contractuellement liés. Le contrat formé par l'intermédiaire d'une galerie virtuelle n'est pas conclu entre le client et l'initiateur de cette galerie. Même la théorie du

---

[944] Une galerie virtuelle est une sorte de fédérateur commercial qui regroupe plusieurs cybermarchands soumis au code de conduite et aux procédures de son initiateur.

[945] M. VIVANT et C. Le STANC et al. Lamy Droit de l'informatique et des réseaux, Lamy 2000, n°2616.

[946] La théorie de l'apparence est fondée sur la croyance erronée dans l'existence d'une situation juridique qui conduit dans certaines conditions, à faire prévaloir certains effets de cette apparence sur la réalité juridique. Pourtant, la seule existence d'une apparence à laquelle le droit attache des conséquences juridiques ne suffit pas à donner lieu à l'application de la théorie de l'apparence. Les tribunaux s'emploient à subordonner l'application de cette théorie à l'existence soit d'une erreur légitime qu'aurait commise toute personne raisonnablement placée dans la même situation, soit-ce qui est nettement plus restrictif- d'une erreur commune invincible à laquelle personne ne peut échapper. Il est logique pour le consommateur de voir dans l'initiateur d'une galerie marchande, l'offrant à moins qu'il existe dans le site des mentions qui précisent le contraire. Sur la théorie de l'apparence : IONESCO, Les effets juridiques de l'apparence en droit privé, Thèse, Strasbourg, 1927 ; J. CALAIS-AULOY, Essai sur la notion d'apparence en droit commercial, thèse, Montpellier, 1959 ; F. TERRE, Introduction générale au droit, Précis, Dalloz, 1991, p. 335 à 336 ; J. CARBONNIER, Droit civil, Introduction, Thémis, PUF, 22è éd. 1995, p. 264, n°164.

[947] F. MAS, thèse, op. cit., p. 112, n°83 ; Voir aussi M. VIVANT et C. Le STANC et al. Op. cit., n°2616.

[948] Florence MAS fait référence aux réserves relatives à la détermination de la responsabilité lors d'une transaction en ligne, notamment Yahoo ! Store qui prévient clairement à l'écran que « Chaque boutique hébergée par Yahoo ! Store relève de la propriété et de l'exploitation individuelle du commerçant ainsi que de la seule responsabilité de ce commerçant ». L'auteure déplore l'imprécision et la complexité d'une telle clause lorsqu'elle n'est pas affichée clairement de manière à être visible à l'écran dès le premier coup d'œil ; F. MAS, op. cit., p. 112, n°83.

mandat ne peut faire croire que « la filiale qui détient le site de la galerie marchande virtuelle agit simplement à titre de mandataire des commerçants »[949]. Le fédérateur commercial n'agit pas pour le nom et pour le compte du cybermarchand[950]. Inversement, le commerçant n'est pas le mandant du fédérateur. Certes il existe une communauté d'intérêt[951] entre le cybermarchand et le fédérateur, à savoir l'essor de la galerie marchande. Il demeure cependant que le propriétaire de la galerie n'a pas pour obligation de multiplier les ventes pour le compte des cybermarchands.

De même, on ne saurait considérer le fédérateur commercial comme membre du circuit de distribution du cybermarchand. L'initiateur de la galerie n'est pas intégré comme distributeur soumis par une clause d'exclusivité, qui le lierait à un seul cybermarchand. La galerie marchande sur internet est un carrefour de cyberboutiques, un point où se concentrent plusieurs marchands. L'intégration, qui est un moyen juridique par lequel un fournisseur contrôle ses points de vente aux moyens des clauses[952], ne peut être appliquée à la galerie qui regroupe toutes sortes de cybermarchands proposant même parfois les mêmes produits.

381. Le fédérateur reste néanmoins tenu d'une responsabilité civile délictuelle engagée sur le fondement de l'article 1382 du Code civil, pour tout fait quelconque de sa part qui causerait préjudice à l'internaute. On peut citer par exemple les actes de négligence liés au défaut d'information ou à la mauvaise information du client, non renseigné de façon claire, brève et précise[953], sur les obligations des membres de la galerie. On peut aussi évoquer les défaillances de l'ensemble du système de sécurité à la charge du fédérateur. Toutes ces mesures doivent aboutir à une amélioration de l'offre émise en ligne.

---

[949] F. MAS, thèse, op. cit., 112, n°83.

[950] Article 1984 du Code civil : « Le mandat est l'acte par lequel une personne donne à une autre le pouvoir de faire quelque chose pour le mandant et en son nom ».

[951] Il y a communauté d'intérêt entre commerçants, lorsque les parties « contribuent par leur collaboration à l'accroissement d'une chose commune » ou chaque fois qu'elles ont intérêt à l'essor d'une entreprise par la création : CA Lyon, 12 mars 1974, JCP, 1974, IV, 224 ; CA AIX 27 avril 1979, Bull. AIX, n°113.

[952] « Clauses de quota fixant le nombre de produits à commander, clauses de rendement, clauses de pénétration du marché fixant le nombre de produits à écouler, clauses sur le prix, clauses de non concurrence, clauses relatives à la formation du personnel », F. COLLART DUTTILEUL et Ph. DELEBECQUE, op. cit., p. 836, n°928.

[953] L'information sur les sites internet doit être claire, brève et précise. Certains commerçants de mauvaise foi par malice, préfèrent étaler sur plusieurs pages des informations adressées aux internautes. D'autres les dissimulent dans des icônes banales sans aucune mention. Tandis qu'il y en a qui affichent ces informations en très petits caractères, presqu'illisibles, et d'une longueur telle que les lire prendraient trop de temps. Ce sont des malices qui dissuadent efficacement les internautes curieux de savoir les règles applicables à la transaction qu'ils envisagent conclure en ligne. De telles pratiques doivent être sanctionnées par les différentes législations, comme c'est le cas avec les clauses illisibles dans les contrats d'assurances.

B. L'appréciation de la saturation du contenu de l'offre

382. Sur internet, l'offre est saturée d'informations dans le but d'instaurer une transparence des activités et du processus contractuel auquel l'internaute doit adhérer pour conclure (1). Pour être efficace, la violation de ces informations doit s'accompagner de sanctions (2).

1. Le souci de transparence

383. La transparence est une exigence qui a progressivement pris corps dans les relations contractuelles. Elle va au-delà de la réticence dolosive qui se limite à la rétention d'informations substantielles. La transparence peut s'étendre à la communication d'éléments environnant le contrat de nature à mettre l'interlocuteur en mesure d'apprécier l'ambiance contractuelle. Elle est satisfaite par une obligation de renseignement et par une obligation de conseil qu'on retrouve véritablement dans le secteur informatique[954]. En saturant l'offre d'informations directement affichées ou consultables grâce au lien hypertexte, l'opérateur de commerce électronique informe l'internaute sur les éléments substantiels et déterminants du contrat. Les informations communiquées vont de l'opportunité de conclure, aux indications référentielles permettant d'apprécier la qualité du produit proposé. Il n'est pas exclu que le cybercommerçant affiche sur ses pages internet plusieurs faits permettant d'apprécier l'expérience du fournisseur, un rappel des principales étapes de son évolution, ou la liste des entreprises faisant partie de son réseau d'exploitants[955]. La transparence peut se prolonger aux évènements ultérieurs, de sorte qu'on reproche à l'auteur de l'offre en ligne de n'avoir pas transmis au destinataire les éléments futurs du contrat. C'est le cas notamment avec les conditions d'utilisation ou les précautions d'emploi de la chose proposée, lorsqu'il s'agit par exemple d'un produit nouveau[956], complexe[957], ou d'un produit dont l'emploi dans un contexte particulier a été communiqué au vendeur[958]. L'offre électronique est désormais imputée d'une obligation d'information dont la violation peut être véritablement sanctionnée.

---

[954] N. VIGNAL, La transparence en droit privé des contrats (Approche critique de l'exigence), Thèse, PUAM, 1998, p. 77, n°79.
[955] N. VIGNAL, op cit, p. 82, n°84.
[956] Cass.civ.1. 4mai 1994, RJDA, 11/1994, p. 869, n°123.
[957] Cass. com. 17 mars 1981, Bull. civ. IV, 118, n°150.
[958] Cass. com. 4 déc.1978, GP, 1979, 1, Som. Com. 144; Cass. Civ. 1, 4 oct. 1977, Bull. Civ. I, n°279.

2. La sanction de la violation de l'obligation d'information

384. L'article 43 de la loi camerounaise de décembre 2010 sur la cybercriminalité[959] et les articles 153 et suivants de la loi du Burkina Faso de 2009 sur les transactions électroniques prévoient des amendes en cas de violation de certaines dispositions légales. Ces sanctions sont appliquées à toutes les phases du processus contractuel, puisqu'elles s'étendent de la formation à l'exécution, alors que celles qui nous intéressent ne visent que l'offre en ligne. Généralement, les incriminations de l'offre ne concernent que les obligations d'information et de récapitulatif du processus avant acceptation. L'information liée à l'identification et au processus contractuel, occupe une place de choix. L'article 15 de la loi camerounaise susvisée punit de tels manquements à une amende commune, qui va de 250 000 à 2 500 000 F CFA, tandis que l'article 155 de la loi du Burkina Faso plus sévère, prononce une amende variant entre 5 000 000 F CFA et 50 000 000 F CFA. On note ainsi une pénalisation de l'offre électronique. Cette influence de l'électronique sur l'offre se prolonge à l'acceptation en ligne.

SECTION 2. L'ACCEPTATION ÉLECTRONIQUE

385. L'acceptation est le second élément qui, une fois manifesté, permet la conclusion du contrat. C'est l'accord par lequel le destinataire de l'offre électronique exprime sa volonté d'être lié par la proposition ferme qui lui a été adressée[960]. Même lorsqu'elle est émise en ligne, l'acceptation doit être identique au contenu de l'offre[961]. Entre professionnels, l'acceptation peut se limiter aux éléments essentiels, à condition que les clauses encore non acceptées ne soient que des clauses véritablement accessoires ou des points secondaires pour lesquels des accords devront intervenir[962]. Le pollicitant

---

[959] Article 43 de la loi camerounaise de décembre 2010 sur la cybercriminalité : « Est puni d'une amende de 250 000 à 2 500 000 F CFA, toute personne coupable de violation des dispositions des articles 15, 17, 19, 21, 24 et 25 de la présente loi ».

[960] Autrement, il n'y aurait pas acceptation, mais contre-proposition. Dès lors, que le destinataire de l'offre prétend modifier les conditions fixées par l'offrant, il émet non une acceptation, mais une contre-proposition.

[961] A. WEIL, op cit., p. 157, n°145; « Le concours de volonté exigé pour la formation du contrat n'existe qu'à la condition que l'acceptation corresponde exactement aux termes de l'offre, soit quant à la chose qui en forme l'objet, soit quant à la nature de la convention qu'il s'agit de conclure, soit enfin quant aux modalités sous lesquelles l'offre peut avoir été faite », J. FLOUR et J-. L. AUBERT, op. cit., p. 116, note 5.

[962] Dans le silence des parties, celles-ci étant définitivement et irrévocablement liées, ces clauses accessoires seront soumises à des règles supplétives de volonté édictées par la loi telles, les usages prévus par l'article 1135 du Code civil et l'article 209 de l'Acte uniforme révisé portant droit commercial général, ou mentionnées dans les contrats-types. De plus, l'article 19 de la Convention de Vienne de 1980 sur la vente internationale de marchandises préconise de distinguer les modifications substantielles de l'offre par l'acceptant, qui équivalent à une contre-offre, des modifications non substantielles qui n'affectent aucunement la valeur de l'acceptation.

peut avoir recours à l'incorporation par référence[963] pour présenter au consommateur une offre complète, détaillée et enrichie de toutes les informations nécessaires pour éclairer son acceptation. Dans ce sens, la Cour de cassation française affirme qu'une mise à la disposition au public est suffisante quand la clause de référence est formellement précise[964].

386. D'un autre côté, l'avènement des réseaux provoque la disparition de certaines formes d'acceptation. Sauf cas de visiocommunication ou de visioconférence, le triomphe de l'acceptation écrite sur les autres formes d'acceptations ne souffre d'aucune contestation[965]. Deux types d'acceptations dominent internet : l'acceptation par des programmes intelligents appelés agents électroniques et l'acceptation par une succession de « clics de souris » résultant de l'action humaine. Ces deux types d'acceptations traduisent leur spécificité à travers les questions qu'ils soulèvent. La première forme d'acceptation pose le problème de l'imputation de l'acceptation de l'agent électronique émise en l'absence de son utilisateur (§1). La seconde forme d'acceptation soulève la délicate question de la disparition de l'instantanéité de l'acceptation et sa mutation en un processus technique étalé sur le temps (§2).

§1. L'imputation de l'acceptation à l'agent électronique

387. L'agent électronique désigne sommairement une application, un logiciel qui se meut et se déplace dans les réseaux électroniques en accomplissant des missions multiples, pour le compte de son utilisateur qui est généralement le cybercommerçant. Au départ, il n'assurait que des fonctions simples. Mais avec le développement exponentiel des nouvelles technologies, des missions complexes sont de plus en plus confiées à l'agent électronique par l'utilisateur. En l'absence de l'individu, il effectue les échanges, traque, recueille et procède au traitement des informations pertinentes, s'assure de la conformité des engagements noués et de la contrepartie à recevoir. Toutes ces aptitudes militent en faveur de l'imputation de l'acceptation à l'agent électronique. Toutefois en raison de l'obstacle fondamental que constitue la volonté (A), une telle position doit être envisagée dans une dynamique prospective motivée par les avancées technologiques considérables (B).

---

[963] Article 5 bis de la Loi type sur le commerce électronique : « L'information n'est pas privée de ses effets juridiques au motif qu'elle est incorporée par référence dans les messages de données ».

[964] L'accessibilité de la clause exige que les icônes soient perceptibles et visibles dès le premier coup d'œil, imprimables ou conservables par enregistrement dans le disque dur du client ; Cass. Civ. 11 fév. 1908, Gaz. Pal. 1908, 1, p. 253 ; Rev. Trim. Dr. Civ. 1908, p. 357.

[965] L'éloignement des parties ne permet pas les acceptions gestuelles ou par signe. Le silence peut aussi valoir acceptation entre professionnels en relations d'affaires antérieures.

A. L'obstacle de la volonté

388. La volonté suggère la liberté de décider et d'agir en toute connaissance de cause et sans contrainte. Lorsqu'elle est exprimée lors de la formation du contrat, la volonté s'extériorise par un consentement qui traduit l'intention de s'accorder avec l'autre. Le consentement est un symbole d'extériorisation de la volonté[966]. La volonté de laquelle le consentement découle est au cœur de l'humanisme et marque l'intériorité incommensurable de l'homme[967]. Pour contracter, cette volonté doit être libre et éclairée. Or certains travaux démontrent que l'intention est au centre de la volonté, et donc au centre de l'humain[968]. Cela exclut d'office toutes les théories volontaristes de l'agent électronique (1). Cette négation de la volonté de l'agent électronique conduit inévitablement à imputer la responsabilité du succès ou de l'échec du processus contractuel à son maître (2).

1. Le rejet des théories volontaristes de l'agent électronique

389. Plusieurs thèses ont préconisé d'attribuer une capacité volitive à l'agent électronique. Ces opinions fondées sur les théories de la personne virtuelle (a), du mandat (b) et de la représentation commerciale (c) sont battues en brèche par le défaut de volonté de cette création virtuelle des réseaux électroniques.

a. La théorie de la personne virtuelle

390. La théorie de la personne virtuelle est fondée sur l'absence de l'intervention humaine lors de la conclusion du contrat par l'agent électronique. L'absence de la personne physique justifierait-elle l'attribution de la qualité d'être virtuel à l'agent électronique ? DUBUISSON propose de répondre par l'affirmative, au motif que l'agent électronique assurerait la continuité du contractant sans son enveloppe charnelle, et serait constitué d'un agrégat d'informations circulant sur le réseau[969]. Les systèmes informatiques opèrent une dépersonnalisation de l'acte de volonté, et laissent place à une véritable volonté électronique[970]. L'agent intelligent serait bien

---

[966] M. -A. FRISON-ROCHE, « Remarques sur la distinction de la volonté et du consentement en droit des contrats », RTD civ., juillet -sept 1995, p. 573 et s.

[967] E. CAPRIOLI, « Consentement et systèmes informatiques », Droit et intelligence artificielle Une révolution de la Connaissance Juridique, dir. D. BOURCIER, P. HASSETT et C. ROQUILLY, Droit et Technologies, 2000, p. 118.

[968] En effet, des processus non intentionnels ou plutôt non volitionnels, conditionnent l'activité revendiquée comme volontaire. V. J. -F. LAMBERT, « Qui est ce je qui parle en moi ? De la physique à la psychanalyse : l'inconscient revisité par les neurosciences », Conférence APM, Lyon juin 2000 ; G. LAFARGUE et A.SIRIGU, « La volonté d'agir est-elle libre ? », article Neurobiologie, Cerveau & Psycho, n°6, p. 78.

[969] E. DUBUISSON, « La personne virtuelle : propositions pour définir l'être juridique de l'individu dans l'échange télématique », R.D.I.T. Paris, 1995/3, p. 7.

[970] E. DUBUISSON, op. cit., p. 5 à 27.

plus qu'un simple porteur d'informations comme le téléphone ou le fax, puisqu'il comble les zones de négociation dans lesquelles la volonté directe et immédiate de l'utilisateur n'a pas été exprimée[971].

391. Malheureusement, cette théorie est infertile. Dans la pratique, « l'entité au sein de laquelle se forme la volonté de conclure (système informatique), est autre que celle que le droit considèrera comme la partie au contrat et tiendra responsable (personne physique ou morale) »[972]. Si on considère l'agent électronique comme un outil de la volonté, on doit conclure que l'utilisateur sera toujours engagé par les transactions initiées par le programme, même si les messages ne correspondent pas à sa volonté[973]. Si le commerçant peut être lié dans les conditions déterminées par son agent, il surviendra normalement des complications. L'utilisateur de l'agent objectera n'avoir pas donné son consentement, si par exemple le contrat est étranger à ses activités. Dans ce cas, on peut recourir simplement à l'interprétation du contrat par le juge. Conformément à l'article 1156 du Code civil[974], il conviendra simplement de rechercher l'intention commune des parties, c'est-à-dire ce qu'elles ont voulu, mais que les agents n'ont pas transmis[975]. L'existence du contrat dépendra de la volonté des parties qui a besoin d'être retrouvée[976]. Ainsi, le consentement n'est qu'une émanation de la volonté qui elle-même est purement individuelle. Et en l'absence de consentement, le contrat ne peut être source de quelque obligation. La volonté de l'homme derrière la machine est émise par le biais des logiciels. C'est pourquoi les théories volontaristes qualifiant l'agent électronique de mandataire ne peuvent prospérer.

b. Le mandat

392. Le mandat est un contrat par lequel une personne appelée le mandant, donne à une autre personne, le mandataire, le pouvoir de faire un ou des actes juridiques en son nom et pour son compte. Il s'agit d'une opération juridique qui accorde le don d'ubiquité à la personne représentée. Elle donne également la possibilité aux incapables ou aux personnes frappées d'empêchements matériels, comme les personnes morales, d'exister

---

971 L. THOUMYRE, L'échange des consentements dans le commerce électronique, http://www.lex-electronica.org/docs/articles_169.htm#ftn57.

972 F. MAS, these, op cit., p. 150, n°108.

973 Y. POULLET, « La conclusion du contrat par un agent électronique », (2000), 17 Cahiers du Crid, 129, p. 139- 140.

974 Article 1156 du Code civil : « On doit dans les conventions, rechercher quelle a été la commune intention des parties contractantes, plutôt que de s'arrêter au sens littéral des termes ».

975 F. TERRE, Ph. SIMLER et Y. LEQUETTE, op. cit., p. 451, n°448.

976 J. CARBONNIER, Droit civil tome 4Les obligations, 22ème éd. refondue, PUF, 2000, p. 278, n°142.

juridiquement[977]. Ces attributs seraient perceptibles dans le commerce électronique, si la qualité de mandataire pouvait être accordée à l'agent intelligent. Mais la difficulté est que l'acceptation du mandataire est requise dans le rapport entre mandant et mandataire[978]. Comment l'agent électronique pourrait-il être mandataire s'il ne peut exprimer un consentement ?

393. Le consentement peut aussi résulter de l'exécution. L'article 1985 du Code civil dispose que, « l'acceptation du mandat peut n'être que tacite et résulter de l'exécution qui lui a été donnée par le mandataire »[979]. Le silence du mandataire ne faisant pas obstacle à la conclusion du mandat si ce dernier s'exécute conformément, la simple exécution ferait de l'agent un mandataire. Selon KERR, « la personne activant un dispositif électronique pourrait volontairement conférer un pouvoir, par la manifestation unilatérale de sa volonté ... Ce déplacement de pouvoir permettrait aux opérations du dispositif électronique de modifier la situation juridique de cette personne. [...] Tout ce qui importe, c'est que la personne activant le dispositif ait consenti aux opérations exécutées par ce dernier. Si la volonté de faire modifier sa situation juridique par les opérations du dispositif électronique s'est manifestée ou est sous-entendue par les circonstances, on peut dire que le dispositif a le pouvoir exprès d'agir au nom de la personne qui en a activé l'utilisation »[980]. Bien que séduisante, cette analyse révèle de nombreuses lacunes.

394. Le mandat est un contrat consensuel, synallagmatique et intuitu personae, par lequel un mandant confie à un mandataire, qui accepte cette charge, le pouvoir d'accomplir pour lui et en son nom, un acte juridique à titre de représentant. Cela permet de comprendre que l'exécution n'est pas l'élément qui complète l'offre du mandant. L'exécution par le mandataire n'est qu'une preuve de l'acceptation tacite. C'est l'acceptation « tacite »[981] du mandataire qui, jointe à la volonté du mandant, forme cette convention de représentation. L'exigence d'un contrat entre mandant et mandataire n'admet pas de considérer l'agent électronique comme un mandataire du cybercommerçant[982]. Le mandat est un contrat bidimensionnel, qui implique

---

[977] GIVERDON, L'évolution du contrat de mandat, Thèse, Paris, 1947 ; Ph. Le TOURNEAU, « De l'évolution du mandat », D. 1992, chrono, 157 ; Ph. PETEL, Le contrat de mandat, coll. Connaissance du droit, Dalloz ; tous cités par F. COLLART DUTILLEUL et Ph. DELEBECQUE, Contrats civils et commerciaux, Dalloz, 6ème éd. 2002, p. 524, n°628.

[978] Article 1984-2 du Code civil : « Le contrat ne se forme que par l'acceptation du mandataire ».

[979] Disposition reprise par l'article 2132 du Code civil québécois, l'article 1984 du Code civil togolais, et l'article 459 du Code des opérations civiles et commerciales du Sénégal.

[980] S. KABLAN, op. cit., p. 326.

[981] Acceptation réelle bien que non formellement exprimée, dont l'existence se déduit des faits tels les comportements et l'attitude ; G. CORNU, Association Henri CAPITANT, Vocabulaire juridique, 7ème éd. PUF, p. 893.

[982] L. THOUMYRE, L'échange des consentements dans le commerce électronique, http://www.lex-electronica.org/docs/articles_169.htm#ftn57.

d'abord une relation entre mandant et mandataire que ne peut assumer l'agent électronique dépourvu de volonté. L'exigence de volonté est incontournable. Les termes de l'article 1372 du Code civil sur la gestion d'affaires précisent que, « lorsque volontairement on gère l'affaire d'autrui, soit que le propriétaire connaisse la gestion, soit qu'il l'ignore, celui qui gère contracte l'engagement de continuer la gestion qu'il a commencée, et de l'achever, jusqu'à ce que le propriétaire puisse y pourvoir lui-même... ». Il est nécessaire que le gérant s'engage « volontairement », condition à laquelle ne peut satisfaire l'agent dénué de volonté. Toute forme de représentation, même en qualité d'agent commercial, doit être juridiquement réfutée.

c. L'assimilation à l'agent commercial

395. L'agent commercial est un intermédiaire qui négocie et qui conclut des contrats de vente ou d'autres contrats, au nom et pour le compte de l'entreprise qu'il représente[983]. Même s'ils assurent les mêmes missions de représentation, l'agent électronique ne peut être assimilé à l'agent commercial. L'agent commercial a pour mission de prospecter, de négocier, auprès de la clientèle, les contrats au nom et pour le compte du mandant qui est engagé soit par son acceptation après la négociation menée par l'agent[984], soit directement par l'accord entre l'agent et le client[985]. Sur internet, les mêmes missions sont assurées par l'agent électronique qui prospecte, propose, conclut et procède parfois à la livraison, lorsque les produits sont sous forme numérique. Doit-on pour autant conclure que l'agent électronique est un agent commercial ?

396. On ne peut répondre par l'affirmative. Une telle assimilation lui accorderait la qualité de commerçant[986]. Ce statut soumettrait l'agent aux mêmes conditions professionnelles que l'agent commercial, alors qu'il ne peut malheureusement pas s'y conformer[987]. L'agent commercial est un professionnel doté de la personnalité juridique, contrairement à l'agent électronique qui est un logiciel intelligent. Commerçant, l'agent commercial est soumis aux obligations d'immatriculation, de comptabilité et de publicité auxquelles l'agent électronique ne peut satisfaire. En plus, entre l'agent

[983] F. COLLART DUTILLEUL et Ph. DELEBECQUE, 6ème éd. p. 570, n°675.

[984] Dans la pratique, il arrive que la personne pour laquelle l'agent s'engage se réserve la liberté de refuser ou d'accepter les propositions de contrats transmises par l'agent.

[985] S. AKUETE PEDRO et J. YADO TOE, OHADA Droit commercial général, Bruylant Bruxelles, 2002, p. 311, n°498.

[986] L'article 3 de l'Acte uniforme cite parmi les actes ayant le caractère d'acte de commerce, « les opérations des intermédiaires de commerce, telles que commissions, courtages, agences... ».

[987] Cette innovation ne paraît pas surprenante dans la mesure où, une partie de la doctrine préconisait de reconnaître la qualité de commerçant à l'agent commercial Notamment RIPERT et ROBLOT qui pensent qu'un intermédiaire aussi étroitement associé à la vie des affaires que l'agent commercial et qui dispose souvent de salaires et sous-agents doit être considéré comme un commerçant. S. AKUETE PEDRO et J. YADO TOE, op. cit., p. 241 à 243.

commercial et le représenté, il existe un contrat qui n'existe pas dans les relations entre l'utilisateur et l'agent électronique. Ce « contrat est conclu intuitu personae et sa transmission à un tiers implique l'accord du cocontractant »[988]. Tout cela conduit à ne pas étendre la qualité d'agent commercial à l'agent électronique. Ce rejet des théories volontaristes suscite des implications importantes.

2. Les implications du rejet

397. Le refus d'attribuer l'acceptation à l'agent électronique emporte deux conséquences : d'une part l'imputation de la responsabilité à l'utilisateur de l'agent électronique (a), et d'autre part le risque de discordance entre la volonté déclarée par l'agent, et la volonté interne de l'utilisateur de ne pas contracter dans les conditions proposées par l'agent (b).

a. L'imputation de la responsabilité à l'utilisateur de l'agent électronique

398. Après avoir nié toute possibilité de l'ériger en partie au contrat, l'agent électronique n'apparaît désormais que comme un simple outil de transmission de la volonté de l'utilisateur. Son rôle ne serait limité qu'à une simple mission d'intermédiation technique, permettant d'exprimer une offre ou une acceptation[989]. L'ordinateur et tout son ensemble doivent tout simplement être considérés comme un outil de communication classique, tel que le téléphone ou le télécopieur[990]. Il n'exprime pas sa propre volonté, mais celle de la personne qui en est responsable. L'ordinateur, devient alors l'objet par lequel sera transmise la volonté du véritable acteur juridique de la transaction. Ainsi, on ne doit pas dire que l'agent électronique aurait conclu automatiquement un contrat pour le compte de la personne dans l'intérêt de laquelle il agit. Bien au contraire, c'est la personne qui conclut le contrat au travers d'un outil de communication chargé de transmettre sa volonté.

399. Au final les actes accomplis par le logiciel sont imputés à l'utilisateur dont la responsabilité sera engagée, en vertu du contrat conclu par l'agent électronique. La responsabilité contractuelle de l'utilisateur d'un logiciel intelligent est déduite de certaines dispositions légales. L'article 13 al. 2 de la loi-type de la CNUDCI dispose qu' « en ce qui concerne la relation entre l'expéditeur et le destinataire, un message de données est réputé émaner de l'expéditeur s'il a été envoyé par…un système d'information programmé par l'expéditeur ou en son nom pour fonctionner automatiquement ». Au Sénégal, l'article 11 de la loi sur les transactions

[988] A. MENDOZA-CAMINADE, Droit de la distribution, Montchrestien, Collection Cours, 2011, p. 77.
[989] S. KABLAN, op. cit., p. 293.
[990] L. THOUMYRE, L'échange des consentements dans le commerce électronique, http://www.lex-electronica.org/docs/articles_169.htm#ftn57.

électroniques précise que, toute personne physique ou morale exerçant l'activité de commerce électronique est responsable de plein droit à l'égard de son cocontractant de la bonne exécution des obligations résultant du contrat. Toutefois cette responsabilité n'est pas automatique. Elle doit remplir certaines conditions bien précises. Si on se fonde sur la théorie de l'apparence, quatre conditions doivent être réunies. Il faut la conclusion de transactions non désirées par le logiciel, l'existence d'un dommage, que l'utilisateur soit à l'origine de l'apparence, notamment par le fait par exemple que le message soit signé par son agent[991], et enfin la croyance légitime ou la bonne foi de l'internaute.

b. Les risques de discordance entre la volonté déclarée par l'agent et la volonté interne de l'utilisateur

400. Les développements récents permettent de conclure que ni l'intermédiation technique, ni la théorie juridique de la représentation ne peuvent valablement attribuer la qualité de contractant à l'agent électronique. Le recours à la présomption permet juste d'assurer par le jeu de la responsabilité à la charge de l'utilisateur, la protection de l'internaute en occultant l'auteur réel du consentement. On présume que pour des finalités sociales, l'utilisateur est responsable des actes mêmes non voulus mais conclus par l'agent en vertu de son autonomie technologique. L'article 13 de la Loi type de la CNUDCI dispose qu' « en ce qui concerne la relation entre l'expéditeur et le destinataire, un message de données est réputé émaner de l'expéditeur s'il a été envoyé (...) par un système d'information programmé par l'expéditeur ou en son nom pour fonctionner automatiquement ». En réfléchissant ainsi, on déplace le débat de la validité vers le champ de la responsabilité.

401. Un second problème plus épineux concerne la recherche de la commune intention des parties[992]. Il peut en découler une protection inefficace de l'internaute. En occultant la réalité de l'agent consentant, le législateur expose l'internaute à des contestations de la part du cybercommerçant, particulièrement lorsque l'agent aura conclu au-delà des conditions prévues ? Devrait-on se contenter de considérer l'agent comme une chose dont le cybercommerçant a la garde ? Dans l'affirmative, alors c'est plus le problème de la responsabilité qui prendra le dessus sur la question de la validité du contrat.

---

[991] On peut citer comme exemple : Com. 29 avril 1970, JCP 71, III, 166694, note MAYER-JACK ; Com. 2 oct. 1979 pour la remise d'un document portant les nom et blason de la société ; Gaz. Pal. 1980, 1 pan. 44 pour l'usage du papier à en-tête avec indication des références bancaires, Civ. 1ère, 15 déc. 1976, Gaz. Pal. 1977, 1, Somm. 75 pour la réception habituelle des clients au siège social.

[992] L'article 1156 du Code civil dispose qu'on doit, « dans les conventions rechercher quelle a été la commune intention des parties contractantes, plutôt que de s'arrêter au sens littéral des termes ».

402. Il importe de rechercher l'intention véritable du maître de l'agent, au lieu de supposer simplement qu'il a participé à la conclusion du contrat. En vertu de son autonomie, il peut arriver que l'agent conclue hors du périmètre que son utilisateur a prévu. Il coexistera deux volontés, dont l'une est exprimée par l'agent et l'autre qui est interne à l'utilisateur. Il peut arriver que le juge à l'occasion de sa mission d'interprétation, valide le contrat sur le fondement du consentement émis par l'agent, ou le réfute en considération de la volonté réelle de l'utilisateur[993]. La difficulté qui s'en suivra n'est pas seulement celle de la validité du contrat, mais aussi celle de la condamnation de l'agent électronique à qui la qualité de contractant est contestée. Tant que l'agent agit dans les limites de la volonté de son maître, il n'y a pas de problème. Au-delà de cette volonté, le reflexe est de rechercher le responsable, alors qu'à la base se trouve un problème de consentement. Le maître de l'agent a-t-il émis sa volonté pour un contrat dépassant le cadre de ses activités ? Certainement pas. Selon Henri CAPITANT, « toute personne qui consent à s'obliger envers une autre est déterminée par la considération d'un but qu'elle se propose à atteindre par la voie de cette obligation. La volonté de celui qui contracte une obligation est toujours nécessairement dominée par le désir d'arriver à une fin envisagée par lui. S'obliger sans but ne pourrait être que l'acte d'un fou »[994]. De même, s'obliger au-delà de son but est anormal. Ainsi, conclure au-delà de ses activités n'a pas de sens pour le cybercommerçant.

L'opinion selon laquelle c'est uniquement la volonté qui se trouverait au cœur du consentement et son échange[995] semble limitée. Il existe bien des personnes morales qui n'ont pas de volonté. Elles agissent par le jeu de la représentation au travers de leurs mandataires. D'autre part, il est toujours possible qu'un juge détaché de la fiction et fortement imprégné de la réalité électronique, dénonce l'absence de consentement du cybercommerçant. Il paraît judicieux de ne pas limiter l'agent électronique au rang de simple outil de transmission de la volonté de l'utilisateur. Du point de vue prospectif, la validité de l'acceptation de cette créature virtuelle peut être élaborée.

[993] « Que les effets escomptes par la banque font automatiquement, par ordinateur, l'objet d'une écriture de débit au compte du client lorsqu'ils sont impayés, et fait ressortir, d'autre part, que cet automatisme n'exprimait pas la volonté de la banque de contrepasser l'effet ou de le conserver, la cour d'appel, qui a constaté qu'en l'espèce, la banque avait crédite le compte de la SSED le premier jour ouvrable suivant celui ou ce compte avait été débité par l'ordinateur, qu'elle avait informé sa cliente, le 31 juillet, en même temps du débit de son compte et de l'annulation de ce débit, et qu'elle avait toujours conserve l'effet litigieux, a souverainement estime que la banque n'avait pas eu l'intention de contrepasser, et a pu ainsi considérer que la banque avait conservé son recours contre le tire accepteur », Cass. com. 22 nov. 1976, Banque 1977, p. 605, obs. MARTIN ; Arrêt consulté sur http://www.juricaf.org/arret/FRANCE-COURDECASSATION-19761122-7511949.

[994] H. CAPITANT, De la cause des obligations (Contrats, Engagements unilatéraux, legs), Editions de la mémoire du droit, 2012, p. 2.

[995] E. CAPRIOLI, Consentement et systèmes informatiques, in Droit et intelligence artificielle, D. BOURCIER, P. HASSETT, Ch. ROQUILLY, (dir.), Romillat 2000, p. 112

B. Une vision prospective de la validité de l'acceptation de l'agent électronique

403. Le défaut de volonté des applications électroniques ne suffit pas pour refuser la qualité de contractant à l'agent électronique. Ce dernier présente tout de même une faculté importante qui est l'intelligence. L'un des sujets les plus importants de l'intelligence artificielle porte sur l'étude des activités les plus intelligentes de l'homme, à savoir le raisonnement[996]. En effet, « l'intelligence peut aussi être juridique. Dans ce cas, il s'agit de la maîtrise, de la valorisation et de la protection du patrimoine informationnel appartenant à une entité publique ou privées, par la mise en place de procédés légaux, règlementaires, contractuels ou organisationnels »[997]. *A contrario*, une carence dans le raisonnement justifie l'annulation des actes juridiques conclus par des personnes dont les facultés mentales sont altérées ou encore en constitution[998]. Certes l'intelligence est perceptible chez plusieurs êtres vivants, mais elle l'est à des degrés différents. Lorsqu'elle est assez développée, cette faculté peut être considérée (1), dans la mesure dans laquelle elle contribue à l'attribution de la personnalité juridique à l'agent électronique (2).

1. La considération de l'intelligence de l'agent électronique

404. L'étude de l'intelligence a fait l'objet d'une comparaison entre deux sujets : l'homme et l'animal. Si plus d'une fois, les animaux ont démontré une certaine aptitude intelligente à résoudre certaines difficultés, il reste qu'il ne s'agit que d'un germe « d'intelligence empirique » caractérisé par le tâtonnement des facultés perceptives liées aux sens[999]. Du point de vue l'opposition entre homme et animal, il n'y a pas de doute que l'intelligence relève de la volonté humaine[1000]. Mais ce n'est pas l'étude comparative entre l'homme et l'animal qui intéresse cette étude. Ce qui suscite l'intérêt, c'est la place que le droit doit accorder à la contribution du logiciel intelligent dans la conclusion du contrat.

405. L'intelligence est un processus nerveux complexe, qui se traduit par une série de mouvements coordonnés, mais paraissant variés et conditionnés

---

[996] B. VERHEIJ et A. R. LODDER, L'argumentation juridique assistée par ordinateur : l'approche verbale vs l'approche visuelle, in Droit et intelligence artificielle, D. BOURCIER, P. HASSETT, Ch. ROQUILLY, (dir.), Romillat 2000, p. 74.

[997] E. CAPRIOLI, Introduction au droit de la sécurité des systèmes d'information (SSI), Etudes à la mémoire du Pr. Xavier LINANT de BELLEFONDS, Lexis nexis SA, 2007, p. 75.

[998] Le cas des incapables majeurs et mineurs.

[999] « L'animal a le pouvoir de déterminer par lui-même la direction de ses tendances naturelles. C'est pourquoi il possède certaines facultés perceptives (…) ainsi l'animal … y répond comme l'effet à la cause », R. P. TAPRELLI D'AZEGLIO, Essai théorique de droit naturel basé sur les faits, Paris Tournai, 1857, p. 22, n°29 et 30.

[1000] « Le Fils de Dieu est venu et il nous a donné l'intelligence afin que nous connaissions le Véritable (Dieu)»,1. Jean ch.5 v., 20.

par les circonstances[1001]. Pour CLAPAREDE, « le mot intelligence peut désigner : soit la classe des phénomènes psychiques ayant pour objet la connaissance à côté de l'affectivité, soit une manière d'être des processus psychiques adaptés avec succès à des situations nouvelles, ou enfin une capacité intelligente supérieure à la moyenne »[1002]. Face à la puissance de la volonté, il semble difficile d'accorder une place à l'intelligence dans la formation du contrat. Toutefois sans méconnaître le privilège dont bénéficie la volonté, l'environnement dans lequel évolue l'être humain afin de prévoir son futur peut être suggéré comme source du contrat[1003]. L'agent électronique se dresse comme l'outil qui permet de cerner le passé, le présent et d'envisager les besoins futurs de l'internaute. Son intelligence lui permet de procéder à la conclusion des transactions.

406. « Le droit ne se soucie de l'individu qu'en tant que support abstrait de droits, qualité qui l'autorise à intégrer le rapport juridique. Dans cette hypothèse, la présence du corps importe peu [...], c'est en fonction du rôle qu'elle occupe sur la scène juridique qu'il se préoccupe de la personne »[1004]. L'implication de l'agent électronique dans les relations juridiques n'est pas moindre. L'agent électronique peut être considéré comme un être artificiel qui a une certaine capacité à agir, réagir, parler et bouger, et dont le comportement peut varier dans le temps en fonction des questions posées par l'utilisateur[1005]. « Un agent électronique est une entité logicielle capable d'agir de manière autonome, dans le but d'accomplir un certain nombre de tâches au nom de son utilisateur et en fonction de ses intérêts »[1006]. Il entre en relation avec les autres agents et les humains avec lesquels il noue des contacts dans le cyberespace[1007]. L'agent électronique possède des capacités d'appréciation et d'évaluation des besoins qui peuvent justifier que la qualité de contractant lui soit attribuée. Son autonomie[1008], l'interaction avec

---

[1001] E. RABAUD. Documents pour l'étude des rapports de l'intelligence et de l'instinct In: L'année psychologique, 1914, vol. 21. p. 210, http://www.persee.fr/web/revues/home/prescript/article/psy_00035033_1914_num_21_1_8020.

[1002] E. CLAPARÈDE. — La psychologie de l'intelligence. — Scientia, XI, H, 1917, p. 353-367.

[1003] V. GAUTRAIS, thèse, op. cit., p. 34.

[1004] A. LE NOAN, Essai sur la notion de personne en droit privé, thèse, Univ. Montpellier 1, 2004, p. 41 et s.

[1005] C'est un objet animé capable de suivre un but et d'adapter son comportement dans le temps et dans un environnement virtuel.

[1006] L. DEVEAUX et C. PARASCHIV, Le rôle des agents intelligents sur l'Internet. Révolution ou évolution commerciale, in Revue française de gestion, Lavoisier, 2004/5 - n° 152, pages 7 à 34, http://www.cairn.info/article.php?ID_REVUE=RFG&ID_NUMPUBLIE=RFG_152&ID_ARTICLE=RFG_152_0007.

[1007] Sur les différentes conceptions de l'agent intelligent : S. RUSSEL et P. NORVIG, Artificial Intelligence, A modem Approach, 2nd ed. New Jersey, Pearson, Education Inc.2003 ; A. FLOREA, D. KAYSER et S. PENTIUC, "Agents électroniques », notes cours Université Polytechnique de Bucarest 2002.

[1008] Il est autonome en ce qu'il prend des initiatives et agit de manière indépendante, sans intervention humaine.

d'autres interlocuteurs[1009] et son aptitude à la communication[1010] en font un interlocuteur privilégié. Toutes ces aptitudes militent en faveur de la reconnaissance de la personnalité morale à l'agent électronique.

2. La personnalité morale de l'agent électronique

407. Une auteure affirme que, « les personnes morales présentent les caractères suivants : l'unité, car la personnalité morale regroupe des intérêts convergents, la continuité, car la durée de vie d'une personne morale n'est pas tributaire de celles des personnes intéressées ; l'organisation en vue d'une certaine finalité, ce qui recouvre à la fois la désignation d'organes chargés de représenter la personne morale, et le respect du principe de spécialité qui délimite son champ d'action »[1011]. Ces fonctions sont bien remplies par l'agent électronique. La théorie du consentement électronique pourrait reposer sur la reconnaissance de la personnalité juridique à l'agent électronique. La personnalité juridique désigne l'aptitude à être titulaire de droits et à être assujetti à des obligations, qui appartient à toutes les personnes physiques et dans des conditions différentes, aux personnes morales[1012]. Un groupement, un organisme ou toute autre entité peut être est considéré comme un sujet de droit en soit distinct des membres qui le composent. L'acquisition de la personnalité morale ne dépend ni de la volonté, ni de l'aspect physique[1013]. Le cas des esclaves dans les temps anciens démontre qu'on pouvait naître homme, sans jamais être titulaire de droits et d'obligations[1014]. Rien ne s'opposerait à la reconnaissance de la personnalité juridique de l'agent électronique. La « personne » n'est pas un homme pris dans son sens « physique », mais plutôt l'unité d'un ensemble de normes juridiques. La personnalité juridique n'est pas une réalité naturelle, mais une construction juridique créée par la science du droit[1015].

[1009] L'interaction donne à l'agent la capacité de communiquer et de coopérer même avec les humains et avec les autres agents et bases de données. Comme toute personne, l'agent agit sur son environnement et subit ses influences. Les échanges sont possibles par le langage binaire propre à l'informatique. Cette interaction suppose une mobilité certaine. S. KABLAN, op cit, p. 246.

[1010] FONER lui reconnait une capacité d'adaptabilité lui octroyant l'aptitude de modifier sa communication en fonction de connaissances acquises ou accumulées sur son utilisateur, L. N. Foner, "What's an Agent Anyway: A Sociological Case Study", Proceedings of the First International Conference on Autonomous *Agent*, Marina del Rey, USA, 1997.

[1011] A. van LANG, La distinction entre personne morale de droit privé-personne morale de droit public, La personnalité morale, Journées nationales, t.XII/ La Rochelle, Dalloz, 2010, p.4.

[1012] G. CORNU, Vocabulaire juridique, op cit, p. 666.

[1013] Les entreprises, associations, syndicats et autres personnes morales n'ont aucune volonté réelle dans le sens humain. Encore qu'ils ne possèdent même pas le minimum d'intelligence artificielle dont disposent les agents électroniques.

[1014] H. KELSEN, Théorie pure du droit, Dalloz, Paris, 1962, p. 229.

[1015] H. KELSEN, op. cit., p. 229.

408. La personne juridique suggère des droits et des obligations juridiques. Certains, comme KELSEN, subordonnent la personne morale à un regroupement d'individus pouvant prendre la forme de société commerciale ou civile, d'association, de syndicat, de comité d'entreprise ou de groupe de soutien ou de défense d'intérêt commun[1016]. Cette position est soutenue par un arrêt de la Cour de cassation française qui affirme que, « la personnalité civile (…) appartient en principe à tout groupement pourvu d'une possibilité d'expression collective pour la défense d'intérêts licites, dignes, et par suites d'être juridiquement reconnue et protégée »[1017].

409. Cependant, le regroupement d'individus n'est pas une condition d'acquisition de la personnalité juridique. L'agent électronique peut bien constituer une telle entité, mais il ne sera jamais constitué d'un regroupement d'humains. Certaines personnes morales ne naissent-elles pas d'un regroupement d'autres entités non humaines ? En effet, la loi fixe des conditions impératives dans lesquelles la nécessité d'un regroupement d'individus n'est pas nécessaire pour l'acquisition de la personnalité morale. Selon l'article 5 de l'Acte uniforme révisé relatif au droit des sociétés commerciales et du GIE, une société unipersonnelle peut naître de la volonté d'une seule personne humaine ou morale [1018]. Cela signifie que le regroupement d'individus n'est pas une condition légale pour l'existence juridique d'une entité. La principale condition légale qui marque le point de départ de la personnalité morale est l'immatriculation pour les sociétés commerciales, la déclaration ou l'enregistrement pour les associations et l'autorisation pour les autres entités.

410. Il n'est pas impossible d'envisager l'instauration d'un registre spécial auprès du greffe d'un tribunal ou de toutes autres autorités, pour donner vie au logiciel agent intelligent qu'on utilise. Ce registre peut être tenu par une autorité publique, par un notaire, par des certificateurs, ou par le greffier qui tient le registre de commerce et de crédit mobilier. Pour s'assurer qu'un tel procédé sera toujours public, l'agent devra publier l'inscription dans un journal officiel, afin que son existence soit connue de tous les internautes. Le cybercommerçant fera afficher sur son site et en lecture apparente, le nom des agents utilisés, leur date d'inscription et leurs fonctions. Le registre permettra aussi de profiler l'ensemble des agents intelligents en cours d'utilisation. Comme dans le registre de commerce et de crédit mobilier, tout changement ou toute substitution d'agent doit être signalé au registre des agents.

411. L'attribution de la personnalité morale à l'agent intelligent a la particularité de satisfaire trois objectifs : la validation des contrats, une

---

[1016] H. KELSEN, op.cit.,, p 230 à 233.

[1017] En faveur d'un comité d'hygiène et de sécurité, Cass. Civ. 2è, 28 janv. 1954, D.1954, 2, 217. Cass. Soc. 1991, Rev. Sociétés, 1992, p. 53.

[1018] Article 5 de l'Acte uniforme révisé relatif au droit des sociétés commerciales et du GIE : « La société commerciale peut être également créée …par une seule personne dénommée « associé unique ».

meilleure protection des internautes par l'imputation de la responsabilité au logiciel intelligent et enfin, la limitation de la responsabilité des utilisateurs[1019]. Ainsi, on ne sera plus contraint de rechercher la responsabilité de l'utilisateur derrière les préjudices causés par l'agent électronique, notamment lorsqu'il aura conclu au-delà de la volonté de son maître.

Dans une vision prospective, l'agent devrait répondre des préjudices commis sur le web en toute autonomie selon qu'il sera impliqué dans un lien contractuel ou non. Pour garantir la réparation, on peut penser à l'affectation d'un patrimoine à l'agent[1020] et au mécanisme traditionnel de l'assurance. L'affectation d'un patrimoine à l'agent par son utilisateur est une option adaptée au commerce électronique. Déjà utilisée pour les sociétés commerciales, rien ne s'opposerait à son application au commerce électronique. Les responsabilités contractuelle et délictuelle de l'agent peuvent être engagées à la seule condition que le cybercommerçant ne soit pas informé ou n'ait pas validé ses actions fautives.

Mais comment établir l'ignorance ou la bonne foi du cybermarchand ? Il est évident qu'on ne saurait se contenter des simples déclarations d'innocence de l'utilisateur. On établira l'ignorance du cybermarchand chaque fois que l'agent aura débordé ses missions en concluant au-delà de ce que l'utilisateur aurait lui-même pu faire. Chaque fois que le système aura conclu dans les conditions voulues par le cybercommerçant, la responsabilité de celui-ci ne saurait être engagée. En revanche, toutes les fois qu'il aura conclu au-delà de ce que l'utilisateur aura lui-même prévu, alors la responsabilité de l'agent sera engagée. Lorsque l'acceptation n'est pas automatisée, le destinataire de l'offre doit exprimer son accord par une succession de clics de souris.

§2. L'acceptation par le double clic

412. Le double clic peut être défini comme l'action rapide d'appuyer deux fois de suite sur un des boutons de la souris de l'ordinateur sans la bouger, dans le but d'effectuer une opération différente de celle réalisée lors d'un usage normal par un simple clic. Dans le domaine du *webmarketing*, le double clic désigne l'action par laquelle l'internaute pose et appuie une première fois sa souris sur un élément publicitaire, suivi au moins d'un autre clic sur le site de l'annonceur. Il ne faut pas avoir en esprit que seuls deux clics suffisent pour conclure. Plusieurs clics peuvent être effectués avant la conclusion du contrat. L'expression est simplement utilisée pour démontrer qu'un seul clic ne suffit pas pour contracter sur internet. Cette pratique a été instaurée pour permettre à l'annonceur d'éviter de rémunérer ou de

[1019] S. KABLAN, Pour une évolution du droit des contrats : le contrat électronique et les agents intelligents, thèse, Univ. LAVAL, 2008, p. 370.
[1020] S. KABLAN, op. cit., p. 371 à 384.

considérer les clics d'erreurs, afin de distinguer le clic acceptation des autres clics. Le double clic transforme la notion d'acceptation en une sorte de procédure, qui s'inscrit dans la détermination rigoureuse du moment de la formation du contrat. En dépit du fait qu'elle est imprégnée d'éléments étrangers aux règles traditionnelles régissant l'acceptation de l'offre, l'instauration du double clic est justifiée (A), de même que ses conséquences doivent être appréhendées (B).

A. Les justifications du recours au double clic

413. Selon FERRIER[1021], le double clic ne serait qu'une simple mesure incitative de confiance de l'internaute qui ne garantirait pas toujours contre les surprises[1022]. Il ne serait pas bon pour l'unité et la cohérence du droit que la formation du contrat diffère selon la nature de l'écrit, « acceptation dans les termes du droit commun pour le papier, acceptation à double détente suivie de la confirmation par l'offrant dans le commerce électronique »[1023]. Mais il faut bien l'admettre, le principe du double clic est devenu de droit positif[1024]. Il permet de procéder à la correction des acceptations erronées (1) et garantit à l'offrant que l'internaute n'a pas émis une acceptation fantaisiste. Le fait de cliquer une seconde fois, après avoir rempli les pages du site destinées à la passation de la commande, est une preuve de la volonté réelle de l'acceptant de contracter (2).

1. La correction des erreurs

414. Le double clic est une mesure judicieuse parce qu'il préserve des engagements noués par précipitation ou erreur de manipulation. Il s'apparente à un formalisme gestuel d'acceptation de l'offre et constitue une règle de forme manifestant le consentement à la conclusion du contrat[1025]. En considérant simplement que le destinataire de l'offre est appelé à l'accepter de manière libre et éclairée[1026], le double clic arbore le manteau d'un moyen de lutte contre les vices de consentement. L'objectif réel du double clic est d'exiger la correction d'éventuelles erreurs, avant de confirmer son adhésion. Les fausses manipulations de l'internaute, lors de la première saisie des données sur les pages du site du professionnel, peuvent constituer

---

1021 D. FERRIER, Comment avoir confiance dans la contractualisation par voie électronique ?, RDC, 2005, p. 548.

1022 « S'il ne s'agit que d'une nouvelle mesure de protection du consommateur, on pense qu'à trop vouloir servir le consommateur, on risquerait de lui nuire par un effet pervers », P.-Y. GAUTHIER, « L'équivalence entre les supports électronique et papier, au regard du contrat », in Droit et technique, Etude à la mémoire du Professeur Xavier LINANT de BELLEFONDS, LexisNexis, 2007, p. 198, n°7.

1023 P.-Y. GAUTHIER, op. cit., p. 198, n°8 à 9.

1024 L. GRYNBAUM, Loi économie numérique : le sacre des égalités formelles, RDC, 01 avr. 2005, n°2, p. 583.

1025 C. CASTETS-RENARD, op. cit., 1535.

1026 M. VIVANT, Le contrat plongé dans l'économie numérique, RDC, avr. 2005, n°2, n°15.

des erreurs de nature à vicier le consentement. Ces considérations pratiques ne sont pas négligeables. L'obligation de correction des erreurs et des omissions œuvre pour le toilettage des contrats électroniques, par l'élimination des erreurs après vérification, ou par la communication de certaines informations, en cas d'omission[1027]. Le double clic doit faire l'objet de règlementation[1028]. Cette règlementation doit s'inscrire dans la stricte logique de la théorie générale du contrat, en utilisant la technique du double clic comme modalité dans la recherche d'un consentement libre et éclairé. Aussi peut-on lire sur certains sites que, « le double clic du client effectué au titre de l'acceptation des présentes conditions générales de vente, vaut également au titre du bon de commande »[1029].

415. Les législateurs vont dans ce sens, et exigent au professionnel de mettre à la disposition de l'internaute, des moyens techniques permettant de récapituler l'ensemble du processus qu'il a parcouru, soit à des fins de corrections d'éventuelles erreurs, soit à des fins de validation définitive valant acceptation. C'est le cas de l'article 17 de la loi camerounaise sur le commerce électronique, qui exige qu'« avant la conclusion du contrat, le vendeur doit permettre au consommateur de récapituler définitivement l'ensemble de ses choix, de confirmer la commande ou de la modifier selon sa volonté[1030] ». Cette obligation est également reprise par l'article 59 de la loi burkinabé sur les transactions électroniques en vertu duquel, « les conditions contractuelles du prestataire ne sont opposables à son cocontractant que si ce dernier a eu la possibilité d'en prendre connaissance avant la conclusion du contrat et que son acceptation est certaine. Dans ce sens, l'article 155 de la loi burkinabé punit d'une amende de 5 000 000 à 50 000 000 FCFA celui qui, dans l'intention de nuire, commet une infraction aux dispositions des articles 57 à 72 ». Selon l'article 22 de la loi ivoirienne de 2013 relative aux transactions électroniques, « pour que le contrat soit valablement conclu, le destinataire de l'offre doit avoir eu la possibilité de vérifier le détail de sa commande et du prix total et de corriger d'éventuelles erreurs, avant de confirmer celle-ci par son acceptation ». Les professionnels

[1027] « Mais il était important d'accueillir l'idée du « double clic, en raison de ses intérêts pratiques », J. HUET, Vous avez dit « contrats électroniques ? », RDC, 2005, n°2, p. 555, n°5.

[1028] « Légiférons sur le clic, puisque clic il y a », M. VIVANT, Le contrat plongé dans l'économie numérique, op. cit., n°17.

[1029] http://www.atout-france.fr/conditions-generales-vente.

[1030] Article 17 de la loi camerounaise sur le commerce électronique : « Avant la conclusion du contrat, le vendeur doit permettre au consommateur de récapituler définitivement l'ensemble de ses choix, de confirmer la commande ou de la modifier selon sa volonté et de consulter le certificat électronique relatif à sa signature ». Article 19 de la loi camerounaise sur le commerce électronique : « Le vendeur doit fournir au consommateur, à sa demande, et dans les dix (10) jours suivant la conclusion du contrat, un document écrit ou électronique contenant l'ensemble des données relatives à l'opération de vente ».

procédant à la violation de cette obligation peuvent être punis des mêmes sanctions que la transgression de l'obligation d'information[1031].

2. La certitude de la volonté de contracter

416. Le double clic démontre la volonté de contracter des parties. L'achèvement de ce processus marque la détermination de conclure de l'acceptant et de l'offrant. La volonté de l'offrant est perceptible au fur et à mesure que le système informatique du professionnel affiche successivement les pages contenant les informations et les espaces à remplir par l'acceptant, pour donner naissance au contrat. La certitude se traduit lorsqu'après avoir corrigé les éventuelles erreurs commises lors de la première saisie, l'acceptant confirme son intention d'être lié par la saisie des données relatives au paiement. Cette dernière étape se matérialise généralement par un clic sur l'icône « J'accepte ». Cette mention peut être affichée sur chaque page du site, pour amener l'internaute à prendre conscience de la gravité de l'acte positif qu'il pose en cliquant sur l'icône. Mais à la fin, c'est bien l'icône lié au paiement qui traduit la volonté définitive de l'internaute. La matérialisation de cette étape atteste que le contrat est conclu, sous réserve des considérations consuméristes relatives aux délais légaux du droit de rétractation. L'absence de clic sur cette mention vaut renonciation et ne peut engager la responsabilité de l'internaute, malgré l'accomplissement antérieur de plusieurs actes positifs, comme le remplissage des coordonnées, le choix et la confirmation du produit sélectionné. Ces actes ne peuvent être considérés comme une rupture abusive des pourparlers. On ne peut analyser le désistement de l'internaute qui s'abstient de cliquer sur l'icône devant marquer son acceptation définitive comme un abus.

417. *A contrario*, le comportement du cybercommerçant qui avant la conclusion du contrat, fait savoir à l'internaute qu'il ne peut satisfaire à sa commande en raison de l'épuisement des stocks, alors que le produit était encore disponible avant l'étape destinée à la correction des données insérées peut être considérée comme « une faute patente et indiscutable »[1032]. Mais une exception s'impose du fait de l'interactivité du commerce électronique. Particulièrement sur les sites qui affichent en temps réel la disponibilité des stocks. Il peut arriver du fait de la lenteur dans le processus de correction et de vérification des erreurs, qu'un internaute soit devancé par d'autres internautes plus rapides. L'épuisement des stocks de ce fait ou d'un

---

[1031] Article 60 de la loi du Burkina Faso de 2009 sur les transactions électroniques : « Avant la conclusion du contrat, le prestataire met à la disposition du destinataire du service les moyens techniques appropriés, efficaces et accessibles lui permettant d'identifier les erreurs commises dans la saisie des données, de les corriger et de valider sa commande pour exprimer son acceptation ».

[1032] « On ne saurait, sans porter gravement atteinte à la liberté individuelle et à la sécurité commerciale, admettre à la légère qu'un commerçant puisse être responsable pour n'avoir pas donné suite à des pourparlers et pour avoir traité avec un concurrent », Rapp. Cass.com. 10 juin 1986, Bull. civ. IV, 104, n°123; Bourges, 19 oct. 2000, JCP, 2001, IV, 2003.

évènement ne relevant pas du fait du cybercommerçant ne peut engager la responsabilité de ce dernier.

B. Les implications du double clic

418. La détermination sur internet du moment de la formation du contrat importe lorsque les parties sont éloignées car, entre le moment de la déclaration de l'acceptation et le moment de la réalisation des volontés, des évènements perturbateurs peuvent survenir[1033]. Le double clic suppose un premier et un dernier clic. Entre ces deux gestes, plusieurs clics intermédiaires de l'internaute qui n'ont rien à voir avec le moment de la rencontre des volontés peuvent subvenir, dans le but d'être suffisamment éclairé par les différentes informations et les clauses référencées. Après le premier clic qui donne accès au contenu de l'offre et aux cases à remplir par l'acceptant, le cybercommerçant doit nécessairement inviter l'internaute à exprimer une sorte de confirmation synonyme d'acceptation définitive. Cette confirmation est effectuée grâce à un geste qu'on peut qualifier symboliquement de second clic. Ce clic marque le point de départ du consentement des parties (1). La caractéristique de cette acceptation résulte d'une sorte de processus qui fait disparaître toute forme d'instantanéité (2).

1. Le second clic comme moment de la rencontre des volontés

419. Le second clic correspond à la confirmation du premier accord émis lors de la passation de la commande. Il est souvent matérialisé par les icônes « J'accepte », « Je confirme », ou « Validation » affichés sur une page du site mentionnant les corrections à faire sur la première déclaration. L'accord des volontés est parfait dès que l'internaute manifeste son acceptation en accomplissant ce geste.

Cette étape est généralement suivie d'un accusé de réception du cybercommerçant adressé à l'internaute dans un délai ferme[1034] ou raisonnable. Mais cette dernière exigence n'est qu'une mesure par laquelle le professionnel confirme à son tour que l'acceptation du destinataire de l'offre lui est parvenue. L'envoi de l'accusé de réception de la commande par le

[1033] On peut citer : soit une incapacité qui annulerait valablement la convention encore en gestation, avec la précision que l'incapacité ultérieure à la formation du contrat n'annule pas celui-ci, soit une rétractation de la part de l'acceptant à la condition que la rétraction arrive avant l'accord préalablement émis, soit encore une destruction de la marchandise dont la charge est résolue par la détermination du moment du transfert des risques, à moins que les parties aient anticipe ou reporte le moment du transfert de propriété.

[1034] Article 12 (2) de la loi camerounaise susvisée : « L'auteur de l'offre doit accuser réception en ligne de la commande qui lui a été adressée dans un délai de 5 jours ».

commerçant n'a que des finalités probatoires[1035]. Un contenu précis est même parfois exigé à l'accusé de réception en ligne[1036].

420. Cette formalisation du contenu et de l'obligation de faire parvenir un accusé de réception peut faire croire qu'on se trouve en face de l'acte final de conclusion du contrat électronique[1037]. Il convient de réfuter cette opinion, tout simplement parce que les conséquences de sa violation ne sont pas clairement déterminées. Que vaudrait une obligation de confirmer la réception de l'acceptation par un accusé de réception, si son inobservation ne peut être sanctionnée ? C'est l'occasion de préciser que la spécificité de la formation du contrat électronique n'est pas synonyme d'une apparition de conditions nouvelles. C'est ce qui surviendrait si on érigeait l'accusé de réception comme point d'achèvement de la formation du contrat. La spécificité de la conclusion du contrat en ligne porte plus sur un nouveau visage des conditions classiques du contrat. L'offre et l'acceptation se rencontrent dès que l'internaute a manifesté son accord par le second clic sur l'icône « j'accepte »[1038].

Entre la théorie de l'émission et celle de la réception, la question qui importe est celle de déterminer la théorie que le double clic doit intégrer, afin de préciser le moment exact de la rencontre des volontés en ligne. Des divergences existent entre les pays francophones d'Afrique subsaharienne.

421. En faveur de la théorie de l'émission on peut citer le Sénégal[1039] et la Mauritanie[1040] qui rejoignent le Code civil français. L'article 1369-2 nouveau du Code civil français[1041] a mis fin à une jurisprudence partagée entre la théorie de l'émission et celle la théorie de la réception de l'acceptation[1042].

[1035] « Les exigences probatoire ne sont pas, on le sait, des éléments de fond régissant la formation du contrat », A. RAYNOUARD, op cit, p. 32.

[1036] Pour l'article 61 de la loi burkinabé, l'avis de réception doit contenir toutes les informations contenues dans l'offre.

[1037] A. M. BENEDETTI, « La « confirmation de commande » dans la formation du contrat virtuel : une comparaison entre la France et l'Italie », Communication Commerce électronique n° 4, Avril 2010, étude 9.

[1038] Article 3 des Conditions Générales de Vente de Cdiscount Cameroun : « Après avoir sélectionné des produits ajoutés à votre panier, vous devez vérifier le détail de votre commande et éventuellement corriger le contenu de votre panier, avant de le valider pour confirmer votre commande. En l'absence de confirmation de commande de votre part, votre commande ne pourra être validée par Cdiscount Cameroun.», http://www.cdiscount.cm/conditions-generales-ventes.

[1039] Article 25 de la Loi n° 2008 – 08 sur les transactions électroniques : « Pour que le contrat soit valablement conclu, le destinataire de l'offre doit avoir eu la possibilité de vérifier le détail de sa commande et son prix total, et d'exiger la correction d'éventuelles erreurs, avant de confirmer celle-ci pour exprimer son acceptation ».

[1040] « Le contrat par correspondance est parfait au moment et dans le lieu où celui qui a reçu l'offre répond en l'acceptant ». Article 45 du Code des obligations et des contrats mauritanien introduit par l'Ordonnance n°89- 126 du 14 septembre 1989, in JO du 25 octobre 1989.

[1041] Article 1369-2 nouveau du Code civil français : « Pour que le contrat soit valablement conclu, le destinataire de l'offre doit … exprimer son acceptation ».

[1042] S. GUINCHARD, M. HARICHAUX et R. DE TOURDONNET, op cit, p. 210.- Pour le système de la réception : Paris, 31 mai 1937, D. H. 1937, 431 ; Lyon, 12 avril 1892, D. P. 93,

« En effet, une fois que l'acceptant a émis son consentement, il doit pouvoir compter sur la formation du contrat, et être à l'abri des rétractations de l'offrant »[1043]. L'instantanéité des réseaux électroniques semble avoir motivé cette position. La rupture de la distance ne justifierait plus l'exigence d'une réception, puisque l'acceptation parvient avec quelques minutes et même quelques secondes à l'offrant. Le temps du courrier postal est révolu. La célérité du réseau assurerait une réception presqu'immédiate de l'acceptation. L'émission de l'acceptation assurerait une réelle sécurité du consommateur. L'envoi de l'accusé de réception à l'acceptation ne donnera qu'un indice sur le temps de la conclusion qui rétroagira au temps de l'émission de l'acceptation.

422. Cependant, la théorie de l'émission ne prend pas en compte les problèmes liés à l'instabilité de la connexion. Peut-être n'est-ce qu'un problème ponctuel en Afrique, mais la lenteur et l'absence de fluidité de la connexion internet militent en faveur de la théorie de la réception de l'acceptation. D'autre part, la disparition de la distance et l'instantanéité des échanges ont généré un nouvel aléa : le risque permanent de dysfonctionnement des systèmes électroniques. La théorie de l'émission est pèche par son approche théorique complètement détachée des difficultés pratiques. Contrairement à la théorie de la réception qui exige que l'acceptation circule dans la zone de vie du destinataire, la théorie de l'émission suppose que le destinataire de l'acceptation est lié dès le clic de l'internaute.

Quel le traitement accordé au risque de non réception de l'acceptation émise ? L'équité commande de faire peser cette charge sur celui qui a pris l'initiative de l'opération en proposant à l'autre de conclure un contrat par correspondance, c'est-à-dire au pollicitant[1044]. Or il peut arriver qu'en affichant les images de sa marchandise, le cybercommerçant précise bien qu'il s'agit d'une simple invitation à entrer en pourparlers[1045]. La disqualification de l'offre renverse la pollicitation sur l'internaute qui devient offrant, avec pour conséquence un renversement des risques à la charge de l'internaute. En outre dans le cas des échanges par mails précédé d'un contact physique, si le premier contact en ligne est établi par le consommateur, il lui reviendra naturellement de supporter les charges du dysfonctionnement du réseau. La charge du risque peut se retourner contre le consommateur dans certains cas, à moins que la loi en dispose autrement.

2, 324 ; Orléans, 26 juin 1885, D.P. 86, 2, 135,S, 2,30 ; Nîmes, 4 mars 1908, 1908, 2, 248, S, 1910,2,106.- Pour le système de l'émission : Trib. Loches, 25 juin 1945, D.1947, 113, Gaz. Pal.1945, 2,171 ; Douai, 15 mars 1886, D.P.88, 2,37 ; Bordeaux 29 janv.1892, D.P.92, 2, 390 ; Paris 05 fév.1910, D. P. 1913, 2,1.

[1043] M. FABRE-MAGNAN, Droit des obligations, 1, Contrats et engagement unilatéral, op. cit., p 282.

[1044] J. FLOUR et J-. L. AUBERT, op. cit., p. 123.

[1045] Nous avons vu plus haut que toute sollicitation sur site ne constitue pas une offre.

Aussi semble-t-il préférable de voir dans la réception, la théorie la plus adéquate pour le commerce électronique.

423. En faveur de la théorie de la réception de l'acceptation, on peut citer la Convention internationale de Vienne sur la vente internationale des marchandises[1046], l'Acte uniforme révisé portant droit commercial général[1047], les lois nationales du Burkina Faso[1048], du Cameroun[1049], de la Côte d'Ivoire[1050] et l'Avant-projet d'acte uniforme sur le droit des contrats[1051]. La théorie de la réception semble parfaitement adaptée aux transactions électroniques impliquant les consommateurs. Le souci de sécurité qui subordonne la conclusion du contrat à la réception de l'acceptation lorsque les parties sont éloignées et non présentes, est capitale dans le commerce électronique. Il n'est pas exigé que l'offrant prenne connaissance de l'acceptation, il suffit que l'acceptation parvienne jusqu'à sa sphère de vie, techniquement dans la boîte mail destinée à cet effet. Grâce à l'immédiateté des échanges, le commerçant n'est pas censé supporter le temps que mettra le courrier à lui parvenir ou entrer dans sa boîte aux lettres. La contrepartie est que la circulation instantanée des données fait perdre au destinataire de l'offre, la possibilité d'annuler son acceptation avant sa réception par l'offrant. Comme le souligne le Doyen CARBONNIER, le système de la réception « tire une certaine force de la pratique des postes qui permet à l'expéditeur de reprendre la lettre tant qu'elle n'a pas été remise au destinataire ; de l'usage suivant lequel un télégramme, un coup de téléphone peut rattraper une lettre s'il parvient avant celle-ci au destinataire »[1052]. Les

---

[1046] Article 15 de la Convention de Vienne sur la vente internationale de marchandises : « L'acceptation d'une offre prend effet au moment où l'indication d'acquiescement parvient à l'auteur de l'offre ».

[1047] Article 244 de l'Acte uniforme révisé portant droit commercial général : « L'acceptation d'une offre prend effet au moment où l'expression de l'acquiescement parvient à l'auteur de l'offre. Cependant, si en vertu des dispositions de l'offre, des pratiques établies entre les parties ou des usages, le destinataire peut, sans notification à l'auteur de l'offre, exprimer qu'il acquiesce en accomplissant un acte, l'acceptation prend effet au moment où cet acte est accompli ».

[1048] Article 56 de la Loi n° 045/2009 portant règlementation des services et des transactions électroniques au Burkina Faso : « Toute communication en rapport avec la formation, l'exécution ou l'extinction d'un contrat peut se faire par voie électronique. Elle produit ses effets dès le moment où elle est reçue par le destinataire ».

[1049] Article 18 loi camerounaise n°2010/021 du décembre 2010 régissant le commerce électronique : « Sauf accord contraire entre les parties, le contrat est conclu…à la date de l'acceptation de la commande par ce dernier (vendeur) au moyen d'un document signé et adressé au consommateur ».

[1050] Article 22 de la loi ivoirienne de 2013 relative aux transactions électroniques ; « La commande, la confirmation de l'acceptation et l'accusé de réception sont considérés comme reçus, lorsque les parties auxquelles elles sont adressées peuvent y avoir accès »

[1051] Article 2/6 alinéa 2 de l'Avant-projet d'acte uniforme sur le droit des contrats : « L'acceptation d'une offre prend effet au moment où l'indication d'acquiescement parvient à l'auteur de l'offre ».

[1052] J. CARBONNIER, Droit civil-4/ Les obligations, 22ème éd. Thémis, PUF, janvier 2000, 7 et 80, n° 29 à 30 ; Paris, 31 mai 1937, D. H, 37, 431.

délais de distance et de déplacement disparaissent sur internet, pour laisser la place à l'instantanéité et à l'interactivité. La distance est battue par la rapidité de traitement de l'information transmise. Le risque n'est plus l'éloignement des parties, mais le temps que met un système informatisé à traiter les informations reçues[1053]. Dans l'univers du numérique en effet, l'acceptation n'est plus le fait exclusif de son auteur. Elle devient un processus actif constitué d'étapes successives impliquant la participation de l'offrant et de l'acceptant.

2. La mutation de l'acceptation en un processus

424. L'acceptation par le double clic n'est pas un fait instantané. Dans le monde physique, l'acceptation orale est immédiate. Elle n'est pas échelonnée dans le temps comme sur internet. La vente par exemple est parfaite dès que les parties s'accordent promptement sur la chose et le prix. Il peut arriver que les parties organisent l'acceptation selon leur propre gré. Mais dans le commerce électronique, la pratique a divisé l'acceptation en une succession d'étapes bien déterminées.

Globalement, la passation de la commande est émise, enregistrée et soumise à un contrôle de correction des erreurs visant à certifier la volonté de l'acceptant de contracter. Cette forme d'acceptation ne laisse pas de place à l'acquiescement instinctif. Michel VIVANT qualifie le double clic de procédure de conclusion des contrats en ligne Au cours de cette période intermédiaire, pendant laquelle il est en échange avec le système informatique du cybercommerçant, l'internaute peut modifier certains aspects de sa commande comme le lieu de livraison, la couleur, les dimensions et les fonctionnalités de l'objet recherché. Il peut utiliser autant de formules souhaitées pour avoir la meilleure information, avant d'actionner l'icône qui confirme son accord à l'offrant. Durant ce processus, le potentiel acceptant peut décider d'arrêter les échanges avec le cybercommerçant sans justifier de raisons légitimes. Le temps passé sur la page de correction des informations portant sur la passation de commande et les informations données lors du premier clic ne peuvent être considérés comme des faits emportant la conviction et la certitude de la volonté de conclure. La renonciation avant le second clic ne peut entraîner la responsabilité de l'internaute pour rupture abusive.

425. Conclusion- Internet modifie la perception de l'offre et de l'acceptation en ligne. L'offre sur internet se caractérise par des particularités nettement distinctes de l'offre émise dans le monde physique. Lorsqu'elle est émise par voie électronique, l'offre est sujette à des pratiques de réserve arbitraires. Dans la plupart des cas, elle n'est pas identifiable à

[1053] Contre la théorie de la réception de l'acceptation : « De plus, on admet de façon d'ailleurs peu logique, que l'acceptant peut encore revenir sur son acceptation, tant qu'elle n'est pas parvenue à destination, par exemple, en téléphonant ou en télégraphiant », A. BENABENT, Droit des obligations, 13 éd. Domat droit privé, Montchrestien, 2012, p. 55.

première vue. On peut ainsi la confondre aux simples communications commerciales sans intention ferme de conclure. Enfin, son existence ne peut être déterminée à partir des éléments essentiels que sont la chose et le prix. Toutes ces lacunes exigent des conditions supplémentaires pour l'existence et la validité de l'offre électronique.

Au nombre de ces conditions figurent la possibilité pour le destinataire de passer commande, ainsi que l'enrichissement du contenu de l'offre par des informations supplémentaires nécessaires pour éclairer le destinataire. La présence d'une icône de passation de commande sur le site internet suffit pour établir l'intention ferme de contracter de l'offrant. Cette mesure technique élimine toute réserve arbitraire, et distingue l'offre des notions voisines comme la publicité en ligne et les simples communications commerciales. L'offre électronique se singularise également par un contenu saturé d'informations relatives à l'identification des parties et à la conclusion du contrat. Contrairement à l'offre classique constituée par les éléments essentiels que sont la chose et le prix, l'offre en ligne est subordonnée à un contenu plus riche en informations.

L'acceptation subit également l'influence des réseaux électroniques. Sur internet, elle n'existe que sous deux formes écrites : soit le double clic émis par l'internaute, soit l'acceptation émanant de l'agent électronique. Avec le double clic, l'acceptation disparaît sous sa forme instantanée, pour devenir un processus qui s'achève après la confirmation de la commande et l'accusé de réception de l'offrant. Enfin, la perspective de l'évolution complexe de la technologie suggère d'attribuer la personnalité juridique à l'agent électronique. Cette solution permet de réduire les contestations sur la validité des contrats sortant de l'objet de l'activité du maître de l'agent, d'assurer une meilleure protection aux internautes par l'imputation de la responsabilité à ce logiciel intelligent. Pour y arriver, il suffira d'affecter un patrimoine à l'agent et de garantir son activité par le mécanisme de l'assurance. Toutes ces mutations invitent des règles spécifiques pour l'encadrement formel des conditions de fond du consentement émis dans le cadre d'un contrat conclu en ligne.

CHAPITRE 2

La mutation des règles liées au formalisme contractuel

426. La forme désigne toute façon d'agir, toute manière de procéder qui préside à l'accomplissement d'un acte juridique ou au déroulement d'une série d'actes, soit comme un mode d'expression de la volonté, soit comme une façon de recevoir un acte afin d'en établir la preuve[1054]. Le droit des contrats en vigueur dans les pays francophones est fortement imprégné de la doctrine du consensualisme[1055], le formalisme étant l'exception[1056].

Le formalisme a pour objectif d'assurer la sécurité des opérations et d'attirer l'attention des parties sur la gravité de l'acte établi. On distingue plusieurs types de formalisme en fonction de leurs finalités[1057]. Sont exclues

---

[1054] G. CORNU, Association Henri CAPITANT, Vocabulaire juridique, PUF, 7ème éd. 2005, p.418.

[1055] Article 240 de l'Acte uniforme révisé portant droit commercial général : « Le contrat de vente commerciale peut être écrit ou verbal ; il n'est soumis à aucune condition de forme » ; Article 11 de la Convention internationale de Vienne de 1980 sur la vente internationale de marchandises : « Le contrat de vente n'a pas à être conclu ni constaté par écrit et n'est soumis à aucune autre condition de forme. Il peut être prouvé par tous moyens, y compris par témoins » ; Article 1/3.1 de l'avant-projet de l'Acte uniforme sur le droit des contrats : « Le présent Acte uniforme n'impose que le contrat, la déclaration ou tout autre acte soit conclu sous une forme particulière ».

[1056] Article 14 de l'Acte uniforme sur le droit des sûretés : « Le cautionnement ne se présume pas, il se prouve par un acte comportant la signature de la caution et du créancier ainsi que la mention écrite de la main de la caution… » ; Article 41 de l'Acte uniforme sur le droit des sûretés « Les garantie et contre-garantie autonomes ne se présument pas. Elles doivent être constatées par un écrit mentionnant » ; Article 127 de l'Acte uniforme sur le droit des sûretés : « A peine de nullité, le nantissement de créance doit être constaté dans un écrit » ; « Le contrat d'assurance est rédigé par écrit » Code des assurances CIMA.

[1057] On peut distinguer le formalisme requis pour la validité des actes ou formalisme solennel, le formalisme requis pour la préconstitution de la preuve, le formalisme requis pour la publicité des actes, le formalisme requis pour des raisons fiscales et le formalisme requis à des fins d'information. E. JOLY-PASSANT, L'écrit confronté aux nouvelles technologies, thèse, LGDJ, 2006, 209 à 212 ; Marie DEMOULIN et Étienne MONTERO, op. cit., p. 142 à 148 ; Pour une étude plus précise de cette distinction traditionnelle des formalités, voir : ASSOCIATION HENRI CAPITANT, "Journée Jacques FLOUR sur le formalisme", Rép. Defrénois, 2000, pp. 865-943 ; P. BRASSEUR, "Le formalisme dans la formation des contrats. Approches de droit comparé", in Le processus de formation du contrat.

de cette étude, les formalités qui concernent l'opposabilité[1058], la publicité et les formalités administratives qui n'ont pour but que d'informer les tiers[1059]. Le formalisme qui intéresse ici, se rapporte à « toute exigence légale ou réglementaire de forme relative au processus contractuel »[1060], c'est-à-dire les formes probatoire et solennelle qui président à la formation de l'acte juridique[1061].

427. Le consentement des parties est extériorisé soit par la simple déclaration, soit sous une forme orale, écrite, gestuelle ou solennelle bien précise[1062]. L'introduction des réseaux informatiques dans les activités affecte les supports et les procédés régissant la forme des contrats. Le consentement électronique est extériorisé selon des procédés intangibles qui étaient inconnus du droit. Il n'est plus exprimé par les voies traditionnelles. Il reste embrigadé dans un univers dématérialisé qui exige une nouvelle vision du formalisme. Cela impose de rechercher des modes d'expression du consentement adaptés à la dématérialisation des échanges.

Contributions comparatives et interdisciplinaires à l'harmonisation du droit européen, Bruxelles, Bruylant et Paris, L.G.D.J., 2002, pp. 605-691 ; J. FLOUR, "Quelques remarques sur l'évolution du formalisme", in Le droit privé français au milieu du XXe siècle. Etudes offertes à Georges Ripert, Paris, L.G.D.J., 1950, t. I, pp. 93-114 ; F. GÉNY, Science et technique en droit privé positif, t. III, Paris, Sirey, 1921, pp. 94-122 ; M.-A. GUERRIERO, L'acte juridique solennel, Paris, L.G.D.J., 1975 ; X. LAGARDE, "Observations critiques sur la renaissance du formalisme", *J.C.P., G.*, 1999, I 170, pp. 1767-1775 ; B. NUYTEN et L. LESAGE, "Formation des contrats : regards sur les notions de consensualisme et de formalisme", Rép. Defrénois, 1998, pp. 497-509 ; M. PLANIOL, G. RIPERT et P. EISMEIN, Traité pratique de droit civil français, t. VI, Obligations, op. cit., pp. 125-135.

[1058] Etant entendu que le formalisme n'apparaît qu'autant que le consentement doit être enveloppé dans un cocon strictement déterminé par la loi, de manière que le non-respect des prescriptions édictées frappe l'accord des volontés d'inefficacité juridique à un degré quelconque, le formalisme dont il s'agit ici écarte les formalités administratives et la publicité de cette étude ; Ph. MALAURIE, L. AYNES et Ph. STOFFEL-MUNCK, Droit civil Les obligations, Defrénois, 2003, p. 257.

[1059] Ibid.

[1060] E. JOLY-PASSANT, L'écrit confronté aux nouvelles technologies, op. cit., p. 211, n°490 ; Loi belge du 11 mars 2003 sur certains aspects juridiques des services de la société de l'information.

[1061] D'un point de vue plus actuel la publicité et les formalités administratives semblent plus relever des « formalités » que des formes constitutives de solennité que sont les formalismes ad validitatem et ad probationem. Comme les textes légaux et réglementaires qui établissent des règles de forme n'indiquent pas toujours pour quels motifs elles sont imposées, une même formalité peut répondre à plusieurs de ces finalités ; P. CATALA, Le formalisme et les nouvelles technologies, Répertoire du notariat Defrénois, 15 août 2000 n° 15-16, p. 897.

[1062] L'ancien droit romain reposait sur un échange de demandes et réponses exprimées dans des formes solennelles. Dans les législations primitives, les volontés individuelles sont généralement impuissantes par elles-mêmes à produire des effets juridiques. Dans l'ancien droit romain, le mode normal pour s'obliger était la stipulation, qui repose sur un échange de demandes et réponses exprimées dans des formes solennelles. X. LAGARDE, "Observations critiques sur la renaissance du formalisme", J.C.P., G, 1999, doctr. I 170, pp. 1767-1775 ; B. NUYTTEN et L. LESAGE, "Regards sur les notions de consensualisme et de formalisme", Rép. Defrénois, 1998, pp. 497-509.

428. L'Acte uniforme révisé sur le droit commercial général n'a introduit l'électronique pour le formalisme de validité et le formalisme probatoire que pour les formalités accomplies auprès des Registres du Commerce et du Crédit Mobilier[1063]. Malgré son silence sur les contrats, le fait pour ce texte d'encadrer les formalités en ligne auprès des Registres du Commerce et du Crédit Mobilier, démontre bien l'influence du commerce électronique sur le formalisme. Quelques législations comme celles du Sénégal, de Côte d'Ivoire, du Cameroun et du Burkina Faso ont adapté leurs dispositions nationales aux opérations du commerce électronique. Certes cette initiative ne conduit pas à la naissance d'un formalisme nouveau. Mais dans ce mouvement que le droit amorce vers les transactions effectuées en ligne, il est « inéluctable que les règles de forme régissant certains actes connaissent également une mutation »[1064]. Il convient d'interroger les modalités par lesquelles le formalisme contractuel peut être établi lors de la conclusion des échanges en ligne, de manière à en permettre la preuve. Pour une opinion doctrinale, l'étude de la preuve serait antérieure à celle du formalisme de validité[1065]. Certes, en droit, c'est la même chose de ne pas être prouvé et de ne pas être *(idem est non esse aut non probari)*. Si un contrat peut être formé par simple échange de consentements, donc verbalement, le créancier qui va s'en prévaloir devra cependant apporter la preuve de son existence et de son contenu, si l'un et l'autre sont contestés par le débiteur[1066]. Cependant, la preuve de l'existence et du contenu ne se rapporte pas à la validité. Le formalisme probatoire se rapporte à un formalisme complétif, ou « complémentaire qui regroupe des exigences de fond dont dépend, non la validité du contrat, mais sa pleine efficacité »[1067]. On peut apporter la preuve de l'existence d'un acte qui ne remplit pas les conditions requises pour sa validité. Cette démarche impose de prendre en considération, les éléments techniques introduits dans le formalisme de validité pour l'étendre au contrat par voie électronique d'une part (section 1), et d'autre part le caractère déterminant de la signature électronique sur le formalisme probatoire (section 2).

[1063] L'article 82 de l'Acte uniforme révisé droit commercial général Les formalités accomplies auprès des Registres du Commerce et du Crédit Mobilier au moyen de documents électroniques et de transmissions électroniques ont les mêmes effets juridiques que celles accomplies avec des documents sur support papier, notamment en ce qui concerne leur validité juridique et leur force probatoire.

[1064] L. GRYNBAUM, Loi économie numérique : le sacre des égalités formelles, RDC, 01 avril 2005, n°2, p. 580.

[1065] F. MAS, op. cit., thèse, p. 215 à 364.

[1066] M. FABRE-MAGNAN, Droit des obligations, 1, Contrats et engagement unilatéral, 3ème éd. PUF, 2012, p 222.

[1067] « A défaut, l'acte n'est pas imparfait mais il est fragile en ce qu'il est exposé à ne pouvoir déployer tous ses effets juridiques […]. Parallèlement, la sanction de l'inobservation de ces formes n'est pas la nullité du contrat, mais une perte d'efficacité totale ou partielle », J. GHESTIN, G. LOISEAU, Y.-M. SERINET, La formation du contrat, t.1, : Le contrat-Le consentement, 4ème éd. 2013, p. 732.

SECTION 1. L'EXTENSION DU FORMALISME DE VALIDITÉ AU CONTRAT EN LIGNE

429. Le formalisme, tel qu'appliqué dans le commerce électronique, a muté et connu des manifestations originaires de la pratique. Ces manifestations apparaissent « comme avatars d'un formalisme destiné cette fois à plier l'univers des réseaux, en l'absence de la loi d'autonomie »[1068]. Cette nécessité de prendre en compte les spécificités de l'encadrement formel du consentement en ligne démontre la crise que subit le formalisme contractuel sur les réseaux électroniques. La résolution de cette crise sur le plan légal s'articule autour des conditions à mettre en œuvre pour assurer la transposition du formalisme antérieur aux réseaux électroniques (§1). L'intervention de la loi est soutenue par la pratique qui favorise de l'émergence d'un formalisme purement électronique (§2).

§1. Les modalités d'extension du formalisme classique au commerce électronique

430. Le consensualisme n'a pas de place sur les réseaux électroniques. La dématérialisation des transactions exige une transmission des données au moyen de supports qui conduisent, fixent, affichent et conservent les échanges. Pour encadrer le consentement électronique exprimé par des procédés intangibles, le formalisme classique doit nécessairement subir une mutation. Les réseaux dématérialisent les contrats en ligne, ignorent le support papier, ne s'accommodent pas des formalités du monde physique comme la présence d'un officier ministériel ou des témoins. Le formalisme antérieur aux réseaux électroniques ne peut être transposé sans mutation au consentement émis par voie électronique. En dépit des obstacles (A), un dénouement est envisagé pour la transposition du formalisme de validité au contrat de commerce électronique (B).

A. Les obstacles

431. Le formalisme contractuel est bâti sur l'écrit. Il faut un écrit pour un acte sous seing privé, tout comme il en faut pour les actes exigeant la présence d'un notaire. Mais il existe aussi un troisième type d'écrit qui n'est destiné à aucun de ces deux types de contrats, le simple écrit. Dans les opérations effectuées en ligne, le simple écrit désigne toute donnée intelligible affichée sur l'écran, généralement dans le but d'informer lors de la période contractuelle, dont la transposition au contrat électronique peut se faire le plus simplement, puisque rien n'impose qu'il soit fixé sur un support papier[1069]. L'écrit électronique simple ne revêt aucun intérêt dans ce

---

[1068] F. MAS, thèse, op. cit., p. 315

[1069] « Cet écrit exigé à peine de nullité n'est pas cependant nécessairement signé de la partie dont il émane, lorsqu'il est requis pendant la période précontractuelle. Il s'agit donc, pour

contexte, contrairement à l'écrit sous seing privé qui continue d'être subordonné au support papier (1). La situation est identique pour l'acte notarié dont l'établissement exige la présence des parties dans un espace physique (2).

1. La persistance du lien entre l'écrit et le support papier

432. Plus d'une quinzaine d'années après l'arrivée d'internet sur le continent africain, l'écrit n'a pas encore été définitivement détaché du support papier. L'apparence indéfectible de ce lien va au-delà de la croyance psychologique. Elle trouve ses origines dans les textes destinés aux échanges (a). Cette idée est renforcée par la contribution de l'action de la main dans la conception matérielle de l'écrit (b).

a. Les sources légales

433. Pour KATSH et GAUTRAIS, l'écrit détiendrait en effet un lien direct avec le papier[1070]. Selon eux, l'important n'est pas de savoir si l'écriture existait avant le papier, ce qui est évidemment le cas, mais de constater que la généralisation du papier ainsi que l'imprimerie ont fondamentalement changé la façon d'écrire[1071].

434. A l'échelle communautaire, plusieurs textes continuent de rattacher l'écrit au support papier. L'Avant-projet de l'acte uniforme sur le droit des contrats se distingue par une conception classico-traditionnelle de l'écrit. L'article 1/10 de ce texte définit l'écrit comme « tout mode de communication qui permet de conserver l'information qui y est contenue et qui est de nature à laisser une trace matérielle ». L'usage de tout mode de communication dans la transmission et la réception d'une information doit permettre de fixer cette dernière sur tout support susceptible de laisser des traces matérielles. « La notion de trace matérielle » peut légitimement être interprétée comme une référence au support papier ou, à tout le moins, semer la confusion. En effet la matérialité de la trace est difficile à obtenir sur un disque dur ou un matériel informatique de stockage des données. Certes, on peut rétorquer qu'il ne s'agit que d'un avant-projet qui peut être modifié avant son adoption. Il demeure malheureusement que le droit communautaire Ohada paraît conservateur sur l'attitude à adopter face aux transactions en ligne. L'incohérence est accentuée par le silence de l'Acte uniforme révisé portant droit commercial sur la définition de l'écrit. En effet en son article 240, l'Acte susvisé dispose sans plus de précision que « le contrat de vente commerciale peut être écrit ou verbal ». Où faudrait-il donc

---

satisfaire dans ce cas au formalisme informatif, de fournir un simple écrit portant les mentions requises ». F. MAS, thèse, op. cit., p. 318, n°206.

[1070] V. GAUTRAIS, thèse, op. cit., p. 111.

[1071] V. GAUTRAIS, thèse, op. cit., p. 190, note 230.

chercher une définition légale de l'écrit qui fasse l'unanimité au sein de l'Organisation pour l'Harmonisation en Afrique du Droit des Affaires ?

Le réflexe serait de retourner à l'article 209 de l'ancien Acte uniforme portant droit commercial général qui affirmait explicitement que, « le terme écrit doit s'entendre de toute communication utilisant un support écrit, y compris le télégramme, le télex ou la télécopie ». Il apparaissait clairement avec cette disposition que l'OHADA ne concevait pas l'écrit en dehors du support papier. Toutefois en disposant que « le présent Acte uniforme abroge l'Acte uniforme du 17 avril 1997 portant sur le droit commercial général », le nouvel acte révisé interdit de se référer aux dispositions anciennes. Les contractants évoluent désormais dans un espace flou et indécis dans lequel diverses interprétations sont permises.

435. Sans définir l'écrit, l'Acte uniforme révisé portant droit des sûretés traite des contrats de cautionnement conclus par des analphabètes. L'article 14 de cet Acte uniforme prévoit que, « la caution qui ne sait ou ne peut écrire doit se faire assister de deux témoins ». Certes la « tradition de l'oralité est bien présente en Afrique »[1072]. Cependant, le fait pour la caution qui ne sait pas écrire de se faire assister de deux témoins laisse présager qu'il s'agit d'écriture sur support papier. Il est difficile d'interpréter cet article dans le sens d'un analphabétisme se rapportant à l'écriture numérique. La calligraphie des formes des lettres alphabétiques manuscrites est différente de la rédaction au moyen d'un clavier. En effet sur le clavier, les lettres sont toutes faites et n'exigent aucune difficulté de transcription sur le support. L'écriture est simplifiée par une simple frappe des touches du clavier. L'influence que la main exerce sur l'écrit dans la conception classique du contrat a trait à l'aspect matériel du support. Les arguments doctrinaux prônant l'indéfectibilité entre le support papier et l'écrit abondent dans ce sens.

b. La contribution de l'action de la main dans la conception matérielle de l'écrit

436. La main joue un rôle indéniable dans la conception traditionnelle de l'écrit de l'acte sous seing privé dans les législations des pays francophones d'Afrique subsaharienne. L'article 272 du Code portant régime général des obligations au Mali dispose que « l'acte sous seing privé est un acte rédigé librement par les particuliers sans l'intervention d'un officier public. Il peut être rédigé de la main des parties ou de la main d'un tiers ». Plus explicite est l'article 423 du Code des obligations et des contrats de Mauritanie qui affirme que « l'acte sous seing privé peut être écrit d'une autre main que celle de la partie, pourvu qu'il soit signé par elle ». Dans les actes sous seing privé, l'écrit doit être porté par la main de son scripteur ou de son mandant.

1072 M. FONTAINE, Avant-projet de l'Acte uniforme sur le droit des contrats, Note explicative, disponible à l'adresse www.unidroit.org/french/legalcooperation.

Concernant particulièrement les actes sous seing privé par lesquels une seule partie s'engage envers une autre, il est aussi exigé un écrit de la main. L'article 1326 du Code civil encore applicable dans les pays francophones d'Afrique subsaharienne impose que, « le billet ou la promesse sous seing privé par lequel une seule partie s'engage envers l'autre à lui payer une somme d'argent ou une chose appréciable, doit être écrit en entier de la main de celui qui le souscrit ». La même exigence est reprise par l'article 22 du Code des opérations civiles et commerciales sénégalais, la « formalité du bon pour l'acte sous seings privés contenant un engagement unilatéral doit être rédigé en entier de la main de celui qui le souscrit ». A l'échelle communautaire, l'Acte uniforme portant organisation des sûretés va un peu plus loin. Dans son article 14, ce texte précise que « le cautionnement ne se présume pas, quelle que soit la nature de l'obligation garantie. Il se prouve par un acte comportant la signature de la caution et du créancier ainsi que la mention, écrite de la main de la caution, en toutes lettres et en chiffres ».

437. Une succession de décisions de justice a également subordonné la validité de l'écrit à l'inscription des signes par la main du scripteur. A propos de la validité du testament olographe écrit sur une machine, la Cour de cassation française affirme que le texte obtenu mécaniquement au moyen de caractères impersonnels d'une machine à écrire, ne répond pas à la condition de l'écrit à la main du testateur exigée impérieusement[1073]. Concernant l'exigence d'un acte écrit de la main, certains précisent que ce que la loi exige dans le testament olographe, c'est qu'il puisse se défendre lui-même, grâce à la marque personnelle que constitue l'écrit du testateur[1074]. Cette position a été confirmée par le rejet de la validité d'un testament écrit en braille, en raison de la difficulté d'identification de la personne[1075]. C'est toujours le critère de l'identification de l'empreinte personnelle du scripteur qui a justifié la nullité d'un testament à main guidée dans laquelle le juge a décidé qu'il est impossible d'identifier l'écriture du défunt, bien qu'il soit possible que l'acte représente sa pensée[1076].

438. Mais l'expression « écrit de la main » pourrait signifier plus une présence physique qu'un manuscrit dont les signes calligraphiques doivent

---

[1073] Civ. 18 mai 1936, DH, 1936, 345; E. JOLY-PASSANT, op cit, 35, n°84.

[1074] R. SAVATIER « Le testament », RTD civ. 1961, IV, 717 ; E. JOLY-PASSANT, thèse, op. cit., page 35, note de bas de page 98.

[1075] CA Rouen, 17 janvier 1900, DH, 1902, 247 ; En ce sens, E. JOLY-PASSANT, thèse, op cit, p. 35, n°86.

[1076] CA Riom, 20 mai 1937, S. 1938, 2, 41 ; dans la même affaire, la Cour de cassation se prononça différemment en admettant la validité dudit testament au motif qu'il était l'œuvre réfléchie de celui qui l'avait écrit alors que le tiers n'avait aucunement influencé la volonté du scripteur, Civ. 1ère, 4 janvier 1973, Bull. civ. I, n°6, p.6 . Mais plus tard, la Cour de cassation rejoignit les juges de fond en précisant la mention « écrit de la main » de l'article 970 du Code civil pose pour condition de validité que l'acte émane de la volonté de son auteur et que son écrit soit reconnaissable en dépit des marques des marques d'assistance matérielle, de manière à révéler qu'il est bien le scripteur, Civ. 1ère, 8 avril 1986, Bull. civ. I, n° 81 ; Civ. 1ère, 11 février 1997, D, 1997, som. Com. 365.

impérativement provenir de la main d'un scripteur sur un support physique. Le procédé peut être indifférent tant que l'apposition des signes de l'écriture sur le support est suffisamment personnalisée[1077]. La question qui mérite d'être posée est celle de savoir si l'empreinte personnelle n'existe que par l'usage d'un instrument qui laisse des traces matérielles. Si oui, alors on revient non seulement à la question de la matérialité de l'écrit, mais aussi à confondre l'écrit au manuscrit.

Etymologiquement, manuscrit signifie « écrire de la main ». En réalité, il y a toujours un instrument intermédiaire entre la main et le support. Or l'expression « écrit de la main » peut être entendue soit dans le sens de manuscrit, soit dans le sens où un tiers ne peut écrire à la place de la personne dont l'écrit est exigé. Dans ce second sens, c'est la personne physique du scripteur qui est visée. C'est ce que précise l'article 1108-1 nouveau du Code civil français qui dispose que, « lorsqu'est exigée une mention de la main même de celui qui s'oblige, ce dernier peut l'apposer sous forme électronique, si les conditions de cette apposition sont de nature à garantir qu'elle ne peut être effectuée que par lui-même ». Cela signifie que la mention manuscrite peut être reléguée au second plan, si on est certain que l'écrit émane de l'auteur qui a inscrit les signes intelligibles[1078]. Alors, peu importe l'outil utilisé, stylo, clavier ou autre, l'essentiel est de rapporter la présence physique du scripteur et que l'écrit a été inscrit de sa main[1079], c'est-à-dire par lui, et non par un autre. Si l'écrit provenant de la machine à écrire a été frappé de nullité dans l'affaire du testament, c'est bien parce qu'il était anonyme, et n'établissait pas le lien direct, particulier, physique et palpable permettant d'identifier le scripteur. L'empreinte personnelle visant à identifier le scripteur serait fortement dépendante de l'aspect matériel dont ne dispose pas l'électronique. Cette conception de l'empreinte se rapporte en réalité à l'exigence de la matérialité de l'écrit. Or, une conception de l'écrit rattachée à la matérialité de son aspect, de son support ou de l'instrument de son inscription doit être réfutée, parce que porteuse de discrimination entre les différents types de supports, et de divergences au sein de la communauté des pays francophones d'Afrique subsaharienne. C'est notamment le cas avec l'acte notarié électronique qui serait incompatible avec l'univers virtuel.

2. L'accomplissement des formalités notariales dans l'espace physique

439. L'acte notarié est élaboré pour les actes graves et dangereux[1080]. C'est pourquoi sa rédaction exige que la volonté des parties, témoins et notaire soit attestée par les signatures d'une part, et que l'acte notarié soit

[1077] « C'est-à-dire que le mouvement de sa main imprègne les signes de sa marque, quelque soit le procédé utilisé », E. JOLY-PASSANT, thèse, op. cit., p. 36, n°86.
[1078] E. JOLY-PASSANT, thèse, op. cit., p. 39, n°93.
[1079] E. JOLY-PASSANT, thèse, op. cit., p. 39, n°93.
[1080] A. BENABENT, op. cit., p. 79, n°106.

reçu en minute, original conservé par le notaire d'autre part[1081]. Toutes ces exigences laissent transparaître des conditions uniquement compatibles avec le monde physique. Le consentement des parties doit être certifié par des signatures sur un document original. Cela suppose la rencontre des parties et du notaire en un lieu physique et la rédaction d'un document éventuellement corroboré par des témoins. Ces éléments doivent être respectés tant lors de la création que lors de l'exploitation de l'acte notarié. Lors de la création il faut attacher de l'importance à la solennité, à la vérification de la déclaration des faits, de l'identité des personnes et parties à l'acte, au consentement de ces personnes et à leur signature[1082]. Lors de l'exploitation de l'acte notarié, c'est à la signature de l'officier qu'il faut s'intéresser, afin d'être situé sur l'existence de l'acte et la conformité de la copie délivrée[1083]. Garantir de telles exigences à distance n'est pas évident. Le retard technologique de l'Afrique noire semble expliquer la crainte de certains législateurs nationaux d'admettre par voie électronique un formalisme aussi complexe.

La loi burkinabé sur les transactions électroniques démontre clairement sa réticence à l'égard d'un tel acte. Elle dispose à travers son article 15 que ses dispositions s'appliquent à tout document électronique, sauf aux « actes qui créent ou transfèrent des droits réels sur des biens immobiliers, actes de sûreté et garantie fournis par des personnes agissant à des fins qui n'entrent pas dans le cadre de leur activité professionnelle ou commerciale, actes juridiques pour lesquels la loi requiert l'intervention des tribunaux, actes authentiques… ». C'est également le cas de la loi ivoirienne qui exclut les activités exercées par les notaires de son champ d'application[1084]. La même restriction est relevée par l'article 3 de la loi camerounaise sur le commerce électronique[1085]. Une approche modérée recommanderait de voir cette exclusion comme une volonté de régir particulièrement les actes notariés électroniques par des textes spécifiques, et non par une loi trop générale qui ignorerait les aspects majeurs de cette profession.

440. Les résistances à la reconnaissance de l'acte notarié électronique sont nombreuses. On peut citer l'article 25 du décret n°95/034 du 24 février 1995 portant statut et organisation de la profession de notaire au Cameroun en vertu duquel, « les actes notariés notamment les minutes ou brevets sont sous leur responsabilité, soit écrits à la main, soit dactylographiés, imprimés, lithographiés ou typographiés au moyen d'une encre noire indélébile… ». De même, l'article 11 de la loi togolaise du 16 novembre 2001 portant statut des

---

[1081] J. CARBONNIER, Droit civil Les obligations, op cit, p. 192, n°98.

[1082] I. de LAMBERTERIE, « Les données de l'authenticité », in Les actes authentiques électroniques, (sous la dir.de) I. de LAMBERTERIE, éditions Françoise TYPHINE, La documentation française, 2002, p. 33.

[1083] Ibid.

[1084] Article de la loi ivoirienne de 2013 relative aux transactions électroniques : « Sont exclus du champ d'application de la présente loi : […] les activités exercées par les notaires ».

[1085] Article 3 de la loi camerounaise sur le commerce électronique : « Sont exclus du champ d'application de la présente loi : […] les activités exercées par les notaires ».

notaires confirme cette position en disposant que lorsque les parties ne savent pas écrire, le notaire doit faire porter sur l'acte « les empreintes de leur index gauche et signer »[1086]. L'article 15 de la même loi affirme avec plus de précision que, « les actes des notaires sont établis de façon lisible et indélébile sur du papier offrant toute garantie de conservation ». Au Mali, cette mesure est également prescrite par la loi n°96- 023 portant statut des notaires en ces termes : « Lorsque les parties ne savent ou ne peuvent signer, le notaire doit faire mention de leur déclaration à cet égard à la fin de l'acte, y faire apposer les empreintes de leur index gauche et signer ». Ces dispositions permettent de comprendre que plusieurs législateurs des pays francophones d'Afrique subsaharienne conservent l'idée selon laquelle, l'acte notarié devrait se faire sur papier, et ne pourrait être compatible qu'avec le monde physique.

B. Le dénouement

441. L'écrit qu'on croyait condamné à disparaître du fait de l'apparition de moyens de communication instantané, connaît un retour en grâce[1087]. « Un écrit non pas au sens traditionnel du terme, celui porté sur support tangible, mais un écrit d'un nouveau genre, totalement dématérialisé »[1088], de manière à ce que le législateur se soit saisi du défi lancé au droit par la dématérialisation[1089]. Le formalisme est invité par les réseaux électroniques à évoluer sous l'impulsion de la technologie. Sans aboutir à un formalisme nouveau, l'extension du formalisme classique au commerce électronique passe par la séparation entre l'écrit et son support (1) pour les actes sous seing privé, et par l'aménagement des conditions d'accomplissement des formalités notariales en ligne (2).

1. La séparation entre l'écrit et son support

442. L'assimilation exclusive de l'écrit au support papier n'est pas juridique. Elle est le résultat de l'opinion commune qui pour n'avoir connu que le papier durant des siècles, se convainc d'un monopole du papier sur l'écrit. Du fait de l'héritage culturel et historique, le papier a absorbé la question de l'écrit au point de l'occulter, alors que, bien d'autres supports peuvent être employés[1090]. Ce qui fait que l'opposition entre les supports anciens[1091] et contemporains[1092] d'une part, et le support technologique

---

[1086] Journal officiel de la République togolaise, 22 novembre 2001, 2.
[1087] Ch.-E. BUCHER, Le courrier électronique et le formalisme, in B. TEYSSIER (dir.), op. cit., p. 169.
[1088] Ch.-E. BUCHER, Le courrier électronique et le formalisme, op. cit., p. 169.
[1089] Notamment à travers l'adoption des lois spécifiques au commerce électronique.
[1090] E. JOLY-PASSANT, thèse, op. cit., 2006, p. 4, n°10.
[1091] En référence à l'histoire, on peut citer la tablette, le papyrus.
[1092] Le papier.

d'autre part n'existe que dans leur forme[1093]. L'écrit peut être établi indépendamment de son support[1094], car la nature du support étant sans influence sur cette notion. La seule condition est que cet écrit s'inscrive dans un processus intellectuel de communication[1095], aux fins d'être compris par l'interlocuteur ou le lecteur. De manière dispersée, quelques législateurs communautaires et nationaux des pays francophones d'Afrique subsaharienne rejoignent cette définition (b), impulsée par la rupture de la filiation de l'écrit au support papier (a).

a. La fixation de l'écrit sur tout support

443. Le rattachement de l'écrit au papier est plus psychologique que juridique. L'histoire des civilisations démontre que l'écrit a existé bien avant l'apparition du papier grâce à l'usage des papyrus. Même pendant l'ère du papier, d'autres supports ont souvent été utilisés. On peut citer les écrits mentionnés sur les tissus pendant les cérémonies, ou sur les vêtements, sur les murs par des artistes peintres, sur la chaussée pour marquer un arrêt obligatoire[1096].

La loi-type onusienne de 1996 sur le commerce électronique indique les voies adéquates nécessaires pour appréhender la forme du contrat de commerce électronique. Dans ses travaux, la CNUDCI suggère d'orienter la réflexion vers l'utilisation des concepts élaborés dans l'univers papier pour encadrer certains aspects du commerce électronique. Au lieu de se laisser angoisser par la nouveauté du commerce électronique et l'imperfection du support papier et de provoquer par là une inflation législative, les législateurs peuvent procéder par voie de définition pour englober les phénomènes nouveaux dans des notions connues. Les auteurs de la loi-type de 1996 proposent de s'inspirer de l'équivalence fonctionnelle des situations juridiques déjà connues dans le monde des documents-papier, pour imaginer comment de telles situations pourraient être transposées, reproduites ou imitées dans un environnement dématérialisé[1097]. L'équivalence fonctionnelle permet de vérifier que le document sur support papier et le document sur support électronique ou tout autre support assurent les mêmes fonctions. Ce concept préconise une approche qui consiste à rechercher les fonctions qu'un instrument juridique possède, tel un écrit, une signature ou un original, et de les transposer sur tout autre support qui sera susceptible de reproduire les mêmes fonctions[1098].

1093 Les premiers sont physiques et rendent l'écrit visible, le second est aussi physique, c'est le cas du disque dur, mais rend l'écrit invisible à l'œil nu.

1094 E. JOLY-PASSANT, thèse, op. cit., p. 5, n°12.

1095 E. JOLY-PASSANT, thèse, op. cit., p. 37 s.

1096 « Stop », « Halte ».

1097 E. CAPRIOLI et R. SORIEUL, op. cit., p. 383.

1098 V. GAUTRAIS, « Libres propos sur le droit des affaires électroniques », Lex Electronica, vol.10, n°3, Hiver/Winter 2006, http://www.lex-electronica.org/articles/v10-3/gautrais.htm;

444. L'intervention du législateur doit être fondée sur les fonctions qu'assure l'écrit sous toutes ses formes. Il est vrai que l'approche fonctionnelle a souvent été décriée par les partisans de l'autonomie du cyberespace. Il lui a été reproché notamment d'être une méthode peu fiable, parce que les législateurs nationaux ne décèlent pas souvent les mêmes fonctions. Pour l'écrit par exemple, dans la critique qu'il fait de vouloir transposer la notion d'écrit dans l'univers de l'électronique, Vincent GAUTRAIS souligne que la loi-type met l'accent sur la consultation ultérieure[1099] qui n'est la fonction de l'écrit, ni dans la loi québécoise sur le cadre juridique des technologies de l'information qui préconise le critère de l'intégrité[1100], ni dans le *Uniform Computer Information Transaction Act* et le *Uniform Electronic Transaction Act* parlent d'enregistrement. Dans le même sens, la loi française n°2004-575 du 21 juin 2004[1101] introduisant l'article 1108-1 nouveau du Code civil considère plutôt l'identité de l'auteur et l'intégrité du document[1102]. On observe aussi entre ces différences de critères fonctionnels dans les lois nationales sur le commerce électronique. L'article 23 de la loi ivoirienne de 2013 relative aux transactions électroniques s'oriente vers l'identification de l'auteur, la conservation et l'intégrité[1103]. Dans son article 17, la loi burkinabé relative aux transactions électroniques opte pour le critère fonctionnel de la « consultation ultérieure »[1104] proposé par la loi-type de la CNUDCI. Alors que la loi sénégalaise et la loi camerounaise déterminent la validité d'un acte électronique par son aptitude à être prouvé[1105].

A. PRÛM, « L'acte sous seing privé électronique : réflexions sur une démarche de reconnaissance », Mélanges Michel CABRILLAC, Litec, 1999, p. 263.

1099 Article 6 de la loi-type de 1996 : « Lorsque la loi exige qu'une information soit sous forme écrite, un message de données satisfait à cette exigence si l'information qu'il contient est accessible pour être consultée ultérieurement ».

1100 Article 5 (2) de la loi québécoise sur le cadre juridique des technologies de l'information : « Le document dont l'intégrité est assurée à la même valeur qu'il soit sur support papier ou sur un autre support [...] ».

1101 Cette loi vient rompre avec la confusion qu'entretenait la loi n°2000-230 du 13 mars 2000 entre écrit ad validitatem et écrit ad probationem et qui, sans le définir, traitait de l'écrit en référence à sa fonction probatoire.

1102 Article 1108-1 nouveau du Code civil français : « Lorsqu'un écrit est exigé pour la validité d'un acte juridique, il peut être établi et conservé sous forme électronique ».

1103 Article 23 de la loi ivoirienne de 2013 relative aux transactions électroniques : « L'écrit sous forme électronique est admis comme mode de preuve au même titre que l'écrit sur support [...] sous réserve de l'identification et de la personne dont il émane et de sa conservation dans des conditions de nature à en garantir l'intégrité ».

1104 Article 17 de la loi n°045-2009/AN du 10 novembre 2009 portant règlementation des services et des transactions électroniques au Burkina Faso : « L'exigence d'un écrit est satisfaite par une suite de lettres, de caractères, de chiffres ou de tous autres signes ou symboles dotés d'une signification intelligible et accessible pour être consultés ultérieurement, quels que soient leur support et leurs modalités de transmission ».

1105 Cela participe certainement de l'interpénétration entre formalisme de validité et formalisme probatoire. Article 13 (1) de la loi camerounaise sur le commerce électronique : « Lorsqu'un écrit est exigé pour la validité d'un acte juridique, il peut être établi et conservé

445. Cependant, la diversité de critères fonctionnels n'instaure pas une incompatibilité de la notion d'écrit avec l'univers de l'électronique. Les critères fonctionnels érigés dans les lois relatives au commerce électronique doivent être compris comme des fonctions complémentaires que les législateurs nationaux et onusien ajoutent à la fonction originelle de l'écrit.

La fonction originelle de l'écrit est de permettre à l'individu de prendre conscience de l'engagement pour lequel il s'oblige. A côté se trouvent des fonctions complémentaires imposées par la nature des réseaux électroniques. Il s'agit notamment de la consultation ultérieure de l'écrit électronique et de son intégrité, ainsi que de l'identification de son auteur. De toute façon, l'écrit ne peut remplir une seule fonction. Tout comme il conduit vers la consécration d'un formalisme électronique, le commerce électronique a simplement permis de comprendre que l'écrit n'assure pas une seule fonction, mais une pluralité de fonctions qui méritent de sortir du second plan à l'intérieur duquel elles étaient reléguées. La définition de l'écrit doit être indépendante de son support et de son aptitude probatoire. Il est judicieux d'accorder une définition claire et précise à la notion d'écrit, sans la rattacher à des fins juridiques de validité ou de preuve.

b. La contestation progressive de la filiation de l'écrit au support papier

446. Les premiers contrats qui nous ont été transmis furent gravés dans les tablettes d'argile ou dans les pierres déposées dans les lieux de culte[1106]. La transposition de la recherche des critères fonctionnels de l'écrit électronique n'est pas homogène. Tandis que dans le domaine bancaire, les communautés sous régionales de l'UEMOA et de la CEMAC connaissent une adaptation réelle de l'écrit à l'univers électronique, l'espace des affaires OHADA se singularise par une réaction isolée de l'Acte uniforme sur le contrat de transport par voie terrestre. Sur le plan interne, les législations nationales de quatre pays entreprennent de promouvoir l'écrit électronique. L'absence d'un pôle, unique fédérateur de l'impulsion juridique comme dans l'Union Européenne est à déplorer.

447. L'illustration d'une intervention légale consacrant l'écrit par des moyens autres que la main est fournie en l'espèce par les 30 et 87 du Règlement n° 2/03/CEMAC/UMAC/CM relatif aux systèmes, moyens et incidents de paiement qui disposent que l'endossement doit être inscrit sur le chèque ou sur la lettre de change qui doivent être signés par l'endosseur : « la signature de celui-ci est apposée, soit à la main, soit par tout procédé

---

sous forme électronique dans les conditions prévues aux articles 1317 et suivants du Code civil, relatifs à la preuve littérale ». Article 19 de la loi sénégalaise sur les transactions électroniques de 2008 : « Lorsqu'un écrit est exigé pour la validité d'un acte juridique, il peut être établi et conservé sous forme électronique dans les conditions prévues aux articles 37 et 41 de la présente loi ».

[1106] Y. BRULARD et P. FERNANDEZ, La réforme aura-t-elle accouché d'une souris, Légalis.net, sept. 2003, # 3, p. 55.

non manuscrit ». En matière bancaire, concernant notamment les moyens de paiement, l'Union Economique et Monétaire Ouest Africaine s'est résolue à se détacher de la conception traditionnelle de l'écrit pour une conception plus réelle et détachée de son support numérique. Ainsi l'article 1 du Règlement n° 15/2002/CM/UEMOA relatif aux systèmes de paiement dispose que l'écrit s'entend de « toutes les formes d'expression dotées d'une signification lisible ». Plus loin, l'article 18 du même règlement précise que « la preuve par écrit résulte d'une suite de lettres, de caractères, de chiffres ou de tous autres signes ou symboles dotés d'une signification intelligible, quels que soient le support et les modalités de transmission ». Sans prolonger plus longtemps dans le domaine de la preuve, les dispositions du règlement précité marquent la différence dans un dispositif extracommunautaire encore sous l'emprise du rattachement de l'écrit au support papier.

Toujours à l'échelle communautaire, l'article 2c de l'Acte uniforme relatif au contrat de transport par route dispose que, l'écrit s'entend d'« une suite de lettres, de caractères, de chiffres ou de tous autres signes ou symboles dotés d'une signification intelligible et mis sur papier ou sur un support faisant appel aux technologies de l'information ». Cet Acte uniforme a le mérite de rassembler de manière précise les trois éléments constitutifs de l'écrit, à savoir le caractère inscriptible et intelligible exprimant la pensée, le support de fixation et le procédé de fixation. Peu importe l'instrument et la manière par laquelle l'écrit est « mis » sur le support, on sera en présence d'un écrit. Ces trois éléments, qu'on retrouve chez JOLY-PASSANT, satisfont pleinement la conception moderne de la notion d'écrit[1107].

448. L'article 17 de la loi burkinabé sur les transactions électroniques dispose que, « l'exigence d'un écrit est satisfaite par une suite de lettres, de caractères, de chiffres ou de tous autres signes ou symboles dotés d'une signification intelligible et accessible pour être consultés ultérieurement, quels que soient leur support et leurs modalités de transmission »[1108]. L'article 27 de la loi sénégalaise du 25 janvier 2008 sur les transactions électroniques dit clairement que, « l'écrit résulte d'une suite de lettres, de caractères, de chiffres ou de tous autres signes ou symboles dotés d'une signification intelligible, quels que soient leur support et leurs modalités de transmission ». Cette position est également celle de la Côte d'Ivoire[1109]. Pourtant dans ces pays, la démarche ne fait pas l'unanimité. D'abord, on constate que si certains pays comme la Côte d'Ivoire, le Sénégal, le Burkina

[1107] L'auteure parle « d'un élément intellectuel à travers les signes exprimant la pensée et de deux matériels support et instrument permettant de tracer les traces », E. JOLY-PASSANT, thèse, op. cit., p. 26, n°61 ; Voir aussi J. LARRIEU, op. cit., p. 11.

[1108] Loi n°045-2009/AN du 10 novembre 2009 portant règlementation des services et des transactions électroniques au Burkina Faso.

[1109] Article 1 de la loi ivoirienne relative aux transactions électroniques : « Toute suite de lettres, de caractères, de chiffres ou de tous autres signes ou symboles qui a une signification intelligible, quels que soient leur support et leurs modalités de transmission ».

et le Cameroun[1110] disposent de lois nationales relatives au commerce en ligne, les autres pays restent ancrés au droit traditionnel inadapté au contexte électronique. L'insécurité que crée cet état de léthargie est susceptible de limiter des échanges électroniques entre ces pays[1111], alors que la recherche des équivalents fonctionnels constitue une solution pouvant être unanimement adoptée.

2. L'aménagement des conditions d'accomplissement des formalités notariales en ligne

449. L'article 1317 du Code civil définit l'acte authentique comme un acte reçu par des officiers publics, ayant le droit d'instrumenter dans le lieu où l'acte a été rédigé, et avec les solennités requises. Il existe plusieurs types d'actes authentiques[1112]. La réflexion concernera essentiellement les actes authentiques inclus dans le processus contractuel, à savoir l'acte électronique notarié. Il convient de prospecter les voies par lesquelles la valeur juridique peut être accordée à cet acte, lorsqu'il est établi par voie électronique[1113]. L'électronique ne modifie en rien le formalisme authentique. Seules les modalités par lesquelles cet acte doit être passé sur internet doivent être pensées. Deux modalités sont possibles : soit l'instauration d'une signature devant attester de l'implication du notaire dans les transactions en ligne si le

---

[1110] Au passage, on peut regretter la rédaction de l'article 13 (2) de la loi camerounaise qui exprime cette idée en ces termes déplorables, « Lorsqu'il est exigé une mention écrite de la main même de celui qui s'oblige, ce dernier peut l'apposer sous forme électronique si les conditions de cette apposition sont de nature à garantir qu'elle ne peut être effectuée que par lui-même ». La garantie de l'apposition de la mention manuscrite par soi-même ne suppose pas l'intégrité du contenu. En outre, avec le progrès exponentiel des technologies, peut-on réellement prétendre qu'une technique peut garantir qu'un écrit électronique ne peut être effectué exclusivement que par son expéditeur lui-même ? Nous pensons qu'au lieu de vérifier l'aptitude exclusive du scripteur à émettre un écrit électronique, il faut simplement vérifier l'intégrité du message et chercher à en établir la filiation.

[1111] Quel commerçant risquerait de contracter sous la crainte de voir les transactions annulées par un juge dont les convictions sont encore rattachées au support papier ?

[1112] Une auteure distingue comme actes authentiques, les actes à caractère administratif dressés par un fonctionnaire dans les limites de ses attributions et dans l'étendue de son ressort, les actes d'huissier et ceux du greffe, les actes de juridiction volontaire notamment les actes notariés, les actes judiciaires et extrajudiciaires principalement les jugements ; « Une décision de justice a valeur d'acte authentique », Cour Suprême du Cameroun, arrêt n°16/L du 18 janvier 1973, Code civil Minos, 2000, commentaire de l'article 1317 du Code civil applicable au Cameroun ; Voir I. de LAMBERTERIE, « Les données de l'authenticité », in Les actes authentiques électroniques, (sous la dir.de) I. de LAMBERTERIE, éditions Françoise TYPHINE, La documentation française, 2002, p. 33.

[1113] « La forme électronique ne doit pas remettre en question les garanties particulières dont l'acte électronique est revêtu. Il faut trouver un formalisme électronique qui se substituera aux exigences actuelles liées au support papier et qui permettra à l'officier public de rester le témoin privilégié de l'opération constatée dans l'acte ». É. GUIGOU, Internet, la révolution numérique crée-t-elle une révolution juridique ?, Premières rencontres parlementaires sur la société de l'information et l'Internet, Colloque à l'Assemblée nationale, Mardi 5 octobre 1999, http://www.cnil.fr/fileadmin/documents/approfondir/dossier/loi78-pdf.

législateur accorde cette possibilité (a), soit l'agrément des systèmes informatiques des notaires dans le cas de l'option pour un système de procuration entre notaires situés à des lieux différents (b).

a. L'instauration de la signature électronique du notaire

450. La présence du notaire a souvent été considérée comme l'élément qui confère l'authenticité à l'acte qu'il établit[1114]. En matière contractuelle, seuls les faits accomplis par le notaire ou en sa présence bénéficient de la force probante attachée à l'authenticité[1115]. Admettre l'acte authentique électronique suppose de garantir la présence du notaire lors des opérations conclues en ligne. Dans le cadre des opérations de commerce électronique, on pourrait recourir à la visioconférence pour satisfaire à cette exigence. Cependant, le nombre astronomique des transactions accomplies au même instant sur internet ne permet pas d'assurer la présence du notaire lors de la conclusion de tous les contrats pour lesquels sa présence est requise. La visioconférence ne peut être utilisée au même moment pour toutes les opérations nécessitant la présence du notaire. Pourquoi ne pas mettre l'accent sur la signature qui confirmerait la présence du notaire ?

451. En effet, la mention de la signature permet de conclure à la présence du notaire. La signature du notaire est la seule signature qui confère l'authenticité[1116]. En 1972, la Cour de cassation française a jugé que « la nullité d'un acte authentique pour défaut de signature du notaire, est une nullité absolue »[1117]. A défaut de cette signature, l'acte notarié peut valoir comme acte sous seing privé[1118]. Cela signifierait donc que, quelque soit la forme de la signature utilisée dans les réseaux électroniques, il suffirait juste que le notaire appose un signe attestant de la participation des parties, et de l'accomplissement de certains faits par lui-même ou en sa présence.

Luc GRYNBAUM soutient l'idée de faire reposer la signature électronique du notaire sur un procédé de signature électronique sécurisée conforme[1119]. C'est ce que prévoit le décret français n° 2005-973 du 10 août 2005 modifiant le décret n° 71-941 du 26 novembre 1971 relatif aux actes établis par les notaires, qui dispose en son article 17 que « l'acte doit être

---

[1114] « La présence du notaire lors de l'établissement de l'acte participait de l'essence même de l'acte authentique », J. FLOUR, Sur une notion nouvelle de l'authenticité : Defrénois 1972, art. 30159, n° 5, p. 981.

[1115] « L'acte authentique ne fait foi jusqu'à inscription de faux que des faits que l''officier public y a énoncés comme les ayants accomplis par lui-même ou comme passés en sa présence dans l'exercice de ses fonctions », Cass. civ. 1ère 16 juill. 1969, Bull. civ. I, n°277.

[1116] CA Pau, 14 juin 1977, JCP, éd. G 1978, II, 18920.

[1117] Cass. Civ. 1ère nov. 1972, Bull. Civ. I, n°260; plus récemment, Cass. civ. 1ère, 29 nov. 1989, Bull. Civ. I, n°368

[1118] Article 1318 du Code civil : « L'acte qui n'est point authentique par l'incapacité ou l'incompétence de l'officier, ou par un défaut de forme, vaut comme écriture privée s'il a été signé par les parties ».

[1119] L. GRYNBAUM, Un acte authentique électronique pour les notaires, Communication Commerce électronique n° 10, Octobre 2005, comm. 156.

signé par le notaire au moyen d'un procédé de signature électronique sécurisée ». L'article 20 de ce décret prévoit également que « l'acte (authentique) est parfait lorsque le notaire instrumentaire y appose sa signature électronique sécurisée »[1120]. Dans l'attente des décrets devant organiser les conditions d'établissement et d'exploitation de l'acte électronique authentique, deux pays francophones d'Afrique subsaharienne s'inscrivent dans ce sens. L'article 41 (3) de la loi sénégalaise sur les transactions électroniques dispose que « l'acte authentique peut être dressé sur support électronique s'il est établi et conservé dans des conditions fixées par décret ». Il est rejoint par la loi camerounaise qui autorise les contrats authentiques sous réserve des prescriptions légales[1121]. Ces deux lois nationales n'excluent l'acte authentique électronique que lorsqu'il porte sur des opérations interdites[1122].

452. L'instauration d'une signature électronique sécurisée témoigne de l'intrusion d'éléments techniques dans le processus contractuel conduit par le notaire. Depuis GALILEE le droit dépend de la science[1123]. Albert de LAPRADELLE affirmait que « ce ne sont pas les philosophes avec leurs théories, ni les juristes avec leurs formules, mais les ingénieurs avec leurs inventions qui font le droit et le progrès du droit. »[1124]. CATALA apporte plus de modération à cette position trop radicale. L'auteur précise que, « déduire que les ingénieurs font le droit serait confondre le progrès des techniques et celui du droit ; il est plus juste de dire que les ingénieurs créent un besoin de droit que d'autres auront à combler »[1125]. C'est ce besoin qui est comblé par la signature électronique sécurisée toutes les fois qu'il s'agira d'établir l'acte notarié électronique.

453. Mais l'instauration d'une signature électronique sécurisée pour la validité de l'acte notarié électronique suscite un problème de contrôle de l'utilisation. Il est souhaitable que d'une façon ou d'une autre, l'accès aux moyens matériels et informatiques permettant l'apposition de la signature

---

[1120] Article 20 du décret n° 2005-973 du 10 août 2005 modifiant le décret n° 71-941 du 26 novembre 1971 relatif aux actes établis par les notaires.

[1121] Article 9 de la loi camerounaise régissant le commerce électronique de 2010 : « La conclusion des contrats par voie électronique est autorisée sous réserve des prescriptions fixées par les textes législatifs et réglementaire en vigueur ».

[1122] Article 10 de la loi camerounaise régissant le commerce électronique de 2010 : « Le régime des contrats écrits s'applique aux contrats électroniques quant à l'expression de la volonté, à leur effet légal, à leur validité et à leur exécution, exception faite des types de contrats suivants : les contrats qui créent ou transfèrent des droits sur des biens immobiliers, à l'exception des droits de location ; les contrats pour lesquels la loi requiert l'intervention des tribunaux, des autorités publiques ou de professions exerçant une autorité publique ; les contrats de sûreté et garanties fournis par les personnes agissant à des fins qui n'entrent pas dans le cadre de leur activité professionnelle ou commerciale ; les contrats relevant du droit de la famille ou du droit des successions ».

[1123] A. FINKIELKRAUT, Nous autres, modernes, Ellipses 2005 p .114

[1124] P. CATALA, Le formalisme et les nouvelles technologies, Répertoire du notariat Defrénois, 15 août 2000 n° 15-16, p. 897.

[1125] P. CATALA, Le formalisme et les nouvelles technologies, op. cit., p. 897.

des actes authentiques soit contrôlable et contrôlé, afin qu'il n'y ait pas de risques d'utilisation abusive de la signature[1126]. La signature du notaire doit être propre au signataire. Elle doit être créée par des moyens que l'auteur peut garder sous son contrôle et garantir avec l'acte auquel elle s'attache, un lien tel que toute modification ultérieure de l'acte soit détectable. Lorsque des mentions manuscrites sont exigées dans un acte, le procédé de substitution électronique doit être conforme aux prescriptions des conditions de la signature électronique[1127].

b. La garantie de la présence du notaire : l'agrément des systèmes informatiques

454. La technologie mise en place influence la qualification d'acte authentique et suscite des conséquences sur la profession de notaire. L'intérêt de l'écrit électronique consiste en la possibilité d'établir le contrat à distance sur les réseaux électroniques. Dans la pratique, l'acte notarié est établi en présence du notaire et des parties en un lieu unique. Autrement, on peut craindre l'absence de contrôle de la réalité du consentement et l'isolement des parties qui ne bénéficieraient pas d'un dernier conseil du notaire avant l'engagement. La présence du notaire peut être assurée par le jeu de la procuration et l'institution d'un agrément des systèmes informatiques des membres de cette profession. A défaut, cela fera vaciller le fondement même de l'authenticité, car « non seulement l'officier public ne recevrait plus les parties et ne serait pas présent pour recueillir leur signature, mais encore, personne ne se substituerait à lui, pas même un clerc habilité »[1128]. La présence du notaire attestée par sa signature est de l'essence même de la notion d'authenticité[1129]. Le décret français révisé de 1971 permettait aux parties qui ne se trouvaient pas en présence du notaire instrumentaire, de livrer leur consentement ou leur déclaration par devant un autre notaire qui participe à l'acte. L'article 20 al.3 nouveau de ce décret prévoit que, « chacun des notaires recueille le consentement et la signature de la partie ou de la personne concourant à l'acte puis y appose sa signature ».

[1126] I. de LAMBERTERIE, op. cit., 73

[1127] C'est-à-dire que les conditions de l'apposition par voie électronique « sont de nature à garantir qu'elle ne peut être effectuée que par lui-même », conformément à l'alinéa 2 de l'article 1108-1 du Code civil français.

[1128] « La spécificité de l'acte authentique et ses effets propres résultent donc toujours de cette circonstance capitale : le témoignage de l'officier public quant à la manifestation des consentements donnés par des personnes identifiées », A. RAYNOUARD, Sur une notion ancienne de l'authenticité : l'apport de l'électronique, Répertoire du notariat Defrénois, 30 sept. 2003, n°18, p. 1118 et s ; http://www.lextenso.fr/weblextenso/article/print/id=AD2003DEF1117N1.

[1129] C. CASTETS-RENARD, Le formalisme du contrat électronique ou la confiance décrétée, Répertoire du notariat Defrénois, 30 oct. 2006, n°20, http://www.lextenso.fr/weblextenso/article/print ?id=AD2006DEF1529N1.

455. Le Pr. HUET préconisait d'exclure de l'acte authentique électronique les actes nécessitant la présence des parties[1130]. Cependant, il est possible de recourir au procédé de la procuration pour établir l'acte authentique électronique. Cette solution consiste pour la partie qui n'entend pas être présente à l'étude d'un notaire où l'acte sera reçu, à faire dresser par un autre notaire une procuration que ce dernier communiquera à son confrère chargé de recevoir l'acte[1131]. L'exigence de la présence d'un notaire n'occulte pas véritablement l'acte notarié électronique[1132]. Au lieu de prohiber l'acte électronique notarié de manière radicale, on peut seulement refuser l'établissement d'un acte à distance par un unique notaire. Cette démarche exigera simplement que les systèmes des différents notaires qui interviennent soient compatibles et interopérables. La condition majeure de cette interopérabilité peut être satisfaite par la signature électronique avancée basée sur un certificat qualifié. Dans cette hypothèse, chaque pays membre des communautés régionales doit rendre disponible une liste d'autorités de confiance. Mais cette mesure doit être accompagnée de la délivrance des agréments des notaires souhaitant exercer en ligne. On peut attribuer aux Conseils supérieurs du notariat ou aux Ordre des notaires[1133], de procéder à l'agrément « des systèmes de traitement et de transmission de l'information », tout comme à l'établissement et au contrôle du minutier[1134].

§2. L'apparition d'un formalisme électronique

456. Le fait pour les réseaux électroniques de créer un environnement cyberspatial distinct du monde physique contribue à l'émergence d'un formalisme qui leur est spécifique. Vincent GAUTRAIS[1135] a trouvé dans les

---

1130 J. HUET, Le Code civil et les contrats électroniques, www.jeromehuet.com/IMG/pdf/JH-JBB-ComEl-C-Com-PII.pdf.

1131 F. MAS, these, op cit, p. 336, n°221.

1132 L'acte authentique électronique par signature électronique du notaire, JurisClasseur Encyclopédie des Huissiers de Justice > V° Preuve > Fasc. 25 : PREUVE. - Divers modes de preuve : écrit électronique > II. - La signature électronique > C. - L'acte authentique électronique par signature électronique, date de fraîcheur : 24 Février 2006.

1133 « Le premier acte authentique sur support électronique a été signé le 28 octobre 2008 au Conseil supérieur du notariat [français]...Techniquement, l'authenticité de la signature électronique du notaire est garantie par la clé REAL. Il s'agit d'une clé USB sécurisée qui contient l'ensemble des éléments d'identification du notaire ainsi que sa signature », C. CASTET-RENARD, Droit de l'internet : droit français et européen, op. cit., p. 150.

1134 L. GRYNBAUM, Un acte authentique électronique pour les notaires, Communication Commerce électronique n° 10, Octobre 2005, comm. 158.

1135 Dans sa thèse, l'auteur évacue du commerce électronique les règles issues du formalisme légal entendu comme « formes obligatoires par la force de loi éventuellement de traités », pour soutenir l'émergence de règles de forme qui, non issues des règles étatiques, se fondent sur la source communautaire électronique qui constitue l'autorité juridique et le sentiment obligatoire ; Pour lui, si une règle formelle doit être « le fruit d'une autorité juridique, l'origine du formalisme n'est pas limitée à la seule source législative »,V. GAUTRAIS, thèse, op. cit., p. 87.

usages et les pratiques, une source pertinente du formalisme électronique. En effet, la loi d'autonomie et la pratique peuvent constituer des sources juridiques adéquates en tous points avec la conception du formalisme électronique, dont le rôle s'avère très essentiel quant à son efficacité à garantir la preuve. L'éclosion d'un tel formalisme dans le commerce électronique interroge sur ses sources et ses missions (A), ainsi que sur son efficacité réelle (B).

A. Les sources et missions du formalisme électronique

L'épanouissement du formalisme électronique est conditionné par deux aspects, la solidité de ses sources (1) et la pertinence des missions qui lui sont allouées (2).

1. Les différentes sources

457. Le formalisme électronique est issu de sources informelles (a) dont les apports ont conduit le législateur à l'intégrer dans l'ordonnancement juridique (b).

a. Les sources informelles

458. L'espace créé par internet constitue un lieu électronique auquel on accède librement, moyennant l'adhésion à certaines règles généralement dégagées par la communauté d'utilisateurs[1136]. Que ce soit à travers les pratiques contractuelles ou à travers les usages développés au sein des communautés, des règles naissent pour répondre à un besoin de confiance dans les transactions électroniques[1137]. En organisant les pratiques qui prennent peu à peu place dans le cyberespace, les acteurs contribuent à façonner une régulation qui détermine une bonne part de leurs droits et obligations[1138]. Fondés sur la théorie de la *lex electronica*, ces arguments rappellent que la pratique est une source de connaissance importante dans les communautés. Selon un auteur, la plupart des contrats sur internet se forment sans qu'aucune entente n'ait été formellement constituée[1139]. Très souvent, un seul bon de commande est rempli par le client. L'inconsistance de certaines clauses comme les clauses sur le droit applicable et les clauses limitatives de responsabilité démontrent des pratiques déficientes, incompatibles avec les législations nationales qui ont pour socle, la règle

---

[1136] P. TRUDEL, « Introduction au droit du commerce électronique sur Internet », in Revue du Barreau/ tome 55/ n°3/ sept- oct.1995, p. 528.
[1137] P. TRUDEL, « La lex electronica », in Le droit saisi par la mondialisation, (Dir.) Charles Albert MORAND, Bruxelles Bruylant, Coll. Droit international, 2001, p. 229.
[1138] P. TRUDEL, « La lex electronica », op. cit., p. 225.
[1139] V. GAUTRAIS, thèse, op. cit., p. 283.

« on ne peut priver le consommateur des dispositions de son droit national »[1140].

459. Or les règles d'origine privée exprimées dans les clauses contractuelles peuvent s'imposer dans les environnements électroniques, en raison de la cohésion des communautés qu'elles pourraient régir[1141]. Mais la diversité d'intérêts des membres de ces communautés pourraient avoir pour effet, de provoquer l'émergence de « groupes éphémères réunis autour d'objectifs bien définis et souvent très ponctuels »[1142]. C'est la raison pour laquelle, l'impulsion, donnée par les pratiques au formalisme informatif électronique, doit être suivie d'une consécration légale.

b. Les sources légales

460. Le formalisme électronique n'a pas que des sources informelles. Il découle aussi d'une certaine manière des dispositions légales. On peut citer dans ce sens, le considérant 11 de la Directive 97/7/CE du Parlement européen et du Conseil du 20 mai 1997 concernant la protection des consommateurs en matière de contrats à distance qui dispose notamment que, « l'utilisation de techniques de communication à distance ne doit pas conduire à une diminution de l'information fournie au consommateur; [...] il convient donc de déterminer les informations qui doivent être obligatoirement transmises au consommateur, quelle que soit la technique de communication utilisée ». Cette disposition est reprise par l'article 8 de la Directive 2000/31/CE du Parlement européen et du Conseil du 8 juin 2000 relative à certains aspects juridiques des services de la société de l'information, et notamment du commerce électronique, dans le marché intérieur[1143], et par l'ordonnance française du 23 août 2001 portant transposition des directives communautaires et adaptation au droit

---

[1140] V. GAUTRAIS, thèse, op. cit., p. 284.

[1141] P. TRUDEL, « La lex electronica », op. cit., p. 235 et V. GAUTRAIS, thèse, op. cit., p. 261 à 264.

[1142] O. CACHARD, thèse, op. cit., p. 260 et 261, n°473.

[1143] Article 8 paragraphes 2 et 3 Directive 2000/31/CE du Parlement européen et du Conseil du 8 juin 2000 relative à certains aspects juridiques des services de la société de l'information : « Sans préjudice de l'autonomie des organismes et associations professionnels, les États membres et la Commission encouragent les associations et les organismes professionnels à élaborer des codes de conduite au niveau communautaire pour préciser les informations qui peuvent être données à des fins de communications commerciales dans le respect des règles visées au paragraphe 1. Lors de l'élaboration de propositions relatives à des initiatives communautaires qui peuvent s'avérer nécessaires pour assurer le bon fonctionnement du marché intérieur au regard des informations visées au paragraphe 2, la Commission tient dûment compte des codes de conduite applicables au niveau communautaire et agit en étroite coopération avec les associations et organismes professionnels concernés.

communautaire en matière de droit de la consommation[1144]. Tous ces textes consacrent un formalisme électronique issu de la pratique.

461. Il en est de même des pays francophones d'Afrique subsaharienne qui se sont dotés de lois sur le commerce électronique. L'article 24 (2) de la loi sénégalaise sur les transactions électroniques affirme que, « l'offre énonce en outre : les différentes étapes à suivre pour conclure le contrat par voie électronique, les moyens techniques permettant à l'utilisateur, avant la conclusion du contrat, d'identifier les erreurs commises dans la saisie des données et de les corriger, les langues proposées pour la conclusion du contrat, en cas d'archivage du contrat, les modalités de cet archivage par l'auteur de l'offre et les conditions d'accès au contrat archivé, les moyens de consulter par voie électronique les règles professionnelles et commerciales auxquelles l'auteur de l'offre entend, le cas échéant, se soumettre ». Dans le même sens, l'article 57 de la loi burkinabé de 2009 sur les transactions électroniques dispose que, « sans préjudice des autres exigences légales et réglementaires en matière d'information, le prestataire fournit au destinataire du service les informations suivantes : les caractéristiques essentielles du bien ou du service ; le prix total du bien ou du service, y compris l'ensemble des taxes, charges, commissions et dépenses y afférentes ; lorsqu'il s'agit d'un service financier dont le prix exact ne peut être indiqué, la base de calcul de ce prix ; tout coût supplémentaire spécifique pour le destinataire du

---

[1144] Article 9 de l'Ordonnance française du 23 août 2001 portant transposition des directives communautaires et adaptation au droit communautaire en matière de droit de la consommation : « Sans préjudice des informations prévues par les articles L. 111-1 et L. 113-3 du Code de la consommation ainsi que de celles prévues pour l'application de l'article L. 214-1, l'offre de contrat doit comporter les informations suivantes : le nom du vendeur du produit ou du prestataire de service, son numéro de téléphone, son adresse ou, s'il s'agit d'une personne morale, son siège social et, si elle est différente, l'adresse de l'établissement responsable de l'offre ; le cas échéant, les frais de livraison ; les modalités de paiement, de livraison ou d'exécution ; l'existence d'un droit de rétractation, sauf dans les cas où les dispositions de la présente section excluent l'exercice de ce droit ; la durée de la validité de l'offre et du prix de celle-ci ; le coût de l'utilisation de la technique de communication à distance utilisée lorsqu'il n'est pas calculé par référence au tarif de base ; le cas échéant, la durée minimale du contrat proposé, lorsqu'il porte sur la fourniture continue ou périodique d'un bien ou d'un service. Ces informations, dont le caractère commercial doit apparaître sans équivoque, sont communiquées au consommateur de manière claire et compréhensible, par tout moyen adapté à la technique de communication à distance utilisée. En cas de démarchage par téléphone ou par toute autre technique assimilable, le professionnel doit indiquer explicitement au début de la conversation son identité et le caractère commercial de l'appel » ; Article 10 de l'ordonnance française du 23 août 2001 : « Le consommateur doit recevoir, par écrit ou sur un autre support durable à sa disposition, en temps utile et au plus tard au moment de la livraison : confirmation des informations mentionnées aux 1 alinéas à 4 de l'article L. 121-18 et de celles qui figurent en outre aux articles L. 111-1 et L. 113-3 du Code de la consommation ainsi que de celles prévues pour l'application de l'article L. 214-1, à moins que le professionnel n'ait satisfait à cette obligation avant la conclusion du contrat ; une information sur les conditions et les modalités d'exercice du droit de rétractation ; l'adresse de l'établissement du fournisseur où le consommateur peut présenter ses réclamations ; les informations relatives au service après-vente et aux garanties commerciales ; les conditions de résiliation du contrat lorsque celui-ci est d'une durée indéterminée ou supérieure à un an ».

service lié à la technique de communication par voie électronique ; les frais de livraison, le cas échéant ; les modalités de paiement, de livraison ou d'exécution ; l'existence ou l'absence d'un droit de rétractation ; la durée de validité de l'offre ou du prix ; dans le cas de contrats portant sur la fourniture durable ou périodique d'un bien ou d'un service, la durée minimale du contrat ; la législation applicable au contrat et la juridiction compétente ; l'existence ou l'absence de procédures extrajudiciaires de réclamation et de recours accessibles au destinataire du service et, si de telles procédures existent, les modalités d'accès à ces dernières ; les différentes étapes à suivre pour conclure le contrat par voie électronique ; les langues proposées pour la conclusion du contrat ; les moyens techniques pour identifier et corriger des erreurs commises dans la saisie des données ; en cas d'archivage du contrat par le prestataire, les modalités de cet archivage et, le cas échéant, les conditions d'accès au contrat archivé. Ces informations sont fournies avant que le destinataire du service passe commande, par voie électronique et de manière claire, compréhensible et non équivoque ». Ces dispositions révèlent les missions que la loi attribue au formalisme électronique.

2. Les missions du formalisme électronique

D'un point de vue global, le formalisme électronique a principalement pour rôle, de garantir la qualité de l'information fournie à l'internaute (a) et d'encadrer le processus contractuel en ligne[1145] (b).

a. Finalité informative

462. Le formalisme informatif résulte d'une série de dispositions en vertu desquelles, une partie au contrat, généralement le professionnel, est tenue de rédiger le contrat par écrit et d'y insérer des mentions destinées à informer son cocontractant. Cette finalité attribuée au formalisme n'est pas propre au commerce électronique. Bien avant l'apparition des réseaux électroniques, le formalisme informatif était déjà consacré dans les articles 1326[1146] et 2015[1147] du Code civil napoléonien.

Comme son nom l'indique, le formalisme informatif « n'a d'autre but que de porter à la connaissance du cocontractant diverses informations, portant

---

[1145] L. GRYNBAUM, Loi économie numérique : le sacre des égalités formelles, Revue des contrats, 01 avril 2005, n°2, 584.

[1146] Article 1326 du Code civil : « Le billet ou la promesse sous seing privé par lequel une seule partie s'engage envers l'autre à lui payer une somme d'argent ou une chose appréciable, doit être écrit en entier de la main de celui qui le souscrit ; ou du moins il faut qu'outre sa signature, il ait écrit de sa main un bon ou un approuvé, portant en toutes lettres la somme ou la quantité de la chose. Excepté dans le cas où l'acte émane de marchands, artisans, laboureurs, vignerons, gens de journée et de service ».

[1147] Article 2015 du Code civil : « Le cautionnement ne se présume point ; il doit être exprès, et on ne peut pas l'étendre au-delà des limites dans lesquelles il a été contracté ».

indifféremment sur le droit ou sur le fait »[1148]. Le fait que la doctrine lui reconnaisse une nature formulaire fait rejoindre fond et forme. Cela fait du formalisme informatif un élément constitutif du *negotium*, et lui attribue la possibilité de réaliser tout comme l'obligation d'information, « la promotion paradoxale du contrat d'adhésion à un usage de protection »[1149]. Il s'ensuit une confusion avec l'obligation de renseignement, en raison du fait que le cybercommerçant est tenu de communiquer des informations prévues par la loi[1150]. Le domaine large de l'obligation d'information[1151] en rajoute à la confusion. C'est dans cette confusion que nous évoluerons le long de ces développements.

463. Or, la protection du consentement par le formalisme ne peut être satisfaite dans le commerce électronique que si le contenu de l'information transmise et sa présentation sur le site commercial contribuent à l'édification substantielle de l'internaute. La manifestation originale du formalisme informatif, pages après pages sur internet, permet à l'internaute d'apprécier de manière concrète l'ampleur de ses engagements. Ce formalisme se caractérise par une information plus riche communiquée à la suite des clics successifs, dans le but de renseigner, et d'éclairer le consentement du consommateur[1152]. Cela n'est possible que si les informations impérativement requises sont accessibles et lisibles.

464. Il est parfois fascinant de constater les soins utilisés par certains marchands pour dissimuler l'information sur leur site[1153]. C'est ce que révèle l'affaire *Kanitz* dans laquelle, l'internaute devait cliquer cinq fois pour retrouver son contrat[1154]. Les lois sénégalaise et burkinabé exigent que le prestataire assure un accès facile, direct et permanent des informations relatives à son identification. Cela ne s'étend pas aux autres types d'informations non relatives à l'identification du commerçant. La loi camerounaise exige simplement au vendeur de fournir au consommateur des informations de manière claire et compréhensible à tous les stades de

[1148] A. LEPAGE, « Les paradoxes du formalisme informatif », in Liber amicorum, J. CALAIS-AULOY, Etudes de droit de la consommation, Dalloz, 2004, p. 601, n°5.

[1149] Ibid

[1150] Ibid

[1151] J. CALAIS-AULOY décèle trois manifestations de l'obligation d'information qui s'articule autour de l'information sur les caractéristiques des biens et des services, l'information sur les prix et les conditions de vente, et enfin les mentions obligatoires auxquelles s'ajoutent la reproduction de modèles types. Un domaine très large qui rejoint celui du formalisme informatif légal consacré par la loi. Supra : voir J. CALAIS-AULOY, L'influence du droit de la consommation sur le droit civil des contrats, RTD civ. 1994, 239, 240

[1152] « Les exigences relevant du formalisme informatif spécifiques aux contrats du commerce électroniques concernent essentiellement la période de formation du contrat », F. MAS, thèse, op. cit., p. 346, n° 226.

[1153] V. GAUTRAIS, « Les contrats de cyberconsommation sont presque tous illégaux ! », Revue du Notariat, (2005), p. 617 et s.

[1154] www.dww.com/decisions/kanitzvsrogers cable inc. pdf.

l'opération[1155]. Cependant, il se pose la question de l'emplacement de ces informations sur le site ou sur les pages internet. Les liens hypertextes sont généralement utilisés et leurs icônes doivent être visibles et identifiables non seulement par un dessin, mais aussi par un nom indiquant le contenu du symbole affiché. Le silence des lois sur l'emplacement exact des icônes donnant accès aux informations peut avoir pour conséquence, l'abandon de l'obligation générale d'information à la discrétion des professionnels. Le mieux serait peut-être, d'imposer un emplacement facilement accessible de l'information.

465. La proposition de la page d'accueil peut être retenue pour ce qui est des transactions de commerce électronique. Depuis un arrêt du 10 décembre 2009, la Cour de cassation française a décidé que la difficulté d'accès à l'information constitue « un manque à l'obligation d'information »[1156]. Un auteur[1157] propose de fonder cette responsabilité sur l'article 1382, ou sur l'article 1384 alinéa 1 de manière à invoquer la responsabilité du fait des choses en cas de site défectueux. L'obligation pour le professionnel de faciliter l'accès à l'information lui impose de ne pas présenter un site sur lequel se perdrait l'internaute. Encore faut-il que ces informations soient lisibles.

Sur internet, les écrits ne sont lisibles que si le site permet l'affichage d'une police d'écriture claire. Le cybercommerçant peut rendre les écrits illisibles par des techniques aussi diverses que les couleurs incompatibles ou les polices minuscules. Dans les contrats d'adhésion tels que le contrat d'assurance, la lisibilité révèle une importance réelle dans la présentation de l'écrit. Rappelons que, l'article 15 de la loi camerounaise sur le commerce électronique exige de fournir au consommateur des informations « de manière claire et compréhensible »[1158]. L'article 57 de la loi burkinabé sur

[1155] Article 15 al. 2 de la loi camerounaise sur les transactions électroniques : « Les informations prévues à l'alinéa 1 ci-dessus doivent être fournies par voies électroniques et mises à la disposition du consommateur pour consultation à tous les stades de la transaction ».

[1156] Cass. Civ. 10 déc. 2009, RLDI 2010/56, n°1868.

[1157] J.-M. BRUGUIERE, « La difficulté d'accès à l'information sur l'Internet peut représenter une faute civile », Revue Lamy Droit de l'Immatériel, avril 2010, n°59, p. 6 à 7.

[1158] Article 15 de la loi camerounaise sur le commerce électronique : « Avant la conclusion du contrat, le vendeur est tenu, lors des transactions commerciales électroniques, de fournir au consommateur de manière claire et compréhensible les informations suivantes : l'identité, l'adresse et le téléphone du vendeur ou du prestataire des services ; une description complète des différentes étapes d'exécution de la transaction ; la nature, les caractéristiques et le prix du produit ; le coût de livraison et, le cas échéant, les tarifs d'assurance du produit et les taxes exigées ; la durée de validation de l'offre du produit aux prix fixés ; les conditions de garantie commerciales et du service après-vente ; les modalités et les procédures de paiement et, le cas échéant, les conditions de crédit proposées ; les modalités et les délais de livraison, l'exécution du contrat et les résultats de l'inexécution des engagements ; la possibilité de rétraction et son délai ; le mode de confirmation de la commande ; le mode de retour du produit, d'échange ou de remboursement ; le coût d'utilisation des moyens de télécommunication lorsqu'ils sont calculés sur une autre base que les tarifs en vigueur ; les conditions de résiliation du contrat lorsque celui-ci est conclu à durée indéterminée ou à une durée supérieure à un (1) an ; la durée minimale du contrat pour les contrats portant sur la

les transactions électroniques prévoit que, ces « informations sont fournies avant que le destinataire du service passe commande, par voie électronique, de manière claire, compréhensible et non équivoque ». L'illisibilité complique la compréhension du message. La fonction assumée par le formalisme va au-delà d'un rôle purement informatif. Elle contribue à l'encadrement électronique du processus contractuel.

b. L'encadrement électronique du processus contractuel

466. Sur le plan du formalisme des contrats de commerce électronique, l'une des innovations des lois dédiées au commerce porte sur la description du processus technique de formation du contrat[1159]. Avant la conclusion du contrat, le prestataire se doit d'informer le client sur : son identité et son adresse, la description de chaque étape d'exécution de la transaction, les moyens techniques mis en œuvre pour la correction des erreurs éventuelles et les moyens techniques de confirmation et le moment exact de la formation du contrat. Dans les réseaux électroniques, le droit se retrouve bousculé par la technique. Le processus contractuel est désormais technicisé. L'accord de volonté n'est plus ce qu'il était, une rencontre instantanée et purement juridique des consentements individuels. Sur internet, l'accord de volonté s'analyse sur la base de critères technologiques tels que « la passation de la commande » et « l'accusé de réception électronique ». Il s'articule autour des gestes de transmission et de réception de courriers électroniques, matérialisés par l'affichage successif de pages et d'étapes obligatoires comme celle de la correction des erreurs, de manière à conduire l'internaute vers l'accord des volontés. Ce processus de contractualisation est accompagné d'informations mises à la disposition de l'internaute par des techniques aussi diverses que l'affichage des icônes donnant accès aux foires aux questions (FAQ), l'architecture du site, les mentions incorporées par référence et aux informations utiles. L'efficacité de cette forme de formalisme doit faire l'objet d'une évaluation.

B. L'évaluation du formalisme électronique

L'efficacité du formalisme tient à ses sources. De manière surprenante, plus elles sont étatiques, moins elles paraissent efficaces (1). A l'inverse, elles semblent plus pertinentes lorsqu'elles sont issues de la pratique (2).

fourniture, à long terme ou périodiquement, d'un produit ou d'un service. Les informations prévues à l'alinéa 1 ci-dessus doivent être fournies par voies électroniques et mises à la disposition du consommateur pour consultation à tous les stades de la transaction ».

[1159] L. GRYNBAUM, Loi économie numérique : le sacre des égalités formelles, op. cit., p. 586.

1. L'efficacité limitée du formalisme électronique d'origine légale

467. Le formalisme informatif électronique d'origine légale établit une sorte de « standardisation », dont la violation de ces règles appelle une sanction. Le drame est que la standardisation ignore les subtilités de certaines transactions. Il peut arriver que le professionnel se contente d'afficher les mentions légales, et ignore l'élément substantiel qui agit sur le consentement de l'internaute. Malgré l'instauration des sanctions (a) le formalisme informatif électronique d'origine légale ne garantit pas toujours une information adéquate de l'internaute (b).

a. Les sanctions

468. Selon la loi belge du 11 mars 2003 sur certains aspects juridiques des services de la société de l'information, une formalité doit se présenter comme « toute exigence légale ou réglementaire de forme relative au processus contractuel ». L'intérêt de l'émergence de ce nouveau formalisme réside dans la détermination de la sanction qui lui serait applicable. Des sanctions purement administratives et ou pénales peuvent être proposées contre l'inobservation du formalisme informatif. Ainsi, la loi burkinabé sur les transactions électroniques dispose en son article 155 qu'« Est puni d'une amende de 5 000 000 à 50 000 000 FCFA celui qui, dans l'intention de nuire, commet une infraction aux dispositions des articles 45 à 52, 57 à 72, et 85 ci-dessus ». La même sanction est reprise par l'article 43 de la loi camerounaise sur la cybercriminalité, qui sanctionne d'une amende allant de 250.000 à 2.50.000 F.CFA, même sans intention de nuire, celui qui viole les dispositions relatives à l'information processuelle de l'internaute. On assiste à une pénalisation du formalisme informatif sans précision sur le sort du contrat et la réparation de la victime.

469. En matière civile, l'intégration du formalisme issu de la pratique dans les législations nationales lui confère un statut de formalisme de validité, dont l'inobservation est susceptible d'annuler le contrat. Cette nullité peut être conventionnelle, ou judiciaire. Lorsqu'elle est conventionnelle, les parties s'accordent sur la cause de la nullité, et renoncent de se soumettre à une intervention du juge, qui pourrait opérer une modification du contrat par le biais d'une nullité partielle[1160]. Il est préconisé que l'inobservation des règles de forme à titre informatif ne devait être sanctionnée que lorsque leur violation avait engendré un vice de consentement[1161]. En France, l'Avant-projet Catala sur la proposition de réforme du droit des contrats préconisait de ne sanctionner l'inobservation des mentions informatives, « que lorsque ces informations sont de nature à

[1160] « En matière de prêt d'argent consenti à titre onéreux, l'exigence d'un écrit mentionnant le taux d'intérêts conventionnelle est une condition de validité de la stipulation d'intérêt », Cass. Civ. 1ère, 26 mai 1982, Bull. civ. n°197.

[1161] V. MAGNIER, « La forme », Pour une réforme du droit des contrats, dir. F. TERRE, Dalloz, 2009, p. 221.

déterminer le consentement »[1162]. La sanction de nullité est présumée de droit, chaque fois qu'il existe une carence d'informations substantielles suffisamment déterminantes dans le processus contractuel en ligne, à moins que le professionnel apporte la preuve contraire[1163]. Cette exigence rejoint la distinction de STOFFEL-MUNCK, selon que certaines informations sont indépendantes de toute offre de contracter, et selon que d'autres sont intimement liées à la pollicitation[1164].

470. Cette classification ferait croire que seules les informations en relation avec l'offre en ligne sont visées par l'annulation. Les autres informations, c'est-à-dire celles qui ne sont pas directement liées à l'offre, peuvent aussi être frappées de nullité. Dans ce contexte, il faut plutôt considérer l'information qui, à elle seule, est apte à déterminer le consentement. Ce peut être ! le lieu de situation du vendeur pour envisager les délais de livraison[1165], les conditions de livraison en rapport avec l'offre, la qualité ou non de distributeur agréé, ses références dans la branche d'activité, les labels de confiance présumant de la qualité de ses marchandises ou de ses prestations. A ce moment les informations omises seront analysées dans leur aptitude à être déterminantes dans une tromperie constitutive du dol[1166], et dans leur caractère substantiel pour la détermination de la volonté de l'individu. Cependant, ce n'est pas seulement par la sanction qu'on peut reconnaître l'efficacité du formalisme informatif. La démarche de la loi est de punir en cas de transgression. Il est bien de réprimer, mais le sentiment de liberté et d'indépendance qui règne sur internet annihile la crainte de la loi. La situation des parties dans des Etats différents complique l'immédiateté de la sanction. En réalité au-delà de la sanction, n'est-ce pas l'information adéquate qu'il faut rechercher ? Le fait pour la loi d'ériger un formalisme informatif dans les réseaux électroniques ne garantit pas toujours l'information utile pour l'internaute.

[1162] Article 18 alinéa 1 de l'Avant-projet Catala sur la proposition de réforme du droit des contrats : « Sauf disposition légale contraire, l'absence de mentions informatives prescrites par la loi fait présumer un vice de consentement lorsque ces informations sont de nature à déterminer le consentement [...] Cette présomption peut être détruite par la preuve contraire ».

[1163] Soit en prouvant que le contractant avait eu connaissance des informations querellées, soit en prouvant qu'aucun vice de consentement ne pouvait découler de cette omission, soit que l'omission ne constituait aucune forme de violence, soit que l'information n'étant ni suffisamment substantielle pour constituer une erreur ni une tromperie dolosive. « Cette présomption peut être détruite par la preuve contraire », article 18 alinéa 2.

[1164] Ph. STOFFEL-MUNCK, « LCEN. La réforme des contrats du commerce électronique », Communication Commerce électronique n° 9, Septembre 2004, Etude 30.

[1165] De sorte que l'internaute puisse éviter les vendeurs trop éloignés de son environnement.

[1166] A propos du dol, il importe de déceler si l'information retenue cache une intention malicieuse de tromper l'autre. Aujourd'hui comme les autres manœuvres, l'omission par réticence d'informations constitue un dol cause de nullité lorsqu'elle a pour dessein d'amener quelqu'un à contracter en le trompant. Le fait pour la banque de cacher à la caution « la situation irrémédiablement compromise du débiteur », Cass. Com. 8 nov. 1983, Bull. civ. IV, n°298 ; Ph. MALAURIE, L. AYNES et Ph. STOFFEL-MUNCK, op. cit., p. 239, n°510.

b. Le formalisme informatif légal ne garantit pas l'information utile

471. Le fait pour la loi d'ériger un formalisme informatif dans les réseaux électroniques ne garantit pas toujours l'information adéquate de l'internaute. En insistant sur les types et la forme de l'information, les lois créent une égalité formelle entre professionnels et consommateurs sans se soucier d'une réelle protection de la partie faible[1167]. En consacrant un modèle standard, l'efficacité du formalisme informatif d'origine légale est souvent mise en doute. Le souci d'effectivité n'est pas toujours atteint, puisque le standard légal ne tient compte, ni des qualités du destinataire de l'information, ni de la particularité de l'objet du contrat. Il est douteux de croire que le consommateur se trouve effectivement informé du seul fait que des mentions explicatives figurent dans l'acte qu'il a signé, ou sur le produit qu'il a acheté [1168]. Sur internet, la surabondance des mentions rend le formalisme informatif parfois très indigeste. « Tant au stade précontractuel que contractuel, l'information abonde, alourdit, complexifie le contrat »[1169].

472. Abondance contre nécessité[1170] : le grief qui est particulièrement adressé au formalisme informatif en ligne est celui de l'information utile adressée au consommateur. L'information transmise doit être pertinente et être adaptée au besoin de l'internaute[1171]. Un auteur a donné raison à la Cour de cassation française d'avoir reproché au bailleur, la communication d'une pléthore d'informations inutiles au péril des intérêts du preneur[1172]. Les législateurs des pays francophones d'Afrique subsaharienne risquent de s'engager dans une « standardisation légale du formalisme informatif », sans tenir compte de la spécificité de certaines opérations ou de l'élément essentiel recherché par le destinataire de l'information. Ainsi, chaque fois que les mentions exigées aux articles 24 de la loi sénégalaise[1173], 57 de la loi

---

[1167] L. GRYNBAUM, Loi économie numérique : le sacre des égalités formelles, Revue des contrats, 01 avril 2005, n°2, 583.

[1168] Ph. MALAURIE, L. AYNES et Ph. STOFFEL-MUNCK, Les obligations, Defrénois, 2003, n°540.

[1169] C. CASTETS-RENARD, Le formalisme du contrat électronique ou la confiance décrétée, Répertoire du notariat Defrénois, 30 oct. 2006, n°20, 1529, http://www.lextenso.fr/weblextenso/article/print ?id=AD2006DEF1529N1.

[1170] L'abondance de mentions informatives du formalisme en fait un outil complexe pour les cocontractants qui en sont légalement bénéficiaires ; J. CARBONNIER, Flexible droit, 10ème éd. LGDJ, 2001, 319 ; Civ, 3ème 26 juin 1991, Bull. civ. III, n°194.

[1171] La pertinence est assurée « dans le sens où l'information doit être utile pour le client et susceptible d'influencer à la fois sa décision de conclure ou pas le contrat et la bonne utilisation du produit en cause », A. ALKHASAWNEH, L'obligation d'information dans les contrats informatiques, thèse, Univ. Reims Champagne-Ardenne, 21 janv. 2008, p. 89.

[1172] « En l'occurrence sept pages étaient annexées au contrat comportant 68 articles du Code rural français relatif au statut des baux ruraux, alors que « l'alinéa 6 l'article 411-64 du même code pouvait légitimement instruire le preneur de ses droits », A. LEPAGE, Les paradoxes du formalisme informatif, op. cit., 605, n°10 ; En ce sens, Civ. 3ème, 26 juin 1991, Bull. civ. III, 194.

[1173] Article 24 de la loi sénégalaise sur les transactions électroniques : « L'offre énonce en outre : les différentes étapes à suivre pour conclure le contrat par voie électronique ; les

burkinabé et de la loi camerounaise seront observées, alors l'internaute sera présumé avoir été informé. Le standard légal de formalisme informatif érigé par le législateur ne tient pas compte de la spécificité de certains produits, ou du caractère substantiel de certains aspects contractuels déterminant pour l'internaute. C'est le cas par exemple des produits de haute technicité[1174], dont la spécificité ne peut être décrite par les standards légaux attribués au formalisme informatif. Les prévisions du législateur ne sont pas infaillibles et une information utile pour le cyberconsommateur peut être omise. Or dès lors que les exigences légales sont respectées, le formalisme informatif dispense de tout débat sur le fond, et force est de s'en tenir au texte de loi[1175]. Les internautes ne sauraient se prévaloir d'une information supplémentaire, car « l'obligation de renseigner l'acheteur était limitée aux indications exigées dans l'acte de vente »[1176]. Cette position a été réaffirmée pour une offre de crédit mobilier qui avait été établie conformément aux exigences du formalisme, l'établissement de crédit ne pouvant se voir reprocher de ne pas avoir fourni en outre des informations non prévues par la loi[1177].

2. L'efficacité du formalisme électronique issu de la pratique

473. Il peut arriver de douter de l'efficacité du formalisme électronique parce qu'il est issu de la pratique. Mais le succès du formalisme informatif d'origine informelle se trouve dans son effet dissuasif en amont de l'opération. L'internaute qui est dans la nécessité de satisfaire un besoin de quelque nature que ce soit, se verra obligé de se conformer aux codes de conduite et à toutes les étapes informatives qu'impose le site internet. Ayant conscience que la violation peut exposer à des sanctions exclusivement déterminées par le titulaire du site comme la rupture de l'abonnement, l'internaute est tenu au respect des recommandations en vigueur dans le site. Les internautes qui veulent passer commande doivent impérativement le faire suivant le procédé décrit par le cybermarchand. Il devra d'abord créer un compte client ou abonné, en mentionnant les éléments nécessaires à son identification et à la création d'un mot de passe qui lui est communiqué par le cybermarchand. Lors de la passation effective des commandes, il devra naviguer selon l'architecture du site afin de choisir les produits et services recherchés et le mode de paiement qui lui convient, si le cybermarchand n'en

---

moyens techniques permettant à l'utilisateur, avant la conclusion du contrat, d'identifier les erreurs commises dans la saisie des données et de les corriger ; les langues proposées pour la conclusion du contrat ; en cas d'archivage du contrat, les modalités de cet archivage par l'auteur de l'offre et les conditions d'accès au contrat archivé ; les moyens de consulter par voie électronique les règles professionnelles et commerciales auxquelles l'auteur de l'offre entend, le cas échéant, se soumettre ».

[1174] C. CASTETS-RENARD, Le formalisme du contrat électronique ou la confiance décrétée, op.cit., http://www.lextenso.fr/weblextenso/article/print ?id=AD2006DE.

[1175] A. LEPAGE, Les paradoxes du formalisme informatif, op. cit., p. 606, n°11.

[1176] Versailles, 21 mai 1986, D. 1987, 560, note JEANTIN.

[1177] Cass. 1ère civ. 14 juin 1989, JCP 1991, II, 21632, note VIRRASSAMY.

a pas imposé un en particulier. L'architecture de cet ensemble de clics contribue à la validité du contrat, en ce qu'il constitue un processus qui éclaire le consentement de l'internaute qui veut passer une commande[1178]. Le client qui ne respecte pas les recommandations du site n'aura pas accès à la page suivante et ne pourra pas être satisfait. Toute contestation sur la violation de ces mesures doit être prouvée. La preuve idéale de la conclusion du contrat en ligne est assurée par la signature électronique

SECTION 2. LA DÉTERMINATION DE LA PREUVE PAR LA SIGNATURE ÉLECTRONIQUE

474. Le droit de la preuve des obligations est partagé entre la preuve légale et la preuve libre. En faveur de la liberté de la preuve, l'article 5 de l'Acte uniforme révisé sur le droit commercial général dispose que, « les actes de commerce se prouvent par tous moyens même par voie électronique à l'égard des commerçants ». Lorsque la preuve est légale, les modes de preuve admissibles sont limités, hiérarchisés, et le juge est lié par les preuves produites. L'article 1341 du Code civil[1179] contient également une règle hiérarchique selon laquelle une preuve écrite ne peut être combattue que par un autre écrit[1180]. La preuve appliquée au commerce électronique doit être écrite, et donc indissociable de la signature[1181].

475. La signature est le complément indispensable de l'écrit[1182]. L'article 1 de la loi ivoirienne de 2013 relative aux transactions électroniques définit la signature électronique comme « une donnée qui résulte de l'usage d'un procédé fiable d'identification garantissant son lien avec l'acte auquel elle s'attache ». Elle n'a rien de l'empreinte personnelle que le scripteur appose sur le document physique[1183]. Avec la dématérialisation que provoque

---

[1178] F. MAS, thèse, op. cit., p. 363, n°237.

[1179] Article 1341 du Code civil : « Il doit être passé acte devant notaires ou sous signatures privées de toutes choses excédant une somme ou une valeur fixée par décret, même pour dépôts volontaires, et il n'est reçu aucune preuve par témoins contre et outre le contenu aux actes, ni sur ce qui serait allégué avoir été dit avant, lors ou depuis les actes, encore qu'il s'agisse d'une somme ou valeur moindre ».

[1180] « En conséquence, un témoignage ne peut avoir la même valeur qu'un écrit », E. VERGES, Preuve libre et preuve légale des contrats : la complexité du système français des preuves civiles, Lexbase Hebdo édition privée n°482 du 19 avril 2012, p.1.

[1181] « Dans cet effort d'identification/authentification de l'individu, la signature électronique est appelée à jouer un rôle primordiale », M.- Ch. ROQUES-BONNET, Le droit peut-il ignorer la révolution numérique, Ed. Michalon, p. 377.

[1182] « La signature désigne l'inscription qu'une personne fait de son nom, sous une forme particulière et constante, pour affirmer l'exactitude et la sincérité d'un écrit, ou pour en assumer la responsabilité », Le Nouveau Petit Robert, p. 2371.

[1183] « L'appellation signature électronique est un abus de langage…L'objectif technique est différent de celui du droit : il ne s'agit pas de sécuriser le message juridiquement, il s'agit d'en sécuriser la transmission… Il n'y a aucune raison d'utiliser le terme « signature » pour décrire de semblables techniques. En faisant de cette manière, on créerait une confusion sur le

internet, la validité des procédés dits de signature électronique constitue un apport majeur pour les pays francophones d'Afrique subsaharienne[1184]. La recherche de la preuve dans les réseaux électroniques se traduit à travers l'élaboration de deux types de signatures, l'une simple et l'autre sécurisée encore appelée signature avancée[1185] ou qualifiée[1186].

Dans sa démarche qui vise à assimiler la signature sur support papier à la signature électronique, la loi type recommande de procéder à un rapprochement de leurs fonctions[1187] et à la recherche d'éléments d'équivalence, afin d'y déceler et de ne retenir que ce qu'elles ont de constant. La signature électronique résulte d'un processus technique[1188] destiné à répondre à un besoin de sécurité environnemental ou contextuel[1189]. D'où l'intérêt de s'interroger sur les apports de la signature électronique (§1) et ses incidences sur le formalisme probatoire (§2).

---

terme « signature » dont la signification est étroitement associée à son emploi dans un environnement papier », T. PIETTE-COUDOL, « Les errances de la signature électronique », op. cit., p. 396.

1184 « La reconnaissance de l'efficacité du document électronique comme mode de preuve serait privée de toute portée pratique si elle restait subordonnée à l'apposition sur celui-ci d'une signature tracée de la main même de son auteur », Droit de la preuve et signature électronique, La Semaine Juridique, JCP, Actualité, n°11, 15 mars 2000, p. 453.

1185 « Le qualificatif « avancé » résulte des travaux des acteurs de la normalisation au plan européen… repris par les législateurs nationaux sous l'appellation « signature sécurisée », T. PIETTE-COUDOL, « Les errances de la signature électronique », in Droit et technique, Etudes à la mémoire du Pr. X. L. de BELLEFONDS, p. 396. La confirmation nous vient du fait que la singularité résulte du certificat avancé qui est exigé dans les sécurisées. L'article 8 de la loi burkinabé sur les transactions électroniques dispose que « … La fiabilité d'un procédé de signature électronique est présumée, jusqu'à preuve contraire, lorsque ce procédé met en œuvre une signature électronique sécurisée, établie grâce à un dispositif sécurisé de création de signature électronique et que la vérification de cette signature repose sur l'utilisation d'un certificat qualifié » ; voir aussi l'article 37 du décret sénégalais du 24 avril 2008 pris en application de la loi sur le commerce électronique qui reprend l'expression « signature sécurisée », contrairement à l'article 17 de la loi camerounaise sur la cybersécurité et la cybercriminalité qui adopte l'expression « signature avancée ».

1186 Article 82 de l'Acte uniforme portant droit commercial général : « L'usage d'une signature électronique qualifiée est un procédé technique fiable et garantissant, à tout moment, l'origine des documents sous forme électronique, leur intégrité au cours de leurs traitements et de leurs transmissions électroniques ».

1187 La relation fonctionnelle est établie lorsqu'on parvient à « admettre qu'entre deux termes variant simultanément, il existe une relation identique… C'est postuler que sous le changement apparent de l'antécédent et du constant, il y a quelque chose de constant », A. LALANDE, Vocabulaire technique et critique de la philosophie, PUF, 13ème éd. 1980, p. 363.

1188 « La signature électronique s'avère un procédé satisfaisant, techniquement tout au moins », F. MAS, La conclusion des contrats du commerce électronique, op cit, p. 225 ; Voir aussi L. ASSAYA et V. BAUDOIN, La signature électronique par cryptographie à clé publique, op. cit., p. 147.

1189 « A l'origine, la signature électronique a été développée par les techniciens pour satisfaire leur besoin de sécurité », T. PIETTE-COUDOL, « Les errances de la signature électronique », in Droit et technique, Etudes offertes à la mémoire du Pr. X. LINANT de BELLEFONDS, LexisNexis SA, 2007, p. 396.

§1. Les apports de la signature électronique sur le formalisme probatoire

476. Sur le plan probatoire, deux aspects interpellent nécessairement les parties à un contrat en ligne : la certitude que le document produit en preuve émane bien d'elles et sa force probante. La certitude que le document produit en preuve émane bien des parties suppose d'établir le lien entre ce document et le consentement donné lors de la conclusion du contrat. Ce lien ne peut être efficacement établi dans les réseaux ouverts que si l'auteur du consentement est identifié (A). La force probante est traditionnellement organisée selon que les actes sont authentiques, sous seing privé ou non. L'acte authentique fait foi de ses énonciations de manière absolue jusqu'à preuve de faux. L'acte sous seing privé lie les parties, sauf à démontrer que le contenu du contrat ou les signatures sont faux. Le recours à la signature électronique est imposé par le milieu dématérialisé dans lequel évoluent les parties. En effet, l'environnement peut être si déterminant qu'il impose une forme de preuve qui lui est spécifique. D'où l'émergence du critère technique de la fiabilité comme unité de mesure de la force probante de la signature électronique (B).

A. L'identification de l'auteur du consentement

477. L'identification revêt un double sens. Le premier suppose de vérifier les critères qui rendent semblables les choses, les faits et les êtres[1190]. Le second consiste à individualiser, une chose ou une personne, à la sortir de l'anonymat en examinant plutôt sa singularité ou sa différence[1191]. La question à ce niveau est de savoir si l'identification qu'implique la signature électronique suppose de révéler l'identité de l'auteur. Bien que juridiquement pertinentes, les tentatives d'exclusion de la vérification d'identité (1) ne peuvent prospérer. L'émission du consentement par voie électronique suppose que la signature assure l'identité de son auteur (2).

1. Les tentatives d'exclusion de la vérification d'identité du signataire

478. La signature électronique doit permettre d'identifier celui qui l'appose[1192]. « Peu importe dans cette optique la nature du signe employé, à condition que l'intention soit claire et puisse être comprise comme une signature. Pour cela, il suffit que le signe satisfasse aux conditions essentielles reconnues à toute signature, à savoir qu'il permette d'identifier le signataire... »[1193]. Le procédé de signature électronique doit permettre

---

1190 Dictionnaire Le nouveau petit robert, p. 1272.

1191 A. LALANDE, Vocabulaire technique et critique de la philosophie, op cit, 453.

1192 P. FERNANDEZ, La signature électronique, Legalis.net, Septembre 2001,n°3, p. 60.

1193 A. PRÜM, « L'acte sous seing privé électronique : réflexions sur une démarche de reconnaissance », in Mélanges M. CABRILLAC, Litec, 1999, p. 263.

d'aboutir à l'identification du signataire[1194]. Il convient de définir le champ de cette exigence.

Par identification, faut-il entendre simple vérification des éléments techniques qui emportent la conviction de l'adhésion du signataire, ou faut-il aller jusqu'à la détermination de son identité ?

Techniquement pour l'instant, l'identification la plus sûre est biologique avec le codage et le décodage par l'iris, les empreintes digitales ou vocales. Dans le cyberespace, l'identification se rapporte à la vérification par les mots de passe. La recherche des critères fonctionnels a progressivement effacé la vérification de l'identité du signataire. Pour être valable, il suffit que la signature permette l'identification du testateur, même s'il ne s'agit pas de sa signature habituelle[1195]. L'essentiel consiste à garantir l'identification de l'auteur de la signature. La Cour de cassation française affirme que, « la mention de la somme ou de la quantité en toutes lettres et en chiffres, écrite par la partie même qui s'engage, n'est plus nécessairement manuscrite, elle doit alors résulter, selon la nature du support, d'un des procédés d'identification conforme aux règles qui gouvernent la signature électronique ou de tout autre procédé permettant de s'assurer que le signataire est le scripteur de ladite mention »[1196].

479. La formule législative suivant laquelle « la signature identifie celui qui l'appose » devrait être comprise comme une simple déclaration d'identité[1197], et non comme un contrôle d'identité. La signature consisterait simplement en un signe personnel suffisamment distinctif[1198] pour permettre la « réidentification de son auteur »[1199]. Ce qui compte, c'est que par sa seule présence, le signe engendre la réaction escomptée chez ses destinataires, à savoir la reconnaissance en tant que signature. La seule contrainte est que la signature électronique soit reconnue comme signature. L'illisibilité de certaines signatures amène à penser qu'il est inexact d'affirmer que toute signature identifie son auteur[1200]. L'identité ne pourrait donc être assurée dès lors que la signature est rendue indéchiffrable et illisible par l'intellect humain. Ne pouvant être lue par l'individu parce qu'elle est soumise à des opérations logicielles d'encodage et de décodage en un langage

---

[1194] J. HUET, Le Code civil et les contrats électroniques, n°13, www.cejem.com.

[1195] « Dès qu'il est établi que l'auteur du texte est le défunt et qu'il a signé, peu importe les moyens utilisés, le testament est valable en la forme », V. MIKALEF-TOUDIC, La preuve à l'aide des nouvelles technologies, Procédures n° 4, Avril 2010, dossier p. 3, n°10.

[1196] Cass. 1ère civ., 13 mars 2008, n° 06-17.534, FS-P+B+R+I, Darmon c/ Vaissière : JurisData n° 2008-043120.

[1197] E. JOLY-PASSANT, L'écrit confronté aux nouvelles technologies, op cit, n°531 ; E. CAPRIOLI, « Le juge et la preuve électronique », Contribution au colloque de Strasbourg, in Le commerce électronique : vers un nouveau droit, 8 et 9 octobre 1999, www.juriscom.net.

[1198] Dans ce sens : apposition d'une croix, Req. 8juin 1903, DP 1903, I, 507 ; apposition des initiales, Req. 23 oct. 1899, I, p. 568.

[1199] E. JOLY-PASSANT, thèse, op. cit., p. 234, n°526.

[1200] A. RAYNOUARD, Adaptation du droit de la preuve aux technologies de l'information et à la signature électronique, Defrénois, 2002, 37174, p. 607.

algorithmique uniquement compréhensible par les ordinateurs, la signature électronique ne devrait pas être surchargée de la fonction d'identification de son auteur par son identité. Un auteur soutient que « ...souvent une identité apparente est suffisante »[1201]. Ces arguments restent embrigadés dans leur bulle juridique et sont trop éloignés de la réalité.

480. Comment peut-on se contenter d'une simple déclaration d'identité du signataire, alors que les parties ont traversé la phase de la formation du contrat, et qu'elles sont au stade de la démonstration de la véracité des allégations invoquées dans le cadre de leur relation ? Bien avant l'ouverture des réseaux électroniques au grand public, la jurisprudence a affirmé que, « constitue une signature valable, toute marque distinctive et personnelle manuscrite permettant d'individualiser son auteur sans doute possible et traduisant la volonté non équivoque de celui-ci de consentir à l'acte »[1202].

La marque distinctive et personnelle, ainsi que l'individualisation ne supposent-elles pas l'identité ? On pourrait penser que l'identification de celui qui appose la signature ne peut être pleinement garantie, même sur le support le moins susceptible de falsification. Mais en matière bancaire, la preuve par la signature informatique a souvent été rejetée à cause de son inaptitude à établir l'identité de son auteur. Il a été notamment décidé dans une espèce que « la preuve d'une obligation de rembourser ne peut résulter de ce qu'on nomme signature informatique et qui émane non de la partie à laquelle on l'oppose, mais d'une machine dont le demandeur a la libre disposition »[1203]. Un auteur[1204] a également évoqué l'impossibilité de procéder à l'identification de celui qui a effectivement accompli la transaction.

481. En matière de preuve par la signature, l'emploi du nom patronymique tel qu'il résulte de l'état civil n'est pas exigé pourvu que ne subsiste aucun doute sur l'identité du signataire[1205]. La signature est la marque par laquelle le testateur révèle habituellement sa personnalité aux tiers[1206]. Cette extériorisation de la personnalité est morale certes, mais elle est aussi liée à son identité. Sur le seul plan probatoire, la vérification de l'identité n'intervient qu'en cas de litige[1207], c'est-à-dire a posteriori de la formation du contrat. C'est pour cette raison qu'il est permis de penser que, « la fonction d'identification se présente désormais sous un jour

---

[1201] T. PIETTE-COUDOL, Echanges électroniques, Certification et sécurité, Litec, 2000, p. 133, n°238.

[1202] Paris 22 mai 1975 : D. 1976, somm. p. 8.

[1203] Trib. Inst. Sète, 9 mai 1984, D, 1985, 359.

[1204] J. LARRIEU, « Identification et authentification », in Une société sans papier ?, Droit de la preuve et nouvelles technologies de l'information, La documentation française, 1990, p. 214.

[1205] D. GOBERT et E. MONTERO, La signature dans les contrats et les paiements électroniques : l'approche fonctionnelle, op. cit., n°62.

[1206] Cass.7 janv. 1955, Pas, 1955, I, 456 ; Cass. 2 oct. 1964, Pas, 1965, I, 106..

[1207] S. PARISIEN et P. TRUDEL, L'identification et la certification dans le commerce électronique, Québec, Ed. Yvon Blais Inc., 1996

radicalement différent. Au point que l'on peut affirmer que, sous cet angle, la finalité de la signature change véritablement…Elle a vocation à jouer un rôle déterminant, non plus seulement sur le terrain probatoire, mais au niveau de la formation même du contrat. Les développements actuels en matière de certification des signatures et du contrôle systématique de celles-ci prouvent que les parties en usent comme d'un instrument approprié pour s'assurer de la validité des contrats formés par le biais des réseaux. Sans conclure pour autant au besoin d'un type nouveau de formalisme, on résiste mal à la tentation de faire l'hypothèse d'une orientation future en ce sens »[1208].

2. L'opportunité d'une vérification d'identité de l'auteur du consentement

482. Dans un contexte immatériel dominé par l'anonymat, il est judicieux de parer aux incertitudes de l'identité des acteurs[1209]. L'absence d'identité civile dans l'univers du numérique se fonde peut être sur le droit à l'anonymat[1210]. Mais les échanges en ligne peuvent être une source d'abus que la vérification de l'identité peut prévenir (a). D'où l'intérêt d'envisager de manière prospective, une signature garantissant l'identité réelle du scripteur (b).

a. Une solution aux abus liés à l'anonymat

483. Les contestations sur l'identité sont à l'origine de la recrudescence des litiges et des pertes économiques que peut subir le cybercommerçant. La non vérification d'identité peut exposer les cybercommerçants à d'éventuelles pertes économiques dues par exemple, aux restitutions prévues

---

[1208] D. GOBERT et E. MONTERO, La signature dans les contrats et les paiements électroniques : l'approche fonctionnelle, dans Commerce électronique : le temps des certitudes, Cahiers du CRID n°17, Bruylant août 2000, n°64, n°19.

[1209] « L'obtention d'une adresse électronique est même chose aisée, puisqu'elle n'implique pas vérification de l'identité du demandeur […] L'identité numérique pouvant être usurpée, l'auteur véritable d'un message ne peut, dès lors, être établi avec certitude », Ch.-E. BUCHER, Le courrier électronique et le formalisme, in B. TEYSSIER (dir.), op cit, p. 172.

[1210] « Le droit d'agir sur un service de réseautage social sous un pseudonyme sans avoir à révéler sa véritable identité aux autres utilisateurs, ou au public le plus large », Groupe international de travail sur la protection des données personnelles dans les télécommunications, Report and guidance on privacy in social networks services (Rapport et orientations sur la vie privée sur les réseaux sociaux) ou « Rome Memorandum », 4 mars 2008, 675.36.p.10, [http://www.datenschutz-berlin.de/content/europa-international/international-working-group-on-data-protection-in-telecommunications-iwgdpt/working-papers-and-common-positions-adopted-by-the-working-group] ; « L'accès et l'utilisation anonyme des service […] constituent la meilleure protection de la vie privée », Comité des ministres du Conseil de l'Europe sur la protection de la vie privée sur Internet, Annexe de la recommandation N° R (99) 5, 23 février 1999, II, 3°, https://wcd.coe.int/com.instranet.InstraServlet?command=com.instranet.CmdBlobGet&InstranetImage=1897342&SecMode=1&DocId=396770&Usage=2].

en cas de contrat avec un mineur en dehors des actes de la vie courante. La recrudescence des litiges à cause des éventuelles impostures ou des fausses déclarations d'identité multiplient des recours coûteux en temps et en argent pour la victime, parfois pour une opération dont le montant serait dérisoire. En réalité, la crainte du juriste est de voir la matière juridique souffrir d'une invasion de termes techniques et de formules technologiques agaçantes. Le système actuel ne permet qu'une vérification ex post, à la condition que l'auteur conteste la signature que l'autre partie lui attribue. L'expertise de la vérification est à ce moment supplantée par l'expertise technique de la signature litigieuse.

484. L'adhésion à un contrat peut aussi dépendre de l'identité, notamment dans les contrats imprégnés d'une forte dose d'*intuitus personae*. Quelques fois décelée dans la vente en faveur de circonstances exceptionnelles, la considération de la personne tient à l'aspect physique[1211] et à l'identité civile[1212]. Ce qui importe même le plus souvent c'est l'identité qui confirme la bonne moralité du cocontractant, c'est-à-dire sa compétence, son imagination, son savoir-faire, son habileté, sa réputation, son appartenance à une profession[1213]. La vérification d'identité accroît la marque et le sentiment de confiance. Lorsque la considération de la personne s'avère déterminante pour conclure, on ne peut être certain du consentement si la vérification d'identité n'est pas assurée par la signature. Cela est possible avec le développement éventuel d'un carnet d'identité et les solutions fournies par l'expérimentation des bonnes pratiques dans les pays comme la Suède[1214]. En Norvège, les cartes d'identité électroniques sont basées sur le registre central de population et reposent techniquement sur une architecture commune. Dans le doute d'une réponse définitive, on fera recours à l'imputabilité. L'imputabilité implique le titulaire et non le scripteur. Elle revient à déterminer un responsable qui n'est pas toujours l'auteur de la faute. Chaque fois qu'une signature électronique sera apposée sur un document en ligne, le propriétaire sera malheureusement présumé en être l'auteur, sous réserve de la preuve contraire, notamment le vol ou le piratage. D'où la vision prospective de la signature dans les environnements électroniques.

[1211] Rouen, 4 mars 1969, JCP, 1969, II, 15911.

[1212] Exemple du contrat de travail passé avec un ménage de gens de maison, de la nationalité, de l'âge, du nom, du sexe ou de la filiation.

[1213] Paris, 3 nov. 1994, JCP, G., 1995, I, 3851, n°11.

[1214] « Swedish identity standard qui a valeur de cartes d'identité », M.- Ch. ROQUES-BONNET, op.cit., p. 377.

b. Une vision prospective de la vérification d'identité par la signature électronique

485. La signature qui identifie celui qui l'appose dans le commerce électronique doit révéler l'identité[1215]. Juridiquement, rien n'empêche d'instaurer un contrôle technologique d'identité a priori qui limiterait les litiges nés des contestations relatives à l'apposition de signature. Le souci est simplement de savoir si cela est techniquement possible. Comme le prédit un auteur, entre « le passage au tout électronique et la coexistence entre logiciel et papier, pour l'instant plusieurs raisons militent en faveur d'une période transitoire où le passage du support papier au support électronique se fera par palier … (afin notamment) de laisser à chacun des acteurs la possibilité d'organiser son passage au tout électronique »[1216].

Pour l'instant la jurisprudence limite l'identification par la signature à la symbolique au signe personnel suffisamment distinctif[1217]. Mais avec la vérification d'identité, « le geste de la signature extériorise physiquement le consentement de celui qui l'a inscrite. Il permet également d'en déterminer, en principe, son identité »[1218]. En limitant les caractères de la signature électronique aux fonctions d'identification fictive, on ne fait que retarder une fonction technologique plus poussée qui est celle de la révélation de l'identité du signataire rendue possible avec l'authentification.

486. L'authentification est aussi une des fonctions de la signature électronique[1219]. En droit, elle désigne « l'opération contemporaine de la rédaction d'un acte, consistant à conférer l'authenticité à cet acte spécialement à observer les formes dont dépend celle-ci »[1220]. Dans son sens technique, l'authentification peut être définie comme « le procédé matériel informatique ou électronique visant à établir de manière formelle et intangible l'identification des parties à un échange ou à une transaction électronique »[1221].

487. Chronologiquement, le mérite sur l'authentification revient à l'article 2. 1 de la Directive 1999/93/CE du 13 décembre 1999 instituant un cadre commun sur les signatures électroniques qui définit la signature électronique comme, « une donnée sous forme électronique qui est jointe ou liée logiquement à d'autres données électroniques et qui sert de méthode

---

1215 E. JOLY-PASSANT, thèse, op. cit., n°531 ; E. CAPRIOLI, « Le juge et la preuve électronique », Contribution au colloque de Strasbourg, in Le commerce électronique : vers un nouveau droit, 8 et 9 octobre 1999, www.juriscom.net.

1216 I. de LAMBERTERIE, op. cit., p. 60.

1217 Dans ce sens : apposition d'une croix, Req. 8juin 1903, DP 1903, I, 507 ; apposition des initiales, Req. 23 oct. 1899, I, 568.

1218 D. MADJANSKI, La signature et les mentions manuscrites, PUB, 2000, p. 55.

1219 I. de LAMBERTERIE, « Réflexions sur l'établissement et la conservation des actes authentiques », in Les actes authentiques électroniques Réflexion juridique prospective, Mission de recherche « Droit et Justice », Ed. Françoise Tipine, 2002, p. 71.

1220 H. CAPITANT, Vocabulaire juridique, op cit

1221 Glossaire AFCEE/EDIFRANCE, Observatoire de commerce et des échanges électroniques joint au Rapport de M. LORENTZ, éd. de Bercy, 1998.

d'authentification ». Le législateur camerounais voit dans la signature électronique, « une signature obtenue par un algorithme de chiffrement asymétrique permettant d'authentifier l'émetteur d'un message et d'en vérifier l'intégrité »[1222]. La certitude de l'identité s'inscrit dans une démarche prospective, car le besoin sur la connaissance de l'identité détermine déjà l'issue de la preuve électronique. On peut aussi citer cette décision dans laquelle, la Cour de cassation affirme que bien que « la déclaration d'appel comportait la signature électronique du conseil de la société … il existait un doute sur l'identification de la personne qui avait fait usage de ce procédé »[1223]. Il ne s'agit cependant pas d'exclure les formes de signatures ne permettant pas d'intégrer cette fonction. En vertu du principe de la non-discrimination, il importe de reconnaître d'un point de vue prospectif au moins, l'impact réel de l'électronique sur la signature à laquelle il faut faire recours en ligne. Le constat de cette influence des réseaux sur la signature est véritablement mis en évidence par la consécration de la fiabilité, comme unité de mesure du degré probatoire des documents électroniques.

B. L'instauration de la fiabilité comme unité de mesure de la valeur probante des documents électroniques

488. La loi type sur les signatures électroniques de 2001 recommande de ne pas « exclure, restreindre ou priver d'effets juridiques une quelconque méthode de création de signature électronique satisfaisant »[1224] à l'exigence de fiabilité[1225]. Cette exigence est reprise dans le cadre des formalités accomplies au niveau du registre du commerce et du crédit mobilier, du fichier national et du fichier régional par l'Acte uniforme révisé portant droit commercial général[1226].

[1222] Article 2 de la loi n°2010/021 du 21 décembre 2010 régissant le commerce électronique au Cameroun.

[1223] Cass. ch. civile, 30 avril 2003, Sté Chalets Boisson c/ M. X., décision consultable sur le site www.Juriscom.net.

[1224] Article 3 de la loi type sur les signatures électroniques de 2001 : « Aucune disposition de la présente Loi, à l'exception de l'article 5, n'est appliquée de manière à exclure, restreindre ou priver d'effets juridiques une quelconque méthode de création de signature électronique satisfaisant aux exigences mentionnées au paragraphe 1 de l'article 6 ou autrement satisfaisant aux exigences de la loi applicable ».

[1225] Article 6.1 de la loi type sur les signatures électroniques de 2001 : « Lorsque la loi exige la signature d'une certaine personne, cette exigence est satisfaite dans le cas d'un message de données s'il est fait usage d'une signature électronique dont la fiabilité est suffisante au regard de l'objet pour lequel le message de données a été créé ou communiqué, compte tenu de toutes les circonstances, y compris toute convention en la matière ».

[1226] Article 82 de l'Acte uniforme révisé sur le droit commercial général : « Les formalités accomplies auprès des Registres du Commerce et du Crédit Mobilier au moyen de documents électroniques et de transmissions électroniques ont les mêmes effets juridiques que celles accomplies avec des documents sur support papier, notamment en ce qui concerne leur validité juridique et leur force probatoire. Les documents sous forme électronique peuvent se substituer aux documents sur support papier et sont reconnus comme équivalents lorsqu'ils sont établis et maintenus selon un procédé technique fiable, qui garantit, à tout moment,

La fiabilité désigne une probabilité de bon fonctionnement d'un composant ou d'un appareil pendant un temps donné[1227]. L'article 4 de la loi camerounaise n°2010/012 du 21 décembre 2010 relative à la cybersécurité et à la cybercriminalité définit la fiabilité comme l'« aptitude d'un système d'information ou d'un réseau de communications électronique à fonctionner sans incident pendant un temps suffisamment long ». Dans un sens psychologique elle désigne une « présomption légale réfragable, en vertu de laquelle il y a lieu de faire confiance jusqu'à preuve du contraire, au procédé de signature électronique, lorsque celle-ci est créée, l'identité du signataire est assurée et l'intégrité de l'acte garantie »[1228]. La fiabilité est l'exigence qui vient, non pas établir, mais garantir le lien entre l'acte signé et la signature qui identifie et atteste de l'existence du consentement du scripteur[1229]. Il convient d'en examiner les conditions (1) et d'en vérifier l'efficacité (2).

1. Les conditions de fiabilité

489. La fiabilité n'est pas une exigence acquise par toutes les signatures électroniques. L'article 2 du décret français n°2001-272 du 30 mars 2001 dispose que, « la fiabilité d'un procédé de signature électronique est présumée jusqu'à preuve contraire lorsque ce procédé met en œuvre une signature électronique sécurisée, établie grâce à un dispositif sécurisé de création de signature électronique et que la vérification de cette signature repose sur l'utilisation d'un certificat électronique qualifié ». C'est la même formule que reprennent l'article 8 de la loi du Burkina Faso[1230] et l'article 21 de la loi camerounaise de 2010 sur la cybercriminalité[1231]. La conformité à l'exigence de fiabilité suppose la réunion de trois conditions techniques : un

---

l'origine du document sous forme électronique et son intégrité au cours des traitements et des transmissions électroniques. Les procédés techniques fiables et garantissant, à tout moment, l'origine des documents sous forme électronique ainsi que leur intégrité au cours de leurs traitements et de leurs transmissions électroniques sont reconnus valables par le présent Acte uniforme ou par le Comité technique de normalisation des procédures électroniques prévu à l'article 81 du présent Acte uniforme ».

1227 Dictionnaire Hachette Edicef, p. 498.

1228 G. CORNU, Association H. CAPITANT, op. cit., p. 402.

1229 Contra, « Le recours à la signature électronique avancée est illusoire, car la présomption de fiabilité dont elle jouit n'a aucune incidence sur sa force probante », A. RAYNOUARD, Sur une notion antique de l'authenticité : l'apport de l'électronique, Répertoire du notariat, Defrénois, 30 septembre 2003, n°3.

1230 Article 8 de la loi du Burkina Faso de 2009 sur les transactions électroniques : « La fiabilité d'un procédé de signature électronique est présumée, jusqu'à preuve contraire, lorsque ce procédé met en œuvre une signature électronique sécurisée, établie grâce à un dispositif sécurisé de création de signature électronique et que la vérification de cette signature repose sur l'utilisation d'un certificat qualifié ».

1231 Article 21 de la loi camerounaise de 2010 sur la cybercriminalité : « Toute personne désirant apposer sa signature électronique sur un document peut créer cette signature par un dispositif fiable dont les caractéristiques techniques sont fixées par un texte du ministre chargé des Télécommunications ».

dispositif sécurisé de création de signature associé à un dispositif sécurisé de vérification de signature (a), et un certificat électronique (b).

a. Les dispositifs de création et de vérification de la signature électronique sécurisée

490. Le dispositif sécurisé de création est un matériel ou un logiciel destiné à mettre en application les données de création de signature électronique[1232]. L'article 4 (39) de loi camerounaise sur la cybersécurité le définit comme un « ensemble d'équipements et/ou logiciels privés de cryptage, homologués par une autorité compétente, configurés pour la création d'une signature électronique ». Selon l'article 12 de la loi burkinabé sur les transactions électroniques, un dispositif de vérification de signature électronique permet : de garantir l'identité entre les données de vérification de signature électronique utilisées et celles qui ont été portées à la connaissance du vérificateur, d'assurer l'exactitude de la signature électronique, de déterminer avec certitude les conditions et la durée de validité du certificat électronique utilisé ainsi que l'identité du signataire et enfin de détecter toute modification ayant une incidence sur les conditions de vérification de la signature électronique. L'article 11 de la loi burkinabé susvisée précise qu'un dispositif de création de signature électronique ne peut être considéré comme sécurisé que : « s'il n'entraîne d'une part aucune modification du contenu de l'acte à signer et ne fait pas obstacle à ce que, le signataire en ait une connaissance exacte avant de le signer et garantit d'autre part, des moyens techniques et des procédures appropriés ; que les données de création de signature électronique ne peuvent cumulativement d'abord être établies plus d'une fois et que leur confidentialité est assurée, ensuite être trouvées par déduction ; que la signature électronique est protégée contre toute falsification ; et enfin que ces données peuvent être protégées de manière satisfaisante par le signataire contre toute utilisation par des tiers ».

491. Un dispositif sécurisé de création de signature électronique doit permettre de garantir, par des moyens techniques et des procédures appropriées, que « des données de création de signature électronique, ne peuvent tout d'abord être établies plus d'une fois et que leur confidentialité est assurée ; (et qu'ils) ne peuvent ensuite être trouvées par déduction de manière à la protéger contre toute falsification »[1233]. Il ne doit pas empêcher le signataire de prendre connaissance du contenu avant de signer[1234].

[1232] Article 1 al.6, du décret français n°2001-272 du 30 mars 2001 pris pour l'application de l'article 1316-4 du Code civil relatif à la signature électronique, J.O. français du 31 mars 2001, 5070.

[1233] F. MAS, these, op. cit., 239, n°158

[1234] Article 3 paragraphe 1 du décret français n°2001-272 du 30 mars 2001 : « Un dispositif sécurisé de création de signature électronique doit [...] n'entraîner aucune altération du

L'article 17 de la loi camerounaise sur le commerce électronique exige dans ce sens que le vendeur puisse permettre à l'acheteur de vérifier et de consulter le certificat électronique relatif à signature électronique, avant toute conclusion du contrat.

492. Après sa création, la signature doit être contrôlée par un dispositif de vérification à l'issue de son utilisation. L'article 2 de la loi du Burkina Faso sur les transactions électroniques définit le dispositif de vérification comme, un matériel ou logiciel destiné à mettre en application les données de vérification de la signature électronique. Aux termes de l'article 12 de la même loi, le dispositif de vérification doit « garantir l'identité entre les données de vérification de signature électronique utilisées et celles qui ont été portées à la connaissance du vérificateur, assurer l'exactitude de la signature électronique, déterminer avec certitude les conditions et la durée de validité du certificat électronique utilisé ainsi que l'identité du signataire et détecter toute modification ayant une incidence sur les conditions de vérification de la signature électronique ». La même définition est reprise mais en des termes moins explicites par l'article 2 (3) du décret sénégalais n° 2008-720 du 30 juin 2008 relatif à la certification électronique pris pour l'application de la loi n° 2008-08 du 25 janvier 2008 sur les transactions électroniques[1235], et par l'article 4 (40) de la loi n° 2010/012 du 21 décembre 2010 relative à la cybersécurité au Cameroun[1236]. Il est nécessaire que le dispositif de vérification ne modifie ni n'altère le contenu des données signées, l'identité du signataire et qu'il puisse permettre de signaler toute forme de modification ou d'altération.

493. Engendrer et vérifier une signature électronique passe par un jeu d'algorithmes, qui génère une clé publique permettant la vérification de la signature dont la connaissance est portée au public, et une clé privée créatrice de la signature[1237]. Il est nécessaire que ce procédé utilise l'intervention d'un tiers certificateur pour les signatures sécurisées. Lorsque la signature est générée, elle est groupée avec le document dans une structure de données normalisées et expédiées au destinataire parfois avec le certificat. Une fois arrivé sur l'ordinateur du destinataire, le document est séparé de la signature et de la clé publique et ces derniers passent par une opération d'algorithmes de vérification et d'identification qui aboutit à l'identification du signataire et à la correspondance entre la clé privée de création et la clé

---

contenu de l'acte à signer et ne pas faire obstacle à ce que le signataire en ait une connaissance exacte avant de le signer ».

[1235] Article 2 (3) du décret sénégalais n° 2008-720 du 30 juin 2008 relatif à la certification électronique pris pour l'application de la loi n° 2008-08 du 25 janvier 2008 sur les transactions électroniques : « Dispositif logiciel ou matériel utilisé pour procéder à la vérification de la signature électronique ».

[1236] Ensemble d'équipements et/ou logiciels publics de cryptage, homologués par une autorité compétente, permettant la vérification par une autorité de certification d'une signature électronique.

[1237] A.-F. FAUSSE, La signature électronique, Transactions et confiance sur Internet, Dunod, 2001, p. 19.

publique de vérification. Pour parfaire ce processus technologique, une dernière exigence vise la certification du dispositif de création de signature soit par le Premier Ministre pour certains Etats comme le Cameroun, soit par un organisme créé à cet effet comme l'Autorité de régulation des communications électroniques pour d'autres Etats comme le Burkina Faso.

b. Le certificat

494. Le certificat est un écrit émanant d'une autorité et qui fait foi d'un fait ou d'un droit[1238]. Lorsqu'il est électronique, le certificat désigne « un objet informatique qui permet de lier de façon intangible une identité d'entité à certaines des caractéristiques de cette entité »[1239]. Bien que l'identité de l'entité titulaire du certificat soit un élément commun, les législateurs africains déjà impliqués dans la règlementation du commerce électronique ne s'accordent pas sur la détermination des « caractéristiques » à fixer sur le document informatique. En définissant le certificat comme un document électronique sécurisé par la signature de la personne qui l'a émis et qui atteste après constat de la véracité de son contenu[1240], le législateur camerounais met l'accent sur l'identité du titulaire et l'exactitude du contenu. Le législateur sénégalais quant à lui se contente du lien entre la signature et son titulaire. Il considère le certificat comme une attestation électronique liant des données afférentes à la vérification d'une signature ou de tout autre document numérique, à une personne[1241]. Il est rejoint dans ce sens par les législateurs burkinabé[1242] et ivoirien[1243].

495. Techniquement le choix des caractéristiques de l'entité emporte des répercussions sur la typologie des certificats. Au-delà des caractéristiques préconisées par les législateurs nationaux, les procédés techniques permettent aux professionnels de choisir des options de sécurité sur internet. Comme le soutient Monsieur PIETTE-COUDOL, l'opérateur peut choisir entre le certificat d'attribut[1244], le certificat d'identité[1245] et le certificat de clé publique[1246]. De ce choix découlera le contenu et le type du certificat.

[1238] Dictionnaire Hachette Edicef, p. 216.

[1239] T. PIETTE-COUDOL, Echanges électroniques Certification et sécurité, Litec, 2000, p. 41, n°71.

[1240] Article 4 de la loi camerounaise n°2010/012 du 21 décembre 2010 relative à la cybersécurité et à la cybercriminalité au Cameroun.

[1241] Article 2 du décret sénégalais n° 2008-720 du 30 juin 2008 relatif à la certification électronique pris pour l'application de la loi n° 2008-08 du 25 janvier 2008 sur les transactions électroniques.

[1242] Article 2 de la loi burkinabé de 2009 sur les transactions électroniques : « Certificat électronique : un document sous forme électronique attestant le lien entre les données de vérification de signature électronique et un signataire ».

[1243] Article 1 de la loi ivoirienne de 2013 relative aux transactions électroniques : « Document électronique de valider le lien entre une signature électronique et son signataire ».

[1244] Ensemble composé de l'identité d'une entité et des attributs de cette entité, rendus indissociables par la signature du certificat d'attributs avec la clé privée de l'autorité de certification.

496. On distingue généralement le certificat simple du certificat qualifié. La différence entre ces deux types de certificats est que le certificat simple est un document électronique qui peut être privé et personnel, avec pour seule exigence, d'être sécurisé par la signature de la personne qui l'a émis, dans le but d'attester soit de la véracité du contenu, soit du lien entre les données de vérification de signature électronique et un signataire. Alors que le certificat qualifié est fortement règlementé et nécessite d'être délivré selon certaines exigences légales, par un prestataire de services de certification accrédité par une autorité publique[1247]. Un certificat électronique ne peut donc être considéré comme qualifié que s'il est délivré par un prestataire de services de certification qui se conforme à certaines exigences légales spécifiques[1248], et est accrédité par l'Autorité de régulation des communications électroniques[1249].

Selon l'article 2 al.2 du décret sénégalais n° 2008-720 du 30 juin 2008 relatif à la certification électronique pris pour l'application de la loi n° 2008-08 du 25 janvier 2008 sur les transactions électroniques, la certification est une procédure destinée à « faire valider la conformité d'un système selon certaines normes par un organisme, et permettre de donner une assurance écrite par l'intervention d'un tiers qu'un produit, un processus ou un service est conforme aux exigences spécifiées ». Mais pour l'instant, la notion de produit électronique n'est connue que de la législation sénégalaise. En vertu de l'article 2 al.7 du décret sénégalais susvisé, la notion de produit électronique désigne « tout élément matériel ou logiciel destiné à être utilisé pour la fourniture de services de signature électronique notamment pour la création ou la vérification de ladite signature ». Le problème que pose ce certificat est de déterminer la mesure à partir de laquelle, on apprécie le niveau de la sécurité des systèmes[1250]. L'idéal serait d'avoir des normes de

[1245] Ensemble composé de l'identité d'une entité et d'une clé publique asymétrique (contenant d'autres informations de gestion) rendus indissociables par la signature du certificat avec la clé privée de l'autorité de certification.

[1246] Processus de création d'un lien intangible (certificat) entre l'identité d'une entité et sa clé publique ou entre l'identité d'une entité et ses attributs.

[1247] Selon l'article 84 de l'Acte uniforme révisé portant droit commercial général, le certificat électronique employé en support de la signature électronique qualifiée « est une attestation électronique qui lie des données afférentes à la vérification de signature à une personne et confirme l'identité de cette personne. Il présente au minimum les mentions suivantes : le nom du titulaire du certificat ; la clé cryptographique publique du titulaire ; la période de validité du certificat ; un numéro de série unique ; la signature électronique du prestataire de services de certification électronique ».

[1248] Articles 82 à 88 et 108 à 124 du chapitre VI de la loi burkinabé de 2009 ; articles 15 et 16 de la loi camerounaise sur la cybersécurité et la cybercriminalité.

[1249] Respectivement articles125 à 130 et 10 et 11 des lois burkinabé et camerounaise susvisées.

[1250] A la suite de l'article 1 du décret français n°2002-535 du 18 avril 2002 relatif à l'évaluation et à la certification de la sécurité offerte par les produits et les systèmes des technologies de l'information, l'article 26 de la loi camerounaise n°2010/012 relative à la cybersécurité et à la cybercriminalité exige que dans le but « d'identifier, d'évaluer, de traiter et de gérer continûment les risques liés à la sécurité des systèmes d'information dans le cadre

références communautaires obligatoires, comme cela a été instauré dans l'Union Européenne par une décision de la Commission du 14 juillet 2003 introduisant trois numéros de référence[1251]. Pour les pays francophones démunis de référentiel communautaire, on peut partir de la norme internationale ISO/IEC 15408 qui constitue une base solide vers la reconnaissance entre pays de critères communs d'évaluation, et qui introduit des mesures d'évaluation des exigences de sécurité[1252].

497. Le rôle du certificat est très important, surtout en cas de doute sur la signature. Une signature électronique altérée[1253] ne permet pas de conclure à l'absence de signature lorsqu'il existe un certificat qui l'accompagne. C'est ainsi que face à une signature altérée, le juge de Limoges a affirmé que, « les documents de l'offre de cette société ne pouvaient pas être regardés comme n'étant pas signés, dès lors que l'existence d'un certificat de signature électronique adéquat n'était pas en cause et que la difficulté concernait seulement le contrôle de la validité de l'utilisation de ce certificat »[1254]. Cette décision démontre l'intérêt d'examiner l'impact de la fiabilité sur l'appréciation de la valeur probante des documents électroniques.

2. L'impact de la fiabilité sur la valeur probante

498. L'implication de la technologie sur l'appréciation de la force probante de l'acte électronique impose de savoir si cet acte conserve la même valeur probante, quelque soit la forme de la signature électronique utilisée. En recherchant la fiabilité des procédés mis en place pour cette fin, on aboutit à une intrusion de la technologie dans la stratification de la valeur probante d'une part (a), et à une ingérence des prestataires techniques qui retirent aux parties l'exclusivité en matière de preuve (b).

---

des services offerts directement ou indirectement », les exploitants de systèmes d'information doivent mettre en place des mécanismes techniques pour faire face aux atteintes préjudiciables « à la disponibilité permanente des systèmes, à leur intégrité, à leur authentification et à la confidentialité des données ».

[1251] CWA 14167-2 (mars 2002) Security requirements for trustworthy systems managing certificates for electronic signatures: Cryptography module for CSP signing operation-protection profile (MCSO-PP); CWA 14169 (mars 2002) secure signature creature device; CWA 14167-1 mars 2003 Security requirements for trustworthy systems managing certificates for electronic signatures- Part I: system security requirement.

[1252] E. JOLY-PASSANT, thèse, op. cit., p. 295, n°667.

[1253] La signature altérée ne signifie pas que la signature ou le certificat est invalide mais que les contrôles n'ont pu être effectués au moment de la réalisation de la signature en raison d'une impossibilité dans laquelle s'est trouvée la plate-forme de vérifier l'origine du certificat. Elle est distincte de la signature incertaine qui révèle que le contrôle de révocation n'a pas pu s'effectuer en raison d'une indisponibilité du service au moment de la signature ou une anomalie dans le protocole prévu par la loi, http://amadieu-conseil.eu/dotclear2/index.php?post/2011/01/19/La-signature-%C3%A9lectronique-en-question%2C-point-sur-la-jurisprudence-r%C3%A9cente.

[1254] TA Limoges, Ord. Réf., 12 novembre 2010, Infostance / Région Limousin, http://www.legalis.net/spip.php?page=breves-article&id_article=3025.

a. La stratification technique du degré probatoire

499. L'absence de matériels et de logiciels destinés à la création de signature n'a aucune incidence sur la recevabilité des signatures électroniques simples au titre de preuve[1255]. Pourtant, seule la loi 2009 du Burkina Faso l'affirme expressément dans son article 10[1256]. Cet emprunt fait à l'article 5.2 de la directive européenne sur les signatures électroniques consacre l'interdiction de discriminer les signatures. Le fait que les législations camerounaise et sénégalaise ne prévoient pas explicitement une disposition sur l'interdiction de les discriminer ne signifie pas qu'elles établissent une ségrégation des types de signatures. En effet, l'exposé des motifs de la loi sénégalaise du 25 janvier 2008 adopte une approche basée sur la neutralité face à la technologie en appuyant les transactions électroniques, et en précisant les exigences en matière de preuve et de signature[1257]. Mais il faut bien comprendre que cette non-discrimination se limite à la recevabilité des signatures.

En matière de preuve électronique, la valeur probatoire est établie selon que la signature est simple ou avancée. Pour être érigé au même rang que la signature manuscrite, le procédé de création de la signature simple doit prouver la fiabilité du procédé d'identification du scripteur, et garantir le lien de la signature avec l'acte auquel elle s'attache. En revanche, la fiabilité de la signature sécurisée est présumée.

500. L'orientation commune des Etats ayant règlementé le commerce électronique veut que la présomption probatoire soit reconnue à la signature sécurisée ou avancée qui est associée à un certificat qualifié[1258]. Lorsque cette condition du certificat qualifié est remplie, la signature s'apparente en tout effet à la signature manuscrite[1259] et est présumée fiable[1260]. Il s'agit d'une présomption qui ne peut être déniée qu'en cas de preuve contraire[1261].

[1255] L. GUINOTTE, La signature électronique après les lois du 20 octobre 2000 et du 9 juillet 2001, JDT, n°6063 du 14 sept. 2002, p. 7.

[1256] « Une signature électronique ne peut être déclarée irrecevable au seul motif, soit qu'elle se présente sous forme électronique, soit qu'elle ne repose pas sur un certificat qualifié ou encore qu'elle n'est pas créée par un dispositif sécurisé de création de signature ».

[1257] Voir Exposé des motifs de la loi sur les transactions électroniques au Sénégal du 25 janvier 2008.

[1258] Article 18 al. 4 de la loi camerounaise : « Le certificat utilisé pour la génération de la signature (électronique avancée) est un certificat qualifié » ; article 39 du décret sénégalais du 24 avril 2008 : « La signature électronique consiste en un ensemble de données qui doivent…reposer sur un certificat électronique ».

[1259] Rappelant la responsabilité et l'intervention impérative de l'autorité administrative de certification et des prestataires privés des services de certification, l'article 38 de la loi sénégalaise dispose qu'« en application de l'article 41 de la loi sur les transactions électroniques, la signature nécessaire à la perfection d'un acte sous seing privé peut être manuscrite ou électronique » ; article 10 de la loi burkinabé sur les transactions électroniques de 2009 : « La signature électronique sécurisée liée à un certificat électronique qualifié est assimilée de plein droit à la signature manuscrite » ; article 17 de la loi camerounaise relative à la cybersécurité et à la cybercriminalité : « La signature électronique avancée a la même valeur juridique que la signature manuscrite et produit les mêmes effets que cette dernière » ;

L'effondrement de cette présomption en cas de preuve contraire se révèle louable dans ce système de preuve unilatéral entre les mains presque monopolistiques des professionnels[1262]. Ceci découle du système d'accréditation qui tend à instaurer une présomption de fiabilité au profit de la signature électronique avancée ou sécurisée[1263]. Ainsi, la présomption de fiabilité de la signature électronique repose sur un dispositif sécurisé de création et de vérification qui assure la confidentialité, l'intégrité, la sécurité et sa conformité aux exigences légales et règlementaires[1264]. Cette signature a la même valeur probante que la signature manuscrite et est présumée fiable lorsque son dispositif de signature est sécurisé et que son authenticité est vérifiée grâce à un certificat électronique qualifié[1265].

La présomption de fiabilité ne vaut pas pour les signatures électroniques simples, mais uniquement pour les signatures électroniques sécurisées[1266]. Autrement dit, le titulaire de la signature électronique simple se doit de démontrer la fiabilité de son procédé de signature, qui s'apparente à une signature privée. C'est dans ce sens qu'en 2010, la Cour de cassation en France s'est opposée à l'arrêt d'une cour d'appel qui avait décidé que le courrier électronique, « tout comme l'ensemble des écrits sous forme électronique » émanant du bailleur, doit être « admis en preuve dès lors que [son] signataire ne communique aucun document de nature à combattre la

---

article 49 de la loi sénégalaise de 2008 sur les transactions électroniques : « une signature électronique créée par un dispositif sécurisé que le signataire puisse garder sous son contrôle exclusif et qui repose sur un certificat numérique est admise comme signature au même titre que la signature autographe ».

1260 Article 18 de la loi burkinabé sur les transactions électroniques de 2009 : « La fiabilité d'un procédé de signature électronique est présumée, jusqu'à preuve contraire, lorsque ce procédé met en œuvre une signature électronique sécurisée, établie grâce à un dispositif sécurisé de création de signature électronique et que la vérification de cette signature repose sur l'utilisation d'un certificat qualifié » ; Article 48 al.2 de la loi sénégalaise de 2008 sur les transactions électroniques : « Lorsqu'elle (la signature) est électronique, elle consiste en l'usage d'un procédé fiable d'identification garantissant son lien avec l'acte auquel elle s'attache. La fiabilité de ce procédé est présumée, jusqu'à preuve contraire, lorsque la signature électronique est créée » : il s'agit nécessairement de la signature électronique sécurisée au sens du décret sénégalais n° 2008-720 du 30 juin 2008 relatif à la certification électronique pris pour l'application de la loi n° 2008-08 du 25 janvier 2008 sur les transactions électroniques.

1261 C. CHARBONNEAU et F.-J. PANSIER, La nouvelle étape du consentement dématérialisé, PA, 25 juin 2002, n°126, 4.

1262 J. HUET, Vers une consécration de la preuve et de la signature électronique, D. 2000, Chron. p. 95, n°3.

1263 Ibid.

1264 C. CASTETS-RENARD, Le formalisme du contrat électronique ou la confiance décrétée, Répertoire du notariat Defrénois, 30 oct. 2006, n°20, 1528.

1265 L. ASSAYA et V. BAUDOIN, La signature électronique par cryptographie à clé publique, La Semaine Juridique Entreprise et Affaires, n°4, 23 janv. 2003, 146, n°1 ; P. FERNANDEZ, La signature électronique, legalis.net, Ed. des Parques, sept. 2001, #3, p. 59 à 62.

1266 C. CASTETS-RENARD, op.,cit, 1528.

présomption de fiabilité » légale[1267]. La Haute cour annule et renvoie cette affaire devant la Cour d'appel de Dijon au motif qu'elle n'a pas vérifié, comme le requiert l'article 1316-4 nouveau du Code civil français, que la signature électronique a été créée, que l'identité du signataire a été assurée et que l'intégrité de l'acte a été garantie, dans des conditions fixées par le décret d'application de cet article[1268] à travers notamment, les caractéristiques fonctionnelles d'un dispositif de création de signature électronique sécurisé et ses conditions de certification. Ces exigences font perdre aux parties le contrôle de la preuve au profit des prestataires de services internet.

b. La perte du contrôle de la preuve par les parties

501. Un auteur affirmait du temps du règne du support papier que, « pourquoi permettait-on tout à l'heure au tiers de recourir à la preuve testimoniale ? Parce qu'il ne pouvait lui être fait grief, étant étranger à l'opération, de ne s'en être pas ménagé une preuve écrite. Mais l'argument ne vaut pas en faveur des parties »[1269]. Or dans le commerce électronique, le contrôle de la preuve échappe aux parties. La preuve électronique relève d'une activité professionnelle dévolue aux prestataires en charge de la signature électronique. L'existence de deux types de certificats électroniques, l'un simple et l'autre qualifié, démontre l'accaparement de la preuve par les prestataires de service de certification. En France, cette distinction est allée jusqu'à la séparation des autorités qui en ont la charge, puisque les simples certificats sont du ressort des centres d'évaluation exclusivement agréés par le Premier Ministre, tandis que les certificateurs qualifiés sont agréés par le Comité français d'accréditation[1270]. Dans les pays francophones d'Afrique subsaharienne, le fait que les acteurs soient limités à l'organisme public de certification[1271] et aux prestataires de services de services de certification, n'occulte pas l'intrusion de ces acteurs dans le processus contractuel. Cette intrusion témoigne de l'externalisation de la

---

[1267]http://actualitesdudroit.lamy.fr/Accueil/Articles/tabid/88/articleType/ArticleView/articleId/117918/Premiere-application-de-larticle-287-du-CPC-a-un-ecrit-electronique.aspx.

[1268] Cass., Civ 1, 30 septembre 2010, n° 09-68.555, La lettre info, Premier acte, n°242, fév.2011, 4, http://www.1acte.com/IMG/pdf/242.4_-_Jurisprudence_Ces_arrets_qui_nous_interpellent.pdf.

[1269] A. BENABENT, La justesse par le verbe, Jean Carbonnier. L'homme et l'œuvre, Presses universitaires de Paris Ouest, 2011, p. 46.

[1270]Le Comité français d'accréditation (Cofrac) est issu de la réunion du Réseau national d'essais (RNE) et du Bureau national de métrologie (BNM-FRETAC) le 29 avril 1994, www.cofrac.fr.

[1271] L'Agence de l'informatique de l'Etat au Sénégal : articles 3 à 17 du décret n° 2008-720 du 30 juin 2008 relatif à la certification électronique pris pour l'application de la loi n° 2008-08 du 25 janvier 2008 sur les transactions électroniques ; l'Agence Nationale des Technologies de l'Information et de la Communication au Cameroun : articles 7 à 9 de la loi sur la cybersécurité et la cybercriminalité de 2012.

signature qui échappe désormais aux parties[1272]. Les contractants ne maîtrisent plus totalement les modalités d'expression de leur volonté, et sont contraints de faire confiance aux intermédiaires techniques[1273] et aux prestataires de services internet. Cette intrusion de la technique dans le formalisme probatoire n'est pas sans conséquence.

§2. Les implications de la technicisation du formalisme probatoire

502. L'intervention de la technologie sur le formalisme probatoire suscite des implications inconnues du monde physique, notamment l'effritement de la distinction entre original et copie des documents électroniques (A), et le traitement différencié des actes électroniques non signés (B).

A. La disparition de la distinction entre original et copie

503. Selon l'article 2(xxi) de l'Annexe VII sur le droit d'auteur de l'Accord révisé de Bangui de 1999, la copie est le résultat de tout acte de reproduction d'une œuvre déjà fixée sur un support. Elle dérive d'un ouvrage précédent et original fait de la main de l'homme[1274]. La formalité légale de l'original[1275], dont la finalité est probatoire[1276], pose le problème de la distinction entre l'ouvrage original et la copie numérique. Dans le commerce électronique, l'original se confond à la copie[1277] parce que la notion d'original n'est plus liée à son support matériel (1). La disparition du support laisse une place privilégiée à la vérification de la correspondance entre l'information reproduite et l'information initiale. Dans ce contexte, seule la conformité du contenu de la reproduction au contenu du document originel doit être prise en considération pour qualifier l'original (2).

[1272] A. RAYNOUARD, Adaptation du droit de la preuve aux technologies de l'information et à la signature électronique, Defrénois, 2000, art.37174, 619 ; C. CASTETS-RENARD, Le formalisme du contrat électronique ou la confiance décrétée, op. cit., 1528.

[1273] Ibid.

[1274] « L'original désigne l'ouvrage de la main de l'homme dont il est fait des reproductions », Le nouveau petit robert de la langue française, p. 1760.

[1275] Article 1325 du Code civil : « Les actes sous seing privé qui contiennent des conventions synallagmatiques, ne sont valables qu'autant qu'ils ont été faits en autant d'originaux qu'il y a de parties ayant un intérêt distinct ».

[1276] Elle permet d'une part d'avoir une connaissance exacte du contenu du contrat et d'autre part d'éviter des actions en annulation au motif qu'elle a fait défaut lors de la conclusion en ligne du contrat.

[1277] Article 26 de la loi ivoirienne de 2013 relative aux transactions électroniques : « En cas de contestation de l'originalité ou de l'intégrité de la copie ou de la reproduction sur support papier de l'acte passé par voie électronique, la juridiction compétente peut recourir à la désignation d'un expert ».

1. La dissociation de l'original de son support matériel

504. Dans le commerce électronique, la considération du support dans la détermination de l'original n'a aucune utilité (a). La notion d'original se détache du corps physique sur lequel les inscriptions sont mentionnées, et s'attache désormais à l'identité du contenu qui est copié (b).

a. L'inutilité du support dans la considération de l'original

505. Le juge a souvent fait des contrats par correspondance une exception à la formalité du double original[1278]. On retrouve la même situation lorsque l'accord a été conclu à la suite de mails mentionnant un engagement formel. Le contrat pouvant être prouvé par le rapprochement des correspondances mails détenues par chacune des parties, il n'est pas nécessaire pour elles de posséder des exemplaires de l'original. Une autre solution jurisprudentielle propose que les parties déposent l'original de l'acte sous seing privé « entre les mains d'un tiers (prestataire de service d'archivage) chargé de le conserver dans l'intérêt de celles-ci, [ce qui] dispense de la confection des originaux multiples »[1279]. L'original a souvent été rattaché à son support initial à tort. La reproduction par impression ou par transfert sur un autre support informatique de l'acte établi et conservé sous forme numérique serait qualifiée de copie puisque résultant d'un transfert sur un autre support[1280]. En revanche, l'acte s'affiche à l'écran et doit être enregistré sur le disque dur de l'ordinateur de l'internaute ou de l'autre partie. Peut-on le considérer comme un original ? Si c'est le cas, alors comment le présenter au juge sous cette forme numérique initiale ? La notion d'original ne se rapporte pas au support mais plutôt à l'information qui y est inscrite.

b. De l'original du support vers l'original du contenu

506. On a longtemps subordonné l'original à son support initial. En réalité il n'en est rien, car la notion d'original doit être complètement indépendante de celle du support. Lorsque l'original a disparu, la copie ne peut servir que de commencement de preuve par écrit. Dans le cas du commerce électronique, l'original ne disparait pas. Le problème est juste celui de déterminer la conviction du juge de l'existence d'un original qu'on n'arrive pas à produire en l'état, parce qu'établi sous forme numérique. De même, si le support initial disparaît, alors que l'information a été sauvegardé dans son intégrité sur un autre support, on ne peut parler de copie, sauf s'il y

---

[1278] Caen, 4 mars 1949, S.1949, 2, 197. Aix en Provence, 9 déc. 1993, JCP, 1994, éd. G, IV, 630, Juris-Data n°047292.

[1279] Cass. Civ.3è, 5 mars 1980, Bull.civ.II, n°52, 28.

[1280] A. PRÜM, « L'acte sous seing privé électronique : réflexions sur une démarche de reconnaissance », in Mélanges Michel CABRILLAC, op. cit., p. 266.

a par exemple des modifications substantielles[1281]. C'est donc dire que le problème se situe au niveau de la production de l'acte électronique original et non de son existence. L'original est différent du support originel. L'exigence de l'original doit être satisfaite, lorsque le contenu initial et le contenu reproduit sont conformes.

2. La conformité du contenu de la copie au contenu de l'original

507. Deux démarches sont possibles pour assimiler la copie électronique à l'original : soit on examine les critères d'intégrité ou de communication recommandés par la loi type (a), soit on recherche les critères fonctionnels de fidélité et de durabilité comme le préconise le législateur burkinabé (b). Dans les deux cas, il est opportun qu'une autorité de certification atteste de la force probante des documents reproduits[1282].

a. Les critères relatifs à l'intégrité et la communication du contenu

508. Pour établir l'identité entre la copie numérique et son original, l'article 9 1.(a) et (b) de la loi-type de 1996 dispose que, « lorsque la loi exige qu'une information soit présentée ou conservée sous sa forme originale, un message de données satisfait à cette exigence : s'il existe une garantie fiable quant à l'intégrité de l'information à compter du moment où elle a été créée pour la première fois sous sa forme définitive en tant que message de données ou autre; et si, lorsqu'il est exigé qu'une information soit présentée, cette information peut être montrée à la personne à laquelle elle doit être présentée ». Le critère de l'intégrité est également requis pour les copies issues des registres de commerce. La seule différence est que compte tenu de leur nature authentique, l'article 98 de l'Acte uniforme révisé sur le droit commercial général exige une certification garantissant l'authentification de leur origine[1283]. Cela est admis sous réserve de

---

[1281] Les conversions en d'autres formats par exemple, lorsque le format d'origine est essentiel pour l'appréciation du juge.

[1282] Article 40 de la loi sénégalaise de 2008 sur les transactions électroniques : « La copie ou toute autre reproduction d'actes passés par voie électronique a la même force probante que l'acte lui-même lorsqu'elle est certifiée conforme par des organismes agréés par l'Agence de l'Informatique de l'Etat selon des règles définies par décret ».

[1283] Article 98 de l'Acte uniforme révisé sur le droit commercial général : « Le greffe ou l'organe compétent dans l'Etat Partie en charge du Registre du Commerce et du Crédit Mobilier, après avoir utilisé un système de numérisation dans des conditions garantissant la reproduction à l'identique, peut procéder à la copie sur support électronique de tout ou partie d'un dossier individuel sur papier. Les informations données sous forme électronique ne sont pas certifiées conformes, sauf demande expresse du demandeur. A défaut de certification, les informations données ne valent que comme simple renseignement. La certification des copies électroniques doit garantir à la fois l'authentification de leur origine et l'intégrité de leur contenu, au moyen au moins d'une signature électronique qualifiée de l'autorité en charge du Registre du Commerce et du Crédit Mobilier. La copie authentique comporte en outre la date et l'image de son sceau. Mention est portée sur la copie délivrée de sa conformité à l'original ».

« l'absence d'altération par ajout ou diminution, à l'exception faite de tout ajout, suppression ou modification intervenant dans le cours normal de la communication d'une part, et de l'appréciation du niveau de fiabilité au regard de l'objet pour lequel l'information a été créée et à la lumière de toutes les autres circonstances y relatives d'autre part »[1284]. La fiabilité dont il est question ici n'est pas celle de la signature électronique simple ou avancée. Il s'agit d'une fiabilité de l'intégrité, c'est-à-dire de la conservation par le système, et non une fiabilité du consentement ou de l'identification de l'auteur du message[1285].

509. La seconde exigence qui porte sur la communication ne requiert pas des développements particulièrement précis, la seule condition étant la possibilité pour le message de pouvoir être fixé sur tout support capable de le conserver. Ce qui exclut les copies non décodées et non décryptées, si les originaux l'étaient à leur réception. La communication ne doit pas être comprise comme une simple transmission. Elle suppose que le destinataire du document reproduit puisse en prendre connaissance. La communication suppose l'intelligibilité du message copié. Il va de soi que la communication se rapporte à la compréhension et la lisibilité du message, pour une meilleure exploitation par le destinataire.

Concernant l'admission en preuve de la copie non signée, la loi-type exige l l'intégrité du contenu de l'original et son aptitude à être communiquée. D'autres critères sont promus par les législations nationales.

b. Les critères de fidélité et de durabilité du contenu

510. Les critères érigés par la loi-type ne sont pas forcément partagés par tous. Une illustration est donnée par le législateur burkinabé qui recherche plutôt la durabilité et la fidélité du contenu de la copie numérique. Des lois des pays francophones d'Afrique subsaharienne, seule la loi burkinabé de 2009 sur les transactions électroniques a transposé cumulativement la durabilité et la fidélité attestée par une autorité de certification pour admettre la force probante des copies des actes conclus par voie électronique. L'article 31 de cette loi dispose que, « … les copies numériques effectuées à partir d'un document sur support papier sont présumées en être une copie fidèle et durable si elles reproduisent fidèlement, sous forme électronique, le document original, au moyen d'un système de numérisation accrédité par l'Autorité de régulation des communications électroniques ». Ce qui ferait la non précarité de la copie, ce ne serait pas sa matérialité, mais plutôt sa durabilité et son aptitude à être difficilement falsifiable.

[1284] Article 8.2 (a) et (b) de la loi-type de 1996.

[1285] Cette fiabilité ne s'apprécie pas en vertu de la présomption simple ou légale de la signature électronique, mais des éléments aussi variables que l'objet de l'information et toutes les autres circonstances de fait qui l'entourent.

511. La systématisation des critères de fidélité et de durabilité est issue de la loi du française du 12 juillet 1980[1286] portant réforme du droit de la preuve et modifiant les dispositions anciennes du Code civil. L'article 1348 alinéa 2 du Code civil français exige que la copie soit la reproduction non seulement fidèle mais aussi durable de l'original disparu pour faire preuve à la place de ce dernier. Ce sont là deux conditions « autonomes et cumulées » qui constituent « deux qualités : la fidélité et la persistance dans le temps »[1287].

Plusieurs décisions ont adopté ces deux critères, allant même jusqu'à établir que la photocopie dont l'original a été détruit, même volontairement, est une reproduction fidèle et durable[1288]. Plus significatif l'arrêt du 25 juin 1996 dans lequel la Cour de cassation affirme qu'une copie fidèle et durable « ne constituait pas un commencement de preuve par écrit, mais faisait pleinement preuve de l'existence du contrat »[1289]. On peut aussi citer un arrêt de 2010 de la Cour de cassation qui établit que, « lorsqu'une partie n'a pas conservé l'original d'un document, la preuve de son existence peut être rapportée par la présentation d'une copie qui doit en être la reproduction non seulement fidèle mais durable »[1290]. En effet, « sous le rapport de la logique, n'importe quel type de caractère ayant un sens, inscrit sur n'importe quel support, peut constituer une écriture du moment que les fonctions de l'écrit instrumentaire sont assurées : mémorisation de l'expression d'une volonté, c'est-à-dire préconstitution de la preuve, et fiabilité, c'est-à-dire résistance à la falsification. L'enregistrement sur une bande magnétique, une disquette, un microfilm, un disque CD-ROM, l'impression d'un film peuvent remplir cet office du moment qu'ils ne sont pas trop éphémères »[1291].

Au sens de l'article 1348 alinéa 2 du Code civil français[1292], la durabilité désigne toute modification indélébile de l'original qui entraîne une

[1286] V. sur cette réforme, VION, Les modifications apportées au droit de la preuve par la loi du 12 juillet 1980, Defrénois 1980, art. 32470, no 8 ; CHAMOUX, La loi du 12 juillet 1980 : une ouverture sur de nouveaux moyens de preuve, JCP 1981. I. 3008 ; VIATTE, La preuve des actes juridiques, commentaire de la loi du 12 juillet 1980, Gaz. Pal. 1980. 2. Doctr. 581.

[1287] J.-L. MOURALIS, Preuves (10 modes de preuve), Répertoire de droit civil, Dalloz, janvier 2011.

[1288] Paris, 15 févr. 1990, D. 1990. IR 72 « constituent une reproduction fidèle et durable du titre les photocopies d'une reconnaissance de dette dont la conformité avec les originaux n'a jamais été contestée » ; Versailles, 25 sept. 1989, D. 1989. IR 293 ; 4 févr. 1994, Juris-Data no 021764.

[1289] Civ. 1re, 25 juin 1996, no 94-11.745, Bull. civ. I, no 270 ; CCC 1996, no 183, p. 11, note LEVENEUR, rendu à propos d'un contrat de mandat.

[1290] Cass. 2e civ., 23 sept. 2010, n° 09-68.367, F-D : JurisData n° 2010-016622; E. CAPRIOLI, Preuve et copies numériques Communication Commerce électronique n° 12, Décembre 2010, comm. 131.

[1291] J. LARRIEU, Les nouveaux moyens de preuve: pour ou contre l'identification des documents informatiques à des écrits sous seings privés?, Lamy droit de l'informatique, H, I, 1988, 15 et 30.

[1292] Article 1348 alinéa 2 du Code civil français : « Elles [les règles ci-dessus] reçoivent aussi exception lorsqu'une partie ou le dépositaire n'a pas conservé le titre original et présente une copie qui en est la reproduction non seulement fidèle mais aussi durable. Est réputée durable

modification irréversible du support, c'est-à-dire le passage du disque dur, CD ou DVD au support papier. La durabilité s'inscrit dans le temps, la copie ne devant pas être d'une durée de vie éphémère.

512. Il faut certainement s'interroger ici sur la nécessité d'exiger d'une copie une si longue existence. On comprend sans doute le souci de pérenniser la copie lorsque l'original a disparu. Contrairement au papier, les supports physiques de sauvegarde de données sont plus durables, plus résistants et facilitent à tout moment une reproduction fidèle du contenu de l'acte. La fidélité s'entend d'une reproduction littérale de l'original. L'appréciation de la fidélité est faite au regard de la technique de copie utilisée et de son aptitude à retracer l'original. Il ne suffit pas d'établir que le procédé de copie utilisé est de ceux qui fournissent à coup sûr une image exacte du document reproduit. Il faut aussi prouver que ce dernier était précisément celui qui constatait l'acte à prouver.

B. Le traitement différencié des actes électroniques non signés

513. Les actes électroniques non signés sont ceux qui ne constituent que des écrits et ne revêtent aucune signature. L'écrit souffre d'une confusion avec la signature[1293]. Il est si souvent confondu à l'acte sous seing privé ainsi qu'à son support, qu'on lui cherche d'autres qualités fonctionnelles telles que la lisibilité[1294], l'inaltérabilité[1295] et la stabilité. Ces qualités sont inhérentes au papier qui a longtemps été considéré comme le support traditionnel de l'écrit [1296]. Les actes électroniques sans signature constituent

---

toute reproduction indélébile de l'original qui entraîne une modification irréversible du support ».

[1293] « La confusion sur la notion d'écrit est alimentée par bon nombre de législations… qui exigent un écrit, notamment à des fins probatoires, sans préciser s'il s'agit d'un simple écrit ou d'un écrit signé. Or, en général, l'écrit doit toujours présenter l'une ou l'autre qualité additionnelle (il doit se trouver sur un support durable, il doit être signé…) pour qu'une force probante particulière lui soit attachée. Ces qualités ne relèvent donc pas de l'essence de l'écrit, mais elles sont requises à titre complémentaire pour qu'il puisse valoir comme preuve », D. GOBERT et E. MONTERO, Les contrats conclus par voie électronique, Les Cahiers de CRID, n°19, p. 207, n° 388.

[1294] E. CAPRIOLI, Le juge et la preuve électronique, texte présenté au colloque de Strasbourg, Le commerce électronique : vers un nouveau droit, 8-9 octobre 1999, www.juriscom.net.

[1295] « La notion d'inaltérabilité ne devrait pas être considérée comme inhérente à celle d'écrit, en tant que condition absolue, car un document écrit au crayon pourrait néanmoins être considéré comme un "écrit" selon certaines définitions juridiques. Compte tenu de la manière dont des questions telles que l'intégrité des données et la protection contre les risques de fraude sont traitées pour la documentation sur papier, un document entaché de fraude serait néanmoins considéré comme un "écrit". En règle générale, on a jugé que des notions telles que "élément de preuve" et "intention manifestée par les parties de se lier entre elles" doivent être rattachées aux questions de nature plus générale concernant la fiabilité et l'authentification des données et ne devraient pas intervenir dans la définition d'un "écrit" » Guide d'interprétation de la loi type, p. 38.

[1296] D. GOBERT et E. MONTERO, op.cit., pp. 114 et s ; D. MOUGENOT, Faut-il insérer une définition de l'écrit dans le Code civil ?, in Revue Ubiquité, 2000/7, pp. 121-128 ; P.

de simples écrits. Cette catégorie d'actes concerne en général les mails. Un mail non signé ne peut être tenu pour une preuve[1297] que si dans son appréciation, le juge l'admet notamment dans le cadre de la preuve libre (1). Mais il peut aussi arriver que les parties conviennent d'organiser leur preuve. La force probante de tels actes tient de la convention de preuve (2).

1. La subordination de la valeur probante du courrier électronique à l'appréciation du juge

514. Les législations française[1298], burkinabé et sénégalaise[1299] disposent que, « l'écrit sous forme électronique est admis en preuve au même titre que l'écrit sur support papier, sous réserve que puisse être dûment identifiée la personne dont il émane et qu'il soit établi et conservé dans des conditions de nature à en garantir l'intégrité ». En exigeant ces fonctions pour l'admission en preuve de l'écrit électronique, le législateur ajoute des conditions qui n'existaient pas dans le système traditionnel de la preuve littérale.

515. La jurisprudence a dessiné les critères fonctionnels que tout écrit devait comporter à des fins probatoires[1300] : imputabilité[1301] et intégrité[1302]. Il semble redondant d'indiquer les fonctions d'identité et d'intégrité dans des dispositions qui traitent de l'écrit électronique, alors qu'elles semblent constituer des fonctions de la signature[1303]. Un auteur fait savoir que la

---

LECOCQ et B VANBRABANT, La preuve du contrat conclu par voie électronique, in Le commerce électronique : un nouveau mode de contracter ?, Editions du jeune barreau de Liège, 2001, p. 130 et s.

1297 D. GOBERT et E. MONTERO, L'ouverture de la preuve littérale aux écrits sous forme électronique, Journal des tribunaux n°6000, 17 février 2001, p. 125.

1298 Par la loi du 21 juin 2004, dont les dispositions ont été introduites dans le Code civil français 1316-1 a prévu que « l'écrit sous forme électronique est admis en preuve au même titre que l'écrit sur support papier, sous réserve que puisse être dûment identifiée la personne dont il émane et qu'il soit établi et conservé dans des conditions de nature à en garantir l'intégrité ».

1299 L'article 37 de la loi sénégalaise et l'article 34 de la loi du Burkina Faso disposent que, « L'écrit sous forme électronique est admis en preuve au même titre que l'écrit sur support papier et a la même force probante que celui-ci, sous réserve que puisse être dûment identifiée la personne dont il émane et qu'il soit établi et conservé dans des conditions de nature à en garantir l'intégrité ».

1300 Dans une affaire la Cour de cassation a réfuté la force probante des mails pour défaut de signature : Cass. 1ère civ., 30 sept. 2010, n° 09-68.555, F-P+B+I, Michelet c/ Frachebois : JurisData n° 2010-017147.

1301 L'imputabilité établit le lien entre le scripteur et le message, l'intégrité résulte de la façon dont l'écrit a été établi et conservé ; « …Les conditions dans lesquelles il [l'écrit] a été établi et conservé en garantissent la fiabilité », P. CATALA, « Ecriture électronique et actes juridiques », in Mélanges Michel CABRILLAC, Litec, 1999, p. 96, n°7.

1302 A. PRÛM, « L'acte sous seing privé électronique : réflexions sur une démarche de reconnaissance », in Mélanges Michel CABRILLAC, op cit, p. 272. Les éléments qui garantissent l'intégrité de l'écrit comme la signature électronique doivent lui être rattachés de manière indissociable de sorte que toute modification, toute manipulation à des fins pernicieuses puissent être détectables.

1303 Ibid.

définition de l'écrit, au sens de l'article 1316-1 du Code civil français, semble ressortir plutôt d'une définition de la signature[1304]. Dans une espèce du 7 avril 2006, la Haute cour de justice anglaise a affirmé que l'insertion d'une adresse mail, séparée du corps principal du texte, ne constitue pas une preuve d'engagement de son auteur en l'absence d'une signature de son auteur[1305]. La recevabilité du courrier non signé est affectée. Or si les écrits établis par des moyens techniques tels que le fax sont recevables[1306], alors la recevabilité des simples mails ne doit pas être rejetée.

516. La recevabilité se rapporte à la qualité acceptable ou admissible d'une demande qui réunit les conditions légales permettant à la justice ou à l'administration de l'accueillir[1307]. Elle désigne l'acceptation d'une demande qui reste à être examinée quant au fond et à la forme[1308]. On peut bien admettre la recevabilité d'un simple mail. Quelques décisions françaises en matière sociale ont retenu à plusieurs reprises la validité d'un courrier électronique[1309]. Ces décisions étaient certainement fondées sur la position du Ministre français du travail, de l'emploi et de la santé qui soutient que, « sous réserve des modalités spécifiques prévues par certaines conventions collectives, un message électronique est donc recevable au même titre qu'un courrier, dès lors que l'accord y est exprimé dans des termes clairs et non équivoques »[1310].

Le problème se pose particulièrement lorsque le courrier électronique est contesté par son auteur. Dès lors qu'il n'est pas contesté, le courrier électronique n'a pas lieu d'être mis en cause[1311].

Le droit commun a organisé le régime de la contestation des actes et des allégations. Conformément à l'adage « a*ctor incumbit probatio* », c'est à celui qui réclame l'exécution d'une obligation qu'il revient de la prouver[1312]. Inversement, celui qui prétend être libéré doit justifier l'extinction de son obligation.

[1304] A. PRÛM, op. cit., p. 265.

[1305] « L'e-mail n'était pas signé par M. Mehta, seule apparaissait l'adresse Nelmehta@aol.com. », Cass. 1ère civ., 27 juin 2006, n° 05-15.676, F-D, Michèle D., Assoc. SOS Sexisme c/ Jean-Claude C., Carole L. : Juris-Data n° 2006-034626 ; É. CAPRIOLI Vérification d'écriture en matière d'écrit électronique, Communication Commerce électronique, n° 10, Octobre 2006, comm. 149.

[1306] « ...L'acte d'acceptation de la cession ou du nantissement d'une créance professionnelle peut être établi et conservé sur tout support, y compris par télécopies, dès lors que son intégrité et l'imputabilité de son contenu à l'auteur désigné ont été vérifiées ou ne sont pas contestées », Com.2 décembre 1997, JCP G 1998, 905, obs. P. CATALA et P. Y. GAUTHIER.

[1307] Dictionnaire universel Hachette, éd. Edicef, p. 1056.

[1308] Association Henri CAPITANT, Vocabulaire juridique, Puf, 7ème éd. 2005, p. 753.

[1309] Cass. Soc., 26 mai 2010, n 08-42893 ; Cass. Soc., 14 septembre 2010, n 09-41237.

[1310] Rép. min. à QE n° 88607, JO 1er mars 2011, p. 2088.

[1311] Cass. soc., 26 mai 2010, n° 08-42.893.

[1312] Article 43 Décret du 15 mars 1982 portant code de procédure civile au TOGO : « Il importe à chaque partie de prouver conformément à la loi, les faits nécessaires au soutien de sa prétention ».

Pour l'article 287 du Code de procédure civil français issu du décret du 30 mars 2001, « si l'une des parties dénie l'écriture qui lui est attribuée [...], le juge vérifie l'écrit contesté à moins qu'il ne puisse statuer sans en tenir compte. [...] Si la dénégation ou le refus de reconnaissance porte sur un écrit ou une signature électronique, le juge vérifie si les conditions, mises par les articles 1316-1 et 1316-4 du Code civil à la validité de l'écrit ou de la signature électronique sont satisfaites ». Il pourra ainsi forger sa conviction au vu des différents éléments versés aux débats par les parties : historique des envois électroniques de l'employeur ou du salarié, témoignages, attestations, présomptions. Dans une espèce où un employeur a licencié son salarié pour avoir transféré un courrier électronique comportant des informations confidentielles à des personnes extérieures, malgré les contestations de l'employé, la Chambre sociale a réaffirmé le pouvoir d'appréciation des juges du fond qui, après avoir analysé la valeur et la portée des éléments de preuve, avaient pu souverainement en conclure que le salarié était l'auteur de ce transfert[1313].

517. Avec l'intervention des multiples intermédiaires, les parties ne contrôlent pas vraiment la conservation et la sécurisation des échanges. Dans une affaire de 2010 dans laquelle un courrier électronique d'un bailleur adressé à son locataire aurait accepté le congé de location à compter d'une certaine date, la Cour de cassation française a affirmé que la simple contestation de la paternité d'un message électronique suffit à enjoindre les juges de vérifier que les conditions de fiabilité et d'intégrité établies par le Code civil sont en l'espèce vérifiées[1314]. La chambre sociale de la Cour de cassation n'entendait plus admettre le courrier électronique comme preuve incontestable en cas de négation. C'est le cas dans une affaire de harcèlement moral de 2011, dans laquelle elle rejette des débats les courriels électroniques prétendument adressés par le supérieur hiérarchique du salarié

[1313] « C'est dans l'exercice de son pouvoir souverain d'appréciation de la valeur et de la portée des éléments de preuve qui lui étaient soumis, que la cour d'appel, sans encourir le grief de la quatrième branche du moyen, a retenu que M. X... avait, en violation de ses obligations contractuelles, volontairement transmis à des personnes extérieures à l'entreprise, en utilisant le réseau professionnel interne et une liste de diffusion personnelle, une succession de courriers électroniques contenant des informations confidentielles, concernant les relations de la société avec l'un de ses clients, susceptibles de nuire à la réputation de celle-ci ; qu'elle a pu décider que ce manquement, qui rendait impossible le maintien du salarié dans l'entreprise, constituait une faute grave et a ainsi écarté, sans être tenue d'entrer dans le détail de l'argumentation des parties, les conclusions par lesquelles le salarié soutenait que le licenciement reposait sur un autre motif que celui énoncé dans la lettre de licenciement », Soc., 17 mars 2010, pourvoi n° 08-45.519, http://www.legifrance.gouv.fr/affichJuriJudi.do?oldAction=rechJuriJudi&idTexte=JURITEXT000022004012&fastReqId=387433507&fastPos=6.

[1314] « En statuant ainsi, sans vérifier, comme elle y était tenue dès lors que M. X déniait être l'auteur des messages produits par Mme Y, si les conditions mises par les articles 1316-1 et 1316-4 du code civil à la validité de l'écrit ou de la signature électroniques étaient satisfaites, la cour d'appel a violé les disposition susvisées », Cass.. 1ère civ, M. X C/ MME Y. 30 sept. 2010, n° de pourvoi : 09-68555, Bull. 2010, I, n° 178.

à divers salariés de l'entreprise, alors que ces documents n'apparaissaient pas dans la boîte mail du supérieur hiérarchique et qu'il était possible de modifier un mail existant ou de créer de toutes pièces un mail antidaté[1315]. On assiste à un déplacement de la charge de la preuve contestée des parties vers le juge, contrairement à l'adage « *actor incumbit probatio* ». On peut donner raison à ces décisions. Il n'a jamais été question que l'écrit en lui-même puisse faire preuve et emporter la conviction du juge car, seuls l'écrit authentique, l'écrit sous seing privé et dans certaines conditions la copie, peuvent se voir reconnaître une certaine valeur probante[1316].

L'irrecevabilité peut néanmoins être réfutée en cas de commencement de preuve par écrit[1317] sous l'appréciation de la Haute cour[1318].

2. L'admission des preuves convenues

518. A côté du système de la preuve légale, le droit consacre le système de la preuve libre. Les dispositions légales sur la preuve n'étant pas d'ordre public, les parties peuvent être dispensées de la preuve écrite soit par exception à loi[1319] en dépit de la différence du seuil des montants[1320], soit par convention. Comme l'affirment certains auteurs, « le pouvoir de la preuve émane ultimement du tissu de conventions sociales sur laquelle cette preuve repose, quelque soit l'autorité reconnue au sous seing privé et plus spécialement à la signature… »[1321]. Les règles probatoires ne sont pas d'ordre public, et elles ne valent qu'autant que les parties ne s'en sont pas

---

1315 « Ces courriels dont l'authenticité n'était pas avérée, n'étaient pas probants », Cass. soc. 22 mars 2011, n° 09-43.307.

1316 D. GOBERT et E. MONTERO, « L'ouverture de la preuve littérale aux écrits sous forme électronique », Journal des tribunaux n°6000, 17 février 2001, p. 125.

1317 On entend par commencement de preuve par écrit, « un écrit émanant du débiteur qui rend vraisemblable le contrat, mais qui ne remplit les conditions pour valoir pleine preuve en lui-même : par exemple, un écrit incomplet », A. BENABENT, Droit des obligations, 13 éd. Domat droit privé, Montchrestien, 2012, p. 95.

1318 « La notion de commencement de preuve par écrit est une notion juridique contrôlée par la Cour de cassation », Civ. 3ème 15 nov. 2000, Bull. civ. III, n°172.

1319 L'article 240 de l'Acte uniforme révisé portant droit commercial général dispose qu'en matière commerciale, « il est prouvé par tous moyens ».

1320 L'article 1341 du Code civil parle 5.000 F CFA au Cameroun et de 500 F CFA au Togo, alors que l'article 267 du Code civil malien portant régime général des obligations mentionne 50.000 F CFA et l'article 14 du code sénégalais parle de 20.000 F CFA.

1321 J.-F. BLANCHETTE, Modernité et intelligibilité du droit de la preuve français, http://polaris.gseis.ucla.edu/blanchette; J. LARRIEU, « Les nouveaux moyens de preuve : pour ou contre l'identification des documents informatiques à des écrits sous seings privés ? », in Lamy de droit de l'informatique », H, I (1988), 34 ; Dans ce sens aussi, « La reconnaissance de l'efficacité du document électronique comme mode de preuve serait privée de toute portée pratique si elle restait subordonnée à l'apposition sur celui-ci d'une signature tracée de la main même de son auteur. La validité des procédés dits de signature électronique constitue un apport majeur de la loi », Droit de la preuve et signature électronique, La Semaine Juridique, JCP, Actualité, n°11, 15 mars 2000, p. 453.

dispensées par une convention[1322]. La liberté d'aménager la preuve pour les actes juridiques varie selon qu'il est admis de la prouver par tout moyen[1323], ou selon que la loi des parties détermine elle-même l'élément qui servira de preuve de même que son contenu.

519. Par la convention sur la preuve, les parties formalisent l'objet, les moyens et la charge de l'élément qui tiendra lieu de preuve et le processus de sa production, ou désignent le mode de preuve convenable à leurs transactions. En général, la convention a pour objet, soit de formaliser et de prouver l'acceptation de l'internaute ou le processus par lequel il extériorise son accord en réseau, soit de reconnaître une force probante à des messages ou à des communications électroniques qui, comme les simples messages ou les mails, ne satisferaient pas aux exigences légales de signatures électroniques. Il s'agit de faire du clic de souris, simple geste anodin, un élément du consentement et de lui donner une valeur juridique qui n'est a priori pas la sienne.

520. Selon l'article 39 de la loi sénégalaise, « lorsque la loi n'a pas fixé d'autres principes, et à défaut de convention valable entre les parties, le juge règle les conflits de preuve littérale en déterminant par tous moyens le titre le plus vraisemblable, quel qu'en soit le support ». La même disposition est reprise par l'article 33 de la loi burkinabé de 2009 sur les transactions électroniques[1324]. De même, on peut lire sur certains sites comme celui d'*Eurofins* que « l'utilisation de la transmission électronique comme seul mode de communication des rapports, entraîne l'arrêt d'envoi de rapports papier. Le rapport ainsi transmis sous cette forme fait foi »[1325]. On peut également lire à l'article 17 des conditions générales de vente inscrites sur le site d'*Accor Hôtels* que, « la saisie des informations bancaires requises, ainsi que l'acceptation des présentes conditions générales et du bon ou de la demande de réservation, constitue une signature électronique qui a, entre les parties, la même valeur qu'une signature manuscrite. Les registres informatisés conservés dans les systèmes informatiques d'*Accor* seront conservés dans des conditions raisonnables de sécurité et considérés comme les preuves des communications, des commandes et des paiements intervenus entre les parties. Le client est informé que son adresse *IP* est enregistrée au moment de la réservation ». Dans les conditions générales de *Kléline*, on peut lire que « le client reconnaît la qualité d'original aux

---

[1322] S. GUINCHARD, M. HARICHAUX, R. de TOURDONNET, Internet pour le droit, op. cit., p. 203.

[1323] Lorsque l'acte n'est commercial que pour l'une des parties en cause, la preuve peut être rapportée contre le commerçant ; Cass. Req. 1er juillet 1908, DP, 1909, 1. 1 ; Cass. Civ. 1ère, 21 juin 1954, Bull. civ. I, n° 206, 174 ; Traité de droit civil, Introduction générale, dir. J. GHESTIN, 4ème éd. LGDJ, 1994, 646 ; Com. 25 juin. 2002, Bull. civ. IN, n°110 ; Com. 19 janv. 1993, Bull. civ. IV, n°21; Defrénois, 1993, 1374, obs. AUBERT.

[1324] Article 33 de la loi burkinabé de 2009 sur les transactions électroniques : « Lorsque la loi n'a pas fixé d'autres principes, et à défaut de convention valable entre les parties, ... ».

[1325] http://www.eurofins.fr/media/1008374/convention_de_preuve_a01_pg_tdd_03.pdf.

documents émis par *Kléline* »[1326] à propos de son instrument de paiement électronique *Klebox*.

Il est nécessaire que les conventions sur la preuve portent « sur les droits dont les parties ont la libre disposition »[1327], à condition pour elles d'être licites et de ne pas heurter l'ordre public. L'illicéité peut dériver du caractère abusif de la convention sur la preuve, ou de l'intention malicieuse de la partie forte d'empêcher la négation de la preuve convenue par l'autre partie. S'agissant de la première hypothèse, sera abusive la clause[1328] qui, pré rédigée par une des parties, crée un déséquilibre significatif au détriment de la partie la plus faible[1329]. Pour la seconde hypothèse, il existe des clauses qui peuvent supprimer la faculté de dénégation de l'acte produit par la partie la plus puissante contre la partie faible dont il est prétendu émaner, avec la particularité d'empêcher le juge d'apprécier des preuves autres que celles désignées par la convention[1330]. Ça peut être le cas, lorsque sachant qu'il ne peut démontrer la fiabilité de son système non certifié, le professionnel, par des conventions de preuve, amène l'internaute à renoncer à des preuves autres que celles qu'il lui aura imposées par un contrat d'adhésion[1331].

521. En l'absence de fiabilité du système, faut-il accorder une validité à la convention sur la preuve ? En principe rien ne s'opposerait à la validité de la convention prise en elle-même tant qu'elle satisfait aux conditions de l'article 1108 du Code civil. Mais c'est l'aptitude du système à satisfaire à l'exigence de fiabilité qui serait mise en doute. La convention de preuve établie pour un contrat en ligne sera certainement valable au regard des conditions générales du contrat. En revanche, c'est la présomption de fiabilité légale qui volera en éclat dès qu'une défaillance du système sera établie. Or la renonciation des parties à la preuve légale suppose que le système du prestataire soit apte à garantir la fiabilité de la preuve convenue. Lorsque la convention de preuve est conclue alors que les défaillances du système informatique sont avérées ou connues par le prestataire, elle peut

---

[1326] http://www.kleline.fr/FR/Klebox/cdts generales 0.html.

[1327] Cass. Civ. 1ère, 8 nov. 1989, Bull. Civ. I, n°342 Dalloz, jur. 1990, 369, note GAVALDA.

[1328] La Cour de cassation a décidé que « pour qu'il y ait une clause abusive, il faut qu'il y ait une clause » ; Civ. 1ère 25 fév. 2010 n009-12. 126, RLDC, 2010/70, n03763, OBS. c. le GALLOU ; RTD Civ. 2010, B. FAGES, p. 323.

[1329] Article L.132-1 du Code français de la consommation ; J CALAIS-AULOY, H. TEMPLE, Droit de la consommation, Dalloz, 8ème éd. 2010, p. 210, n°175.

[1330] Notamment l'article 15 des conditions générales du contrat d'abonnement et de fourniture d'accès Internet de France Télécom qui souligne que « …Le décompte des sommes à payer effectuées par France Télécom Interactive fait seul la preuve des opérations d'achat ou d'achat réalisées par l'abonné » ; F. MAS op. cit., p. 281, n°183.

[1331] Article 26 loi camerounaise de 2010 sur le commerce électronique : « Le vendeur doit prouver l'existence de l'information préalable, la confirmation des informations énumérées à l'article 15 ci-dessus, le respect des délais et le consentement du consommateur. Tout accord contraire est nul et de nul effet ».

être annulée sur le fondement de la cause illicite, conformément à l'article 1131 du Code civil[1332].

522. Conclusion. L'encadrement du consentement émis en ligne ne laisse aucune place au consensualisme. En revanche, le formalisme contractuel appliqué au commerce électronique subit des mutations. Grâce à une évolution impulsée par internet, les concepts séculaires du formalisme de validité se détachent progressivement des contraintes matérielles que sont : la nature physique du support de l'écrit, la présence impérative des parties ou d'un officier ministériel comme le notaire en un lieu géographique bien précis. La toile abroge la distance et rapproche les parties. En contrepartie de ces facteurs, internet accroît l'anonymat, les risques de malentendus, l'incompréhension, la confusion lors la consultation d'un site ou d'une offre par mail. Pour encadrer le consentement jusqu'à la validité du contrat, le formalisme revêt une allure informative d'origine légale ou informelle, qui se décline au rythme des clics de souris. D'un autre côté, la preuve des actes est subordonnée à la signature électronique. Cette forme de signature n'est identique à la signature sur papier que par les fonctions qu'elle assure. A la différence de la signature sur papier, la signature électronique est appréciée suivant des critères bien spécifiques comme la fiabilité élevée à un haut degré probatoire par le certificat. Ces exigences impliquent des intermédiaires qui s'approprient le pouvoir de la preuve au détriment des parties. La force probante dépend de la signature, qui elle-même échappe aux parties et résulte d'un processus technique de création. La signature ne traduit plus le signe posé volontairement par les parties, mais plutôt la formule délivrée par un prestataire et dont le mode d'utilisation est imposé aux contractants.

[1332] Article 1131 du Code civil : « L'obligation sans cause, ou sur une fausse cause, ou sur une cause illicite, ne peut avoir aucun effet ».

CONCLUSION DU TITRE 1

523. L'objet de ce titre consistait à s'interroger sur l'encadrement des conditions de fond et de forme de la formation du contrat en ligne. Il est apparu qu'internet n'est pas sans incidence sur la conclusion du contrat par voie électronique. Il influence les modalités par lesquelles le droit en vigueur dans les pays francophones d'Afrique subsaharienne se déploie sur les réseaux électroniques. La théorie générale du contrat subit des révisions sur le fond et sur la forme. L'utilisation d'une technique suscite généralement des règles particulières résultant des usages, de la jurisprudence, ou des interventions législatives[1333]. Sur le fond, l'ubiquité de la toile affecte les modes d'expression du consentement. Pour remédier à la distance, à l'immatérialité et à l'internationalité, des mesures particulières doivent être adoptées. Ce qui est essentiel dans les conditions contractuelles, doit pouvoir être consulté grâce à l'incorporation par référence au moyen d'un lien hypertexte apparent et lisible[1334] sur le site internet. Associée au double clic qui permet de corriger les erreurs, cette mesure très accentuée sur internet permet de garantir un consentement éclairé. Les caractéristiques techniques d'internet se répercutent sur la détermination du consentement. Si un incident se produit dans la communication, il est nécessaire de déterminer dans quelle mesure le contrat est déjà formé[1335]. Malgré quelques divergences, la théorie de la réception de l'acceptation semble adaptée au commerce électronique[1336] dans la mesure où elle garantit l'arrivée du message dans l'environnement du destinataire.

[1333] Ph. Le TOURNEAU, La notion de contrat électronique, in Les deuxièmes journées internationales du droit du commerce électronique, Litec, 2004, p.7.

[1334] J. HUET, La problématique juridique du commerce électronique, op. cit., p. 28.

[1335] L. GRYNBAUM, Contrats entre absents : les charmes évanescents de la théorie de l'acceptation, D.2003, chron. 1707.

[1336] Article 15 de la Convention de Vienne sur la vente internationale de marchandises : « L'acceptation d'une offre prend effet au moment où l'indication d'acquiescement parvient à l'auteur de l'offre.» ; article 244 de l'Acte uniforme révisé portant droit commercial général : « L'acceptation d'une offre prend effet au moment où l'expression de l'acquiescement parvient à l'auteur de l'offre. Cependant, si en vertu des dispositions de l'offre, des pratiques établies entre les parties ou des usages, le destinataire peut, sans notification à l'auteur de l'offre, exprimer qu'il acquiesce en accomplissant un acte, l'acceptation prend effet au moment où cet acte est accompli » ; Article 56 de la Loi n° 045/2009 portant règlementation

L'influence du commerce électronique se prolonge au formalisme contractuel. Avant l'ouverture d'internet, il était possible aux parties impliquées dans des réseaux fermés d'aménager les conditions de forme selon leur convenance. L'interactivité d'internet abolit la distance en favorisant l'émergence d'un formalisme électronique informatif. Il permet d'attirer l'attention de l'internaute sur la gravité de l'acte conclu et de lui assurer la possibilité d'en apporter la preuve, dans la mesure où le prestataire est tenu d'assurer la conservation des échanges et d'accorder cette même possibilité au cyberconsommateur. Cette preuve fortement dépendante de la signature, échappe de plus en plus aux parties au profit des intermédiaires techniques. Traditionnellement, la signature émane directement du scripteur. Or dans le commerce électronique, la signature est le résultat d'un code fourni aux parties par les opérateurs. Elle apparaît plus comme un outil de sécurisation des échanges dont la valeur probatoire est appréciée en fonction de l'intervention d'un tiers certificateur.

des services et des transactions électroniques au Burkina Faso : « Toute communication en rapport avec la formation, l'exécution ou l'extinction d'un contrat peut se faire par voie électronique. Elle produit ses effets dès le moment où elle est reçue par le destinataire » ; Article 18 loi camerounaise n°2010/021 du décembre 2010 régissant le commerce électronique : « Sauf accord contraire entre les parties, le contrat est conclu…à la date de l'acceptation de la commande par ce dernier (vendeur) au moyen d'un document signé et adressé au consommateur » ; article 2/6 alinéa 2 du projet d'Acte uniforme sur le droit des contrats : « L'acceptation d'une offre prend effet au moment où l'indication d'acquiescement parvient à l'auteur de l'offre »

TITRE 2

La spécificité de l'exécution du contrat en ligne

524. Le contrat formé doit être exécuté[1337]. La distance, l'anonymat des parties et l'interposition des intermédiaires entre le client et le commerçant accroissent les risques d'inexécution ou de mauvaise inexécution. Ces facteurs provoquent un sentiment d'incertitude sur le respect des engagements contractés[1338]. En théorie, le débiteur qui ne s'exécute pas peut être soumis à la contrainte de l'exécution forcée. Les obligations en nature qui ne sont pas susceptibles d'exécution forcée donnent lieu à des dommages-intérêts. Dans les contrats synallagmatiques en particulier, la victime de l'inexécution peut soit recourir à l'exception d'inexécution, soit solliciter la résolution ou la résiliation du contrat pour inexécution[1339]. On constate que ces solutions proposées contre l'inexécution sont plus curatives que préventives.

525. Or la vision économique veut que le contrat soit un outil qui contribue à l'accroissement du patrimoine. Si on conclut, c'est bien évidemment pour satisfaire un besoin, ce que à quoi l'extinction unilatérale ne conduit pas. D'autre part, la mise en œuvre des procédures de recouvrement ou de réparation sont souvent plus coûteuses que le montant dérisoire de la transaction. Internet foisonne de produits dont les coûts ne sont pas généralement très élevés.

L'écart entre le prix dérisoire de la transaction et le coût élevé des procédures dissuade souvent les victimes. D'où la nécessité d'un

---

[1337] Article 1134 du Code civil : « Les conventions légalement formées tiennent lieu de loi à ceux qui les ont faites ».

[1338] C'est sans doute la raison pour laquelle certains sites internet ont recours à la pratique des labels de confiance

[1339] Article 7/13 de l'avant-projet de l'acte uniforme sur le droit des contrats : « Une partie peut résoudre le contrat s'il y a inexécution essentielle de la part de l'autre partie ». Article 1184 du Code Civil : « La condition résolutoire est toujours sous-entendue dans les contrats synallagmatiques, pour le cas où l'une des deux parties ne satisfera point à son engagement. Dans ce cas, le contrat n'est point résolu de plein droit. La partie envers laquelle l'engagement n'a point été exécuté, a le choix ou de forcer l'autre à l'exécution de la convention lorsqu'elle est possible, ou d'en demander la résolution avec dommages et intérêts. La résolution doit être demandée en justice, et il peut être accordé au défendeur un délai selon les circonstances ».

accroissement des garanties assurant chacune des parties que l'autre s'exécutera conformément au contrat (chapitre 1). Cette orientation contribue à la limitation des litiges. Les différends impliquant le consommateur par exemple se particularisent par un dirigisme légal qui accorde au juge et à la loi étatiques du lieu de sa résidence, un privilège parfois excessif. La célérité et l'internationalité d'internet ne s'accommodent pas de la rigidité judiciaire ou normative. Il convient d'assouplir les modes de règlement des litiges de commerce électronique, en accordant aux parties la possibilité de guider elles-mêmes les pistes de résolution des litiges qui naissent de la conclusion du contrat en ligne (chapitre 2).

CHAPITRE 1

L'accroissement des garanties d'exécution

526. L'exécution en ligne soulève la question des garanties visant à assurer le respect des obligations contractuelles. Pour emporter la conviction des parties qu'elles recevront effectivement les obligations escomptées, il est nécessaire de mettre en place des mécanismes garantissant la réalisation des prestations attendues.

Certaines solutions traditionnellement proposées pour le traitement des défauts d'exécution, comme la résiliation, la résolution, l'exception d'inexécution ou les procédures d'exécution forcée, peuvent être appliquées au commerce électronique sans certitude quant à leur efficacité. En effet, leur mise en œuvre peut susciter des litiges et des contestations nécessitant l'intervention d'un juge, alors que la modicité des coûts ne s'y prête pas. D'où l'importance de rechercher des moyens conduisant moins vers la saisine du juge, et incitant plus au respect des obligations contractuelles.

527. La question n'est pas celle de l'aptitude des moyens classiques à résoudre les difficultés nées de l'inexécution. La question est plutôt celle des solutions promptes à assurer l'exécution des obligations, et à susciter un sentiment de confiance sur internet. La démarche du droit classique a été de proposer des solutions en aval de l'exécution, c'est-à-dire une fois que l'inexécution consommée. La démarche préconisée dans le cadre de cette étude consiste à rechercher en amont, des solutions pour contraindre les parties à se conformer au respect de la parole donnée. Il s'agit de proposer aux parties des garanties que leurs contractants exécuteront leurs obligations conformément aux stipulations contractuelles. Ces garanties diffèrent selon que l'opérateur de commerce électronique contracte avec un cyberconsommateur (section 1) ou selon qu'il est intégré dans un réseau de distribution avec d'autres professionnels (section 2).

SECTION 1. ENTRE PROFESSIONNEL ET INTERNAUTE

528. L'exécution en ligne est accompagnée de sanctions classiques qui sont conformes au droit commun[1340]. L'inexécution du cyberconsommateur est constatée par l'absence de paiement. L'exécution en ligne du professionnel est souvent assortie de la résolution ou de la résiliation[1341]. Ces sanctions ne sont pas spécifiques au commerce électronique[1342]. Les réseaux électroniques diminuent considérablement leur efficacité, en raison du fait qu'ils constituent seulement des sanctions du contrat, et non des garanties pouvant convaincre les parties de s'exécuter. Sur internet, l'exécution pose deux problèmes distincts. Le premier porte sur la garantie que l'internaute paiera le professionnel (§1). Le second concerne le professionnel qui se fait souvent remplacé par un tiers chargé de l'exécution des obligations découlant du contrat. En cas de défaut d'exécution de l'intermédiaire, on serait tenté d'exclure la responsabilité du cybercommerçant non fautif, et de rechercher celle de l'intermédiaire sur le fondement de l'article 1382 du Code civil. Ne serait-il pas préférable d'accorder à l'internaute les facilités qu'offre la responsabilité contractuelle ? Ainsi l'intermédiaire sera transparent, et c'est au cybercommerçant qu'il reviendra de répondre de la mauvaise exécution des obligations pour lesquelles il s'est fait substituer (§2).

[1340] L'article 69 alinéa 2 de la loi burkinabé de 2009 sur les transactions électroniques dispose que, la violation de la force obligatoire ouvre la voie aux « sanctions du droit commun de l'inexécution des obligations contractuelles, notamment des éventuelles garanties légales ou commerciales qui couvrent l'achat d'un produit ».

[1341] Article 71 de la loi burkinabé de 2009 de 2008 sur les transactions électroniques : « Sauf cas de force majeure, si le prestataire est en défaut d'exécuter le contrat dans le délai légal ou conventionnel, celui-ci est résolu de plein droit, sans préjudice d'éventuels dommages et intérêts. Aucune indemnité ni aucun frais ne peuvent être réclamés au consommateur du chef de cette résolution. En outre, celui-ci doit être remboursé dans les trente jours des sommes qu'il a, le cas échéant, versées en paiement » ; Article 25 de la loi camerounaise de 2010 sur le commerce électronique : « Lorsque le produit ou le service commandé est indisponible, le vendeur doit en informer le client ou le consommateur au moins 24 heures avant la date de livraison prévue dans le contrat d'achat ou de service. Le cas échéant, le vendeur ou le prestataire de service rembourse au client ou au consommateur l'intégralité des sommes perçues en vue de la livraison du produit ou de la réalisation du service. Sauf cas de force majeure, le contrat est résilié si le vendeur ne respecte pas ses engagements et le consommateur est remboursé des sommes payées, sans préjudice des dommages et intérêts ».

[1342] M. BEHAR-TOUCHAIS, « Les remèdes unilatéraux à l'inexécution dans les contrats de distribution », in L'efficacité du droit, (dir.) G. LARDEUX, Dalloz, 21 à 26 ; M. FONTAINE et G. VINEY (dir.), Les sanctions de l'inexécution des obligations contractuelles, Bruylant Bruxelles, 2001,

§1. Les moyens garantissant le paiement de l'internaute

529. Le paiement est à la fois un mode d'extinction et un mode d'exécution des obligations[1343]. Lorsqu'il est effectué en ligne, le paiement soulève plusieurs questions[1344], parmi lesquelles la détermination du moment de sa réalisation. De ce moment découlent deux problèmes. L'un concerne l'identification de l'instant précis où il doit être effectué, et l'autre interroge sur l'aptitude de cette forme de paiement à satisfaire le créancier, et à emporter l'effet libératoire du débiteur. L'enjeu réel du moment du paiement réside dans la faculté qui peut être donnée au cybercommerçant de l'ériger en condition substantielle du contrat (A). En revanche l'effet libératoire du paiement électronique dépend de sa nature institutionnelle ou privée (B).

A. L'exigence du paiement en ligne lors de la formation du contrat

530. Le moment du paiement permet d'évaluer l'intervalle de temps qui sépare la conclusion de l'exécution. Cette frontière n'est pas aussi évidente dans le commerce électronique. Rien ne protège le cybercommerçant contre d'éventuelles arnaques des internautes. La duplicité n'est pas uniquement le propre des professionnels[1345]. Pour se prémunir contre la mauvaise foi imperceptible de ses clients, le cybercommerçant peut recourir au paiement anticipé[1346]. La généralisation de cette pratique dans les transactions ouvertes au public transforme le paiement anticipé en condition essentielle de formation du contrat en ligne (2). Une telle qualification permet d'exclure

---

[1343] P. van OMMESLAGLAGHE, Droit des obligations, vol.4, 3ème éd. p. 914 ; Article 1234 du Code civil « les obligations s'éteignent aussi par le paiement » ; « Par le paiement, le débiteur se libère en s'exécutant », Civ. 7 mars 1859, D. P. 59, 1, 119.

[1344] « Qu'il s'agisse des problèmes de droit international privé (droit applicable et tribunal compétent), ou des questions concernant la réalisation de l'opération en ligne, (identification du donneur d'ordre, preuve, responsabilité, protection de la vie privée, signature), le devoir d'information sur les moyens de paiement utilisés ou l'existence et le contenu d'une obligation de sécurité de paiement mis en place par les professionnels », J.- P. BUYLE, Le paiement sur Internet, JDI, 17 fév. 2001, n°6000, 129 ; Sur le paiement en ligne, V. H. BOUILHOL, « Les aspects juridiques de l'e-banking », Banque et droit, n°74, nov-déc.2000, 3 ; J.- P. BUYLE, et O. POELMANS, « Internet : quelques aspects juridiques », DIT 1996/2, 11, n°3 ; H. de VAUPLANE, « La sécurité des systèmes », in L'Europe des moyens de paiement à l'heure de l'euro et de l'Internet, Société de législation comparée, 2000, 71 ; J.-F. BIERNEUX et F. DOMON-NAERT, « La banque par l'Internet : pour une meilleure politique des consommateurs, », Rev. Banq., 4/2000, p. 253.

[1345] « A rebours d'une certaine imagerie d'Epinal qui incite à toujours suspecter le professionnel, que les professionnels du commerce électronique sont également victimes de comportements peu honorables des cybernautes. Après avoir passé commande et s'être fait livrer par la poste, il arrive que des consommateurs abusent des garanties que leur procure le droit de la consommation. Puisque, en vertu de l'article 15 de la loi du 21 juin 2004, l'opérateur du commerce électronique est responsable du fait d'autrui », O. CACHARD, Le contrat électronique dans la loi pour la confiance dans l'économie numérique, RLDC septembre 2004, pp. 5-11.

[1346] Sont exclues de cette analyse, les contrats dans lesquels il revient à la partie qui a rédigé le contrat d'accepter l'offre d'adhésion du client comme c'est le cas en droit des assurances.

les autres catégories juridiques inadéquates pour appréhender cette pratique (1).

1. Les qualifications inadéquates du paiement anticipé

531. Le paiement est généralement considéré comme une obligation contractuelle. Lorsqu'il est anticipé, on pourrait le confondre à une exception d'inexécution en faveur du cybercommerçant, à un terme ou à une condition.

L'exception d'inexécution désigne un refus opposé à l'autre partie d'exécuter son obligation, aussi longtemps que cette dernière n'offre pas d'exécuter la sienne[1347]. Le résultat de ce moyen de justice privée est que le contrat sera suspendu tant que la première partie obligée ne se sera pas exécutée[1348]. Le paiement électronique anticipé ne saurait constituer une telle arme de persuasion. L'exception d'inexécution suppose que les parties sont déjà à la phase d'exécution. Elle est subordonnée à l'existence du contrat, contrairement au paiement anticipé en ligne en l'absence duquel aucun lien n'est établi entre les parties. L'exception d'inexécution n'est concevable que si après le consentement, l'une des parties craint l'inexécution de l'autre, et que la réalisation des obligations est établie selon un ordre chronologique naturel ou conventionnel. Elle n'est pertinente que si l'obligation est exigible[1349] en vertu d'un contrat qui existe déjà. Or sur internet le non-respect du paiement anticipé empêche la conclusion du contrat. C'est la réalisation du paiement anticipé qui démontre que l'internaute et le vendeur se sont accordés. Le même reproche est fait à la tentative d'assimilation du paiement électronique au terme et à la condition.

532. Le terme et la condition sont des modalités de l'obligation[1350] qui fixent les effets de celle-ci dans le temps, afin soit de les retarder soit de l'éteindre. A la survenance de l'échéance, le créancier pourra exiger l'exécution de l'obligation pour le terme suspensif, alors que le débiteur sera libéré dans l'hypothèse du terme extinctif[1351]. Il est évident que le paiement anticipé qui est exigé dans l'offre électronique ne peut constituer un terme, puisqu'il n'existe aucune certitude que l'internaute acceptera de payer. D'un autre côté, l'incertitude du paiement ne permet pas de l'assimiler à une condition suspensive. La condition suspensive subordonne la naissance de l'obligation à la réalisation de l'évènement futur et incertain. On pourrait penser que si le paiement est incertain, alors son exécution constituerait bien évidemment une condition. Le recours à la clause de réserve de propriété

[1347] Article 1612 du Code civil : « Le vendeur n'est pas tenu de délivrer la chose, si l'acheteur n'en paye pas le prix, et que le vendeur ne lui ait pas accordé un délai pour le paiement ».

[1348] Article 13 Code CIMA en matière d'assurances : « La prise d'effet du contrat est subordonnée au paiement de la prime par l'assuré ».

[1349] Com.02 mai 1990, Bull. civ. IV, n°129.

[1350] Une modalité désigne une certaine manière d'être de l'obligation, TERRE, SIMLER et DELEBECQUE, op cit p. 1115, n°1198.

[1351] MALAURIE, AYNES et STOFFEL-MUNCK, op. cit., p. 661, n°1217.

pourrait jouer le rôle d'une garantie supplémentaire en cas d'inexécution par l'une des parties[1352]. Cependant, une telle analyse doit être écartée car, le paiement électronique anticipé est un acte exclusivement volontaire de l'internaute. La condition suspensive ne concerne que l'exécution d'une obligation préexistante et en léthargie, et non sa naissance. La particularité du paiement électronique anticipé est qu'il est générateur du contrat qui lie les parties. En l'absence de ce paiement, le contrat électronique ne peut s'éteindre puisqu'il n'a jamais existé. De toute évidence, le paiement électronique anticipé constitue une véritable condition de formation du contrat exigée par le cybercommerçant.

2. L'assimilation du paiement anticipé aux conditions de formation

533. L'article 1583 du Code civil dispose que la vente est parfaite « dès qu'on est convenu de la chose et du prix ». Cette disposition perd de son efficacité, dès lors que les parties subordonnent le moment du consentement à un évènement bien précis qui démontre l'accord des parties. La loi d'autonomie constitue le fondement de l'assimilation du paiement anticipé sur internet à une condition de formation. Il est le point de départ du contrat, le moment de sa formation. L'instantanéité de la formation des contrats par voie électronique affecte la distinction chronologique du moment de la formation et de celui de l'exécution du contrat. Si le contrat est formé par l'exécution de l'un des cocontractants, c'est bien parce que les parties l'ont voulu.

534. Eriger le paiement anticipé en condition de formation ne dénature pas le contrat. Par cette exigence, les parties veulent simplement déroger au principe du consensualisme. Cela signifie que pour les parties, « le seul échange de consentements n'est en effet plus suffisant à emporter la naissance de l'acte, cette naissance est encore tributaire de l'exécution préalable de telle ou telle prestation »[1353]. Les conditions de l'article 1108 n'étant pas limitatives, les parties peuvent en toute quiétude compléter cette énumération, en « essentialisant » un évènement légalement accessoire, mais subjectivement déterminant. La jurisprudence soutient que la validité d'une vente peut être subordonnée au paiement du prix par l'acheteur[1354], la seule condition étant que la volonté des parties d'ériger le paiement anticipé en condition de formation supplémentaire ne se présume pas. Il faut une volonté clairement exprimée. Ainsi, « l'énonciation dans un acte sous seing privé portant accord sur la chose et le prix, qu'un acte notarié sera ultérieurement

[1352] Contra : Un auteur soutient explicitement à ce propos que si l'exécution était un évènement certain, alors les parties n'auraient évidemment nul besoin de garantie supplémentaire F. PEROCHON, La réserve de propriété dans la vente de meubles corporels, Litec, 1988, p. 54, n°55.

[1353] P.-A. BON, La condition portant sur l'exécution d'une obligation, P.A, 26 juin 2007, p. 7, http://www.lextenso.fr/weblextenso/article/print?id=RDCO2005-2-0649.

[1354] Cass. com. 11 février 1980, Bull. civ. n°71, RTD com, 1981, 345, obs. J. HEMARD .

dressé, n'a pas pour effet de subordonner la formation et l'efficacité du contrat à l'accomplissement de cette formalité que s'il résulte clairement, soit des termes de la convention, soit des circonstances, que telle a été la volonté des parties »[1355].

535. A défaut de clause explicite, l'opérateur peut simplement subordonner la conclusion du contrat à la saisie du numéro de carte bancaire, soit avant, soit au moment du « second clic ». Le comportement du cybercommerçant qui ne donne pas accès au second clic peut être un instrument d'interprétation pour le juge[1356]. Interprétation des clauses obscures et ambiguës, mais aussi, de façon plus originale, éclairage rétrospectif des buts poursuivis par les parties, et donc élément de qualification même des relations contractuelles[1357]. Que les cybercommerçants affichent clairement cette clause sur leur site ou qu'ils ne le fassent pas, les circonstances et le processus contractuels font du paiement anticipé la condition d'existence du lien contractuel entre l'internaute et le professionnel. L'accomplissement de cet acte fait naître le contrat ainsi que tous ses effets. Il donne au contrat toute sa vigueur et le rend opposable aux tiers. Il a pour conséquence d'exiger du cybercommerçant la délivrance de la chose convenue et une obligation spécifique relative à la conservation du contrat. Il marque aussi le point de départ du droit de repentir et du droit de rétractation du cyberconsommateur[1358], dans le but de le protéger des techniques de vente d'un professionnel plus fort et plus rusé. Dans la pratique, le client devra généralement procéder au paiement soit par la communication du numéro de carte bancaire, soit par la communication des unités monétaires électroniques, pour extérioriser son acceptation à l'offre faite sur le site.

B. Le paiement par les instruments électroniques

536. Le paiement emporte l'extinction de la dette et libère le débiteur. Les paiements en ligne diffèrent selon qu'on les effectue directement sur le site du commerçant, ou selon qu'ils passent par des terminaux grâce à des supports physiques porteurs de monnaie électronique. Les moyens de paiement utilisés dans ce contexte n'emportent pas toujours l'effet

---

1355 P.-A. BON, op cit, 7 ; Cass. req. 20 avril 1932, S. 1932, 231.

1356 Ph. SIMLER, J.-Cl. Civil, art. 1156 à 1164, n° 21 ; M.-H. Maleville, Pratique de l'interprétation des contrats, Etude jurisprudentielle, 1991, n° 411 et s.

1357 J. MESTRE, Comportement et qualification des contrats, RTD Civ. 1994 p. 595.

1358 Article 20 de la loi camerounaise sur le commerce électronique : « L'exercice du droit de rétractation n'est possible que dans un délai légal de 15 jours court à compter de la date de conclusion du contrat pour les services, ou à compter du lendemain de la réception de la marchandise commandée, sous réserve que la transaction ne porte pas sur les magazines et journaux, que les scellés de protection des enregistrements audio et des logiciels livrés ou téléchargés ne soient pas détruits, ou que la commande ne porte pas sur des marchandises aux caractéristiques personnalisés ou détériorables ».

libératoire[1359]. L'institutionnalisation du paiement électronique a conduit à l'émergence deux types de moyens de règlement : ceux qui ne constituent que de simples ordres de payer comme les cartes bancaires, et ceux qui sont appelés monnaie électronique. Tandis que l'effet libératoire des premiers est contesté (1), les seconds parviennent à libérer le débiteur par la simple transmission des unités électroniques au créancier (2).

1. L'absence d'effet libératoire des mécanismes fondés sur l'ordre de payer en ligne

537. Les ordres de payer effectués par voie électronique ne peuvent libérer immédiatement le débiteur. La réception de ces moyens dans le système informatique du cybercommerçant ne garantit pas l'exécution matérielle et définitive de l'obligation. Le patrimoine du professionnel ne s'enrichit pas immédiatement à l'instant où l'ordre est émis. Un traitement postérieur intermédiaire est nécessaire avant la libération du cyberconsommateur. Dans la pratique, c'est la satisfaction réelle du créancier qui met fin à l'obligation du débiteur de s'exécuter. Une réelle distinction doit être faite entre l'exécution de l'ordre de payer et le paiement effectif.

538. L'ordre de payer est l'injonction ou la demande faite par le donneur d'ordre à un tiers, généralement sa banque ou un intermédiaire, de payer le cybercommerçant. Si déjà dans les opérations entièrement physiques l'ordre de payer ne garantit pas la satisfaction du créancier, est-il convenable d'exposer le cybercommerçant aux incertitudes de la réalisation de sa créance ? Une décision de justice avait soutenu que la communication du numéro facial au banquier titulaire du compte vaut autorisation de débiter le compte[1360]. Il demeure cependant qu'il soit émis en ligne par la communication du numéro de la carte de paiement bancaire ou par une carte à puce, l'ordre de payer s'avère précaire.

539. La carte de paiement bancaire permet en théorie de vérifier le solde du compte du consommateur, avant d'enregistrer le débit correspondant à la transaction. Bien que la gestion des comptes soit dite « en temps réel », elle ne permet pas d'apporter au banquier et au commerçant, la garantie que le solde sera suffisant le moment venu pour absorber le montant total de la transaction. L'article 170 du Règlement CEMAC n° 02 du 28 mars 2003 relatif aux systèmes, moyens et incidents de paiement dispose que, « l'ordre ou l'engagement de payer donné au moyen d'une carte de paiement est

---

[1359] « Selon, le rapport d'activités du Groupement Carte bancaire, il y aurait eu, en 2009, quelques 678 565 impayés pour près de 71 millions d'euros », O. CACHARD, Du juge compétent pour connaître d'un contrat de voyage à forfait présenté sur un site internet, op. cit., p. 419, n°15.

[1360] A propos d'une réservation de chambre d'hôtel Cass. 1ère civ., 19 oct. 1999 : JCP E 1999, p. 1845 ; D. 1999, inf. rap. p. 256 ; JCP E 2000, p. 1088, obs. Ch. GAVALDA, J. STOUFFLET.

irrévocable. Seules sont autorisées, les oppositions motivées par la perte, le vol, l'utilisation frauduleuse par un tiers ou l'ouverture d'une procédure de redressement judiciaire ou de liquidation ». L'utilisation de la carte de paiement suppose le recours régulier au programme de la machine et la composition du code secret. Sur les distributeurs et les terminaux de paiement, la vérification de la signature du titulaire de la carte par le commerçant suffit[1361] pour garantir de la régularité de l'opération.

Or sur internet, aucune vérification de signature sur la carte n'est possible, puisque le client ne fait que transmettre le numéro d'identification visible sur sa carte. La simple communication du numéro d'identification de la carte bancaire se substitue à la vérification de signature. Après avoir fait le choix de la marchandise ou de la prestation sollicitée, le client est tenu de communiquer au cybermarchand, le numéro de sa carte. Ce dernier répercute ce numéro auprès de la banque du client et attend la réponse ou le paiement par celle-ci. La qualification de la communication du numéro d'identification de la carte ne vaut ordre de payer irrévocable que si le mandataire dispose de moyens pour identifier et authentifier le mandant[1362]. Le numéro d'une carte n'étant pas une information confidentielle, la question peut se poser de savoir si l'exécution réalisée correspond bien à un ordre régulièrement donné[1363].

540. Le mécanisme de la carte de paiement doit être analysé comme étant une application d'une délégation imparfaite[1364]. En effet, le cybercommerçant délégataire ne manifeste pas son intention de libérer l'internaute délégant, puisque c'est la personne qui lui offre le plus de garantie. Malgré les dispositions de l'article 170 du Règlement CEMAC susvisé, le titulaire de la carte peut révoquer l'ordre de payer à tout moment, quelques secondes après la communication du numéro facial de la carte. « Accepter que la simple communication du numéro facial suffise à caractériser l'utilisation d'une carte de paiement serait méconnaître la procédure mise en place par les banques et imposée aux utilisateurs de cartes…Plus grave encore, ce serait nier le rôle tenu par la piste magnétique (…), la signature du titulaire qui ont tous pour fonction d'attester de la volonté du titulaire de réaliser un ordre de paiement. Ce qui constitue la signature informatique, c'est l'ensemble de la procédure utilisée pour avoir accès à un service attendu de la carte, c'est-à-dire, le cumul entre la présentation de la carte, le recours régulier au programme de la machine et la composition du code secret »[1365].

541. La communication du numéro visible de la carte ne sert qu'à identifier la carte et son titulaire. L'ordre de payer est révocable du point de

---

[1361] Paris, 16 oct. 1984, D.1085, IR, 343, obs. VASSEUR.
[1362] C. L. de LEYSSAC, Le paiement en ligne, La semaine juridique, JCP, n°10, mars 2001, p. 478.
[1363] C. L. de LEYSSAC, op. cit., p. 479.
[1364] Civ. Liège, 23 avril 1985, RDC, 1986, p. 540.
[1365] C. L. de LEYSSAC, op. cit., p.479.

vue de la relation entre le cybercommerçant et l'internaute. La révocabilité de cette opération est fondée sur la stipulation contractuelle qui lie le créancier au débiteur originel. La stipulation d'irrévocabilité n'a pas pour conséquence d'interdire la révocation du mandat, mais seulement d'engager la responsabilité du mandant qui au mépris de ses obligations contractuelles, révoque l'ordre stipulé irrévocable[1366]. Cela engagera la responsabilité du client de la banque sur le fondement de la violation de la force obligatoire du contrat entre le commerçant et lui, et non sur le fondement de la violation du mandat qu'il aurait donné à la banque de payer le commerçant. Le banquier ne peut légitimement se prévaloir de la qualité de mandataire chaque fois qu'on lui aura simplement communiqué le numéro facial d'une carte. S'il agissait ainsi, il violerait lui-même l'ensemble de la procédure qu'il a élaborée, avec pour point de départ l'utilisation d'un terminal et pour ligne d'arrivée l'identification de la signature et la composition du code secret. Le défaut de conformité de l'ordre de payer à cette procédure fait que le paiement par carte donne droit à des contestations même après l'exécution par le banquier. Le client peut prétendre n'avoir jamais participé à l'opération concernée. En effet, des voies sont offertes au titulaire d'une carte victime d'un usage abusif de celle-ci.

L'article 167-4 du règlement CEMAC précité précise bien que « l'émetteur s'engage à honorer le règlement des achats effectués par son client avec la carte, après s'être assuré de la validité de l'ordre et de l'absence d'opposition ». L'opposition est une notification adressée à l'émetteur, pour l'informer de la perte ou du vol de la carte. Comment peut-on l'exercer alors qu'on est en possession de celle-ci et qu'on ignore les débits effectués dans son compte bancaire ?

L'article 173 désengage la responsabilité du titulaire de la carte, si le paiement contesté a été effectué à distance sans utilisation physique de sa carte frauduleusement ou en cas de contrefaçon. Et dans ce cas, l'émetteur restituera au titulaire la totalité des frais bancaires qu'il aura supportés[1367]. Dans une affaire postérieure *Bardie c/ Banque populaire provençale et corse*, le juge français a décidé qu'en présence d'un paiement intervenu à distance, sans utilisation physique de la carte, ni saisie du code confidentiel, la contestation de ce débit par le titulaire du compte oblige la banque à procéder à la restitution de la somme débitée[1368]. Le créancier qui accepte de se faire payer ainsi court le risque que le débiteur révoque son ordre de

---

[1366] Ibid

[1367] Article 175 du règlement CEMAC : « En cas d'utilisation frauduleuse d'une carte de paiement, de crédit ou de retrait, l'émetteur de la carte rembourse à son titulaire la totalité des frais bancaires qu'il a supportés ».

[1368] L. GRYNBAUM, « Paiement à distance par carte : obligation du banquier de rembourser en cas de contestation du client », Communication Commerce électronique n° 12, Décembre 2004, comm. 161.

paiement ou qu'il le conteste[1369]. C'est certainement la raison pour laquelle on se tourne vers la technologie de la puce bancaire, dont le seul inconvénient se limite au problème d'identification.

542. Antérieure au commerce électronique, la carte à puce est l'un des instruments prometteurs des opérations en ligne[1370]. Le client envoie vers le site du commerçant, un message de paiement sécurisé comportant deux parties : une partie « bon de commande » et une partie « ordre de paiement ». A la réception du message, l'ordre est envoyé à la banque du commerçant, qui à son tour demande paiement selon la procédure de la carte bancaire [1371]. La carte ne sera plus utilisable, dès que le montant figurant sur la carte atteint un solde nul. Elle doit être jetée ou rechargée. Ce mode de paiement est souvent considéré comme irréversible[1372]. Toutefois, l'élimination de la révocabilité ne supprime pas les difficultés. Le mécanisme est certes très amélioré, mais les risques subsistent.

543. Lorsque la carte à puce doit être mise en ligne, un code secret délivré au titulaire garantit son identification par le serveur de la banque dès qu'il y est connecté par l'intermédiaire d'un canal. Mais quelque soit la qualification retenue, cette technologie ne vaut pas paiement puisqu'elle n'a pas d'effet libératoire immédiat. Le donneur d'ordre ne peut être libéré qu'après remise effective par l'émetteur ou par le banquier, de la somme d'argent à l'accipiens. En un délai très minime, le client peut passer des ordres de paiement grâce à des moyens de paiement divers et différents et provoquer son insolvabilité. En outre dans les réseaux en ligne, l'utilisation d'un instrument de paiement ne garantit pas l'identification de son titulaire. D'autre part, le dispositif automatique d'imputation du créancier peut pratiquer un débit supérieur au prix convenu pour la prestation. Le client peut ne pas constater cet incident lors du débit. Après l'opération, il ne pourra relever des incidents passés que s'il dispose d'un lecteur de carte qui lui permet de constater l'évolution de son solde. Et très souvent, l'autonomie de la volonté amènera le banquier à recourir aux clauses limitatives de responsabilité, parfois excessives, à l'instar de celle qui prévoit qu'en cas de contestation, le client doit se retourner vers le commerçant. Le même reproche ne peut être fait à la monnaie électronique qui libère effectivement le débiteur.

[1369] A. PRÜM, « Les paiements en « ligne » », in Les deuxièmes journées internationales du droit du commerce électronique, Actes du colloques de Nice des 6 et 7 novembre 2003, Litec, 2005, p. 158.

[1370] La carte chargée d'un certain montant est mise à la disposition du titulaire et débitée à chaque opération au moyen d'un terminal fixé sur l'ordinateur ou le téléphone et connecté au serveur du commerçant.

[1371] C. L. de LEYSSAC, op. cit., p. 480.

[1372] H. DELAHAIE et A. GRISSONNANCHE, « Les nouveaux moyens de paiement ont-ils besoin d'un cadre juridique spécifique : l'expérience française », Les Cahiers de droit, vol. 24, n° 2, 1983, p. 287.

2. L'effet libératoire de la monnaie électronique

544. La monnaie électronique est un moyen de paiement constitué d'unités électroniques émises par un émetteur au profit d'un porteur, et incorporées sur un support. Elle est distincte de la monnaie scripturale[1373] et emporte un effet libératoire immédiat du débiteur. L'article 1 du Règlement n° 15/2002/cm/UEMOA relatif aux systèmes de paiement désigne la monnaie électronique comme une « valeur monétaire représentant une créance sur l'émetteur qui est stockée sur un support électronique ou sur un support de même nature, émise contre la remise de fonds d'un montant dont la valeur n'est pas inférieure à la valeur monétaire émise et acceptée comme moyen de paiement par des entreprises autres que l'émetteur ». Cette forme de monnaie procède par un transfert du support[1374] du porteur vers le support du commerçant, qui se retourne vers l'émetteur qui est généralement une banque, afin de percevoir les espèces ou d'obtenir un virement sur son compte. Elle établit une opération tripartite qui suppose l'intervention de trois personnes à savoir : le *solvens*, l'*accipiens* et l'émetteur qui est généralement une banque[1375]. A côté des moyens de paiement institutionnalisés et organisés par l'Etat (1), des initiatives privées développent aussi de véritables monnaies (2). Il convient de déterminer le mécanisme juridique par lequel la transmission de chacune de ces formes de monnaies produit un effet libératoire immédiat du débiteur.

[1373] Le règlement n°01/11 de la CEMAC relatif à l'exercice de l'activité d'émission de monnaie électronique établit clairement la différence entre cette forme de monnaie et la monnaie scripturale en ce qu'elle est indépendante du compte bancaire. L'article 1 (j) du règlement n°01/11 de la CEMAC relatif à l'exercice de l'activité d'émission de monnaie électronique dispose que, la monnaie électronique désigne la « valeur monétaire incorporée sous forme électronique contre remise de fonds à valeur, qui peut être utilisée pour effectuer des paiements à des personnes autres que l'émetteur, sans faire intervenir des comptes bancaires dans la transaction ».

[1374] La monnaie électronique peut reposer sur un support matériel comme la carte à puce ou sur tout autre moyen similaire. Elle peut aussi reposer sur un logiciel intégré dans un ordinateur personnel.

[1375] A titre d'illustration, soit deux agents A le débiteur titulaire d'un compte auprès de la banque Y qui fournit le service de paiement en monnaie électronique par l'intermédiaire de sa filiale Tx et B le créancier. Pour avoir de la monnaie électronique, A demande un transfert de sa banque propre Bq vers la banque Y qui fournit le service de paiement en monnaie électronique qui en contrepartie, reçoit un dépôt de A et acquiert un crédit sur la banque Bq. Désirant payer B en monnaie électronique, A le payeur demande à la banque Y de transférer la somme d'argent à Tx son émetteur de monnaie électronique. Ce transfert effectué, A est maintenant à même de demander une émission de monnaie électronique afin de pouvoir payer B qui doit accepter cette forme de paiement. L'opération s'analyse en un ordre de virement des sommes dont dispose le débiteur auprès de l'émetteur de monnaie électronique, au bénéfice de du commerçant accipiens. V. C. L. de LEYSSAC, op. cit., p. 482.

a. L'effet libératoire de la monnaie électronique institutionnelle

545. L'effet libératoire de la monnaie électronique institutionnelle est fondé sur un socle juridique, à savoir la novation par changement de débiteur (i), soutenu par un mécanisme technique (ii).

i. Le fondement juridique de l'effet libératoire : la novation par changement de débiteur

546. La monnaie électronique ne constitue pas une véritable monnaie. Elle est généralement qualifiée de titre de créance[1376]. Cette qualification ne souffre d'aucun doute. En effet, l'article 193 du règlement n° 02/03/CEMAC/UMAC/CM de l'Afrique centrale relatif aux systèmes, moyens et incidents de paiement dispose que, « la monnaie électronique est un moyen de paiement constituant un titre de créance incorporé dans un instrument électronique et accepté en paiement par des tiers autres que l'émetteur ». Il est rejoint dans ce sens par l'article 1 (a) du règlement COBAC de 2005 relatif aux établissements de monnaie électronique qui soutient expressément que, « la monnaie électronique est un moyen de paiement constituant un titre de créance incorporé dans un instrument électronique et accepté en paiement par des tiers autres que l'émetteur ». Mais il ne s'agit pas d'un titre accordant un droit de créance général, car la monnaie électronique ne circule qu'en raison de l'engagement de la banque émettrice à la convertir dès présentation par le créancier. La créance qu'elle attribue à son porteur ne confère de droit qu'à l'égard de l'émetteur.

547. La transmission successive d'unités électroniques entre porteurs s'assimile à une novation par changement de débiteur, conformément à l'article 1271-2 du Code civil[1377]. En acceptant la monnaie électronique que lui propose l'internaute, le créancier qui dans ce contexte est le commerçant, donne son accord pour se faire payer en monnaie scripturale ou fiduciaire par le banquier émetteur qui est le débiteur. Cela n'est possible que par l'insertion des clauses qui lient les parties. Dans le contrat qui lie au porteur, la banque émettrice doit nécessairement s'engager après vérification du solde, à payer le premier créancier qui va se présenter pour la conversion des unités électroniques en monnaie scripturale ou fiduciaire. Cette exigence constitue l'objet même de la circulation de la monnaie électronique. Le simple transfert d'unités du porteur vers le commerçant ou vers un autre

---

[1376] Article L. 315-1 de la loi française n° 2013-100 du 28 janvier 2013 portant diverses dispositions d'adaptation de la législation au droit de l'Union européenne en matière économique et financière : « La monnaie électronique est une valeur monétaire qui est stockée sous une forme électronique, y compris magnétique, représentant une créance sur l'émetteur, qui est émise contre la remise de fonds aux fins d'opérations de paiement définies à l'article L. 133-3 et qui est acceptée par une personne physique ou morale autre que l'émetteur de monnaie électronique. Les unités de monnaie électronique sont dites « unités de valeur », chacune constituant une créance incorporée dans un titre ».

[1377] Article 1271-2 du Code civil, il y a novation par changement, « lorsqu'un nouveau débiteur est substitué à l'ancien qui est déchargé par le créancier ».

porteur doit transmettre à ce dernier la qualité de créancier. Dans la relation entre la banque émettrice et les commerçants qui font partie de son réseau, les parties doivent convenir que l'acceptation du paiement par les unités électroniques libère le porteur originel. L'article 193 du Règlement CEMAC du 28 mars 2003 précise que la monnaie électronique doit être « acceptée en paiement par des tiers autres que l'émetteur ». Aucune exigence formaliste d'une déclaration expresse n'est nécessaire au moment où celui qui accepte les unités contracte avec le porteur initial. Il suffit « que les contrats conclus entre l'émetteur et les commerçants contiennent des dispositions relatives au paiement libératoire pour caractériser la volonté de l'accipiens de libérer le porteur »[1378].

548. La circulation de la monnaie électronique de support en support suppose un changement de débiteur. L'article 1275 du Code civil affirme clairement que, « la délégation par laquelle un débiteur donne au créancier un autre débiteur qui s'oblige envers le créancier, n'opère point de novation si le créancier n'a expressément déclaré qu'il entendait décharger son débiteur qui a fait la délégation ». Mais les opérations de commerce électronique ne sauraient s'encombrer de formalités si lourdes. En raison de la difficulté de connaître l'identité des porteurs, la pratique veut que les commerçants qui acceptent d'être payés par ce moyen admettent que les porteurs consommateurs soient libérés par la seule remise de la monnaie électronique[1379].

ii. Le mécanisme technique de l'effet libératoire

549. La circulation en réseau de la monnaie électronique libère parfaitement le porteur dès qu'elle est transmise au commerçant qui perçoit cette exécution en qualité de créancier. Lorsque la monnaie est fixée sur un support privé, sa circulation n'est pas limitée à une relation tripartite. Ce schéma octroie la possibilité d'effectuer des paiements sans l'intervention de l'institution émettrice à chaque transaction. La nécessité pour le créancier de se rapprocher de l'émetteur pour convertir la monnaie électronique en monnaie traditionnelle et la destruction de cette monnaie, une fois la conversion réalisée, n'influencent pas son effet libératoire. En effet le créancier doit restituer à l'émetteur, pour vérification et destruction, la monnaie électronique envoyée par le débiteur. Si le créancier le désire, l'opération de paiement se termine par la destruction de la monnaie électronique de l'émetteur contre un paiement effectif fait en monnaie traditionnelle. Cette destruction garantit la sécurité informatique du système.

Cette opération de paiement s'apparente à la transmission de jetons de casino qui nécessitent une réelle conversion en monnaie scripturale ou fiduciaire. Tout comme la monnaie de casino qui n'est valable que dans le

[1378] S. LANSKOY, La nature juridique de la monnaie électronique, Bulletin de la Banque de France, oct. 1999, p. 59.
[1379] S. LANSKOY, op. cit., p. 59.

milieu du casino, la monnaie électronique nécessite une transformation en monnaie traditionnelle ou scripturale par l'émetteur, sur présentation par l'accipiens. Mais cela n'a aucune influence sur le paiement qui est effectif dès l'acceptation de l'accipiens.

550. Il faut évidemment éviter de confondre monnaie et paiement. Le paiement correspond à une exécution de l'obligation qui peut se faire sous plusieurs formes. Selon un auteur, les unités électroniques « ne sont pas une nouvelle forme d'instrument monétaire, mais seulement un nouveau moyen de paiement »[1380]. L'aptitude de la monnaie électronique à libérer son porteur débiteur du commerçant n'implique pas de la considérer comme une forme de monnaie régalienne. Selon l'article 34 de la Constitution française du 4 octobre 1958, un objet ne peut être considéré comme une monnaie que lorsque le législateur l'aura désigné comme tel[1381]. Ainsi, la monnaie étatique peut être utilisée et réutilisée aussi longtemps que l'Etat le voudra.

551. Techniquement, la faculté de réutilisation de la monnaie électronique est fonction de son inscription en compte ou de sa fixation sur un support privé libre du titulaire. Juridiquement, cette faculté relève de l'autonomie de la volonté. L'effet libératoire est également acquis lorsque les parties conviennent de s'exécuter sous une forme de monnaie privée établie et circulant entre elles.

b. L'effet libératoire de la monnaie électronique privée

552. La monnaie peut être considérée comme une marchandise particulière. Elle est un instrument d'échange que les gens acquièrent pour s'offrir des biens de consommation ou de production. Un courant de pensée autrichien pense que la monnaie est un bien différent des autres biens, mais qui reçoit le même traitement que ceux-ci[1382]. Dans ce sens, une monnaie privée pourrait se développer sans remettre en cause le monopole monétaire de l'Etat[1383].

553. L'apparition de monnaies privées doit être conforme au droit commun, notamment aux articles 6[1384] et 1133[1385] du code civil. Internet favorise le développement de nouvelles monnaies, qui ont la particularité

[1380] S. LANSKOY, op. cit., p. 57.

[1381] Article 34 de la Constitution française du 4 octobre 1958 : « La loi fixe les règles concernant :... le régime d'émission de la monnaie ».

[1382] La monnaie est un moyen rare de l'action sur lequel les individus arbitrent en permanence pour savoir s'il faut le détenir ou pas et dans quelles proportions. Voir F. A. HAYEK, Choice in currency, Institute of Economics Affairs, 1976.

[1383] Généralement ce monopole est d'origine légale et consacré par la constitution. Dans certains autres pays, il pourrait simplement être législatif et pourrait donc disparaître par un simple vote au Parlement. L'article 34 de la Constitution française de 1958 attribue en effet au Parlement le choix du « régime d'émission de la monnaie » ; Ibid.

[1384] Article 6 du Code civil : « On ne peut déroger, par des conventions particulières, aux lois qui intéressent l'ordre public et les bonnes mœurs ».

[1385] Article 1133 du Code civil : « La cause est illicite, quand elle est prohibée par la loi, quand elle est contraire aux bonnes mœurs ou à l'ordre public ».

d'emporter l'effet extinctif. Utilisées pour les plus petits comme pour les plus gros paiements, ces cybermonnaies, qui parient sur la garantie de sécurité, seraient au cœur d'une révolution de la matière à cause du fait que leur circulation ne passe à aucun moment par un mécanisme étatique. Mais en fait, il ne s'agit pas de véritable monnaie. Il s'agit plutôt d'un bien que les internautes acquièrent grâce à la monnaie institutionnelle traditionnelle, afin de procéder au paiement. On peut citer l'expérience des monnaies *e-gold* et *goldmoney*[1386], qui permettent la circulation de grammes d'or sur internet pour régler des achats ou pour transférer des fonds entre internautes[1387].

554. Le Doyen CARBONNIER rappelle que la monnaie est « une institution de droit public, un mécanisme régalien, étatique, un attribut de la souveraineté[1388]. La Cour permanente de justice internationale[1389] a solennellement affirmé la souveraineté étatique de la monnaie dans l'affaire des Emprunts serbes et brésiliens : « C'est un principe généralement admis que tout Etat a le droit de déterminer lui-même ses monnaies »[1390]. L'Etat est un acteur incontournable du phénomène monétaire. Non seulement il frappe la monnaie mais il en impose également l'usage. Au droit d'émettre, s'adjoint un droit d'exclure les autres formes de monnaie et un droit de substituer le métal de référence. La monnaie se définit ainsi par une inspiration étatique et non par son contenu, par sa valeur ou par son essence[1391]. Elle est un attribut de la souveraineté, et sert aussi à l'exercice de cette souveraineté.

555. En cas d'accord entre les parties, le paiement peut être effectué sous des formes autres que la monnaie institutionnelle. Le paiement est

---

[1386] « L'offre proposée par Goldmoney est simple à comprendre et à utiliser: avec l'argent transféré depuis votre compte personnel, vous pouvez faire des achats de métaux précieux et choisir de les entreposer dans un des coffres détenus par l'entreprise qui en possède plusieurs situés en Suisse, au Canada, à Hong Kong et en Angleterre. Ces coffres fonctionnent comme si ils étaient en votre propriété: vous êtes libre à tout moment de demander le rapatriement de vos métaux à votre domicile ou bien vers un autre coffre », http://www.acheter-de-l-or.net/goldmoney.html; « Le plus grand fournisseur en ligne de lingots de métaux précieux étend encore ses possibilités de stockage : désormais, les clients peuvent stocker leur or et leur argent dans une chambre forte ultra-sécurisée à Singapour… avec réduction des frais sur les ordres d'achat … dans la nouvelle chambre forte jusqu'au 11 janvier 2013. », http://www.businesswire.com/news/home/20121211005079/fr/.

[1387] Contra : « Grâce à elles, les monnaies métalliques sont sur le point d'être réintroduites par des circuits privés dans le marché et en dehors de la sphère de l'Etat », Ph. LAINE, op cit.

[1388] J. CARBONNIER, Droit civil, t. 3, Les biens, Edition refondue, 19e éd., Thémis, PUF, 2000, n° 9.

[1389] D. LEVY, L'arrêt de la Cour Internationale de Justice dans l'affaire relative à certains emprunts norvégiens (France c. Norvège), in: Annuaire français de droit international, volume 3, 1957, p. 158.

[1390] C.P.J.I. Affaire des Emprunts serbes et brésiliens, arrêt n°14, 12 juill. 1929, Séries A-n°20/21, Recueil des arrêts, Publications de la CPIJ, LEYDE Société d'Edition A. W. Sijthoof, 1929, p. 45, consultable sur à l'adresse http://learning.itcilo.org/ilo/jur/fr/bibl/E&F23.pdf.

[1391] R. LIBCHABER, Recherches sur la monnaie en droit privé, thèse Paris I, Bibliothèque de droit privé, LGDJ 1992, n° 60 et s.

véritablement distinct de la monnaie. L'expérience des *« bitcoins »* déjà notoire[1392] le démontre assez bien. *Bitcoin* désigne à la fois une monnaie électronique et un système de paiement sécurisé et anonyme entre particuliers. Le *bitcoin* prétend être une monnaie universelle facilitant le paiement des biens sur internet, échangeable contre des devises traditionnelles et complètement détaché des institutions bancaires. Mais il ne s'agit là que d'une simple circulation de biens incorporels acquis au sein d'une communauté, et acceptés volontairement par les membres pour l'exécution de leurs obligations financières. L'acquisition des *bitcoins* n'est possible que par un achat initial effectué en ligne grâce à la monnaie ayant cours légal. Et ils doivent être changés en monnaie locale, afin de circuler dans le monde physique ou entre les mains de ceux qui ne l'acceptent pas[1393]. Les *bitcoins* tirent leur valeur de l'adhésion à une communauté d'utilisateurs. Et c'est cette souscription qui emporte l'effet libératoire de cette forme de paiement. L'accipiens pourrait convertir les unités et recevoir la monnaie traditionnelle ou continuer d'effectuer les transactions, dans le but d'enrichir son patrimoine en monnaie virtuelle.

En contrepartie du paiement, le professionnel doit s'exécuter à son tour. La distance lui exige souvent d'associer un intermédiaire géographiquement proche de l'internaute pour la réalisation de son obligation. Il revient au cybercommerçant de répondre des préjudices que cet intermédiaire causerait à l'internaute.

§2. La garantie de l'exécution du professionnel par le recours à la responsabilité contractuelle du fait d'autrui

556. « Avec l'avènement de l'ère industrielle, la mise en œuvre de l'action en responsabilité civile poursuit un objectif que l'on pourrait presque qualifier d'obligation de résultat [...], la jurisprudence n'a pas hésité dans certaines hypothèses à déplacer la créance d'indemnisation vers un patrimoine plus solvable »[1394]. La responsabilité des acteurs du commerce

---

[1392] « Chez Monoprix, nous sommes plusieurs à y croire. Les bitcoins ne sont pas un feu de paille. Peut-être que finalement, c'est une autre monnaie alternative, un moyen de paiement autre que le bitcoin qui se généralisera... Dans 3 à 5 ans, les consommateurs auront changé de façon de payer, leur rapport à l'argent aura évolué. En nous positionnant dès maintenant sur le bitcoin, nous démarrons notre courbe d'apprentissage », interview de Patrick OUALID, Directeur e-commerce de Monoprix © S. de P. Monoprix, interview du 08 avril 2014, http://www.journaldunet.com/ebusiness/commerce/patrick-oualid-oualid-monoprix-bitcoin.shtml.

[1393] « Conserver vos économies en bitcoins n'est pas recommandé pour le moment. Le bitcoin doit être considéré comme un actif à haut risque, et vous ne devriez jamais stocker en bitcoins de l'argent que vous ne pourriez pas vous permettre de perdre. Si vous recevez des paiements en bitcoins, plusieurs fournisseurs de services peuvent les convertir dans votre monnaie locale », https://bitcoin.org/fr/vous-devez-savoir.

[1394] A. BALLOT-LENA, La responsabilité civile en droit des affaires. Des régimes spéciaux vers un droit commun », LGDJ, 2008, p. 296 et s.

électronique interpelle les législations internes, concernant notamment la mise en œuvre de la responsabilité des professionnels dans le cadre échanges effectués[1395]. La responsabilité contractuelle du fait d'autrui suppose que le débiteur d'une obligation contractuelle soit déclaré responsable et tenu à ce titre de réparer le dommage causé par la faute d'une autre personne. Les législateurs sénégalais[1396], ivoirien[1397] et burkinabé[1398] ont consacré la responsabilité contractuelle du fait d'autrui. Contrairement au Cameroun dont les textes sont restés silencieux, ces pays ont choisi d'élargir la responsabilité de l'opérateur de commerce électronique au fait du tiers impliqué dans l'exécution de l'obligation du cybercommerçant. Cependant, cette responsabilité est confrontée à divers obstacles. D'abord elle ne peut être appliquée à tous les échanges. Ensuite, son succès et son application dépendent de la nature et de l'étendue de l'obligation contractuelle du débiteur. Il convient de s'interroger sur les conditions de cette responsabilité (A), et sur les éventuelles complications qui peuvent survenir lors de sa mise en œuvre (B).

A. Les conditions

557. La responsabilité contractuelle du fait d'autrui n'était admise que si un texte spécial l'avait instituée, ou en vertu de la loi d'autonomie[1399]. Quatre conditions devaient être remplies pour établir cette responsabilité. Il fallait en effet que le débiteur soit personnellement tenu d'une obligation, que l'exécution de celle-ci soit confiée en tout ou partie à un tiers, que le débiteur n'ait pas été déchargé de son obligation et que le fait du tiers réalise l'inexécution de cette obligation[1400]. L'instauration d'une responsabilité contractuelle du fait d'autrui dans les contrats de cyberconsommation se fonde principalement sur la pratique en vertu de laquelle, le professionnel se

---

[1395] E. DERIEUX, Internet et responsabilité, PA, 11 juil. 2008, n°139, p.7.

[1396] Article 11 de la loi sénégalaise de 2008 sur les transactions électroniques : « Toute personne physique ou morale exerçant l'activité définie au premier alinéa de l'article 8 de la présente loi est responsable de plein droit à l'égard de son cocontractant de la bonne exécution des obligations résultant du contrat, que ces obligations soient à exécuter par elle-même ou par d'autres prestataires de services, sans préjudice de son droit de recours contre ceux-ci ».

[1397] Article 7 de la loi ivoirienne de 2013 relative aux transactions électroniques : « Toute personne physique ou morale qui exerce le commerce électronique, tel que défini par l'article premier de la présente loi, est responsable de plein droit à l'égard du destinataire du service de la bonne exécution des obligations résultant du contrat, que ces obligations soient à exécuter par lui-même ou par d'autres prestataires de services, sans préjudice de son droit de recours contre ceux-ci ».

[1398] Article 72 de la loi burkinabé de 2009 sur les transactions électroniques : « Le prestataire est responsable de plein droit à l'égard du destinataire du service de la bonne exécution des obligations résultant du contrat, que ces obligations soient à exécuter par lui-même ou par d'autres prestataires de services, sans préjudice de son droit de recours contre ceux-ci ».

[1399] Chr. D. « Y a-t-il une responsabilité contractuelle du fait d'autrui ? », 1952, p. 79 et s.

[1400] G. VINEY et P. JOURDAIN, Traité de Droit Civil – Les Conditions de la Responsabilité, LGDJ, 3e édition, n° 821.

fait remplacer ou assister par un prestataire dans le cadre de l'exécution des obligations ou de la réalisation de l'opération visée. L'intervention d'un tiers prestataire (1) doit être suivie d'un défaut d'exécution, afin que soit établie la responsabilité du professionnel (2).

1. L'intervention d'un tiers intermédiaire

558. Trois hypothèses sont envisageables pour établir l'intervention d'un tiers dans une opération de commerce électronique. La première est relative à un contrat dans lequel le transport de la chose est assuré par l'acheteur lui-même. Il est clair que dans le cas où il assure lui-même le transport, l'internaute ne peut tenir le professionnel pour responsable de la perte du colis. La deuxième hypothèse concerne le professionnel qui s'engage à exécuter un ensemble d'obligations, et qui sollicite pour cette fin les services d'un prestataire étranger au contrat initial. C'est le cas dans les ventes nécessitant un transport de la chose pour la livraison. La dernière hypothèse est celle dans laquelle, sans s'engager à transporter la chose, le cybercommerçant se contente de rapprocher l'internaute du tiers, ou de le recommander simplement auprès d'un transporteur. Les deux dernières hypothèses ne présentent aucune différence à nos yeux.

559. Si le professionnel est responsable du prestataire, c'est bien évidemment parce qu'il a recours à ce dernier pour l'exécution de son obligation. Dès 1960, le juge français a admis que le débiteur est contractuellement responsable du fait des personnes qu'il s'adjoint ou se substitue dans l'exécution du contrat[1401]. La substitution suppose le choix exprès du prestataire par le professionnel. Or à travers le rapprochement, le cybercommerçant se contente de proposer un ou plusieurs prestataires à l'internaute. C'est le cas dans la vente dans laquelle divers transporteurs peuvent être proposés à l'acquéreur, pour qu'il fasse son choix. La pratique du rapprochement ne peut exonérer le cybercommerçant en le mettant dans une position de tiers non lié par le contrat de transport. Le simple rapprochement ne peut être érigé en cause d'exonération de responsabilité. Le souci de protection du client justifie l'assimilation du rapprochement au choix par le professionnel[1402]. En référence au régime de l'agent de voyages dont s'est inspiré le législateur français[1403], il est judicieux de mettre à la charge du cybercommerçant une responsabilité du fait des prestataires qu'il

---

[1401] Cass. 1ère civ. 18 oct. 1960, JCP 1960, II, 18446, note SAVATIER, RTD civ. 1960, 120, obs. A. TUNC.

[1402] L'explication est simple, limiter la responsabilité de l'opérateur en ligne du fait des prestataires intermédiaires à la catégorie limitative des prestataires qu'il a lui-même exposerait les internautes à une pratique professionnelle perverse de simple rapprochement entre transporteur et client, avec pour conséquence, d'infliger à ce dernier les risques liés au transport. Or telle n'est pas la volonté du législateur dont l'intention est de faire du professionnel, le responsable de l'inexécution des obligations du débiteur et de celles du prestataire.

[1403] Loi française n° 92-645 du 13 juillet 1992.

s'est contenté de rapprocher du client, et dont la défaillance correspond à l'inexécution des obligations qu'il n'a pas souhaité assumer[1404]. Comme pour l'agent de voyages, l'opérateur de commerce électronique est non seulement responsable du défaut d'exécution des personnes qui l'ont substitué dans ses propres obligations, mais aussi de l'inexécution des prestataires qu'il a simplement rapprochés du client en raison de sa qualité d'intermédiaire ou de mandataire de l'acquéreur[1405].

2. Le défaut d'exécution de l'obligation contractée par le cybercommerçant

560. La responsabilité contractuelle du fait d'autrui réside dans le respect de la parole donnée et dans le souci de protection du consommateur. Le débiteur ne peut se délier unilatéralement en faisant exécuter son obligation par un tiers au contrat. Le fait du tiers prestataire dont répond le professionnel s'analyse en une mauvaise exécution ou en une inexécution des obligations contractuelles. En effet, le contrat à distance[1406] peut susciter plusieurs obligations au sein de la même opération. La question est de savoir laquelle de toutes ces obligations est celle dont l'inexécution suscite la responsabilité contractuelle du fait d'autrui du cybercommerçant.

561. L'instauration de la responsabilité contractuelle du fait d'autrui sur internet n'occulte pas la faute[1407]. En réalité, ce n'est pas le fait personnel du débiteur qui constitue le fait générateur de la responsabilité contractuelle du fait d'autrui sur internet. C'est plutôt l'inexécution objective de l'obligation contractuelle qui fonde son avènement[1408]. Dans le cas de la vente de marchandises à distance par exemple, il existe une convention entre le cybercommerçant et le tiers transporteur, à laquelle l'internaute n'est pas partie. L'inexécution dont il est question concerne l'obligation dont est tenu le débiteur en vertu du contrat électronique initial qui le lie à l'internaute.

[1404] « La responsabilité pèse sur une personne qui ne s'est pas elle-même engagée à fournir la prestation dont elle a confié l'exécution à un tiers », G. VINEY, P. JOURDAIN, Les conditions de la responsabilité, 3ème éd. LGDJ, 2006, n°832.

[1405] M. BACACHE, « Les nouveaux défis du droit de la responsabilité : l'article 15 de la loi pour la confiance dans l'économie numérique consacre-t-il un nouveau cas de responsabilité contractuel autonome du fait d'autrui ? », in Les nouveaux défis du commerce électronique, LGDJ, 2010, 45 et s.

[1406] De tous les contrats, il est celui qui se prête le plus à l'intervention ultérieure de plusieurs autres prestataires étrangers à la convention liant le débiteur à son créancier.

[1407] « En dépit des apparences qui en font un fait générateur de responsabilité, le fait d'autrui n'a que très récemment émergé en tant que tel. Jusqu'à ces dernières années, où sont apparues en jurisprudence les prémisses d'une responsabilité du fait d'autrui, cette dernière est demeurée tributaire des schémas de pensée sur lesquels est fondée la responsabilité civile et qui font de la faute, encore aujourd'hui, le fondement de la responsabilité civile » ; M. POUMAREDE, « L'avènement de la responsabilité civile du fait d'autrui », in Mélanges en l'honneur de Ph. Le TOURNEAU, Dalloz, 2008, p. 841.

[1408] D. REBUT, « La Responsabilité contractuelle du fait d'autrui et son caractère autonome », RRJ, Droit prospectif, 1996, n°38.

D'un point de vue général, les obligations visées sont celles qui résultent du contrat, et qui impliquent une perspective économique globale visant l'ensemble de l'opération poursuivie[1409]. On ne peut limiter ce genre d'obligations strictement aux contraintes entre débiteur et créancier, alors que la réalisation intégrale de l'opération se prolonge aux intermédiaires. L'obligation inexécutée doit être assimilée à l'ensemble de l'opération économique, de la commande à la livraison du bien ou à l'exécution de la prestation[1410]. Loin de se limiter au contenu obligatoire du contrat entre débiteur et créancier, la responsabilité s'étendrait à toutes les obligations issues des contrats permettant de réaliser l'opération économique globale souhaitée par le client[1411]. Le contenu obligatoire du contrat initial liant le créancier au débiteur n'est pas limité au contrat stricto sensu. Il est étendu aux autres obligations découlant des contrats secondaires nécessairement conclus pour la réalisation de l'opération économique escomptée. Le débiteur ne sera donc responsable que si l'obligation inexécutée participe de l'accomplissement de l'ensemble de l'opération conclue par l'internaute et le cybercommerçant. La responsabilité du fait d'autrui ne peut jouer pour une prestation dont le contenu ne correspond à aucune obligation issue du contrat liant le responsable à la victime[1412]. Mais craignant de répondre ainsi de l'activité menée et dirigée par le tiers prestataire, le professionnel en ligne peut tenter de limiter sa responsabilité par des clauses de restriction.

562. Seule la preuve que l'inexécution ou la mauvaise exécution du contrat est imputable soit au créancier, soit à un cas de force majeure, doit être considérée comme cause légale d'exonération de la responsabilité contractuelle du fait d'autrui[1413]. Face à la rigueur de ces cas limitatifs très stricts, les cybercommerçants se tournent vers des clauses restrictives de responsabilité. Dans une affaire française sur des bons d'achat commandés par téléphone non livrés par la poste, le vendeur a opposé à l'acheteur une clause limitative de responsabilité[1414] qui l'empêchait de répondre de l'activité du livreur à savoir la Poste de France. Le juge a décidé que « le professionnel, responsable de plein droit à l'égard du consommateur, en

---

[1409] M. BACACHE, op. cit., p. 45 et 46.

[1410] J. JON CR, 9 janv. 2004, 193, col.2.

[1411] Ibid.

[1412] M. BACACHE, op. cit., p. 42.

[1413] Article 11 de la loi sénégalaise de 2008 sur les transactions électroniques : « … Elle (toute personne exerçant l'activité de commerce électronique) peut s'exonérer de tout ou partie de sa responsabilité en apportant la preuve que l'inexécution ou la mauvaise exécution du contrat est imputable, soit au cocontractant, soit à un cas de force majeure » ; article 72 de la loi de 2010 du Burkina Faso sur les transactions électroniques : « Toutefois, il (le professionnel) peut s'exonérer de tout ou partie de sa responsabilité en apportant la preuve que l'inexécution ou la mauvaise exécution du contrat est imputable, soit au destinataire du service, soit au fait, imprévisible et insurmontable, d'un tiers étranger à la fourniture des prestations prévues au contrat, soit à un cas de force majeure ».

[1414] CA, Paris, 15è ch. 9 janv.2007 ; D. FENOUILLET, Vente à distance, RC, 01 Avril 2009, n°2, p. 568.

vertu des dispositions d'ordre public, de la bonne exécution des obligations d'un contrat conclu à distance, ne peut conventionnellement exclure ni limiter, en dehors des prévisions de la loi, la réparation due au consommateur en cas d'inexécution ou de mauvaise exécution d'un tel contrat »[1415]. La validité des clauses restrictives de responsabilité n'est admise que pour les opérations entre professionnels. En dehors des transactions concernant le *B to C*, « la licéité de clauses limitatives de responsabilité ou de clauses définissant le champ des obligations assumées par le prestataire ne semble pas menacée »[1416]. Les contrats passés avec des cocontractants autres que les consommateurs ne sont pas visés par l'interdiction des clauses limitatives de responsabilité. La validité de ces clauses pour ce qui est des contrats de vente par voie électronique conclus entre professionnels ou entre particuliers ne doit soulever en principe aucun problème. Cependant, des complications d'un autre genre se dressent contre la mise en œuvre de cette forme de responsabilité sur internet.

B. Les complications relatives à la mise en œuvre de la responsabilité contractuelle du fait d'autrui

563. Les complications les plus évidentes à la mise en œuvre de la responsabilité contractuelle du fait d'autrui relèvent généralement du fait du créancier et des cas de force majeure[1417]. De manière spécifique, il existe des obstacles qui entravent sa mise en œuvre (1). A ces infortunes s'ajoutent deux conséquences désastreuses de la responsabilité contractuelle du fait d'autrui : la disparition de l'obligation de moyens et la conversion de toutes les obligations en obligation de résultat (2).

1. Les obstacles à la mise en œuvre de la responsabilité du fait d'autrui sur internet

564. Au titre des obstacles à la mise en œuvre de la responsabilité du fait d'autrui sur internet, on peut noter la règle *res perit domino* (a) et le principe selon lequel « le général ne déroge pas au spécial » (b).

a. La règle res perit domino

565. La règle *res perit domino* signifie que la chose périe est à la charge de son propriétaire. Le risque désigne généralement un évènement dommageable dont la survenance est incertaine quant à sa réalisation ou à la date de sa réalisation[1418]. Il ne s'agit pas de « risque du contrat »[1419], mais des

---

1415 Cass. civ. 1ère, 13 nov.2008, pourvoi n°07-14856, Bull. civ. I. n°263.

1416 Ph. STOFFEL-MUNCK, LCEN. La réforme des contrats du commerce électronique, Comm. Com. élect. n° 9, Septembre 2004, Etude 30, n°56.

1417 Article 72 paragraphe 2 de la loi de 2010 du Burkina Faso citée à la page précédente.

1418 G. CORNU, Association Henri CAPITANT, Vocabulaire juridique, op cit p. 818.

1419 RIPERT et BOULANGER, Traité de droit civil de Planiol II, op cit, p. 193, n°500.

risques sur la pérennité de la marchandise. Ce type de risques est défini comme « tout évènement étranger aux parties, et postérieur à la conclusion du contrat, qui place l'acheteur dans l'impossibilité de prendre possession des biens vendus : risques matériels de perte ou de détérioration de marchandises ; risques juridiques de réquisition ou d'embargo, empêchant l'acheminement de celles-ci jusqu'à leur destination, *etc* »[1420]. Selon HERO, « l'expéditeur supportera en tout état de cause les conséquences dommageables des fautes commises par lui dans l'emballage, le chargement ou l'expédition, qui ne constituent pas un risque de transport, mais un risque créé par l'expéditeur »[1421].

566. La question qui se pose est celle de l'identification de la personne sur laquelle pèsera la perte fortuite de la marchandise : est-ce le cyberconsommateur ou le cybercommerçant ? JUAN-BONHOMME préconise de dissocier le transfert des risques du transfert de propriété. Selon cet auteur, « le problème des risques est un problème concernant essentiellement les deux partenaires au contrat et n'ayant en principe aucune incidence sur les tiers. Alors que le transfert de propriété intéresse toute une masse de créanciers du vendeur ou de l'acheteur »[1422]. Il arrive quelques fois que les parties procèdent à un déplacement du moment de transfert des risques. L'argument de l'intérêt économique est très souvent évoqué[1423], car entre la conclusion du contrat en ligne et la remise effective des marchandises à l'internaute, le transport expose la marchandise à des pertes. Le législateur français a finalement orienté sa préférence pour cette position, grâce à la loi du 17 mars 2014 relative à la consommation[1424],

567. Mais jusqu'à présent, les pays francophones d'Afrique subsaharienne perçoivent le transfert des risques comme une conséquence du transfert de propriété. Selon l'article 1583 du Code civil applicable dans ces pays, la vente « est parfaite entre les parties, et la propriété est acquise de droit à l'acheteur à l'égard du vendeur, dès qu'on est convenu de la chose et du prix, quoique la chose n'ait pas encore été livrée ni le prix payé ». En effet la position de l'article 277 de l'Acte uniforme révisé portant droit

[1420] V. HEUZE, Traité de contrats, (dir.) J. GHESTIN, La vente internationale de marchandises, LGDJ, 2000, p. 324, n°4.

[1421] Trib. com. Seine, 2 juill. 1945, BT, 1946, 20 ; R. HERO, Vente et transport : indépendance ou interdépendance, th. Université Paris I Panthéon Sorbonne, 2009, p. 148, n°261.

[1422] R. BONHOMME, « La dissociation des risques et de la propriété », in études droit de la consommation, Liber amicorum J. CALAIS-AULOY, Dalloz, 2004, p. 71.

[1423] « Il s'agit d'un problème économique, et pour les contractants, d'un problème pécuniaire », J. MARTEL, Les clauses dans les ventes qui donnent lieu au transport de marchandises, th. Paris, 1965, p. 98, n°138.

[1424] Article 23 loi française du 17 mars 2014 relative à la consommation : « La livraison s'entend du transfert au consommateur de la possession physique ou du contrôle du bien [...] Tout risque de perte ou d'endommagement des biens est transféré au consommateur au moment où ce dernier ou un tiers désigné par lui, et autre que le transporteur proposé par le professionnel, prend physiquement possession de ces biens ».

commercial général est claire : en matière de vente commerciale, « le transfert de propriété entraîne le transfert des risques à l'acheteur ». L'article 1138 du Code civil précise que l'obligation de livrer « rend le créancier propriétaire et met la chose à ses risques et périls dès l'instant où elle a dû être livrée, encore que la tradition n'en ait point été faite… ». La tradition signifiant la livraison, l'instant où la chose aurait dû être livrée demeure le moment de la conclusion du contrat[1425]. Le transfert des risques est donc lié au transfert de propriété. Il appartient aux parties de les dissocier librement si elles le souhaitent, notamment lorsque le transport peut détériorer la marchandise[1426]. Elles peuvent procéder au report du moment de l'individualisation des choses de genre ou convenir d'une clause de réserve de propriété au profit du vendeur. En l'absence de négociation, la règle *res perit domino* constituera un obstacle à la responsabilité du fait d'autrui sur internet.

L'article 278 de l'Acte uniforme révisé sur le droit commercial général précise que, lorsque le contrat de vente prévoit la remise des marchandises à un transporteur, les risques sont transférés à l'acheteur par la remise des marchandises au premier transporteur. Mais cette disposition ne précise pas celui des contractants qui choisit le prestataire. L'internaute supportera les dommages causés à la marchandise, alors qu'il est exposé aux défaillances du transporteur qui lui est imposé par le cybercommerçant. On peut légitimement déplorer le fait que l'internaute n'ait pas le privilège de choisir le transporteur qui pourrait lui fournir la meilleure garantie.

568. D'un autre côté, si on accorde au cyberconsommateur de choisir lui-même son propre transporteur, il lui reviendra de payer le coût supplémentaire lorsque le prix du transporteur de son choix sera supérieur au prix proposé par le transporteur du cybercommerçant. Dans ce cas, il est probable que le cyberconsommateur s'engagera contractuellement auprès du transporteur, excluant ainsi la responsabilité du professionnel qui sera éteinte dès la remise des biens au transporteur du cyberconsommateur. Si les marchandises doivent être remises au transporteur choisi par l'internaute, alors les risques pèseront sur le cybercommerçant tant que cette opération n'a pas été faite[1427]. Il faudrait simplement qu'en plus du choix du

---

[1425] J. FLOUR, J.-L. AUBERT et E. SAVAUX, Droit civil Les obligations 3. Le rapport d'obligation, 6ème éd. Sirey, 2009, p. 236, n°265 ; H. B. MODI KOKO, Droit communautaire des affaires (OHADA-CEMAC), t.1, Droit commercial général et droit de la concurrence, Dianoia, 2008, p. 169.

[1426] « Dans la pratique, c'est essentiellement lorsque la remise des marchandises à l'acheteur suppose un transport préalable, que les parties se préoccupent de décider elles-mêmes dans quelle mesure la charge des risques sera supportée par l'une et l'autre », R. HERRO, Vente et transport : indépendance ou interdépendance, th. Université Paris I Panthéon Sorbonne, 2009, p. 147, note de bas de page n°617.

[1427] Article 68 de la Convention de Vienne sur la vente internationale de marchandises : « Lorsque le vendeur est tenu de remettre les marchandises à un transporteur en un lieu déterminé, les risques ne sont pas transférés à l'acheteur tant que les marchandises n'ont pas

cyberconsommateur, le lieu de remise des marchandises au transporteur désigné soit précisé. Cela suppose que si le cyberconsommateur désigne lui-même son transporteur, alors le risque de perte ou d'endommagement du bien lui est transféré au moment de la remise du bien au transporteur[1428]. En cas de rejet par l'internaute de l'option qui lui est accordée de choisir son transporteur, alors les risques lui sont transférés dès le transfert de propriété réalisé par l'accord des volontés. Les enseignements du droit français permettent de comprendre le sens qu'il faut donner à la règle *res perit domino* pour faire prospérer la responsabilité contractuelle du fait d'autrui sur internet. Cette responsabilité ne peut être étendue à tous les contrats.

b. La règle « Le général ne déroge pas au spécial »

569. « Le spécial déroge au général » est l'un des adages les plus célèbres des facultés de droit. Il signifie à l'inverse que « le général ne déroge pas au spécial ». L'idée de la responsabilité contractuelle du fait d'autrui veut que, si l'internaute souffre d'une mauvaise exécution du contrat qu'il a conclu par voie électronique, il doit pouvoir en demander raison à un interlocuteur unique : celui qui lui a proposé le produit ou le service sur le site consulté. Mais dans le commerce électronique, on ne peut viser tout professionnel. En imposant la responsabilité contractuelle du fait d'autrui à toute personne exerçant une activité de commerce électronique, on risque de l'étendre à tous les autres intervenants. Or, certains intermédiaires techniques peuvent être des prestataires de services internet qui jouissent d'une limitation de responsabilité[1429]. A supposer que ces derniers soient liés par un contrat d'abonnement avec leurs clients internautes, et qu'ils aient introduit un second prestataire intermédiaire pour l'exécution des obligations découlant de cette relation contractuelle, ils pourraient être responsables de la mauvaise exécution du tiers sollicité. Les dispositions légales subordonnent leur responsabilité à la connaissance du préjudice, et à l'absence de réaction[1430].

570. En affirmant que le prestataire est responsable de plein droit à l'égard du destinataire du service de la bonne exécution des obligations résultant du contrat, la loi élargit sa formule à toute vente et à tout service. Finalement que ce serait tout contrat même spécial qui verrait son régime évoluer[1431]. Selon STOFFEL-MUNCK, cette « responsabilité est au monde, divers et nuancé, du droit des contrats ce qu'est un éléphant à un magasin de

été remises au transporteur en ce lieu. Le fait que le vendeur soit autorisé à conserver les documents représentatifs des marchandises n'affecte pas le transfert des risques »

[1428] Article L. 138-5 du Code de la consommation français : « Lorsque le consommateur confie la livraison du bien à un transporteur autre que celui proposé par le professionnel, le risque de perte ou d'endommagement du bien est transféré au consommateur à la remise du bien au transporteur ».

[1429] M. BACACHE, Les nouveaux défis du droit de la responsabilité, op cit, p. 33 à 35.

[1430] Supra, p. 186 à 208.

[1431] Ph. STOFFEL-MUNCK, LCEN. La réforme des contrats du commerce électronique, Comm. Com. élect. n° 9, Septembre 2004, Etude 30, n°72.

porcelaine. Affirmer son règne sur le contrat spécial d'agence de voyages, certes ; l'affirmer sur tous les contrats sera plus difficile à organiser. La notion s'agence également mal avec d'autres textes, comme ceux relatifs à la responsabilité du fait des produits défectueux qui n'est pas toujours de plein droit »[1432]. On voit mal comment le canal électronique justifie à lui seul tout seul, que le « général déroge au spécial ». L'admettre reviendrait à exagérer l'influence des réseaux électronique sur le droit. Evolution des modes juridiques d'appréhension de la réalité sociale, et non révolution des catégories et des règles juridiques. Une application aveugle de la responsabilité contractuelle du fait d'autrui aurait pour conséquence la disparition de l'obligation de moyens sur internet.

2. La disparition de l'obligation de moyens sur internet

571. Instaurer une responsabilité contractuelle du fait d'autrui dans le commerce électronique confirme « en substance, une responsabilité de plein droit de la bonne exécution des prestations promises par un professionnel opérant via le réseau internet »[1433]. Un auteur a justement douté de l'utilité de cette disposition, au motif qu'elle ne ferait que reprendre l'obligation de résultat de droit commun dans ces contrats[1434].

572. A première vue, le législateur semble ne pas déroger aux dispositions de droit commun contenues dans les articles 1782[1435], 1735[1436], 1953 et 1994[1437] du Code civil. Mais au fond, ce constat est inexact. La portée de la responsabilité du fait d'autrui est plus importante[1438] qu'on ne pense, car elle préconise une disparition des obligations de moyens au profit exclusif des obligations de résultat. En réalité, l'emprunt par les législateurs sénégalais et burkinabé de la responsabilité contractuelle du cybercommerçant à la responsabilité des agents de voyage en France,

---

[1432] Ph. STOFFEL-MUNCK, LCEN. La réforme des contrats du commerce électronique, op., cit., n°72.

[1433] N. MATHEY, Le commerce électronique dans la loi n° 2004-575 du 21 juin 2004 pour la confiance dans l'économie numérique, Contrats Concurrence Consommation n° 10, Octobre 2004, étude 13, n°41.

[1434] L. GRYNBAUM, Loi « Confiance dans l'économie numérique » : une version définitive proche de la directive « commerce électronique » : Comm. com. électr. 2004, comm. 78.

[1435] « Les voituriers par terre et par eau sont assujettis, pour la garde et la conservation des choses qui leur sont confiées, aux mêmes obligations que les aubergistes, dont il est parlé au titre "Du dépôt et du séquestre ».

[1436] « Le preneur est tenu des dégradations et des pertes qui arrivent par le fait des personnes de sa maison ou de ses sous-locataires ».

[1437] « Le mandataire répond de celui qu'il s'est substitué dans la gestion : quand il n'a pas reçu le pouvoir de se substituer quelqu'un ; quand ce pouvoir lui a été conféré sans désignation d'une personne, et que celle dont il a fait choix était notoirement incapable ou insolvable. Dans tous les cas, le mandant peut agir directement contre la personne que le mandataire s'est substituée ».

[1438] P. OUDOT, La responsabilité contractuelle du fait d'autrui », RC, 01 avril 2009, n°2, 515 ; voir aussi « L'internet et la responsabilité civile », Gaz. Pal. 3 nov. 2007, n°307, p. 2 et s.

transforme désormais le commerce électronique plus en un gouffre qu'en une opportunité commerciale. Au tout début, les juges retenaient à l'encontre des agents de voyages, une responsabilité contractuelle du fait d'autrui, en supposant qu'ils « étaient directement tenus de la même responsabilité que les divers prestataires de service auxquels ils avaient eu recours »[1439]. Le juge s'est démarqué par une rigueur excessive à l'encontre du professionnel. La Cour de cassation française a soutenu que, la victime n'a pas à établir que le professionnel agent de voyages ou son intermédiaire a manqué à son obligation[1440]. La responsabilité de l'agence de voyages ne doit plus s'apprécier selon l'étendue et la nature des obligations incombant aux différents prestataires dont elle s'est assurée le concours, car elle serait de plein droit responsable de la bonne exécution des obligations[1441].

573. Transposer cette opinion sans réserve établirait un nouveau régime de responsabilité des professionnels éclaté, selon qu'ils contractent en ligne ou non. Toutes les obligations résultant du contrat par voie électronique seraient formellement couvertes par cette responsabilité « de plein droit »[1442], alors que celles conclues dans le monde physique demeurent régies par le droit classique. D'après les canons habituels de raisonnement, cette innovation signifie qu'il n'y aurait plus d'obligation de moyens dans les contrats conclus par voie électronique[1443]. C'est le cas pour la chute d'un client sur les marches de l'hôtel à l'issue de laquelle la jurisprudence a conclu à une obligation de résultat en toutes circonstances de l'agence de voyages [1444]. Les achats de billets pour l'accès à des rencontres sportives imposeraient une obligation de sécurité de résultat pour les internautes, tandis que les achats sur place impliqueraient une obligation de sécurité de moyens.

574. On ne peut raisonnablement admettre que l'usage d'internet modifie aussi substantiellement la nature des obligations. On voit mal la raison pour laquelle internet modifierait la nature des obligations. Le recours aux réseaux électroniques ne justifie pas qu'une obligation de moyens devienne une

---

[1439] Cass. civ.1ère 10 mai 1989, Bull. civ. I, n°183; Cass. civ.1ère 15 janv. 1991, Bull. civ. I, n°21.

[1440] « Qu'il appartenait à l'agence, responsable de plein droit de l'exécution des obligations résultant du contrat, d'établir la faute de la victime, le fait imprévisible et irrésistible du tiers, et ou le cas de force majeur pour dégager sa responsabilité » ; Cass. civ.1ère 2 nov. 2005, JCP G, 2006, II, 10018.

[1441] D. FENOUILLET, Vente à distance, op cit, 569 ; Cass. civ. 13 déc. 2005, JCP, G, 2006, IV, n°1079.

[1442] Ph. STOFFEL MUNCK, LCEN. La réforme des contrats du commerce électronique, Communication Commerce électronique n° 9, Septembre 2004, Etude 30,

[1443] Ibid

[1444] Cass.1ère civ. 02 nov. 2005, pourvoi n°03-14.862 ; P. JOURDAIN, « La responsabilité de l'agence de voyages est objective, même si l'obligation n'est que de moyens », RTD, civ. 2006, 329.

obligation de résultat[1445]. « Alors que la qualification obligation de moyens /obligation de résultat dépend en principe du contenu du contrat, de son objet, des stipulations contractuelles, elle procèderait désormais d'une disposition légale automatique. L'obligation de conseil du vendeur à distance serait désormais une obligation de résultat, l'obligation de faire du prestataire de services à distance également, quelque soit son contenu, *etc.* »[1446]. Si une promenade équestre était commandée sur le site internet du club de cheval, l'organisateur encourrait donc une « responsabilité de plein droit » en cas d'accident ; à l'inverse, si la promenade est commandée sur place, l'obligation reste de moyens conformément à la jurisprudence dominante[1447]. Le mode électronique de conclusion du contrat ne saurait avoir pour effet de rendre moins aléatoire l'obtention du résultat. Cette sévérité inexplicable à l'égard du professionnel est si flagrante que son recours contre le prestataire n'est pas toujours garanti. La jurisprudence l'a souvent subordonné à la preuve de la faute du prestataire[1448]. Ne doit-on pas simplement comprendre la responsabilité contractuelle du fait d'autrui comme une sorte de garantie qu'assurerait le cybercommerçant à l'égard du cyberconsommateur ?

575. Il paraît opportun de faire du professionnel le garant de la responsabilité des autres prestataires. L'usage d'internet ne devrait avoir aucune incidence sur la nature et l'étendue des obligations[1449]. Il ne s'agirait plus de responsabilité, mais plutôt de garantie. Le professionnel n'indemniserait plus le dommage causé par le manquement à l'une de ses obligations, mais garantirait la bonne exécution des obligations souscrites par d'autres[1450]. « Ces responsabilités contractuelles du fait d'autrui sont fondamentalement distinctes du principe général de responsabilité du fait de l'inexécution d'une obligation personnelle par autrui. N'étant pas personnellement débitrices de l'obligation inexécutée, ces personnes ne sont pas responsables de leur fait personnel par la représentation, mais constituent des garants légaux d'une obligation contractée par un autre »[1451]. Deux précisions apparaissent : d'une part la résistance de la nature des obligations au réseau internet, et d'autre part la survenance d'un rôle de garantie du professionnel. La conséquence la plus évidente est que la responsabilité du professionnel n'est pas unie. Elle paraît plutôt divisée, selon que l'inexécution incombe au professionnel, ou selon que l'inexécution relève du

---

[1445] P. JOURDAIN, « La responsabilité de l'agence de voyages est objective, même si l'obligation n'est que de moyens », op. cit., 329, D. FENOUILLET, « Vente à distance », op. cit., p. 569.

[1446] Ibid.

[1447] Cass. 1re civ., 28 janv. 2003 : D. 2003, p. 2539, obs. DUDOGNON.

[1448] Cass. civ. 1ère civ. 15 mars 2005, Bull. civ. 622, n°1355.

[1449] D. FENOUILLET, op cit, 4.

[1450] O. DESHAYES, La responsabilité contractuelle du fait d'autrui, Revue des contrats, 01 avril 2009, n°2, 516

[1451] J.-C. SAINT-PAU, Conditions de la responsabilité contractuelle, Fait générateur, Inexécution imputable au débiteur, J.-Cl. Civil, art.1146 à 1155, Fasc. 11-20, 2003, n°118.

fait du tiers introduit dans la réalisation de l'opération. « La mesure est intentionnellement partiale : la loi a voulu éviter aux expéditeurs d'être renvoyés de voiturier en voiturier et d'être exposés aux roueries de professionnels habiles à dissimuler leurs fautes derrière de prétendues nécessités techniques de métier... il arrive... que le législateur impose spécialement à certains intermédiaires une véritable garantie d'autrui »[1452].

Lorsque l'inexécution ressort du fait du professionnel, alors la non réalisation de l'opération suppose la preuve de l'inexécution, selon que l'obligation est de moyen ou de résultat. De l'autre côté, lorsque l'inexécution est le fait du prestataire sollicité, alors le professionnel se borne à garantir l'obligation de ce dernier[1453].

576. Quelques fois aussi, le cybercommerçant ne propose pas de verser une somme d'argent au cyberconsommateur. Il préfère créditer le compte du client, qui peut à ce moment obtenir autre chose que ce qu'il avait sollicité. Très souvent pour des besoins de marketing, il arrive que le professionnel propose une autre marchandise, ou une prestation de substitution prenant les allures d'une subrogation réelle par laquelle, une chose prend la place d'une autre dans le patrimoine. La perspective d'éviter une perte financière et une procédure contentieuse onéreuse et contraignante est quelques fois plus persuasive.

Une autre possibilité serait de recourir au mécanisme de l'assurance, avec pour conséquence, l'augmentation du coût de la transaction. Ces difficultés ne sont pas le propre de la relation professionnel /consommateur. Elles existent aussi dans les relations entre professionnels intégrés dans un réseau de distribution.

SECTION 2. ENTRE PROFESSIONNELS INTÉGRÉS DANS UN RÉSEAU DE DISTRIBUTION EN LIGNE

577. Le réseau de distribution désigne l'ensemble des opérations psychologiques, juridiques et matérielles qui permettent d'acheminer les marchandises du producteur aux usagers[1454]. Ces opérations sont organisées par les contrats de franchise[1455], de distribution sélective et exclusive. La franchise est considérée comme « un prolongement de la concession »[1456]. Ce contrat, dont l'élément essentiel porte sur la communication d'un savoir-

---

[1452] G. GAUTIER Aperçu de la responsabilité contractuelle du fait d'autrui dans les litiges maritimes, Gazette de la Chambre arbitrale maritime de Paris, n°21, Hiver 2009-2010, 1.
[1453] Ibid.
[1454] J.-M. MOUSSERON, Droit de la distribution, Paris, Librairies techniques, 1975, p. 4.
[1455] Ph. BESSIS, Le contrat de franchisage, Paris, LGDJ, 1990, p. 9, note 10.
[1456] « La distribution sélective...relève du mécanisme de la concession », G. B. MIRANDA, Le contenu obligationnel du contrat de franchisage international en droit québécois, (1998), 32 RJT, 842.

faire[1457], ne pose en principe aucun problème spécifique à l'utilisation d'internet[1458]. C'est la raison pour laquelle les développements qui vont suivre seront plus consacrés à la concession et à la distribution sélective[1459]. Dans les entités communautaires comme la zone CEMAC, la règlementation des réseaux de distribution n'a été envisagée que sous l'angle de la concurrence[1460]. Les relations entre professionnels intégrés dans un réseau de distribution sont uniquement régies par les dispositions relatives à la vente de l'Acte uniforme révisé portant sur le droit commercial général, et les dispositions des Codes des obligations civiles et commerciales ou des codes civils applicables[1461]. Certes les contrats de distribution ne dérogent pas au

---

[1457] « Le contrat de franchisage se fonde sur un transfert de connaissances techniques et commerciaux, des recettes, un savoir-faire », D. FERRIER, « Franchise et savoir-faire », in Mélanges BURST, Litec, 1997 ; Le savoir-faire est un « ensemble secret, substantiel et identifié d'informations pratiques non brevetées, résultant de l'expérience du fournisseur et testées par celui-ci », Article 1(g) du Règlement n° 330/2010 de la Commission du 20 avril 2010 concernant l'application de l'article 101, paragraphe 3, du traité sur le fonctionnement de l'Union européenne à des catégories d'accords verticaux et de pratiques concertées.

[1458] A moins que ce savoir-faire transmis par le franchiseur ne soit légitimement incompatible avec internet, ce qui est très peu probable, le contrat de franchise est la forme de distribution qui s'accommode le mieux du web. La communication du savoir-faire, en l'absence de laquelle le contrat doit être annulé pour défaut de cause ou disqualifié, est souvent accompagnée d'une licence de savoir-faire qui n'a en principe aucun impact sur l'intégration de l'Internet dans le mode de distribution dont il est question ; F. COLLART DUTILLEUL et Ph. DELEBECQUE, Contrats civils et commerciaux, Dalloz, 6ème éd. 2002, p. 901, n°952.

[1459] La distribution sélective est exempte de toute exclusivité en dehors de l'approvisionnement. L'article 5 (c) du Règlement n°2790/1999 de la Commission du 22 décembre 1999 sur l'application de l'article 81§1 du Traité de Rome à des catégories d'accords verticaux et des pratiques concertées interdit « toute obligation directe ou indirecte imposée aux membres d'un réseau de distribution sélective de ne pas vendre les marques de fournisseurs concurrents déterminés » ; D'autre part, le concédant ne transmet pas de savoir-faire comme le franchiseur, de même que son concessionnaire ne peut vendre de produits concurrents, contrairement au distributeur sélectif dont le fournisseur « ne saurait limiter de façon discriminatoire la liberté commerciale...de contracter avec des producteurs concurrents » ; Avis du 09 octobre 1986, BOCC, 29 janvier 1987 ; Décision n° 87-D 14 du Conseil de la concurrence français relative aux pratiques de certains producteurs dans le secteur de l'électroménager, BOCC, 10 juin 1987 ; F. COLLART DUTILLEUL et Ph. DELEBECQUE, Contrats civils et commerciaux, Dalloz, 6ème éd. 2002, 900, 913 et 914, n°952 et s.

[1460] Article 2 du Règlement n°1/99/UEAC-CM-639 du 25 juin 1999 portant règlementation des pratiques commerciales anticoncurrentielles« Est interdite toute pratique de nature à faire obstacle au libre jeu de la concurrence et notamment les ententes illicites, les abus de position dominante, les concentrations qui réduisent sensiblement la concurrence ».

[1461] Au Mali, on peut citer les articles 21 et suivants de la Loi n° 87-31/ANRM du 29 août 1987 fixant le Régime Général des Obligations relatifs aux effets et résiliations des conventions et des contrats, le Décret N° 92- 133/P-CTSP réglementant la liberté des prix et de la concurrence, l'Ordonnance n° 92-021/P-CTSP instituant la liberté des prix et de la concurrence s'appliquant à toutes les activités de production, de distribution et de service, et bien sûr la Loi N° 01-079 du 20 août 2001 portant Code pénal au Mali. Au Cameroun : la Loi n°98/013 du 14 juillet 1998 relative à la concurrence, la loi n°90/031 du 10 août 1990 régissant l'activité commerciale et son décret d'application n°93/720/PM du 22 novembre

droit commun des contrats[1462], mais la distribution en ligne pose des problèmes qui sont inconnus du monde physique. Les mécanismes existants ne suffisent plus pour assurer les impératifs d'étanchéité et de qualité qui caractérisent la distribution sélective sur internet. D'un autre côté, la toile décuple la violation de l'exclusivité territoriale. Des solutions spécifiques s'imposent pour préserver l'étanchéité du réseau de distribution sélective d'une part (§1) et garantir l'espace concédé dans la distribution exclusive (§2).

§1. La protection de l'étanchéité du réseau de distribution sélective

578. Le contrat de distribution sélective est celui par lequel, un fournisseur s'engage à approvisionner dans un secteur déterminé, un ou plusieurs commerçants qu'il choisit en fonction de critères objectifs imprégnés de caractère qualitatif[1463] sans discrimination[1464] ni limitation quantitative injustifiée, et par lequel le distributeur est autorisé à vendre d'autres produits concurrents[1465]. Mais la qualité[1466] qui caractérise le contrat de distribution sélective n'est pas toujours assurée sur internet. Les conditions de disposition, de vente, d'essai et de conseil ne sont pas assurées en ligne comme dans le monde physique. L'étanchéité du réseau est menacée par les transgressions des membres et des tiers. Ces manquements, qui échappent aux mécanismes juridiques existants, relèvent soit du fait des membres, soit du fait des tiers. Dans le conflit qui oppose les membres, la préservation de la qualité n'est possible que si la protection est orientée vers l'intérêt du réseau (A) et non vers les intérêts individuels. A l'égard des tiers, l'étanchéité du réseau ne peut être préservée que par l'interdiction faite au tiers de vendre sur internet (B).

1993 et l'arrêté n°008/MINDIC/DPPM du 07 mars 1991 définissant les pratiques commerciales anticoncurrentielles.

[1462] F. COLLART DUTILLEUL et Ph. DELEBECQUE, Contrats civils et commerciaux, Dalloz, 6ème éd. 2002, p. 872, n°928.

[1463] « La distribution sélective correspond à l'accord par lequel un fournisseur, désireux de préserver la notoriété de ses produits s'engage à approvisionner un revendeur sélectionné en raison de son aptitude à distribuer ses produits », Cass. Com. 9 fév. 1976, JCP 1977, II, 1859.

[1464] « La licéité du système de distribution sélective a été admise si les critères sont objectifs de caractère qualitative relatifs à la qualification professionnelle du revendeur, de son personnel et de ses installations, que ces conditions soient fixées d'une manière uniforme à l'égard de tous les revendeurs potentiels et appliqués de façon discriminatoire », A. MENDOZA-CAMINADE, Droit de la distribution, Montchrestien, Collection Cours, 2011, p. 109.

[1465] Crim. 3 nov. 1982, arrêt Nina Ricci ; Bull. crim. n°258.

[1466] Ce type de contrat se concrétise par l'agréation d'un magasin qui reçoit le droit d'user le nom de la marque en contrepartie des garanties professionnelles ancrées sur la qualité des services que le revendeur offre à la clientèle. Cass. com.09 février 1976, JCP, 1977, II, 18598, note HEMARD.

A. Entre membres : la protection de l'intérêt du réseau

579. La notion d'intérêt du réseau est empruntée à la notion d'intérêt social[1467]. L'intérêt du réseau doit constituer le socle de la fédération des membres, et sa violation doit être sanctionnée civilement et pénalement. L'application du critère de l'intérêt au réseau s'inscrit dans le cadre du règlement des conflits entre membres d'une part (1), dans la lutte contre les ventes parallèles d'autre part (2).

1. La pertinence du critère de l'intérêt du réseau dans le règlement des conflits entre membres

580. La libre concurrence est généralement invoquée par les distributeurs qui veulent outrepasser les clauses contractuelles leur interdisant l'usage d'internet. De même, le fournisseur peut abuser de sa position de fédérateur, pour exclure arbitrairement et sans motif légitime, l'usage du web pour la commercialisation de ses produits. Dans le conflit des intérêts individuels juridiquement fondés soit sur la libre concurrence, soit sur la loi d'autonomie, c'est l'intérêt du réseau qui triomphe (a) et assure la pérennité du circuit de distribution sur internet (b).

a. Une solution au conflit entre libre concurrence et loi d'autonomie

581. L'association d'internet aux réseaux de distribution sélective suscite chez les marchands, la crainte de voir leurs produits être vulgarisés par ce médium perceptible partout dans le monde. Le réflexe du fournisseur est d'interdire la vente par internet aux distributeurs. Ces interdictions soulèvent le problème du conflit entre les clauses contractuelles et les pratiques limitatives de concurrence.

582. L'intégrateur du réseau peut légitimement exclure internet de ses modes de commercialisation. Du point de vue contractuel, il est possible de choisir ou de prohiber certains canaux de distribution. Du point de vue économique, les interdictions de l'usage d'internet dans la distribution sélective sont considérées comme une restriction de concurrence « grave par

---

[1467] « Cela explique que les actions judiciaires engagées pour la défense de l'intérêt social se rencontrent surtout dans les sociétés anonymes et dans les SARL à un moindre degré. Elles ne sont cependant pas absentes dans les sociétés de personnes, même si l'opposition entre intérêt social et intérêt des associés y est moins vive que dans les sociétés de capitaux », A. VIANDIER et M. COZIAN, Droit des sociétés, Litec, 2005, 151, note n°9. Dans le sens de la crise entre intérêt social et intérêt des associés dans une société de personnes : « La cour d'appel…a pu déduire de ces constatations que la délibération critiquée, contraire à l'intérêt de la société et prise dans le dessein de favoriser les deux associés majoritaires au détriment du troisième constituait un abus de droit », Cass. civ. 20 mars 1989, Bull. Joly, 1989, 411, note Le CANNU.

nature car elle a pour conséquence de fermer une voie de commercialisation au détriment des consommateurs et des distributeurs »[1468].

583. Certains textes, comme l'article 3 du Règlement n°1/99/UEAC-CM-639 du 25 juin 1999, fixent les conditions légales des accords restrictifs de la concurrence[1469]. Le fournisseur qui s'oppose à une vente en ligne, devrait veiller à ce que cette interdiction entre dans les conditions légales requises, sous peine de constituer une restriction illégale de concurrence[1470]. Selon la Cour d'appel de Paris, « le contrat de distribution sélective ne peut avoir pour objet ou pour effet d'exclure a priori une quelconque forme de distribution »[1471]. Le Tribunal de première instance des communautés européennes a également affirmé qu'« un système de distribution sélective qui aurait pour conséquence d'exclure certaines formes de commercialisation capables de vendre des produits dans des conditions valorisantes aurait pour seul effet de protéger les formes de commerce existantes, de la concurrence de nouveaux opérateurs et ne serait donc pas conforme à l'article 85-1 du Traité de Rome »[1472]. A l'évidence la raison d'exclure internet de la distribution d'un produit doit exclusivement résulter des exceptions des textes sur la règlementation des pratiques commerciales anticoncurrentielles, qui n'admettent que la contribution à l'efficience économique ou la préservation des consommateurs.

Cette hostilité à l'égard de l'interdiction du fournisseur de distribuer au moyen d'internet serait aussi justifiée par le fait que derrière cette prohibition, l'intention du fournisseur serait de se réserver l'exclusivité d'une présence sur la toile. La réaction du juge parisien a une fois de plus marqué sa fidélité aux partisans de la thèse économique. La Cour d'Appel de Paris a en effet estimé dans un arrêt du 18 avril 2008 que, « l'interdiction de vente sur internet n'est admissible que si elle est objectivement justifiée… le fournisseur ne peut se réserver la vente sur internet »[1473]. Le risque d'une

---

1468 Cons. conc., déc. n° 08-D-25, 29 oct. 2008, Distribution des produits cosmétiques et d'hygiène corporelle vendus sur conseils pharmaceutiques : www.conseil-concurrence.fr ; Comm. com. électr. 2008, comm. 137, note M. CHAGNY ; Contrats, conc. consom. 2008, comm. 271, note M. MALAURIE-VIGNAL.

1469 Article 3 relatif aux conditions d'exemption au libre jeu de la concurrence du Règlement n°1/99/UEAC-CM-639 du 25 juin 1999 portant règlementation des pratiques commerciales anticoncurrentielles : « Toutefois, certains accords peuvent être exemptés de l'interdiction prévue à l'article 2 ci-dessus[1469]. Lesdits accords devraient toutefois répondre aux conditions ci-après : apporter effectivement une contribution au développement de l'efficience économique; être indispensable à la réalisation de l'efficience économique, apporter un bénéfice ou un profit certain aux consommateurs ou aux utilisateurs. Ce profit n'est pas seulement de nature pécuniaire ».

1470 CA Paris, 1re ch. H, 16 oct. 2007, Sté Bijourama c/ Sté Festina France : JurisData n° 2007-344770 ; Comm. com. électr. 2007, comm. 152.

1471 CA Paris, 15 sept.1993, Gaz. Pal. 1993, n°6, 45 ; Contrats, Concurrence, Consommation, mai 1994, n°100 ; Voir aussi Y. DIETRICH et A. MENAIS, op cit

1472 TPICE, 12 déc. 1996, aff. T-19/92, Rec. CJCE, II, p. 1851

1473 CA Paris, 4ème ch. B, 18 avril 2008, PMC distribution c/ Pacific Création, n° 07/04360 Concurrences, N° 3-2008, n°20153, p. 139

telle exclusivité est que pour les mêmes produits proposés par des partenaires identiques, on aboutirait à l'existence de deux circuits de distribution : l'un physique et l'autre virtuel. Or, le distributeur ne peut être mis en situation de concurrence forcée envers son propre partenaire d'affaires, au motif que la distribution par internet serait distincte de la distribution physique hors internet[1474]. Dans un tel différend, les franchisés ont souvent gain de cause[1475]. Les interdictions ne seraient admises en matière de distribution que dans des cas précis limitativement prévus par les textes organisant la concurrence. Cependant, cette opinion n'est pas aussi absolue. L'intérêt du réseau peut être aussi préservé par les stipulations contractuelles.

584. L'interdépendance des membres du réseau de distribution impose de reconnaître à l'intégrateur un droit de contrôle sur les distributeurs[1476]. Les manifestations de ce droit de contrôle sont perceptibles dès la formation du contrat. A cette occasion, le fournisseur peut interdire de distribuer en ligne, s'il existe une incompatibilité réelle entre la nature et la qualité des produits et internet réseau ouvert au public. Si le savoir-faire est incompatible avec internet, alors ni le fournisseur ni le distributeur ne pourront l'utiliser[1477]. L'incompatibilité est généralement contenue dans les stipulations contractuelles que propose le fournisseur aux membres intégrés. L'article 1 du Règlement européen n° 2790/1999 précise que, le fournisseur « s'engage à vendre les biens ou les services contractuels, directement ou indirectement, uniquement à des distributeurs sélectionnés sur la base de critères définis ».

[1474] En l'espèce, sans concertation avec les franchisés le franchiseur avait mis en vente ses produits directement via son site Internet « drugemporium.com », arguant en défense que le site Internet « drugemporium.com » ne doit pas être considéré comme constituant une boutique concurrente, mais bien plutôt d'un moyen alternatif de distribution que les termes du contrat de franchise ne permettent pas d'interdire, et que bien que le site de vente en ligne contient, des informations accessibles par tout utilisateur, quel que soit son lieu de résidence, rien n'empêche l'utilisateur de contacter le revendeur des produits situés à proximité de son lieu de résidence ; Emporium Drug Mart, Inc. of Shreveport c. Drug Emporium, Inc., and Drugemporium.com, Inc., 2 septembre 2000, Chambre d'arbitrage de Dallas de l'American Arbitration Association, Juriscom.net :
http://www.juriscom.net/txt/jurisus/ce/aaa20000902.htm.

[1475] « It is for this panel to divine whether a virtual reality is real or whether it is a phantom. We will take respondents at their word. Respondents have marketed drugemporium.com as « The full service online drugstore » and have certified drugemporium.com to be a « drugstore » in its filings to the SEC. We also infer from the respondents' conduct that honored the claimants' territories until now - including the offer of compensation during the test period for drugemporium.com - that the parties' reasonable expectation was that the complainants would not be forced to compete with direct drug store sales by respondents. [...] Respondents have also attempted to build market share by offering special sales at prices that vastly undercut prices available at the claimants' stores. »; P.-E. MOYSE et L.ROBIC RICHARD, La distribution électronique dans les contrats de franchise,
http://www.robic.ca/publications/Pdf/270-PEM.pdf.

[1476] L. -A. COSMES, Les réseaux de distribution, LGDJ, 1995, p. 278 à 283, n°300 à 305.

[1477] R. FABRE, Les contrats de distribution et Internet à la lumière du nouveau législateur communautaire, Dalloz, 2001, p. 461.

L'acceptation de ces critères par les distributeurs consacre un accord infaillible, lorsque la cause est licite et morale et que l'objet est certain. La vente par internet s'apparente à une vente à distance, dès qu'un moyen de communication à distance est utilisé pour faciliter la communication entre des contractants éloignés[1478]. Le distributeur peut valablement être tenu de ne pas pratiquer la vente par correspondance ou la vente en libre-service, lorsqu'elles sont incompatibles avec l'exécution des services qui doivent accompagner la commercialisation du produit[1479]. Selon le juge européen, le fournisseur peut logiquement interdire la revente de ses produits par correspondance[1480]. Le juge américain à son tour, a donné droit au fournisseur *Siemens* d'avoir interdit à la société *Hayden* la vente par correspondance de ses produits, au motif que le prix pratiqué était relativement bas dévalorisait les produits[1481]. La violation d'une telle clause constitue un motif de résiliation[1482].

Internet rend les produits accessibles au grand public. La toile donne un coup sérieux au luxe qui caractérise les produits issus de cette forme d'intégration commerciale. Le fournisseur peut avoir pour objectif de limiter ses produits à une certaine catégorie de personnes. Dans ce cas, internet apparaît comme un modèle contraire au modèle de distribution sélectif. Généralement le fabricant veut préserver l'image de marque ou de produit de distinction en ne livrant que dans des lieux hors du commun, ce qu'internet ne peut assurer.

585. Une des exceptions régulièrement soulevée est celle de l'obligation de conseil et d'assistance, qui ne peut prospérer sur un système de communication instantané. C'était bien le reproche qu'avait soulevé le juge dans l'affaire *Jacques FABRE*, au motif que les moyens techniques de la jeune technologie internet ne permettait pas un dialogue interactif[1483]. Une position modérée préconise que le distributeur associe une implantation physique à son activité en ligne. Le point 52 c. des Lignes directrices sur les restrictions verticales 2010/C/130/01 au sein de l'Union européenne souligne que, le fournisseur peut « exiger de l'acheteur qu'il vende au moins une certaine quantité absolue des produits hors ligne, pour assurer le bon fonctionnement de son point de vente physique ». La libre concurrence ne peut être absolue. La liberté du distributeur doit nécessairement être encadrée, ne serait-ce que pour des actions qui peuvent nuire à l'image des

---

[1478] J.CALAIS-AULOY et F. STEINMETZ, Droit de la consommation, Paris, Dalloz, 5è éd. 2000, n°95.

[1479] D. FERRIER, Droit de la distribution, Paris, Litec, 2002, p. 22, note 4.

[1480] Décision n°99/33/CEE de la Commission, 16 déc. 1991, JOCE, L-12, 24 ; Y. DIETRICH et A. MENAIS, La distribution sélective à l'épreuve du commerce électronique, Cahiers Lamy de droit de l'informatique et des réseaux, n°114, mai 1999, http://juriscom.net/1999/05/la-distribution-selective-a-lepreuve-du-commerce-electronique/.

[1481] H.L. Hayden Co. Of New York c/ Siemens Medical Systems, (1989) 876 F.2d 1005.

[1482] Le produit de luxe risquant de perdre cette qualité s'il est en vente partout à l'instar d'un produit de grande consommation ; CA Versailles, 23 février 1995, RJDA 6/95, n°706.

[1483] Cour d'appel Versailles, 02 déc.1999, Dalloz, 2000, 92, note C. MANARA.

produits distribués, et par ricochet à l'ensemble des membres du réseau. C'est le cas pour les actions publicitaires du distributeur qui, pour ne pas être dégradantes[1484], peuvent subir des restrictions légitimes imposées par le fournisseur[1485].

b. L'intérêt du critère : la pérennité du circuit de distribution sélective sur internet

586. Dans un réseau de distribution sélective, le fournisseur peut vouloir soumettre les membres à des stipulations contractuelles contraignantes d'un point de vue économique, tandis que les distributeurs souhaitent profiter des largesses de l'esprit de concurrence véhiculé par l'économie de marché. Cette opposition entre la libre concurrence et l'autonomie de la volonté peut être équilibrée par la recherche de l'intérêt du réseau. Entre la rigueur de l'autonomie de la volonté et les risques de débordements de l'esprit libéral, la pérennité du réseau peut être érigée comme un critère fiable et satisfaisant pour l'équilibre entre les membres du réseau de distribution.

587. Protéger le réseau de distribution et non les intérêts individuels des parties n'est pas nouveau. En droit des sociétés, l'intérêt social a été consacré par la jurisprudence pour préserver la société des fautes de gestion, ainsi que des conflits entre les associés majoritaires et les associés minoritaires[1486].

588. De même l'intérêt du réseau, mesurable à sa perpétuité et à son étanchéité, peut constituer un critère fiable de protection contre les atteintes des membres. Au lieu de viser l'intérêt du fournisseur ou celui du distributeur, les opérateurs économiques africains, notamment les petites et moyennes entreprises doivent évaluer la nécessité, la viabilité, la compétitivité de l'activité en ligne avant d'adopter internet. La mise en ligne du réseau doit être suffisamment pensée, afin d'éviter tout effet néfaste de ce médium sur l'activité de l'opérateur d'Afrique francophone. Si internet promeut et renforce le réseau, alors les conditions contractuelles doivent le

---

[1484] J. HUET, C. GRIMALDI, H. LECUYER, Les principaux contrats spéciaux, LGDJ, 3ème éd. 2012, n°11610-1.

[1485] Point 54 des Lignes directrices sur les restrictions verticales 2010/C/130/01 : « Le fournisseur peut imposer des normes de qualité pour l'utilisation du site internet aux fins de la vente de ses produits, comme il le ferait pour un magasin, un catalogue, une annonce publicitaire ou une action de promotion en général. Cela peut être utile en particulier pour la distribution sélective ».

[1486] L'article 4 de l'Acte uniforme révisé relatif au droit des sociétés commerciales et du groupement d'intérêt économique dispose simplement que « la société commerciale doit être créée dans l'intérêt communs des associés » ; « L'intérêt social s'apprécie en cours de vie sociale dans le dessein de voir si tel acte a été posé dans cet intérêt. Et la jurisprudence l'utilise pour punir les abus de majorité et de minorité, ainsi que les fautes de gestion en marge du pouvoir, en principe illimité, du dirigeant d'engager la société », J. GATSI, « La Jurisprudence, source du droit OHADA », Juriscope – 2012, p.7, http://www.juriscope.org/uploads/pdf/ohada/J.%20Gatsi,%20La%20jurisprudence,%20source%20du%20droit%20Ohada,%20Juriscope%202012.pdf.

tolérer. Dans le cas contraire, c'est l'ensemble des opérateurs économiques constituant le réseau qui est en péril. Comme l'affirme MOYSE, « moins mirifique semble être l'avenir des entreprises ayant internet comme seule présence marchande et qui misent exclusivement sur la vente directe aux consommateurs. Ceci est d'autant plus vrai lorsqu'il s'agit de commercialiser des produits non-traditionnels ou de développer des marchés pionniers pour lesquels le public n'est peut-être pas prêt. Nombre de projets échouent à cause de l'utilisation irréfléchie de technologies trop nouvelles et peu compatibles avec le parc informatique généralement utilisé, empêchant ainsi d'atteindre le plus grand nombre d'utilisateurs »[1487].

C'est ce qui ressort notamment de l'arrêt de la Cour d'appel de Paris, saisie par la société *Bijourama,* d'un recours en annulation de la décision n°06-D-24 rendue par le Conseil de la concurrence français le 24 juillet 2006[1488]. Dans cette décision le Conseil faisait droit aux arguments contractuels de la société Festina de refuser d'agréer la société *Bijourama,* au motif que le demandeur était une entreprise de vente à distance via internet ne disposant pas d'un point de vente physique. La demanderesse réservait aux seuls distributeurs agréés, signataires du contrat-cadre de distribution, la possibilité de conclure des contrats de vente à distance en ligne puisqu'elle craignait un contexte susceptible de l'exposer à des situations anticoncurrentielles[1489].

589. En-dessous des stipulations contractuelles, qui sont perçues du premier coup d'œil parce que la qualité de distributeur agréé dépend de la signature du contrat-cadre, l'argument véritable considéré par le premier juge est l'intérêt et la pérennité du réseau de distribution. Certes, le point 51 des Lignes directrices du 13 octobre 2000 adoptées par la Commission européenne précise que, « l'interdiction de vendre sur internet ou sur catalogue n'est admissible que si elle est objectivement justifiée. Quoi qu'il en soit, le fournisseur ne peut se réserver les ventes ou la publicité sur internet…Chaque distributeur doit être libre de recourir à internet pour faire de la publicité ou pour vendre ses produits ». Mais la pérennité du réseau ne peut être sacrifiée au profit de la liberté de commerce. Entre les intérêts individuels du fournisseur et des distributeurs, c'est l'intérêt du réseau qui motive la décision du juge. Son objectif serait d'éviter une distribution à

[1487] P. -E MOYSE, « La distribution électronique », in Droit du commerce électronique, (dir.), V. GAUTRAIS, Montréal, Éditions Thémis, 2002, p. 292.

[1488] Cons.conc.,déc. n° 06-D-24, 24 juillet 2006 relative à la distribution des montres commercialisées par Festina France, CCC 2006, comm 187.

[1489] Le Conseil de la concurrence, dans sa décision du 24 juillet 2006, acceptait les engagements du fabricant au motif qu'ils « portaient sur une modification substantielle de la pratique de l'entreprise concernée et l'abandon d'un contexte susceptible de déboucher sur des comportements anticoncurrentiels », M. MALKA, Distribution sélective et Internet : la possibilité d'exclure les « pure players » est confirmée par la Cour d'appel de Paris, Revue Expertises des systèmes d'information, n° 322, février 2008, http://juriscom.net/2008/02/distribution-selective-et-internet-la-possibilite-dexclure-les-pure-players-est-confirmee-par-la-cour-dappel-de-paris/.

deux pans : l'une en ligne et l'autre hors ligne. L'intérêt du réseau est plus perceptible dans la décision du Conseil de la concurrence français. Le Conseil souligne en effet que, « lorsqu'elle vient en concurrence avec un réseau de distribution physique organisé, notamment un réseau de distribution sélective, la vente exclusive sur internet pose la question de la prise en compte des coûts de constitution de réseau et du parasitisme, c'est-à-dire le fait pour une entreprise de tirer bénéfice des actions ou des efforts engagés par une autre, sans en partager les coûts. Le consommateur peut notamment se rendre dans les points de vente physiques où le produit est mis en valeur, peut être testé et peut faire l'objet de démonstration ou de conseils. Ces services à la clientèle sont le fruit d'investissements du point de vente ou du réseau. Le consommateur peut ensuite être tenté, une fois son choix arrêté, d'aller sur internet où il est susceptible d'acquérir le produit à un prix plus attractif, puisque le vendeur sur internet n'a pas à supporter les investissements des points de vente physiques. Si elle est favorable, dans un sens, au consommateur dès lors qu'elle facilite la concurrence par les prix, la vente sur internet peut aussi être source de distorsions de concurrence entre vendeurs et, en étant susceptible d'entraîner indirectement la disparition ou la raréfaction de certains services, induire des effets moins positifs pour le consommateur »[1490]. Intégrer internet certes, mais uniquement lorsque cela ne nuit ni à l'intérêt ni à la pérennité du réseau. Fondamental dans la préservation de l'équilibre entre fournisseur et distributeur, ce critère prolonge son efficacité aux pratiques de distribution parallèle.

2. La pertinence de l'intérêt du réseau dans la lutte contre les ventes parallèles

590. La vente parallèle est le fait pour un membre du réseau de distribution sélective de contracter avec un tiers non agrée et non soumis aux exigences fixées par le fournisseur [1491]. Les initiatives des membres pour la protection du réseau contre les ventes parallèles peuvent être assurées par l'approvisionnement exclusif des revendeurs agréés (a) et l'exigence de la qualité de membre (b).

a. L'approvisionnement exclusif des revendeurs agréés

591. Pour protéger l'étanchéité du réseau, la Cour de justice des communautés européennes a posé le principe selon lequel, « tout système de commercialisation fondé sur une sélection des points de distribution implique nécessairement, à peine de n'avoir aucun sens, l'obligation pour les

---

[1490] Cons.conc., déc. n° 06-D-24, 24 juillet 2006, préc., point 70.

[1491] C. ROQUILLY, « Réseaux de distribution et commerce électronique : proposition d'analyse juridique », in Les premières journées internationales du droit du commerce électronique, Actes du colloque de Nice des 23, 24 et 25 octobre 2000, Actualités de droit de l'entreprise, p. 251.

grossistes faisant partie du réseau, de n'approvisionner que des revendeurs agrées et, partant, la possibilité pour le producteur intéressé de contrôler l'observation de cette obligation »[1492]. L'idée véhiculée dans cet arrêt est de protéger l'intérêt du réseau de distribution, traduit à travers sa pérennité, sa notoriété et la qualité de ses produits généralement destinés à une clientèle distinguée.

Cette décision vient corriger les égarements des membres qui mettent les produits du réseau à la disposition des tiers non agrées[1493] sur internet. Des décisions de justice ont soutenu que le simple fait de vendre à des tiers ne constituerait pas une faute[1494]. Cette position est largement soutenue dans la distribution physique[1495]. On est allé jusqu'à subordonner la sanction des ventes parallèles à l'existence d'un approvisionnement illicite du revendeur non agréé. Comment donc démontrer la faute de ce dernier sur internet ?

592. Une tentative de réponse est fournie par la recherche d'une complicité entre distributeur et revendeur non agréé, en violation des clauses contractuelles en vertu desquelles le premier est lié au fournisseur[1496]. Cependant cette exigence, qui dans le monde physique paraît promouvoir l'esprit d'entreprise et la circulation des marchandises et des services, expose plutôt le réseau de distribution en ligne à une mort certaine. Sur internet, le distributeur peut ne pas être complice et être aussi une simple victime de la ruse du tiers non agréé. En effet, il peut vendre à une personne dont le site mentionne un agrément frauduleux. Il peut également vendre de petites quantités de marchandises à un tiers, sans se rendre rapidement compte de la fréquence accrue de ces transactions.

593. Le champ d'application de l'approvisionnement illicite s'avère très réduit pour protéger le réseau de distribution en ligne. D'abord, le distributeur peut être dans un pays où la législation n'admet pas la clause d'étanchéité[1497]. Ensuite, la preuve de la complicité est très difficile à établir lorsque le réseau de distribution est en ligne, soit par le simple fait que le juge ne considère pas la commercialisation des produits du réseau sans en

---

[1492] Arrêt 25 octobre 1977, Metro I, aff. 26/76, Recueil de jurisprudence, p.1875, point 27.

[1493] Il a été décidé notamment qu'il n'est pas « fait obstacle à ce qu'un opérateur, qui n'est ni revendeur agréé du réseau de distribution du constructeur d'une marque automobile déterminée ni intermédiaire mandaté … se livre à une activité d'importation parallèle et de revente indépendante de véhicules neufs de cette marque », Paris 24 mars 1987, Dalloz 1987, IR, 107.

[1494] Arrêt de la Cour (deuxième chambre) du 20 février 1997. - Fontaine SA, Garage Laval SA, Fahy SA, Renault Lyon Ouest FLB Automobiles SA, Diffusion Vallis Auto SA et Horizon Sud SA contre Aqueducs Automobiles SARL, Affaire C-128/95, Recueil de jurisprudence 1997 page I-00967,
http://eur-lex.europa.eu/LexUriServ/LexUriServ.do?uri=CELEX:61995J0128:FR:HTML.

[1495] Le « fait de commercialiser les produits relevant d'un réseau de distribution sélective ne constitue pas en lui-même, en l'absence d'autres éléments, un fait fautif », Cass. Com. 10 janv.1989, Bull. civ. IV, n°18, D. 1989, 337; Voir aussi F. COLLART DUTILLEUL et Ph. DELEBECQUE, op. cit., p. 916, n°965.

[1496] Cass. Com.21 mars 1989, Bull. civ. IV, n°98.

[1497] Ch. COLLARD et Ch. ROQUILLY, note 13.

être membre comme une faute, soit par le fait que la preuve de l'approvisionnement illicite incombe au fournisseur plutôt qu'au revendcur[1498]. Il y a enfin la difficulté de prouver l'intention commune du distributeur et du tiers de causer un préjudice au réseau. Certains indices permettent d'établir la volonté commune de l'agréé et du non agréé de nuire. On peut citer la revente à perte par le distributeur, la revente des produits dans des conditions dégradantes[1499], ou le refus du tiers de citer ses sources d'approvisionnement. Mais ces indices sont si factuels que leur efficacité dans la protection du réseau s'en trouve affectée. Entre membres, l'approvisionnement exclusif des distributeurs agréé est primordial. Il est soutenu par l'exigence de la qualité de membre.

b. L'exigence de la qualité de membre agréé

594. L'usage potentiellement néfaste d'internet pour le réseau de distribution en ligne exige de fonder la sanction des ventes parallèles sur l'absence de la qualité de membre[1500]. La Cour d'appel de Paris a condamné la société *Rue du Commerce* pour avoir revendu sur son site, des produits de la société *Jamo France*, objets d'une intégration dans un réseau sélectif dont elle n'est pas membre[1501]. C'est sur ce même fondement le juge parisien a rappelé qu'il incombait à la défenderesse, la société *PMC Distribution*, de procéder aux vérifications nécessaires auprès de son fournisseur pour s'assurer que ce dernier était un distributeur agréé autorisé auprès duquel il pouvait s'approvisionner concernant les produits en cause[1502]. En l'espèce, sans être membre du réseau de distribution, la société *PMC Distribution* vendait sur son site *« www.club-privé.fr »*, le parfum *Lolita Lempicka* de la société *Pacific Création*. Le juge a affirmé qu'en sa qualité de professionnel, la société *PMC Distribution* ne pouvait ignorer ni le caractère illicite de son approvisionnement auprès d'une société italienne qui ne faisait pas partie des

[1498]Ainsi a-t-il été jugé que, « s'il est vrai qu'il appartient à l'opérateur ayant acquis des véhicules neufs pour les revendre de faire la preuve qu'il les a régulièrement acquis sur un réseau parallèle ou auprès d'un autre concessionnaire, il ne saurait être tenu, aucune présomption d'approvisionnement illicite ne pouvant lui être opposée, de rapporter la preuve de l'acquisition régulière des véhicules litigieux par le vendeur auquel il s'est adressé, cette recherche incombant aux concessionnaires ou aux fabricants », Com, 25 avril 2001, Bull. n° 77, Pourvoi 98-21-559 ; voir aussi,
http://www.foruminternet.org/telechargement/documents/ca-par20030905.pdf.

[1499]Cass. Com. 27 oct. 1992, RJDA, 1992, n°699.

[1500] TGI Strasbourg, ord., 8 janv. 2008, Puma France c/ Over Stock : www.legalis.net. - TGI Strasbourg, ord., 8 janv. 2008, Puma France c/ France Télécom et a. : www.legalis.net.

[1501] « Ce n'est pas la régularité de cet approvisionnement qui est critiquée, mais le fait de revendre au public, sans en être du réseau, les produits ainsi acquis... », CA Paris, 5 sept. 2003, Rueducommerce : Comm. com. électr. 2004, comm. 19, obs. Ph. STOFFEL-MUNCK; P://www.foruminternet.org/telechargement/documents/capar20030905.pdf.

[1502] CA Paris, 4ème ch. B, 18 avril 2008, PMC distribution c/ Pacific Création, n° 07/04360 Concurrences, N° 3-2008, n°20153, p. 139.

revendeurs agréés de *Pacific Création*, ni l'opposition de *Pacific Création* concernant la vente de ses produits sur le site « *www.club-privé.fr* »[1503].

595. Cependant les approvisionnements interdits ne doivent pas être étendus entre les vendeurs agrées du même réseau. Malgré la volonté des fournisseurs de les ériger parfois en cause de rupture du lien contractuel[1504], les juges ont tôt fait de condamner ces clauses qu'ils qualifient d'entrave à la libre circulation des marchandises[1505]. Cette interdiction est fondée sur le principe fondamental de liberté de la concurrence consacrée par l'article 4 (d) du règlement n°2790/1999 du 22 décembre 1999 et repris par Règlement n° 330/2010 de la Commission du 20 avril 2010 concernant l'application de l'article 101, paragraphe 3, du traité sur le fonctionnement de l'Union européenne à des catégories d'accords verticaux et de pratiques concertées[1506]. Que la perturbation soit le fait du fournisseur ou des distributeurs, qu'elle soit légitime ou non, l'exclusion d'internet peut provoquer un manque à gagner, de même que son utilisation sans contrôle peut préjudicier à l'étanchéité du réseau. C'est la raison pour laquelle il convient d'interdire purement et simplement au tiers non agrée de vendre sur internet malgré que cela puisse paraître excessivement rigoureux.

B. A l'égard des tiers : l'interdiction de vendre sur internet

596. Le réseau de distribution en ligne doit être protégé contre les transgressions du tiers. La revente sur internet peut désorganiser un réseau de distribution[1507] lorsqu'il est le fait des tiers. C'est la raison pour laquelle il est nécessaire d'interdire simplement au tiers revendeur d'utiliser internet dans la commercialisation des produits du fournisseur. Cette interdiction s'explique surtout par le fait que, les mécanismes classiques destinés à protéger le réseau de distribution sélective en ligne se révèlent insuffisants (1). Elle doit nécessairement être accompagnée d'une information qui communique sur la réservation du droit de vente. L'information de cette réservation peut passer par l'affichage lisible et visible de la mention « ne peut être vendu que par un distributeur agréé » (2).

[1503] Revente hors réseau de parfums - Lolita Lempicka (CA Paris, 18 avril 2008, aff. n° 117, RG 07/04360), Concurrence et Distribution, Newsletter, Paris, sept-oct. 2008, http://www.bakernet.com/NR/rdonlyres/0D83B51A-D025-43D0-8211 831013652B21/0/french_competition_distribution_news_sep_oct_08.pdf.

[1504] Accord ente la compagnie Toys.R.Us et ses agents ; voir FTC vs Toys.R.Us, (2000), F.3d928, 7th circuit.

[1505] CJCE, plén, 28 avril 1998, aff C-306/96, Javico c/ Yves Saint-Laurent Parfums, Cont.conc.conso 1998, comm. n°91, obs. L. VOGEL

[1506] L'article 4 dispose que le bénéfice de l'exemption automatique est perdue dans l'hypothèse où il existe des restrictions aux « livraisons croisées entre distributeurs à l'intérieur d'un système de distribution sélective, y compris entre les distributeurs opérant à des stades différents du commerce ».

[1507] L. AYMA, La revente sur le web, PA, 03 juill. 2003, n°132, p. 4.

1. Les justifications de l'interdiction

597. Les justifications de l'interdiction du tiers de vendre sur internet sont fondées sur l'affaiblissement de l'action en contrefaçon par l'épuisement des droits sur la marque du produit distribué (a), et sur les difficultés de détermination des faits générateurs de la responsabilité extracontractuelle du tiers (b).

a. L'affaiblissement de l'action en contrefaçon par l'épuisement des droits sur la marque du produit distribué

598. La propriété de la marque confère au titulaire la faculté de réserver la commercialisation des produits à des revendeurs sélectionnés[1508]. Il peut exercer l'action en contrefaçon contre le tiers qui transgresse son réseau, et protéger ainsi l'étanchéité de son circuit de distribution. L'action en contrefaçon est prévue par l'Accord portant révision de l'Accord de Bangui du 02 mars 1977 instituant une Organisation Africaine de la Propriété Intellectuelle. Cependant ses dispositions ne précisent pas la sanction du revendeur non agréé d'une marque distribuée dans le cadre d'un réseau sélectif[1509]. Le fournisseur, qui exerce cette action, peut être confronté au principe de l'épuisement des droits sur la marque.

599. Le principe de l'épuisement des droits sur la marque est consacré par la Directive "Marques" 89/104 et transposé en droit français par l'article L. 713-4 du Code de la propriété intellectuelle[1510]. En Afrique francophone subsaharienne, l'article 7(4) de l'annexe III de l'Accord révisé de Bangui de 1999 réaffirme ce principe en disposant que, « l'enregistrement de la marque ne confère pas à son titulaire le droit d'interdire à un tiers l'usage de la marque en relation avec les produits qui ont été licitement vendus sous la

---

[1508] L. AMIEL-COSME, Les réseaux de distribution, LGDJ, 1995, p. 313, n°327

[1509] En effet l'article 7 de cet Accord se contente de prévoir que les auteurs de contrefaçon « sont punis d'une amende de 1 000 000 à 6 000 000 francs CFA et d'un emprisonnement de trois mois à deux ans : ceux qui frauduleusement apposent sur leurs produits ou les objets de leur commerce, une marque appartenant à autrui ; ceux qui sciemment vendent ou mettent en vente un ou plusieurs produits revêtus d'une marque contrefaisante ou frauduleusement apposée ou ceux qui sciemment vendent, ou mettent en vente, fournissent ou offrent de fournir des produits ou des services sous une telle marque; ceux qui font une imitation frauduleuse d'une marque de nature à tromper l'acheteur ou font l'usage d'une marque frauduleusement imitée ; ceux qui sciemment vendent ou mettent en vente un ou plusieurs produits revêtus d'une marque frauduleusement imitée ou portant des indications propres à tromper l'acheteur sur la nature du produit ou ceux qui fournissent ou offrent de fournir des produits ou des services sous une telle marque. Sont également punis des mêmes peines visées à l'alinéa 1 précédent : ceux qui sciemment livrent un produit ou fournissent un service autre que celui qui leur a été demandé sous une marque déposée ; ceux qui font usage d'une marque portant des indications propres à tromper l'acheteur sur la nature du produit ».

[1510] Article L. 713-4 du Code de la propriété intellectuelle français : « Le droit conféré par la marque ne permet pas à son titulaire d'interdire l'usage de celle-ci pour des produits qui ont été mis dans le commerce dans la Communauté économique européenne ou de l'Espace économique européen sous cette marque par le titulaire ou avec son consentement ».

marque sur le territoire nationale de l'Etat membre dans lequel le droit d'interdiction est exercé, sous la condition que ces produits n'aient subi aucun changement ». Deux conditions sont exigées à savoir, d'une part une première vente dans un Etat membre rendue licite soit du fait du titulaire soit suite à son accord, et d'autre part l'absence de modification des produits protégés par la marque.

La règle de l'épuisement ne sera pas applicable lorsque la première commercialisation est illicite, ou si le producteur argue d'un motif légitime tel que la modification du produit[1511]. La commercialisation est illicite lorsqu'elle est faite sans autorisation par une personne autre que le titulaire.

600. Avant janvier 2015, le non changement du produit marqué était compris dans le sens d'une absence de modification substantielle de la composition du produit pris en lui-même, sans considération de son conditionnement, des artifices et des mentions sur sa provenance d'origine. La modification supposait généralement à l'altération du produit protégé par la marque, et non le changement de son support. Elle ne concernait ni le conditionnement[1512], ni le suremballage[1513], et encore moins l'apposition d'étiquettes nouvelles. Mais depuis son arrêt du 22 janvier 2015, la CJUE a fait un revirement jurisprudentiel et réduit le champ de l'épuisement des droits au support initial. Elle décide que, « la règle de l'épuisement des droits ne s'applique pas dans une situation où une reproduction d'une œuvre protégée, après avoir été commercialisée dans l'Union avec le consentement du titulaire du droit d'auteur, a subi un remplacement de son support, tel que le transfert sur une toile de cette reproduction figurant à l'origine sur une affiche en papier, et est à nouveau mise sur le marché »[1514].

601. L'absence du changement du produit ne peut être violée par internet, qui n'est qu'un simple moyen technique de commercialisation, sauf bien sûr, pour les opérations complètement dématérialisées qui à l'origine étaient délivrées exclusivement sur des supports comme les *CD-Roms*. C'est le cas de la fourniture des antivirus en ligne par des tiers revendeurs qui peut constituer des actes de contrefaçon, dès lors que ces produits ont été commercialisés une première fois dans l'espace OAPI par le titulaire ou avec son consentement sur un support matériels bien identifié.

602. D'un autre côté, le fournisseur ne peut contester l'aptitude d'internet à constituer un marché. L'article 7 (4) de l'Annexe III de l'Accord révisé de

---

[1511] L'article 7 (4) de l'annexe III susvisé précise que lorsqu'ils sont introduits dans les circuits commerciaux, les produits marqués ne doivent avoir « subi aucun changement ».

[1512] La Commission européenne prévoit que les actes de reconditionnement ne peuvent altérer l'état originaire du produit, auquel cas les fabricants pourraient s'y opposer sous le contrôle des juges nationaux, Bruxelles, 30.12.2003, COM (2003) 839.

[1513] Sur l'exclusion du suremballage des plaquettes de médicaments glissées dans des boites plus grandes ou plus petites de la modification du produit marqué, CJCE Hoffmann Laroche/centrafarm, 23 mai 1978, Aff.102/77.

[1514] CJUE, 4ème ch., 22 janv. 2015, aff. C-419/13 Art et Allpostere International BV c/ Stichting Pictoright ; Ch. CARON, gare à une approche extensive de l'épuisement du droit, Com.comm.électr.Rev.mensuelle LexisNexis Jurisclasseur, n°3 mars 2015, p. 27.

Bangui est suffisamment clair lorsqu'il subordonne l'épuisement du droit sur la marque à une vente autorisé par le titulaire, ou à une vente menée par lui-même. Pour vendre, il faut nécessairement qu'une offre rencontre une demande. Ces deux éléments, qu'on retrouve sur internet, constituent les critères essentiels de la notion de marché. C'est ainsi que dans l'affaire *« Parfumsnet »*, un commerçant qui a mis en vente sur son site internet des produits d'un réseau de distribution sélective dont il ne faisait pas partie invoquait pour se défendre, qu'internet constitue en soi un marché pertinent dans lequel les produits sont substituables. Malheureusement, le Tribunal de commerce de Nanterre avait rejeté cet argument en considérant, « qu'internet étant, en fait, un simple moyen de communication, il ne saurait constituer en soi un marché pertinent »[1515]. Internet n'étant pas en soi un marché, alors toute commercialisation par ce canal ne correspondrait pas au sens de la vente prévue par l'article 7 de l'Accord, dont l'effet est d'épuiser le droit du titulaire sur la marque. Cela signifie que le titulaire pourrait prétendre au non épuisement de ses droits sur la marque. Cette argumentation ne semble pas tout à fait convaincante.

Internet constitue un marché qui emporte l'épuisement des droits sur la marque dès qu'il y a eu une première mise en circulation. La Cour d'appel de Paris a retenu dans une affaire que, « le marché de la vente en ligne est bien distinct de celui de la vente en boutique »[1516]. C'est bien à tort qu'on a souvent pensé que seule l'introduction physique de marchandises dans le territoire valait mise sur le marché[1517]. Par « mise sur le marché », on entend « commercialisation des produits, c'est-à-dire que le produit est offert au jeu de l'offre et de la demande »[1518]. La mise sur le marché n'a de sens que d'un point de vue économique et non physique. Il faut estimer que le produit est mis sur le marché dès qu'il est disponible à l'achat sur le site web. Internet constitue un marché, en ce qu'il est le lieu de rencontres des offres et des demandes d'une gamme très étendue de produits et de services[1519]. Le marché étant le lieu où se rencontrent acheteurs et vendeurs, le critère géographique du lieu s'est estompé avec le réseau électronique pour ne devenir qu'un simple moyen technique[1520]. Internet remplit de façon excellente les fonctions requises pour un marché, à la seule différence qu'il est un marché sans frontières physiques[1521]. Si ce réseau a eu pour vocation

---

[1515] Y. DIETRICH et A. MENAIS, Affaire Parfumsnet, ord. réf. Trib. Com. Nanterre 4 oct. 2000, Juriscom.net, < http://www.juriscom.net/pro/2/ce20010110.htm>.

[1516] CA Paris, 23 juin 2006, SA Fnac c/ SA Rueducommerce : Juris-Data n° 2006-310349 ; JCP E 2006, 2592 ; Rev. Lamy dr. immat. oct. 2006/20, n° 609, note B. TABAKA.

[1517] C. ROQUILLY, « Réseaux de distribution et commerce électronique : proposition d'analyse juridique », in Les premières journées internationales du droit du commerce électronique, op. cit., p. 257.

[1518] Ibid.

[1519] O. CACHARD, op. cit., p. 9, n°15.

[1520] P. le CANNU, « Les marchés financiers électroniques », in l'Internet et le droit, Droit français, européen et comparé de l'Internet, p. 394.

[1521] O. CACHARD, op. cit., n°14.

initiale de créer un espace d'échanges d'informations, dit « cyberespace », il est récemment devenu un objet et un outil marchand pouvant constituer un marché économique à part entière[1522]. Le bien rendu disponible à l'achat par affichage d'une annonce sur le site web constitue bien une mise du produit sur le marché.

603. Mais cette mise en disponibilité sur le marché d'internet ne suffit pas à elle seule, pour caractériser la première mise en circulation. L'article 7 de l'annexe III de l'Accord parle bien de « vente ». La mise sur le marché doit être impérativement suivie du consentement des parties. Nul besoin d'attendre que les biens parviennent à l'acheteur pour envisager que c'est la présence physique des biens dans le territoire de l'un des Etats membres qui détermine l'épuisement des droits. Le Code civil précise bien que la vente est parfaite dès que les parties s'accordent sur la chose et sur le prix.

Le tiers non agréé est donc autorisé de distribuer les produits de la marque, même si son action n'est pas justifiée par un agrément. Pour cela, il suffit que les produits aient été précédemment vendus sous la même marque par le fournisseur ou par toute autre personne autorisée, sur le territoire d'un Etat membre dans lequel le droit d'interdiction est exercé. Le droit sur la marque permet au titulaire de demeurer uniquement maître de la première mise en circulation, sans pouvoir par la suite s'opposer à la circulation des produits tant que ces derniers ne sont pas contrefaits. Un titulaire sénégalais qui met en vente ses produits protégés par une marque au Gabon, ne pourra plus en interdire la commercialisation par des tiers revendeurs, sous prétexte qu'ils ne sont pas agréés. Le pire pour le fournisseur titulaire de la marque est que l'épuisement des droits est étendu à l'espace CIMA tout entier. En effet, l'article 7 (1) de l'annexe III de l'Accord dispose que, « ...tout dépôt effectué auprès de l'Administration de l'un des Etats membres, conformément aux dispositions du présent Accord et ses annexes, ou auprès de l'Organisation, a la valeur d'un dépôt national dans chaque Etat membre ». L'Accord ayant créé un espace communautaire à l'intérieur duquel la protection de la marque est assurée, l'enregistrement même effectué auprès des autorités nationales d'un Etat membre produit les mêmes effets sur chaque Etat membre de l'OAPI. L'article 9 (2) de l'annexe III de l'Accord révisé de Bangui affirme dans ce sens que, « les marques enregistrées et publiées produisent leurs effets selon les dispositions du présent Accord et son annexe III dans chacun des Etats membres ».

604. En qualifiant internet de marché, l'étanchéité du réseau de distribution est affectée par l'érosion progressive de l'action en contrefaçon. Malgré quelques tentatives de la Cour de cassation française de s'accrocher à une conception subjective de l'épuisement du droit sur la marque[1523], la Cour

---

[1522] A. BENSOUSSAN, Internet : aspects juridiques, PA, 06 novembre 1996, n°134, p.12 ; http://www.lextenso.fr/weblextenso/article/print?id=PA199613405.

[1523] Notamment en affirmant que les circonstances dans lesquelles les produits importés par le distributeur exclusif METRO « ne caractérisaient pas le consentement du titulaire de la marque à une mise dans le commerce de ces produits dans l'Espace économique européen, ni

de Justice des Communautés européennes renforce cette position et soutient que, « lorsqu'un produit a été mis sur le marché par le titulaire d'un droit ou avec son consentement (un licencié, par exemple), le titulaire ne peut ensuite s'opposer à ce que ce produit circule librement dans l'Union européenne »[1524]. Le principe de l'épuisement des droits à la première mise en circulation est le critère de partage entre la protection des droits de propriété intellectuelle, qui confère un monopole géographique à son titulaire, et la libre circulation des produits chère au droit de la concurrence.

605. Sur internet également et sous réserve de contrefaçon, la première mise en circulation ou le consentement du titulaire ont pour effet d'autoriser un tiers à commercialiser le produit protégé par la marque. Le juge européen confirme sa position dans l'affaire *Peak Holding,* dans laquelle il réitère que le droit du titulaire sur la marque s'épuise par le consentement donné à son cocontractant[1525]. Cette limitation de l'action en contrefaçon s'étend au réseau de distribution sélective sans considération du canal utilisé pour la commercialisation de la marque.

606. Internet ne saurait limiter le droit du tiers de revendre les produits du fournisseur, lorsqu'une première mise en circulation a été consentie par ce dernier. Les membres du circuit sont économiquement exposés à une baisse de la rentabilité, par le fait qu'internet permet aux tiers non agréés de toucher instantanément d'innombrables clients situés à des points très reculés. La position des distributeurs agréés peut même être moins enviable que celle des tiers, qui ne sont pas tenus par des contraintes relatives à l'organisation des conditions de commercialisation des produits du circuit. C'est la raison pour laquelle, il convient d'interdire simplement la vente des produits du

---

ne traduisaient une renonciation, expresse ou même implicite, à son droit de s'opposer à cette importation » ; Arrêt du 21 octobre 2008 Levi Strauss/Auchan, Cour de cassation, civile, Chambre commerciale, 21 octobre 2008, 07-16.837, Inédit.

[1524] Dégagé de l'arrêt Centrafarm, le principe de l'épuisement des droits à la première mise en circulation est le « critère de partage » entre la protection des droits de propriété intellectuelle, qui confère un monopole géographique à son titulaire, et la libre circulation : lorsqu'un produit a été mis sur le marché par le titulaire d'un droit ou avec son consentement (un licencié, par exemple), le titulaire ne peut ensuite s'opposer à ce que ce produit circule librement dans l'Union européenne ; CJCE, 31 octobre 1974, C-15/74, Centrafarm BV et Adriaan de Peijper c./Sterling Drug Inc., Rec.CJCE, 1974, p.1147.

[1525] Dans cette affaire dans laquelle le distributeur, bien qu'interdit de vendre dans l'espace européen, avait transgressé ses obligations contractuelles en revendant à des tiers européens non agréés, le juge européen a décidé que, « la stipulation, dans un contrat de vente portant sur des produits revêtus d'une marque conclu entre le titulaire de la marque et un opérateur établi dans l'Espace économique européen (EEE), d'une interdiction de revente dans celui-ci concerne les seuls rapports des parties à cet acte. Elle n'exclut pas qu'il y ait mise dans le commerce dans l'EEE au sens de l'article 7, paragraphe 1, de la première directive 89/104 sur les marques, telle que modifiée par l'accord sur l'EEE, et ne fait donc pas obstacle à l'épuisement du droit exclusif du titulaire en cas de revente dans l'EEE en violation de l'interdiction », CJCE, 30 novembre 2004, Affaire C-16/03 Peak Holding AB c/Axolin-Elinor AB, anciennement andelskompaniet Factory, http://www.lexisnexis.fr/droit-document/article/europe/01-2005/025_PS_EUR_EUR0105CM025.htm. .

réseau sélectif par les tiers non agréés. On pourrait dans une moindre mesure, limiter cette interdiction aux tiers qui commercialisent les produits uniquement sur internet, de sorte que soient uniquement tolérés ceux qui disposent à la fois d'une localisation physique et d'un accès sur le web. Cette paralysie s'étend aux difficultés de déterminer les faits générateurs de la responsabilité extracontractuelle.

b. Les difficultés de détermination des faits générateurs de la responsabilité délictuelle du tiers

607. La tâche la plus complexe dans la responsabilité délictuelle est de déterminer le fait générateur de la responsabilité. Cette complexité se répercute sur la détermination de la faute à partir de laquelle, le fédérateur peut se fonder pour protéger son réseau de distribution. L'Avocat général RAYNAUD rappelle que, « ...Par sa nature, le réseau interdit à ses membres de vendre à un distributeur qui n'y appartient pas...Les fabricants ont en effet dû faire reconnaître la licéité de leur réseau, comme un propriétaire doit pouvoir prouver sa propriété...à partir de là, l'un et l'autre ont le droit de se faire protéger contre qui portent atteinte à leurs droits...Ce qui compte, c'est la preuve de la commercialisation du produit protégé par le distributeur agréé, preuve qui suffit à établir la concurrence déloyale...Le bon sens et l'équité commandent de dire que le distributeur non agréé commet une faute par le simple fait de la commercialisation »[1526]. Deux faits générateurs fonderaient la sanction du tiers non agrée : l'atteinte au droit de propriété sur les produits commercialisés et la concurrence déloyale.

608. Cependant, le droit de propriété ne peut être atteint par une revente à un tiers, puisque ce dernier a certainement ou s'est engagé à payer le prix en contrepartie de la livraison de la marchandise. Ce qui est menacé, c'est la technique et toutes les dispositions commerciales conçues, élaborées, mises en œuvre et transmises aux distributeurs agréés.

609. Le même sort est réservé à l'action en concurrence déloyale. Le fait que le tiers vise la même clientèle que le fournisseur ne peut militer en faveur de la concurrence déloyale. Les comportements qui caractérisent la faute de la concurrence déloyale peuvent varier, selon qu'il s'agit d'actes de dénigrement, d'imitation des signes d'une entreprise concurrente, de désorganisation d'une entreprise ou tout simplement d'une faute d'imprudence ou de négligence. Sauf agissement malveillant de sa part, l'intention du tiers non agréé n'est ni de désorganiser le réseau, ni de dénigrer et encore moins d'imiter les produits du fournisseur. Son objectif premier est d'accroître sa rentabilité en commercialisant les produits du réseau. S'il le fait aux coûts et dans les mêmes conditions que les membres du réseau, alors plusieurs faits générateurs de la concurrence déloyale ne

[1526] Cass. Com. 27 oct. 1992, RJDA, 1993/1 ; En ce sens, L. AMIEL-COSME, op. cit., p. 324, note de page 47.

pourront pas lui être reprochés. Internet n'a effectivement aucune influence sur l'orientation déloyale des comportements du fautif.

610. En revanche, si c'est la simple commercialisation qui justifie la sanction, alors il revient aux membres du réseau de distribution en ligne d'informer les internautes et les cybercommerçants de la réservation des produits. La déclaration de l'existence du réseau, ainsi que l'identification certaine et non équivoque des produits permettent d'informer les internautes et les tiers. A défaut il sera difficile d'établir l'intention du fautif, à moins qu'une complicité soit établie entre le tiers et un distributeur. La Cour de cassation française soutient que celui qui en connaissance de cause, « aide autrui à enfreindre les obligations contractuelles dont il est tenu commet une faute à l'égard de la victime »[1527]. Si la faute du tiers ne peut être constituée qu'en connaissance de cause, alors cette faute existe uniquement lorsqu'une complicité est établie entre le tiers non agréé et le distributeur[1528]. C'est là le nœud du problème. Car la complicité n'a pas pour conséquence d'établir l'existence de la faute du tiers, mais seulement de dénoncer le membre du réseau qui aurait violé ses obligations contractuelles. En soumettant l'action en concurrence déloyale à la complicité du distributeur, on aboutirait à la responsabilité contractuelle du membre et non à celle du tiers.

Le tableau est décrit ainsi : l'action en concurrence déloyale engageant la responsabilité délictuelle d'un tiers est conditionnée par l'établissement d'une responsabilité contractuelle du revendeur agréé qui viole ses obligations. En l'absence de cette responsabilité contractuelle, le réseau de distribution sélective est fragilisé. La prospérité de ce moyen de protection est hypothétique, en raison du fait que le distributeur en ligne peut être victime des ruses et des tromperies lui faisant croire que, le tiers non agréé est un membre du réseau. Internet accroît les possibilités de dol. Le tiers peut également se défendre en soulevant l'absence d'information sur la réservation des produits du circuit de distribution. La jurisprudence est partagée sur ce point. En 2008, la Cour d'appel de Paris mettait en avant la négligence du membre agréé qui aurait dû vérifier l'agrément du tiers[1529]. Quelques années plutôt elle se fondait sur l'absence d'agrément pour sanctionner la personne non agréée[1530].

[1527] Cass. Com. 15 octobre 1974, Bull. civ. IV, 201, n°247 ; Cass. Civ. 1ère, 16 juillet 1970, Bull. civ.I, 196, n°241.

[1528] L. AMIEL-COSME, op. cit., p. 321, n°331.

[1529] La Cour d'appel de Paris a jugé qu'il incombait à un distributeur de procéder aux vérifications nécessaires auprès de son fournisseur, pour s'assurer que ce dernier était un distributeur agréé autorisé auprès duquel il pouvait s'approvisionner concernant les produits en cause ; Paris, 4ème ch. B, 18 avril 2008, PMC distribution c/ Pacific Création, n° 07/04360 Concurrences, n° 3-2008, n°20153, p. 139.

[1530] La Cour d'appel de Paris a condamné un tiers non agréé pour avoir revendu « au public, sans en être du réseau, les produits ainsi acquis… » ; CA Paris, 5 septembre 2003, SA Rue du Commerce c/ SARL Jamo France et SARL Wysios, http://juriscom.net/2003/09/resume-ca-paris-5-septembre-2003-sa-rue-du-commerce-c-sarl-jamo-france-et-sarl-wysios/.

C'est la raison pour laquelle il paraît opportun de fonder l'interdiction du tiers de revendre sur l'information. Pour être protégés, les fournisseurs doivent nécessairement clairement afficher sur leur site, une mention limitant la commercialisation de leurs produits, de telle manière que ce soit l'usurpation de cette mention qui constitue la faute extracontractuelle du tiers non agréé.

2. Le fondement de l'interdiction : l'affichage de la mention « ne peut être vendu que par un distributeur agréé »

611. Un tiers peut vendre des produits sans savoir qu'ils sont réservés aux membres d'un réseau de distribution en ligne. De même, un membre peut vendre à un tiers sans savoir que ce dernier n'est pas agréé. Sans information, on ne peut démontrer ni la mauvaise foi, ni la faute intentionnelle de l'auteur du préjudice. C'est la raison pour laquelle, il convient de donner au juge les moyens permettant d'établir que les acteurs ont bel et bien connaissance de la réservation exclusive des produits aux personnes intégrées dans un circuit de distribution. Il arrive souvent qu'un tiers non agréé vende un produit affichant la mention « ne peut être vendu que par distributeur agréé », de sorte qu'il sème la confusion dans l'esprit des consommateurs.

612. La simple présence de cette mention sur les pages internet présentant les produits qu'il aura vendus suffit à engager sa responsabilité, sur le fondement du parasitisme. L'intention malicieuse du tiers consistera à vouloir profiter des efforts des membres du réseau. En utilisant une telle mention, le parasite fait d'énormes économies sur les investissements nécessaires à la constitution d'une clientèle, et profite illicitement des efforts de conquête et de fidélisation de la clientèle par les membres du réseau. Sur internet, de telles pratiques sont très rentables à cause de la mondialisation du réseau accessible partout et par tous. Si ces ventes sont précédées de communications commerciales, on peut établir les fautes relatives à la publicité mensongère, puisqu'en réalité, le tiers altère la vérité en faisant croire aux consommateurs qu'il dispose d'un agrément lui permettant d'assurer la commercialisation de tels produits. Il importe donc pour les législateurs africains, communautaires et nationaux, de penser l'intégration d'internet dans la distribution sélective et exclusive.

§2. La sauvegarde de l'exclusivité territoriale dans la concession en ligne

613. La description de l'architecture de la distribution exclusive démontre que les concessionnaires ne sont liés contractuellement qu'à l'égard de l'initiateur du réseau. Entre eux, ils ne sont que des tiers non tenus par des obligations contractuelles. Le nœud de la distribution exclusive tient au respect des espaces territoriaux accordés à chaque concessionnaire.

Cependant internet ne s'accommode ni des frontières, ni du cloisonnement de l'activité sur un espace territorial. Le recensement des types d'atteintes (A) développées contre le respect de l'exclusivité territoriale permet d'envisager les sanctions adaptées à la distribution exclusive en ligne (B).

A. Les types d'atteintes développés sur internet

Le concessionnaire peut transgresser les frontières du territoire qui lui est contractuellement attribué par le concédant. Il peut être tenté d'effectuer des ventes directes aux internautes situés dans ces zones (1). Mais une pratique plus rusée consiste à susciter la curiosité du consommateur, en lui faisant parvenir des communications promotionnelles ou en rendant son site internet accessible à toute requête au moyen des moteurs de recherche (2).

1. La vente à des clients situés hors du territoire concédé

614. Le concessionnaire doit respecter sa zone de vente et s'abstenir en principe de vendre sur des secteurs dont il n'a pas l'exclusivité[1531]. Il ne peut sortir de la zone qui lui a été concédée pour commercialiser ses produits dans le territoire concédé à un autre. Il engagerait sa responsabilité contractuelle à l'égard du concédant[1532] et sa responsabilité pour concurrence déloyale à l'égard du concessionnaire victime de son intrusion. Mais peut-il le faire vers un territoire qui n'a pas encore été conquis par le concédant ?

Chaque concessionnaire dispose d'un territoire géographiquement limité à l'échelle locale, étatique ou régionale. Avec la dimension mondiale d'internet, peut-on tolérer qu'un concessionnaire puisse vendre à une clientèle située dans un territoire étranger au réseau ? Dans le silence du contrat sur le cas des zones non conquises par le concédant et non concédés aux distributeurs, le concessionnaire peut rétorquer que la vente à destination desdits espaces ne constitue ni une transgression des clauses contractuelles, qui lui interdisent simplement de franchir les zones concédées, ni une violation de l'article 1382 du Code civil. Toutefois, si les clauses limitent ses ventes au territoire qui lui a été concédé, alors le concessionnaire verra néanmoins sa responsabilité être engagée pour violation des stipulations contractuelles sur la base de l'article 1134 du Code civil[1533]. L'explication tient simplement de ce que le contrat de concession reconnaît au concédant l'exclusivité de la politique commerciale du réseau, et la mise en œuvre de méthodes parallèles de vente. Pour éviter d'éventuelles sanctions, le concessionnaire en ligne a entrepris désormais de ne plus vendre de sa

---

[1531] F. COLLART DUTILLEUL et Ph. DELEBECQUE, op cit, 5ème éd. 2001, p. 853, n°943.

[1532] Cass. Com.7 juill. 1980, JCP, 1980, éd. C. I. 9287 ; CA Paris, 174 janv. 1989, D. 1990, som. 368, obs. D.FERRIER.

[1533] Article 1134 du Code civil : « Les conventions légalement formées tiennent lieu de loi à ceux qui les ont faites. Elles ne peuvent être révoquées que de leur consentement mutuel, ou pour les causes que la loi autorise. Elles doivent être exécutées de bonne foi ».

propre initiative, mais plutôt d'attirer et de susciter la curiosité de l'internaute.

2. L'attraction des clients situés hors de la zone exclusive

615. La prospection en ligne, par polluriel, par référencement ou par les liens hypertextes, permet au concessionnaire en ligne d'attirer la clientèle sur les produits proposés sur le site du concessionnaire déloyal. Le polluriel est un message sous forme de courrier électronique essentiellement constitué de publicité. Un message publicitaire adressé à la boîte mail d'un internaute constituera certainement un acte de concurrence déloyal, lorsque le destinataire sera situé en dehors de la sphère géographique commerciale du commerçant. Cependant, le problème est que les boîtes mail ne reflètent pas le lieu du domicile de leurs titulaires. Les adresses électroniques de courrier ne sont pas nécessairement classifiées par territoire. Cette lacune pourrait être profitable aux cyberconcessionnaires, si les lois sur le commerce électronique n'avaient pas interdit les messages publicitaires sous réserve du consentement des destinataires. En effet, La loi-type de 1996 subordonne les courriers électroniques publicitaires à l'acceptation de son destinataire. Elle est suivie dans ce sens par l'article 49[1534] et l'article 16[1535] des lois sur les transactions électroniques du Burkina Faso et du Sénégal.

616. Les liens hypertextes sont des procédés sur internet qui favorisent la mobilité et le déplacement d'un site vers un autre par un simple clic. Par cette pratique, l'internaute peut être propulsé sur la page d'accueil ou sur une page bien précise du site sollicité, sans passer par la page d'accueil. Le danger du lien hypertexte, qui évite la page d'accueil, est que l'obligation d'information et les conditions générales ne seront pas respectées, puisque c'est généralement sur la page d'accueil que sont fournies toutes les informations, tous les liens sur l'activité du site et les conditions d'y opérer des transactions. Ainsi un distributeur aux prix favorables, répertorié sur un site de comparaison de prix, se verra submergé de commandes extérieures à sa zone d'exclusivité. De la sorte, les cyberconcessionnaires peuvent par la ruse faire afficher des liens hypertextes profonds dans le but de déterminer la volonté du consommateur, en donnant directement accès à l'offre sans faire afficher la page d'accueil qui peut révéler sa zone de compétence géographique. Le référencement consiste à enregistrer un site internet dans les moteurs et répertoires de recherche, afin de le faire connaître aux internautes, d'en accroître la visibilité et d'en augmenter le nombre de

[1534] Est interdite toute publicité envoyée au moyen d'un courrier électronique, d'un automate d'appel ou d'un télécopieur, sans le consentement préalable, libre, spécifique et informé du destinataire des messages.

[1535] Est interdite la prospection directe par envoi de message au moyen d'un automate d'appel, d'un télécopieur ou d'un courrier électronique utilisant, sous quelque forme que ce soit, les coordonnées d'une personne physique qui n'a pas exprimé son consentement préalable à recevoir des prospections directes par ce moyen.

visiteurs. Par cette technique, le site du distributeur sera proposé aux internautes en dépit de la délimitation géographique qui lui est contractuellement imposée. Qu'il ait ou non souhaité être référencé, ses offres franchiront les limites territoriales auxquelles il est astreint pour atteindre des clientèles situées dans les territoires concédés aux autres distributeurs.

B. La sanction de la violation en ligne de l'exclusivité territoriale

617. La responsabilité contractuelle du concessionnaire en ligne peut être engagée du moment où il viole les clauses qui le confinent expressément à un territoire. Lorsqu'il prend l'initiative de la transaction par un comportement actif qui le met en contact avec les consommateurs situés en dehors de sa zone d'exclusivité (1). Sur le plan délictuel, cette situation l'expose à une action en concurrence déloyale, notamment à l'égard des autres concessionnaires. Lorsqu'il s'en prend au droit privatif conféré par la marque de son concédant, l'action en contrefaçon peut être mise en œuvre contre le cyberconcessionnaire (2).

1. La sanction du comportement actif du cyberconcessionnaire par la concurrence déloyale

618. Au sens du point 51 des Lignes directrices du règlement européen du 19 mai 2010 sur les restrictions verticales, le comportement actif constitue une faute lorsque le cyberconcessionnaire a pris l'initiative de la transaction ou de la prise de contact, avec pour intention de susciter de l'intérêt pour ses produits et services[1536]. Lorsqu'il agit ainsi, le cyberconcessionnaire peut voir sa responsabilité être engagée pour concurrence déloyale envers les autres membres, de même qu'il peut voir son contrat être résilié par le fournisseur.

619. Le comportement actif dont il est question désigne tout acte accompli dans le but d'entrer en contact avec une clientèle autre que celle de située dans son territoire. Le caractère actif découlerait simplement de la prise d'initiative et non de la réalisation effective de la vente[1537]. Le

---

[1536] Point 51 des Lignes directrices de 2010 sur les restrictions verticales : « Par ventes actives, on entend le fait de prospecter des clients individuels, par exemple par publipostage, y compris l'envoi de courriels non sollicités, ou au moyen de visites, le fait de prospecter une clientèle déterminée ou des clients à l'intérieur d'un territoire donné par le biais d'annonces publicitaires dans les médias, sur internet ou d'autres actions de promotion ciblées sur cette clientèle ou sur les clients situés dans ce territoire. La publicité ou les actions de promotion qui ne sont attractives pour l'acheteur que si elles atteignent (aussi) une clientèle déterminée ou des clients à l'intérieur d'un territoire donné sont considérées comme une vente active à cette clientèle ou aux clients à l'intérieur de ce territoire ».

[1537] Le point 51 des Lignes directrices sur les restrictions verticales n°2010/C 130/01 dispose que « Toute publicité ou action de promotion générale qui atteint des clients établis sur les territoires (exclusifs) d'autres distributeurs, ou faisant partie d'une clientèle allouée à d'autres distributeurs, mais qui est un moyen raisonnable d'atteindre des clients situés en dehors de ces

confinement et le strict respect des clauses d'exclusivité qui circonscrivent l'espace commercial ne seraient plus pertinents. Seule doit être considérée, l'initiative de celui qui a souhaité contracter.

620. Selon le point 51 des Lignes directrices du règlement européen susvisé, la vente passive est « le fait de satisfaire à des demandes non sollicitées, émanant de clients individuels, en assurant la livraison des biens ou la prestation des services demandés par les clients »[1538]. Ainsi, on ne devrait pas reprocher aux distributeurs de satisfaire des commandes spontanées, émanant des internautes établis sur des territoires exclusifs d'autres distributeurs. La Commission européenne a retenu dans le point 52 des Lignes directrices de 2010[1539] que, les ventes sur le réseau internet sont en principe des ventes passives. On suppose que si le distributeur touche, par le canal électronique, une clientèle réservée à un autre distributeur, ce n'est pas volontaire, mais inhérent à cette technique de commercialisation qui permet l'accès à toute boutique virtuelle depuis n'importe quel lieu[1540]. Selon ces dispositions, le fait qu'il puisse avoir des effets en dehors du territoire ou de la clientèle affectée à un distributeur est le résultat de la technologie d'internet, à savoir un accès facile à partir de n'importe quel lieu.

A titre d'illustration, si un client nigérien visite le site d'un distributeur congolais et conclut une vente avec ce dernier, il s'agira d'une vente passive. La Cour de cassation française a décidé que, « la création d'un site internet

territoires ou d'une telle clientèle, par exemple pour accéder à des clients situés sur son propre territoire, est considérée comme une vente passive ».

1538 « Par ventes passives, on entend le fait de satisfaire à des demandes non sollicitées, émanant de clients individuels, y compris la livraison de biens ou la prestation de services demandés par ces clients. Toute publicité ou action de promotion générale qui atteint des clients établis sur les territoires (exclusifs) d'autres distributeurs, ou faisant partie d'une clientèle allouée à d'autres distributeurs, mais qui est un moyen raisonnable d'atteindre des clients situés en dehors de ces territoires ou d'une telle clientèle, par exemple pour accéder à des clients situés sur son propre territoire, est considérée comme une vente passive. La publicité ou les actions de promotion générale sont considérées comme un moyen raisonnable d'atteindre ces clients s'il serait intéressant pour l'acheteur de réaliser ces investissements même s'ils n'atteignaient pas des clients établis sur les territoires (exclusifs) d'autres distributeurs ou faisant partie d'une clientèle allouée à d'autres distributeurs ».

1539 Point 52 des Lignes directrices de 2010 sur les restrictions verticales : « En règle générale, l'utilisation par un distributeur d'un site internet pour vendre des produits est considérée comme une forme de vente passive, car c'est un moyen raisonnable de permettre aux consommateurs d'atteindre le distributeur. L'utilisation d'un site internet peut avoir des effets au-delà du territoire et de la clientèle affectés au distributeur; toutefois, ces effets sont le résultat de la technologie qui permet un accès facile à partir de n'importe quel lieu. Si un client visite le site internet d'un distributeur et prend contact avec ce dernier et si ce contact débouche sur une vente, y compris une livraison, il s'agit là d'une vente passive. Il en va de même lorsqu'un client choisit d'être (automatiquement) informé par le distributeur et que cela conduit à une vente ».

1540 S. ALMA-DELETTRE, op. cit., n° 14 à 22.

n'est pas assimilable à l'implantation d'un point de vente dans le secteur protégé »[1541].

621. ALMA-DELETTRE soutient que réaliserait des ventes actives illicites, le distributeur qui « utiliserait des bandeaux publicitaires dans les pages de fournisseurs d'accès visant spécifiquement la clientèle concédée à un autre ; ferait référencer son site dans des moteurs de recherche spécialisés dans l'indexation de sites locaux du territoire d'un autre distributeur exclusif ; ferait la publicité de son site dans la presse locale d'un autre territoire que le sien ; adresserait des messages électroniques non sollicités à des clients individuels domiciliés dans une zone réservée à un autre distributeur »[1542]. Nul besoin que ces actes aboutissent à la réalisation d'une transaction. Leur appréciation doit remonter aux faits préparatoires de la vente et non au moment de l'effectivité de la vente.

D'autres critères comme la langue, la monnaie, les drapeaux des Etats, ne contribueraient-ils pas également à révéler l'ambition du cyberconcessionnaire de contracter au-delà de sa zone de compétence ?

622. La langue du site paraît très insuffisante à cause d'abord de l'existence du site en plusieurs versions. La colonisation et l'expansion de la religion musulmane ont rendu les pays africains polyglottes à un tel point qu'un distributeur malien, qui a conçu son site en arabe, ne pourra se voir reprocher de traquer la clientèle maghrébine concédée à un autre membre. Il en est de même de la terminaison des noms de domaines nationaux qui ne traduisent pas le rattachement à un espace géographique concédé. Tout simplement parce que le territoire concédé peut être local, national ou régional d'une part, et que d'autre part, le droit au nom de domaine géographique n'est pas conditionné par l'établissement effectif dans le pays où l'enregistrement est sollicité.

623. Paraissent plus pertinents en revanche : la monnaie affichée sur le site, le numéro gratuit d'assistance, l'affichage des drapeaux des pays intégrés dans la zone d'exclusivité, la mention « ne peuvent être livrés que les clients situés dans les zones suivantes… ». La monnaie dans laquelle les prix sont affichés peut constituer un critère plus solide. Les obligations qui se traduisent par le paiement d'une somme d'argent exigent que le paiement soit effectué en monnaie ayant cours légal. Ainsi, l'affichage d'un prix en euros amène à penser que le cyberconcessionnaire situé en Mauritanie vise la clientèle européenne. Ce critère s'avère perspicace en ce que, malgré le regroupement autour d'unions économiques et monétaires, notamment

---

[1541] Cass. com., 14 mars 2006, 3 arrêts : Juris-Data n° 2006-032686 ; JCP E 2006, 1902, note P.-M. REVERDY ; D. 2006, p. 1901, note H. KENFACK ; Comm. com. électr. 2006, comm. 98, note C. CHABERT et comm. 99, note H. LÉCUYER ; Rev. Lamy dr. immat. juin 2006, n° 500, note J. et B. JACOB.

[1542] S. ALMA-DELETTRE, op cit, n° 14 à 22 ; Voir aussi F. VANHAELEN et T. VERBIEST, Internet, concurrence et distribution sélective, une coexistence parfois difficile : JTDE 2000, p. 166 ; L. MARINO, La bonne conduite sur Internet : ne pas spammer, note ss TGI Paris, ord. réf., 15 janv. 2002 : Juris-Data n° 2002-173681 ; D. 2002, p. 1544.

l'UEMOA et l'UMAC, les pays francophones d'Afrique subsaharienne expriment leur valeur monétaire en francs CFA[1543]. Le numéro d'assistance gratuit affiché sur le site et accessible uniquement par les clients situés dans le territoire exclusifs est également intéressant. Ce numéro cesse d'être pertinent lorsque sa gratuité est accordée même à ceux des clients situés dans d'autres zones d'exclusivité.

624. L'intention de nuire aux titulaires de zones d'exclusivité est appréciée *in concreto* par le juge qui doit scruter la conscience du concessionnaire en faute[1544]. Les lignes directrices du Règlement de la Commission européenne de 2790/1999 ont qualifié le référencement de démarches actives. Mais c'est à la seule condition que le distributeur ait pris lui-même l'initiative de demander un référencement dans un site ou dans un moteur de recherche. Autrement, le référencement par un tiers comme le propriétaire du site de référencement ne peut être qualifié de comportement actif[1545]. Concernant les liens hypertextes, il est admis que le lien profond constitue un indice pertinent pour qualifier un acte de promotion en comportement actif, puisque le concessionnaire peut téléporter la clientèle extérieure directement sur la page de l'offre sollicitée en omettant d'afficher en premier la page d'accueil sur laquelle figurent les clauses d'exclusivité[1546].

2. La sanction judiciaire de l'usage de la marque du concédant

625. Dans les réseaux électroniques, la tentation est grande pour le distributeur, d'utiliser la marque du fournisseur pour attirer le maximum de clients. Cette marque peut être un produit sous forme de marchandise, un service, ou un nom de domaine. L'abolition des frontières sur internet érige-t-elle l'usage de la marque du fournisseur en contrefaçon ? Le site internet étant accessible en tout lieu, les internautes risquent de converger uniquement vers lui, sans comprendre que le distributeur qui affiche la marque du fournisseur n'est qu'un membre du réseau parmi d'autres.

626. Pour la jurisprudence américaine, un tel comportement justifie que le fournisseur mette fin au contrat le liant à son distributeur[1547]. Cette décision est contraire à la position initiale de la jurisprudence française, qui

---

[1543] Franc des Communautés Financières d'Afrique.

[1544] A. WEIL, op cit, 637, n°624 ; L. BOYER et H. ROLAND, Boris STARCK, op cit, p. 159, n°281.

[1545] Lignes directrices du Règlement de la Commission européenne de 2790/1999, paragraphe 51.

[1546] Il en est ainsi du site www.rueducommerce.fr dont la première page propose d'avoir accès à la page d'accueil ou d'accéder directement aux offres.

[1547] Currents Publishing Corp. c/ Jaye Communications Inc. 968 F. Supp. 684, N. D. Ga. 1997 : il s'agissait d'un éditeur à qui la rupture du contrat a été accordée au motif que la publication par le licencié sur le site internet de ce dernier, constituait une exploitation de la marque de commerce de l'éditeur, nuisible aux autres licenciés qui ne publiaient que des versions locales du magazine.

affirmait il y a quelques décennies que, « le distributeur bénéficie de l'autorisation implicite d'utiliser la marque du fabricant »[1548]. Cependant la Cour d'appel de Paris a jugé qu'un distributeur ne peut, sans l'accord du fournisseur, utiliser la marque concédée pour réserver un domaine, sans être coupable de parasitisme ou de concurrence déloyale[1549]. La Cour rejoignait dans ce sens le premier juge qui avait décidé plutôt que, « le droit d'usage d'une marque n'est pas une licence d'exploitation, il ne permet au distributeur que la seule utilisation de la marque à titre d'enseigne, documents commerciaux, publicité, et ne justifie pas l'appropriation d'un nom de domaine reprenant les marques dont le fournisseur est titulaire ; en accaparant l'usage à titre de nom de domaine d'un signe distinctif appartenant à une société, le distributeur se réserve l'exclusivité de la marque *Espace Sony* sur le réseau de l'internet et prive le titulaire de la marque de la possibilité de constituer un site internet sous la dénomination « *espace-sony.com* » où il regrouperait sous une charte commune, l'ensemble de ses revendeurs, outrepassant le droit d'usage qui lui a été concédé et se rendant ainsi responsable d'actes de contrefaçon »[1550].

627. Cette rigidité de la procédure judiciaire contraste avec la tolérance de la procédure extrajudiciaire des noms de domaine. Dans la procédure UDRP *(Uniform Dispute Resolution Policy)*, on a enregistré des cas dans lesquels l'action en contrefaçon intentée contre le cyberconcessionnaire n'a pas prospéré, alors qu'il avait utilisé sans accord préalable la marque du fournisseur comme nom de domaine. Cette tolérance est suffisamment démontrée dans l'affaire *Chantelle*, qui met en exergue la flexibilité de la procédure extrajudiciaire UDRP. En l'espèce, la société de lingerie féminine *Chantelle* a assigné devant le centre d'arbitrage et médiation de l'OMPI, son distributeur qui a fait enregistrer les noms de domaine « *chantellebras.com* » et « *chantelle-bra.com* ». Il a été décidé que, « le vice-président d'une société habilitée à revendre au détail les produits du demandeur – qui n'est par ailleurs que grossiste a le droit d'enregistrer et utiliser un nom de domaine incorporant la marque de ce demandeur dès lors que le site *web* utilisant ce nom promeut et vend des produits revêtus de cette marque et que ce site n'est pas source de confusion »[1551]. Sur le fondement de la bonne foi du vendeur agréé, les arbitres ont pris en compte l'histoire contractuelle

---

[1548] Com. 1er mars 1994, D. 1995, 211.

[1549] CA Versailles 12ème chambre, section 1 Arrêt du 14 septembre 2000, Sarl Alifax / Sony Corporation et SA Sony France, http://www.legalis.net/spip.php?page=jurisprudence-decision&id_article=380.

[1550] Versailles 12ème chambre, section 1 Arrêt du 14 septembre 2000, Sarl Alifax / Sony Corporation et SA Sony France, http://www.legalis.net/spip.php?page=jurisprudence-decision&id_article=380.

[1551] C. MANARA, « Licéité de l'utilisation de la marque d'un fournisseur dans le nom de *site* web d'un distributeur », D. avril 2002, *n°* 15, p. 1275 ; Centre d'arbitrage et médiation de l'OMPI, Chantelle (Sté) c/ Marvin Anhalt, 20 décembre 2001, WIPO case D2001-1181 ; http://www.nom-domaine-magazine.fr/reseaux-distribution-selective-liceite-utilisation-f408.html.

entre les parties, en considérant que la défenderesse avait tout l'intérêt légitime d'utiliser les noms litigieux qui ont été exploités sans créer un risque de confusion. On aboutit à une sanction à double vitesse, selon que le juge saisi est un arbitre ou juge étatique. Ce désaccord entre justice étatique et justice privée interroge sur le règlement des litiges de commerce électronique.

628. Conclusion- L'exécution des obligations souscrites en ligne exige un accroissement des garanties. L'intérêt de cette démarche est d'assurer le respect des obligations et d'éliminer la réticence que la dématérialisation et l'anonymat pourraient susciter auprès des acteurs. Dans la relation impliquant le consommateur, le professionnel peut subordonner la formation du contrat au paiement anticipé en ligne. Les moyens utilisés pour le paiement en ligne n'emportent pas tous l'effet libératoire du débiteur. Les instruments constituant les ordres de payer exigent un délai d'attente et peuvent être révoqués. En revanche, la monnaie électronique institutionnelle ou privée libère le débiteur. Pour garantir la bonne exécution du professionnel rendue incertaine par l'éloignement des parties et l'intrusion des intermédiaires sollicités par le cybercommerçant, le cyberconsommateur peut bénéficier de l'exercice d'une action contractuelle en responsabilité du fait d'autrui, sous réserve de ce que les prestations litigieuses ne portent pas sur des obligations de moyens. La règle *« res perit domino »* et l'adage « le général ne déroge pas au spécial » qui traduit autrement la maxime « le spécial déroge au général » constituent aussi des limites à l'efficacité de ce moyen accordé au consommateur en ligne. Des garanties sont également nécessaires dans les relations entre les professionnels intégrés dans un réseau de distribution. Le critère de la qualité est assuré dans la distribution sélective par la recherche d'un équilibre entre l'intégrateur et le distributeur. La considération de l'intérêt du réseau apparaît comme un critère pertinent dans la résolution du conflit entre la libre concurrence réclamée par les distributeurs et la loi d'autonomie par laquelle le fournisseur peut restreindre les ventes sur internet ou interdire les approvisionnements parallèles.

De manière pragmatique l'interdiction faite au tiers non agrée de commercialiser les produits du réseau doit être admise, à la seule condition que la volonté de prohibition soit matérialisée par voie d'affichage sur le site ou sur les produits, grâce à la mention « ne peut être commercialisé que par les personnes agréées ». Enfin, l'exclusivité territoriale doit être préservée contre les ventes et la simple attraction des clients situés en dehors du territoire concédé. En plus de la violation des clauses d'exclusivité qui peuvent engager la responsabilité du distributeur à l'égard du fournisseur, il convient de construire le fait générateur du fautif autour du comportement actif, dont l'accomplissement engage sa responsabilité civile délictuelle sur le fondement de la concurrence déloyale.

CHAPITRE 2

La révision des modes de règlement des litiges de commerce électronique

629. Le litige de commerce électronique désigne tout différent né soit uniquement d'une commande, soit d'un fait commis en ligne. Le litige est de nature délictuelle, soit lorsque le fait générateur est accompli sur les réseaux par un tiers non contractant, soit lorsque le dommage qui s'ensuit y est perçu. En matière contractuelle, le litige sera international soit en raison d'éléments juridiques[1552], soit en raison d'éléments économiques[1553]. Les transactions nées dans le monde physique et exécutées en ligne ne doivent pas donner lieu à des litiges dits de commerce électronique. Les transactions en ligne ne comportent pas une essence internationale intrinsèque[1554].

[1552] Le critère juridique de l'internationalité d'un contrat dépend des éléments dits juridiques tels que les nationalités différentes des parties, les lieux de la conclusion et de l'exécution du contrat, les domiciles différents des parties ou la loi applicable au contrat. Cass. civ. 1re, 7 oct. 1980, TARDIEU, *JCP G*, 1980.II.19480, note GULPHE ; Rev. crit. DIP 1981.313, note MESTRE (J.) ; Rev. arb.1982.36, note Level (P.) ; Bull. civ. I, n°242.195 ; V. aussi Cass. Civ. 1re, 4 juil. 1972, Hecht, *JDI* 1972.843, note B. OPPETIT.

[1553] Le critère économique quant à lui reconnaît une nature internationale au contrat, dès lors qu'il implique un mouvement des biens, des services, des capitaux à travers des frontières. L'avocat général P. MATTER a retenu que « le contrat doit produire comme un mouvement de flux et de reflux au-dessus des frontières, des conséquences réciproques dans un pays et dans un autre. Est, par exemple, l'objet d'un règlement international, le contrat de vente commerciale qui fait passer des marchandises d'un pays dans un autre et ensuite le montant du prix du second dans le premier ». L'accent met donc sur « des mouvements de flux et de reflux de valeurs, de services, ou de biens au-dessus des frontières ». Cass. civ. 7 mai 1927, *DP*. 128, 1, 25 concl. MATTER, note CAPITANT.

[1554] Contra, M. VIVANT, Lamy droit de l'informatique et des réseaux : informatique, multimédia, réseaux, internet, Paris, Lamy, 1450 ; « …Le propre du réseau Internet est d'être international. Le problème de la loi applicable se posera donc dans la plupart des contrats conclus par le biais du Web. L'entreprise qui offre sur son site Web des produits ou services est potentiellement en contact avec le monde entier, et c'est d'ailleurs bien souvent ce qu'elle recherche. Par conséquent, les contrats qui pourront être conclus sont à vocation internationale », G. HAAS, « Commerce électronique : une poudrière juridique » (1998), http://www.juriscom.net/chr/1/fr 19980710.htm.

Comme tout différend, le litige de commerce électronique devient international lorsqu'il satisfait à l'exigence d'extranéité[1555].

630. En Europe, l'existence d'un marché commun et l'effectivité d'une législation communautaire permettent de régir les relations à l'intérieur de l'Union de manière uniforme[1556]. La situation est bien différente dans les pays francophones d'Afrique subsaharienne[1557]. Le droit international privé est toujours sollicité dans la résolution des différends entre les ressortissants de ces Etats. Or l'ubiquité, l'immatérialité et l'internationalité des réseaux électroniques ont une influence sur les modalités par lesquelles le droit international privé appréhende ces différends.

631. La détermination de la loi applicable et du juge compétent dépend de la loi d'autonomie et des critères de rattachement fondés soit sur l'appartenance à une catégorie juridique comme les consommateurs ou les professionnels, soit sur la localisation des lieux de conclusion et d'exécution du contrat. Pour ce qui est des délits, le lieu de réalisation du fait générateur et le lieu de perception du dommage constituent les indices proposés. C'est à ce niveau que se situe le problème de l'adéquation entre le commerce en ligne et le droit international privé. La matérialité perd toute substance sur internet.

632. En matière contractuelle, les modalités d'expression de la volonté sur les réseaux électroniques ne sont pas les mêmes que dans les relations traditionnelles. En matière extracontractuelle les repères géographiques et les frontières étatiques n'ont pas de signification sur le web. Le commerce électronique dématérialise les repères géographiques en troublant les indices fondés sur la localisation. Les notions de lieu et de territoire perdent leur sens sur la toile.

[1555] « L'extranéité de la relation privée internationale est définie comme celle qui noue des liens avec plusieurs pays, soit par la nationalité ou la résidence des protagonistes, soit par les lieux de (...) production des faits ou d'accomplissement des actes concernés », E. COUREAULT, La concurrence déloyale en droit privé international communautaire, Thèse, Univ. Nancy 2, 17 déc. 2009, p. 9.

[1556] Règlement (CE) no 593/2008 du Parlement européen et du Conseil du 17 juin 2008 sur la loi applicable aux obligations contractuelles (Rome I), Règlement (CE) n° 44/2001 du Conseil du 22 décembre 2000 concernant la compétence judiciaire, la reconnaissance et l'exécution des décisions en matière civile et commerciale.

[1557] Certes les organisations telles que la CEMAC et la CEDEAO promeuvent l'intégration économique en contribuant à l'émergence de règles matérielles directement applicables aux situations qu'elles envisagent. On peut citer les dispositions du Code CIMA en matière d'assurance, du traité révisé de Bangui sur la propriété intellectuelle et industrielle, les Actes uniformes de la zone Ohada qui couvrent divers domaines du droit des affaires. Mais les domaines relevant des relations contractuelles et le droit de la consommation demeurent en majeure partie sous l'autorité des règles internes du droit civil. Dans l'attente de l'Acte uniforme sur le droit des contrats, quelques textes communautaires proposés par l'OHADA, sur le droit commercial général, le contrat de transport par voie terrestre, sont consacrés aux rapports interprofessionnels.

633. Les litiges de commerce électronique tendent à renouveler les problèmes juridiques de droit international privé[1558]. Une adaptation des modes par lesquels le droit international privé appréhende les litiges de commerce électronique est nécessaire[1559]. Ainsi les règles d'origine informelle appelées *« lex electronica »*, que certains auteurs[1560] recommandent pour le cyberespace, viendront simplement en complément aux règles de droit international privé. Le commerce électronique renouvelle les critères de rattachement par lesquels le droit international privé appréhende les litiges (section 1). Ce renouvellement impose de procéder à l'évaluation de l'application des décisions de justice, en vérifiant leur aptitude à s'imposer au-delà des frontières nationales de l'Etat du juge qui l'a prononcée (section 2).

SECTION 1. LES CRITÈRES DE RATTACHEMENT DES LITIGES

634. L'accroissement des activités sur la toile affecte les modes de désignation du juge du litige et de la loi applicable. La loi d'autonomie connaît une extension de son domaine d'intervention (§1), tandis que les critères de rattachement des litiges délictuels sont renouvelés (§2).

§1. L'extension de la loi d'autonomie

635. Les relations contractuelles entre professionnels ne soulèvent pas d'énormes difficultés en raison de la place privilégiée de la loi d'autonomie. Mais dans le silence des parties, le juge se retourne vers les critères objectifs de rattachement. Les règles internes de la procédure civile sont favorables au défendeur. Depuis l'arrêt *Pelassa*[1561], le juge français a retenu l'extension des règles internes de compétence à l'ordre international. Cependant comme le souligne Olivier CACHARD, « un système de compétence doit maintenir un certain équilibre entre le demandeur et le défendeur, afin de ne pas peser sur l'issue du procès. Or les activités électroniques semblent avoir rompu cet

---

[1558] E. CAPRIOLI, Règlement des litiges internationaux et droit applicable dans le commerce électronique, Litec, 2002, p.2, n°2.

[1559] B. OPPETIT, « Le droit international privé, droit savant », (1992) III RCADI, 333 et s.p. 387, B. FAUVARQUE-COSSON, « Le droit international privé classique à l'épreuve des réseaux », in Le droit international de l'internet G. CHANTILLON (dir.), actes du colloque Paris, 19 et 20 novembre 2001 Bruxelles, Bruylant, 2002, p. 56.

[1560] V. GAUTRAIS, G. LEFEBVRE et K. BENYEKHLEF, « Droit du commerce électronique et normes applicables : l'émergence de la lex electronica », (1997) 5 Int'l Bus. L.J. 547-579 ; P.TRUDEL, « La lex electronica », in Le droit saisi par la mondialisation, C.A MORAND (dir.), Bruxelles, Bruylant, 2001, p. 5.

[1561] « Les clauses prorogeant la compétence internationale sont en principe licites lorsqu'elles ne font pas échec à la compétence territoriale impérative d'une juridiction », Cass. civ. 1re, 17 dec. 1985, Compagnie de signaux et d'entreprises électriques c. Soc. Sorelec, Bulletin 1985 I n° 354 p. 318.

équilibre au détriment du demandeur »[1562]. Ce déséquilibre se fait ressentir sur les relations impliquant aussi bien le cyberconsommateur que les professionnels entre eux. Le recours aux critères objectifs de rattachement des litiges n'est pas adapté au commerce électronique. Il est souhaitable que les parties désignent de manière expresse le juge des litiges nés de leur relation contractuelle (A), ainsi que la loi qui leur est applicable (B).

A. La nécessaire désignation du juge des litiges contractuels

636. En matière contractuelle, la compétence du juge se fonde en principe sur la loi d'autonomie. Dans le silence des parties, la loi d'autonomie laisse la place aux critères objectifs de rattachement qui se caractérisent par la localisation du contrat soit au lieu du domicile du défendeur[1563], soit au lieu de l'exécution ou au lieu de conclusion du contrat[1564]. Les critères de rattachement objectifs fondés sur la localisation matérielle du contrat sont remis en cause sur internet (1). A l'égard du consommateur, on a souvent envisagé la résolution des litiges de commerce électronique uniquement sous l'angle de la faiblesse. Face à la mondialisation d'internet, on ne peut imposer un juge ni au cyberconsommateur à cause de sa faiblesse, ni au professionnel qui court le risque d'être attrait en justice dans tous les pays dans lesquels son activité sera perçue. Les opérations en ligne ne peuvent s'accommoder d'un dirigisme légal rigide. Le dirigisme institutionnel du droit de la consommation ne doit pas dissimuler que la loi d'autonomie demeure un des piliers de la justice contractuelle. Il importe d'associer à l'impératif de la loi, l'option d'une clause de compétence en faveur du cyberconsommateur (2).

1. La remise en cause des critères objectifs de rattachement

637. Dans le silence des parties et en dehors des litiges relatifs aux immeubles, plusieurs dispositions nationales des pays francophones d'Afrique subsaharienne proposent le lieu de conclusion et le lieu de

---

[1562] O. CACHARD, thèse, op. cit., p. 389, n°633.

[1563] Article 40 de la loi n°2008-07 portant Code de procédure civile, commerciale, sociale et administrative du Bénin : « La juridiction territorialement compétente est, sauf disposition contraire, celle du domicile du défendeur » ; article 43 de la loi n°022/99/AN portant Code de procédure civile au Burkina Faso : « Le tribunal territorialement compétent est, sauf disposition contraire de la loi, celui du lieu du domicile du défendeur ».

[1564] Article 35 du Code de procédure civile sénégalais : « En matière commerciale, le demandeur peut assigner à son choix : devant le tribunal du domicile du défendeur ; devant celui dans le ressort duquel la promesse a été faite et la marchandise livrée ; devant celui dans le ressort duquel le paiement devait être exécuté » ; article 34 du Code de procédure civile sénégalais : « Les contestations relatives à des fournitures, travaux, locations, louages d'ouvrage ou d'industrie, peuvent être portées devant le juge du lieu où la convention a été contractée ou exécutée, lorsqu'une des parties est domiciliée dans ce lieu ».

l'exécution comme des critères de rattachement objectifs[1565]. Les réseaux électroniques détruisent le lien entre la localisation physique et sa capacité à identifier lc corps de règles applicables[1566]. Le commerce électronique érode le critère du lieu de l'exécution (a), et fait du lieu de la conclusion un critère instable et inadéquat sur internet (b).

a. L'érosion du critère du lieu de l'exécution de l'obligation

638. Dans le silence des parties, le lieu d'exécution est très souvent proposé comme un critère de rattachement. La localisation de ce lieu est aisée lorsque l'opération porte sur une obligation qui suppose une exécution *off line*. Ce n'est malheureusement pas le cas dans les contrats d'exécution in line. Où doit-on localiser la livraison d'un logiciel sur internet : au domicile de l'internaute au Gabon ou au lieu de l'établissement du professionnel situé au Bénin ?

639. Une première idée serait de distinguer les contrats selon qu'ils sont exécutés en ligne ou hors ligne. Mais une telle solution est insatisfaisante. Le risque est que les contrats d'exécution totale ou partielle *off line* seraient sous l'autorité du critère de la loi du lieu de l'exécution[1567], tandis que les contrats exécutés en ligne ne trouveraient aucun rattachement géographique.

Une seconde idée serait de localiser l'exécution au lieu de livraison. Dans un litige de 2001 relatif à la fourniture d'accès internet, la Cour d'appel de Paris a pensé que, « la prestation contractuelle convenue- à savoir l'accès à internet- s'exécute non à l'adresse à laquelle est souscrit l'abonnement, mais au domicile de l'abonné où il se connecte »[1568]. Le règlement européen n°44/2001 disposait dans le même sens que « le lieu de vente [...] est pour la vente de marchandises, le lieu d'un Etat membre où en vertu du contrat, les marchandises ont été ou auraient dû être livrées ; pour les prestations de services, le lieu d'un Etat membre, où en vertu du contrat, ont été ou auraient dû être fournies ».

640. Toutefois, le lieu de l'exécution ne peut constituer un rattachement permanent pour les contrats en ligne. Si ce contrat est à exécution successive, alors il peut être exécuté à plusieurs endroits. « Il en va ainsi de la commercialisation des logiciels et des services financiers, de l'accès à des

[1565] Article 34 du Code de procédure civile sénégalais, article 8 al. 3 du Code de procédure civile et commerciale du Cameroun, Article 45 loi n° 022/99/AN portant code de procédure civile au Burkina Faso.
[1566] D. R. JONHSON et D. G. POST, « Law and borders- The rise of law in Cyberspace », Stanford law review, 1367, (1996).
[1567] « Soit en vertu de l'intégralité du déroulement physique de l'opération de livraison, soit en vertu de la règle « la terrienne » l'emporte sur « la cyberspatiale », par application de la règle l'accessoire suit le principal », S. GUELLIMARD, Le droit international privé face au contrat de vente cyberspatial, op. cit., p. 468.
[1568] Paris, 1ère ch. 7 mars 2001,
http://www.legalis.net/spip.php?page=breves-article&id_article=215.

bases de données en ligne ou à des services d'information »[1569]. L'échec des indices de localisation du lieu d'exécution est dû au fait qu'ils s'attachent au rattachement matériel du contrat. Or dans les réseaux électroniques il n'y a pas de territoire. Face à l'inconvénient de la déterritorialisation du lieu de l'exécution, il resterait la possibilité de procéder à une fixation virtuelle du contrat au lieu de conclusion. En fait, il ne s'agit que d'un absolutisme légal qui impose de rattacher limitativement le contrat à deux endroits bien précis.

b. L'instabilité du lieu de la conclusion du contrat

641. Le fait qu'internet ignore les frontières des Etats[1570] affaiblit le lieu de la conclusion du contrat. La localisation du lieu de conclusion a convaincu plus d'un législateur[1571]. NIBOYET affirmait qu'« un contrat suppose la réunion de deux volontés. Or, ces volontés se réunissent nécessairement, sous réserve de la difficulté de le préciser parfois, dans un certain lieu »[1572]. Selon un auteur, « La détermination du lieu de conclusion ne peut se faire sans avoir fixé avec précision le moment de la conclusion »[1573]. Comment localiser ce lieu sur internet alors que les réseaux électroniques dématérialisent l'espace géographique ?

642. Une première solution serait d'assimiler le lieu de la conclusion au lieu de l'établissement du vendeur ou au lieu d'établissement de l'abonné. Mais les lois nationales ne sont pas toujours aussi précises. Certaines privilégient le lieu de réception de la communication[1574]. Cette solution a

---

[1569] O. CACHARD, thèse, op. cit., p. 145, n°229.

[1570] P. TRUDEL, Quel droit et quelle régulation dans le cyberespace, Sociologie et sociétés, vol.XXXII.2, 191 ; Introduction au droit du commerce électronique sur l'Internet, Revue du Barreau, t.55, n°3, sept.-oct.1995, 522 ; voir aussi J.-J. LAVENUE, Cyberespace et droit international : pour un nouveau jus communicationis, RRJ, 1996, 3, 811.

[1571] En dehors des lois nationales qui des pays francophones d'Afrique subsaharienne qui accordent l'option entre la loi du lieu de conclusion et celle du lieu de l'exécution, au Québec, l'article 8 du Code civil du Bas Canada donnait comme rattachement premier, comme rattachement de principe, « la loi du lieu où les contrats sont passés. ». La même disposition est reprise en orient avec l'article 25-1 du Code civil irakien dispose qu'à défaut de loi choisie, « Les obligations contractuelles sont régies par la loi du domicile quand elle est commune aux parties contractantes, et, à défaut de domicile commun, par la loi du lieu où le contrat a été conclu ».

[1572] J.-P. NIBOYET, « L'universalité des règles de solution des conflits est-elle réalisable sur la base de la territorialité? » 1950 Rev. crit. D.I.P. p. 509 et s.

[1573] X. Van OVERMEIRE, Le monde virtuel met au défi les législateurs: la problématique de la loi applicable dans le cyberespace, Lex Electronica, vol. 13 n°1 (Printemps / Spring 2008), http://www.lex-electronica.org/articles/v13-1/vanovermeire.htm.

[1574] Article 56 de la loi burkinabé : « Toute communication en rapport avec la formation, l'exécution ou l'extinction d'un contrat peut se faire par voie électronique. Elle produit ses effets dès le moment où elle est reçue par le destinataire » ; L'article 15.4 de la loi-type de 1996 soutient néanmoins que « sauf convention contraire entre l'expéditeur et le destinataire, le message de données est réputé avoir été expédié du lieu où l'expéditeur a son établissement et avoir été reçu au lieu où le destinataire a son établissement [...] Aux fins du présent paragraphe : Si l'expéditeur ou le destinataire a plus d'un établissement, l'établissement retenu est celui qui a la relation la plus étroite avec l'opération sous-jacente ou, en l'absence

pour inconvénient, de faire osciller le lieu de conclusion selon que le cybercommerçant ou l'internaute d'une part, et d'autre part de le subordonner à l'identification de l'acceptant. D'autres textes restent silencieux sur le lieu de conclusion[1575].

Globalement, le rattachement au lieu de conclusion expose plus à des considérations techniques que juridiques, car le lieu de stockage est soit la boîte courriel, soit le lieu où se trouve le terminal utilisé par le destinataire pour prendre connaissance de l'acceptation[1576]. Fort heureusement, ni la boîte mail, ni le site et encore moins le serveur de l'opérateur de messagerie en ligne, ne constituent un domicile. En effet, « la localisation des parties [...] par l'adresse mail ne signifie rien [...] ne donne pas l'idée du pays à partir duquel la partie opère »[1577]. La conséquence du lieu de conclusion est que la localisation du lieu de la conclusion du contrat électronique ne sera pas stable. Elle variera de manière imprévisible selon que le vendeur est l'émetteur ou le destinataire de l'acceptation. Par exemple dans le cas d'un contrat conclu par mail et assorti de réserve, la transmission de l'acceptation du vendeur à l'acheteur en ligne fera du domicile de ce dernier le lieu de conclusion du contrat et donc, le lieu du juge compétent.

643. Une seconde proposition consisterait à fixer le lieu de conclusion au lieu d'établissement de l'une des parties. La loi camerounaise de 2010 sur le commerce électronique consacre le lieu d'établissement du professionnel[1578]. Quelques arguments pourraient soutenir cette position. D'abord l'argument de la prévisibilité car, contrairement à l'exécution qui peut être dispersée en divers lieux, le lieu de l'établissement du vendeur est unique. Cette unicité garantit contre la diversité des gares principales qu'on retrouve dans le monde physique. Ensuite, l'argument de la bonne administration de la justice plaiderait pour cette solution. La bonne administration de la justice tend à désigner le juge qui serait le « plus apte à statuer, notamment pour des motifs de proximité du litige et de facilité d'administration des preuves »[1579]. Cet objectif semblerait mieux assuré par le juge du lieu de l'établissement du cybercommerçant, puisqu'il est plus facile pour lui de trouver toutes les

---

d'opération sous-jacente, l'établissement principal; Si l'expéditeur ou le destinataire n'a pas d'établissement, sa résidence habituelle en tient lieu. ».

1575 Article 10 de l'ordonnance mauritanienne du 14 septembre 1989 portant Code civil : « Les obligations contractuelles sont régies par la loi de l'Etat du domicile commune des parties si elles résident ensemble. Sinon, par la loi du lieu de conclusion du contrat, à moins qu'il ne résulte de l'accord des parties ou des circonstances qu'une autre loi s'applique »

1576 E. DUBUISSON, « La personne virtuelle : proposition pour définir l'être juridique de l'individu dans un échange télématique », (1995) D.I.T 4, p. 6.

1577 S. POILLOT PERUZZETTO, « La loi applicable au contrat électronique », in le Contrat électronique, p. 44.

1578 Article 18 de la loi camerounaise de 2010 sur le commerce électronique : « Sauf accord contraire entre les parties, le contrat est conclu à l'adresse du vendeur ».

1579 C.J.C.E. 19 février 2002, Besix SA, § 31 et déjà C.J.C.E., 6 octobre 1976, Tessili, Rec. p. 1473, § 13, D. 1977, chr. 287, note G. A.-L. DROZ ; J.D.I. 1977, p. 702, note J.-M. BISCHOFF et A. HUET ; Rev. crit. dr. int. pr. 1977, p. 761, note P. GOTHOT et D. HOLLEAUX.

preuves et mener toutes les investigations nécessaires à la recherche de la vérité judiciaire. Enfin on trouverait dans la sécurité juridique, un argument en faveur de ce critère, puisque contrairement aux dispositions nationales internes qui consacrent le domicile du défendeur, l'adresse du cybercommerçant permet à un défendeur normalement averti de prévoir raisonnablement devant quelle juridiction autre que celle de l'Etat de son domicile, l'action peut être portée[1580].

644. Pourtant ce critère n'est pas exempt de critiques. Alain BENABENT soutient plutôt le contraire. Selon l'auteur, « Quant au lieu de conclusion, qui importe pour la compétence ou parfois la loi applicable, on admet le plus souvent que c'est celui où l'acceptation est émise »[1581] Selon GANNAGÉ, « cette solution pèche par son anachronisme car elle ne s'accorde plus aujourd'hui avec l'évolution contemporaine du droit du commerce international. D'une part, en effet, les contrats sont souvent conclus à distance comme en témoigne l'accroissement des contrats électroniques, ce qui pourrait soulever de sérieux problèmes quant à la détermination du lieu de conclusion du contrat. D'autre part, le lieu du contrat ne révèle pas le centre de gravité réel de la relation contractuelle ; il est de plus en plus accessoire par rapport aux autres éléments du contrat. Ce lieu peut être fixé par pur hasard, il ne constitue plus à l'évidence un élément solide et valable de rattachement »[1582]. Une acceptation en ligne manifestée par un clic peut être localisée fictivement aussi bien au lieu de résidence de l'abonné qu'au lieu d'établissement du vendeur[1583]. Il est difficile de dire que la conclusion d'un contrat se situe dans un lieu particulier[1584]. Enfin l'argument de la prévisibilité sous l'emprise du dirigisme légal ne doit pas corrompre la conviction. La prévisibilité peut aussi être garantie par la loi d'autonomie. Cette orientation répond mieux aux aspirations individuelles des parties qu'à

[1580] Besix SA contre Wasserreinigungsbau Alfred Kretzschmar GmbH & Co. KG (WABAG) et Planungs und Forschungsgesellschaft Dipl. Ing. W. Kretzschmar GmbH & KG (Plafog), aff. C-256/00. Recueil de jurisprudence 2002, page I-01699, http://eurlex.europa.eu/smartapi/cgi/sga_doc?smartapi!celexplus!prod!CELEXnumdoc&lg=fr &numdoc=62000CJ0256.

[1581] A. BENABENT, Droit des obligations, 13 éd. Domat droit privé, Montchrestien, 2012, p. 55.

[1582] M. GANNAGÉ, « La coexistence des droits confessionnels et des droits laïcisés dans les relations privés internationales », R.C.A.D.I., 1979-III, t. 164, 424 ; Dans le même sens, H. SADIK, « Regards critiques sur les textes de conflits de lois quant à leur position dans le code civil égyptien » in Actes du Congrès international du cinquantenaire du Code civil égyptien (1948-1998), Direction générale de la coopération internationale et culturelle, Egypte, 1998, pp.195.

[1583] O. CACHARD, thèse, op. cit., p. 221 et 222.

[1584] « Elle est initiée à partir d'un terminal, et traitée dans un ordinateur qui la reçoit, pour être éventuellement acheminée vers son destinataire, le tout dans des lieux généralement différents », S. GUELLIMARD, Le droit international privé face au contrat de vente cyberspatial, thèse, 2003, 464 ; J. HUET, « Aspects juridiques du commerce électronique : approche internationale » (1997) 116 P.A. p. 6, en ligne : http://www.petites-affiches.presse.fr/pa.

la contrainte légale. C'est ce que suggère l'article 18 de la loi camerounaise de 2010 sur le commerce électronique qui précise que le contrat est conclu à l'adresse du vendeur, « sauf accord contraire entre les parties ». La prévisibilité est mieux garantie lorsqu'elle découle de la loi d'autonomie parce qu'elle est voulue par les contractants. C'est la raison pour laquelle il est recommandé que les parties expriment le choix du juge de leur litige lorsqu'elles contractent en ligne en dépit de leur qualité de professionnel. Dans les relations impliquant le cyberconsommateur, la loi d'autonomie doit conduire vers une option de la clause de compétence en faveur du cyberconsommateur.

2. L'option de la clause de compétence en faveur du cyber-consommateur

645. L'expression « cyberconsommateur » désigne l'internaute qui acquiert des biens ou des services n'entrant pas dans le cadre de son activité professionnelle[1585]. La mesure selon laquelle, le consommateur bénéfice d'une protection impérative par le juge du lieu de son domicile[1586] en raison de sa faiblesse économique et intellectuelle[1587] tend à s'estomper dans l'univers numérique. L'avènement de la toile complique la mise en œuvre des privilèges attribués au consommateur. Le souci de vouloir mettre le consommateur sous la protection des autorités étatiques ne doit pas voiler les incertitudes que suscite le commerce électronique dans l'esprit des justiciables. La décision de saisir le juge pour la réclamation des droits qui

---

[1585] Article 2 de la loi-cadre de 2011 du Cameroun : « Le consommateur désigne toute personne qui utilise les produits pour satisfaire ses propres besoins et ceux des personnes à sa charge non pour les revendre, transformer ou les utiliser dans le cadre de sa profession, ou toute personne qui bénéficie des prestations de service » ; article 2 de la loi burkinabé de 2009 sur les transactions électroniques : « le consommateur désigne toute personne physique agissant à des fins qui n'entrent pas dans le cadre de son activité professionnelle » ; Le consommateur désigne toute personne qui se procure ou qui utilise des biens ou des services pour un usage non professionnel, A. SINAY-CYTERMANN, « Professionnels et consommateurs en droit français », in La protection de la partie faible dans les rapports contractuels Comparaisons franco-belges, Marcel FONTAINE (dir.), LGDJ, 1996, p. 259, n°32.

[1586] L'article 55 de la loi burkinabé sur les transactions électroniques dispose que, « Les dispositions de la présente section … sont impératives dans les relations entre un prestataire et un consommateur. Toute clause par laquelle le consommateur renonce au bénéfice des droits qui lui sont conférés par la présente section est réputée non écrite ». L'article 12 de la loi sénégalaise sur les transactions électroniques de 2008 affirme que l'activité de commerce électronique « ne peut avoir pour effet de priver un consommateur ayant sa résidence habituelle sur le territoire national de la protection que lui assurent les dispositions impératives de la loi ».

[1587] Article 30 du Code CIMA sur les assurances : « Dans toutes les instances relatives à la fixation et au règlement des indemnités dues, le défendeur (assureur ou assuré) est assigné devant le tribunal du domicile de l'assuré, de quelque espèce d'assurance qu'il s'agisse, sauf en matière d'immeubles ou de meubles par nature, auquel cas le défendeur est assigné devant le tribunal de la situation des objets assurés ».

ont été violés ne dépend pas seulement d'un ordonnancement juridique bien ficelé. Elle est également fonction des dispositions psychologiques du justiciable. Ne pas en tenir compte reviendrait à renoncer à l'aménagement d'un cadre convenable au cyberconsommateur. Des aspects liés à la confiance du système judiciaire, à l'identification du fautif, à l'alphabétisme, aux ressources financières, à la disponibilité et à la position géographique entrent également en jeu dans la décision de saisir le juge ou de renoncer à ses droits. Le recul de la compétence exclusive du juge du lieu du domicile du cyberconsommateur (a) justifie la validité de la clause de compétence conclue avec le professionnel en ligne (b) au cas où elle lui accorde l'option du choix.

a. Le recul de la compétence exclusive du juge du lieu de résidence du consommateur en ligne

646. Le litige impliquant le consommateur est traditionnellement dévolu au juge étatique du lieu de son domicile. En dépit de cet impératif, il est possible de permettre au consommateur de saisir un juge autre celui de l'Etat dans lequel il est domicilié. Rien ne s'oppose à la reconnaissance d'une clause de compétence impliquant un cyberconsommateur, du moment où la clause de compétence lui reconnaît exclusivement une option de choix du juge[1588]. Le juge du lieu du domicile du consommateur sera compétent lorsque c'est ce dernier qui est défendeur. En revanche, lorsque le consommateur est demandeur dans un litige l'opposant au commerçant étranger, il aura l'option entre le juge du lieu du domicile du commerçant et celui du lieu de son domicile. La consécration d'une telle option en faveur du cyberconsommateur est justifiée par l'apparition d'obstacles pratiques dans la saisine du juge étatique du lieu de son domicile en cas de préjudice. C'est généralement le cas soit lorsque l'exécution de l'obligation est faite en un lieu géographique unique distinct du lieu situé à l'étranger (i), soit lorsque les aléas électroniques influencent la psychologie de l'internaute (ii).

i. L'exécution en un lieu unique distinct du lieu de résidence du consommateur

647. Parmi les obligations contractées par voie électronique, certaines sont exécutées en un lieu unique. C'est le cas avec les activités d'hébergement d'hôtel et de restauration qui font l'objet de commande en ligne, mais dont la réalisation se fait en un lieu unique. Est-il logique pour

[1588] Article 16 du Règlement (CE) n° 44/2001 du Conseil du 22 décembre 2000 concernant la compétence judiciaire, la reconnaissance et l'exécution des décisions en matière civile et commerciale : « L'action intentée par un consommateur contre l'autre partie au contrat peut être portée soit devant les tribunaux de l'État membre sur le territoire duquel est domiciliée cette partie, soit devant le tribunal du lieu où le consommateur est domicilié. L'action intentée contre le consommateur par l'autre partie au contrat ne peut être portée que devant les tribunaux de l'État membre sur le territoire duquel est domicilié le consommateur ».

une obligation contractée en ligne mais dont l'exécution n'est possible qu'au lieu de l'établissement du professionnel, d'attribuer automatiquement la compétence au juge du lieu de résidence habituelle du cyberconsommateur ?

648. L'article 15.1.c du règlement (CE) n° 44/2001 du Conseil du 22 décembre 2000 concernant la compétence judiciaire, la reconnaissance et l'exécution des décisions en matière civile et commerciale considère l'indice de l'activité dirigée pour rééquilibrer les rapports entre professionnel et consommateur et renforcer la protection du consommateur sur internet[1589]. Le critère du ciblage du territoire dans lequel le cyberconsommateur a sa résidence semble essentiel dans la détermination de la compétence du juge. C'est ce qui a été décidé dans une affaire *Hotel Alpenhof GesmbH c/ Oliver Heller* dans laquelle la compétence du juge a été déterminée en vertu du critère de destination de l'activité[1590]. Le problème avait surgi à l'occasion du litige entre un client résidant en Allemagne et un hôtel autrichien dans lequel il a séjourné. Alors qu'il avait réservé et confirmé son séjour en ligne

---

[1589] L'article 15.1.c du règlement (CE) n° 44/2001 du Conseil du 22 décembre 2000 concernant la compétence judiciaire, la reconnaissance et l'exécution des décisions en matière civile et commerciale dispose qu'en matière de contrat conclu par une personne, le consommateur, pour un usage pouvant être considéré comme étranger à son activité professionnelle, la compétence est déterminée selon que « le contrat a été conclu avec une personne qui exerce des activités commerciales ou professionnelles dans l'État membre sur le territoire duquel le consommateur a son domicile ou qui, par tout moyen, dirige ces activités vers cet État membre ou vers plusieurs États, dont cet État membre, et que le contrat entre dans le cadre de ces activités ».

[1590] « Parmi les indices permettant de déterminer si une activité est dirigée vers l'État membre sur le territoire duquel le consommateur a son domicile, figurent toutes les expressions manifestes de la volonté de démarcher les consommateurs de cet État membre. Au nombre des expressions manifestes d'une telle volonté du commerçant figure la mention selon laquelle ce dernier offre ses services ou ses biens dans un ou plusieurs États membres nommément désignés. Il en va de même de l'engagement de dépenses dans un service de référencement sur Internet auprès de l'exploitant d'un moteur de recherche afin de faciliter aux consommateurs domiciliés dans différents États membres l'accès au site du commerçant, qui démontre également l'existence d'une telle volonté. D'autres indices dont la liste n'est pas exhaustive, éventuellement combinés les uns aux autres sont susceptibles de démontrer l'existence d'une activité « dirigée vers » l'État membre du domicile du consommateur. Il s'agit de la nature internationale de l'activité en cause, telle que certaines activités touristiques, la mention de coordonnées téléphoniques avec l'indication du préfixe international, l'utilisation d'un nom de domaine de premier niveau autre que celui de l'État membre où le commerçant est établi, par exemple «.de » ou encore l'utilisation de noms de domaine de premier niveau neutres tels que «.com » ou «.eu », la description d'itinéraires à partir d'un ou de plusieurs autres États membres vers le lieu de la prestation de service ainsi que la mention d'une clientèle internationale composée de clients domiciliés dans différents États membres, notamment par la présentation de témoignages de tels clients. La langue ou la monnaie utilisée qui correspondent aux langues habituellement utilisées dans l'État membre à partir duquel le commerçant exerce son activité et à la monnaie de cet État membre, ne constituent des éléments pertinents que si le site internet permet aux consommateurs d'utiliser une autre langue ou une autre monnaie que celles-ci »Affaires jointes C-585/08 et C-144/09, Peter Pammer contre Reederei Karl Schlüter GmbH & Co. KG et Hotel Alpenhof GesmbH contre Oliver Heller,
http://eur-lex.europa.eu/LexUriServ/LexUriServ.do?uri=CELEX:62008CJ0585:FR:HTML.

pour une durée d'une semaine, M. *Heller* a quitté l'hôtel sans paiement après avoir dénoncé la qualité des services de l'hôtel. L'action en justice de ce dernier devant une juridiction autrichienne, a été contestée par une exception d'incompétence soulevée par M. *Heller* qui estime qu'en sa qualité de consommateur, il ne peut être assigné que devant les juridictions de l'Etat allemand dans lequel il est domicilié, conformément à l'article 15, paragraphe 1, sous c), du règlement n° 44/2001. On reconnaît à la CJUE le mérite d'avoir classé les critères de destination de l'activité en ligne.

Mais on ne peut ignorer la situation d'une partie des commerçants qui veulent profiter des opportunités de se faire connaître à l'étranger, alors que l'exécution de leurs prestations est strictement localisée en un lieu précis. Faut-il soumettre leur litige à la loi du lieu du domicile du consommateur au motif qu'ils dirigent leurs activités vers le territoire cette partie ? Une réponse affirmative pourrait instaurer un sentiment de réticence des établissements d'hébergement et de restauration des pays francophones d'Afrique subsaharienne à l'égard d'internet.

649. En réalité, soumettre l'hôtel au critère de la destination pour la simple raison qu'il est présent en ligne ou sur le prétexte qu'il permet de contracter en ligne, revient à lui appliquer de manière insidieuse la condition de l'accessibilité. Or pour des raisons touristiques, ce type d'établissement est appelé à se faire connaître auprès de tous les clients potentiels situés à différents points du globe. Le professionnel de l'hébergement et de la restauration reçoit une clientèle variée et diverse. En maintenant la condition de la destination, il sera contraint de connaître toutes les lois nationales protectrices de la qualité de consommateur. Alors qu'en raison de sa fixité, il est plus facile de reconnaître la compétence au juge du lieu de situation de l'hôtel. En plus, c'est au consommateur qu'est revenue la décision finale d'entrer dans la sphère géographique et juridique de l'établissement. Cette proposition rejoint les règles nationales, qui, à défaut du lieu de résidence du défendeur, accordent la compétence au juge du lieu de l'exécution de la prestation ou de la livraison des marchandises[1591].

650. En procédant à la classification des indices permettant de démontrer la destination de l'activité sur internet, le juge européen aurait certainement ignoré l'intérêt commercial que suscite internet. Dans la pratique, comment peut-on se priver du recours au service de référencement, ou omettre son indicatif téléphonique alors qu'on est dans une logique de rentabilité commerciale ?

Le problème posé est celui de l'opportunité de la surprotection du cyberconsommateur à l'égard des obligations exclusivement et physiquement exécutées et obtenues au lieu de l'établissement de l'opérateur en ligne. A regarder uniquement du côté de la partie présumée faible, on finit

[1591] Article 46 du Code de procédure civile français : « Le demandeur peut saisir à son choix, outre la juridiction du lieu où demeure le défendeur, en matière contractuelle, la juridiction du lieu de la livraison effective de la chose ou du lieu de l'exécution de la prestation de service ».

par oublier que le réel danger dans les échanges en ligne, c'est les réseaux électroniques, et non le cybercommerçant. En réalité le professionnel est confronté aux mêmes difficultés de dématérialisation, d'ubiquité et d'éloignement géographique que le consommateur. Perçue à l'échelle planétaire, son activité le rend vulnérable tant sur le plan technique de la sécurité que sur le plan de la bonne foi des internautes. Une étude révèle que la duplicité n'est pas uniquement le propre des professionnels. « A rebours d'une certaine imagerie d'Epinal qui incite à toujours suspecter le professionnel, que les professionnels du commerce électronique sont également victimes de comportements peu honorables des cybernautes. Après avoir passé commande et s'être fait livrer par la poste, il arrive que des consommateurs abusent des garanties que leur procure le droit de la consommation. Puisque, en vertu de l'article 15 de la loi française du 21 juin 2004, l'opérateur du commerce électronique est responsable du fait d'autrui »[1592]. « Selon, le rapport d'activités du Groupement Carte bancaire, il y aurait eu, en 2009, quelques 678 565 impayés pour près de 71 millions d'euros. Ces quelques éléments indiquent que l'équilibre entre les professionnels et les consommateurs doit être appréhendé globalement en droit des contrats, en droit du paiement et en droit international privé »[1593].

651. La recherche de l'équilibre ne doit pas être analysée au profit exclusif du consommateur. Elle doit plutôt être comprise comme un moyen d'améliorer la qualité de la relation contractuelle, car le professionnel est également confronté aux aléas des réseaux électroniques. Certaines activités dont l'exécution suppose le déplacement du consommateur au lieu d'établissement du professionnel justifient d'attribuer de manière automatique et objective, la compétence au juge du lieu de l'établissement du professionnel.

652. L'exécution exclusivement physique des obligations au lieu de l'établissement du cybercommerçant constitue le premier argument d'une telle attribution de compétence. Le second argument réside dans l'intention du consommateur d'entrer dans la sphère géographique du professionnel, afin de bénéficier des prestations que ce dernier ne peut fournir qu'à un endroit bien précis et matériellement localisé. C'est le cas avec les hôtels, les restaurants, les stations de lavage fixes qui se font connaître en ligne, sans pour autant exécuter leurs prestations sur le web. En plus de ces critères objectifs, le recul du juge du lieu de résidence du consommateur est également provoqué par certaines influences psychologiques que subit l'internaute.

[1592] O. CACHARD, Le contrat électronique dans la loi pour la confiance dans l'économie numérique, RLDC septembre 2004, p. 5 et s.

[1593] O. CACHARD, Du juge compétent pour connaître d'un contrat de voyage à forfait présenté sur un site internet, RCDIP, 2011 p. 419, n°15.

ii. Les considérations factuelles dissuadant l'action en justice du consommateur

653. Le recours aux tribunaux n'est pas aisé pour le cyberconsommateur. Plusieurs contraintes peuvent persuader ce dernier d'abandonner l'action en justice devant le juge étatique du lieu de son domicile. Des considérations pratiques peuvent expliquer la préférence d'une autorité de décision étrangère ou privée. Le droit appliqué au commerce électronique gagnerait à être plus proche des faits et de la réalité des échanges en ligne.

En tête de ces considérations pratiques figurent la disproportion qui existe entre le coût de la transaction, les éventuelles dépenses que générerait une action en justice, et les difficultés d'exécution la décision, même si elle était prononcée en faveur du consommateur[1594]. En effet, les complications liées à l'obtention de l'exequatur auprès des autorités de l'Etat du lieu d'établissement du professionnel sont de nature à démotiver l'internaute. Ces difficultés peuvent paraître disproportionnées si on souligne le faible enjeu des litiges[1595]. Le désagrément peut aller jusqu'à la renonciation des privilèges juridiques dont bénéficie la partie faible. Il en est ainsi de l'internaute qui préfère taire son insatisfaction, en se retenant d'exercer le droit de rétractation, à cause des frais supplémentaires de réexpédition des marchandises au vendeur[1596]. Il peut arriver en effet que le prix d'achat soit si dérisoire que l'internaute accepte de supporter le préjudice, et de renoncer à une action en justice qui générerait des frais plus élevés.

654. La distance qui existe entre les parties accentue cette résignation. L'éloignement des parties n'est certes pas l'apanage des réseaux électroniques. Avant internet en effet, la vente par correspondance a toujours été effectuée entre des personnes installées à des lieux distants. Cependant l'interactivité et l'instantanéité de la toile ont accentué et multiplié exponentiellement les échanges. En même temps qu'elles impressionnent par une apparente proximité, ces caractéristiques ne brisent pas réellement la distance entre l'internaute et le cybercommerçant. La réalité de cet éloignement ressurgit naturellement en cas de complication dans l'exécution, surtout lorsque le professionnel accuse des difficultés à satisfaire le consommateur. Une fois réunis, tous ces aléas jouent en défaveur de la sollicitation du juge étatique, non du fait de son incompétence, mais du fait l'absence de conviction chez l'internaute de voir prospérée l'action en justice engagée auprès du tribunal du lieu de son domicile. Le recul de l'intervention du juge est le fait des doutes internes de la victime, et non le

---

[1594] C'est notamment la gratuité de certains services qui explique les abonnements massifs des internautes des pays francophones d'Afrique subsaharienne aux sites de rencontre, de messagerie et de partage.

[1595] O.CACHARD, thèse, op. cit., p. 325, n°530.

[1596] Article 20 (4) de la loi camerounaise sur le commerce électronique : « Le consommateur supporte les frais de retour des marchandises ». Article 66 de la loi burkinabé sur les transactions électroniques de 2009 : « Le renvoi se fait aux frais et aux risques du destinataire du service ».

fait de l'incapacité de l'autorité judiciaire à connaître du litige. En outre le cybercommerçant peut proposer des alternatives, pour satisfaire l'internaute après une mauvaise exécution. Ces initiatives contribuent à réduire l'intervention du juge étatique dans les litiges impliquant le consommateur.

655. Dès les premiers jours ayant suivi l'avènement d'internet, les professionnels ont pris conscience de la réticence qu'exprimerait le grand public, si des mesures attrayantes et promotrices de la confiance et de la sécurité n'étaient pas garanties. Aussitôt les cybercommerçants sérieux ont choisi de privilégier des mesures alternatives orientées vers la satisfaction de leur clientèle. Le souci de fidélisation de la clientèle peut amener le professionnel soit à proposer une dation en paiement, soit à solliciter l'intervention d'un tiers à travers la médiation ou la conciliation[1597].

656. L'internaute préférera rechercher la satisfaction dans ces mesures alternatives pour plusieurs raisons. D'abord, elles démontrent la bonne foi du cybercommerçant qui recherche une solution convenable afin de se libérer de son obligation. Ensuite pour des opérations au coût dérisoire, l'internaute sera plus enclin à transiger ou à se contenter d'une dation en paiement, plutôt que d'intenter une action en justice qui génèrerait des frais supplémentaires, et dont l'exécution à l'étranger est incertaine. Un adage populaire ne dit-il pas « un mauvais arrangement est meilleur qu'un bon procès »? Enfin, ces alternatives proposées au cyberconsommateur permettent une résolution rapide des différends grâce à l'interactivité écrite et instantanée qu'on ne retrouve pas dans toujours dans la procédure judiciaire.

L'impératif de souplesse et de célérité justifie la préférence de ces mesures lorsque l'internaute s'estime satisfait. Elles conduisent vers un assouplissement normatif utile au bon déroulement des échanges[1598]. On a toujours accordé aux parties la possibilité de s'entendre en cas de litige. Rien n'interdit au consommateur d'y faire recours et de pouvoir transiger. L'accord ainsi noué constituera une transaction liant l'internaute au

---

[1597] Sans entrer dans la querelle vaine de la différence entre la conciliation et la médiation, nous notons que la différence entre ces deux notions n'a pas d'incidence sur le plan du droit. La procédure a pour but ultime, la conclusion d'un accord sur la résolution du litige qui oppose les parties. Pour certains médiateur et conciliateur seraient différents en ce que l'un serait interventionniste et l'autre non. « Contrairement au médiateur qui ne donnera pas son opinion, le conciliateur pourra dire aux parties que s'il avait à décider sur la base des faits de leur litige, il le ferait de telle façon », P. TRUDEL, F. ABRAN, K. BENYEKHLEF et S. HEIN, Droit du Cyberespace, Montréal, Éd. Thémis, 1997, p. 20-10. Contra : « [Le] médiateur est un conciliateur du type interventionniste qui se permet de poser des questions directives, de critiquer les positions, d'émettre des opinions, de faire des suggestions et d'utiliser sa capacité de persuasion pour pousser, sinon forcer les parties à réduire l'écart qui les sépare jusqu'à aboutir à un accord. Il prend plus d'initiatives que le conciliateur type ». N. ANTAKI, Le règlement amiable des litiges, Cowansville, Éditions Yvon Blais, 1998, p. 83, n° 144.

[1598] A. NGWANZA, L'équilibre contractuel dans l'avant-projet d'Acte uniforme sur le droit des contrats, Actes du Colloque sur l'harmonisation du droit OHADA des contrats – Ouagadougou 2007, Rev. dr. unif. 2008, p. 499.

professionnel[1599]. La loi d'autonomie peut donc conduire à reconnaître la validité de la clause de compétence impliquant le cyberconsommateur.

b. La validité de la clause de compétence accordant une option au consommateur

657. Peut-on admettre la validité de la clause de compétence dans un litige impliquant le cyberconsommateur ? Cette possibilité a été admise au bénéfice de l'arbitrage[1600]. Elle peut être étendue à la clause attributive de compétence. Platon exhortait de regarder « comme le tribunal le plus compétent celui que les parties se seront donné à elles-mêmes, en choisissant d'un commun accord leurs juges »[1601]. Certes, il ne faut pas perdre de vue le souci de la protection de la partie faible. Mais au lieu de demander uniquement « protéger contre qui ? », on doit aussi demander « protéger le faible contre quoi sur internet ? ». C'est plus contre un ordre juridique inadapté au commerce électronique qu'il faut protéger, que contre un justiciable[1602]. L'essentiel à ce niveau est de fixer les conditions d'admission du choix de juge par le cyberconsommateur (ii), car cela participe de la quête d'une meilleure justice (i)

i. Une validité justifiée par la quête d'une meilleure justice sur internet

658. Les clauses attributives de juridiction sont souvent soumises à certaines conditions, notamment ne pas faire échec à une compétence territoriale impérative[1603]. Cette exigence consacrée par une jurisprudence française[1604] est reprise par d'autres Etats[1605]. Certaines législations des pays

---

[1599] Selon l'article 2631 Code civil du Québec, la transaction est un contrat en vertu duquel « les parties préviennent une contestation à naître, terminent un procès ou règlent les difficultés qui surviennent lors de l'exécution d'un jugement, au moyen de concessions ou de réserves réciproques ».

[1600] On peut citer l'article 275 du décret togolais du 15 mars 1982 portant Code de procédure civile et l'article 795 du Code de procédure civile sénégalais qui précisent que « toutes personnes peuvent compromettre sur les droits dont elles ont la libre disposition ». C'est également le cas de l'article 5 (1) de la loi-cadre camerounaise de 2011 sur la protection du consommateur qui déclare nulles, les clauses contractuelles « qui imposent une clause d'arbitrage unilatérale ».

[1601] PLATON, Les Lois, Livre VI, p. 130, § 767b. Collection Guillaume Budé. Traduction Edouard Des Places.

[1602] Car si les systèmes juridiques sont bien ficelés, alors le cyberconsommateur n'aura plus de crainte de s'aventurer dans les juridictions étrangères.

[1603] I. GALLMEISTER, Clause attributive de juridiction et loi de police applicable au fond du litige, Recueil Dalloz 2008 p. 2790.

[1604] « Les clauses prorogeant la compétence internationale sont en principe licites lorsqu'elles ne font pas échec à la compétence territoriale impérative d'une juridiction française », Civ. 17 déc. 1985, Rev. crit. DIP, 1986, 537.

[1605] En Suisse par exemple, l'article 114.2 de la loi fédérale sur le droit international privé dispose que « le consommateur ne peut pas renoncer par avance au for de son domicile ou de sa résidence habituelle ».

francophones d'Afrique subsaharienne n'accordent de dérogation qu'aux commerçants pour des clauses apparentes. On peut citer l'article 52 de la loi n° 022/99/AN du 18 mai 1999 portant Code de procédure civile du Burkina Faso[1606], l'article 52 du Code de procédure civile béninois[1607].

659. Bien que cette rigidité parvienne à garantir la compétence territoriale dans le but de protéger le consommateur ou le cyberconsommateur, elle ne présage pas de la qualité de la justice. Si un choix radical ne peut être fait entre la qualité de la justice et la protection impérative, certains principes qualitatifs, tels que le respect des règles de procédure garantissant le contradictoire et la motivation des décisions de justice sont nécessaires pour garantir la sécurité juridique des justiciables.

En qualité de justiciables, « nous ne demandons pas seulement au juge de mettre fin à nos différends, nous demandons de nous expliquer, de nous faire comprendre, nous voudrions non pas être seulement jugés, mais si possible persuadés, ce qui est bien autre chose »[1608]. Pour y arriver un auteur[1609] propose de se retourner vers le critère de la vertu[1610] et l'étape managériale en fonction des indices comme le coût, l'efficacité, les délais, l'aptitude de la justice à répondre aux besoins des justiciables[1611]. De ces deux critères, l'auteur a dégagé sept éléments correspondant aux aléas qui dissuadent le

---

[1606] Article 52 de la loi n° 022/99/AN du 18 mai 1999 portant Code de procédure civile du Burkina Faso : « Il n'est pas dérogé aux règles spéciales de compétence édictées par les lois particulières .Toute clause qui, directement ou indirectement, déroge aux règles de compétence territoriale est réputée non écrite, à moins qu'elle n'ait été convenue entre des personnes ayant toutes contracté en qualité de commerçants et qu'elle n'ait été spécifiée de façon très apparente dans l'engagement de la partie à qui elle est opposée ».

[1607] Article 52 du Code de procédure civile béninois : « Toute clause qui, directement ou indirectement, déroge aux règles de compétence territoriale est réputée non écrite, à moins qu'elle n'ait été convenue entre des personnes ayant toutes contracté en qualité de commerçants et qu'elle n'ait été spécifiée de façon très apparente dans l'engagement de la partie à qui elle est opposée ».

[1608] T. SAUVEL, Histoire du jugement motivé, Revue du droit public et de la science politique, 1955, p. 5 et s.

[1609] J.-M. SAUVE, Vice-président du Conseil d'Etat (France), Les critères de la qualité de la Justice, Introduction, Célébration des vingt ans du Tribunal de première instance des Communautés européennes, Luxembourg le 25 septembre 2009, http://www.conseil etat.fr/node.php?articleid=1824.

[1610] « La qualité de la justice, qui s'est incarnée chez les Anciens dans la décision juste exigeant plus de vertu que de science et chez les Modernes dans la décision exacte, c'est à dire conforme à l'ordre de la loi, a fait place, sous l'influence de la sociologie du droit, à des conceptions fondées sur le rôle régulateur de la justice : dans ce contexte, une bonne justice est celle qui opère une balance correcte des intérêts en présence ; elle recherche l'équilibre et se soucie d'opérer un contrôle de proportionnalité », Ibid.

[1611] De ces deux critères, l'auteur a dégagé sept éléments qui peuvent rendre compte de la qualité de la justice : l'accès à celle-ci ; la célérité du procès, l'optimisation du temps judiciaire ; la stabilité et la prévisibilité des jugements qui sont source de sécurité juridique pour les justiciables ; la qualité de la relation entre le juge et les parties ; l'intelligibilité des décisions rendues ; la possibilité d'en obtenir l'exécution, forcée le cas échéant et enfin, l'acceptabilité sociale de la justice rendue, c'est-à-dire la légitimité de cette justice et la confiance qu'elle suscite auprès des justiciables, Ibid.

cyberconsommateur lorsqu'il veut saisir le juge pour un préjudice subi. Sont notamment évoqués pour renforcer la conviction et la protection du cyberconsommateur : l'accès facile à la justice, la célérité du procès, la prévisibilité et l'optimisation du temps judiciaire, la stabilité et la prévisibilité des jugements qui sont source de sécurité juridique pour les justiciables, la qualité de la relation entre le juge et les parties, l'intelligibilité des décisions rendues, la possibilité d'en obtenir l'exécution, forcée le cas échéant et enfin, l'acceptabilité sociale de la justice rendue, c'est-à-dire la légitimité de cette justice et la confiance qu'elle suscite auprès des justiciables.

660. Or la bonne administration de la justice n'est pas l'objectif poursuivi par les règles impératives, dont le souci de garantir au consommateur la compétence du juge du lieu de sa résidence habituelle. Les règles impératives ne devraient pas occulter la bonne administration de la justice, car la sauvegarde des intérêts catégoriels impératifs ne relève pas du juge, mais de la loi applicable[1612]. La loi applicable soulève plus de difficultés que la question du juge du contrat électronique international[1613].

661. Que vaut-il de soumettre impérativement les litiges au juge du lieu de résidence consommateur, si la justice y souffre d'une lenteur et d'une lourdeur qui dissuaderaient l'action de l'internaute, ou si les règles accusent un inquiétant retard face à la technologie en perpétuelle évolution ? La réticence d'ester en justice étant déjà fortement accrue du fait de la modicité des coûts des litiges, il convient de ne pas embrigader l'internaute africain dans l'étau asphyxiant de la loi du lieu de son domicile, alors qu'elle s'avère quelques fois inadaptée au commerce électronique. Dans de nombreux cas, les juges dans ces pays ne pourront faire appel à des modes de production de preuve spécifiques au commerce électronique. Il est propice d'éviter toute confusion entre la compétence législative plus impérieuse et la compétence judiciaire qui n'influence en aucun cas la loi de police applicable. Les clauses attributives de juridiction doivent être valables, même à l'égard du

[1612] « La cour d'appel écarte la clause attributive de juridiction et reconnaît la compétence des juridictions françaises au motif qu'il s'agit d'appliquer des dispositions impératives relevant de l'ordre public économique constitutives de lois de police, sa décision est censurée par la Cour de cassation. Celle-ci relève que, compte tenu de sa généralité, la clause litigieuse devait être appliquée, indépendamment de la détermination du droit applicable au fond du litige. Cette solution est logique : une clause d'élection de for a seulement pour objet de désigner la juridiction compétente, non le droit applicable au fond du litige. Le raisonnement de la cour d'appel procédait, quant à lui, d'une confusion entre la compétence législative et la compétence judiciaire. Or, si la clause, pour être valable, ne doit pas faire échec à une compétence territoriale impérative française, le fait qu'une loi de police soit applicable au fond du litige est en revanche indifférent. La compétence judiciaire doit en effet être soigneusement distinguée de la compétence législative », I. GALLMEISTER, Clause attributive de juridiction et loi de police applicable au fond du litige, Recueil Dalloz 2008 p. 2790.

[1613] J. PASSA, « Le contrat électronique international: conflits de lois et de juridictions », Comm. Com. électr, n°5, mai 2005, Étude 17, p.15, disponible également en ligne : http://www.lexisnexis.com/fr/droit/delivery/PrintDoc.do.

cyberconsommateur[1614]. Dans les litiges impliquant le consommateur, « le fait qu'une loi de police soit applicable au fond du litige est indifférent. La compétence judiciaire doit en effet être soigneusement distinguée de la compétence législative »[1615].

Pour assurer l'objectif de bonne justice au cyberconsommateur, il est loisible de lui accorder l'option de l'élection de juridiction, sous réserve de certaines conditions.

ii. Les conditions de validité de la clause optionnelle de compétence sur internet

662. Doter le consommateur d'une juridiction voulue qui assure le règlement rapide des litiges facilite l'exécution du jugement dans le pays du professionnel, et constitue une garantie fondamentale de l'effectivité de ses droits. Le rapprochement des individus géographiquement éloignés caractérise leur volonté d'entrer en contact, dans le but de satisfaire des besoins réciproques pour lesquels ils ne trouvent pas des réponses auprès des personnes qui partagent leur espace physique. Tant que la clause de compétence ne revêt aucun caractère abusif, qu'elle est obligatoirement affichée sur un site internet et conservée, il est possible d'attribuer au cyberconsommateur l'option de choisir le juge du litige.

- Le caractère non abusif de la clause

663. L'ennemi du consommateur, tant sur internet que dans le monde physique, est la clause abusive qui provoque un déséquilibre entre son engagement et celui de son cocontractant. En l'absence de déséquilibre, une clause de compétence ne doit pas être invalidée. Cela reviendrait à priver indirectement le consommateur de la satisfaction de ses besoins[1616]. Le fait que les contrats de consommation en ligne soient des contrats d'adhésion n'y change rien[1617]. Ce n'est qu'en cas d'abus, que l'inégalité se fera ressentir. Le 7 novembre 2014, la Commission française des clauses abusives a

---

[1614] P. MAYER, « La protection de la partie faible en droit international privé », Rapport français, in J. GHESTIN, (dir.), la protection de la partie faible dans les rapports contractuels, comparaisons franco-belges, LGCJ, 1996, p. 513 et s.

[1615] « La compétence judiciaire pose la question de savoir quel tribunal est compétent pour connaître d'un litige, tandis que la compétence législative s'intéresse à la loi qui sera appliquée pour résoudre le fond du litige », I. GALLMEISTER, Clause attributive de juridiction et loi de police applicable au fond du litige, Recueil Dalloz 2008 p. 2790.

[1616] On a tendance à oublier que si l'internaute se tourne vers le professionnel situé à l'étranger, c'est aussi pour satisfaire un besoin que son environnement physique ne comble pas. Le rapprochement des personnes au moyen des réseaux électroniques permet ainsi de chercher ailleurs ce que la personne ne trouve pas dans son environnement immédiat.

[1617] « Ce n'est pas parce qu'il n'est pas de nature contractuelle que le contrat d'adhésion est suspect, c'est au contraire parce qu'il est contrat ; et ceci en raison de l'inégalité qui sortira…de l'inégalité des contractants », G. RIPERT, La règle morale dans les obligations civiles, 4ème éd. 1949, p. 103.

élaboré une recommandation pour contribuer à l'élimination de telles clauses sur internet[1618]. Bien qu'une force obligatoire contraignante soit refusée à ses recommandations[1619], cette commission attire l'attention plus sur le secteur économique concernée[1620], que sur internet. Elle a recensé et proposé des mesures comme : la bonne foi du professionnel qui doit mettre le profane à son niveau de connaissance afin de traiter à armes égales, la sanction de la prépondérance de la langue étrangère au consommateur, la rédaction claire et compréhensible des clauses, la sanction d'un abus de lien hypertextes, le contournement du délai de rétractation, le droit exclusif du professionnel de supprimer ou de modifier les données[1621].

664. Depuis l'affaire *Sté AMS c/ Sté Monster*, il est admis que la présence de lois de police du for[1622], applicables au fond du litige, n'affecte pas l'efficacité de la clause attributive de juridiction que les parties avaient insérée dans leur contrat au profit d'un juge étranger. En Belgique, une décision de justice a reconnu la validité d'une clause d'attribution de juridiction au consommateur dans un litige[1623] opposant un particulier à deux établissements financiers. Pour statuer sur le problème de connexité, le juge s'est fondé sur la clause qui prévoyait que « tout différend entre les obligataires et l'émetteur et/ou le garant sera porté devant les tribunaux Luxembourgeois et/ou belges pour ce qui est du garant »[1624]. Les règles qui organisent la compétence internationale ne sont pas d'ordre public. En matière d'assurance selon un auteur, l'assuré peut renoncer à toute cette politique de protection qui sera facilement écartée en ayant

---

[1618] Comm. clauses abusives, Recomm. N°2014-02, 7 nov. 2014, G. LOISEAU et X. DEPELCH, Clauses abusives, publication d'une recommandation sur les réseaux sociaux, D. 2014, p. 2517.

[1619] « Les recommandations de la Commission des clauses abusives ne sont pas génératrices de règles dont la méconnaissance ouvre la voie à la cassation », Cass. 1ère civ., 13 nov. 1996, n°94-17, 369, JurisData n°2006-069516; G.P. 15 août 2006, p. 17 n. GRAVELEAU.

[1620] S. PIEDELIEVRE, La recommandation de la Commission française des clauses abusives relative aux contrats proposés par les fournisseurs de services de réseaux sociaux, Com.comm.électr.Rev.mensuelle Lexisnexis Jurisclasseur, n°2 fév. 2015, p. 10.

[1621] S. PIEDELIEVRE, op. cit., p. 11 à 12.

[1622] Bien qu'il ne s'agisse là que des lois de police d'organisation, on peut y voir des prémices d'une limitation objective des lois de police, transposables aux lois de police de protection.

[1623] Cour cass. Luxembourg. - 19 juin 2008. - n° 34/08. - Y. c/ F. B. et a. - M. Schlungs, Journal du droit international (Clunet) n° 2, Avril 2009, comm. 13, note G. CUNIBERTI.

[1624] Dans les faits, le premier de ces établissements était une société luxembourgeoise qui avait émis des obligations que le second établissement, une société belge, avait vendues à un couple résidant en Italie. Ce couple avait toutefois revendu lesdites obligations à un membre de leur famille domicilié en Belgique, qui décida d'agir contre les établissements financiers en nullité de la vente, pour vice du consentement. Remarquablement, le demandeur décida de poursuivre chacun des établissements devant la juridiction de leur pays d'origine, soit l'établissement belge à Liège et l'établissement luxembourgeois au Luxembourg. Pourtant, le demandeur ne semblait nullement décidé à accepter un morcellement du litige, puisqu'il demanda au tribunal d'arrondissement de Luxembourg de se dessaisir, au profit de la juridiction belge, de l'action qu'il avait pourtant lui-même initiée au Luxembourg.

systématiquement recours aux clauses d'élection de for[1625]. Cette décision est confirmée dans une affaire *Mega Bloks Inc. c/ American Home Assurance Company*[1626] dans laquelle, le juge canadien a appliqué le principe de primauté d'autonomie de la volonté, en respectant une clause d'élection de for, malgré l'article 3150 du Code civil du Québec spécifique aux contrats d'assurance.

Cependant, il importe d'insister sur la prudence qui doit entourer à l'insertion des clauses de règlement des différends dans les contrats de cyberconsommation. Si les conventions électroniques sont de plus en reconnues aujourd'hui, il ne faut pas perdre de vue la nécessité d'assurer un minimum de protection au consommateur en ligne. Pour cela, il convient de garantir l'absence d'abus dans les clauses d'élection. Le simple fait pour un contrat par voie électronique d'être conclu par simple adhésion ne doit pas occulter la valeur du consentement des parties[1627]. D'un autre côté, valider sans réserve la clause de compétence conduirait à exposer le faible à l'arbitraire du plus fort.

665. L'équilibre sera plus stable si la clause attribue au consommateur l'option de la saisine du juge du lieu de sa résidence ou du juge que lui propose le professionnel. Cette proposition revient simplement à reconnaître contractuellement la compétence à un juge alternatif, de manière à accorder au consommateur l'option entre le juge imposée par la loi de police du lieu de son domicile, et le juge qui conviendrait le mieux à ses aspirations personnelles notamment la quête d'une juridiction plus souple, plus rapide et moins coûteuse. C'est dans ce sens que s'inscrit le jugement du TGI de Paris[1628] du 5 mars 2015 qui déclare abusive, la clause selon laquelle la clause attributive de compétence de la société *Facebook* au profit exclusif des juridictions californiennes. Il faut préciser que cette qualification est motivée par le fait que la clause incriminée est de nature à dissuader le consommateur d'exercer toute action devant les juridictions du lieu de son domicile et à le priver de tout recours à l'encontre du fournisseur de réseau social[1629]. Peuvent être abusives, les clauses qui n'incluent pas l'option de

---

[1625] G. GOLDSTEIN, Chronique de droit international privé canadien (2004-2009) . - Première partie : Droit civil québécois, Journal du droit international (Clunet) n° 4, Octobre 2010, chron. 7 ; G. GOLDSTEIN et É. GROFFIER, Droit international privé, t. II, Règles spécifiques : Cowansville, Y. Blais, 2003, n° 418.

[1626] 2006 QCCS 5083, J.E. 2006-1876.

[1627] Article 12.4 du contrat de service Microsoft : « Vous et nous acceptons de manière irrévocable la compétence des tribunaux du Luxembourg pour tous litiges provenant de ou en relation avec le présent accord », mise à jour du 27 août 2012, date d'entrée en vigueur le 19 octobre 2012, http://windows.microsoft.com/fr-fr/windows-live/microsoft-services-agreement.

[1628] TGI Paris, ord. 5 mars 2015, n° 12/12401, X c/ sté Facebook Inc : JurisData n° 2015-010234.

[1629] G. LOISEAU, Facebook : la clause attributive de compétences au profit des juridictions californienne est abusive, Com.comm.électr.Rev.mensuelle LexisNexis Jurisclasseur, n°6 juin 2015, p. 35 à 36.

compétence en faveur du consommateur, en lui faisant croire qu'il perd le bénéfice de la protection des lois impératives du lieu de son domicile. Ainsi, sont abusives au sens de l'article R. 132-10 du Code de la consommation français, les clauses qui obligent le consommateur « à passer exclusivement par un mode alternatif de règlement des litiges ». L'exercice de cette option n'est possible que si la clause est portée à la connaissance du cyberconsommateur, qui peut la conserver pour s'en prévaloir en cas de litige[1630].

- L'affichage et la conservation obligatoires de la clause

666. Le contrat proposé au cyberconsommateur doit être porté à sa connaissance. Le commerçant peut le faire par l'affichage visible et lisible sur le site internet, ou par la transmission de la clause à sa boîte mail. Le site internet est conçu sous la forme d'une succession de pages, auxquelles on peut accéder grâce aux icônes qui s'activent par un clic de souris. Dans l'impossibilité de faire afficher tout le contenu du site sur une seule et unique page, la loi type de la CNUDCI sur le commerce électronique a consacré l'incorporation par référence pour résoudre la difficulté liée à la communication des informations à l'internaute[1631]. L'information peut donc être communiquée par référence, c'est-à-dire par l'affichage d'un lien hypertexte renvoyant à la clause ou à l'information recherchée[1632].

667. Pour vérifier que le cyberconsommateur a eu connaissance de la clause d'attribution, on pourrait se contenter de cette référence. La jurisprudence et la doctrine consacrent ce mode de connaissance des clauses contractuelles, à condition qu'elles soient accessibles[1633] et lisibles[1634]. C'est dans ce sens que dans une affaire dans laquelle deux utilisateurs de *MSN* contestaient l'opposabilité d'une clause d'élection de for à laquelle ils n'avaient pas consenti, le juge canadien a considéré que la nature

[1630] La convention d'arbitrage devait être expressément portée à l'attention d'un consommateur internaute au moment de conclure un contrat électronique, sinon elle ne pouvait lui être opposable. Affaire Dell Computer Corporation c. Union des consommateurs, (2005) Q.C.C.A. 570 (C.A.).

[1631] Article 5 bis de la loi type de la CNUDCI de 1996 : « L'information n'est pas privée de ses effets juridiques, de sa validité ou de sa force exécutoire au seul motif qu'elle n'est pas incorporée dans le message de données supposé produire ces effets juridiques, mais qu'il y est uniquement fait référence ».

[1632] La loi type de la CNUDCI de 1996 a été modifiée en 1998, précisément pour ajouter l'article 5 bis « Incorporation par référence » qui précise que, « L'information n'est pas privée de ses effets juridiques, de sa validité ou de sa force exécutoire au seul motif qu'elle n'est pas incorporée dans le message de données supposé produire ces effets juridiques, mais qu'il y est uniquement fait référence ».

[1633] D. LLUELLES, B. MOORE, Droit des obligations, Montréal, Éditions Thémis, 2006, n° 1459, p. 753 ; B. LEFEBVRE, L'affaire Dell : réflexions sous l'angle du droit civil, (2007) 37 R.G.D., n°2, p. 11.

[1634] B. LEFEBVRE, op cit, no 2, p. 11.

informatisée du support ne réduisait pas la prise de connaissance[1635]. Cependant il faut une réelle prise de connaissance, et non un affichage de simple formalité. Le professionnel doit véritablement prendre toutes les mesures pour permettre que la clause soit effectivement parvenue au destinataire et qu'elle soit lisible. L'argumentation semble convaincante. Mais il faut vérifier si la simple incorporation par référence suffit pour opposer une clause d'élection juridictionnelle au cyberconsommateur.

668. La réponse doit être nuancée. On ne trouve rien de mal à ce que l'icône affichée sur le site de référence donne accès à des clauses qui soient consultables soit en un bloc, soit en une seule page internet *html*, soit sous des formats *rtf*, *word* ou *pdf*. Les difficultés apparaissent dès lors que le site abuse de la pratique des références, en multipliant les liens donnant accès aux documents contractuels, ou dès lors que le contenu de ces documents est excessivement long de manière à en dissuader la lecture. C'est généralement le cas avec certains sites gratuits, particulièrement les sites de messagerie instantanée ou les réseaux sociaux, qui compliquent la connaissance des clauses en multipliant les icônes de référence. A titre d'illustration, on peut citer le cas des conditions générales d'utilisation des *Services Yahoo! (TOS)*[1636] qui pour la création et l'utilisation les données nominatives, renvoient à l'adresse *http://info.yahoo.com/privacy/fr/yahoo/*[1637], pour leur consultation renvoient à l'adresse *http://add.yahoo.com/fast/help/fr/privacy/cgi_policy*[1638], pour la modification des conditions des services gratuits orientent les internautes vers l'adresse suivante *http://info.yahoo.com/legal/fr/yahoo/tos.html*[1639], la résiliation est traitée via l'adresse

[1635] « The structure of sign-up procedure is such that the potential member is presented with the terms of membership twice during the process and must signify acceptance each time », Ruddler c. Miscosoft Corporation, 1999, O.J. n° 3778, X. Van OVERMEIRE, op cit, Lex Electronica, vol. 13 n°1 (Printemps / Spring 2008), http://www.lex-electronica.org/articles/v13-1/vanovermeire.htm.

[1636] http://info.yahoo.com/legal/fr/yahoo/utos/fr-fr/, Version 7.2 - Juin 2012, consulté le 24 janvier 2014.

[1637] Article 4 Politique de yahoo!: « Les Données nominatives renseignées lors de la création d'un compte Yahoo! et les adresses IP (ci-après dénommées ensemble, au sein de cet article, les « Données ») directement collectées par Yahoo! lorsque vous utilisez les Services sont traitées dans le respect de la réglementation applicable. Ces principes sont exposés et détaillés dans notre Centre d'informations sur la protection de la vie privée, disponible à l'adresse suivante : http://info.yahoo.com/privacy/fr/yahoo/ ».

[1638] « Nous vous rappelons que, conformément à la Loi n° 78-17 du 6 janvier 1978 modifiée, dite Loi Informatique et Libertés, vous disposez en ligne d'un droit de consultation, de modification et de retrait des toutes données personnelles collectées par Yahoo! Ces droits peuvent également être exercés auprès du support client en remplissant le formulaire disponible à l'adresse : http://add.yahoo.com/fast/help/fr/privacy/cgi_policy ».

[1639] Article 12 « Pour les Services dont l'usage est libre, gratuit, et ne nécessite pas l'ouverture d'un Compte Yahoo!, ces modifications seront mises en œuvre sans notification préalable. Les utilisateurs de ces services doivent se référer à chaque ouverture de session à la dernière version des TOS disponible en permanence à l'adresse suivante :
http://info.yahoo.com/legal/fr/yahoo/tos.html ».

http://help.yahoo.com/l/fr/yahoo/security/account_security/edit-23.html1641, les litiges relatifs à la propriété intellectuelle sont visés à l'adresse *http://info.yahoo.com/legal/fr/yahoo/copyright/fr-fr/1643*. Le même constat est visible sur la page « Déclaration des droits et responsabilités » du site Facebook[1644].

669. Une pratique modérée de l'incorporation par référence est impérative. Ce qui soulève la question de l'indicateur à adopter pour apprécier et mesurer l'utilisation convenable ou abusive des icônes et des liens hypertextes. Aucun critère de mesure n'est consacré à ce jour pour distinguer les bonnes des mauvaises pratiques d'incorporation par référence. Curieusement, le courant consumériste abandonne au cybercommerçant le libre recours à la pratique de l'incorporation par référence. C'est le cas notamment avec le site www.terapeak.fr, dont les *« terms »* incluent toutes les conditions générales incorporées par référence par des liens hypertextes divers[1645]. L'intérêt de l'instauration d'une unité de mesure de l'incorporation par référence est d'éviter de donner libre cours à l'arbitraire du professionnel, qui peut les multiplier dans le but de rendre leur consultation difficile.

La validité automatique de l'incorporation n'est pas la solution idéale. Elle risque de causer d'énormes préjudices à l'internaute cyberconsommateur. En matière de vente par exemple, lorsque l'acquéreur a payé régulièrement les factures, l'exécution de l'obligation de remettre le prix de la chose au vendeur conforte l'idée de l'acceptation de

---

[1640] Article 13 des conditions générales : « Si une atteinte est portée à vos droits de propriété intellectuelle sur un des services Yahoo!, signalez-nous cette atteinte selon les modalités exposées à l'adresse suivante : :http://info.yahoo.com/legal/fr/yahoo/copyright/fr-fr/ »

[1641] Article 13 des conditions générales : « Si une atteinte est portée à vos droits de propriété intellectuelle sur un des services Yahoo!, signalez-nous cette atteinte selon les modalités exposées à l'adresse suivante : http://info.yahoo.com/legal/fr/yahoo/copyright/fr-fr/ ».

[1642] Article 21 des conditions générales : « Si une atteinte est portée à vos droits de propriété intellectuelle sur un des services Yahoo!, signalez-nous cette atteinte selon les modalités exposées à l'adresse suivante : http://info.yahoo.com/legal/fr/yahoo/copyright/fr-fr/ ».

[1643] Article 21 des conditions générales : « Si une atteinte est portée à vos droits de propriété intellectuelle sur un des services Yahoo!, signalez-nous cette atteinte selon les modalités exposées à l'adresse suivante : http://info.yahoo.com/legal/fr/yahoo/copyright/fr-fr/ ».

[1644] La Déclaration des droits et responsabilités renvoie à des icônes de référence pour la Politique d'utilisation des données le contrôle des paramètres de confidentialité et des applications, les règles applicables aux promotions, les infractions aux droits de propriété intellectuelle, les conditions de paiement, les règles publicitaires, les règles applicables à la plate-forme Facebook, les conditions applicables aux Pages : https://fr-fr.facebook.com/legal/terms?locale=fr_FR, Dernière révision : 15 novembre 2013, consulté le 24 janvier 2014.

[1645] « En acceptant électroniquement ou en utilisant d'une quelconque manière le logiciel terapeak, vous acceptez de respecter toutes les conditions générales contenues dans ce contrat, y compris les conditions générales Terapeak d'utilisation du site web ("cg"), les documents disponibles sur le site web hébergé à l'adresse www.terapeak.fr (le "site web") et la politique de confidentialité (politique de confidentialité), qui sont par les présentes incorporés en référence à ce contrat », http://www.terapeak.fr/terms.

l'acquéreur[1646]. Un tel argument supposerait que par le paiement, le cyberconsommateur aurait accepté toutes les clauses référencées par incorporation au moyen de liens hypertextes multiples. Pourtant il est possible de payer les factures d'abonnement aux sites, sans avoir effectivement connaissance de certaines clauses. L'exigence de la connaissance effective de l'internaute révèle toute sa pertinence dans ce contexte. Il reste seulement à déterminer les modalités de sa mise en œuvre sur internet.

670. La connaissance effective suppose un affichage certain, lisible, apparent et précis, c'est-à-dire non équivoque, sur une des pages du processus de passation de commande. L'affichage de cette page doit être obligatoire dans le processus de passation de la commande. Dans l'exemple du paiement des abonnements, il serait adéquat d'exiger au cybercommerçant, de faire figurer automatiquement les clauses de litige sur la même page que les modalités de paiement et les conditions de livraison et de rétractation. L'exigence de lisibilité suppose que la connaissance est satisfaite lorsque la clause est affichée de façon très apparente et non équivoque, en caractères non minuscules[1647]. C'est dans ce sens qu'après avoir rappelé que les clauses prorogeant la compétence internationale sont en principe licites lorsqu'elles sont invoquées dans un litige à caractère international à l'égard de la partie qui en a eu connaissance au moment de l'acceptation, la Cour d'appel de Pau précise qu'un simple clic lors de l'inscription à un site est insuffisant pour transférer la compétence juridictionnelle à un juge étranger. La Cour précise que « le consentement de l'utilisateur n'est pas acquis lorsqu'au cours de cette manipulation la clause attributive de compétence n'est pas facilement identifiable et lisible »[1648]. Cette mesure permet d'une part, de satisfaire aux conditions d'information

[1646] « Quand bien même la société SBMM n'aurait jamais signé aucun document comportant cette clause attributive de juridiction, il est suffisamment établi qu'elle l'a accepté par le paiement réitéré des factures au dos desquelles elles étaient imprimées », Cass. Com. 20 mars 2012, pourvoi n°11-11570, non publié au bulletin, http://www.legifrance.gouv.fr/affichJuriJudi.do?oldAction=rechJuriJudi&idTexte=JURITEXT000025568417&fastReqId=559576464&fastPos=1.

[1647] Cass. Com., 14 juin 1994, n°92-10.633, Kawneer France c/ Corre.

[1648] « Il apparaît à la lecture des conditions générales d'utilisation du site, que les dispositions spécifiques relatives à la clause attributive de compétence à une juridiction des Etats Unis est noyée dans de très nombreuses dispositions dont aucune n'est numérotée. Elle est en petits caractères et ne se distingue pas des autres stipulations. Elle arrive au terme d'une lecture complexe de douze pages format A4 pour la version papier remise à la cour et la prise de connaissance de ces conditions peut être encore plus difficile sur un écran d'ordinateur ou de téléphone portable, pour un internaute français de compétence moyenne. En outre, il suffit d'une simple et unique manipulation lors de l'accès au site (clic) et non d'une signature électronique pour que le consentement de l'utilisateur soit considéré comme acquis ce qui suppose que l'attention de celui-ci soit particulièrement attirée sur la clause dont se prévaut la société Facebook ce qui n'est pas le cas en l'espèce puisque lors de cette manipulation la clause n'est pas facilement identifiable et lisible. », Pau 1ère ch. Arrêt du 23 mars 2012,https://www.legalis.net/spip.php?page=jurisprudencedecision&id_article=3382.

réelle et non supposée de l'incorporation par référence, et d'autre part de faciliter la conservation par l'impression ou l'enregistrement sur l'ordinateur, de tous les éléments liés au processus contractuel.

C. L'extension de la loi d'autonomie à la désignation de la loi applicable au litige impliquant le cyberconsommateur

671. Les cyberconsommateurs sont supposés prendre une part active au commerce électronique[1649]. La protection qu'on leur accorde consisterait à leur appliquer la loi du lieu de leur résidence chaque fois qu'ils sont en relation avec un professionnel[1650]. Cette loi est généralement érigée en loi de police de protection[1651]. Elle interdirait de soumettre le cyberconsommateur à une loi étrangère parce qu'il il serait mieux protégé par la loi du lieu de son domicile qu'il est censé connaître. Cependant la prévisibilité n'est pas le propre de des lois de police. Lorsqu'elle est d'origine légale, la prévisibilité aboutit à une rigidité des critères de rattachement des litiges. Or la prévisibilité suppose aussi de tenir compte des spécificités de chaque relation et du caractère précaire et variable de la notion de faiblesse[1652]. Elle peut

---

[1649] « Il est connu cependant qu'ils n'y participent effectivement, compte tenu de leur position de faiblesse à l'égard des professionnels, que s'ils se sentent suffisamment protégés », J. PASSA, Le contrat électronique international : conflits de lois et de juridictions, Communication Commerce électronique n° 5, Mai 2005, Etude 17.

[1650] Article 12 alinéa 1 de la loi sénégalaise de 2008 sur les transactions électroniques : « L'activité de commerce électronique ne peut avoir effet de priver un consommateur ayant sa résidence habituelle sur le territoire national de la protection que lui assurent les dispositions impératives de la loi sénégalaise relative aux obligations contractuelles ». Article 55 de la loi burkinabé de 2008 sur les transactions électroniques : « Les dispositions de la présente section ... sont impératives dans les relations entre un prestataire et un consommateur. Toute clause par laquelle le consommateur renonce au bénéfice des droits qui lui sont conférés par la présente section est réputée non écrite ». Article 8 de la loi ivoirienne de 2013 relative aux transactions électroniques : « Le choix de par les parties de la loi applicable à leurs transactions ne peut avoir pour but ni pour effet de priver le consommateur ayant sa résidence habituelle sur le territoire national de la protection que lui assurent les dispositions des lois ivoiriennes en matière de protection des droits du consommateur ».

[1651] « On peut distinguer deux types de lois de police : celles qui répondent à la formule traditionnelle de FRANCESCAKIS, tendent de manière directe, à la sauvegarde de l'organisation étatique ou des intérêts collectifs qu'on appellera par commodité linguistique lois de police administratives ; et d'autres lois de police protectrices, qui se bornent à écarter le jeu normal du droit contractuel sur le plan de la formation, de l'exécution ou de la fin de la relation contractuelle, de manière à sauvegarder les intérêts particuliers d'une partie au contrat...Tout en ne cessant pas d'être organisatrices des rapports contractuels, les lois de police de protection concourent en même temps, indirectement, à l'organisation de la société dont l'État a la charge, de sorte que le rééquilibrage des intérêts privés se révèle « en alliage indissociable d'un certain secteur de l'activité économique et sociale de l'État », A. NUYTS, L' application des lois de police dans l'espace, réflexions au départ du droit belge de la distribution commerciale et du droit communautaire, Revue critique de droit international privé 1999 p. 31, n°5.

[1652] « Sont relativement faibles : les hommes et les femmes qui, dans une société donnée, possèdent moins de moyens que d'autres pour satisfaire leurs besoins selon les normes socio-culturelles de cette société...La faiblesse sociale est une variable sociologique. Les besoins

aussi découler de la loi d'autonomie. Le choix de la loi applicable par les parties n'est pas interdit au cybersonsommateur. Il ne doit pas seulement le priver du bénéfice de la plus favorable des lois en conflit[1653]. Ce qui devrait importer, c'est la recherche de la loi la plus protectrice des intérêts du cyberconsommateur. La validité de la clause d'*electio juris* ne souffre pas de véritable contestation en matière d'arbitrage (1). En dépit de quelques réticences, la même hospitalité doit être accordée à la clause de compétence judiciaire (2).

1. La consécration de la clause d'arbitrage

672. L'arbitrage accorde une place importante à la volonté des parties. L'arbitrabilité du litige impliquant le consommateur est consacrée tant pour la clause compromissoire que pour le compromis[1654] par les arrêts *Jaguar*[1655] et *Rado*[1656]. Cette validité de la clause d'arbitrage international impliquant le consommateur est soumise à la double condition qu'elle soit acceptée et qu'elle ne soit pas unilatéralement imposée[1657]. En vertu de la loi d'autonomie, les parties peuvent librement choisir les arbitres[1658], le lieu de l'arbitrage et les dispositions que le tribunal arbitral appliquera pour régler le litige[1659].

673. Le commerce électronique ne déroge pas à l'idée de confier à des juges privés la résolution des différends en ligne. Selon une conception très

---

varient, de même le rôle des puissances ou capacités, dans la faiblesse sociale ». R. LEDRUT, Les chômeurs : faiblesse sociale et sentiment de faiblesse, in Revue française de sociologie. 1961, 2-3. p. 154.

1653 A. BERTRAND et Th. PIETTE-COUDOL, Internet et le droit, Que sais-je ?, PUF, 2ème éd. 1999, p. 29.

1654 « La distinction entre la clause compromissoire et le compromis d'arbitrage s'abolit en matière internationale pour se voir substituer la seule catégorie de convention d'arbitrage, laquelle intervient indifféremment à l'égard d'un litige né ou éventuel ».CA Paris, 17 jan. 2002, Rev. arb. 2002.391, note RACINE.

1655 Cass. Civ. 1re, 21 mai 1997, Jaguar, Rev. arb. 1997.537, note GAILLARD.

1656 Cass. Civ. 1re, 30 mars 2004, *Rev. arb.* 2005.115, note BOUCOBZA (X.) ; obs. Clay (Th.) *in* Arbitrage et modes alternatifs de règlement des litiges : panorama 2005, *D.* 2005, p. 3051.

1657 L'article 5 (1) de la loi-cadre de mai 2011 sur la protection du consommateur au Cameroun déclare nulles les clauses contractuelles « qui imposent une clause d'arbitrage unilatérale ».

1658 « L'arbitre, à la différence du juge, n'est pas soumis à l'impérativité d'une source formelle ; il se doit simplement de respecter la volonté des parties quand elles ont choisi la loi applicable et d'anticiper l'exécution de la décision en tenant compte des lois de police », O. CACHARD, La libre recherche scientifique à son paroxysme : la jurisprudence arbitrale », La pensée de François GENY, O. CACHARD, F.- X. LICARI et F. LORMANT (dir.), Dalloz, 2013, p. 61.

1659 Art. 28(1) de la Loi type CNUDCI ; art. VII Convention européenne sur l'arbitrage commercial international (Convention de Genève) ; art. 42 Convention pour le règlement des différends relatifs aux investissements entre États et ressortissants d'autres États (Convention CIRDI) ; art. 33(1) du Règlement d'arbitrage CNUDCI ; art. 17(1) du Règlement d'arbitrage de la CCI ; art. 15(1) de l'Acte Uniforme OHADA relatif au droit de l'arbitrage ; Principes UNIDROIT relatifs aux contrats commerciaux internationaux 2004 (Principes UNIDROIT).

autonomiste de l'arbitrage international, aucune réglementation n'est vraiment nécessaire, sauf à préciser le rôle du juge d'appui et l'étendue du contrôle judiciaire sur les sentences arbitrales[1660]. Comme l'affirme SCHULTZ, « si internet amène ainsi de nouveaux défis de mise en œuvre pour le droit, les nouvelles technologies de l'information qui le constituent ou en découlent présentent toutefois également des opportunités. La résolution des litiges en ligne est le produit de l'exploitation d'une telle opportunité dans le but principal de réagir à l'un de ces défis. Les nouvelles technologies de l'information permettent de simplifier, d'accélérer et de baisser les coûts de la résolution des litiges, rendant ainsi la justice plus accessible »[1661].

Il faut préciser que bien qu'ils soient nés des transactions en ligne, certains litiges peuvent être confiés à des instances arbitrales *off line*. Mais ce qui est intéressant pour l'internaute, c'est qu'il puisse bénéficier de la célérité, de la rapidité, et du coût moins élevé de la procédure d'arbitrage en ligne. L'internaute craint généralement les dépenses générées par une procédure judiciaire lente et onéreuse.

674. Un auteur s'est interrogé sur la pertinence d'une justice en ligne pour les internautes africains[1662]. Le considérant 2 du règlement européen n° 524/2013 du 21 mai 2013 relatif au règlement en ligne des litiges de consommation dispose que, « pour avoir confiance dans la dimension numérique du marché intérieur et pouvoir en bénéficier, il est nécessaire que les consommateurs aient accès à des moyens simples, efficaces, rapides et peu onéreux de règlement des litiges nés de la vente de biens ou de la prestation de services en ligne. Cet aspect revêt une importance particulière lorsque les consommateurs effectuent des achats transfrontaliers ». L'Afrique du Sud fait figure de pionnière avec deux projets majeurs en matière de résolution des conflits en ligne[1663]. « La conciliation et la

[1660] P. MAYER, Faut-il distinguer arbitrage interne et arbitrage international ?, Rev. arb., 2005. p. 361.

[1661] T. SCHULTZ, Réguler le commerce électronique par la résolution des litiges en ligne, Une approche critique, Bruylant Bruxelles, 2005, p. 4.

[1662] « Y a-t-il une réelle pertinence de la cyber justice sur un plan sociologique en Afrique ? S'agit-il vraiment des préoccupations actuelles des populations africaines en matière de justice ? A priori, on pourrait se hâter de répondre non mais il faut reconnaître que rien non plus n'empêche que la chose soit possible puisqu'aucune étude n'y a été consacrée. Il s'agit donc effectivement d'un autre défi mais pas insurmontable », F. ONANA ETOUNDI, La cyber justice au service des opérateurs africains et arabes : état du contentieux civil africain, Revue de l'Ersuma, 33ème Congrès de l'IDEF, mars 2014. p. 183.

[1663] Le premier est le *South Africa's Domain Name Dispute Resolution Regulations* relatif aux conflits portant sur les noms de domaines .ZA ; Le second porte les conflits entre consommateurs et entre consommateurs et professionnels sud-africains en ligne et s'intitule « *Onlineombud initiative* ». Voir www.onlineombud.com; Voir aussi la procédure mise en place par l'Institut sud-africain de la propriété intellectuelle pour la résolution des conflits et qui se rapproche de celle mise en place par l'Organisation internationale de la propriété intellectuelle. F. ONANA ETOUNDI, La cyber justice au service des opérateurs africains et

médiation étant déjà des valeurs africaines à travers le concept immémorial et toujours existant dans nos campagnes de l'arbre à palabre, il ne devrait pas culturellement être difficile pour les africains de s'approprier cette technologie pour la rendre efficace »[1664]. Une des poches d'impulsion de l'arbitrage en ligne est la Cour commune de justice et d'arbitrage de l'OHADA, qui est la seule juridiction arbitrage dont les sentences sont directement applicables[1665].

675. L'accès à l'arbitrage ne prend généralement pas en considération la distinction entre professionnel et consommateur. La liberté de choix de la loi applicable est donc également ouverte à l'internaute consommateur, du moment où il bénéficie de la libre disposition de ses droits[1666]. Cependant la loi des parties n'est pas toujours absolue. Les arbitres peuvent appliquer des règles impératives figurant dans une loi autre que celle des parties sur le fondement de certains principes fondamentaux tels que : les règles d'ordre public[1667], les hypothèses de fraude à la loi, l'existence d'une autre loi ayant des liens plus étroits avec le litige comme la loi du lieu de l'arbitrage ou la loi du lieu de l'exécution. L'application des règles impératives au détriment de la loi d'autonomie peut s'étendre aux normes informelles développées au sein des communautés électroniques. Il peut arriver que malgré le choix d'une loi nationale précise, les arbitres préfèrent les règles non étatiques nées de la communauté électronique au sein de laquelle l'internaute se retrouve. C'est le cas notamment dans les réseaux sociaux et les sites de rencontre qui proposent à leurs abonnés, des chartes de bonne conduite, des chartes d'utilisation et d'autres normes qui y ont émergé et s'y sont imposées. Cette préférence pour les arbitres a pris corps avec l'affaire *Aramco* de 1958[1668] et s'épanouit de plus en plus sur la toile. A moins qu'elles ne soient formulées que sous une forme de recommandations[1669], les règles de la netiquette et les chartes de bonne conduite ont été déclarées opposables aux internautes, notamment dans des litiges opposant des spammeurs à leur fournisseur

arabes : état du contentieux civil africain, Revue de l'Ersuma, 33ème Congrès de l'IDEF, mars 2014, p. 184.

1664 F. ONANA ETOUNDI, La cyber justice au service des opérateurs africains et arabes : état du contentieux civil africain, op. cit., p. 185.

1665 V. Infra, page 428 et s.

1666 Article 275 du décret du 15 mars 1982 portant Code de procédure civile au Togo : « Toutes personnes peuvent compromettre sur les droits dont elles ont la libre disposition ».

1667 Article V(2)b de la Convention des Nations Unies du 10 juin 1958 sur la reconnaissance et l'exécution des sentences arbitrales étrangères (Convention de New York) ; art. 36(2)b)(ii) de la Loi type CNUDCI.

1668 Arabie Saoudite c. Arabian American Oil (23 août 1958), Rev. crit. DIP (1963) p. 272. V. aussi CIRDI, SPP c. République Arabe d'Égypte (20 mai 1992), Journal du droit international (1994) p. 229.

1669 Les recommandations n'ont en principe pas de valeur contraignante. TGI Paris 4é ch., 15 mai 2009, UFC Que Choisir c/ NC Numéricable http://www.legalis.net/jurisprudence-decision.php3?id_article=2740.

d'accès à internet[1670], dans le cadre de la lutte contre les contenus illicites[1671], entre un hébergeur et son client[1672].

2. La validité de la loi étatique étrangère garantissant un niveau de protection identique à la loi du lieu de résidence

676. Le commerce électronique contribue à redorer le blason du principe de l'autonomie de la volonté à travers la clause d'élection de droit. C'est ce qui apparaît notamment dans la pratique, lorsque les conditions générales des sites internet stipulent la désignation de la loi étrangère dans une relation contractuelle impliquant le cyberconsommateur. L'article 16.1 de la Déclaration des droits et responsabilités du site *Facebook* stipule clairement que « le droit de l'État de Californie est le droit appliqué à cette Déclaration, de même que toute action entre vous et nous, sans égard aux principes de conflit de lois »[1673]. Dans le fond, le cybercommerçant a véritablement besoin d'assurance. Même s'il est quotidien pour certains, l'acte de consommation n'est pas une occupation à temps plein pour l'individu, encore moins avec un cocontractant étranger, alors que la vente transnationale à des consommateurs est l'activité continue, régulière et essentielle de certains commerçants[1674].

677. Pour se prémunir contre les consommateurs véreux, les professionnels ont recours à des clauses d'élection de droit. Faut-il penser automatiquement et sans aucune réserve que ces clauses sont illicites ? Pour reconnaître aux conditions générales une valeur contractuelle, il suffit qu'elles ne revêtent pas un caractère abusif[1675]. Généralement, « la Cour de

---

[1670] TGI Paris, référé, 15 jan. 2002, Paul V. c/ Liberty Surf http://www.legalis.net/jurisprudence-decision.php3?id_article=147.

[1671] CA Paris 14é ch., 24 nov. 2006, Tiscali Access c/ Free, UEJF et autres http://www.legalis.net/jurisprudence-decision.php3?id_article=1793).

[1672] « Il est également prouvé qu'elle déploie des efforts pour trouver des accords avec les acteurs du monde audiovisuel afin de préserver les droits et qu'elle promeut les chartes et codes de bonne conduite ». TGI Paris 3é ch., 13 mai 2009, Temps Noir et autres c/ Youtube et autres http://www.legalis.net/breves-article.php3?id_article=2642; Voir aussi TC Paris 15é ch., 11 déc. 2009, Groupement des brocanteurs de Saleya et autres c/ eBay Inc. http://www.legalis.net/jurisprudence-decision.php3?id_article=2810 « eBay est signataire de la Charte de confiance des plateformes de ventes entre internautes signée à l'initiative de la Fevad le 8 juin 2006 ; que parmi les engagements contractés par les plateformes signataires de cette charte, figure notamment le fait d'inciter les vendeurs professionnels à se déclarer comme tels, (...) Attendu que la plateforme eBay s'est conformée à ses engagements comme le confirme le premier bilan de la mise en place de cette Charte (...) ».

[1673] https://fr-fr.facebook.com/legal/terms?locale=fr_FR.

[1674] S. GUELLIMARD, L'élection de droit : comparaison québéco-européenne, R.I.D.C. 1-2005, p. 67.

[1675] L'article R. 132-1, 1° du Code de la consommation français qui présument irréfragablement abusives les clauses ayant pour objet ou pour effet de « constater l'adhésion du non-professionnel ou du consommateur à des clauses qui ne figurent pas dans l'écrit qu'il accepte ou qui sont reprises dans un autre document auquel il n'est pas fait expressément

cassation requiert en effet seulement que celui auquel les clauses qu'elles comportent sont opposées ait été averti de leur existence - généralement par une stipulation du document contractuel principal renvoyant aux conditions générales - et qu'il ait pu en prendre connaissance »[1676]. Les parties à un contrat de consommation peuvent également au titre de la liberté de choix, appliquer une autre loi, à la condition qu'elle apporte le même niveau de protection au consommateur que celle du pays du lieu de sa résidence. Il est nécessaire de garder en esprit que ce qui est préservé, c'est le niveau de protection qu'accorde la loi du lieu de résidence[1677].

678. Il existe des sites internet qui prennent en compte le souci de la meilleure protection, en accordant les possibilités d'évaluer les niveaux de sauvegarde des intérêts du cyberconsommateur que proposent les lois en conflits. C'est le cas de la section « A propos de ces conditions d'utilisation » du site *google .fr*, qui stipule que « dans certains pays, des tribunaux pourraient refuser d'appliquer la loi de l'État de Californie dans certains cas de litiges. Si vous résidez dans l'un de ces pays, les lois de votre pays s'appliqueront à tout litige résultant des présentes, en cas de non application de la loi de l'État de Californie. Dans le cas contraire, vous reconnaissez que les éventuels litiges liés aux présentes Conditions d'Utilisation seront régis par les lois de l'État de Californie, États-Unis, à l'exclusion des règles de conflit de lois de cet État »[1678].

679. Appliquer la loi du lieu de résidence du cyberconsommateur ne suppose pas une meilleure protection. Il n'est pas certain que la connaissance d'une loi soit un critère qualitatif de la protection. Jusqu'à présent seules les législations de la Côte d'Ivoire, du Cameroun, du Sénégal et du Burkina Faso peuvent prétendre accorder une protection adéquate à l'internaute dans les pays francophones d'Afrique subsaharienne. Les autres Etats ne disposent pas de règlementation spécifique au commerce électronique. Les aspects relatifs à l'obligation d'information sur les réseaux, la responsabilité des prestataires de services internet, la responsabilité contractuelle du fait d'autrui, sont encore ignorés par la majorité des lois des pays francophones d'Afrique subsaharienne. La conséquence logique est que lorsqu'ils sont en affaire avec des cybercommerçants étrangers, européens notamment, les cyberconsommateurs installés dans les Etats francophones d'Afrique subsaharienne peuvent être mieux protégés par les législations étrangères

---

référence lors de la conclusion du contrat et dont il n'a pas eu connaissance avant sa conclusion ».

[1676] G. LOISEAU, La valeur contractuelle des conditions générales d'utilisation des réseaux sociaux, Comm.com. électr. n° 7, Juill. 2012, comm. 78.

[1677] Article 6.2 du Règlement (CE) No 593/2008 du 17 juin 2008 sur la loi applicable aux obligations contractuelles (Rome I) « Les parties peuvent choisir la loi applicable à un contrat satisfaisant aux conditions du paragraphe 1, conformément à l'article 3. Ce choix ne peut cependant avoir pour résultat de priver le consommateur de la protection que lui assurent les dispositions auxquelles il ne peut être dérogé par accord en vertu de la loi qui aurait été ».

[1678] http://www.google.fr/intl/fr/policies/terms/regional.html; Date de la dernière modification : 11 novembre 2013.

que par la loi du lieu de leur résidence. A quoi sert-il d'avoir une connaissance de sa législation nationale, alors qu'elle n'est ni adaptée, ni apte à régir les échanges en ligne ?

Dans une étude sur le lien entre la loi sur la protection du consommateur et l'article 3117 du Code civil québécois, Sylvette GUILLEMARD affirme que « le consommateur, domicilié au Québec, pourra se voir appliquer une loi qui lui serait plus avantageuse que la loi québécoise [...] »[1679]. Autrement dit, la loi désignée par les parties sera appliquée à moins qu'une comparaison concrète ne démontre que la loi de la résidence du consommateur lui fournit une meilleure protection. Il suffit que la loi étrangère désignée par les parties soit aussi protectrice du consommateur que la loi du lieu de sa résidence pour qu'elle soit appliquée.

680. Si la crainte est de voir le cyberconsommateur être exposé à une loi étrangère qui lui est inconnue, on peut toujours suggérer que le juge procède à un dépeçage, de sorte que les « dispositions impératives de la loi du lieu de résidence du consommateur » soient appliquées uniquement sur certains aspects sur lesquels elle est plus protectrice, en même temps que les dispositions favorables de la loi étrangère. Malgré que cela complique quelque peu sa tâche[1680], le juge pourrait être appelé à appliquer deux lois à la fois : celle choisie par les parties et certaines dispositions de celle qui est la plus protectrice pour le consommateur. Au Canada, dans une affaire *Lamothe c/ Chrysler Canada Inc*[1681], la Cour du Québec devait déterminer si la loi québécoise sur la protection du consommateur devait s'appliquer au recours d'un acheteur domicilié au Québec d'une automobile achetée en Ontario contre le fabricant dont le siège social est en Ontario. Curieusement, la Cour constate qu'elle ne peut appliquer la règle de conflit de l'article 3117 Code civil du Québec[1682] en faveur de la protection spécifique du

---

[1679] http://www.google.fr/intl/fr/policies/terms/regional.html; Date de la dernière modification : 11 novembre 2013.

[1680] « Puisqu'il est alors tenu d'apprécier la nature, l'objet ainsi que les conséquences de l'application ou de la non-application de ces dispositions, afin de déterminer si elles doivent mettre en échec la règle de conflit. Il va également devoir gérer la dualité des lois régissant le contrat. Cela ne va pas sans difficultés, notamment du fait de la méconnaissance des lois étrangères, ou de la complexité à faire coexister des normes ayant chacune leur spécificité », H. BUREAU, Le droit de la consommation transfrontière, Paris, Litec, 2000, p. 166,

[1681] 2009 QCCQ 12757, J.E. 2010-83.Voir G. Goldstein, Chronique de droit international privé canadien (2004-2009), Première partie : Droit civil québécois, JDI (Clunet) n° 4, Octobre 2010, chron. 7, n°39.

[1682] Article 3117 Code civil du Québec : « Le choix par les parties de la loi applicable au contrat de consommation ne peut avoir pour résultat de priver le consommateur de la protection que lui assurent les dispositions impératives de la loi de l'État où il a sa résidence si la conclusion du contrat a été précédée, dans ce lieu, d'une offre spéciale ou d'une publicité et que les actes nécessaires à sa conclusion y ont été accomplis par le consommateur, ou encore, si la commande de ce dernier y a été reçue. Il en est de même lorsque le consommateur a été incité par son cocontractant à se rendre dans un État étranger afin d'y conclure le contrat. En l'absence de désignation par les parties, la loi de la résidence du consommateur est, dans les mêmes circonstances, applicable au contrat de consommation ».

consommateur[1683]. La Cour applique alors la règle de conflit de l'article 3128 du Code civil du Québec[1684] qui soumet la responsabilité du fabricant, selon le choix de la victime, à la loi du lieu de l'établissement du fabricant ou à la loi du lieu dans lequel le bien a été acquis. Le bien ayant été acquis en Ontario, la Cour applique la loi québécoise en tant que celle du lieu d'établissement du fabricant[1685]. L'interprétation est audacieuse étant donné que l'acheteur poursuivait non pas l'établissement québécois de la défenderesse mais la maison mère au Canada dont le siège et l'établissement se trouvait en Ontario[1686]. Toutefois, cette orientation semble excessive. C'est la raison pour laquelle on recommande, plutôt que la loi du lieu de l'établissement du cybercommerçant, la tolérance dans certaines conditions de l'application de la loi étrangère au cyberconsommateur. A travers la clause d'élection de droit, le commerce électronique contribue à l'extension de la loi d'autonomie dans les litiges impliquant le cyberconsommateur.

§2. Le renouvellement des critères de rattachement des litiges délictuels

681. Les réseaux électroniques provoquent le renouvellement des critères de rattachement des litiges délictuels. Elles affectent notamment les modes traditionnels de désignation du juge compétent (A) et en suggèrent la relecture de la notion de *lex loci delicti* (B).

A. Le juge compétent

682. En matière délictuelle, la compétence est traditionnellement reconnue au lieu du délit. Plusieurs législations des pays francophones d'Afrique subsaharienne disposent que, « la demande en réparation de dommage causé par un délit, une contravention, un quasi-délit, pourra être portée devant le tribunal du lieu où le fait dommageable s'est produit »[1687]. La jurisprudence confirme que cette formulation accorde une option au

---

[1683] Au motif que les circonstances qui sont énumérées à l'article 3117 du Code civil du Québec n'étaient pas réunies. En effet, le consommateur était allé lui-même en Ontario acheter l'automobile, sans publicité ou offre spéciale faite au Québec, sans y avoir été invité par un voyage organisé.

[1684] Article 3128 Code civil du Québec : « La responsabilité du fabricant d'un bien meuble, quelle qu'en soit la source, est régie, au choix de la victime: par la loi de l'État dans lequel le fabricant a son établissement ou, à défaut, sa résidence ; par la loi de l'État dans lequel le bien a été acquis ».

[1685] G. GOLDSTEIN, Chronique de droit international privé canadien (2004-2009), Première partie : Droit civil québécois, JDI (Clunet) n° 4, Octobre 2010, chron. 7, n°39.

[1686] La cour justifie son propos par le fait qu'à l'égard des clients québécois, c'est à partir de son établissement au Québec que le fabricant assurait le service après-vente, ce qui suffisait aux fins de l'article 3128 du Code civil du Québec.

[1687] Article 8 al.11 du Code de procédure civile et commerciale camerounais ; article 34 dernier paragraphe du Code de procédure civile sénégalais ; article 42 du Code de procédure civile béninois.

demandeur en matière extracontractuelle[1688]. Le lieu du délit s'entend du lieu de commission du fait générateur[1689] ou du lieu de la réalisation du dommage[1690]. Or internet ne s'accommode pas de la localisation spatiale et remet en cause les indices physiques et matériels du rattachement juridictionnel du délit (1). La Cour d'appel de Paris recommande que, « sauf à vouloir conférer systématiquement, dès lors que les faits ou actes incriminés ont eu pour support technique le réseau internet, une compétence territoriale aux juridictions françaises, il convient de rechercher et de caractériser dans chaque cas, un lien suffisant, substantiel ou significatif entre ces faits ou actes et le dommage allégué »[1691]. Ces exigences nous semblent satisfaites dans l'examen de la destination de l'activité[1692] (2).

1. La remise en cause des critères fondés sur la localisation du délit

683. En droit international privé, la localisation se rapporte à un lien abstrait matériel ou intellectuel existant entre une situation juridique et un Etat[1693]. La localisation à partir de la loi du lieu du délit sur internet n'est pas aisée. Avec internet, on assiste à « la dissolution du lien entre la localisation géographique et la localisation juridique, puisque précisément l'hypothèse d'unicité du lieu géographique ne se réalise plus dans les faits, soit en raison de la plurilocalisation [du lieu du dommage], soit en raison d'une absence de localisation [du lieu du fait générateur] »[1694]. Les réseaux électroniques affectent la détermination du lieu de commission du fait générateur (a), et provoquent la multiplication des lieux du dommage (b).

1688 « En matière délictuelle, et quasi délictuelle, le demandeur a la faculté d'agir devant le tribunal dans le ressort duquel a eu lieu le fait dommageable », CS/Cameroun. Arrêt n°38/cc 01 avril 1976, Bull. n°34, 5052.

1689 CJCE, 30 nov.1976, Bier c/ Mines de Potasse d'Alsace, aff. 21/76, 1735, Rev. Crit. DIP 1977, 719 note BOUREL.

1690 « Le demandeur peut saisir à son choix, outre la juridiction du lieu où demeure le défendeur, en matière délictuelle, la juridiction du lieu du fait dommageable ou celle dans le ressort de laquelle le dommage a été subi ». L'article 45 de la Loi burkinabé portant Code de procédure civile dispose clairement que « le demandeur peut saisir à son choix, outre le tribunal du domicile du défendeur… en matière délictuelle, le tribunal du lieu du fait dommageable ». Les autres législations préfèrent une formulation qui admet de manière implicite que, « la demande en réparation de dommage causé par un délit, une contravention, un quasi-délit, pourra être portée devant le tribunal du lieu où le fait dommageable s'est produit ». Il en est ainsi des articles 8al.11 du Code de procédure civile et commerciale camerounais, 34 dernier paragraphe du Code de procédure civile sénégalais, l'article 42 du Code de procédure civile béninois.

1691 M-E. ANCEL, op cit, n°14 ; Paris, 4ème ch. A. 26 avr. 2006, Scherrer et Normalu c/sarl ACET, Juris-Data, n°2006-302856 ; Comm.com.électr. 2006, obs. CARON.

1692 M-E. ANCEL, Un an de droit international privé du commerce électronique, Revue mensuelle Lexisnexis Juriclasseur, janv. 2008, 26 et janv. 2007, p. 22, n°8.

1693 « C'est sur ce lien que se fonde le droit international privé, par exemple, pour rendre applicable, à travers la mise en œuvre de la règle de conflit de lois, la loi étatique de l'ordre juridique désigné », A. SABEUR, Essai sur la localisation. Les lieux et les objets du droit, thèse Univ. Montpellier, 2004, p. 9.

1694 A. SABEUR, op. cit., p. 407.

a. Le lieu du fait générateur occulté

684. Le phénomène de la connexion complique la localisation du lieu de la commission du délit. Internet occulte le point à partir duquel le fait générateur pénètre les réseaux. Une décision de justice a affirmé que « le dommage se réalise au lieu où sont chargées les données »[1695]. Ce serait le lieu de chargement des données qui déterminerait le lieu du délit. Selon BOTTINI, le lieu du fait générateur se situe dans le pays à partir duquel s'effectuent soit le chargement des pages web litigieuses, soit l'expédition du courrier[1696]. Mais le lieu de chargement des données n'est pas aussi évident à localiser. Est-ce le lieu où se situe le serveur qui reçoit et accueille les données litigieuses ? Est-ce le lieu où se situe l'auteur du dommage lors de la réalisation du délit ? Ces deux endroits sont souvent différents. L'auteur du dommage, un sénégalais, peut le temps d'une visite au Cameroun, charger des données portant atteinte à un concurrent centrafricain dans un serveur situé en Australie.

685. Cette solution n'est pas satisfaisante. D'abord elle manque de précision quant au choix entre le lieu de situation du serveur et le lieu de l'installation de l'auteur du dommage. Ensuite le phénomène de la connexion à tout point du globe s'oppose à ce genre de conclusion. Considérer que le juge compétent est celui du lieu du fait générateur du délit invite les auteurs de tels dommages à s'installer dans les paradis électroniques dont les législations ne sanctionneraient pas les comportements délictuels. Enfin, Gérard LÉGIER[1697] affirme que le sens de l'adjectif « dommageable » serait source de confusion. Il signifie normalement « le fait qui cause le dommage », et son emploi laisserait donc croire qu'il faut trancher en faveur du lieu du fait générateur.

686. Or ce n'est manifestement pas le cas, puisque le lieu du fait dommageable peut s'entendre également comme celui de la réalisation du dommage. Les mots « fait dommageable » sont ainsi compris comme englobant tous les éléments constitutifs du délit ou du quasi-délit, alors que leur sens exact viserait plutôt l'événement à l'origine du dommage[1698]. Mais c'est l'endroit à partir duquel cet évènement est accompli qui ne peut être retenu : soit parce qu'il est difficile à localiser, soit parce qu'il en joue en

---

1695 « Il n'est ni contestable, ni contesté que les serveurs des sociétés défenderesses sont accessibles de tous les points du territoire », TGI Nanterre, 8 déc. 1999 L.H épouse Lacoste c/ sté Multimania, Soc. France Cybermedia et autres, GP. 11-12 fév. 2000, 2.

1696 R. BOTTINI, Détermination de la juridiction compétente et commerce électronique international entre professionnels, op.cit., p. 72

1697 D'autres formules, parfois utilisées par la Cour de cassation, sont préférables, car exemptes d'équivoque. Il en est ainsi lorsqu'elle dit que « les obligations extracontractuelles sont régies par la loi du lieu où est survenu le fait qui leur donne naissance. Cass. 1re civ., 5 juin 1971, Thiriat : JDI 1972, p. 73, obs. R. DAYANT ; Cass. 1re civ., 1er juin 1976, Luccantoni : JDI 1977, p. 91, note B. AUDIT ; D. 1977, p. 257, note F. MONÉGER.

1698 Cass. 1re civ. - 27 mars 2007. - n° 05-10.480, FS-P+B+I. - SA Bureau Veritas c/ Sté Groupama Transport, Juris-Data n° 2007-038216, JDI (Clunet) n° 3, Juillet 2007, comm. 16, note LÉGIER.

défaveur de la victime. L'autre aléa d'internet dans les relations extracontractuelles est la plurilocalisation du dommage.

b. La plurilocalisation du lieu du dommage

687. Au tout début d'internet, le juge parisien avait pensé que le fait dommageable se produit « partout où il est possible d'accéder aux informations préjudiciables »[1699]. L'ubiquité d'internet multiplie les lieux de perception du dommage. Avec la toile, ce n'est pas seulement au lieu du domicile de la victime que le dommage se fait ressentir. Depuis l'arrêt *Fiona Sheville*[1700], il est établi que le juge du lieu d'établissement de l'auteur de la faute est compétent pour connaître de la réparation intégrale du préjudice, et que toute autre juridiction d'un autre Etat dans lequel la victime se prévaudrait d'un quelconque préjudice ne sera compétente que pour le dommage qui y sera causé[1701]. La solution trouve écho dans une décision de 2007 dans laquelle le juge français déclare qu'« au surplus la protection conférée par le code de la propriété intellectuelle au titre des marques ne peut être mise en œuvre que pour les faits de contrefaçon commis en France ou pour un préjudice dont les effets se font sentir en France »[1702].

688. Mais cette solution expose la victime des délits sur internet à plusieurs désagréments. Elle oblige la victime à multiplier les actions dans chaque pays où elle aura subira un préjudice. La conséquence est que la réparation sera limitée à chaque pays, sans considération de l'intégralité du préjudice. Ensuite, la réparation intégrale ne peut être obtenue qu'auprès de la juridiction du lieu de commission. Mais il n'est pas sûr que la victime puisse s'en prévaloir aussi facilement. L'auteur du délit prend généralement le soin d'avoir une parfaite connaissance des lois du territoire à partir duquel il commet l'acte. Il est arrivé pour surmonter cet obstacle, que certaines juridictions du lieu de survenance du dommage étendent leur compétence à l'intégralité de la réparation. De telles initiatives ne prospèrent pas toujours. C'est le cas notamment avec l'affaire *Yahoo !* dans laquelle la position du juge français a fait face à une forte contestation du juge étranger qui s'est opposé à l'exequatur à des décisions de justice rendues sur un tel fondement. Dans ce litige, le juge californien a rendu un jugement déclinatoire déniant l'exequatur à l'ordonnance du TGI de Paris du 22 mai 2000[1703]. Sur internet,

---

1699 Paris, 1 mars 2000, sté Allaban Web Systems c/ Sté Aragon sarl et autres, http://www.legalis.net.

1700 CJCE, 7 mars 1995, Aff. C-68/93, Fiona Shevill et autres c. Presse Alliance SA, Rec. p. 1-415.

1701 CJCE, 7 mars 1995, aff. C-68/93, Rec. I, 415, JDI 1996-543, note HUET.

1702 Cour d'appel d'Aix en Provence 2ème chambre Arrêt du 6 décembre 2007, TWD Industrie / Google France, Google Inc ? http://www.legalis.net/spip.php?page=jurisprudence-decision&id_article=2141.

1703 « L'exequatur de la décision française par un tribunal américain violerait le Premier Amendement », E. CAPRIOLI, Règlement des litiges et droit applicable dans le commerce électronique, op cit, p. 37, n°49.

les parties se retrouvent donc partagées entre la difficile localisation du lieu du fait générateur et les contraintes de réparation intégrale du préjudice subi. Face à ces complications, l'orientation de l'activité de l'auteur du dommage apparaît comme un critère de rattachement opportun.

2. L'opportunité des critères fondés sur l'orientation de l'activité de l'auteur du dommage

689. Face aux difficultés de localisation du lieu du fait générateur et à la plurilocalisation du dommage, le rattachement du délit a naturellement été fondé sur l'accessibilité du site internet à partir duquel le dommage était perçu. L'initiative est appréciable, à la seule réserve que l'accessibilité n'est pas en elle-même un critère suffisant. Elle ne constitue en réalité qu'un préalable au rattachement juridictionnel des litiges délictuels de commerce électronique (a). Lorsque le délit est commis sur internet, la perception d'un dommage sur un territoire ne peut être déterminée que si le site litigieux oriente son activité vers le territoire considéré (b).

a. L'exigence préalable de l'accessibilité du site internet

690. L'accessibilité traduit le caractère de ce dont la perception, l'appréhension ou l'obtention ne présente pas d'obstacle[1704]. C'est le cas avec les sites internet qui sont disponibles et accessibles à tout point du globe. Au début des litiges sur internet, la jurisprudence a cru faire de l'accès au site le critère de rattachement juridictionnel des différends de commerce électronique. En matière de contrefaçon, l'arrêt Cristal a fondé la compétence des juridictions françaises sur l'exploitation en Espagne d'un site accessible en France[1705]. Il a été décidé dans un litige que « le fait dommageable se produit en tous lieux où les informations litigieuses ont été mises à la disposition des utilisateurs du site ; qu'il n'est pas contesté en l'espèce que les sites *eBay* sont accessibles aux internautes français depuis le territoire national »[1706]. En 2006, le Tribunal de grande instance de Nice a

[1704] Dictionnaire Le petit Robert, p. 15.

[1705] « Ce site fut-il passif, était accessible sur le territoire français, de sorte que le préjudice allégué du seul fait de cette diffusion, n'était virtuel, ni éventuel », Cass.1ère, civ. 9 déc. 2003, n°02-13.235, Sté Castellblanch c/ Sté Champagne Louis Roederer, Juris-Data n°2003-021338, Bull. civ. 2003, I, n°245.

[1706] « Mais attendu qu'il n'appartient pas au juge de la mise en état d'apprécier la part de responsabilité des sociétés eBay dans la réalisation des faits incriminés consistant dans la diffusion sur Internet d'annonces publicitaires sur différents sites ;que lorsqu'une infraction aux droits de propriété intellectuelle a été commise par une diffusion sur le réseau internet, le fait dommageable se produit en tous lieux où les informations litigieuses ont été mises à la disposition des utilisateurs du site ; qu'il n'est pas contesté en l'espèce que les sites eBay sont accessibles aux internautes français depuis le territoire national », Tribunal de grande instance de Paris 3ème chambre, 2ème 16 mai 2008, affaire Stés l'Oréal, Lancôme Parfums et Beauté & Cie, GA Modefine, The Polo/Lauren Compagny LP, Helena Rubinstein et Biotherm c/ Stés

déclaré le juge français compétent, au seul motif que « qu'il ne saurait être sérieusement contesté, d'une part, que tous les sites de *Google*, qu'ils soient spécifiques à la France (*google.fr*) ou aux autres nations (*google.com* pour les Etats-Unis ; *google.co.uk* pour le Royaume Uni ; *google.de* pour l'Allemagne etc...) sont tous, sans exception, accessibles en France »[1707]. Sur cette même base, le juge d'appel a sanctionné la reproduction sur un site à suffixe *« mc »*[1708], de la marque Ferrari et de modèles déposés par le constructeur automobile italien, au motif que la simple présentation des voitures miniatures, des blousons et autres produits, constitue des actes de contrefaçon, même si le site litigieux ne permet pas de commander en ligne lesdits produits »[1709].

691. Fort heureusement, la Cour d'appel de Paris a affirmé dans un litige que, l'accessibilité d'un site sur le territoire français ne constitue pas un lien suffisamment étroit pour justifier la compétence des juridictions françaises[1710]. Une décision du Conseil d'Etat français[1711] réitère cette position dans une décision du 21 janvier 2015. « L'ubiquité du site internet ne peut avoir pour effet de soumettre les informations qui y sont diffusées aux règlementations particulières de tous les Etats dans lesquels ces informations sont accessibles au public »[1712]. Ce critère ne peut à lui seul expliquer et fonder la compétence d'une juridiction, à cause de la multiplication des lieux à partir desquels on peut avoir accès au site internet. Le cybercommerçant serait alors attrait auprès de tout juge du globe. L'accessibilité est assimilée à la simple perception de l'activité du site électronique. Aucun fait ne peut être accompli ni ressenti sur internet sans l'accès à un site. Ce critère paraît trop large pour constituer à lui seul un critère de rattachement juridictionnel suffisant.

L'accessibilité ne peut être comprise sans l'intention du cybercommerçant de projeter le fait litigieux vers un ou plusieurs territoires bien précis. S'il faut déterminer la compétence judiciaire en matière délictuelle uniquement sur le critère de l'accessibilité du site internet, encore

---

eBay France, eBay International AG, eBay Europe Sarl et eBay Inc, http://www.legalis.net/spip.php?page=breves-article&id_article=2306.

1707 TGI, Nice, 3ème ch. Civ. 7 fév. 2006, TWD Industries c/ Google France, Google Inc. http://www.legalis.net/spip.php?page=jurisprudence-decision&id_article=1578.

1708 Pour Monaco.

1709 Paris, 4ème ch. B. 23 mars 2007, SPA Ferrari c/ Brice, Juris-Data, n°2007-340740, JCP G 2007, II, 10161, note CHABERT.

1710 Paris, 4ème chambre, section A Arrêt du 6 juin 2007, arrêt Google http://www.legalis.net/spip.php?page=jurisprudence-decision&id_article=1943.

1711 S'agissant d'un chirurgien-dentiste qui faisait de la publicité sur son internet, alors qu'une telle profession ne peut faire l'objet de publicité aux termes des articles R.4127-215 du Code de la santé public français, « cette information n'était pas destinée au public français. La circonstance qu'elle soit accessible notamment lorsqu'elle figure sur un site internet n'est pas de nature à lui conférer le caractère d'une publicité prohibée », CE ; ss-sect. 4 et 5 réunies, 21 janv. 2015, n°362761 : JurisData n°2015-000647.

1712 G. LOISEAU, Site internet et loi applicable, Com.comm.électr.Rev.mensuelle LexisNexis Jurisclasseur, n°4 avril 2015, p. 31.

faut-il que l'activité de ce site soit orientée vers les internautes fixés sur un espace géographique bien déterminé. Profiter des potentialités commerciales en termes d'ubiquité ne justifie pas d'être attrait auprès de tout juge du territoire à partir duquel le site est simplement consultable. L'accessibilité met en péril l'impératif de prévisibilité nécessaire aux parties impliquées dans les actes et les faits comportant un élément d'extranéité.

Au-delà de la simple consultation du site, il importe de démontrer que l'auteur du délit a cherché à atteindre le territoire du for. Le fondement de la compétence judiciaire sur internet se déplace vers l'intention révélée ou masquée de l'auteur du délit, de rendre son action perceptible sur un territoire. En l'absence de ce critère, la compétence fondée uniquement sur l'accessibilité est non seulement inutile, mais plus radicalement inexistante[1713].

692. La recherche d'un indice de rattachement plus étroit avec le territoire du for est fondamentale dans le rattachement des litiges délictuels en ligne. A défaut, tous les juges étatiques pourraient se déclarer compétents pour connaître des délits commis en ligne, en raison de la simple accessibilité du site internet litigieux. Or les règles internes ne sont pas identiques, et internet est le lieu de rencontre par excellence de normes étatiques différentes et parfois contradictoires. Des agissements licites au regard des uns apparaîtront illicites aux autres. L'admettre reviendrait à soumettre les acteurs à des règlementations incompatibles.

693. En adoptant le critère de l'accessibilité, on attribue virtuellement à tous les juges, la compétence en matière délictuelle sur internet. D'où la nécessité de rechercher des critères de rattachement plus restrictifs. Une première initiative de la Chambre commerciale de la Cour de cassation française préconisait de s'appuyer sur la disponibilité des produits litigieux sur le territoire du for[1714]. Mais si la disponibilité des produits est suffisamment établie lorsque la commercialisation est concrète sur le territoire du for[1715], on peut reprocher à ce critère de s'appuyer sur un contenu flou et peu claire. La disponibilité exige-t-elle la simple consultation du site, la livraison effective, la publicité ou la simple possibilité de passer commande ? D'un autre côté la disponibilité sur le territoire n'est pas aisée à établir pour les services en ligne, en raison de leur immatérialité et de leur ubiquité. On pourrait penser au paiement ou à l'abonnement. Mais qu'en serait-il alors pour la disponibilité des téléchargements des logiciels

---

[1713] E. TREPPOZ, De la localisation d'agissements de concurrence déloyale et de contrefaçon via internet, RCDIP, 2008, p. 322.

[1714] Cass. Com., 11 janvier 2005, n°02-18.381, Sté Hugo Boss c/ Sté Reemtsma Cigarettenfabriken Gmbh : Juris-Data n° 2005-026462.

[1715] Comme c'est le cas dans une affaire le juge a exactement retenu sa compétence dès lors que les faits allégués de commercialisation de modèle de chaussures caractérisant une concurrence déloyale serait susceptible de causer un préjudice sur le territoire national : Com. 20 mars 2007, Gep Industries c/ HSM Schuhmarketing. http://www.legalis.net/spip.php?page=breves-article&id_article=1893.

gratuits ? Ce défaut de précision peut amener à l'assimiler au critère préalable mais inconsistant de la simple consultation du site internet. C'est ainsi que la Cour de cassation française a confirmé la compétence du juge d'appel en assimilant la commercialisation à l'accessibilité[1716], dans un litige dans lequel la défenderesse, la société *HSM*, arguait de ne commercialiser les articles litigieux que sur son site internet dédié au public allemand[1717]. Les juges saisis des litiges dans la première décennie ayant suivi l'ouverture d'internet au grand public ont cru se contenter de l'accessibilité du site dont la simple visualisation ferait croire que le lieu de la consultation constituerait le lieu du délit[1718]. Sans le réfuter entièrement, nous proposons que ce critère soit considéré comme une condition préalable du rattachement juridictionnel du délit sur internet. L'évolution des débats jurisprudentiels permet de comprendre l'intérêt de restreindre le rattachement des faits délictuels au critère de la destination du site vers le public du territoire du for[1719].

b. La destination du site internet vers le lieu de situation de la victime

694. Le site est l'outil à travers lequel les activités sont perçues et réalisées sur internet. Il est le moyen qui donne à la toile les dons d'ubiquité et d'instantanéité en vertu desquels, toute action est ressentie à n'importe quel point du globe. Face au risque que comporte le critère de l'accessibilité d'exposer les acteurs aux législations internes de plusieurs Etats, le recours au critère de la destination des activités du site est proposé, pour procéder au rattachement des délits commis en ligne. L'article 6 du règlement européen Rome 1 sur la loi applicable aux obligations contractuelles dispose par exemple que, le contrat conclu entre un professionnel et un consommateur est régi par la loi du pays où le consommateur a sa résidence habituelle, à condition que le professionnel « par tout moyen, dirige cette activité vers ce

---

[1716] « La cour d'appel a exactement retenu sa compétence dès lors que les faits allégués de commercialisation de ces produits sur le territoire national seraient susceptibles de causer un préjudice », Com. 20 mars 2007, http://www.legalis.net/spip.php?page=breves-article&id_article=1893.

[1717] Pour soutenir cet argument selon lequel elle ne vendait qu'à destination du public allemand, la société exclusivement conçu en langue allemande HSM invoquait la langue allemande de son site. Or, la langue ne constitue pas un critère significatif dans la détermination du public visé.

[1718] En raison non de l'activité de commercialisation, mais simplement de procéder à une activité publicitaire sans pollicitation : Paris, 4ème Ch. Sect.A, 28 juin 2006, Google France et Google Inc. c/ Louis Vuitton.

[1719] « Pour conclure à l'incompétence territoriale de la présente juridiction relativement aux faits allégués hors du territoire français, les sociétés Google relèvent principalement que les offres commerciales litigieuses figurent en l'espèce sur des sites étrangers, qu'elles sont le plus souvent rédigées en anglais ou dans une langue du pays et que, par conséquent, elles ne sont pas à l'évidence destinées au public français. Le tribunal ne peut cependant retenir ces arguments.», TGI, Nice, 3ème ch. Civ. 7 fév. 2006, TWD Industries c/ Google France, Google Inc. http://www.legalis.net/spip.php?page=jurisprudence-decision&id_article=1578.

pays ou vers plusieurs pays, dont celui-ci ». Il importe juste de rechercher un équivalent de cette activité dirigée en matière délictuelle.

695. Sous l'impulsion de la CJUE[1720], la vérification du critère restrictif de la destination du délit vers le territoire du for est exigée dans le rattachement juridictionnel des litiges délictuel sur internet. Ce critère a donné lieu à d'autres appellations synonymiques telles que, ciblage du public ou focalisation[1721]. Il permet « au juge d'écarter sa compétence pour statuer sur un délit commis en ligne lorsque le défendeur n'est pas domicilié sur son territoire, et que la seule manifestation du fait dommageable sur le territoire français résulte de l'accessibilité du site litigieux. Elle [cette théorie] permet en cela de réguler la compétence du juge... sans recourir à la théorie d'origine anglo-américaine du *forum non conveniens*[1722]».

696. On en vient curieusement à se demander si malgré les diverses appellations, destination, focalisation, ciblage, orientation, les litiges délictuel et contractuel n'empruntent pas le même critère de rattachement sur internet. La recherche de l'intention du cybercommerçant et de l'auteur du délit s'appuie sur l'orientation de l'activité et des faits sans considérations de l'aspect contractuel ou délictuel du litige.

En répondant par une décision du 7 décembre 2010 à une question préjudicielle dans le cadre de deux affaires contractuelles[1723], la Cour de Justice de l'Union Européenne a opéré une certaine réunion des critères de l'orientation des activités sur internet. Le juge européen a procédé à une classification de ces indices en fonction de leur pertinence, en affirmant que : « Parmi les indices permettant de déterminer si une activité est « dirigée

---

[1720] « La simple accessibilité d'un site Internet sur le territoire couvert par la marque ne suffit pas pour conclure que les offres à la vente affichées sont destinées à des consommateurs situés sur ce territoire. (...) Il incombe (...) aux juridictions nationales d'apprécier au cas par cas s'il existe des indices pertinents pour conclure qu'une offre à la vente, affichée sur une place de marché en ligne accessible sur le territoire couvert par la marque, est destinée à des consommateurs situés sur celui-ci », CJUE, 12 juill. 2011, aff. C-324/09, L'Oréal SA e.a. c/ eBay International AG e.a. : Comm. com. électr. 2011, comm. 99, obs. Ch. Caron.

[1721] « S'agissant des actes de reproduction alléguées de contrefaçon sur des sites Internet, le tribunal n'est compétent qu'en ce qu'il est démontré que le site en cause vise le public sur ce territoire...dès lors le seul fait que la reproduction de la marque soit visible depuis le territoire français est insuffisant pour pour en conclure que le public visé est celui de ce territoire », TGI Paris, ord. Réf. 11 oct. 2006, Citadincs c/ Google Inc. Google France.

[1722] « Cette règle est l'affirmation du pouvoir discrétionnaire qui est reconnu aux juges, dans les pays de Common Law, de ne pas exercer leur compétence internationale à l'égard d'un litige qui relève pourtant de leur pouvoir juridictionnel, dès lors qu'ils estiment qu'il serait plus opportun qu'il soit tranché par un for étranger également compétent », B. MERCADAL, Règle dite du " Forum non conveniens " dans les pays de Common Law, http://www.institut-idef.org/Regle-dite-du-Forum-non-conveniens.html;

[1723] Affaires M. Pammer à Reederei Karl Schlüter GmbH & Co. KG (ci-après « Reederei Karl Schlüter ») au sujet du refus de celle-ci de lui rembourser intégralement le prix d'un voyage en cargo auquel il n'a pas participé et dont la description figurait sur Internet (affaire C-585/08) et, d'autre part, Hotel Alpenhof GesmbH (ci-après « Hotel Alpenhof ») à M. Heller au sujet du refus de ce dernier de payer sa note d'hôtel pour un séjour réservé par Internet (affaire C-144/09).

vers » l'État membre sur le territoire duquel le consommateur a son domicile, figurent toutes les expressions manifestes de la volonté de démarcher les consommateurs de cet État membre. Au nombre des expressions manifestes d'une telle volonté du commerçant figure la mention selon laquelle ce dernier offre ses services ou ses biens dans un ou plusieurs États membres nommément désignés. Il en va de même de l'engagement de dépenses dans un service de référencement sur Internet auprès de l'exploitant d'un moteur de recherche afin de faciliter aux consommateurs domiciliés dans différents États membres l'accès au site du commerçant, qui démontre également l'existence d'une telle volonté. Toutefois, la caractérisation d'une activité « dirigée vers » d'autres États membres ne dépend pas uniquement de l'existence d'indices aussi patents...D'autres indices éventuellement combinés les uns aux autres sont susceptibles de démontrer l'existence d'une activité « dirigée vers » l'État membre du domicile du consommateur. Il s'agit de la nature internationale de l'activité en cause, telle que certaines activités touristiques, la mention de coordonnées téléphoniques avec l'indication du préfixe international, l'utilisation d'un nom de domaine de premier niveau autre que celui de l'État membre où le commerçant est établi, par exemple «.de » ou encore l'utilisation de noms de domaine de premier niveau neutres tels que *«.com »* ou *«.eu »*, la description d'itinéraires à partir d'un ou de plusieurs autres États membres vers le lieu de la prestation de service ainsi que la mention d'une clientèle internationale composée de clients domiciliés dans différents États membres, notamment par la présentation de témoignages de tels clients...La langue ou la monnaie utilisée... ne constituent pas des éléments pertinents aux fins d'apprécier si une activité est dirigée vers un ou plusieurs autres États membres. Il en va ainsi, en effet, lorsqu'elles correspondent aux langues habituellement utilisées dans l'État membre à partir duquel le commerçant exerce son activité et à la monnaie de cet État membre. Si, en revanche, le site internet permet aux consommateurs d'utiliser une autre langue ou une autre monnaie que celles-ci, la langue et/ou la monnaie peuvent être prises en considération et constituer un indice permettant de considérer que l'activité du commerçant est dirigée vers d'autres États membres »[1724].

697. Les critères évoqués par le juge pour identifier les indices de rattachement des litiges contractuels impliquant un consommateur ont été repris dans des litiges délictuels[1725]. Les réseaux électroniques seraient donc

[1724]http://eurex.europa.eu/LexUriServ/LexUriServ.do?uri=CELEX:62008CJ0585:FR:HTML.

[1725] Pour une autre espèce dans laquelle, le lien dégagé par le juge réside dans « les moyens fournis au public » d'entrer en contact avec une entreprise contrefaisante, notamment par l'intention de la défenderesse de « viser en page d'accueil, un public international », TGI, Paris, ord. réf. 2 juillet 2007, Asso. Union départementale des associations familiales de l'Ardèche et al. c/ Linden Research Inc. Et al. Comm. Com. Electr. 2007, comm.111, n. LEPAGE ; Versailles, 2 nov. 2006, Overture Services Inc et Overture France/ Accor, B. FAY, Utilisation de mots-clés protégés par le droit des marques, Prop. Ind. 2007, n°4, étude 11 ; Pour une proposition faite par un prestataire en ligne à ses annonceurs, d'enchérir sur des mots-clés permettant par des liens sponsorisés, de proposer au public des services d'hôtellerie

un vecteur de l'unicité des critères de rattachement des litiges délictuels et contractuels ayant un élément d'extranéité sur internet. Au fond, il n'y a aucun inconvénient qu'il en soit ainsi, puisque l'application qui est faite de ces critères n'est pas identique.

698. En matière contractuelle, il est nécessaire de rechercher l'existence du consentement, ce qui n'est pas le cas en matière délictuelle. Dans certaines hypothèses comme la contrefaçon, la compétence délictuelle est subordonnée à la possibilité d'établir des relations contractuelles sur un territoire dans lequel les droits du titulaire sont violés. En dehors d'une telle hypothèse, le lien de proximité ne peut être établi. Il faut bien préciser que l'absence de lien de proximité ne signifie pas que l'atteinte n'est pas constituée. On peut prendre l'exemple de la victime d'un acte de contrefaçon établi au Mali, et dont les produits contrefaits sont disponibles en Asie mineure, à partir d'un site établi au YEMEN n'acceptant que des paiements en Yen. Bien que matériellement constituée, l'atteinte ne sera pas localisée au Mali. Sauf à étendre artificiellement sa compétence sur les autres pays dans lesquels le dommage est ressenti, le juge malien ne peut se déclarer compétent, car aucun lien de proximité ne le rattache à l'acte de contrefaçon. La démarche consiste à distinguer le droit matériellement applicable du critère de rattachement, dont l'unique objectif vise à rechercher le juge avec lequel le délit partage des liens de proximité. Dans un tel cas, « il faut ici se résoudre à reconnaître qu'un tel juge n'est simplement pas compétent. Toute autre solution conduit inexorablement à un détournement de compétence »[1726]. C'est également le cas lorsque l'action est intentée devant le juge pénal[1727].

699. Le critère de l'atteinte au droit privatif jadis défendu par les juges[1728], est abandonné par la chambre criminelle de la Cour de cassation française au profit de l'examen réel de la commission des actes constitutifs de l'infraction au lieu où la protection est revendiquée. Cet indice permet de confirmer l'insuffisance de l'accessibilité comme critère de rattachement. Dans l'affaire *Universal*, la cour affirme que « pour écarter l'exception

---

alors que la victime était titulaire de certaines de ces marques en France : M.-E. ANCEL, op cit, p. 14.

[1726] E. TREPPOZ, De la localisation d'agissements de concurrence déloyale et de contrefaçon via internet, RCDIP, 2008, p. 322.

[1727] « Lorsque dans une situation dotée d'un élément d'extranéité, l'acte en cause est susceptible d'une qualification pénale, il n'y a certes pas lieu, comme en matière civile, de régler successivement le conflit de lois et le conflit de juridictions. En effet, dans l'ordre répressif, la compétence de la loi pénale…conditionne celle du juge pénal », J. PASSA, Internet et la compétence internationale du juge pénal. A propos de la contrefaçon des droits de la propriété intellectuelle, in B. TEYSSIE (dir.), La communication numérique, un droit, des droits, Ed. Panthéon Assas, 2012, p. 521.

[1728] « La contrefaçon se constitue non seulement par le fait matériel de la reproduction d'une œuvre de l'esprit et l'absence de bonne foi, mais aussi par l'atteinte portée aux droits de l'auteur », Cass. crim. 6 juin 1991, pourvoi n°90-80755, Bull. crim. n°240. En ce sens : Paris, 30 mars 1087, JCP 1988, II, 20965, note, P. BOUZAT ; Cass. crim. 2 fév. 1977, pourvoi n° 75-90944, Bull. crim. n°1.

d'incompétence soulevée par le prévenu, qui a fait valoir que la loi française n'était pas applicable dès lors que la contrefaçon n'avait pas été commise en France, l'arrêt retient que les faits ont été constatés sur le territoire national, que les chansons de *Z...*, artiste-interprète français, appartiennent au répertoire de la musique française, que leurs titres n'ont pas été traduits en allemand sur le site litigieux et que les icônes permettant de faire fonctionner celui-ci ne nécessitent pas la connaissance de cette langue ; que les juges du second degré en déduisent que le site, bien que rédigé en allemand, est destiné au public français ; Mais attendu qu'en se déterminant par ces seuls motifs, dont il ne résulte pas que le site exploité par la société *Universal Entertainment GMBH* était orienté vers le public français, alors que la perpétration de la contrefaçon sur le territoire de la République est un élément constitutif de l'infraction, la cour d'appel n'a pas justifié sa décision »[1729]. Le juge compétent est donc celui du lieu de destination de l'activité, lorsque le délit est commis ou perçu dans ce territoire. En matière de contrefaçon, la destination de l'activité doit être accompagnée de la perpétration du délit sur le territoire à travers la localisation d'un élément constitutif de l'infraction[1730].

B. La relecture de la notion de *lex loci delicti* sur internet

700. Les indices tels que le lieu de résidence[1731], la nationalité commune des parties, et la loi du lieu du délit ont été promus pour rechercher des liens étroits avec la situation litigieuse[1732]. Mais ces critères ne prospèrent pas sur internet pour les raisons suivantes : d'abord, l'auteur d'un délit a très souvent une bonne connaissance des actes illicites interdits par la loi de l'Etat de son lieu de résidence et de celui de sa nationalité. Ensuite en favorisant le rapprochement des acteurs et en intensifiant le flux des échanges, l'ubiquité d'internet donne la possibilité de toucher les personnes et de saisir les opportunités localisées au-delà des frontières nationales et du lieu de résidence. Le lieu où le fait dommageable s'est produit s'entend aussi bien de celui du fait générateur du dommage que du lieu de réalisation de ce dernier, de sorte qu'entre ces deux lieux, le choix se porte sur celui qui correspond au pays dont la loi entretient les liens les plus étroits avec la

---

[1729] Cass. crim. 14 déc. 2010, D. 2011, 1055, note E. DREYER.

[1730] J. PASSA, Internet et la compétence internationale du juge pénal. A propos de la contrefaçon des droits de la propriété intellectuelle, op cit, p. 528 à 530.

[1731] Illustration par le célèbre arrêt Babcock contre Jackson, dans lequel le juge a appliqué la loi du lieu de résidence des parties New York, à un accident de la circulation (cas du transport bénévole) survenu au Canada, 12 NY 2d, 473, 191, NFD 2d, 271, Rev. crit. dr. int. pr. 1964, 284, note CASTEL.

[1732] Article 4.2 Règlement (CE) n° 864/2007 du 11 juillet 2007 sur la loi applicable aux obligations non contractuelles Rome II, « Lorsque la personne dont la responsabilité est invoquée et la personne lésée ont leur résidence habituelle dans le même pays au moment de la survenance du dommage, la loi de ce pays s'applique »

situation litigieuse en vertu du principe de proximité[1733]. Or, la technique des liens les plus étroits ne donne « aucun moyen d'établir quel est le lien le plus étroit avec un pays déterminé »[1734]. La conception duale de la notion du lieu du délit conduit à des solutions imprévisibles (1) que la circonscription de cette notion au lieu de la réalisation du dommage peut éviter (2).

1. L'imprévisibilité des solutions fondées sur la conception duale du lieu du délit

701. La loi du lieu du délit est le principe généralement appliqué en matière délictuelle. Son application aux situations délictuelles liées aux réseaux électroniques est assez compliquée. Les délits deviennent complexes en ligne à cause de la dissociation entre les lieux de commission et de réalisation du dommage d'une part, d'autre part à cause de la difficile localisation du lieu du fait générateur et la perception du préjudice en tout point du globe. La conception duale du lieu du délit a véritablement prospéré avant l'ouverture des réseaux électroniques au grand public. La Cour de cassation en France a relevé que, « la loi applicable à la responsabilité extracontractuelle est celle de l'État du lieu où le fait dommageable s'est produit… ce lieu s'entend aussi bien de celui du fait générateur du dommage que du lieu de réalisation de ce dernier »[1735]. Une fois le lieu du fait générateur et le lieu de réalisation du dommage identifiés, il revient à la fonction répartitrice du principe de proximité, de déterminer laquelle de ces deux lois a vocation à s'appliquer[1736]. Le principe de proximité se déploie autour de la recherche des liens les plus étroits que le litige entretient avec la loi applicable.

702. Or, cette quête aboutit à la découverte d'indices surprenants et imprévisibles, notamment pour les délits complexes auxquels correspondent les délits sur internet[1737]. D'abord, il faut noter que « la ligne

---

[1733] Le principe de proximité traduit l'idée « du rattachement d'un rapport de droit à l'ordre juridique avec lequel il présente les liens les plus étroits », P. LAGARDE, « Le principe de proximité en droit international privé », *RCADI,* 1986, t. 196, p. 9, à la page 25 ; V. aussi D. BUREAU, De la loi applicable aux délits complexes, notamment les naufrages, RCDIP, 2007 p. 405, n°5.

[1734] A. SCHNITZER, « Les contrats en droit international privé suisse », RCADI, 1968, t. 123, p. 572-573

[1735] Cass. civ. 1re, 14 janvier 1997, D. 1997.177, note M. Santa-Croce; JCP 1997.II.22903, note H. MUIR WATT ; cette Revue, 1997.504, note J.-M. Bischoff. Cass. civ.1re, 28 octobre 2003, LPA 2003, n° 255, p. 11, note P. ANCEL ; JCP 2004.II.10006, note G. LARDEUX ; JDI 2004.499, note G. LEGIER.

[1736] « Le lieu de réalisation du dommage étant fortuit, il convient de rechercher le lieu du fait générateur afin de faire application de la loi présentant les liens les plus étroits avec le fait dommageable », Cour de cassation (1re Ch. civ.). - 27 mars 2007, Soc. Bureau Veritas SA c. Soc. Groupama transport, D. 2007, p. 1074, obs. I. GALLMEISTER, H. KENFACK, L. d'AVOUT et P. COURBE ; RTD. com. 2007, p. 633, obs. P. DELEBECQUE.

[1737] Il y a délit complexe lorsque le fait générateur est survenu dans un Etat, tandis que le dommage s'est produit dans un autre Etat.

jurisprudentielle suivie en matière de délit complexe demeure donc particulièrement incertaine : apparemment fondée sur l'application de la loi du lieu où le fait dommageable s'est produit, en des termes précisés par une formulation plusieurs fois répétée, elle conduit cependant à des résultats difficilement prévisibles et pour le moins variables au fil des espèces »[1738]. Ensuite, la double conception de la notion de *lex loci delicti* aboutit souvent à une multitude et à une diversité de liens étroits. Cela accentue l'imprévisibilité des solutions du litige. En 2011 la Cour d'appel de Paris a considéré sur le principe des liens les plus étroits, que le siège social du défendeur représentait le critère le plus pertinent en matière d'atteinte à la vie privée[1739]. Quelques jours plus tôt, le même juge découvrait d'autres liens étroits en affirmant que, « le lieu de connexion et de réception voulu par le titulaire du moteur de recherche constitue un critère de proximité substantiel alors que les services mis en place tendent à produire leurs effets en France »[1740].

703. Cette diversité amoindrit la prévisibilité des solutions du litige. La lecture de ces décisions de justice révèle une pluralité de critères imprévisibles auxquels le juge peut faire appel pour procéder au rattachement. La trop grande souplesse accordée au juge par la recherche des liens les plus étroits ne rassure ni les victimes, ni les auteurs de délits en ligne. L'inconvénient de ce principe est que les parties ne peuvent savoir, ni prédire à l'avance la loi applicable au litige. La distance entre les parties, le faible coût des litiges, l'immatérialité et la dématérialisation des échanges constituent déjà des facteurs de découragement psychologique assez importants pour exposer encore les acteurs du commerce électronique à l'imprévisibilité de la loi applicable au délit. L'incertitude sur la loi applicable au cyberdélit constitue également des obstacles aux possibilités de transiger, puisque les parties ne peuvent mesurer l'intensité de leurs obligations. C'est la raison pour laquelle, les acteurs du commerce électronique ne doivent pas être exposés aux aléas d'une double signification de la notion de *lex loci delicti*. La loi du délit doit être circonscrite à la loi du lieu de la réalisation du dommage.

[1738] D. BUREAU, De la loi applicable aux délits complexes, notamment les naufrages, op cit, p. 405, n°6.

[1739] « Le litige porte sur le fonctionnement des services Google Images, rédigés en français, destinés au public français et accessibles en France aux adresses URL en « .fr » ; que l'internaute pourra visualiser en France la photographie de Monsieur […] et au besoin la télécharger ; que cette photographie a été mise en ligne et stockée sur plusieurs sites français ; que la société […] dont la responsabilité est également recherchée, est une société dont le siège est à Paris », CA Paris, pôle 5, 2ème ch., 4 février 2011, Google France et Google Inc. Aufeminin.com v. H& K Sarl, André RAU, RG 09/21941.

[1740] CA Paris 26 janvier 2011, La société des auteurs des arts visuels et de l'image fixe (saif), c/ Google france, s.a.r.l. et Google inc, n° 08/13423, http://juriscom.net/wp-content/documents/caparis20110126.pdf.

2. La circonscription du lieu du délit au lieu de la réalisation du dommage

704. Le choix entre la loi du lieu du fait générateur et de la loi du lieu de réalisation du dommage n'est pas aisé sur internet. GAUDEMET-TALLON souligne qu'il est souhaitable de trancher catégoriquement en faveur du lieu du fait générateur, ou en faveur du lieu où le préjudice a été subi[1741]. L'idée n'est pas propre au commerce électronique, puisque diverses lois nationales des pays européens ont opté pour la loi du lieu du fait générateur[1742], avant la conquête du grand public par les réseaux électroniques.

La loi du lieu de commission du délit n'est pas toujours à l'avantage de la victime. En effet, celle-ci court le risque d'y trouver un arsenal juridique en faveur de l'auteur du délit[1743]. Le règlement Rome II a opté pour la loi du lieu de survenance du délit[1744]. Ce choix est propice pour le commerce en ligne. Des doutes amèneraient à s'interroger sur le confort du demandeur, qui peut être contraint d'introduire des actions en réparation dans différents Etats. La préoccupation est d'autant plus importante qu'aucune organisation communautaire n'a harmonisé le droit de la responsabilité de la responsabilité contractuelle dans les pays francophones d'Afrique subsaharienne. Le problème de la plurilocalisation du délit imposerait à la victime d'ester en justice dans chacun des lieux où le dommage serait ressenti, pour n'y obtenir qu'une parcelle de la réparation équivalente à la proportion du dommage perçu à l'intérieur de chacun de ces territoires.

Il convient de préciser que le problème de la réparation intégrale ou parcellaire relève plus de la compétence judiciaire[1745] que de la compétence normative. Des solutions ont été proposées pour résoudre cette difficulté. Olivier CACHARD suggère d'accorder la compétence exclusive au juge du *forum actoris*[1746], qui pourrait se prononcer sur la réparation intégrale du litige[1747]. Un arrêt de la CJUE du 25 octobre 2011, en matière d'atteinte aux

---

1741 H. GAUDEMET-TALLON, Cours général de droit international privé, Académie de droit international, op.cit., p. 221, n°211

1742 Article 45 du Code civil du Portugal de 1966, article 40 EGBGB de la loi allemande de 1999, article 10 alinéa 9 de la loi espagnole issue de la réforme de 1978.

1743 A titre d'illustration, si plusieurs sites américains comme Yahoo, Facebook, accordent la compétence à la loi de la Californie en matière d'atteintes aux données personnelles, c'est bien parce qu'elles en ont une bonne connaissance, et qu'elles sont moins rigoureuses à l'encontre des prestataires de services en ligne que les lois européennes, et les lois africaines.

1744 Article 4.1 du règlement européen en ces termes « La loi applicable à une obligation non contractuelle résultant d'un fait dommageable est celle du pays où le dommage survient, quel que soit le pays où le fait générateur du dommage se produit et quels que soient le ou les pays dans lesquels des conséquences indirectes de ce fait surviennent ».

1745 C'est-à-dire de l'aptitude du juge saisi à se prononcer sur l'intégralité du préjudice subi, car le juge de l'intégralité de la réparation demeure le for du lieu du fait générateur.

1746 Expression latine désignant la compétence du tribunal du demandeur.

1747 « Le forum actoris qui prédomine dans la pratique judiciaire des litiges contractuels n'appelle sans doute plus la réprobation…En matière délictuelle, un fort courant doctrinal suggère de réhabiliter sous certaines conditions, le forum actoris…Les difficultés que nous

droits de la personnalité, a posé le principe de l'unicité de la réparation en admettant que la victime d'un dommage relatif à la diffusion de contenus par internet peut choisir de présenter une demande de réparation intégrale, auprès d'une juridiction de l'Etat du lieu du centre de ses intérêts ou auprès du juge de l'Etat du lieu d'établissement de l'émetteur des contenus[1748].

705. Un second problème que doit résoudre la loi du lieu du dommage porte sur le constat effectif du dommage à l'intérieur de l'Etat concerné. L'intérêt de cette démarche réside dans l'élimination des lois qui se déclareraient applicables en vertu de l'accessibilité de l'activité du site litigieux en tout point du globe. Faut-il constater un dommage réel ou faut-il se limiter à un dommage probable pour identifier les potentiels lieux dans lesquels la victime subirait un préjudice ?

706. Il convient de tenir compte du préjudice probable, mais en considérant la certitude des intérêts menacés et non la simple accessibilité du site. Les dommages subis par la victime devraient être localisés sur chaque territoire sur lequel ses intérêts sont menacés, à condition que l'auteur du délit y ait orienté son action.

707. Les intérêts de la victime peuvent être localisés à des endroits autres que le lieu de la résidence habituelle du défendeur, le lieu de la commission du délit, le lieu de résidence de la victime. Les actes de concurrence[1749] illicite par exemple sont directement liés au marché[1750]. La loi applicable à

---

avons décrites précédemment privent la victime d'une réparation satisfaisante et risquent d'encourager la commission des délits », O. CACHARD, thèse, op cit, p. 389, n°633.

[1748] « Par conséquent, il y a lieu de répondre aux deux premières questions dans l'affaire C-509/09 et à la question unique dans l'affaire C-161/10 que l'article 5, point 3, du règlement doit être interprété en ce sens que, en cas d'atteinte alléguée aux droits de la personnalité au moyen de contenus mis en ligne sur un site Internet, la personne qui s'estime lésée a la faculté de saisir d'une action en responsabilité, au titre de l'intégralité du dommage causé, soit les juridictions de l'État membre du lieu d'établissement de l'émetteur de ces contenus, soit les juridictions de l'État membre dans lequel se trouve le centre de ses intérêts. Cette personne peut également, en lieu et place d'une action en responsabilité au titre de l'intégralité du dommage causé, introduire son action devant les juridictions de chaque État membre sur le territoire duquel un contenu mis en ligne est accessible ou l'a été. Celles-ci sont compétentes pour connaître du seul dommage causé sur le territoire de l'État membre de la juridiction saisie », CJUE, 25 oct. 2011, eDate Advertising GmbH contre X et Olivier Martinez, Robert Martinez c/ MGN Limited, C-509/09 et C-161/10, http://www.legalis.net/spip.php?page=jurisprudence-decision&id_article=3269.

[1749] Les comportements déloyaux sanctionnés par la jurisprudence sont les pratiques tendant à la confusion avec l'entreprise concurrente ou avec sa production, à la désorganisation de ce même concurrent, par diverses voies, ainsi que des faits de dénigrement. Le dénigrement, l'imitation, le débauchage, le parasitisme traduisent une violation des usages du commerce.

[1750] « Les rapports *entre concurrence* et égalité sont particulièrement ambigus dans la mesure où les opérateurs qui s'engagent dans la compétition économique ont l'ambition de s'assurer la meilleure part du marché, dans les limites acceptées par les règles présidant à la préservation d'un degré de concurrence suffisant sur le marché », C. CHAMPALAUNE, « L'égalité des opérateurs économiques dans l'exercice de la concurrence en droit interne », in L'égalité, Rapport de la Cour de cassation française, 2003, La Documentation Française, http://www.courdecassation.fr/publications_cour_26/rapport_annuel_36/rapport_2003_37/deu

une obligation non contractuelle résultant d'un acte restreignant la concurrence est celle du pays dans lequel le marché est affecté ou susceptible de l'être[1751].

708. Le problème est que sur les réseaux électroniques, les actes illicites de concurrence seront ressentis partout où la victime a des clients. En admettant qu'internet remplit les fonctions requises pour un marché[1752], alors les acteurs du commerce électronique risqueraient d'évoluer sur un marché mondial sans frontières[1753]. A supposer le cas extrême dans lequel la victime détiendrait une clientèle à l'échelle mondiale, alors elle aura accepté le risque qu'implique l'internationalité du web. Le critère de la destination de l'activité circonscrit la perception du dommage aux lieux sélectionnés implicitement ou explicitement par la victime. En matière de concurrence déloyale, il paraît logique de circonscrire les lieux du dommage aux les territoires sur lesquels la victime détient des intérêts consolidés par l'existence d'une clientèle réelle. En matière de contrefaçon, ces territoires seront ceux dans lesquels les produits contrefaits sont proposés au mépris des droits qui y sont enregistrés, à l'exclusion des Etats dans lesquels les droits ne le sont pas. La loi du dommage s'appliquera aux lieux dans lesquels la victime a des intérêts. Cette délimitation permet d'évaluer l'effectivité des décisions de justice.

SECTION 2. L'ÉVALUATION DE L'EFFECTIVITÉ DES DÉCISIONS PRONONCÉES

709. Le prononcé d'une décision de justice ne suffit pas pour satisfaire les parties dans un litige. Le justiciable en faveur duquel la décision est prononcée doit pouvoir procéder à l'exécution de la sentence. Pour cela, il doit bénéficier du concours des autorités étatiques. Or, telle qu'elle est exercée dans le monde physique, la contrainte institutionnelle ne se déploie ni avec la même intensité, ni avec la même efficacité sur les réseaux électroniques. Le développement des activités véhiculées par les réseaux affaiblit considérablement le pouvoir coercitif de l'Etat. La diminution de la puissance de l'État sur les réseaux électroniques est causée principalement par le conflit entre l'internationalité des échanges et la limitation territoriale

---

xieme_partie_tudes_documents_40/tudes_theme_egalite_42/economiques_exercice_6253.html.

1751 Article 6.3.a du règlement Rome II « La loi applicable à une obligation non contractuelle résultant d'un acte restreignant la concurrence est celle du pays dans lequel le marché est affecté ou susceptible de l'être »..

1752 « L'aspect géographique du lieu s'estompe pour ne devenir qu'un simple moyen technique », P. le CANNU, « Les marchés financiers électroniques », in l'Internet et le droit, Droit français, européen et comparé de l'Internet, p. 394.

1753 O. CACHARD, thèse, op. cit., n°14.

de l'intervention étatique[1754]. Cet effritement de la contrainte étatique sur les réseaux électroniques se répercute sur l'autorité que les décisions de justice ont sur les justiciables. Ainsi, l'érosion que subit l'effet des jugements pour les litiges nés de l'usage d'internet (§1) favorise l'émergence des formes de contrainte spécifiques aux réseaux électroniques (§2).

§1. La fragilisation de la contrainte judiciaire sur les réseaux électroniques

710. Les décisions de justice n'ont pour finalité que d'être exécutées. L'exécution démontre l'application du jugement qui peut dès lors rayonner de toute son efficacité[1755]. En l'absence de convention interétatique, les actes pris par les autorités n'ont d'effet qu'à l'intérieur des frontières nationales. La procédure de l'exequatur conditionne l'application de la décision de justice dans ces cas. Or l'univers électronique accentue et décuple les complications qui découlent de cette exigence. Le *web* rompt les distances, abolit les frontières, rapproche les internautes situés dans des Etats différents, et suscite des litiges qui opposent des personnes de nationalités diverses situés à des endroits distincts avec des montants souvent dérisoires. L'exigence d'exequatur peut susciter de la réticence dans la psychologie des parties au litige (A). D'un autre côté, le professionnel peut profiter du fait que le droit d'ordonner l'exécution soit un attribut de souveraineté interne, pour refuser de se conformer à la contrainte du juge étranger. En connaissance des difficultés que le cyberconsommateur peut rencontrer dans la procédure de l'exequatur, le cybercommerçant peut spéculer et préférer l'opportunité d'un gain au détriment du respect d'une décision de justice (B).

A. L'effet dissuasif de la procédure d'exequatur

711. La reconnaissance des décisions de justice hors des frontières nationales se heurte à la souveraineté de l'Etat dans lequel l'exécution est souhaitée. L'Etat d'accueil de la décision doit être informé de l'existence du litige, de la décision prononcée, afin de déterminer si l'exécution peut être obtenue sur son territoire. L'exequatur est cette procédure qui vise à donner dans un État, la force exécutoire à un jugement rendu à l'étranger[1756]. Cette procédure désigne la décision par laquelle un juge donne force exécutoire à

[1754] « Si la contrainte n'est pas ce qui s'ajoute au droit mais ce qui le caractérise, et si la contrainte ne peut ultimement qu'être de nature étatique, alors le droit est violemment remis en cause par Internet », J.-M. CHEVALIER, I. EKELAND, M.-A. FRISON-ROCHE et M. KALIKA, Internet et nos fondamentaux, Paris, PUF, 2000, p. 16.

[1755] L'efficacité d'une décision de justice est définie comme « le caractère d'une règle de droit qui produit l'effet voulu et qui est réellement appliquée » ; G. CORNU, Vocabulaire juridique, (sous la direction de), France, PUF, 1996, p 334.

[1756] Quand bien même un jugement serait reconnu dans un autre État que celui où il a été prononcé, cette reconnaissance n'implique pas qu'il ait une force exécutoire.

une sentence arbitrale, ou autorise l'exécution sur son territoire, d'un jugement ou d'un acte étranger. Telles que fixées par la Cour de cassation française dans l'arrêt *Munzer,* les conditions de l'exequatur exigent de vérifier la compétence du tribunal étranger ayant rendu la décision, la régularité de la procédure suivie devant ce tribunal étranger, l'application de la loi compétente d'après la règle de conflit de l'Etat dans lequel l'exécution est souhaitée, la conformité de la décision à l'ordre public international, et l'absence de fraude à la loi[1757]. Au sein de l'OHADA, l'exécution des décisions de justice rendues dans le cadre des litiges de commerce électronique est confrontée à l'exigence de l'exequatur tant pour les décisions judiciaires (1) que pour les sentences arbitrales (2).

1. L'effet dissuasif de la procédure d'exequatur des décisions judiciaires

712. Dans l'espace OHADA les modalités de l'exécution forcée des décisions de justices sont régies par l'Acte uniforme sur les voies d'exécution. Mais un constat bien curieux se dégage de l'esprit du législateur régional. Certes ce dernier harmonise les conditions de l'exécution des jugements[1758], mais il évite d'unifier le régime de l'exequatur délaissé aux législations internes. Alors qu'en fait, l'exequatur est un acte préalable à l'exécution proprement dite. Il ouvre la procédure d'exécution elle-même et constitue en quelque sorte l'autorisation de procéder à l'exécution forcée[1759]. Pour ces différentes raisons, le régime de l'exéquatur aurait pu être unifié, car les décisions ayant force de chose jugée prononcées par une juridiction nationale doivent nécessairement être exequaturées dans les Etats parties dans lesquels l'exécution doit être poursuivie.

713. Une autre solution aurait été de reconnaître aux parties, la possibilité d'exécuter librement les sentences judiciaires rendues par les juges nationaux à l'intérieur des Etats membres de l'Ohada. Malheureusement, seules les décisions émanant de Cour commune de justice et d'arbitrage sont exemptes d'exequatur[1760]. L'article 41 sur le règlement de procédure de la Cour Commune de justice et d'Arbitrage dispose clairement que, « l'arrêt de la CCJA a force obligatoire à compter du jour de son prononcé »[1761], sous réserve de l'apposition de la formule exécutoire par l'autorité compétente de

[1757] Civ 1re, 7 janvier 1964, JCP 1964 II 13590.

[1758] La Convention de Bruxelles de1968 se contentait de régler la procédure d'exequatur des titres exécutoires étrangers, sans toucher à l'exécution proprement dite qui reste soumise au droit national du juge saisi. Aff. Deutsche Gennossenschaftsbank/Brasserie du pêcheur, 2 juin 1985, *R.C.D.I.P.*, 1986, p. 344, point 17.

[1759] C. TUBEUF, L'efficacité internationale des décisions dans l'espace judiciaire européen, RDC, 2000, p. 605

[1760] Règlement de procédure de la Cour Commune de Justice et d'Arbitrage J.O. 01/ 11/97 PA et 5. In Traité des actes uniformes commentés et annotés, Joseph Issah-SAYEGH, Paul Gérard POUGOUE, Filiga Michel SAWADOGO (sous la coordination de) Juriscope, 1999.

[1761] « L'arrêt de la CCJA a force obligatoire à compter du jour de son prononcé ».

l'Etat dans lequel l'exécution est souhaitée. Or, les acteurs du commerce électronique, l'internaute en particulier, auraient été satisfaits de la vision intégrationniste visant à reconnaître le titre exécutoire régional à toute décision de justice interne ayant force de chose jugée. L'exigence de l'exequatur est une formalité qui peut dissuader l'internaute des pays francophones d'Afrique subsaharienne. L'idée de supporter des coûts supplémentaires, ne serait-ce qu'en ce qui concerne les honoraires du conseil en charge du suivi de la procédure, est dissuasive. La situation est bien plus complexe lorsque l'exécution est souhaitée dans un Etats tiers, en raison de la différence des législations.

714. Il ne faut pas oublier que pour des raisons de souveraineté, le droit national du juge d'accueil s'applique aux modalités de l'exécution. D'un autre côté, l'aléa du temps est une donnée variable qui ne dépend pas de la volonté des acteurs du commerce électronique. Comme le souligne un auteur, « une décision de justice vient en principe s'insérer dans un environnement juridique qui lui est familier et les questions suscitées autour de la décision elle-même et de son exécution sont réglées par un seul et même droit. Le contexte change lorsque la procédure prend un tour international. Entre le moment où une décision est prise et celui où l'on procède à son exécution forcée, toutes sortes d'incidents peuvent surgir qui donnent naissance à des difficultés auxquelles le droit international privé n'a donné que peu de réponses »[1762]. La modification des règles de procédure et les perturbations socio-économiques sont des facteurs extra juridiques, qui peuvent persuader l'internaute à abandonner l'exécution d'une décision de justice dans un Etat étranger.

2. L'effet dissuasif de la procédure d'exequatur sur la sentence arbitrale

715. L'intérêt de l'arbitrage en ligne réside dans la rapidité, la célérité et le coût modéré de la procédure. Contrairement à la procédure judiciaire qui nécessite la comparution physique et les débats en audience en un lieu physique, l'arbitrage peut se faire en ligne. Cette procédure s'adapte aux réalités des réseaux électroniques. La communication des documents par courriel ou par téléchargement et chargement sur un site internet, la discussion instantanée en ligne ou sur des forums de discussions, les téléconférences sur un site sont autant de méthodes déployées par l'arbitrage pour répondre aux spécificités des réseaux. Ces considérations techniques donnent à l'arbitrage en ligne une allure, une méthode et un aspect particuliers qui le distinguent de l'arbitrage traditionnel. Mais au-delà, la sentence arbitrale rendue en ligne ou à l'occasion d'un arbitrage traditionnel, ne doit son efficacité qu'à son aptitude à être exécutée. Pour cela, la sentence

---

[1762] C. TUBEUF, L'efficacité internationale des décisions dans l'espace judiciaire européen op cit., p. 606.

est subordonnée à la procédure d'exequatur et aux mêmes exigences que la sentence ordinaire, notamment le respect de l'ordre public de l'Etat dans lequel l'exequatur est requis[1763] et le principe du contradictoire[1764]. Ces écueils concernent bien des sentences arbitrales (a), à l'exception des sentences prononcées par l'OMPI dans le cadre des procédures UDRP (b).

a. Le contenu de l'effet dissuasif de la procédure d'exequatur sur les sentences arbitrales

716. Une sentence arbitrale, même rendue par voie électronique, ne peut faire l'objet d'une exécution dans les Etats membres de l'Ohada sans exequatur[1765]. Dans l'espace Ohada, l'exigence de l'exequatur n'a été supprimée que pour les sentences arbitrales rendues par le Centre d'arbitrage de la Cour commune de justice et d'arbitrage. Conformément à l'article 25 du Traité de l'OHADA[1766], elles sont revêtues de l'autorité définitive de la chose jugée sur le territoire de chaque État Partie. Ces sentences arbitrales peuvent faire l'objet d'une exécution forcée en vertu d'un exequatur qui ne peut être délivré que par ordonnance du Président de la CCJA. Le juge de l'Etat partie saisi d'une sentence de la CCJA mentionnant l'exequatur, y appose sa formule exécutoire. Cela témoigne du caractère régional de l'exequatur de la CCJA, contrairement à la formule exécutoire qui n'a qu'un rayonnement national. En dehors de cette sentence, toute décision qui refuse l'exequatur à une sentence de toute nature n'est susceptible que de pourvoi en cassation devant la Cour Commune de Justice et d'Arbitrage. Or, on voit mal comment un internaute qui sollicite l'exécution d'une sentence rendue par un arbitre en ligne pourra se pourvoir devant la Cour Commune de Justice et d'Arbitrage, pour contester le refus d'exequatur du juge d'accueil.

1763 Article 30 dernier paragraphe de l'Acte uniforme sur le droit de l'arbitrage : « La reconnaissance et l'exequatur sont refusés si la sentence est manifestement contraire à une règle d'ordre public international des Etats-parties ».

1764 Le respect de ce principe dans la procédure arbitrale en ligne se rapporte à « la possibilité pour chacune des parties d'être traitée de la même manière et non (...) le fait que les deux parties plaident (nécessairement) de la même manière », Ph. PINSOLLE, « L'utilisation des nouvelles technologies dans l'arbitrage (Nouvelles tendances de l'arbitrage) », RDAI /IBLJ, n° 2006. p. 374.

1765 Article 30 de l'Acte uniforme sur le droit de l'arbitrage : « La sentence arbitrale n'est susceptible d'exécution forcée qu'en vertu d'une décision d'exequatur rendue par le juge compétent dans l'Etat-partie ».

1766 Article 25 du Traité révisé de l'OHADA : « Les sentences arbitrales rendues conformément aux stipulations du présent titre ont l'autorité définitive de la chose jugée sur le territoire de chaque Etat Partie au même titre que les décisions rendues par les juridictions de l'Etat. Elles peuvent faire l'objet d'une exécution forcée en vertu d'une décision d'exequatur. La Cour Commune de Justice et d'Arbitrage a seule compétence pour rendre une telle décision. L'exequatur ne peut être refusé que dans les cas suivants : si l'arbitre a statué sans convention d'arbitrage ou sur une convention nulle ou expirée ; si l'arbitre a statué sans se conformer à la mission qui lui avait été conférée ; lorsque le principe de la procédure contradictoire n'a pas été respecté ; si la sentence est contraire à l'ordre public international ».

717. D'un autre côté, les sentences arbitrales rendues sur le fondement de règles différentes de celles prévues par l'Acte uniforme ne sont pas mieux loties. L'article 34 de l'Acte uniforme sur le droit de l'arbitrage dispose que, « les sentences arbitrales rendues sur le fondement de règles différentes de celles prévues par le présent Acte uniforme, sont reconnues dans les Etats parties, dans les conditions prévues par les conventions internationales éventuellement applicables, et à défaut, dans les mêmes conditions que celles prévues aux dispositions du présent Acte uniforme ». Les conditions d'exécution des sentences prévues par cet Acte uniforme ne s'appliqueraient qu'à défaut de l'existence des conventions susvisées. Si les sentences des arbitres tiers sont régies par des accords plus stricts, alors elles seront exposées à des conditions plus rigoureuses que celles rendues par la CCJA. Sur le fond, la reconnaissance et l'exequatur sont refusés si la sentence est manifestement contraire à une règle d'ordre public international des Etats-parties[1767]. Alors que la Convention de New York pour la reconnaissance et l'exécution des sentences arbitrales étrangères de 1958 à laquelle plusieurs Etats parties de l'OHADA sont membres[1768], et qui constitue le cadre général des conventions internationales sur l'arbitrage, exige la conformité à l'ordre public et que l'objet du litige soit compatible avec l'arbitrage en vertu de la loi du lieu de l'exécution[1769].

718. Il en découle une efficacité des sentences arbitrales à trois degrés. Le premier degré concerne la sentence de la CCJA qui bénéficie d'une reconnaissance à l'échelle régionale. Le deuxième est celui de la sentence des arbitres situés à l'intérieur de l'espace Ohada, qui est subordonnée à l'examen de l'ordre public. Le dernier degré se rapporte à la sentence des arbitres tiers soumis aux exigences plus rigoureuses de l'article VII.2 de la Convention de New York de 1958. En fait, la décision unanime d'un tribunal international n'a pas plus de validité ou davantage force de loi qu'une demande polie. Un auteur rappelle dans ce sens que, « le problème de l'efficacité d'un tribunal international ou transnational réside dans le fait que les États indépendants et souverains agissent trop souvent comme des boules de billard qui doivent nécessairement se heurter et non pas coopérer...On ne pouvait ignorer l'héritage génétique des tribunaux nationaux. Sans l'aide et l'assistance des tribunaux nationaux les sentences arbitrales transnationales

[1767] Article 31 dernier paragraphe de l'Acte uniforme : « La reconnaissance et l'exequatur sont refusés si la sentence est manifestement contraire à une règle d'ordre public international des Etats-parties ».

[1768] Gabon, Sénégal, Bénin, Cameroun, Centrafrique, Côte d'Ivoire, Burkina Faso, Mali, Niger, Guinée.

[1769] Article VII.2 de la Convention de New York : « La reconnaissance et l'exécution d'une sentence arbitrale pourront aussi être refusées si l'autorité compétente du pays où la reconnaissance el l'exécution sont requises constate: *q*ue, d' après la loi de ce pays, l'objet du différend n'est pas susceptible d'être réglé par voie d'arbitrage; ou que la reconnaissance ou l'exécution de la sentence serait contraire à l'ordre public de ce pays ».

ne pouvaient pas être appliquées sur le terrain »[1770]. L'article 3 de la convention confirme la subordination de l'exécution de la sentence arbitrale à la conformité aux règles de procédure suivies dans le territoire où la sentence est invoquée[1771]. Or la démarche de l'Acte uniforme est plutôt différente, en ce qu'elle soumet les sentences des arbitres tiers à des conditions moins souples que celles rendues par les arbitres de l'espace Ohada. Cela se répercute sur l'exécution des sentences rendues par les arbitres en ligne.

b. L'exception de l'arbitrage des principes UDRP sur les noms de domaine

719. Selon un auteur, « l'arbitrage virtuel remplit les mêmes fonctions qu'un arbitrage traditionnel. Un tiers neutre assure la prise d'une décision afin de trancher le litige. La différence avec l'arbitrage hors ligne est d'ordre technique, car les parties au différend vont communiquer avec l'arbitre et lui soumettre leurs preuves ou arguments, par le biais d'e-mails ou de vidéoconférences. L'avantage de recourir à l'arbitrage dans ce genre de litiges repose aussi sur le fait qu'étant donné le caractère extrêmement technique du commerce électronique, les parties peuvent choisir parmi les arbitres des experts de l'économie dématérialisée »[1772].

720. Les Principes UDRP de l'OMPI fixent le cadre juridique du règlement des litiges entre les détenteurs de noms de domaine et des tiers au sein du Centre d'arbitrage et de médiation de l'OMPI. Le tiers désigne toute partie autre que l'unité d'enregistrement au sujet de l'enregistrement et de l'utilisation abusifs de noms de domaine génériques de premier niveau ou *gTLDs*[1773],et noms de domaines correspondant aux codes de pays ou *ccTLDs* qui les ont volontairement adoptés. Selon l'article 4.a des Principes UDRP, la procédure administrative n'est applicable qu'en ce qui concerne un litige relatif à une accusation d'enregistrement abusif d'un nom de domaine sur la base des critères suivants: « le nom de domaine enregistré par le détenteur est identique ou semblable au point de prêter à confusion à une marque de produits ou de services sur laquelle le requérant (la personne physique ou morale qui dépose la plainte) a des droits; et le détenteur du nom de domaine

---

[1770] F. S. NARIMAN, La contribution de la Convention à la mondialisation de l'arbitrage commercial international, L'exécution des sentences arbitrales en vertu de la Convention de New York, Expérience et perspectives, Colloque tenu le 10 juin 1998 pour le 40e anniversaire de la Convention pour la reconnaissance et l'exécution des sentences arbitrales étrangères conclue le 10 juin 1958, Publication des Nations Unies, numéro de vente: F.99.V.2 ISBN 92-1-233319-2, 14.

[1771] Chacun des Etats contractants reconnaîtra l'autorité d'une sentence arbitrale et accordera l'exécution de cette sentence conformément aux règles de procédure suivies dans le territoire où la sentence est invoquée.

[1772]F. HORCHANI, Arbitrage et relations économiques immatérielles, http://www.urdri.fdspt.rnu.tn/articles/horchani_arbitrage.htm, mise en ligne 09 nov. 2004.

[1773] *.biz, com, .info, .mobi, .name, .net, .org*

n'a aucun droit sur le nom de domaine ni aucun intérêt légitime qui s'y attache; et le nom de domaine a été enregistré et est utilisé de mauvaise foi ». L'arbitrage de l'OMPI offre un mécanisme simple de règlement des litiges relatifs aux noms de domaine, quel que soit le lieu où se trouvent l'unité d'enregistrement, le détenteur du nom de domaine et le requérant. L'exécution de la sentence arbitrale rendue par la commission administrative ne nécessite par l'intervention d'un juge ou d'une procédure d'exequatur. Elle est exécutée par l'unité d'enregistrement auprès de laquelle le nom de domaine qui fait l'objet du litige est enregistré à la date à laquelle la décision est rendue. Conformément à l'article 4.k des Principes UDRP, l'unité d'enregistrement est tenue d'exécuter la décision de la commission administrative dans un délai de 10 jours ouvrables après avoir reçu de l'institution de règlement notification de la décision, sauf si l'unité d'enregistrement reçoit du défendeur détenteur du nom de domaine des indications selon lesquelles il attaque la décision devant un tribunal. Cette voie de contestation n'a aucun rapport avec la procédure d'exequatur exigée pour les sentences arbitrales par l'Acte uniforme sur le droit de l'arbitrage. Elle constitue juste un moyen pour le défendeur de saisir le juge étatique après la décision de l'arbitre.

721. La question qui se pose n'est plus celle de l'exécution de la sentence arbitrale, mais plutôt celle du nombre de justiciables satisfaits par les décisions rendues par le Centre d'arbitrage et de médiation de l'OMPI. En l'absence de statistiques sur les actions en contestation des sentences exercées auprès du juge étatique, on peut souligner que très peu de litiges font l'objet de contestation auprès du juge étatique. Selon le paragraphe 4.k des Principes UDRP, l'unité d'enregistrement exécutera la sentence dans un délai de 10 jours ouvrables après notification de la décision par l'institution de règlement, à moins d'avoir reçu dans ce délai de l'une des parties, un document officiel[1774] attestant qu'il a engagé des poursuites judiciaires à l'encontre du requérant en un for dont le requérant a accepté la compétence, conformément au paragraphe 3.b.xiii des Règles d'application. L'unité d'enregistrement intéressée ne prendra alors aucune autre mesure tant qu'elle n'aura pas reçu une preuve satisfaisante d'un règlement du litige entre les parties, ou une preuve satisfaisante du rejet ou du retrait de l'action en justice du détenteur du nom de domaine, ou une copie d'un jugement par lequel le tribunal déboute le détenteur du nom de domaine de son action en justice ou dit qu'il n'a pas le droit de continuer à utiliser le nom de domaine.

B. La prévalence des opportunités commerciales résultant d'internet

722. Internet regorge de potentialités commerciales auxquelles les professionnels ne peuvent renoncer. Le *web* est porteur d'un changement majeur qui modifie radicalement l'activité commerciale. L'accessibilité du

[1774] La copie d'une plainte, portant le tampon d'enregistrement d'un greffe de tribunal.

site en tout point du globe transforme les modèles traditionnels des échanges. Face à la pression forte des acteurs et surtout des professionnels du commerce électronique qui souhaitent décupler leur rentabilité, les Etats sont tenus de règlementer les conditions de commercialisation de certains produits délicats sur internet[1775]. La diversité et le caractère national des lois étatiques accentuent l'audace de certains professionnels, qui prétendent se prévaloir de la tolérance de la circulation de certaines marchandises ou de certains services par quelques Etats, pour ignorer les interdictions légales prévues par d'autres législations. Les perspectives financières qu'offre internet, amènent des professionnels à proposer des produits ou des services à un public situé dans des territoires précis, mais sans en interdire l'accès aux internautes situés dans les Etats dont les législations nationales prohibent ou règlementent fortement une telle commercialisation. Les sanctions judiciaires prononcées contre ces agissements peuvent demeurer inefficaces, en raison de la territorialité des jugements.

723. L'affaire *Yahoo!* est suffisamment illustrative de la volonté du cybercommerçant de transgresser les règles internes d'un Etat, dès lors que les opportunités commerciales suscitent un intérêt financier qui du point de vue du professionnel, est supérieur à la territorialité d'un jugement. L'intérêt de retourner vers ce litige une quinzaine d'années plus tard, se situe dans la priorité que le professionnel accorde aux opportunités commerciales, en mettant en ligne des produits interdits par les règles internes des Etats étrangers. En l'espèce, la Licra[1776] a assigné la société américaine *Yahoo!* à comparaître en référé à Paris pour « Ordonner à *Yahoo! Inc.*, sous astreinte de 100 000 euros par jour de retard et/ou par kilo-octet de fichiers contrevenant à l'interdiction prononcée, de détruire toute donnée informatique stockée directement ou indirectement sur son serveur et cesser corrélativement tout hébergement et toute mise à disposition sur le territoire de la République à partir du site "*Yahoo.com*" de : messages, d'images et textes se rapportant aux objets, reliques, insignes et emblèmes et drapeaux nazis ou évoquant le nazisme et pouvant actuellement être acquis sur le service " *Auction* [1777]", pages web exposant les textes, extraits ou citation de " *Mein Kamp*f ", et du " Protocole des Sages de Sion " pouvant être actuellement consultés, reproduits ou téléchargés sur le service d'hébergement *Geocities de Yahoo! Inc.*, aux adresses suivantes : (...) ».

[1775] Directive 2011/62/UE du Parlement européen et du Conseil du 8 juin 2011 modifiant la directive 2001/83/CE instituant un code communautaire relatif aux médicaments à usage humain, en ce qui concerne la prévention de l'introduction dans la chaîne d'approvisionnement légale de médicaments falsifiés.

[1776] Ligue internationale contre le racisme et l'antisémitisme, www.licra.org.

[1777] Le service Yahoo Auctions veut que chacun puisse librement mettre en vente le bien qu'il souhaite, à charge de s'enregistrer préalablement. Les enchères peuvent être consultées librement et sans s'enregistrer, mais si un visiteur souhaite y participer en ajoutant une mise il doit alors s'enregistrer.

724. En dépit des injonctions d'une décision judiciaire, le professionnel peut librement choisir de continuer son activité ayant fait l'objet d'une condamnation dans un Etat déterminé, en raison de la territorialité des décisions judiciaires. Cette analyse révèle une véritable pertinence, car le fait pour la société américaine *Yahoo!* de se conformer respectivement aux injonctions de l'ordonnance de référé du 22 mai 2000 du TGI de Paris[1778] et de l'ordonnance [1779], avant la décision du juge américain saisi en inopposabilité dans le but de faire obstacle à la demande d'exequatur à venir, semble plus relevée des considérations pratiques, stratégiques et financières que des considérations juridiques. On pourrait aussi y voir une certaine efficacité des décisions rendues en matière provisoire et conservatoire[1780]. Mais ce qui est frappant dans cette affaire est que, « les motivations de cette exécution spontanée des mesures conservatoires paraissent être d'ordre stratégique. Le retrait des objets nazis répond indiscutablement à une stratégie commerciale et aux attentes d'une partie des internautes américains qui avaient réclamé sans succès ce retrait »[1781]. Les considérations extra juridiques relatives au profit et aux potentialités commerciales peuvent déterminer le comportement de l'opérateur de commerce électronique tant dans le sens du respect de la législation interne étrangère que dans le sens de sa violation.

725. D'autres jugements comme ceux liquidant l'astreinte, ne peuvent produire d'effet extraterritorial tant entre les Etats parties de l'OHADA

[1778] « Ordonnons à Yahoo ! Inc. de prendre toutes les mesures de nature à dissuader et à rendre impossible toute consultation sur Yahoo.com du service de ventes aux enchères d'objets nazis et de tout autre site ou service qui constituent une apologie du nazisme ou une contestation des crimes nazis ; Ordonnons à Yahoo France de prévenir tout internaute consultant Yahoo.fr, et ce dès avant même qu'il fasse usage du lien lui permettant de poursuivre ses recherches sur Yahoo.com, que si le résultat de sa recherche, soit à partir d'une arborescence, soit à partir de mots-clés l'amène à pointer sur des sites, des pages ou des forums dont le titre et/ou les contenus constituent une infraction à la loi française, ainsi en est-il de la consultation de sites faisant l'apologie du nazisme et/ou exhibant des uniformes, des insignes, des emblèmes rappelant ceux qui ont été portés ou exhibés par les nazis, ou offrant à la vente des objets et ouvrages dont la vente est strictement interdite en France, il doit interrompre la consultation du site concerné sauf à encourir les sanctions prévues par la législation française ou à répondre à des actions en justice initiées à son encontre », TGI Paris ordonnance de référé du 22 mai 2000, Association "Union des Etudiants Juifs de France", la "Ligue contre le Racisme et l'Antisémitisme" / Yahoo ! Inc. et Yahoo France, https://www.legalis.net/spip.php?page=jurisprudence-decision&id_article=175.

[1779] TGI Paris, Ordonnance de référé du 20 novembre 2000, « Ordonnons à Yahoo ! Inc de satisfaire dans les 3 mois de la notification de la présente ordonnance aux injonctions contenues dans notre ordonnance du 22 mai 2000 ce sous astreinte de 100.000 Francs par jour de retard à compter du 1er jour qui suivra l'expiration du délai de 3 mois », https://www.legalis.net/spip.php?page=jurisprudence-decision&id_article=217.

[1780] « Aussi longtemps que les tribunaux américains ne se seront pas prononcés sur l'inopposabilité de l'ordonnance, la menace chaque jour plus pressante de la liquidation de l'astreinte contraindra Yahoo ! à censurer les contenus diffusés pour obéir à l'ordonnance parisienne…Une épée de Damoclès ne saurait être suspendue indéfiniment sur la tête de Yahoo », O. CACHARD, thèse, op. cit., p. 418, n°690.

[1781] Ibid.

qu'entre eux et les Etats tiers. Lorsqu'il est rendu, le jugement qui liquide l'astreinte circule sous la forme d'une banale condamnation à paiement[1782] même à l'intérieur des Etats membres de l'OHADA. Or, les pays francophones de l'Afrique subsaharienne pourraient envisager des mesures juridiques à l'échelle régionale pour éviter d'exposer le respect de leurs règles internes au caprice discrétionnaire du professionnel en ligne. Ils pourraient notamment considérer au sein de l'OHADA, qu'une décision liquidant l'astreinte puisse librement circuler entre les Etats parties, surtout lorsque cette sanction est prise par une ordonnance de référé dont le but de faire cesser un trouble manifestement illicite qui cause un dommage au demandeur[1783]. Cette fragilisation de l'autorité judiciaire démontre que si internet favorise la globalisation, le monde n'est pas encore devenu un village aussi planétaire qu'on l'affirme. Le tort pourrait se situer à deux niveaux : une intervention a posteriori de l'autorité judiciaire c'est-à-dire dès l'apparition des litiges d'une part, l'origine étatique des règles du commerce électronique d'autre part. Une invitation des acteurs à participer à l'encadrement de leurs échanges contribuerait à la réduction des litiges, à travers notamment l'intériorisation des règles informelles qu'ils auraient eux-mêmes élaborés. Cette forme de règlementation découlant de l'action normative des acteurs contribue au renforcement de la contrainte sur internet.

§2. La contribution des règles informelles dans le rétablissement de la contrainte sur internet

726. Pour beaucoup d'auteurs, le domaine majeur de la vie sociale qui est perturbé par internet est le droit étatique[1784]. Le fait pour l'État de nourrir son pouvoir normatif sur la base des frontières territoriales en serait la cause[1785]. D'où l'émergence des instances alternatives de normativité telles que

---

[1782] D. FOUSSARD, Entre exéquatur et exécution forcée (De quelques difficultés théoriques et pratiques relatives à l'exécution des jugements étrangers) », Travaux comité fr. DIP, 1996-1997, 1p. 79.

[1783] O. CACHARD, thèse, op. cit., p. 420, 693.

[1784] J.-J. LAVENUE, « Cyberespace et droit international : pour un nouveau jus communicationis », (1996) 3 R.R.J, p. 811 à 824 ; P. TRUDEL, Introduction au droit du commerce électronique sur l'Internet, Revue du Barreau, t.55, n°3, sept.-oct.1995, p. 523 ; P. TRUDEL, Quel droit et quelle régulation dans le cyberespace ?, Sociologie et sociétés, vol.XXXII.2 ; V. GAUTRAIS, G. LEFEVBRE et K. BENYEKHLEF, Droit du commerce électronique et normes applicables : l'émergence de la lex electronica, RDAI, 1997 ; P. TRUDEL, La lex electronica, in C.-A. MORAND, Le droit saisi par la mondialisation, Bruxelles, Bruylant, 2001 ; V. GAUTRAIS, Le contrat électronique international, thèse, Université Montréal, 1998.

[1785] « La circulation de l'information ne connaissant guère de limite géographique, le problème du droit découlerait de la difficulté d'appliquer la production normative d'un État à des activités dont les modalités d'exercice peuvent enlever au territoire toute incidence inhérente », T. SCHULTZ, Réguler le commerce électronique par la résolution des litiges en ligne, Une approche critique, Bruylant Bruxelles, 2005, p. 2.

l'architecture technique[1786], les communautés électroniques[1787], les institutions corporatistes[1788], les organes supra étatiques[1789]. Les règles issues des organisations supra étatiques[1790] et de l'architecture technique[1791] n'intéressent pas cette réflexion. Seules les règles issues des communautés électroniques, usages[1792], des codes de conduite[1793], chartes et netiquette, paraissent pertinentes en ce qu'elles sont issues des acteurs constituant des groupements de personnes sur internet. HERZOG-EVANS soutient que les normes d'origine non étatiques peuvent apparaître dans des milieux sociaux, même dans ceux dans lesquels les intéressés présentent à la fois une communauté et une opposition d'intérêts[1794]. Les normes informelles du commerce électronique contribuent au renforcement de la contrainte parce qu'elles demeurent sous le contrôle de l'Etat d'une part (A), et qu'elles sont aptes à susciter sur les acteurs, une contrainte au sein des sujets concernés (B).

1786 « Le cyberespace est un environnement technique. Sa configuration rend possible certains gestes et en interdit d'autres… De plus en plus, il apparaît que dans le cyberespace, la normativité s'inscrit dans une logique de réseau. Elle se conçoit en fonction de la réalité artificielle qui se propose aux usagers. Celle-ci, produite par une multitude d'artefacts techniques, incorpore d'innombrables règles déterminant le fonctionnement ou le disfonctionnement du réseau mais qui, du coup, contribuent à y déterminer une part importante de la normativité », P. TRUDEL, La lex electronica, in C.-A. MORAND, op cit, http://www.chairelrwilson.ca/cours/drt3808/Lexelectronicatrudel.pdf; « Les régulations techniques sont bien présentes sur l'Internet », J. BERLEUR, et Y. POULLET, Réguler Internet, Études 2002/11, Tome 397, p. 463-475 « Les régulations techniques sont bien présentes sur l''Internet », p. 464.

1787 V. GAUTRAIS, thèse, op. cit., 1998, p. 260 à 264.

1788 A travers les institutions comme la Chambre de Commerce et d'Industrie.

1789 J.-J. LAVENUE, Cyberespace et droit international : pour un nouveau jus communicationis, (1996) 3 R.R.J, p. 818.

1790 Les textes qui découlent des instances supra étatiques dérivent sur le plan processuel indirectement des Etats. Leur adoption nécessite une adhésion des Etats membres.

1791 « L'élaboration [des normes mises en œuvre par la technique], ne dépend pas de la participation de tous les acteurs d'internet. Ce sont les spécialistes seuls qui décident des règles […]. Les techniciens choisissent la mise en œuvre des protocoles techniques. Les citoyens à qui s'appliquent les règles, ne participent pas de façon directe à leur développement », Y. POULLET, «!Les aspects juridiques des systèmes d'information!», *Lex Electronica*, vol.10 n°3, Hiver/Winter 2006, http://www.lex-electronica.org/articles/v10-3/poullet.htm.

1792 « La connaissance effective ou présumée d'un tel usage par les parties contractantes est établie lorsque, (…), dans (le secteur considéré), un certain comportement est suffisamment connu, du fait qu'il est généralement ou régulièrement suivi lors de la conclusion d'un certain type de contrats, pour pouvoir être considéré comme une pratique consolidée », C.J.C.E. 20 février 1997, Mainschiffahrts-Genossenschaft Eg c/ Les gravières rhénanes S.A.R.L., Rev. Crit. Dr. Internat. Privé, juillet-septembre 1997, p. 563.

1793 « Un code de conduite peut être un ensemble global de recommandations élaborées progressivement et qui peuvent être revisitées lorsque l'expérience ou les circonstances le justifient ; bien que de telles recommandations », G. FARJAT, Réflexions sur les codes de conduites privés, Etudes offertes à Berthold Goldman, Litec, Paris, 1982, p. 48.

1794 M. HERZOG-EVANS, La vie et le droit : usages et « groupes sociaux cohérents », RRJ, 1998-4, p. 1204.

A. La subordination des normes informelles au contrôle de l'Etat

727. Toute organisation sociale aussi peu complexe soit-elle comporterait en son sein un ordre de pouvoirs, de normes, et de sanctions. Cette idée de SANTI ROMANO est reprise par des auteurs favorables à l'autonomie[1795] des règles informelles élaborées par les communautés électroniques virtuelles[1796], qui elles assureraient naturellement la fonction normative de l'Etat impuissant dans le cyberespace. Chaque Etat peut accepter des restrictions à son pouvoir. Précisément, cette autolimitation s'analyse comme une renonciation volontaire de la part de l'Etat souverain à sa liberté initiale[1797].

728. Cependant, la vision d'un Etat paralysé dans le cyberespace est une image déformante d'une entité souveraine jalouse de ses prérogatives. En réalité, un Etat encourageant l'initiative privée dans le contexte d'une économie libérale est naturellement porté à faire une place importante aux régulations privées[1798]. Il se doit d'encadrer les actions normatives émanant des communautés électroniques. Après le leurre d'un internet indépendant qui échapperait au droit, la théorie de l'autorégulation d'internet a cru pallier aux faiblesses de la règlementation étatique. Face aux travers du droit étatique, la solution adéquate serait d'orienter l'encadrement du commerce électronique vers l'autorégulation. L'autorégulation désigne un mode d'élaboration et de respect « par les acteurs eux-mêmes, de règles qu'ils ont formulées sous la forme par exemple, de codes de bonne conduite ou de bonnes pratiques et dont ils assurent eux-mêmes l'application »[1799]. Ce processus normatif ne doit en revanche pas être pensé en dehors des mécanismes étatiques.

729. Les instances européennes ont rappelé l'organisation de l'autorégulation et de la corégulation par les mécanismes étatiques. Le Conseil, le Parlement et la Commission de l'Union européenne ont adopté le 16 décembre 2003 l'Accord interinstitutionnel « Mieux légiférer » qui marque l'aboutissement de nombreuses réflexions menées au sein de l'Union européenne. Cet accord consacre au travers de l'autorégulation et de la corégulation la subsidiarité de l'intervention législative. L'autorégulation et la corégulation sont des variantes de la régulation. La régulation désigne l'ensemble des opérations consistant à concevoir des règles, en superviser

---

[1795] Le débat est trop vaste pour être évoqué dans toute son ampleur. Voir dans ce sens, Ph. FOUCHAR, Les usages, l'arbitre et le juge, Etudes offertes à Berthold Goldman, Litec, Paris, 1982, p. 66 ; V. GAUTRAIS, Le contrat électronique international, thèse, Université Montréal, 1998.

[1796] V. GAUTRAIS, thèse, op cit, p. 260 à 264.

[1797] A. SABEUR, op. cit., p. 439 ; P. MAYER, Le rôle du droit public en droit international privé, RIDC, 1986, p. 645 et s.

[1798] G. FARJAT, Réflexions sur les codes de conduites privés, in Etudes offertes à Berthold GOLDMAN, Litec Paris, 1982, p. 51.

[1799] B. du MARAIS, Autorégulation, régulation et co-régulation des réseaux, dans Georges Chatillon (dir.), Le droit international de l'Internet, actes du colloque, Bruxelles : Éditions Bruylant, 2003, p. 295.

l'application, ainsi que donner des instructions aux intervenants et régler les conflits entre eux lorsque le système de règle est incomplet ou imprécis. Elle procède d'une flexibilité juridique croissante, à partir d'une norme de moins en moins prescriptive, plus procédurale et moins substantielle, correspondant plus à des principes de gestion et d'intervention. La corégulation désigne une méthode qui suppose l'adoption d'un acte législatif contraignant ayant vocation à être complété par des mesures prises par les acteurs concernés. Ce concept désigne une régulation faisant intervenir, sur pied d'égalité, les pouvoirs publics et les acteurs privés (industriels et société civile) dans le cadre d'une concertation organisée par une structure indépendante[1800].

730. En vertu de l'article 22 de l'Accord interinstitutionnel européen « Mieux légiférer », l'autorégulation est définie comme « la possibilité pour les opérateurs économiques, les partenaires sociaux, les organisations non gouvernementales ou les associations, d'adopter entre eux et pour eux-mêmes des lignes directrices communes au niveau européen (notamment codes de conduite ou accords sectoriels)». Contrairement à la méthode de la corégulation qui s'appuie sur une base légale, la démarche de l'autorégulation suppose un mécanisme qui peut prendre des formes diverses, telles que des usages, chartes éthiques, labels commerciaux, codes de conduite, guide de bonnes pratiques ou recommandations d'une association à ses membres. Toutefois, les pratiques d'autorégulation restent soumises à un certain contrôle des institutions législatives. En effet, l'article 20 alinéa 2 de l'Accord dispose que « dans le cadre de ses responsabilités, la Commission examine les pratiques d'autorégulation, afin de vérifier leur conformité avec les dispositions du traité CE ». On doit donc comprendre que les initiatives accordées aux acteurs du commerce électronique d'adopter des règles non étatiques pour régir leurs échanges, ne sont que des possibilités qui restent sous la surveillance et le contrôle de conformité de la loi[1801]. Ainsi, les normes informelles du commerce électronique ne sont valides que si elles sont expressément ou implicitement admises par une autre norme du système auquel elle appartient, la règle étatique en l'occurrence. Le gouvernement français a soutenu cette position concernant

---

[1800] L. THOUMYRE, De la responsabilité arachnéenne sur Internet : Quelle issue pour les tisseurs de liens en France, in Les lois de la société numérique : Responsables et responsabilités, Conférence organisée par le Programme international de coopération scientifique, (CRDP / CECOJI), Montréal, 7 octobre 2004, *Lex Electronica*, vol. 10, n°1, Hiver 2005, http://www.lex-electronica.org/articles/v10-1/thoumyre.pdf.

[1801] « Le pouvoir de décision en ce qui concerne les questions de politique publique liées à l'Internet, est le droit souverain des Etats. Ceux-ci ont des droits et des responsabilités en ce qui concerne les questions de politique publique liées à l'Internet, qui ont une portée internationale ; le secteur privé a eu et devrait continuer à jouer un rôle important dans le développement de l'Internet, dans les domaines tant techniques qu'économiques ; la société civile a également un rôle important à jouer pour les questions liées à l'Internet, en particulier au niveau communautaire, et devrait continuer à jouer ce rôle. », Y. POULLET, Technologies de l'information et de la communication et « corégulation » : une nouvelle approche ?, www.droitnouvellestechnologie.

la protection des données personnelles, en affirmant qu'il lui revient de mettre en place « une régulation efficace et protectrice des traitements dont font l'objet les données personnelles »[1802]. Il n'est pas inutile de rappeler que fût-elle d'origine informelle, une norme est valide dès qu'elle a été posée conformément à une autre norme, c'est-à-dire lorsque son caractère juridique lui est conféré par une autre norme du système, notamment la constitution[1803].

Les règles informelles produites par les acteurs du commerce électronique contribuent au rétablissement de l'autorité sur internet. Cet apport est perceptible à travers le respect que les internautes et les professionnels leur accordent. Au-delà des modes alternatifs de résolution des litiges en ligne[1804], les règles produites pénètrent la psychologie des acteurs qui s'y soumettent par adhésion. Cette forme d'encadrement requiert la participation des acteurs. Elle repose sur la valorisation de la négociation pour réaliser le consensus, l'attention portée aux procédures plus qu'aux sources effectives de pouvoir[1805]. En exprimant leur adhésion et en participant à leur production ou à leur amélioration par des enquêtes ou des suggestions, les sujets se conforment aux règles. Cela contribue considérablement à la diminution des litiges et accroît l'impératif de respect des règles de divers ordres juridiques étatiques et non étatiques. La contrainte qui agit sur les acteurs est d'ordre subjectif. Elle vient de l'intérieur. Elle est acceptée et parfois élaborée par un processus de participation directe, contrairement à la loi qui s'impose par une contrainte extérieure à l'individu. Cette forme de contrainte s'inscrit dans la psychologie des acteurs et génère de la contrainte au sein des destinataires concernés.

[1802] Rép.min. 1973, Sénat 1998, n°18, p. 1376. En ce sens, M.-P. FENOLL-TROUSSEAU et G. HAAS, Internet et protection des données personnelles, Litec, 2000, p. 7.

[1803] « La transposition en droit interne d'une directive communautaire résulte d'une exigence constitutionnelle à laquelle il ne pourrait être fait obstacle qu'en raison d'une disposition expresse contraire de la Constitution », Rapp. Cons. const., déc. n° 2004-496 DC du 10 juin 2004 (loi pour la confiance dans l'économie numérique) et n° 2004-505 DC du 19 nov. 2004 (traité établissant une Constitution pour l'Europe), Cahiers du Conseil constitutionnel n° 21, janvier 2007, http://www.conseil-constitutionnel.fr/conseil-constitutionnel/francais.html.

[1804] « Si internet amène ainsi de nouveaux défis de mise en œuvre pour le droit, les nouvelles technologies de l'information qui le constituent ou en découlent présentent toutefois également des opportunités. La résolution des litiges en ligne est le produit de l'exploitation d'une telle opportunité dans le but principal de réagir à l'un de ces défis. Les nouvelles technologies de l'information permettent de simplifier, d'accélérer et de baisser les coûts de la résolution des litiges, rendant ainsi la justice plus accessible » ; T. SCHULTZ, Réguler le commerce électronique par la résolution des litiges en ligne, Une approche critique, Bruylant Bruxelles, 2005, p. 4.

[1805] K. SEFFAR et K. BENYEKHLEF, Commerce électronique et normativités alternatives, (2006) 3:2 UOLTJ, University of Ottawa law & technology journal, p. 365.

B. L'aptitude des règles informelles à susciter la contrainte

731. La contrainte du droit passe par la socialisation juridique. « L'inconvénient pour la compréhension de la socialisation juridique en tant que formation de la relation de l'individu au droit, était que les premiers chercheurs américains [...] n'avaient précisément conçu celle-ci qu'en termes de commandements et d'interdictions dont la transgression entraîne des sanctions »[1806]. Pourtant, l'obéissance suite à la crainte de la sanction[1807] ne permet pas de comprendre le rôle joué par les normes informelles qui émergent des communautés électroniques. L'apparition de ces communautés ressort d'un phénomène de socialisation des réseaux en ligne. Bien évidemment, toute socialisation suppose de la part du sujet une double démarche : par l'assimilation du monde extérieur aux structures internes déjà construites, et par l'accommodation de ces structures en fonction des transformations subies par l'apport d'éléments nouveaux[1808]. L'aptitude des règles informelles à susciter la contrainte se fonde sur la validité que les acteurs leur attribuent (1) et aux sanctions dissuasives qu'elles suscitent en eux (2).

1. Une contrainte fondée sur la validité des normes informelles

732. Les critères de validité des normes informelles sont déterminés par les institutions légales. Le point 17 de l'accord interinstitutionnel européen « Mieux légiférer » du 16 décembre 2003 énonce que, « la Commission veille à ce que le recours aux mécanismes de corégulation et d'autorégulation soit toujours conforme au droit communautaire (critère de conformité), et qu'il respecte les critères de transparence et de représentativité des parties impliquées (critère de légitimité). Il doit en outre représenter une valeur ajoutée pour l'intérêt général (critère de l'effectivité) ». Cette exigence a été reprise par un auteur[1809] selon lequel, la légitimité (a), la conformité (b) et l'effectivité (c) sont requises pour la validité des normes informelles du commerce électronique et constituent des critères cumulatifs et non exclusifs.

a. La condition de légitimité

733. La légitimité désigne la conformité d'une institution à une norme supérieure ou éthique, ressentie comme fondamentale par la collectivité qui fait accepter moralement ou politiquement l'autorité de cette institution. La

---

[1806] Ch. KOURILSKY-AUGEVEN, La socialisation juridique ou de l'obéissance à l'imprégnation, Jean Carbonnier. L'homme et l'œuvre, Presses universitaires de Paris Ouest, 2011, p. 332.

[1807] La sanction existe aussi dans les normes informelles.

[1808] Ch. KOURILSKY-AUGEVEN, Op. cit., p. 334.

[1809] Y. POULLET, Les diverses techniques de réglementation d'Internet : l'autorégulation et le rôle du droit étatique, (2000), 5 Revue Ubiquité, p. 55.

légitimité des auteurs de la norme est un élément essentiel à l'émergence et à l'épanouissement des normes informelles du commerce électronique. Leur légitimité repose sur le mode ouvert et participatif de leur élaboration et la représentativité des associations qui en sont à l'origine[1810].

Le droit fonde une légitimité et traduit une croyance[1811]. Il s'agit pour les membres de l'unité sociale de considérer que l'action des détenteurs de l'autorité est justifiée par le fait qu'ils leur reconnaissent l'autorité nécessaire pour faire, interpréter ou appliquer les règles[1812]. Elle peut reposer sur leur expérience comme c'est le cas avec les chambres de commerce, ou sur des études scientifiques, empirique ou sociologique[1813] et même religieuses[1814]. Les producteurs de normes doivent faire preuve de transparence et faire en sorte à ce que tous les intérêts en jeu soient pris en considération, notamment le fait d'inviter les organisations de consommateurs à l'élaboration de la norme[1815]. Mais la légitimité ne doit pas seulement s'entendre du côté des auteurs des normes. Elle se manifeste également dans la souveraineté de l'internaute. La toile permet à l'internaute de fréquenter les lieux crédibles ou des sites peu crédibles offrant peu de garanties. Le consentement ou la faculté de le retirer qui réside dans le chef de l'usager paraît constituer un principe régulateur central[1816]. Par sa fidélité au réseau des abonnés, l'internaute contribue au renforcement de la contrainte des normes informelles en vigueur. Quant au contenu de ces normes, la légitimité de la norme informelle dépend du consensus dont elle est entourée lors de son élaboration. On a souvent l'impression que le maître du réseau qui permet de raccorder les correspondants ou le propriétaire du site internet est l'unique producteur des normes. Mais en fait, un réseau n'existe que par la volonté de ceux qui adhèrent. « Les volontés de se raccorder à l'internet [...] se manifestent généralement en raison des finalités poursuivies par les acteurs [...] Il y a donc chez ceux qui participent à l'environnement réseau, un certain vouloir communiquer collectif, une sorte de vouloir-vivre en commun qui est l'autre composante de l'environnement réseau constitutif de

---

1810 K. SEFFAR et K. BENYEKHLEF, op cit, p. 381.

1811 « Sans elles, point de confiance ; point de sécurité juridique », R. LAFARGUE, Le droit au mépris de l'Etat : l'exemple du pluralisme familial comme art de se jouer de la norme étatique, La socialisation juridique ou de l'obéissance à l'imprégnation, Jean Carbonnier. L'homme et l'œuvre, Presses universitaires de Paris Ouest, 2011, p. 357.

1812 V. GAUTRAIS, thèse, op. cit., p. 292.

1813 Ibid.

1814 « Et que nul ne soit justifié devant DIEU par la loi, cela est évident, puisqu'il dit : le juste vivra par la foi », Bible, Galates, 3.11 ; V. aussi J. GOUDET, La loi, la foi... le droit, Mélanges en l'honneur de M. –F. CALLU, LexisNexis, 2013, p. 116.

1815 « La représentativité des associations professionnelles est tributaire du pouvoir dont elles disposent et du degré d'organisation du secteur d'activité. Elles doivent veiller à ce que tous leurs adhérents respectent leurs normes et que ce respect soit une condition pour être membre de l'association », Ibid.

1816 « L'internaute se voit imputer une plus grande part de responsabilité dans le déroulement des interactions dans auxquelles il accepte de prendre part », P. TRUDEL, Quel droit et quelle régulation dans le cyberespace ?, Sociologie et sociétés, vol.XXXII.2, p. 191 et p. 204.

l'internet »[1817]. Concrètement, autour des relations qu'entretiennent les administrateurs de réseaux avec les internautes qu'émergent des normes et des processus susceptibles de procurer un cadre et des règles permettant le déroulement harmonieux des transactions[1818]. La norme ainsi créé doit être transparente et prendre en considération tous les intérêts en présence pour ne pas conduire à une norme faible. Sa rédaction doit être claire et sans ambiguïté dans le sens qu'opérateurs du commerce électronique et consommateurs puissent en comprendre aisément la portée.

b. L'exigence de conformité

734. La conformité du contenu de la norme non étatique s'entend comme le respect de normes juridiques supérieures, tel un texte national ou international sans la possibilité de s'y soustraire. Les règles non étatiques doivent être élaborées en fonction de ces normes supérieures. L'exigence de conformité établit une limite à l'action des initiatives d'autorégulation. La conformité de la norme à la norme supérieure suppose, lorsque la première provient de sources privées que son contenu ne déroge pas et applique le contenu de la norme supérieure[1819]. La norme informelle doit respecter l'ordre public étatique et ne pas constituer un abus de droit. Les autorités nationales ou les organisations internationales pourraient mettre en place des autorités ou organismes chargés de contrôler les normes alternatives du commerce électronique « en vérifiant leur conformité aux grands principes juridiques, dans leur contenu comme dans leur processus de production, et de donner ensuite leur approbation »[1820]. La norme doit être conforme à l'intérêt général, c'est-à-dire ne pas traduire l'intérêt des seuls auteurs de la norme au détriment de ses destinataires ou des tiers concernés. Enfin, elle doit faire l'objet d'évaluations et de révisions périodiques pour s'assurer qu'elle correspond à l'objectif pour lequel elle a été d'abord élaborée.

c. Le critère d'effectivité

735. Les droits n'existent que s'ils sont effectifs[1821]. L'effectivité désigne le caractère d'une règle de droit qui produit l'effet voulu et qui est réellement appliquée[1822]. L'effectivité est le critère le plus complexe que doit rechercher la norme informelle, à cause de l'absence de caractère contraignant étatique. Elle est fonction, d'un côté, de la transparence de la norme et de l'information donnée à ses destinataires de son existence et, de l'autre côté,

---

[1817] P. TRUDEL, Introduction au droit du commerce électronique sur l'internet, Revue du barreau, t.55, n°3 septembre-octobre 1995, p. 528.
[1818] Ibid.
[1819] Y. POULLET, Les diverses techniques de réglementation d'Internet : l'autorégulation et le rôle du droit étatique, (2000), 5 Revue Ubiquité, p. 63.
[1820] K. SEFFAR et K. BENYEKHLEF, op. cit., p. 381.
[1821] O. CACHARD, thèse, op. cit., p. 323, n°528.
[1822] G. CORNU, Association H. CAPITANT, Vocabulaire juridique, 7ème éd. p. 339.

des modes de contrôle de son respect et des sanctions prévues dans le cas contraire[1823]. L'effectivité des normes informelles du commerce électronique dépend de la reconnaissance que l'ensemble des acteurs donne aux détenteurs de l'autorité[1824]. Ainsi, la communication sur l'existence de la norme à destination des consommateurs et des tiers est un élément essentiel. Elle doit permettre un accès facile aux informations sur les commerçants électroniques. Ces derniers doivent aussi être conscients du fait que le respect de ces normes détermine leurs obligations envers les consommateurs. Par ailleurs, les procédures d'identification du manquement à ces normes doivent être équitables et prévoir un mode de résolution de conflits applicable et efficace pour les transactions transfrontalières. Le procédé doit être transparent, proportionnel et consistant. Il importe d'éviter que l'absence de formalisme qui accompagne le plus souvent les nouvelles formes de régulation des conflits aboutisse à la méconnaissance de certains droits fondamentaux. Cette violation invite l'application des sanctions.

2. La sanction de la violation des règles informelles

736. « Toute règle reçoit une sanction »[1825]. La sanction proposée par les instances non étatiques sur internet doit avoir du sens, être proportionnelle et constituer une contrainte suffisante de manière à dissuader toute forme de violation. La contrainte des normes informelles est établie dans l'esprit et la psychologie des acteurs d'internet, contrairement à la contrainte légale qui est imposée de l'extérieur par les institutions étatiques[1826]. Mais elles n'en demeurent pas moins des sanctions acceptées par les communautés d'individus[1827].

737. Ces sanctions ont un contenu varié. Les sanctions d'origine privée proposées par les communautés sur internet ne sont pas sans autorité. Les sanctions ne sont pas toujours d'origine étatique. Un auteur affirme que « si en m'habillant, je ne tiens aucun compte des usages suivis dans mon pays et dans ma classe, le rire que je provoque, l'éloignement où l'on me tient produisent, quoique d'une manière plus atténuée, les mêmes effets qu'une peine proprement dite »[1828]. La conformité des comportements aux normes privées est obtenue par l'intériorisation de celles-ci au cours de la socialisation mais aussi par la dissuasion, qui désigne le fait que des

---

[1823] K. SEFFAR et K. BENYEKHLEF, op. cit., p. 382.
[1824] V. GAUTRAIS, thèse, op. cit., p. 295.
[1825] A. GARECHE, Loi et ordre moral, Le monde du droit, Ecrits rédigés en l'honneur de Jacques FOYER, Economica, 2008, p. 451.
[1826] Ibid.
[1827] « Nous ne reprouvons pas un crime parce qu'il est un crime, mais il est un crime parce que nous le reprouvons », B. KARSENTI, L'Isolierung de Yan THOMAS », Aux origines des cultures juridiques européennes. Yan THOMAS entre droit et sciences sociales, Etudes réunies par PAOLO NAPOLI, éd. Ecole française de Rome, 2013, p. 239.
[1828] R. OGIEN, Sanctions diffuses. Sarcasmes, rires, mépris, in: Revue française de sociologie. 1990, 31-4. p. 592.

individus renoncent à transgresser les normes par peur de la sanction. « La sanction n'est pas simplement toute conséquence engendrée spontanément par un acte que l'homme accomplit [...] La sanction est bien une conséquence de l'acte, mais une conséquence qui résulte, non de l'acte pris en lui-même, mais de ce qu'il est conforme ou non à une règle de conduite préétablie »[1829]. Par la seule influence que les instruments de *soft law* exercent sur le comportement de leurs destinataires, ils se révèlent porteurs d'une certaine autorité. La déontologie des professions libérales traditionnelles, des médecins aux avocats en passant par les notaires et les huissiers, en porte témoignage.

738. Parmi les sanctions proposées par les normes informelles du commerce électronique, on peut citer l'exclusion du réseau qui apparaît comme la plus rigoureuse. L'efficacité de l'exclusion a été suffisamment démontrée, notamment dans les ordres professionnels. « La création de la règle déontologique est permanente et sa sanction redoutable : quand on exclut un professionnel pour des raisons déontologiques, le droit qu'il subira n'a rien de mou ; sa vie sera définitivement gâchée »[1830]. Des sanctions comme la déconnexion, la résiliation de l'abonnement peuvent aussi être prononcées[1831]. Le blocage immédiat par l'ensemble des fournisseurs d'accès d'un site dénoncé par les mécanismes d'une *hotline* constitue également une réponse appropriée et efficace à l'existence d'un site pornographique, bien plus qu'une condamnation juridictionnelle[1832]. La sanction la plus rigoureuse réside dans l'exclusion, qui peut aller de pair avec le retrait du label lié à l'adhésion aux principes contenus dans la charte[1833].

739. Toutes ces mesures agissent efficacement dans ce sens qu'elles privent l'internaute des services qu'il recherche et des échanges avec les membres de la communauté à laquelle il appartient, alors qu'il a contribué à l'adoption des règles qui y sont appliquées ou qu'il en a accepté les conditions. Les sanctions dont il est question sont généralement hiérarchisées, l'exclusion et le blocage n'intervenant que pour les violations et les atteintes les plus graves. Au premier niveau des sanctions, on peut trouver la suppression des messages équivoques. Sur le site *khmer-network.com*, on peut lire qu'une sanction se traduit par une exclusion sur le forum de l'internaute : une fermeture de son compte, le bannissement de son *IP* dans le forum *KN*, le bannissement de son email sur *KN*. Les sanctions peuvent se traduire de 2 manière différentes : soit des sanctions provisoires

---

[1829] E. Durkheim, Leçons de sociologie (1890-1900), http://www.uqac.uquebec.ca/zone30/Classiques_des_sciences_sociales/index.html.

[1830] Rédaction Lextenso, Le rôle créateur de la pratique dans l'élaboration de la norme juridique, 18 avril 2013 n° 108, p. 23 et s. Intervention de Daniel TRICOT, Table ronde présentée par F. TERRE,

[1831] Y. POULLET, Les diverses techniques de règlementation d'internet, Revue Ubiquité, juin 2000, p. 57.

[1832] Y. POULLET, op. cit., p. 59.

[1833] A. DEBET, L'encadrement juridique du commerce électronique ; réflexions sur les sources du droit, in Au-delà des codes, Mél. En l'honneur de M.-S. PAYET, D. 2011, p. 149.

comme l'exclusion de manière temporaire qui peut varier de 2 à 5 jours selon les propos tenus ou l'attitude de l'internaute ; soit des sanctions définitives et irrévocables telles que l'exclusion avec effet immédiat[1834]. Les sanctions de cette sorte sont même étendues aux jeux en ligne. Dans le jeu en ligne *NBA 2K14* sur *Xbox One* avec *Kinect* par exemple, prononcer des insultes lors d'une partie de jeu en ligne peut offrir un lancer-franc à l'adversaire, pour faute technique[1835].

Dans le but d'éviter la dictature du maître du site, la mise en œuvre des normes à suivre au sein des réseaux recommande que des modérateurs soient nommés dans les groupes de discussion, dans le but de veiller à une certaine police des messages en conformité avec la règlementation du *newsgroup* à laquelle les participants ont adhéré. Avant tout, les utilisateurs doivent être informés par tout moyen des sanctions, mais aussi des règles auxquelles ils sont soumis[1836].

740. Conclusion- Les réseaux électroniques affectent les modalités par lesquelles le droit international privé traite les litiges. Internet exige une extension du champ d'application de la loi d'autonomie. L'internationalité et la dématérialisation des opérations perturbent l'efficacité des critères de rattachement fondés sur des repères géographiques comme le lieu de conclusion et ou de livraison en ligne. Il est nécessaire que les parties, professionnel et consommateur, expriment le choix du juge compétent et de la loi applicable. La quête d'une meilleure justice justifie la validité de la clause de juridiction tant entre professionnels qu'à l'égard du consommateur en ligne. Déjà acquise en matière d'arbitrage, il est possible que la clause de compétence à l'égard du juge étatique étranger soit admise, à la condition qu'elle ne revête aucun caractère abusif, et que le cybercommerçant en facilite la conservation à des fins probatoires. Le schéma est identique pour ce qui est de la clause désignant la loi applicable. L'internaute consommateur peut valablement opérer le choix de la loi de son litige. En matière délictuelle, l'appréciation de l'orientation de l'activité se substitue aux lieux du fait dommageable ou de perception du délit. En revanche, la *lex loci delicti* subit une relecture de sa signification. La conception duale de cette notion se rapporte soit à la loi du lieu du fait générateur, soit à la loi du

---

[1834] http://www.khmer-network.com/forum/member.php?action=reg.

[1835] Ainsi, un internaute américain a publié une vidéo du jeu NBA 2K14 pour Xbox One, traduite par Spi0n, dans laquelle il se fait reprendre par l'arbitre pour avoir prononcé des grossièretés. Appliquant les règles de basket-ball de la NBA, l'arbitre virtuel prononce une faute à l'encontre du joueur, qui accorde un lancer-franc à l'adversaire pour punir l'écart de langage, http://www.numerama.com/magazine/27761-sur-xbox-one-le-jeu-nba-2k14-sanctionne-les-insultes-prononcees.html

[1836] « Les utilisateurs s'engagent à ne pas poster des messages ne respectant pas la Netiquette, des messages ne respectant pas les lois en vigueur, des messages injurieux, diffamatoires et menaçants envers quiconque, des messages obscènes et vulgaires, des messages à caractère sexuel, des messages fantaisistes et fictifs, des messages à caractère raciste ou ne respectant pas la déontologie. L'adresse IP de chaque message est enregistrée afin d'aider à faire respecter ces conditions », http://www.khmer-network.com/forum/member.php?action=reg.

lieu de réalisation du dommage. Cette double signification ne peut prospérer dans le cadre du rattachement des litiges extracontractuels sur internet. Le double sens de la *lex loci delicti* prête à équivoque et entache la prévisibilité des solutions. C'est la raison pour laquelle nous préconisons d'y soustraire la loi du lieu de commission du fait litigieux. Dans le commerce électronique, la *lex loci delicti* doit s'entendre comme la loi du lieu de réalisation du dommage.

741. Ce réaménagement des critères de traitement des litiges de commerce électronique affecte indubitablement l'efficacité des décisions de justice. Les obstacles à l'application des sentences arbitrales et judiciaires sont accrus sur internet. Le web fragilise la contrainte judiciaire en raison de la territorialité des décisions, et du fait que les cybercommerçants n'accordent d'intérêt aux sentences que si elles sont susceptibles d'influencer les opportunités commerciales qu'offre internet. Cela révèle les lacunes des méthodes curatives sur les réseaux électroniques. La solution consisterait à adopter des méthodes prophylactiques qui élimineraient les facteurs susceptibles de générer les litiges. Dans ce sens, l'apport des communautés électroniques est considérable. Ces dernières sécrètent à l'égard de leurs membres, des normes contraignantes dont la violation entraine des sanctions qui vont jusqu'à l'exclusion. A travers ces sanctions, les communautés constituées en ligne contribuent au renforcement de la contrainte sur internet.

CONCLUSION DU TITRE 2

742. Au terme de cette étude consacrée aux solutions proposées contre les complications nées de l'inexécution ou de la mauvaise exécution sur internet, des moyens adéquats pour prévenir et résoudre les aléas postérieurs à la formation du contrat sont proposés. Bien qu'étant tout à fait particulières, ces propositions se fondent principalement sur la loi d'autonomie et l'intervention de la loi. Les internautes des pays francophones d'Afrique subsaharienne peuvent exprimer leur réticence à l'égard du commerce électronique à cause de l'absence de moyens devant garantir l'exécution du débiteur. Un accroissement des garanties entre les parties es nécessaire afin d'accroître la certitude de l'exécution. Relèvent par exemple de la loi d'autonomie, l'instauration du paiement anticipé en ligne par le cybercommerçant et les clauses de distribution en ligne qui lient le fournisseur à ses revendeurs agrées. D'autres garanties fournies aux acteurs du commerce électronique au stade de l'exécution ont une origine légale. Il en est ainsi des actes d'agression dirigés contre les réseaux de distribution par les membres ou par les tiers. Cette fragilité démontre la nécessité d'une règlementation des réseaux de distribution à l'échelle communautaire. Cette approche institutionnelle contraste avec l'extension du champ d'application de la loi d'autonomie comme critère de rattachement des différends de commerce électronique.

743. Avec la dématérialisation des indices de rattachement physiques, les acteurs du commerce électronique doivent faire preuve de prévisibilité par la désignation du juge compétent et de la loi applicable à leurs différends. La volonté individuelle se prolonge en matière extracontractuelle, grâce à l'orientation de l'activité qui s'érige en critère de rattachement pertinent à la place du lieu du fait dommageable ou du lieu de perception du délit. Les apports des normes informelles contribuent au renforcement de l'autorité de l'Etat sur les réseaux électroniques. L'impression du « laisser-aller » que suscite internet peut être résorbée par une *soft law,* psychologiquement mieux accueillie par les acteurs que la coercition étatique qui leur est imposée de l'extérieur. Ces règles doivent être perçues non comme un adversaire des règles étatiques, mais comme un complément de celles-ci, dans la mesure où elles occupent un espace que l'Etat n'a pas occupé soit du fait de sa démission, soit du fait d'une délégation aux instances non étatiques.

CONCLUSION GÉNÉRALE

744. Le commerce électronique peut viser toute personne[1837]. C'est bien ce qui ressort de la définition des lois sénégalaise et camerounaise. Elles appréhendent le commerce électronique comme l'activité économique par laquelle, une personne propose ou assure à distance et par voie électronique la fourniture de biens ou de services, tels que ceux consistant à fournir des informations en ligne, des communications commerciales et des outils de recherche, d'accès et de récupération de données, d'accès à un réseau de communication ou d'hébergement d'informations, y compris lorsqu'ils ne sont pas rémunérés par ceux qui les reçoivent[1838].

745. Cette définition suscite des interrogations quant aux conditions que doit réunir le cybercommerçant pour accéder aux réseaux électroniques et à la particularité qui se dégage des opérations en ligne. Cette distinction entre l'accès et l'exercice du commerce électronique révèle la rupture de l'unicité du régime juridique du commerce électronique. Un domaine aussi délicat que celui des nouvelles technologies de l'information « a le mérite de retourner certains paradigmes du droit et surtout de définir certains concepts en tenant compte précisément des spécificités inhérentes à ce domaine »[1839]. Le régime juridique du commerce électronique est éclaté. On peut l'appréhender par des règles destinées à l'accès du commerce électronique et des règles dédiées à l'exercice de cette forme de commerce.

746. Pour l'accès, les exigences requises à l'opérateur sont de deux ordres : celles qui se rapportent à la qualité de commerçant et qui sont régies par les dispositions communes de l'Acte uniforme révisé portant droit commercial général d'une part, et d'autre part celles qui conditionnent spécifiquement la présence du cybercommerçant sur les réseaux. Ce régime

---

[1837] Considérant (20) de la Directive 2000/31/CE du Parlement européen et du Conseil du 8 juin 2000 relative à certains aspects juridiques des services de la société de l'information, et notamment du commerce électronique, dans le marché intérieur : « La définition du destinataire d'un service couvre tous les types d'utilisation des services de la société de l'information, tant par les personnes qui fournissent l'information sur les réseaux ouverts tels que l'Internet que par celles qui recherchent des informations sur l'Internet pour des raisons privées ou professionnelles ».

[1838] Conformément à l'article 14 de la loi française n° 2004-575 du 21 juin 2004 pour la confiance dans l'économie numérique.

[1839] E. JOLY-PASSANT, thèse, op cit, p. 510, n°1151.

ne subit aucun changement du fait de l'apparition d'internet. Les outils nécessaires pour l'installation de l'activité sur les réseaux électroniques, à savoir le site internet et le nom de domaine, sont régis par les règles en vigueur dans les pays francophones d'Afrique subsaharienne. De même, la loi de l'opérateur de commerce électronique et sa responsabilité sont déterminés suivant les règles de droit commun.

747. En revanche, l'exercice du commerce électronique exige une évolution des modalités par lesquelles le droit appréhende le contrat[1840]. La singularité prêtée à l'immatérialité de l'informatique « amène à regarder d'un regard neuf ce que la force de l'habitude avait conduit à ne plus réellement voir et à enregistrer passivement. Il en résulte une relecture du droit des contrats »[1841]. La spécificité dont il est question ne suppose pas une révolution juridique, mais simplement une évolution des concepts juridiques vers la nouveauté technologique. Il n'est pas question d'une rupture entre le droit en vigueur dans le monde physique et le droit appliqué sur les réseaux. L'impact des réseaux sur les règles destinées à régir les opérations de commerce électronique repose sur plusieurs raisons. D'abord il y a l'apparition de nouveaux concepts tels que le double clic, la passation de commande, l'agent électronique qui ont besoin d'être qualifiés. Ensuite l'exercice de métiers liés à l'intermédiation technique engage une responsabilité allégée distincte de la responsabilité des autres prestataires de services internet. Il y a enfin la dématérialisation et l'internationalité d'internet qui déplacent le paiement du moment de l'exécution vers celui de la formation, et perturbent la localisation géographique des opérations.

Le commerce électronique est un domaine en perpétuelle mutation. Il suscite une réflexion à deux volets : « d'un côté, la nécessité d'un encadrement de l'informatique par le droit afin de maîtriser les dangers que recèlent les possibilités nouvelles de classement, de tri, de recoupement et de transmission des informations [...] D'un autre côté, le souci d'une adaptation du droit à l'informatique, car il est indispensable que les règles juridiques soient en harmonie avec les pratiques engendrées par l'utilisation de l'informatique »[1842]. Le droit appliqué à internet est un droit évolutif[1843]. Du fait de son caractère transfrontalier, l'encadrement du commerce électronique suppose une action concertée et non une intervention isolée. Or les pays francophones d'Afrique subsaharienne sont confrontés à la difficulté de légiférer ce domaine à cause de l'absence d'un pôle législatif fédérateur.

[1840] A. ALKHASAWNEH, « L'apparition de l'informatique a eu en particulier de l'influence sur le droit des contrats. De nouvelles techniques contractuelles sont apparues comme résultat de ce progrès », L'obligation d'information dans les contrats informatiques, thèse, Univ. Reims Champagne-Ardenne, 21 janv. 2008, p 2.

[1841] M. VIVANT, L'informatique dans la théorie générale du contrat, Recueil Dalloz Sirey, 1994, 16 è cahier, Chron. p. 122.

[1842] J. HUET, La modification du droit sous l'influence de l'informatique : aspects de droit privé, SJ/G.I.1., Doctrine, 1983,3095, n°1.

[1843] CASTET-RENARD C, Droit de l'internet : droit français et européen, Montchrestien, Collection Cours, 2012, p. 3.

Les initiatives de règlementation sont dispersées à l'échelle régionale, tandis qu'elles demeurent timides au plan national. Il est souhaitable que l'action législative vienne d'une entité régionale telle que l'OHADA qui a vocation à être élargie au niveau du continent[1844]. A défaut d'adopter un Acte uniforme spécifique au commerce électronique[1845], le législateur régional peut amorcer le pas en introduisant des dispositions organisant le contrat par voie électronique dans son Avant-projet d'acte uniforme sur le droit des contrats. En attendant, le juge interne peut juste s'inspirer des dispositions de droit commun, des recommandations de la loi-type de 1996, des expériences étrangères, des usages et autres normes informelles émergeant de l'architecture technique et des communautés et électroniques, pour statuer sur les litiges de commerce électronique dont il est saisi. Même à ce niveau, les acteurs et les justiciables risquent d'être exposés à des décisions de justice hétérogènes[1846].

748. La solution réside dans le choix de l'instrument de transposition. A défaut d'Acte uniforme, l'instrument d'harmonisation ou d'uniformisation dernier doit avoir une valeur contraignante équivalente à un texte régional. A ce stade, les décisions de justice rendues par les instances juridictionnelles de l'OHADA constituent une source institutionnelle qui peut inspirer les juges nationaux.

1844 Les Etats parties « convaincus que [...] cette intégration doit également être poursuivie dans un cadre africain plus large », Préambule du Traité Ohada modifié par le Traité de Québec du 17 octobre 2008.

1845 Cette approche a été mise en œuvre au sein de l'Union européenne grâce à des instruments tels que la Directive européenne « commerce électronique » du 8 juin 2000 qui oriente les autorités nationales des Etats membres.

1846 « L'intégration ainsi opérée ne sera parfaitement cohérente que si la jurisprudence [...] répond aux exigences de connaissance d'effectivité et de stabilité », C. ZOLYNSKI, Méthode de transposition des directives communautaires (Etude à partir de l'exemple du droit d'auteur et des droits voisins), Thèse, Univ. Paris II- Panthéon Assas, 2005, p. 423.

BIBLIOGRAPHIE

OUVRAGES

AKUETE (P. S) et YADO TOE (J.), Droit commercial général, Bruylant Bruxelles, 2002, 478 p.

AMBLARD (Ph.), Régulation de l'internet. L'élaboration des règles de conduite par le dialogue normatif, Cahiers du Centre de recherches Informatique et Droit, Bruylant 2004, 510 p.

AUDIER (J.), Les vins, le droit de l'Internet, Bulletin de l'OIV, 1999, n 823- 824, p. 653-667.

BENABENT (A.), Droit des obligations, 13 éd. Domat droit privé, Montchrestien, 2012, 726 p.

BENSOUSSAN (A.), Informatique, Télécoms, Internet, Ed. Francis Lefebvre, 2012, 1104 p.

BENSOUSSAN (A) et BREBAN (Y.), Les arrêts-tendances de l'internet, Hermès science publications, 2000, 255 p.

BERTRAND (A.) et PIETTE-COUDOL (Th.), Internet et le droit, Que sais-je ? 2ème éd. 2000, 126 p.

BLATTER (J.-P.), Droit des baux commerciaux, Ed. Le moniteur, 4ème édition, 631 p.

CAPITANT (H.), De la cause des obligations (Contrats, Engagements unilatéraux et legs), Editions de la mémoir du droit, 2012, 506 p.

BRUN (Ph.), Responsabilité civile extracontractuelle, 3ème éd. Lexisnexis, 2012, 642 p.

CAPRIOLI (E), Règlement des litiges internationaux et droit applicable dans le commerce électronique, Litec, 2002, 253 p.

CAPRIOLI (E.), Règlement des litiges internationaux et droit applicable dans le commerce électronique, Litec, 2002, 235 p.

CARBONNIER (J.), Droit civil, t.3. Les biens, PUF, 438 p.

CARBONNIER (J.), Droit civil, t.4. Les obligations, 22ème éd. PUF, 665 p.

CASTET-RENARD (C), Droit de l'internet : droit français et européen, Montchrestien, Collection Cours, 2012, 490 p.

CHARMOT (C.), L'échange de données informatisées. L'échange de données du commerce électronique Que sais-je ?, 127 p.

CHAVANNE (A.) et BURST (J.-J.), Droit de la propriété industrielle, Dalloz, 5ème éd. 887 p.

COMBACU (J.) et SUR (S.), Droit international public, Montchrestien, 8ème édition, 2008, 821 p.

CUBERTAFOND (B.), La création du droit, Ellipses, 1999, 125 p.

D'AUZON (O.), Les droits des internautes à l'ère de l'économie numérique, Editions du puits fleuri, 365 p.

DUFOUR (A) et GHERNAOUTI-HELIE (S.), Internet, Que sais-je ?, 127 p.
FABRE-MAGNAN (M.), Droit des obligations, 1, Contrats et engagement unilatéral, 3ème éd. PUF, 2012, 748 p.
FABRE-MAGNAN (M.), Droit des obligations, 2, Responsabilité civile et quasi-contrats, 3ème éd. PUF, 2013, 523 p.
FAUCHOUX (V.) et DEPREZ (P.), Le droit de l'Internet Lois, contrats et usages, Litec, 2008, 375 p.
FAUSSE (A.-F), La signature électronique. Transactions et confiance sur Internet, Dunod, 397 p.
FENOLL-TROUSSEAU (M.-P.) et HAAS (G.), Internet et protection des données personnelles, Litec, 2000, 206 p.
FINKELKRAUT (A.), Nous autres, modernes, Ellipses, 2005, 358 p.
FLOUR (J.) et AUBERT (J.-L.), Droit civil, 5ème éd. Armand Colin, 1991, 427 p.
FLOUR (J.), AUBERT (J.-L.) et SERIAUX (E.), Droit civil. Les obligations 1. L'acte juridique, Sirey, 14 ème éd. 2010, 499 p.
GAUDEMET-TALLON (H.), Cours général de droit international privé, Académie de droit international, Recueil des cours, 2005, t. 312, Ed. Martinus Nijhoff Publishers, 2006, 487 P.
GHESTIN (J.), LOISEAU (G.), SERINET (Y. –M.), La formation du contrat, t.1, : Le contrat-Le consentement, 4ème éd. 2013, 1526 p.
KAUFMAN (G.), Noms de domaine sur internet, Aspects juridiques, Vuivert, 2001, 231 p.
KELSEN (H.), Théorie pure du droit, Dalloz, Paris, 1962, 495 p.
LAUNDON (K.) et LAUNDON (J.), Management des systèmes d'information, Pearson, 11ème éd.,2010, 551 p.
MARINO (L.), Droit de la propriété intellectuelle, Puf, 2013, p. 182, n°83.
LARGUIER (J.), Droit pénal des affaires, Armand Colin, 1980, 415 p.
LUCAS (A.), Propriété littéraire et artistique, 4ème éd., Dalloz, 2010, 172 p.
LUCAS (A.), DEVEZE (J.) et FRAYSSINET (J.), Droit de l'informatique et de l'Internet, PUF, 2001, 741 p.
MANDJANSKI (D.), La signature et les mentions manuscrites dans les contrats, PUB, 295 p.
MENDOZA-CAMINADE (A.), Droit de la distribution, Montchrestien, Collection Cours, 2011, 295 p.
MODI KOKO (H.B.), Droit communautaire des affaires (OHADA-CEMAC), t.1, Droit commercial général et droit de la concurrence, Dianoia, 2008, 207 p.
NGOMBE (L.-Y.), Le droit d'auteur en Afrique, 2ème éd. L'harmattan, 2009, 325 p.
RABAGNY-LAGOA, (A.), Droit du commerce électronique, Ellipses, 2011, 142 p.
RENARD (I.), Vive la signature électronique, Delmas express, 143 p.
ROCHEFELD (J.), Les grandes notions du droit privé, PUF, 2ème éd. 2013, 562 p.
TEFANI et LEVASSEUR, Droit pénal général, Dalloz, 1984, 731 p.
TERRE (F.), Introduction générale au droit, Dalloz, Précis, 10ème éd. 2015, 636 p.
THIEFFRY (P.), Commerce électronique : droit international et européen, Litec, 2002, 277 p.
VERBIEST (Th.), Commerce électronique : le nouveau cadre juridique, Larcier, 228 p.
VIVANT (M.), Les contrats du commerce électronique, Litec, 1999, 196 p.
WERY (E.), Paiements et monnaie électroniques, Droits européen, franàais et belge, Larcier, 2007, 243 p.

THESES

ALKHASAWNEH (A.), L'obligation d'information dans les contrats informatiques, Univ. Reims Champagne-Ardenne, 21 janv. 2008, 438 p.

ALODAT (G.), Le règlement uniforme des litiges relatifs aux noms de domaine sur internet, thèse 2006-2007, Univ. Nantes, 401 p.

AUGUET (Y.), Concurrence et clientèle. Contribution à l'étude critique du rôle des limitations de concurrence pour la protection de la clientèle, LGDJ, 643 p.

BALLOT-LENA (A.), La responsabilité civile en droit des affaires. Des régimes spéciaux vers un droit commun », LGDJ, 2008, 560 p.

BLOCH (C.), L'obligation contractuelle de sécurité, PUAM, 2002, 216 p.

BOUCHET-LE MAPPIAN (E.), Propriété intellectuelle et droit de propriété. Droit comparé anglais, allemand et français, PUR, 2013, 374 p.

CACHARD (O.), La régulation internationale du marché électronique, thèse, LGDJ, 2002, 487 p.

COUREAULT (E.), La concurrence déloyale en droit privé international communautaire, Thèse, Univ. Nancy 2, 17 déc. 2009, 419 p.

EL SHAZLY (Y.), L'identification dans le commerce électronique : l'élaboration de régime juridique des noms de domaine par le dialogue internormatif, Univ. Jean Moulin 3 Lyon, 02 juillet 2009, 709 p.

EYNARD (J.), Les données personnelles. Quelle définition pour un régime de protection efficace ?, Thèse, éd. Michalon, 2013, 436 p.

GUELLIMARD (S), Le droit international privé face au contrat de vente cyberspatial, thèse Université Laval, 2003, 600 p.

GAUTRAIS (V.), Le contrat électronique international : encadrement juridique, Bruylant-Academia s.a., 2èd. Revue, 2002, 427 p.

HERRO (R.), Vente et transport : indépendance ou interdépendance, th. Université Paris II Panthéon Sorbonne, 2009, 589 p.

JOLY-PASSANT (E.), L'écrit confronté aux nouvelles technologies, LGDJ, 2006, 565 p.

LE NOAN (A.), Essai sur la notion de personne en droit privé, Thèse, Univ. Montpellier, 2004, 630 p.

LESAULNIER (F.), L'information nominative, Thèse, Univ. Paris II- Panthéon Assas, 2005, 582 p.

LIMBACH. (F.), Le consentement contractuel à l'épreuve des conditions générales. De l'utilité du concept de déclaration de volonté, LGDJ, 2004, 367 p.

MAS, (F.), La conclusion des contrats du commerce électronique, LGDJ, 2005, 442 p.

NAIMI-CHARBONNIER (M.), La formation et l'exécution du contrat électronique, Arnthèses, 2003, 321 p.

NORD (N.), Ordre public et lois de police en droit international privé, thèse Univ. Robert Schuman, Strasbourg III, 468 p.

OBELLIANE (S.), Les sources des obligations, PUAM, 2009, 612 p.

PELLE (S.), La notion d'interdépendance contractuelle. Contribution à l'étude des ensembles de contrats, Dalloz, 2007, 572 p.

ROQUES-BONNET (M.- Ch.), Le droit peut-il ignorer la révolution numérique ?, 2010, 606 p.

SABEUR (A.), Essai sur la localisation. Les lieux et les objets du droit, Thèse Univ. Montpellier, 2004, 660 p.

STOFFEL-MUNCK, (Ph.), L'abus dans le contrat, thèse Univ. AIX-MARSEILLE, 1999, 560p.

VANUXEM (S.), Les choses saisies par le droit, Thèse, RJS Editions, t. 35 2012, 743 p.

VIGNAL (N.), La transparence en droit privé des contrats, approche critique de l'exigence, thèse, PUAM, 1998, 352 p.

VIGNON-BARRAULT (A.), Intention et responsabilité civile, Thèse, Univ. du Maine, 2000, 782 p.

ZOLYNSKI (C.), Méthode de transposition des directives communautaires (Etude à partir de l'exemple du droit d'auteur et des droits voisins), Thèse, Univ. Paris II-Panthéon Assas, 2005, 496 p.

OUVRAGES COLLECTIFS, COLLOQUES, ET ETUDES

BOURCIER (D.), HASSETT (P.), ROQUILLY (Ch.), (dir.), Droit et intelligence artificielle, Romillat 2000, 302 p.

BRAZ (N.) (dir.), La proposition de Règlement européen relatif aux données à caractère personnel : propositions du réseau Trans europe experts, Société de législation comparée, vol.9, 2014, 515 p.

CHEVALIER (J.-M.), EKELAND (I.), FRISON-ROCHE (M.-A.) et KALIKA (M.), Internet et nos fondamentaux, Paris, PUF, 2000, 128 p.

Commerce électronique et propriétés intellectuelles, colloque, Paris 07 novembre 2000, Librairies techniques, 2001, 231 p.

Commerce électronique, développement et petites et moyennes entreprises, Note d'information du secrétariat de l'OCDE, WT/COMTD/W/193 14 février 2013, (13-0844), 7 ; http://www.oecd-ilibrary.org/sites/sti_scoreboard-2011.

DE LAMBERTERIE (I.), Les actes authentiques électroniques. Réflexion juridique prospective, (dir.), Mission de recherche « Droit et Justice », Ed. Françoise Tiphine, 2002, 279 p.

Droit du cyberespace, Les dimensions internationales du droit du cyberespace, Ed. Unesco, Economica, 2000, 281 p.

Etude CERDI-Art 3000, 1996, pour le compte du Ministère français de la culture, http://www.culturecommunication.gouv.fr/var/culture/storage/lettre-recherche/cr57.pdf.

Etudes de droit de la consommation, Liber amicorum Jean Calais-Auloy, Dalloz, 2004, 1185 p.

Groupe international de travail sur la protection des données personnelles dans les télécommunications, Report and guidance on privacy in social networks services (Rapport et orientations sur la vie privée sur les réseaux sociaux) ou « Rome Memorandum », 4 mars 2008, http://www.datenschutz-berlin.de/content/europa-international/international-working-group-on-data-protection-in-telecommunications-iwgdpt/working-papers-and-common-positions-adopted-by-the-working-group.

Internet et les réseaux numériques, collection Etudes du Conseil d'Etat, 30 novembre 1997, http://www.conseil-etat.fr/Decisions-Avis-Publications/Etudes-Publications/Rapports-Etudes/Internet-et-les-reseaux-numeriques.

L'harmonisation du droit ohada, Actes du colloque de Ouagadougou, 15 -17 nov. 2007, Revue de droit uniforme, 2008-1/2, NS-vol. XIII, 676 p.

L'internet et le droit, Droit européen et comparé de l'internet, Colloque des 25 et 26 septembre 2000, http://droit-internet-2000.univ-paris1.fr/di2000_03htm.

Le contrat électronique, Travaux de l'Association Henri Capitant, Journées nationalcs, t.V/ Toulousc, 2000, Ed. Panthéon Assas, LGDJ, 2002, 144 p.

Les deuxièmes journées internationales du droit du commerce électronique, Litec, 2005, 299 p.

Les premières journées internationales du droit du commerce électronique, Litec, 2002, 356 p.

ROCHEFELD (J.), Les nouveaux défis du commerce électronique, (dir.), LGDJ, Lextenso éditions, 2010, 206 p.

TEYSSIE (B.), (dir.), La communication numérique, La communication numérique, un droit des droits, Ed. Panthéon Assas, 2012, 626 p.

Travaux de l'Association Henri Capitant, Le contrat électronique, Journées nationales, Ed. Panthéon Assas, t.v, Toulouse, 2000, 144 p.

VIVANT (M.), (dir.), Les créations immatérielles et le droit, Ellipeses, 2009, 124 p.

ARTICLES

ANCEL (M.-E.), Un an de droit international privé du commerce électronique, Communication commerce électronique, Revue mensuelle Jurisclasseur, janvier 2008, p. 11 à 28.

ANCEL (M.-E.), Un an de droit international privé du commerce électronique, Communication commerce électronique, Revue mensuelle Jurisclasseur, janvier 2007, p. 19 à 25.

ASTIER (S.) et HAAS (G.), Fournisseurs d'outils de recherche internet et droits fondamentaux. Responsables ou irresponsables, Legalis.net, juin 2006# 4, p 5 à 17.

BAREL (M.), La signature électronique au cœur des débats, Legalis.net, juin 2001# 2, p. 8 à 23.

AYMA (L.), La revente sur le web, PA, 03 juill. 2003, n°132, p. 4 et s, http://www.lextenso.fr/weblextenso/article/print?id=PA200313201.

BEAUDREAU (M.), La nouvelle définition de la preuve littérale, G.P., 30 30 décembre 2001 au 03 janvier 2002, p. 6 à 10.

BELLAAJ (M.), Effets modérateurs des capacités complémentaires dans le e-commerce : application au contexte des PME, Revue internationale P.M.E. : économie et gestion de la petite et moyenne entreprise, vol. 22, n° 2, 2009, p. 9 à 40 ; URI: http://id.erudit.org/iderudit/044029ar.

BENABENT (A.), La justesse par le verbe, Jean Carbonnier. L'homme et l'œuvre, Presses universitraires de Paris Ouest, 2011, p. 43 à 48.

BENSOUSSAN (A), Internet : aspects juridiques, PA, 06 novembre 1996, n°134, p.12 et s, http://www.lextenso.fr/weblextenso/article/print?id=PA199613405.

BERLEUR (J.) et POULLET (Y.), Réguler internet, Etudes, 2002/11, t.397, p. 463 à 475.

BERGEL (J.-L.), Différence de nature (égale) différence de régime, RTD. Civ. 1984, p. 255 à 272.

BERNAULT (C.), Identifier les actifs corporels et incorporels de l'informatique, Legalis.net, mars 2004, #1, p. 28.

BITAN (H.), Le site de commerce électronique : approche technique et juridique, GP, 18 avril 2000, n°109, p. 17 et s, http://www.lextenso.fr/weblextenso/article/print?id=GP20000418001.

BLAISE (J.-B.) et HUET (J.), Commerce électronique et code de commerce, in "Le bicentenaire du Code de commerce", ouvrage sous la direction de l'Université de Paris II, Dalloz 2008, http://jeromehuet.com/IMG/pdf/JH-JBB-ComEl-C-Com-PII.pdf.

BLANCHETTE (J.-F.), Modernité et intelligibilité du droit de la preuve français, http://polaris.gseis.ucla.edu/blanchette.

BON (P.-A), La condition portant sur l'exécution d'une obligation, P.A, 26 juin 2007, p. 3 et s, http://www.lextenso.fr/weblextenso/article/print?id=RDCO2005-2-0649.

BOU KHATER (C. E.), « Le nom de domaine au sein du concept des signes distinctifs », Revue Lamy Droit de l'Immatériel – 2005, n°11, Perspectives, Etude, p. 11à 43.

BROS (S.), La quasi-personnalité morale, La personnalité morale, Journées nationales, t.XII/ La Rochelle, Dalloz, 2010, p. 49 à 72.

BRUGUIERE (J.-M.), Droit à l'oubli numérique des internautes ou … responsabilité civile des moteurs de recherche du fait du référencement ? (Retour sur l'arrêt de la CJUE du 13 mai 2014), Com.comm.électr.Rev.mensuelle Lexisnexis Jurisclasseur, n°5 mai 2015, p. 15 à 23.

BRULARD (Y.) et FERNANDEZ (P.) Signature électronique- La réforme aurait-elle accouché d'une souris ?, Legalis.net, septembre 2001-3, p, 55 à 78.

BUREAU (D.), A la pointe de la modernité ? Le contrat électronique international, Revue des contrats, 01 avril 2005, n°2, p.450 et s, http://www.lextenso.fr/weblextenso/article/print?id=RDCO2005-2-0649.

BUYLE (J.-P), Le paiement sur internet, JDT, n°6000, février 2001, p. 129 à 132.

CACHARD (O.), Droit du commerce électronique, RDAI/IBLJ, n°5, 2004, p. 678 à 694.

CACHARD (O.), Du juge compétent pour connaître d'un contrat de voyage à forfait présenté sur un site internet, RCDIP, 2011 p. 419 à 423.

CACHARD (O), Le contrat électronique dans la loi pour la confiance dans l'économie numérique, RLDC septembre 2004, p. 5 à 11.

CACHARD (O), La libre recherche scientifique à son paroxysme : la jurisprudence arbitrale », La pensée de François GENY, O. CACHARD, F.- X. LICARI et F. LORMANT (dir.), Dalloz, 2013, p. 57 à 67.

CAPRIOLI (E. A.), Le juge et la preuve électronique, Contribution au colloque de Strasbourg, in Le commerce électronique : vers un nouveau droit, 8 et 9 octobre 1999, www.juriscom.net.

CAPRIOLI (E. A.), L'adresse IP est une donnée à caractère personnel, Com.comm.électr.Rev.mensuelle Lexisnexis Jurisclasseur, n°10 oct. 2015, p. 36 à 38.

CASTETS-RENARD (C.), Le formalisme du contrat électronique ou la confiance décrétée, Répertoire du notariat Defrénois, 30 oct. 2006, n°20, p. 1529 et s, http://www.lextenso.fr/weblextenso/article/print ?id=AD2006DEF1529N1.

CASTETS-RENARD (C.), Le renouveau de la responsabilité délictuelle des intermédiaires de l'internet, Recueil Dalloz (13), 2012, p. 827-833.

CAPRIOLI (E.), Le commerce international électronique : vers l'émergence de règles juridiques transnational, JDI, 2, 1997, p. 323 à 401.

CARON (Ch.), gare à une approche extensive de l'épuisement du droit, Com.comm.électr.Rev.mensuelle Lexisnexis Jurisclasseur, n°3 mars 2015, p. 26 à 28.
CATALA (P.), Ecriture électronique et actes juridiques, in Mélanges Michel CABRILLAC, Litec, 1999, p. 91 à 104.
CHAMPALAUNE (C.), « L'égalité des opérateurs économiques dans l'exercice de la concurrence en droit interne », in L'égalité, Rapport de la Cour de cassation française, 2003, La Documentation Française, http://www.courdecassation.fr/publications_cour_26/rapport_annuel_36/rapport_2003_37/deuxieme_partie_tudes_documents_40/tudes_theme_egalite_42/economiques_exercice_6253.html.
Charbonneau (C) et PANSIER (F.-J.), La signature électronique, signature sous surveillance, Petites affiches, 06 avril 2001, n°69, p.3 et s.
CHARONNEAU (C) et PANSIER (F.-J.), La nouvelle étape du consentement dématérialisé, PA, 25 juin 2002, n°126, p. 4 et s, http://www.lextenso.fr/weblextenso/article/print?id=PA200212601.
COMMAILLE (J.), « Normes juridiques et régulation sociale : retour à la sociologie générale » dans François CHAZEL et Jacques COMMAILLE, Normes juridiques et régulation sociale, Paris, L.G.D.J., 1991) pp. 13–22.
CRUQUENAIRE (A.), L'identification sur internet et les noms de domaine : quand l'unicité suscite la multiplicité, JDT, n°6000, février 2001, p. 146 à 154.
DEBET (A.), L'encadrement juridique du commerce électronique ; réflexions sur les sources du droit, in Au-delà des codes, Mél. En l'honneur de M.-S. PAYET, D. 2011, p. 129 à 150.
DERCLAYE (E.), Le droit d'auteur et le droit sui generis sur les bases de données, Quinze ans plus tard : un succès ou un échec ?, Cahiers de la documentation – Bladen voor documentatie – 2012/4, p. 38 à 48.
DERIEUX (E.), Internet et responsabilité, PA, 11 juillet 2008, n°139, p. 7 et s, http://www.lextenso.fr/weblextenso/article/print?id=PA200813902.
DESHAYES (O.), La responsabilité contractuelle du fait d'autrui, Revue des contrats, 01 avril 2009, n°2, p. 515 et s., http://www.lextenso.fr/weblextenso/article/print?id=RDCO2009-2-009.
DEVEAUX (L.) et PARASCHIV (C.), Le rôle des agents intelligents sur l'Internet. Révolution ou évolution commerciale, in Revue française de gestion, Lavoisier, 2004/5 - n° 152, p.7 à 34 http://www.cairn.info/article.php?ID_REVUE=RFG&ID_NUMPUBLIE=RFG_152&ID_ARTICLE=RFG_152_0007.
DEVEZ (J.), A propos de la réforme du droit de la preuve : observations tirées du droit des instruments de paiement, in Mélanges Michel CABRILLAC, Litec, 1999, p. 449 à 468.
DIDIER (Ph.), Les contrats de transfert de risque, in Au-delà des codes, Mél. En l'honneur de M.-S. PAYET, D. 2011, p. 150 à 170.
DIETRICH (Y.) et MENAIS (A.), La distribution sélective à l'épreuve du commerce électronique, Cahiers Lamy de droit de l'informatique et des réseaux, n°114, mai 1999, http://juriscom.net/1999/05/la-distribution-selective-a-lepreuve-du-commerce-electronique/.
DIFFO TCHUNKAM (J.), Le contrat selon la loi camerounaise du 21 décembre 2010 sur le commerce électronique, Juris Périodique, n°87, juillet-août-septembre 2011, p. 76 à 87.

Du MARAIS (B.), Autorégulation, régulation et co-régulation des réseaux, dans Georges Chatillon (dir.), Le droit international de l'Internet, actes du colloque, Bruxelles : Éditions Bruylant, 2003, p. 293–308.

EYANGO DJOMBI (A. D.), La nouvelle définition du commerçant de l'acte uniforme Ohada au regard de la théorie juridique de l'acte de commerce, Revue communautaire de droit des affaires, n°2, avril-juin 2013, p. 31 à 40.

FABRE (C), Moteur de recherche et positionnement par lien hypertexte publicitaire : qualification juridique et responsabilité, Ligalis.net, 2005, #4, p.5 à 19.

FARJAT (G.), Réflexions sur les codes de conduites privés, in Etudes offertes à Berthold GOLDMAN, Litec Paris, 1982, p. 47 à 66.

FENOLL-TROUSSEAU (M.-P.) et HAAS (G.), Internet et protection des données personnelles, Litec, 2000, 206 p.

FENOUILLET (G), Vente à distance, Revue des contrats, 10 avril 2009, n°2, p. 568 et s, http://www.lextenso.fr/weblextenso/article/print?id=RDCO2009-2-018.

FERRIER (D), La preuve et le contrat, in Mélanges Michel CABRILLAC, Litec, 1999, p. 105 à 118.

FONTAINE (M.), Avant-projet de l'Acte uniforme sur le droit des contrats, Note explicative, disponible à l'adresse www.unidroit.org/french/legalcooperation.

FOREST (D), Nouvelles condamnations contre le spam : l'identité numéris=que menacée par les marchands, Legalis.net, septembre 2004#3, p. 33 à 41.

FOUQUET (O.) et BOUCHARD (J.- C.), Le taux de la TVA applicable au livre numérique, Com.comm.électr.Rev.mensuelle Lexisnexis Jurisclasseur, n°6 juin 2015, p. 10 à 12.

FOURGOUX (J.-L.), Distribution sélective et ventes sur internet Bang Olufse : après la carotte des engagements, le bâton de la sanction, Revue lamy droit de l'immatériel, fév. 2013, n°90, p. 24 à 26.

GAUTRAIS (V.), « Libres propos sur le droit des affaires électroniques », Lex Electronica, vol.10, n°3, Hiver/Winter 2006, http://www.lex-electronica.org/articles/v10-3/gautrais.htm.

GAUTRAIS (V.), LEFEBVRE (G.) et BENYEKHLEF (K.), « Droit du commerce électronique et normes applicables : l'émergence de la lex electronica », (1997) 5 lnt'l Bus. L.J. p. 547-583.

GAUTRAIS (V.), « Les contrats de cyberconsommation sont presque tous illégaux ! », Revue du Notariat, (2005), p. 617-650.

GHESTIN (J.), L'exception d'inexécution, Rapport français, in Les sanctions de l'inexécution des obligations contractuelles, Etudes de droit comparé, M. FONTAINE et G. VINEY (dir.), Bruyant Bruxelles, 2001, p 3 à 55.

GLEIZE (F.) et NAPEEY (A.), Le régime juridique du nom de domaine en question, 19 décembre 2000, www.juriscom.net.

GOBERT (D.) et MONTERO (E.), La signature dans les contrats et les paiements électroniques : l'approche fonctionnelle, CAHIERS DU CRID — n° 17, 62, http://www.crid.be/pdf/public/4562.pdf.

GARECHE (A.), Loi et ordre moral, Le monde du droit, Ecrits redigés en l'honneur de Jacques FOYER, Economica, 2008, p. 441 à 462.

GOBERT (D.) et MONTERO (E.), La signature dans les contrats et les paiements électroniques : l'approche fonctionnelle, in Commerce électronique : le temps des certitudes, Cahiers du Cri n°17, Bruylant août 2000, p. 53 à 97.

GODON (L.), Le renouvellement de la notion de fonds de commerce, PA, 03 juillet 2003, p. 3, http://www.lextenso.fr/weblextenso/article/print?id=PA200313201.
GOLDSTEIN (A.) et O'CONNOR (D.), E-Commerce for Development: Prospects and Policy Issues, OCDE, sept. 2000. Adresse consultée: http://unpan1.un.org/intradoc/groups/public/documents/apcity/unpan004061.pdf.
GOUDET (J.), La loi, la foi… le droit, Mélanges en l'honneur de M. –F. CALLU, Lexisnexis, 2013, p. 111 à 118.
GOUTORBE (L.) et HAAS (G.), Moteurs de recherche et liens sponsorisés, irresponsabilité revendiquée ou e-responsabilité mal assumée, Legalis.net, 2006-4, p. 19 à 30.
GOUROUZA MAGAGI (Z. A.), La vente électronique dans les espaces UEMOA, CEDEAO et OHADA, Revue de l'Ersuma, n°4, set. 2014, p.11 à 30.
GRYNBAUM (L.), La directive « Commerce électronique » ou l'inquiétant retour de l'individualisme juridique, La semaine juridique, JCP, n012, 21 mars, 2001, p. 594 à 602.
GRYNBAUM (L.), Loi économique numérique : le sacre des égalités formelles, Revue des contrats, 01 avril 2005, n°2, p. 580 et s. http://www.lextenso.fr/weblextenso/article/print?id=RDCO2005-2-067.
GUIGOU (É.), Internet, la révolution numérique crée-t-elle une révolution juridique ?, Premières rencontres parlementaires sur la société de l'information et l'Internet, Colloque à l'Assemblée nationale, Mardi 5 octobre 1999, http://www.cnil.fr/fileadmin/documents/approfondir/dossier/loi78-17/Discours_Guigou.pdf.
GUIMOND (A.), La notion de confiance et le droit du commerce électronique, Lex Electronica, vol. 12, n°3 Hiver 2008, http:www//.lex-electronica.org/articlesv12-3/guimond.pdf.
HERZOG-EVANS (M.), La vie et le droit : usages et « groupes sociaux cohérents », RRJ, 1998-4, p. 1203 à 1222.
HAAS (G.), « Commerce électronique : une poudrière juridique » (1998), http://www.juriscom.net/chr/1/fr 19980710.htm.
HORCHANI (F.), Arbitrage et relations économiques immatérielles, http://www.urdri.fdspt.rnu.tn/articles/horchani_arbitrage.htm, mise en ligne 09 nov. 2004.
HUET (J.), Aspects juridiques du commerce électronique : approche internationale, (1997) 116 P.A., http://www.petites-affiches.presse.fr/pa.
HUET (J.), Droit de l'informatique et du multimédia, (Contribution au Dictionnaire de la culture juridique, Puf 2001, www.cejem.com.
HUET (J.), La modification du droit sous l'influence de l'informatique : aspects de droit privé, SJ/G.I.1., Doctrine, 1983, 3095.
HUET (J.), La problématique juridique du commerce électronique, Colloque Droit et Commerce, Deauville 2000, Le droit des affaires du XXIème siècle, http://jeromehuet.com/IMG/pdf/JH-JBB-ComEl-C-Com-PII.pdf.
HUET (J.), Le Code civil et les contrats électroniques, www.jeromehuet.com/IMG/pdf/JH-JBB-ComEl-C-Com-PII.pdf.
HUET (J.), Vous avez dit « contrats électroniques » ?, Revue des contrats, 01 avril 2005, n°2, p. 553 et s.
KAESMACHER (D.) et VERPLANCKE (P.), E-busines : aspects juridiques, JDT, n°6000, février 2001, p. 173 à 190.

KARSENTI (B.), L'Isolierung de Yan THOMAS », Aux origines des cultures juridiques européennes. Yan THOMAS entre droit et sciences sociales, Etudes réunies par PAOLO NAPOLI, éd. Ecole française de Rome, 2013, p. 235 à 248.
KOURILSKY-AUGEVEN (Ch.), La socialisation juridique ou de l'obéissance à l'imprégnation, Jean Carbonnier. L'homme et l'œuvre, Presses universitraires de Paris Ouest, 2011, p. 331 à 340.
LACHAT, (S.), Les adresses sur internet, PA, 22 novembre 1996, p.16 et s. http://www.lextenso.fr/weblextenso/article/print?id=PA199614103.
LEBEAU-MARIANNA (D.), Le référencement : risques et enjeux, GP, 02 juin 2001, N°153, p. 65 et s, http://www.lextenso.fr/weblextenso/article/print?id=GP20010602024.
LAFARGUE (R.), Le droit au mépris de l'Etat : l'exemple du pluralisme familial comme art de se jouer de la norme étatique, La socialisation juridique ou de l'obéissance à l'imprégnation, Jean Carbonnier. L'homme et l'œuvre, Presses universitaires de Paris Ouest, 2011, p. 341 à 376.
LOISEAU (G.), Recherche statut hébergeur désespéremment, Com.comm.électr.Rev.mensuelle Lexisnexis Jurisclasseur, n°5 mai 2015, p. 33 à 34.
LOISEAU (G.), Contrat de location de site internet, Com.comm.électr.Rev.mensuelle Lexisnexis Jurisclasseur, n°5 mai 2015, p. 32 à 33.
LOISEAU (G.), Facebook : la clause attributive de compétences au profit des juridictions californienne est abusive, Com.comm.électr.Rev.mensuelle Lexisnexis Jurisclasseur, n°6 juin 2015, p. 35 à 36.
LOISEAU (G.), Responsabilité du prestatire de service de référencement, Com.comm.électr.Rev.mensuelle Lexisnexis Jurisclasseur, n°3 mars 2015, p. 31 à 32.
LOISEAU (G.), Site internet et loi applicable, Com.comm.électr.Rev.mensuelle Lexisnexis Jurisclasseur, n°4 avril 2015, p. 31 à 32.
MALKA (M.), Distribution sélective et Internet : la possibilité d'exclure les « pure players » est confirmée par la Cour d'appel de Paris, Revue Expertises des systèmes d'information, n° 322, février 2008, http://juriscom.net/2008/02/distribution-selective-et-internet-la-possibilite-dexclure-les-pure-players-est-confirmee-par-la-cour-dappel-de-paris/.
MARINO (L.), Un an de droit des noms de domaine, Communication, commerce électronique, Revue mensuelle Lexinsnexis Jurisclasseur, décembre 2008, p. 18 à 27.
MAZEAUD (D.), Contrat, responsabilité et tiers... (Du nouveau à l'horizon), in Mélanges en l'honneur de Philippe le Tourneau, Dalloz, 2008, p. 745 à 762.
MENDOZA-CAMINADE (A.), La notion de fonds de commerce à l'épreuve de l'internet : faut-il admettre le fonds de commerce électronique ?, in Mélanges en l'honneur de Philippe le Tourneau, Dalloz, 2008, p, 763 à 782.
MIRANDA (G. B.), Le contenu obligationnel du contrat de franchisage international en droit québécois, (1998), 32 RJT, 842, p.818 à 926.
MOUGENOT (D.), « Droit de la preuve et technologies nouvelles : synthèse et perspectives », Droit de la preuve-Formation permanente CUP, Volume XIX, octobre 1997, pp. 45-105.
MOYSE (P.-E.) et ROBIC RICHARD (L.), La distribution électronique dans les contrats de franchise, qde distribution exclusive et de distribution selective, http://www.robic.ca/publications/Pdf/270-PEM.pdf.

NUSSENBAUM (M.), Les ambiguïtés actuelles de l'évaluation du fonds de commerce, GP, 31 mai au 4 juin 2009, p. 81 à 86.

NIBOYET (J.-P.), « L'universalité des règles de solution des conflits est-elle réalisable sur la base de la territorialité? » 1950 Rev. crit. D.I.P. p. 509 à 516.

ONANA ETOUNDI (F.), La cyber justice au service des opérateurs africains et arabes : état du contentieux civil africain, Revue de l'Ersuma, 33ème Congrès de l'IDEF, mars 2014. p. 183 à 188.

OPPETIT (B.), Ethique et vie des affaires, in Mélanges offerts à André COLOMER, Litec, 1993, p. 319 à 333.

OUDOT (P.), L'internet et la responsabilité civile, 03 novembre 2007, n°307, p.2 et s, http://www.lextenso.fr/weblextenso/article/print?id=GP20071103001.

OVERMEIRE (X. Van), Le monde virtuel met au défi les législateurs: la problématique de la loi applicable dans le cyberespace, Lex Electronica, vol. 13 n°1 (Printemps / Spring 2008), http://www.lex-electronica.org/articles/v13-1/vanovermeire.htm.

PASSA (J.), « Le contrat électronique international: conflits de lois et de juridictions », Comm. Com. électr, n°5, mai 2005, Étude 17, p.15, disponible également en ligne : http://www.lexisnexis.com/fr/droit/delivery/PrintDoc.do.

PIEDELIEVRE (S.), La recommandation de la Commission française des clauses abusives relative aux contrats proposés par les fournisseurs de services de réseaux sociaux, Com.comm.électr.Rev.mensuelle Lexisnexis Jurisclasseur, n°2 fév. 2015, p. 10 à 12.

POULLET (Y.) et LEROUGE (J.-F.), La responsabilité des acteurs de l'Internet, http://www.crid.be/pdf/public/4143.pdf.

POUMAREDE (M.), L'avènement de la responsabilité civile du fait d'autrui, in Mélanges en l'honneur de Philippe le Tourneau, Dalloz, 2008, p. 839 à 874.

PRÛM (A.), « L'acte sous seing privé électronique : réflexions sur une démarche de reconnaissance », in Mélanges Michel CABRILLAC, Litec, 1999, p. 263 à 276.

QUELIN (B.), Développement du commerce électronique et économie d'internet, Chronique rapport sur les rapports, Revue d'économie et industrielle, vol.84, n°84, 2ème trimestre, 1998, p. 105.

RALLET (A.), Commerce électronique ou électronisation du commerce ? La Découverte, Réseaux, 2001/2 - no 106, 27, http://www.cairn.info/revue-reseaux-2001-2-page-17.htm.

RAYNOUARD (A.), La loi n°2004-575 pour la confiance dans l'économie numérique…ou comment disqualifier le consensualismes dans un élan d'harmonisation du droit des contrats sans le dire !, Revue des contrats 01 avril 2005, n°2, p. 565 et s, http://www.lextenso.fr/weblextenso/article/print?id=RDCO2005-2-066.

RAYNOUARD (A.), Sur une notion ancienne de l'authenticité : l'apport de l'électronique, Répertoire du notariat Defrénois, 2003, n°18, p. 1117 et s.

RAYNOUARD (A.), Sur une notion ancienne de l'authenticité : l'apport de l'électronique, Répertoire du notariat Defrénois, 30 sept. 2003, n°18, p. 1118 et s ; http://www.lextenso.fr/weblextenso/article/print/id=AD2003DEF1117N1.

REVET (Th.), Le nom de domaine est un bien, RTD Civ. 2008, p. 503.

ROJINSKY (C), Sens interdit- La responsabilité du créateur de lien hypertexte du fait du contenu illicite du site cible, 17 décembre 2002, http://www.juriscom.net.

ROJINSKY (C.), Sens interdit- La responsabilité du créateur de lien hypertexte du fait du contenu du site cible, Juriscom.net, 17 décembre 2002, www.juriscom.net.

ROUSSOS (A.), La résolution des différends, Lex Electronica, vol. 6, n°1, printemps 2000, http://www.lex-electronica.org/articles/v6-1/roussos.htm.

RUET (L.), La réforme du droit de la preuve opérée par la loi du 13 mars 2000 et les transactions financières, Bulletin Joly Bourse, 01 mai 2000, n°3, p. 219 et s.

SARDAIN (F.) Le nouveau régime d'attribution des noms de domaines français, Communication, commerce électronique, Revue mensuelle Lexisnexis Jurisclasseur, avril 2007, p. 15 à 20.

SAUVE (J.-M.), Vice-président du Conseil d'Etat (France), Les critères de la qualité de la Justice, Introduction, Célébration des vingt ans du Tribunal de première instance des Communautés européennes, Luxembourg le 25 septembre 2009, http://www.conseil etat.fr/node.php?articleid=1824.

SAUVEL (T.), « Histoire du jugement motivé », Revue du droit public et de la science politique, 1955, pp. 5 à 53 .

STOFFEL-MUNCK (Ph.) et DECOCQ (G.), L'avènement du fonds de commerce électronique, GP, 04 juin 2009, n° 155, p. 52 à 63.

ST-PIERRE (R.), Une vérification de la réalité pour définir le commerce électronique, Statistiques Canada, 1999, www.statcan.ca/français/research/88F0006XIF/88F0006XIB19999006.pdf.

STOFFEL-MUNCK (Ph.), LCEN. La réforme des contrats du commerce électronique, Comm. Com. élect. n° 9, Septembre 2004, Etude 30, n°72.

STROWEL (A.) et IDE (N.), La responsabilité des intermédiaires sur Internet: la question des hyperliens, RIDA, octobre 2000, n° 186 ; www.droit-technologie.org.

TELLIER-LONIEWSKI (L.) et PRADERE (S.), Moteurs de recherche et navigation sur internet : les responsabilités encourues (2ème partie), 24 janvier 2002, n°24, p. 19 et s, http://www.lextenso.fr/weblextenso/article/print?id=GP20020124006.

TERNINCK (E), La preuve électronique, figure des errances et des doutes du législateur, PA, 28 octobre 2011, n°215, p.7 à 13.

THOUMYRE (L.), « Comment les hébergeurs français sont devenus juges du manifestement illicite », 28 juillet 2004, www.juriscom.net.

THOUMYRE (L.), L'usage des hyperliens : vers une liberté encadrée, Les Cahiers Lamy Droit de l'Informatique et des Réseau, n°157, avril 2003 numéro spécial « Les Cahiers de l'ADIJ », p. 3 à 11 ; www.juriscom.net.

THOUMYRE (L.), L'échange des consentements dans le commerce électronique, http://www.lex-electronica.org/docs/articles_169.htm#ftn57.

THOUMYRE (L.), De la responsabilité arachnéenne sur Internet : Quelle issue pour les tisseurs de liens en France, in Les lois de la société numérique : Responsables et responsabilités, Conférence organisée par le Programme international de coopération scientifique, (CRDP / CECOJI), Montréal, 7 octobre 2004, *Lex Electronica*, vol. 10, n°1, Hiver 2005, http://www.lex-electronica.org/articles/v10-1/thoumyre.pdf.

TRAILLE (J.-P.) et TRONCO FERRER (M.), Réseaux de distribution et commerce électronique, JDT, n°6000, février 2001, p. 173 à 178.

TRUDEL (P.), La responsabilité des acteurs du commerce électronique, https://papyrus.bib.umontreal.ca/jspui/bitstream/1866/56/1/0005.pdf;www.chaire

lrwilson.ca/cours/drt3808/cours3a.;
https://depot.erudit.org/bitstream/002680dd/1/0005.pdf.

TRUDEL (P.), La responsabilité sur internet, séminaire Droit et toile, Bamako 27 mai 2002, http://www.chairelrwilson.ca/cours/drt6929f/Resp.internet-trudel.pdf.

TRUDEL (P.), Quel droit et quelle régulation dans le cyberespace ?, Sociologie et sociétés vol.XXXIII.2, p.190 à 210.

TRUDEL (P.), Introduction au droit du commerce électronique sur l'internet, Revue du barreau, t.55, n°3 septembre-octobre 1995, p. 521 à 551.

TRUDEL (P.), La lex electronica, La lex electronica, in Le droit saisi par la mondialisation, MORAND (Ch.-A.), (dir.), Bruylant Bruxelles, Coll. Droit international, 2001, p. 221 à 268.

TUBEUF (C.), L'efficacité internationale des décisions dans l'espace judiciaire européen, RDC, 2000, p. 603 à 614.

Van EECKHOUT (A.), FARASSE (F.-X.), Le contrat de référencement, un gage de sécurité pour le portail, Revue des contrats, 01 avril 2004, n°2, p.502 et s, http://www.lextenso.fr/weblextenso/article/print?id=RDCO2004-2-060.

Van LANG (A.), La distinction entre personne morale de droit privé-personne morale de droit public, La personnalité morale, Journées nationales, t.XII/ La Rochelle, Dalloz, 2010, p. 1 à 14.

VERBIEST (Th.) et WERY (E), La responsabilité des fournisseurs de services internet : derniers développements jurisprudentiels, JDT, n°6000, fév rier 2001, p. 165 à 172.

VERBIET (Th.), Le fonds de commerce électronique : vers une reconnaissance juridique ? Communication, commerce électronique, Revue mensuelle Lexisnexis Juriclasseur, avril, 2008, p. 14 à 17.

VERBIET (Th.) et Le BORNE (M.), Le fonds de commerce : une réalité virtuelle, GP, 24 octobre 2002, n°297, p. 21 et s, http://www.lextenso.fr/weblextenso/article/print?id=GP20021024005.

VIVANT (M.), L'informatique dans la théorie générale du contrat, Rec. Dalloz, Sirey, 1994, 16ème cahier, chr. p.117 à 122.

YOUGBARE (R.), La nature juridique de l'acte additionnel dans le système juridique de l'UEMOA, à la lumière de l'affaire « YAI », Penant, revue de droit des pays d'Afrique. Volume 118 #864. p. 340 à 362.

ZOIA (M.), La notion de consentement à l'épreuve de l'électronique (1ère partie) G.P., juillet 2001, n°198, p.16 et s., http://www.lextenso.fr/weblextenso/article/print?id=GP20010717004.

INDEX ALPHABETIQUE
(Les numéros renvoient aux pages)

S

T

U

V

TABLE DES MATIÈRES

Questions juridiques aux éditions L'Harmattan

Dernières parutions

QU'EST-CE QUE LE DROIT ?
Théorie syncrétique et échelle de juridicité
Barraud Boris
La définition du droit ici est d'abord lexicographique et scientifique. La théorie syncrétique réunit toutes les définitions du droit en vigueur, loin d'être concurrentes elles s'associent. Ne s'opposant plus, elles se complètent. La seconde partie interroge les dimensions du droit en mesurant le niveau de force juridique par l'application des critères de juridicité. Cette nouvelle forme de rationalité de la pensée juridique permet au juriste de s'ouvrir à tout type de normes sociales tout en sauvegardant l'autonomie conceptuelle du droit.
(Coll. Le Droit aujourd'hui, 25.50 euros, 242 p.)
ISBN : 978-2-343-13423-9, ISBN EBOOK : 978-2-14-005340-5

LA RECHERCHE DE L'ÉQUILIBRE CONTRACTUEL DANS LE CAUTIONNEMENT
Regards croisés entre le droit français et le droit OHADA
Dibangue Guy - Préface de Pascal Rubellin
Le cautionnement est actuellement la sûreté qu'exigent de préférence les banques des emprunteurs. Si le législateur français semble surprotéger la caution par rapport au créancier, c'est l'inverse qui a été retenu par le législateur OHADA. Dans les deux cas, c'est le déséquilibre entre la protection raisonnable de la caution et la préservation des intérêts des créanciers. Suivant les récentes évolutions législatives en France et en droit OHADA, cette thèse vise l'équilibre contractuel du cautionnement dans une démarche de modernisation et de rationalisation de cette sûreté.
(Coll. Droit aujourd'hui, 42.00 euros, 456 p.)
ISBN : 978-2-343-13159-7, ISBN EBOOK : 978-2-14-005369-6

LE DROIT ANIMAL
Morales Frénoy Cathy
Plus qu'un droit protecteur, le droit animal réglemente les différentes utilisations de l'animal par l'Homme. Il est un corpus juridique transversal, issu du droit international, européen et national, qui régit les rapports entre l'homme et l'animal sans toujours offrir une protection juridique souvent souhaitée. Ce guide juridique offre à tout lecteur une étude complète de cette nouvelle discipline.
(Coll. Bibliothèques de droit, 45.00 euros, 470 p.)
ISBN : 978-2-343-12873-3, ISBN EBOOK : 978-2-14-005223-1

QUESTIONS D'ACTUALITÉ EN ÉTHIQUE ANIMALE
Pelé Marie, Sueur Cédric
L'éthique animale qui désigne l'étude de notre responsabilité morale à l'égard des animaux, n'est pas une prise de position mais un questionnement en perpétuelle évolution avec notre culture et notre temps. Cet ouvrage présente plusieurs éléments de réponses aux récentes questions posées par la société sur notre rapport aux animaux. Experts et étudiants abordent onze questions d'actualité en éthique animale. Leurs échanges sont retranscrits.
(Coll. Le Droit aujourd'hui, 24.00 euros, 236 p.)
ISBN : 978-2-343-13489-5, ISBN EBOOK : 978-2-14-005382-5

JE PARLE AUX ANIMAUX

Peter Friedman

Samantha Khury écoute les animaux et leur parle. Grâce à ce dialogue, elle parvient à comprendre leur comportement et à trouver les mots qui les guérissent. Non seulement Samantha Khury comprend le langage de nos fidèles compagnons, mais, en plus, ceux-ci lui confient leurs malheurs. Des propriétaires d'animaux domestiques, des gardiens de zoo et des entraîneurs de chevaux qui l'ont consultée en sont convaincus. Nous la voyons au travail, à l'écoute d'un chat dépressif, d'un perroquet déplumé en manque d'amour ou d'une jument qui a besoin de liberté... « Dans cette Théma Arte sur les rapports entre les hommes et les animaux, *Je parle aux animaux* est le plus intéressant. Sans doute parce qu'il pose la question de la communication avec nos compagnons à quatre pattes. Peter Friedman livre des séquences étonnantes. » (*TéléObs*). « Ce documentaire étonnant parvient à nous convaincre que la frontière entre les espèces est bien mince. Quand on dit que l'homme n'est qu'un animal ! » (*Le Figaro*)

(20 euros)

ISBN : 978-2-336-31591-1

TRAITÉ DE DROIT CONSTITUTIONNEL CONGOLAIS

Esambo Kangashe Jean-Louis

Préface de El hadj Mbodji - Postface de Dodzi Kokoroko

Dans sa conception, son évolution et sa pratique, le droit constitutionnel a toujours eu du mal à s'affranchir de crises politiques. Droit de crises ou de gestion de crise, le droit constitutionnel est avant tout au service des normes, dont le respect par tous contribue au fonctionnement régulier des institutions. Placés dans le contexte congolais, les trois versants du droit constitutionnel, à savoir le droit normatif, celui institutionnel et la branche consacrée aux libertés n'ont pas toujours été en cohérence avec le constitutionnalisme.

(Coll. Études africaines, 39.00 euros, 410 p.)

ISBN : 978-2-343-12352-3, ISBN EBOOK : 978-2-14-005341-2

SUR LE CHEMIN DES SAISIES

L'huissier de justice d'hier à demain

Berthé Ibrahim

Qu'est-ce qu'un huissier de justice ? D'où vient-il ? À quoi sert-il ? Cet ouvrage tente de répondre à ces interrogations et, à travers l'histoire, de peindre les différentes facettes de ce personnage spécifique du rouage de l'appareil judiciaire dans le temps et dans l'espace, des rives de la Seine en France jusqu'au bord du fleuve Djoliba au Mali.

(25.00 euros, 270 p.)

ISBN : 978-2-343-13501-4, ISBN EBOOK : 978-2-14-005261-3

LES TECHNIQUES D'ENQUÊTE CRIMINELLE

Typologie des crimes et constatations médico-légales

Moutassi Jean-Pierre

L'adoption de la loi de Juillet 2005 portant sur la procédure pénale démontre la volonté du gouvernement camerounais à promouvoir un état de droit. Voici un outil fondamental pour les praticiens du droit criminel : un outil de formation pour les jeunes fonctionnaires, ainsi que pour leurs aînés qui n'auraient pas eu l'occasion de vivre l'expérience des enquêtes judiciaires.

(Harmattan Cameroun, 45.00 euros, 498 p.)

ISBN : 978-2-343-13126-9, ISBN EBOOK : 978-2-14-005224-8

LES CLÉS DES ENJEUX FINANCIERS DU DIVORCE

Rond Patrice - Préface de Laurent Hincker

L'amour s'est consumé, l'argent part en fumée ! À une époque où toujours plus de couples se séparent, la finance du divorce inquiète. Comprendre ces arcanes financières, c'est pouvoir anticiper en cas de conflit au sein du couple. Comment rétablir un budget ou encore évaluer une prestation compensatoire ? À l'aide d'exemples chiffrés, l'auteur indique comment recenser et évaluer les revenus et patrimoines, et présente des méthodologies pratiques pour établir les droits

respectifs des époux. L'ouvrage rend compréhensibles les procédures financières qui ont lieu dans le divorce.
(17.00 euros, 156 p.)
ISBN : 978-2-343-11633-4, ISBN EBOOK : 978-2-14-004942-2

LUTTER EFFICACEMENT CONTRE LA FRAUDE
Enjeux stratégiques et opérationnels
Sous la direction de Catherine Véret Jost et Nicolas Dufour
Lutter efficacement contre la fraude pour recycler 50 à 100 milliards d'euros par an dans la croissance économique en France, voici l'enjeu de cet ouvrage qui explicite les leviers d'actions pour y parvenir, avec des retours d'expériences de professionnels et d'académiques. Il s'adresse à tous ceux qui ont la volonté de relever ce défi.
(Coll. Perspectives organisationnelles, 38.50 euros, 392 p.)
ISBN : 978-2-343-13167-2, ISBN EBOOK : 978-2-14-005143-2

L'ENFANT EN PRISON
Sous la direction de Catherine Ménabé et Mathieu Martinelle
Depuis 1946, les femmes détenues ont la possibilité de garder à leurs côtés, en prison, leur enfant jusqu'à ses 18 mois, voire 2 ans. Si la situation est peu étudiée, et souvent méconnue, elle mérite de profondes réflexions. Quelles sont les conditions de vie de ces jeunes enfants au sein du milieu pénitentiaire ? Comment est assuré leur développement psychomoteur et affectif malgré les contraintes carcérales ? Comment l'univers carcéral s'adapte à la présence d'enfants, non écroués mais, de fait, privés de liberté ?
(Coll. Bibliothèques de droit, 27.00 euros, 274 p.)
ISBN : 978-2-343-13051-4, ISBN EBOOK : 978-2-14-005015-2

LES TRENTE ANS DE LA LOI LITTORAL
Sous la direction de Jean-Luc Pissaloux et Anne Rainaud
La loi Littoral a maintenant plus de trente ans. Loi d'avant-garde, elle vise à concilier la protection du littoral avec le développement économique. Souvent contestée comme trop protectrice, empêchant l'urbanisation, elle est aussi considérée comme un « laisser-construire » dans les zones saturées. Ses concepts sont difficiles à interpréter et appliquer. Les défis climatiques auxquels est confronté le littoral ont impliqué la participation de géographes. La protection des cordons littoraux s'avère aujourd'hui une nécessité.
(Coll. Grale, 39.00 euros, 418 p.)
ISBN : 978-2-343-13140-5, ISBN EBOOK : 978-2-14-004988-0

CICÉRON, PÈRE DE LA CODIFICATION DU DROIT CIVIL
Gilardeau Eric
Confronté à la crise subie par la République, Cicéron cherchait une réponse au chaos des lois et aux contradictions du droit civil. Il en élabora une véritable codification. Du «De oratore» au «De officiis», il critiqua la science du droit et la soumit à la loi naturelle, avant d'instituer une méthode de codification protectrice des droits civils, dont se rapprocheront les codes civils français et autrichien. Il faut attendre les réformes du Code civil allemand de 2001 et du Code civil français de 2016 pour rejoindre Cicéron sur le rôle de la bonne foi et de l'imprévision en matière contractuelle.
(Coll. Logiques Juridiques, 26.00 euros, 248 p.)
ISBN : 978-2-343-13327-0, ISBN EBOOK : 978-2-14-004994-1

DROIT DES SOCIÉTÉS COMMERCIALES OHADA
Akam Akam André, Voudwe Bakreo
Ce livre vise à exposer, expliquer, systématiser et critiquer les règles qui régissent la constitution, le fonctionnement et la disparition des sociétés commerciales. Il montre que le droit des sociétés commerciales OHADA vise la promotion, la protection et la société judiciaire des investissements, autant qu'il tend à protéger les intérêts particuliers. En outre, il met en exergue la richesse, la

variété et la modernité du droit des sociétés de l'OHADA, ainsi que l'abondance et la qualité des travaux de recherche des auteurs africains et d'ailleurs qui s'intéressent au droit OHADA.
(Coll. Dynamiques du droit OHADA, 55.00 euros, 752 p.)
ISBN : 978-2-343-12819-1, ISBN EBOOK : 978-2-14-005077-0

LA PROTECTION CONTRE LES ATTEINTES AUX DROITS SUR LES SIGNES DISTINCTIFS DANS L'ESPACE OAPI
Badou Charles
Les signes distinctifs confèrent à leur propriétaire un droit exclusif d'exploitation. Celui-ci bénéficie de règles dérogatoires au droit commun, qui ont pour vocation première d'assurer aux signes distinctifs une protection contre les atteintes dont ils peuvent être l'objet. Mais l'efficacité de la protection est toute relative. La protection contre les atteintes aux signes distinctifs exige donc de nouvelles solutions qui, prenant en compte la particularité du droit de la propriété industrielle, protègeront efficacement les signes distinctifs contre les violations des droits exclusifs de leur propriétaire.
(Coll. Études africaines, 42.00 euros, 468 p.)
ISBN : 978-2-343-11816-1, ISBN EBOOK : 978-2-14-005019-0

DROIT DU TRAVAIL SÉNÉGALAIS
Tagum Fombeno Henri-Joël - Préface de Isaac Yankhoba Ndiaye
L'auteur questionne le droit du travail sénégalais, analyse les textes récents et leurs apports au droit du travail, met en lumière les imperfections de la législation et les difficultés d'interprétation qu'elles suscitent dans la pratique. La compréhension de la matière est rendue aisée avec les illustrations et exemples pratiques, souvent utilisés par l'auteur et issus de son expérience professionnelle.
(Harmattan Sénégal, 48.00 euros, 506 p.)
ISBN : 978-2-343-13272-3, ISBN EBOOK : 978-2-14-004933-0

LA FUSION DES SOCIÉTÉS COMMERCIALES EN DROIT INTERNE ET INTERNATIONAL
Contribution à la notion de «contrat-organisation»
Kalaani Adrian
La fusion est l'opération par laquelle une ou plusieurs sociétés transfèrent, par la suite de leur dissolution sans liquidation, leur patrimoine à une société établie ou nouvelle. Ce transfert est possible par la distribution de parts sociales aux associés de la société dissoute. Cette définition française et européenne souligne les effets principaux de la fusion en restant silencieuse sur sa nature juridique. Donc la fusion est un contrat-organisation qui entraîne une mise en commun du patrimoine et des membres de chacune des sociétés fusionnantes au sein d'une seule société préexistante ou nouvelle.
(Coll. Logiques Juridiques, 55.00 euros, 638 p.)
ISBN : 978-2-343-10971-8, ISBN EBOOK : 978-2-14-004827-2

LE PRAGMATISME JURIDIQUE
Barraud Boris
Le pragmatisme invite à se concentrer sur le mode de production des connaissances et sur les actions plutôt que sur les pensées. Le pragmatisme juridique, attaché à l'effectivité des normes, permettrait d'accepter et expliquer les modes de régulation originaux du XXIe siècle. L'enjeu est de permettre au droit scientifique d'accompagner l'évolution du droit pratique. Sont surtout concernées la gouvernance du cyberespace, la protection de l'environnement et la responsabilité sociale des entreprises. Affinant le visage du pragmatisme juridique, voici un outil ouvrant des pistes pour l'avenir de la recherche en droit.
(Coll. Bibliothèques de droit, 33.00 euros, 334 p.)
ISBN : 978-2-343-13206-8, ISBN EBOOK : 978-2-14-004920-0

Structures éditoriales du groupe L'Harmattan

L'Harmattan Italie
Via degli Artisti, 15
10124 Torino
harmattan.italia@gmail.com

L'Harmattan Hongrie
Kossuth l. u. 14-16.
1053 Budapest
harmattan@harmattan.hu

L'Harmattan Sénégal
10 VDN en face Mermoz
BP 45034 Dakar-Fann
senharmattan@gmail.com

L'Harmattan Cameroun
TSINGA/FECAFOOT
BP 11486 Yaoundé
inkoukam@gmail.com

L'Harmattan Burkina Faso
Achille Somé – tengnule@hotmail.fr

L'Harmattan Guinée
Almamya, rue KA 028 OKB Agency
BP 3470 Conakry
harmattanguinee@yahoo.fr

L'Harmattan RDC
185, avenue Nyangwe
Commune de Lingwala – Kinshasa
matangilamusadila@yahoo.fr

L'Harmattan Congo
67, boulevard Denis-Sassou-N'Guesso
BP 2874 Brazzaville
harmattan.congo@yahoo.fr

L'Harmattan Mali
Sirakoro-Meguetana V31
Bamako
syllaka@yahoo.fr

L'Harmattan Togo
Djidjole – Lomé
Maison Amela
face EPP BATOME
ddamela@aol.com

L'Harmattan Côte d'Ivoire
Résidence Karl – Cité des Arts
Abidjan-Cocody
03 BP 1588 Abidjan
espace_harmattan.ci@hotmail.fr

L'Harmattan Algérie
22, rue Moulay-Mohamed
31000 Oran
info2@harmattan-algerie.com

L'Harmattan Maroc
5, rue Ferrane-Kouicha, Talaâ-Elkbira
Chrableyine, Fès-Médine
30000 Fès
harmattan.maroc@gmail.com

Nos librairies en France

Librairie internationale
16, rue des Écoles – 75005 Paris
librairie.internationale@harmattan.fr
01 40 46 79 11
www.librairieharmattan.com

Lib. sciences humaines & histoire
21, rue des Écoles – 75005 Paris
librairie.sh@harmattan.fr
01 46 34 13 71
www.librairieharmattansh.com

Librairie l'Espace Harmattan
21 bis, rue des Écoles – 75005 Paris
librairie.espace@harmattan.fr
01 43 29 49 42

Lib. Méditerranée & Moyen-Orient
7, rue des Carmes – 75005 Paris
librairie.mediterranee@harmattan.fr
01 43 29 71 15

Librairie Le Lucernaire
53, rue Notre-Dame-des-Champs – 75006 Paris
librairie@lucernaire.fr
01 42 22 67 13

www.ingramcontent.com/pod-product-compliance
Lightning Source LLC
LaVergne TN
LVHW021131061026
849535LV00002B/209